C. Grünhagen

Geschichte des Ersten Schlesischen Krieges

Zweiter Band: Bis zum Friedensschluss von Breslau

C. Grünhagen

Geschichte des Ersten Schlesischen Krieges
Zweiter Band: Bis zum Friedensschluss von Breslau

ISBN/EAN: 9783742898197

Hergestellt in Europa, USA, Kanada, Australien, Japan

Cover: Foto ©ninafisch / pixelio.de

Manufactured and distributed by brebook publishing software
(www.brebook.com)

C. Grünhagen

Geschichte des Ersten Schlesischen Krieges

Geschichte

des

Ersten schlesischen Krieges

nach archivalischen Quellen

dargestellt von

Dr. C. Grünhagen,

Königl. Archivrat und Professor an der Universität Breslau.

Zweiter Band:
Bis zum Friedensschlusse von Breslau.

Mit einem Plane der Umgegend von Cholusitz.

Gotha.
Friedrich Andreas Perthes.
1881.

Inhalt des zweiten Bandes.

Nachträgliche Verbesserungen zu Teil I *).

S. 6, Z. 22 lies **Ströme** statt **Stämme**.
" 32, " 29 hinter „bürsten" ist „und" einzuschieben.
" 35, " 11 lies **Londoner Hofes** statt **Wiener**.
" 57, " 7 v. u. lies **Ferdinand I.** statt Ferdinand V.
" 99, " 7 v. u. lies **Abweisung** statt **Abweichung**.
" 109, " 12 lies **Liegnitz, Münsterberg,** statt **Liegnitz-Münsterberg**.
" 121, " 3 lies **1511** statt 1514.
" 127, " 6 v. u. lies **1636** statt 1630.
" 131, " 14 das **Wort** „auf" ist zu streichen.
" 136, " 2 lies **1686** statt 1680.
" 137, " 10 lies **erlangte** statt **verlangte**.
" 147, " 7 v. u. lies **Lentulus** statt **Rentilus**.
" 202, " 6 v. u. lies **postiert** statt **gestört**.
" 213, " 7 lies **Rieglitz** statt **Stieglitz**.
" 287, " 12 lies **Biegen** statt **Bingen**.
" 336, " 10 lies **Wien** statt **London**.
" 352, " 19 v. u. lies **am** statt **vom**.

---

*) Die Beschaffenheit meines Manuskriptes machte mehrfache Irrtümer des Setzers sehr erklärlich. Manche derselben habe ich dann doch bei der Korrektur übersehen. Wenn dies bei Teil II, wie ich hoffe, besser geworden ist, so hat das Hauptverdienst daran mein archivalischer Kollege Herr Dr. Wachter, dem ich für seine freundliche und ausdauernde Unterstützung bei der Korrektur aufrichtigen Dank schulde.

Der Verfasser.

Fünftes Buch.

Klein-Schnellendorf.

Erstes Kapitel.
Geheime Unterhandlungen im Lager.

Als der hannöverische Gesandte Schwichelt Ende Oktober abreisen will, sagt König Friedrich auf die Nachricht davon: „Recht gut, ich verliere nicht viel daran."[1] Wie verhaßt ihm Robinson geworden, haben wir oben gesehen. Der dritte Botschafter König Georgs aber, Lord Hyndford, war trotz der Mißstimmung Friedrichs gegen seinen Oheim, und obwohl er seinem Kollegen Robinson treulich sekundiert hatte und auch für Schwichelts Interessen wiederholt eingetreten war, in deren Ungnade nicht mit verwickelt worden; er stand in hoher Achtung bei dem König wie bei Podewils.

Es hatte ihm unmöglich gleichgültig sein können, als sein Hof einst Robinson bevollmächtigt hatte, gleichsam über seinen Kopf hinweg die Unterhandlungen allein zu führen, und Podewils hatte vermuthlich sehr recht, wenn er über ihn berichtete: „Hyndford lacht im stillen über Robinsons Abweisung, man behandelt ihn wie einen kleinen Jungen und schneidet ihm das Gras unter seinen Füßen ab."[2] Wenn er nun aber auch sich eine gewisse vorsichtige Zurückhaltung auferlegt hatte gegenüber Vermittelungsversuchen, von denen er sich keinen Erfolg versprach, so hatte er doch auf der anderen Seite nie aufgehört, den Zweck seiner Sendung im Auge zu behalten, und im Verkehr mit den höheren preußischen Offizieren und Diplomaten, die doch mit wenigen Ausnahmen der französischen Allianz sich nicht sehr freuten, belebte sich ihm immer von neuem die Hoffnung, den König noch auf seine Seite herüberzuziehen. Freilich sah er ein, daß man von ihm nicht thätige Mitwirkung, sondern höchstens Neutralität verlangen dürfe.

Indessen kam doch schließlich alles darauf an, ob der junge Herrscher, dessen entschiedener Wille einst jene Allianz trotz der Antipathieen seiner Umgebung ins Leben gerufen, geneigt sein würde, auf Verhandlungen, welche einen modifizierten Rücktritt von derselben voraussetzten, irgendwie einzugehen.

---

[1] Marginal zu einem Bericht Podewils' vom 26. Oktober; Berliner Archiv.
[2] Den 2. September; ebd.

Es ist von Interesse, zu beobachten, welcher Prozeß sich damals in den Anschauungen des Königs vollzogen.

Die Aussichten schienen in der Zeit, um die es sich hier handelt, der ersten Hälfte des September für Hyndford keineswegs gut zu sein. Wir dürfen uns nur erinnern, in wie schroffer Weise die letzten grade in dieser Zeit durch Robinson gesandten Vorschläge aus Presburg, obwohl sie ganz Niederschlesien mit Breslau als Preis einer Allianz anboten, zurückgewiesen wurden; wie der König damals, am 14. September, den englischen Kurier selbst zum Augenzeugen seiner Intimität mit dem französischen Botschafter macht, dem er den Brief Lord Hyndfords hinreicht, und dem sicher ebenso die so schroff ablehnende Antwort des Königs gezeigt worden ist.

Der ganze Vorfall scheint so recht geeignet, uns jene enge Freundschaft zwischen dem König und Valori, welche dieser ja auch in seinen Denkwürdig= keiten rühmt [1], auf ihrem Gipfelpunkte zu zeigen.

In Wahrheit aber war etwas Täuschung dabei, und die französische Freundschaft stand um diese Zeit bereits in decadente domo. Lord Hyndford wird auch wenig erschreckt worden sein durch den Bericht seines Kammer= dieners; was dort so brüsk zurückgewiesen wurde, war ja im Grunde noch ein Werk seines Kollegen Robinson; inzwischen aber keimte, was er selbst gesät hatte, bereits ganz hoffnungsvoll empor.

Hyndford hatte bei seinem längeren Aufenthalte in Breslau auch mit dem Gouverneur von Breslau, Generallieutenant v. d. Marwitz Bekannt= schaft gemacht, einem energischen und intelligenten, bei dem König hochange= sehenen Offizier [2], dem gleich nach der Besetzung Breslaus eins der statt= lichsten Häuser, die „Goldene Sonne" am Ringe, hatte eingeräumt werden müssen, und der sehr wohl zu repräsentieren verstand.

Als nun in den ersten Tagen des September jene schroffe Abweisung Robinsons in den diplomatischen Kreisen großes Aufsehen machte und allge= mein besprochen wurde, da scheint von Marwitz eine allerdings in keiner Weise inspirierte Äußerung gefallen zu sein, geeignet, Hyndford zu einem Vorschlage zu ermutigen, welcher Niederschlesien mit Breslau dem König für den Preis der Neutralität anbot.

Eine Vollmacht vonseiten Österreichs zu diesem Anerbieten hatte der Gesandte offenbar nicht, und wohl eben deswegen vermied er den offiziellen Weg, sich an Podewils zu wenden. Er bat Marwitz, durch einen militärischen Freund aus der nächsten Umgebung des Königs diesen sondieren zu lassen, ob derselbe wohl für einen Vorschlag dieser Art, wie er ihn auf einem Blatt Papier präcisiert hatte, zugänglich sein werde. Der General meinte, so etwas dürfe man nicht wagen dem Könige vorzulegen, steckte aber doch das Papier zu sich [3].

Es ist sehr möglich, daß der sonst so äußerst behutsame Hyndford diesen

[1] I, 124: „Il me communiquait avec une confiance sans égale toutes les propositions qu'on lui faisait."
[2] Für seine Energie und seine Geltung bei dem Könige spricht sein ganzes Auftreten in Breslau. Näheres darüber in Grünhagen, Friedrich d. Gr. und die Breslauer 1740/41, S. 189 ff.
[3] Hyndford, den 6. September; Londoner Record office.

Schritt nicht gethan haben würde, hätte er nicht immer noch an der Mei=
nung festgehalten, daß Friedrich Frankreich gegenüber noch nicht definitiv ge=
bunden sei [1]).

Was nun das Schicksal jenes Vorschlags anbetrifft, so bekam Hyndford
von Marwitz am 6. September einen Brief zu sehen, wahrscheinlich von dem
Grafen Golß, einem Flügeladjutanten des Königs, der schon, weil er im
Lager das Amt eines Generalquartiermeisters versah, großen Einfluß und
weitreichende Verbindungen besaß und außerdem im engeren Vertrauen des
Königs war. Hyndford hatte, wie es scheint, in Breslau durch Vermittelung
von Marwitz bereits seine Bekanntschaft gemacht. Jetzt zeigte sein Brief dem
Lord, daß der König seine Vorschläge gelesen und ihnen nicht ganz entgegen
sei, auch wurde Weiteres in dieser Sache in Aussicht gestellt, zugleich aber das
tiefste Geheimnis zur Pflicht gemacht, da weder der König, noch sein Minister
darin figurieren wollten; es sei zweifelhaft, ob man Podewils jetzt davon
Kenntnis geben würde.

Hyndford beeilt sich, von dem Gehörten Meldung zu thun, aber nicht
nach Preßburg, sondern nur nach Hannover mit dem Ersuchen, sogleich neue
Instruktionen an Robinson zu schicken; auch hier sehr vorsichtig zuwerke
gehend, wie er denn die Personen, mit denen er unterhandelt, nicht nennt,
und als der ausdrückliche Wunsch des Königs Georg Namen verlangt, nicht
ohne Sophistik den General v. d. Marwitz vorschiebt, der allerdings die erste
Eröffnung kolportiert hatte, dagegen den Namen des Grafen Golß, der dann
weiter der eigentliche Träger der Unterhandlung ist, verschweigt. Jenem Be=
richte hat er noch die Notiz angefügt, wenn der Versuch fehlschlüge, gedenke
der König nach Böhmen zu ziehen, doch gelinge es vielleicht, ihn wenigstens
noch 14 Tage zurückzuhalten [2]).

Es ist sehr schwer, sich darüber ein sicheres Urteil zu bilden, ob und in
wie weit der König, als er diese erste Eröffnung an Hyndford gelangen ließ,
nun auch wirklich bereits zu einem gütlichen Vergleiche mit der Königin ent=
schlossen war. Wir mögen uns erinnern, daß er bereits früher einmal im Juli,
als die französischen Kriegsrüstungen nicht von der Stelle rücken wollten, Pode=
wils anweist, die Unterhandlungen mit England und Hannover so zu führen,
daß ihm immer noch eine Hinterthür bleibe, um, falls die Franzosen ihn zu
düpieren gedächten, den Kurs ändern zu können. Hieran könnte man denken
und in dieser eröffneten Unterhandlung mit Hyndford jene zweite Sehne er=
blicken, die der König auf seinem Bogen zu haben wünschte, aber ernster scheint
die Sache jetzt schon gewesen zu sein, das Drängen auf schnellen Abschluß
läßt doch auf bestimmtere Absichten schließen. Jedenfalls aber wirft sich die
Frage auf, welches Vorkommnis damals den König so aufgeregt und zu diesem
immerhin überraschenden Entschlusse getrieben habe.

[1]) In seinem Berichte vom 2. September vertritt er diese Überzeugung noch
ganz positiv, und in dem nächsten vom 6. September führt er an, von dem säch=
sischen Gesandten aus des Königs Munde gehört zu haben, er habe seine Kaiser=
stimme Bayern zugesagt. Da er das ohne weitere Bemerkung hinschreibt, so ist doch
sehr möglich, daß er glaubte, weiter gingen eben Friedrichs Verpflichtungen nicht,
und damit wäre ja eine Neutralität Preußens ganz wohl verträglich gewesen.

[2]) Bericht vom 6. September; Londoner Record office. Größtenteils abge=
druckt bei Carlyle a. a. O., S. 70.

Wie es scheint, läßt sich dieses Vorkommnis ganz bestimmt bezeichnen. Der Entschluß des Königs zu der ermutigenden Antwort an Hyndford ist, wie wir annehmen dürfen, in den ersten Tagen des September gefaßt worden, und am 28. August oder kurz vorher [1]) hatte er einen Brief seines Militärbevollmächtigten in München, des Feldmarschalls Schmettau, empfangen, einen Bericht enthaltend über einen am 15. August in der bayerischen Hauptstadt abgehaltenen Kriegsrat, dessen wesentlicher Inhalt wohl mitgeteilt zu werden verdient.

Der General erzählt, er habe schon viel Mühe gehabt, den Franzosen einen wunderlichen Plan auszureden, den der Maréchal de Logis, Mortagne, ein Günstling der beiden Belleisles, lebhaft verteidigt habe, nämlich über die Oberpfalz und Amberg in Böhmen einzudringen. Hier habe man endlich nachgegeben und ein Vorrücken gegen Linz beschlossen; als aber Schmettau darauf gedrungen habe, schnell weiter zu gehen und direkt auf Wien zu marschieren, seien die Franzosen, obwohl der Kurfürst und dessen Ratgeber, Graf Törring, auch dafür eingetreten, immer ausgewichen, und der französische Gesandte, Marquis Beauvau, sei endlich dabei geblieben, man möge sich doch vorläufig mit dem Unternehmen gegen Linz begnügen, dann könne man ja weiteres beschließen. Aufs neue habe nun Schmettau geltend gemacht, gerade jetzt habe ein Zug gegen Wien die beste Aussicht auf Erfolg, wenn auch selbst nur die 14,000 Bayern ihn ausführten; lasse man jedoch Österreich Zeit, zu Kräften zu kommen und Alliierte und Geld zu gewinnen, werde alles viel schwerer werden und die böhmische Unternehmung nur dazu dienen, das Ganze länger hinzuschleppen. Da flüsterte dem preußischen Bevollmächtigten der neben ihm sitzende Beauvau zu: „Wenn wir den Kurfürsten zum Herrn von Wien machen, werden wir nicht mehr seine Herren sein [2]), ich werde mit Ihnen nach der Konferenz davon sprechen."

Nach der Konferenz habe dann, erzählt Schmettau weiter, Beauvau in dem Bewußtsein, einen Fehler gemacht zu haben, die Sache zu drehen gesucht, seine Meinung sei nur, über den Marsch gegen Wien vorher die Meinung seines Hofes zu hören und die Ankunft der ersten französischen Kolonne abzuwarten, damit doch auch Franzosen mit den Bayern in Wien einrückten, worauf ihm Schmettau bemerkt hat, Wien würde sich eben den Bayern lieber ergeben als den Franzosen, und hinzugefügt, es sei doch zu fürchten, daß sein König aus dem Ganzen Verdacht schöpfe, als ginge man nicht ehrlich zuwerke und habe besondere Absichten.

Auch dem Kurfürsten habe er von dem Ganzen Mitteilung gemacht; dieser aber habe ihm gesagt: „Mein lieber Schmettau, setzen Sie sich an meine Stelle, Sie sehen, daß ich in den Händen des französischen Hofes bin, also, obgleich überzeugt von allen Ihren guten Gründen und davon, daß der fran-

---

[1]) Der König an Schmettau, den 28. August: „Je viens de recevoir votre lettre du 15 du courant" etc.; Polit. Korresp. I, 313.

[2]) „Si nous rendons l'électeur maitre de Vienne, nous ne le serons plus de lui." Aus Schmettaus Actes d'Ambassade, fol. 203; Berliner St.-A. Wir werden diese Fassung der denkwürdigen Worte, welche Schmettau gleich nach der Konferenz niedergeschrieben zu haben versichert, wohl vorziehen dürfen der, welche Valori in seinen Memoiren (I, 125), und selbst der, welche Ranke (Werke XXVII, 464) aus einer Depesche desselben Diplomaten vom 8. Januar 1745 anführt.

zöfiſche Hof möglicherweiſe ſeine Sonderabſichten hat, ſehen Sie, daß ich
nicht opponieren kann, daß ich nur ſo viel als möglich von ihrem Beiſtande
Nutzen ziehen muß, ohne ihnen das mindeſte Mißtrauen zu zeigen. Die Um=
ſtände und glückliche Operationen unter dem Beiſtande Ihres königlichen
Herrn werden ſie vielleicht zu einem guten Ziele führen."

Keine Silbe in des Königs Antwort auf dieſen Punkt läßt uns wahr=
nehmen, daß derſelbe auf jene Äußerung des Franzoſen ein größeres Gewicht
gelegt habe; aber wenn wir erfahren, daß doch auch der franzöſiſche Geſandte
Valori, der ſo viel um den König war, weſentlich von dieſer Äußerung das
Mißtrauen und die Abneigung gegen Frankreich datiert, ſo wird es doch wohl
gerechtfertigt erſcheinen, vornehmlich auf jene Nachricht die Schuld zu ſchie=
ben, wenn der König wenige Tage nach Empfang derſelben beſchließt, ſo ge=
ſinnten Bundesgenoſſen gegenüber rückſichtslos ſich von dem eigenen Vorteile
leiten zu laſſen und ſeiner Armee die ruhigen Winterquartiere, die er für
dieſelbe nach zehnmonatlicher Campagne heiß erſehnte, nötigenfalls durch
eine militäriſche Abkunft mit der Königin zu verſchaffen, und indem er den
Öſterreichern die Abberufung Neipperg's leichter machte, abzuwarten, wie
ſeine Verbündeten einem wirklich kriegstüchtigen Heere gegenüber ihre Feuer=
probe beſtehen würden, nnd von deren Ausfalle ſeine künftige Haltung ab=
hängig zu machen.

Eine wirkliche Trennung von dem franzöſiſchen Bündniſſe hatte er da=
mals wohl kaum im Sinne, und es lag nun in der That eine große Schwierig=
keit darin, ein Abkommen zu gedachtem Zwecke mit den Öſterreichern zu
treffen, ohne bei ſeinen Verbündeten Argwohn zu erregen. Ohne Heimlich=
keit und Verſtellung ließ ſich das überhaupt nicht ausführen.

Im tiefſten Geheimniſſe ließ der König dieſe Sache behandeln: ſelbſt ſein
vertrauteſter Ratgeber, Miniſter Podewils, erfuhr nichts davon; auch gegen
Marwitz, der, wie wir wiſſen, die erſten Eröffnungen vermittelt hatte, ward
dem engliſchen Botſchafter bald Schweigen auferlegt, und ſo blieb auf preußi=
ſcher Seite der Oberſt Goltz der einzige Eingeweihte. Es war dies ein ver=
hältnismäßig noch junger Offizier (37 Jahr alt), der 1730 aus ſächſiſchen
Kriegsdienſten in den Friedrich Wilhelms I. übergetreten, ſchnell zu großem
Anſehn gekommen war; er hatte 1734 die Rheincampagne mit Auszeichnung
durchgemacht und namentlich in der Organiſation des Verpflegungsweſens
eine ſeltene Geſchicklichkeit an den Tag gelegt, war aber auch damals zu klei=
neren diplomatiſchen Sendungen gebraucht worden. Der junge König hatte
ihn als Flügeladjutanten an ſeine Perſon attachiert und bediente ſich ſeines
Rates gern bei organiſatoriſch = militäriſchen Arbeiten, aber zugleich auch
bei ſchwierigen Unterhandlungen. Goltz hatte den ſogen. Neutralitätsver=
trag mit der Stadt Breslau arrangiert, hatte im Auftrage des Königs den
Erbprinzen von Deſſau zu der kühnen Überrumpelung Glogaus beſtimmt und
dieſe dann mit größter perſönlicher Unerſchrockenheit mit durchführen hel=
fen [2]). Ihn hatte ſich der König zur Führung dieſer ſchwierigen Unter=

---

[1]) Memoiren I, 125: „Un pareil propos de la part d'un ministre de France
maudé au roi de Prusse — — fut le signal de la défiance de ce prince."

[2]) Der König hat ihm, den ein früher Tod bereits 1747 hinwegraffte, einen
preiſenden Nachruf gewidmet: „Éloge du général de Goltz", Oeuvres VII, 13 sqq.

handlungen auserfehen, und er urteilt selbst darüber, das Publikum hätte von diesen niemals eine vollständige Kenntnis erlangt [1]. Auch Ranke er= klärt die Überreste der damals gewechselten Briefe und Billets nicht recht verständlich [2]. Doch will es scheinen, als seien die Quellen, wie sie sich jetzt aus den Archiven von London, Berlin und Wien haben zusammenstellen laffen, ziemlich vollständig erhalten, auch des inneren Zusammenhanges an keiner Stelle entbehrend, und die Schwierigkeit bestehe eben nur darin, die nicht ausgesprochenen geheimen letzten Gedanken des jungen Königs, der hier ganz auf eigene Hand einen kühnen diplomatischen Feldzug eröffnete, richtig zu würdigen.

Jedenfalls ging es mit den geheimen Unterhandlungen Hyndfords auf= fallend schnell vorwärts. Am 9ten erhielt derselbe eine Aufforderung, mit Graf Golz an einem unverdächtigen Orte zusammenzukommen (man war übereingekommen, jeden Anschein von Vertraulichkeit zu vermeiden), und bei der an demselben Tage abgehaltenen Begegnung [3] berichtet Golz, an diesem Morgen einen Brief aus dem Lager erhalten zu haben. Der König sei ge= neigt, diesem letzten Versuche zuzustimmen, obwohl er darin selbst auftreten weder wollte, noch könnte [4]. Darauf las er dem Gesandten ein Papier vor, welches er jedoch nicht zeigen mochte, so daß des Gesandten Vermutung, es möge von des Königs Hand sein, etwas für sich haben konnte. Dagegen ließ er sich bereit finden, den Inhalt zu diktieren; derselbe lautete:

„Toute la basse Silésie, la rivière de Neisse pour limite, la ville de Neisse à nous aussi bien que Glatz, de l'autre côté de l'Oder l'ancien limite entre les duchés de Brieg et d'Oppeln. Namslau à nous. Les affaires de religion in statu quo. Point de dépendance de la Bohème, cession éternelle. En échange nous n'irons pas plus loin. Nous assiége= rons Neisse pro forma; le commandant se rendra et sortira. Nous pren= drons les quartiers tranquillement, et ils pourront mener leur armée où ils voudront. Que tout cela soit fini en donze jours." [5]

Nachdem der Oberst den Inhalt des Papieres diktiert, zerriß er dasselbe in kleine Stücke und wiederholte, wenn die Sache entdeckt würde, wäre der König ebenso gut wie er selbst entschlossen, alles abzuleugnen. Hyndford ver= mißte dann noch eine Stipulation zugunsten der deutschen Besitzungen König Georgs und mochte sich durch die Versicherung, daß Hannover von Frankreich nichts zu fürchten habe, nicht beruhigen laffen [6].

Wie eigentümlich nun auch die Fassung dieses Vorschlages war, in der verzweifelten Lage, in der sich damals Maria Theresia befand, eröffnete der=

---

[1] A. a. O., S. 16.

[2] Zwölf Bücher preuß. Gesch. III, 469.

[3] Daß hier Golz und nicht wiederum Marwitz gemeint ist, schließe ich einer= seits daraus, daß jener fortan überhaupt diese Verhandlungen führt, und daß ihn Hyndford mit den Worten einführt: „One of the persons I mentioned in my former despatch"; daß die Unterredung am 9ten stattfand, daraus, daß der Bericht darüber in Hyndfords Depesche vom 9. September als Nachschrift erscheint.

[4] „Although he would not nor could appear in it."

[5] Polit. Korresp. I, 336, Anm. I.

[6] Nachschrift zu Hyndfords Bericht vom 9. September. Londoner Record office, der Hauptsache nach bei Carlyle a. a. O., S. 71.

selbe einen Weg zur Rettung, und natürlich zögerte Hyndford nicht, die Pro=
position an Robinson zu senden.

Aber ehe noch eine Entscheidung darauf vonseiten des Preßburger Hofes
erfolgt war, hatte Friedrich ungeduldig sich an Hyndford gewendet. Am
16ten des Abends bittet ihn Golz, aus dem Lager von Neundorf un=
verzüglich hinzukommen und seine Reise so zu beeilen, daß er, wie es in dem
Briefe heißt, am 18ten Mittag „öffentlich erscheinen" [1], d. h. doch wohl sich
zur Audienz bei dem König einfinden könne. Sechs Postpferde würde er in
Ohlau und Grottkau bereit finden. Er möge sich, so viel er irgend könne, be=
eilen; ja es erhält an demselben Tage Podewils durch Eichel den Auftrag,
Hyndford zu sagen, „daß, wenn er zu Deroselben (dem Könige) anhero kommen
würde, er nicht nur allemal angenehm sein würde sondern auch, daß er Dero=
selben ein Vergnügen machen werde, wenn er übermorgen anhero reisen wolle,
indem Se. Kgl. Majestät ein besonderes Verlangen haben, ihn bei Sich zu
sehen" [2].

Aber bevor noch dieser Brief in des Ministers Händen war, hatte dieser
(gleichfalls unter dem 16. September) ins Hauptquartier berichten müssen,
daß der Lord krank darnieder liege, er habe sich bereits zweimal müssen die
Aber schlagen lassen [3]. Und inzwischen hatte der König, vielleicht auf an=
derem Wege von Hyndfords Krankheit unterrichtet, dem Obersten eine Wei=
sung zu direkter Anknüpfung mit Neipperg erteilt. Golz begleitete tags
darauf, den 17. September, den Prinzen Dietrich von Anhalt zu einer Zu=
sammenkunft, welche dieser behufs der Auswechselung von Kriegsgefangenen
in Rieglitz (etwa eine halbe Meile nördlich von Neiße) an diesem Tage mit
dem österreichischen General Lentulus hatte, und eröffnete diesem, er wünsche
im Auftrage des Königs den Feldmarschall baldmöglichst zu sprechen, worauf
Lentulus sich beeilte, diesen Wunsch an Neipperg zu berichten und dann selbst
noch an demselben Tage den Obersten an den von dem Feldmarschall be=
stimmten Ort der Zusammenkunft geleitete, einem Kapuziner Kloster, in
der links vom Neißeflusse gelegenen sogen. Mährengasse, der nördlichen
durch den Fluß getrennten Vorstadt [4]. Über den Verlauf der Besprechung
liegt uns dann ein Bericht des Marschalls vor [5].

---

[1] „Je prends la liberté de vous conseiller — de venir ici incessamment
et de presser votre voyage de sorte, que vous puissiez paraître publiquement
lundi vers midi." Carlyle a. a. O., S. 73.

[2] Polit. Korresp. I, 336.

[3] Berliner St.=A.

[4] Die Einleitung des Rendezvous aus Arneth a. a. O., S. 332, welcher je=
doch irrt, wenn er die Zusammenkunft in Rieglitz vor sich gehen läßt. Hyndford
schreibt unter dem 25. September mit Bezug auf jene Besprechung, „was zwischen
Ihnen bei den Kapuzinern vorgegangen ist" (vgl. unten). Über den Tag, den Arneth
nicht angiebt, und der auch in der Depesche nicht erwähnt wird, kann kein Zweifel
obwalten. Es könnte hier, da wir den Bericht Neippergs am 18ten über die Zu=
sammenkunft vor uns haben, sonst nur der 18te in Frage kommen. Aber von diesem
Tage schreibt Neipperg, er sei erst spät von der Zusammenkunft zurückgekehrt. Vom
18ten sind dann zwei Briefe datiert, und auch von Golz haben wir von dem 18ten mit=
tags einen gleich anzuführenden Brief. Vgl. Grünhagen, Diplomatische Bespre=
chungen im Neißer Kapuzinerkloster; Schles. Zeitschr. XIV, 1 ff.

[5] Wiener St.=A., den 18. September. Mitteilungen daraus in der Polit. Korresp.
I, 355, Anm. 1.

Dieser, der nur eben seine Instruktionen von der letzten Unterhandlung mit Robinson hatte, antwortet auf die Frage, ob er Vollmacht zu einem Accommodement habe: platterdings ja; aber auf die zweite Frage, ob die Königin bereit sei, auch Neiße und Glatz abzutreten, jedes mit so viel Land, als ein Stückschuß betrage, mit: nein; Niederschlesien bis zur Neiße, mehr dürfe er nicht bewilligen. Dann, meinte Golz, werde aus der ganzen Sache nichts werden. Nun fragte Neipperg, der, wie schon erwähnt, nur jene alte Instruktion vom 13. September besaß, wie es mit der Hilfsleistung stehe, auf welche die Königin hoffe. Der Oberst erwiderte, eine solche sei nicht zu erwarten, sondern nur Neutralität. Künftiges Frühjahr werde der König vielleicht Gelegenheit finden, sich dafür zu bemühen, daß Maria Theresia nicht zu großer Schaden geschehe. Sein König sei weit davon entfernt den Ruin des österreichischen Hauses anzustreben. Golz betonte die Versicherungen von den guten Absichten seines königlichen Herrn mit so viel Wärme, daß selbst Neipperg den Eindruck gewann, der König schiene in der That vor einem Allzumächtig-werden Frankreichs Besorgnisse zu hegen.

General Lentulus, der den Marschall begleitet, hatte während des Gesprächs so weit zurückgestanden, daß er nichts hatte hören können, wie denn überhaupt der Oberst die strengste Geheimhaltung aufs bringendste ans Herz gelegt hatte.

Als Neipperg zurückkehrte, fand er eine neue Vollmacht vor. Der Kurier, welcher sie gebracht, hatte dann weiter nach Breslau zu Lord Hyndford gewollt, war aber von den preußischen Vorposten angehalten worden, und als man deßhalb bei dem König angefragt, hatte dieser den Kurier wieder an den Marschall geschickt, mit der Meldung, der Lord sei schwer krank [1]). Neipperg aber sendet die Depeschen unter dem 18ten an Schwerin nach Breslau zur Aushändigung an die englische Gesandtschaft, bei der es ja doch einen Legationssekretär geben müsse, der selbst in dem Falle, daß der Lord sterbenskrank oder gar schon gestorben sei, das Schreiben aufbrechen und die Antwort besorgen könne [2]).

Übrigens konnte er auf den Inhalt jener Depeschen nicht wohl neugierig sein, da ihm Abschriften derselben zugekommen waren; wohl aber zeigte sich der König ungeduldig, und obwohl doch Podewils nicht im Geheimnisse dieser Sache war und von jener an Hyndford übergebenen Proposition nichts wußte, ward ihm doch durch den Kabinettsrat Eichel geschrieben, der König möchte gern wissen, was der Wiener Kurier dem Lord mitgebracht hätte [3]).

In Preßburg war um diese Zeit die Not groß. Der Beistand, den am 11. September die Begeisterung der Ungarn zugesagt, war nicht so schnell zu erwarten, indessen konnten die Franzosen und Bayern in Wien sein. Schon standen sie vor Linz, der Hauptstadt von Oberösterreich, das nicht zu halten war; ihrem weiteren Vordringen hatte man kein Heer entgegenzusetzen. Vergeblich hatte man an alle möglichen Thüren geklopft, Stainville und Wasner in Paris bei Fleury, Koch bei Belleisle in Frankfurt unterhandeln und Luxem-

---

[1]) Diesen Hergang berichtet ziemlich lakonisch ein Brief von Golz an Hyndford vom 18ten 3 Uhr nachmittags, bei Carlyle a. a. O., S. 73.

[2]) Vgl. Polit. Korresp. I, 341, Anm. 1.

[3]) Den 19. September; ebd.

burg anbieten laſſen, hatte durch die verwitwete Kaiſerin Amalie (bekanntlich eine braunſchweigiſche Prinzeſſin, die Tante der Gemahlin Friedrichs) dem Kurfürſten von Bayern die beſten Anerbietungen machen laſſen, die italieni= ſchen Beſitzungen, die vorderöſterreichiſchen Lande, die öſterreichiſchen Nieder= lande, alles vergebens [1]). Fleury hatte gerührt ſein Mitgefühl ausgeſprochen, ohne aber auf etwas einzugehen [2]). Belleisle hielt die Abtretung mindeſtens von Böhmen für ganz unerläßlich, und Karl Albert hatte von den Vorſchlägen und ihrer Ablehnung dem König von Preußen ſofortige Meldung gethan [3]). Selbſt auf den König von Preußen hatte man durch perſönliche Beziehungen zu wirken geſucht, und die Kaiſerin Amalie hatte die Schweſter Friedrichs, die Markgräfin von Baireuth, um ihre Fürſprache gebeten [4]), ja dieſelbe Dame hatte ſich dann auch an ihren Neffen, den im preußiſchen Heere dienen= den Herzog Ferdinand von Braunſchweig, in einem Briefe gewendet, der allerdings ſeinem Inhalte nach wenig geeignet ſcheinen konnte, den König, den ſie als den alleinigen Urheber des Unglücks ihres Hauſes erklärte, gün= ſtiger zu ſtimmen [5]), wie denn derſelbe ihr nichts weiter eintrug, als eine Antwort, der der König ſelbſt einige Spitzen beigefügt hatte über die unziem= liche Art, mit der man in Wien von dem König von Preußen ſpreche, und die Intriguen, welche die Kaiſerin am bayeriſchen Hofe anzettele, über welche man jedoch im preußiſchen Hauptquartier ſehr genau unterrichtet ſei. Wenn dem König über die Geſinnung der ihm verſchwägerten Kaiſerin noch hätte ein Zweifel bleiben können, ſo hätte ihm denn ein zweiter Brief an einen anderen braunſchweigiſchen Prinzen, Herzog Ludwig (vom 21. September), der allerdings nicht für ſeine Augen beſtimmt war, vielmehr aufgefangen worden war, benehmen müſſen. Darin figurierte er als ein neuer Pharao, während die Schreiberin an dem Kurfürſten von Bayern wenigſtens das zu loben fand, daß er nicht gehenchelt, ſondern von Anfang an ſich offen er= klärt habe.

Der König hat dieſen Briefen doch ſo viel Bedeutung beigelegt, daß er ſie gegen ſeine ſonſtige Gewohnheit vollſtändig in ſeiner Memoire einge= reiht hat; für uns aber haben ſie ihre Bedeutung nur unter den Symptomen der damaligen Bedrängniſſe des öſterreichiſchen Hofes.

Dieſe Bedrängnis war es nun, welche die Königin auf den neuen Ver= mittelungsverſuch eingehen ließ. Sie ſchreibt an Neipperg unter dem 15. September: „Gleich nach Abgang meines letzten Handſchreibens an Euch kam dem Robinſon ein Kurier von Lord Hyndford zu [6]), worauf jener die kurze hierbei kommende Schrift (den bewußten Zettel im Lapidarſtile) über=

---

[1]) Es iſt doch wahrſcheinlicher, daß dem Kurfürſten die Wahl zwiſchen dieſen Stücken gelaſſen worden, wie Droyſen V, 1. S. 319 aus einem Berichte Kling= gräffs anführt, als daß ſie alle zuſammen geboten worden ſeien, wie Heigel a. a. O., S. 201 aus einem Briefe Belleisles vom 4. Oktober berichtet.

[2]) Fleury an den Großherzog, den 2. September; angeführt bei Arneth II, 489.

[3]) Anführung bei Heigel, S. 201.

[4]) Anführung bei Droyſen V, 1. S. 319 und Oeuvres XXVII, 101.

[5]) Vom 17. September. Derſelbe iſt abgedruckt in der Hist. de mon temps (von 1746) ed. Poßner, S. 235 (1775); Oeuvres II, 87; ſowie bei Arneth I, 397, wo ſich kleine Varianten im Texte herausſtellen.

[6]) Alſo am 13., nicht am 15. September, wie Droyſen S. 342 und dann noch einmal S. 343 hat.

gab, so von einem Vertrauten des Königs von Preußen herrühre und dessen Ultimatum in sich enthalte, nach des Robinsons mündlicher Aussage aber absque die et consule ihm von Hyndford zugestellt worden sein solle. — Ihr ersehet daraus, wie weit man von jenem, was euch letztens überschrieben worden, abgegangen sei und in der That darinnen bestehend, daß allein, um sich des euch angewiesenen Corps bedienen zu können und des Friedens von Preußen gesichert zu sein, ihr zu der nämlichen Cession, als man sonsten gegen die wirkliche Hilfsleistung und Kurbrandenburgs Wahlstimme eingestehen wollen, begewaltiget werdet." [1]

Dem Feldmarschall wird nun durch diesen Brief das Mandat zur Unterhandlung mit Preußen im Vereine mit Hyndford, welches ihm bereits bei Gelegenheit der letzten von Robinson übersandten Vorschläge erteilt worden war, erneuert, indem ihm zugleich als Norm für die Verhandlungen eine unter demselben Datum an Robinson gerichtete Note übersandt wird, in welcher sich die Königin zur Abtretung von Niederschlesien bis zur Neiße bereit erklärt, ohne dafür von dem Könige mehr zu verlangen, als dessen Freundschaft und Frieden und dauerhafte Versöhnung, dagegen aber die Hoffnung ausspricht, derselbe werde auf die Forderung von Neiße und Glatz verzichten, da von diesen Plätzen bisher niemals die Rede gewesen und anderseits der König, insofern er noch einen Teil von dem eigentlichen Oberschlesien erhielte, ohnehin mehr erlangte, als er bisher selbst begehrt habe. Auch sei von ihm, der früher so edelmütige Grundsätze inbezug auf die Königin ausgesprochen, zu hoffen, daß er ihre Grenzen nicht so ganz alles Schutzes berauben und sie unfähig machen werde, ferner noch irgendwie für das allgemeine Wohl nützlich zu werden, um so mehr seine eigenen Grenzen so wohl beschützt und für seiner Lande Sicherheit mehr als überflüssig gesorgt sei [2].

Neipperg wünschte selbst nichts lebhafter als einen Vergleich mit dem Könige, er sah seine militärische Lage als ungünstig an, schon einige Tage vorher schreibt er an Lobkowitz, er werde nicht lange mehr Widerstand leisten können [3], wiederholt berichtet er über Vorbereitungen des Königs von Preußen um Winterquartiere in Mähren und Böhmen zu nehmen, und seinen Bericht über die Unterredung mit Golz schließt er mit sehr trüben Voraussichten. Die neue Unterhandlung, fürchtet er, werde auch wiederum scheitern, da der König auf Neiße und Glatz bestehen zu wollen scheine, und dann werde man bald von der Beschießung Neißes hören, andernfalls vermöchte er doch mit seiner Armee Wien zuhilfe zu kommen.

Tags darauf, den 19. September, schreibt er in demselben Tone, der König habe Belagerungsgeschütz kommen, Faschinen herrichten lassen. Er selbst könne es jetzt auf eine Schlacht nicht ankommen lassen, es stände zu viel auf dem Spiele, und selbst wenn er dem Gegner einen Schlag beibringe, sei wenig erreicht, da dieser in der Lage sei, Verstärkungen an sich zu ziehen und die Verluste auszugleichen. Dagegen sei ihm ein anderes Auskunftsmittel eingefallen, man könne vielleicht Neiße und Glatz retten, indem man sich verpflichte, beide Festungen zu schleifen [4].

Inzwischen war es mit Hyndfords Gesundheit besser geworden; Goltz hatte ihn aufs neue gedrängt, so wie es sein Befinden erlaube, ins Lager zu kommen, eventuell wenigstens an Marwitz zu sagen, welche Entscheidung er aus Wien erhalten.

Der Gesandte hatte sich beeilt, zunächst an Robinson zu schreiben, daß ohne weitere Konzessionen der Friede nicht zu haben sein werde. Was Neiße betreffe, so habe er allerdings auch sonst schon gehört, daß dieses zu Nieder=schlesien gerechnet werde, die Forderung von Glatz habe ihn anfangs selbst betroffen gemacht, doch sage man hier, das habe früher zu Schlesien gehört, und sein Besitz gebe erst eine gewisse Sicherheit gegen Böhmen. Schließlich meine er, für die Rettung Wiens sei selbst ein großes Opfer wohl zu recht=fertigen [1]). An einem Erfolge dieser Vorstellungen zweifelte er so wenig, daß er gleichzeitig Neipperg schrieb, derselbe werde vermutlich nächster Tage neue Instruktionen erhalten [2]).

Am 21. September fühlte er sich kräftig genug, um die Reise ins Haupt=quartier von Riemerzheide oder Großneundorf, nördlich unweit Neiße, antreten zu können. Aber der König verweigerte ihm die nachgesuchte Audienz, er wolle, hieß es, Valori keine Ombrage geben. Doch fand sich anderer Rat, und jedenfalls auf Goltz' Anraten, also schwerlich ohne Vorwissen des Königs, postierte sich am 22. September der Lord in den engen Eingang zu des Königs Zelte, als dieser von der Parade zurückkehren sollte. Friedrich ging, so wie er den Gesandten erblickte, nicht rechts in das Speisezelt, sondern links in sein eigenes Zelt, schloß die Thür, winkt das Gefolge hinaus und fragte: „Nun Mylord, um was handelt es sich jetzt?" „Majestät", sagte Hyndford, „um die geheime Angelegenheit und dann um eine Zusicherung wegen der Neutralität der hannöverischen Lande, welche von Ew. Majestät zu erhalten ich sehr glücklich sein würde." Nur auf die zweite Sache ging der König ein, brachte wiederum seine Beschwerden über England vor und die wenig überein=stimmenden Äußerungen des englischen und des hannöverischen Gesandten, ver=sprach aber dann seine Verwendung, allerdings nicht ohne Anspielungen auf Konvenienzen dafür [3]). Von der geheimen Angelegenheit vermied er zu reden, und als Hyndford das Gespräch hierauf zu lenken suchte durch die Erklärung, er müsse morgen über den Fluß ins österreichische Lager, begnügte Friedrich sich, hervorzuheben, der Lord möge es so einrichten, daß man sähe, der Übergang geschehe im eigenen, nicht in des Königs Interesse [4]).

Am Morgen des 23. September überschritt Lord Hyndford, von einem Trompeter geleitet, die Neiße. In der Festung, wo er in der bischöflichen Re=sidenz Quartier fand [5]), schien ihm noch kein Mangel zu herrschen, wohl aber mancherlei Krankheiten, die man den Ausdünstungen des überall zu größerem Schutze aufgestauten Wassers zuschrieb. Bei Neipperg durfte er nicht lange

---

[1]) Breslau, den 19. September; Londoner Record office.
[2]) Angeführt in einem Berichte Neippergs vom 21. September; Wiener St.=A.
[3]) Vgl. oben Th. I, S. 456.
[4]) Hyndfords Bericht vom 4. Oktober; Londoner Record office.
[5]) Das handschriftliche Neißer Tagebuch des Kreuzherrn Pratzer in den Kastner=schen Sammlungen (Neißer Stadtarchiv) läßt den Gesandten am 22ten nach Neiße kommen und am 23ten nach einem Besuche im preußischen Lager wieder zurückkehren, was mit den Angaben Hyndfords nicht stimmen will.

auf Entscheidung von Presburg warten. Unter dem 21. September entschied die Königin auf den Bericht über die Zusammenkunft mit Golz am 17ten fast im Tone eines Ultimatums, Neipperg solle mit Preußen Frieden zu schließen suchen und schlimmstenfalls auch Neiße abtreten dürfen, Glatz aber nicht; und wolle man sich damit nicht begnügen, so möge er Neiße und Glatz möglichst stark besetzen und dann abziehen, auf die Gefahr hin, wie lange sich dann die beiden Plätze noch würden halten können ¹). Doch der Stafette, welche diese Instruktion brachte, folgte bald eine zweite mit Bezug auf Neippergs Vorschläge vom 19ten, man zöge selbst die Abtretung von Neiße der Schleifung beider Festungen vor, indessen dürfe er eventualissime auch diese zugestehen ²).

Daraufhin wird nun Golz von Hyndford am 25. September zu einem neuen Rendezvous in dem bewußten Kapuzinerkloster der Mährengasse ein= geladen, wo er sich auch nachmittags 4 Uhr einstellt ³). Die Korrespondenz zwischen ihm und Hyndford ging, seit der letztere sich bei den Österreichern befand, immer unter dem Namen des Generals Lentulus, der ja seit der ersten Zusammenkunft des Obersten mit Neipperg als Mitwisser des Geheimnisses gelten durfte ⁴).

Die Unterredung vermochte das gewünschte Resultat um so weniger her= beizuführen, als die beiden österreichischen Unterhändler (Hyndford und Neip= perg) es für gut fanden, auch wieder nur „gradatim" vorzugehen. Sie überreichten Golz einen Vertragsentwurf, der kurz dahin ging, man wolle Niederschlesien bis zur Neiße abtreten, die Festung Neiße solle geschleift wer= den, der König übernehme die auf Schlesien hypothecierten Schulden, und verpflichte sich, Hannover nicht anzugreifen, vielmehr sogar Frankreich an solchem Vorhaben zu hindern, England werde Niederschlesien dem Könige garantieren und sogar suchen, die Garantie von Rußland zu erlangen, Sachsen solle der Beitritt zu diesem Vertrage sechs Monate hindurch offen gehalten werden ⁵).

Golz nimmt den Entwurf seinem Könige mit, ohne jedoch viel Hoffnung auf dessen Annahme zu lassen, vielmehr setzt er auseinander, nachdem man so lange sich gesträubt, seinem Herrn annehmbare Propositionen zu machen, trage man selbst die Schuld, daß dieser nun auf andere Mächte Rücksicht nehmen müsse, und schon um bei den Franzosen nicht Argwohn zu erregen, sei ein Unternehmen auf Neiße und die Eroberung dieser Festung, ebenso wie ein wenigstens scheinbares Fortführen des Krieges, Einrücken in Oberschle= sien 2c. unerläßlich, was dann Neipperg in seinem noch am selbigen Abend erstatteten Berichte zu dem Vorschlage bewegt, möge man dann den König Neiße cerniren und einnehmen lassen, nur müsse er es später zurückgeben, worauf dann die Werke geschleift werden sollten ⁶).

---

¹) Wiener St.=A.
²) Instruktion vom 22. September; ebd.
³) Brief und Antwort im Londoner Record office.
⁴) Angeführt in einem Berichte Neippergs vom 13. Oktober 1741; Wiener St.=A.
⁵) Londoner Record office. Beilage zu Hyndfords Bericht vom 4. Oktober, auch Wiener St.=A.
⁶) Wiener St.=A.

Aber noch in der Nacht bringt ein Reiter einen neuen Brief von Goltz an Hyndford, den, wie man im österreichischen Lager überzeugt war, der König selbst diktiert hatte [1]. Sein Inhalt ging dahin, wenn man auch von Glatz nicht mehr sprechen wolle, so müsse man doch auf Neiße unbedingt bestehen, schon um der Alliierten willen. Hierauf hieß es wörtlich: „Alles, was wir zum Besten der Königin, welches uns keineswegs gleichgültig ist, thun könnten, wäre, ihre Armee abziehen zu lassen, ohne einen Vertrag abzuschließen, uns hier in Schlesien die Zeit zu vertreiben (amuser) und nirgends gegen irgendwen in der Welt feindlich aufzutreten. Wenn Ihnen das recht ist, kann Herr Marschall Neipperg morgen abziehen, wenn er will. Mein Kopf wird ihm Unterpfand sein für das, was ich Ihnen zu sagen die Ehre habe." [2]

In derselben Nacht ging die preußische Vorhut unter Prinz Leopold etwas unterhalb der Festung bei Koppitz über die Neiße, und es ist wohl möglich, daß der Befehl den natürlich bereits vorbereiteten Schritt auszuführen erst nach Goltz' Zurückkunft aus dem Kapuzinerkloster und im Zusammenhange mit den Nachrichten, die er brachte, gegeben worden ist. Am 26ſten folgt der König selbst mit dem Gros des Heeres.

Der Brief von Goltz machte im österreichischen Lager einen furchtbar niederschlagenden Eindruck, und zwar handelte es sich hier nicht mehr wie bisher immer um die Grenzen der Abtretungen, denn, wie wir wissen, hatte ja Neipperg und Hyndford Vollmacht, eventuell selbst Neiße abzutreten, vielmehr nur darum, daß Friedrich überhaupt keinen Vertrag, sondern nur ein sehr lose formulirtes militärisches Abkommen abschließen zu wollen schien. Das Ungewöhnliche der Sache war wohlgeeignet, die Unterhändler in Verlegenheit zu setzen.

Hyndford und Neipperg hielten am 26. September eine längere Beratung, zu welcher sie auch den General Brown zuzogen. Das Resultat derselben war der sofort nach Presburg berichtete Beschluß, unter diesen Umständen von dem Angebot Neißes Abstand zu nehmen, da dieser doch nichts helfen würde, vielmehr der Stein des Anstoßes wo anders läge, überhaupt die Unterhandlungen, wie man sich ausdrückt, auf dem status quo zu lassen [3]. Aufs höchste erbittert und trostlos zugleich schreibt Neipperg an diesem Tage an den Großherzog, mit tiefer Bekümmerniß denke er daran, daß er nun doch abziehen müsse, um Wien zu retten. Gehe er fort ohne ein Abkommen mit dem König, so werde dieser sofort auch Mähren besetzen. Aber auch von einem Abkommen sei für die Königin nicht viel zu hoffen. Wenn diese selbst Neiße anbieten wolle, würde es Friedrich vielleicht gar nicht annehmen; er wolle dem Anscheine nach die Festung mit Gewalt einnehmen, um Frankreich zu beweisen, daß er es ehrlich meine und sich dann in Oberschlesien ausbreiten, entweder um sich auch dieses Land zu sichern für den Fall, daß die Sache der Königin noch schlechter sich gestaltete oder vielleicht auch nur, um

---

[1] Neipperg an den Großherzog, den 25. September; Wiener Kriegsministerial-A.

[2] Polit. Korresp. I, 355. Es ist dies der Brief, welchen Raumer a. a. O., S. 148, mit der unbestimmten Bezeichnung noch „im September" (im Orig. heißt es: „ce lundy au soir") teilweise in Übersetzung mitteilt.

[3] Wiener St.-A.

sein Heer dort zu verpflegen und Rekruten dort auszuheben. „Hierher", schließt er, „gehört ein wirklicher Diplomat; ein bloßer Soldat richtet mit diesem König nichts aus, versessen in seine Ideen, wie er ist, und hinterlistig, wie er es sein möchte [1]), oder vielleicht auch zu eng verbunden mit seinen Alliierten, die er um jeden Preis bei guter Laune erhalten will." [2])

Aber die Nachricht von des Königs Übergang über die Neiße, dessen militärische Folgen sehr ernst werden konnten, mochte wohl mahnen, trotz aller Bedenken die Unterhandlungen nicht sistieren zu lassen, und so entschloß man sich denn, am 27. September, im österreichischen Hauptquartier, den General Brown zu mündlicher Berichterstattung nach Preßburg zu senden. Am selbigen Tage schrieb dann Hyndford an Golz, Neipperg habe wegen Neiße die Hände gebunden, er dürfe die Stadt nicht übergeben in der Weise, wie der König wünsche; da aber dies der einzige Punkt sei, der einer Konvention entgegenstehe, so habe derselbe heut einen Offizier an die Königin abgesendet, der hoffentlich nächsten Montag (den 2. Oktober) zurück sein und die Zu- stimmung der letzteren zu der Einnahme von Neiße pro forma bringen werde [3]).

Hatte Hyndford in seinem Briefe versucht, den Schwerpunkt der ganzen Unterhandlung zu verschieben, sich den Anschein zu geben, als bestände die Differenz nur in der Frage um die Übergabe von Neiße und den abgelehnten Vertrag unter der Form einer Konvention durch eine Hinterthür wieder hereinzuschmuggeln, so beeilte sich der König, die Sache wieder in das rechte Licht zu stellen. Es ist ein sehr denkwürdiger Brief, den er am 28. Sep- tember aus dem Lager bei Kalteneck (unweit Lamsdorf, südlich von Falken- berg) den Obersten Golz an Hyndford schreiben läßt. Derselbe lautet in ge- treuer Übersetzung: „Sie sehen, Mylord, daß die Sachen ein wenig ihr Gesicht verändert haben (d. h. doch wohl durch den gelungenen Neiße-Über- gang und dessen Konsequenzen); trotzdem wünscht der König imstande zu sein, Beweise seines guten Willens Ihrer Majestät der Königin von Ungarn zu geben. Aber Sie werden selbst ohne Schwierigkeit einsehen, daß die gegen- wärtigen Umstände, unsere Verpflichtungen, die Ehre und das Interesse des Königs ihm nicht gestatten, einen Sonderfrieden mit dem Wiener Hofe zu schließen. Die französische Armee, die in Westfalen steht, würde Grund haben, es uns büßen zu lassen, was dann den allgemeinen Frieden, statt ihn näher zu bringen, nur in weitere Ferne rücken und folglich uns unser gemein- sames Ziel verfehlen lassen würde." Nun folgt die merkwürdigste Stelle: „J'ai ordre de Vous dire, que si Vous pouvez faire trainer la negociation jusqu'à l'hiver, on trouvera moyen d'ajuster les choses." Der Vordersatz sollte augenscheinlich so verstanden werden, daß, wenn der Wiener Hof es möglich machte, sich bis zum Winter nicht zu einem schnellen, ungünstigen Frieden zwingen zu lassen, man Mittel finden werde, die Sachen in Ordnung zu bringen, und würde dann (nur noch enger limitiert) die Zusage bekräftigen, welche bereits am 17. September Golz mündlich gegeben hatte, daß nämlich zum Frühjahr der König Gelegenheit finden werde, zu verhüten, daß der

---

[1]) „entêté comme ce roy l'est, fourbe comme il veut être."
[2]) Wiener Kriegsministerial-A. 9/53.
[3]) Berliner St.-A. R. 46. B. 16 a. Wiener St.-A., Kriegsakten fasc. 96.

Königin allzu großer Schaden geschehe. Es war sehr erklärlich, daß in dem ganzen Briefe die Ausdrucksweise diesmal, wo es sich um eine schriftliche Zusage handelte, etwas dunkler erscheinen mochte. Der Brief fährt dann fort: „Inzwischen muß man uns ohne Verzug Reiße nehmen lassen und selbst mit der Armee abziehen, wohin es beliebt. Wenn das Ihnen paßt, werden sich unsere Ansprüche auf das beschränken, was Ihnen bekannt ist, nämlich Niederschlesien mit der Stadt Reiße. Wir werden niemals mehr verlangen und weder der Königin, noch ihren Alliierten etwas zuleide thun. Sie werden mich fragen, Mylord, welche Bürgschaften Sie für das alles haben werden, da der König keinen Vertrag schließen will. Alles, was man thun kann, um den allgemeinen Frieden zu beschleunigen, ist, daß der König diese Zusicherung schriftlich giebt, eben Ihnen unter der Bedingung eines unver=letzlichen Geheimnisses. Wenn dies Ihnen recht ist, erwarte ich Ihre Ant=wort, wenn nicht, wird Gott entscheiden müssen." [1])

Hierauf antwortet Hyndford unter dem 29. September, Neipperg habe sein Ehrenwort gegeben, sofort Nachricht zu geben, wenn die Antwort von der Königin ankäme, gedenke auch noch einen Kurier zu senden, um die Sache zu beschleunigen. Er hoffe, daß man in Preßburg auf die Übergabe Reißes eingehen werde, wenn nur der König auf die Winterquartiere in Oberschlesien oder anderen Staaten der Königin verzichte. Sowie die Entscheidung da sein werde, möge Goltz in irgendwelcher Form herüberkommen und jene ange=botene Zusicherung vom König unterzeichnet mitbringen. Eine Nachschrift bittet dann noch, der König müsse ein wenig Geduld haben; sonst, sage der Marschall, müsse Gott entscheiden [2]).

Der König wolle ja Geduld haben, erwidert Goltz am folgenden Tage, und er selbst werde, sowie er die gute Nachricht erhalten habe, hinüberkommen und die Schrift mitbringen, deren Inhalt sich auf drei Punkte erstrecken werde: 1) daß Preußen nie mehr verlangen werde, als Niederschlesien bis zur Neiße einschließlich der Festung Neiße; 2) daß Preußen weder gegen die Königin noch einen ihrer Alliierten feindlich auftreten; 3) daß er keinerlei Kontributionen aus den Staaten der Königin eintreiben werde. Dagegen wer=den Hyndford und Neipperg schriftlich namens der Königin erklären, daß jene Landabtretung für immer und unabhängig von dem Laufe der Ereignisse gelten solle.

Aber in Hinsicht der Winterquartiere müsse Hyndford mißverstanden worden sein. „Wir müssen", schreibt er, „in Oberschlesien Winterquartiere nehmen, denn wenn wir auch den Krieg thatsächlich aufhören lassen, dürfen wir doch nicht scheinen, das gethan zu haben. Verzichteten wir auf die Winterquartiere in Oberschlesien, so hieße das aller Welt das geheime Ein=verständnis kundthun. Auch schadet es der Königin nichts, wenn wir da unsere Fourage hernehmen, wofern wir nur keine Kontributionen erheben, und schließlich könnte man uns doch in keinem Falle daran hindern, außer dadurch, daß man uns einigemale besiegte. Auf diesem Punkte können wir

---

[1]) Polit. Korresp. I, 356. Den Brief habe ich im Wiener St.=A. und ebenso im Berliner gefunden; das Berliner Konzept ist ohne Datum. Stücke davon bei Raumer, S. 48, doch mit einem Schlusse, der dem Briefe vom 30. September entnommen ist.
[2]) Berliner St.=A. a. a. O.; Londoner Record office.

nicht nachgeben. Ja die Österreicher müssen sogar noch ab und zu Pistolen-
schüsse auf uns feuern, und die Husaren müssen kommen und einige Wagen
wegnehmen. Diese Winterquartiere werden das Ganze nicht scheitern lassen.
Auch werden die Preußen noch einige Bewegungen machen, doch wird das
den Marschall nicht beunruhigen." [1])
    Was den König anbetrifft, so scheint derselbe in jener Zeit das Zustande-
kommen einer Übereinkunft für ganz sicher gehalten zu haben. Er spricht
in einem Briefe an den Fürsten von Anhalt vom 2. Oktober ganz zuversichtlich von seiner bevorstehenden Abreise aus Schlesien und dem Auseinander-
gehen „des hiesigen Heeres" [2]). Indessen zeigte es sich doch, daß noch manche
Schwierigkeiten zu überwinden waren.
    Jener Brief von Goltz vom 28. September war nun inzwischen nach
Preßburg gewandert. Es war dies offenbar aus der ganzen Korrespondenz
der eingehendste und inhaltsreichste Brief. Er ward geschrieben, wie wir
wissen, in der Absicht, die Gegenpartei über die Weigerung des Königs,
einen eigentlichen Vertrag abzuschließen, zu beruhigen und zwar durch anderweitige Zusicherungen. Diese letzteren aber hatte man in einer Form zu geben
gesucht, welche selbst in dem Falle, daß man mit dem Briefe irgendeinen
Mißbrauch hätte treiben wollen, eine nicht kompromittierende Deutung hätte
finden lassen. So war in die Fassung etwas Orakelhaftes, Mehrdeutiges
hineingekommen, was dann am Preßburger Hofe ganz falsch aufgefaßt wurde.
    Es war noch das am wenigsten Schlimme unter diesen Mißverständ-
nissen, wenn man Anstoß daran nahm, daß der König von Preußen weder
über eine zu erlassende Amnestie, noch über die von ihm zu übernehmende Rate
der schlesischen Schulden sich äußerte, obwohl beides in solche unter dem
strengsten Geheimnisse abzuschließende Konvention nicht hineingehört hätte.
Bedenklicher war die Art, wie man die Forderung des Königs wegen der
Winterquartiere ansah, als wäre derselbe mit Niederschlesien noch nicht zufrieden, sondern wolle nun auch noch in Oberschlesien und Mähren sich ausbreiten, um einerseits Unruhen in Ungarn zu erregen, anderseits bequemer
mit seinen Alliierten zum vollständigen Ruine Österreichs zusammenwirken
zu können.
    Vor allem hatte die zweimalige Erwähnung der „pacification générale"
in Goltz' Schreiben vom 28. September alarmierend gewirkt; „die von dem Ge-
neralfrieden geschehene Erwähnung zeigt klar an, daß der König untereinsten
(inzwischen) auch auf Opfer für seine Alliierten anträgt, wo doch die einzige
Ursach, um sich mit ihm zu setzen, darinnen bestehen könnte, um desto weniger
an andre abtreten zu dürfen", schreibt Maria Theresia an Neipperg [3]), und
ihre Minister erklären Robinson, man sähe, der König lege es darauf an, wie
er es ja in dem Schreiben vom 14. September angekündigt habe [4]), Maria
Theresia die ganze Härte ihres Geschickes empfinden zu lassen [5]).

[1]) Polit. Korresp. I, 359.
[2]) Der Brief ist von mir mitgeteilt im neuen Archiv für sächs. Gesch. I, 85.
[3]) Den 2. Oktober; Wiener St.-A.
[4]) Jenem ostensibel für Valori bestimmten Brief an Hyndford.
[5]) Angeführt in Robinsons Briefe an Hyndford vom 9. Oktober; Londoner
Record office, aus welchem auch das Folgende über den Argwohn gegen Hyndford
entnommen ist.

Dazu kam noch etwas anderes. Der bewußte Brief des Obersten war an Hyndford gerichtet, und daraus, daß hier jene gefürchtete „pacification générale" als „der gemeinsame Zweck" bezeichnet wurde, erhielt der immer schon gehegte Argwohn gegen die Aufrichtigkeit der Gesinnung der Engländer neue Nahrung; die Königin schreibt ganz direkt an Neipperg, in Hyndfords Vorschlägen hätte „allein jenes, was dem König von Preußen vortragend (zuträglich) ist, nicht aber das Reciprocum in Ansehung Meiner ausbedungen werden sollen" [1]), und Robinson bekam sehr bittere Äußerungen über den bot commun des Königs von Preußen und Hyndfords zu hören [2]), sowie über den bedenklichen Rat, die Verhandlungen bis zum Winter hinzuschleppen.

Ein Gegengewicht gegen so schlimme Voraussetzungen hätte man nun wohl billigerweise darin finden können, daß doch Golz jenen Brief ins österreichische Hauptquartier geschrieben und Hyndford ihn ohne jedes Bedenken eingesendet hatte, indessen von dem erweckten Argwohn blieb doch vieles haften. Robinson ließ man mehrere Tage ohne Nachricht, und Hyndford, der bisher im Vereine mit Neipperg die Unterhandlungen zu führen gehabt hatte, ward jetzt thatsächlich davon ausgeschlossen, indem man ihm keine weitere Vollmacht mehr zukommen ließ [3]).

Ja trotz der Not der Zeit, und obwohl die Franko=Bayern damals bereits die Ems, den Grenzfluß Niederösterreichs, zu überschreiten Miene machten, war man entschlossen, es lieber auf einen Abbruch der Verhandlungen ankommen zu lassen, als „so höchst schädliche und zugleich gänzlich unnütze und unsichere Verbindlichkeiten einzugehen" [4]), wie der Brief von Golz vom 28. September nach der Auffassung des österreichischen Ministeriums zu enthalten schien. Auf diesen energischen Entschluß hatten noch besonders die Ratschläge des Generals Brown eingewirkt, den Neipperg, wie wir wissen, am 29. September mit dem Golzschen Briefe abgesendet hatte. Derselbe hatte daran erinnert, wie vorigen Winter, als ja die Königin kein eigentliches Heer dem preußischen entgegenzustellen gehabt, sehr geringe Streitkräfte den König von Preußen zu hindern vermocht hätten, die böhmisch = mährischen Grenzgebirge zu überschreiten. Mit einigen Bataillonen Infanterie und etwas Kavallerie würde man auch jetzt diesen Zweck erreichen können, wenngleich die Neippergsche Armee zur Deckung Wiens abzöge, wenigstens so lange, bis die Truppen aus Italien eingetroffen wären.

Diese Vorschläge hatten vollen Beifall gefunden, und Neipperg ward nun eben unter dem 2. Oktober angewiesen, sich auf das Angebot von Neiße mit der Scheinbelagerung, wie sie der König wünsche (unter Ausbedingung freien Abzuges der Garnison und womöglich auch der Artillerie des Platzes), zu beschränken, die Winterquartiere aber abzulehnen und, falls man hierauf nicht eingehen wolle, die Armee doch zurückzuführen, aber die Gebirgspässe nach den Brownschen Vorschlägen besetzt zu halten.

Freilich war nun in Presburg, als der Kurier mit dieser Instruktion

---

1) Den 2. Oktober.
2) Aus dem angeführten Briefe Robinsons vom 9. Oktober.
3) Der mehrfach erwähnte Brief Robinsons vom 9. Oktober bildet die Antwort auf eine Beschwerde Hyndfords über diesen Punkt.
4) Worte der Instruktion für Neipperg vom 2. Oktober.

kaum abgegangen war, der zweite Bericht Neippergs vom 1. Oktober in Preßburg eingetroffen, mit jenem Briefe von Golz vom 30sten, welcher nun ja grade über den bedenklichen Punkt der Winterquartiere erwünschte Auf= klärungen gab. Auf Grund dessen sendet man an Neipperg unter dem 4. Oktober eine Zusatzinstruktion, welche nun auch diesen Punkt koncediert, aber unter gewissen Beschränkungen, da ja, wofern es dem König wirklich bloß darauf ankomme, „sich nicht vor der Zeit gegen Frankreich bloßzugeben", es nicht nötig erscheine, daß er mit der ganzen Armee und in ganz Ober= schlesien Winterquartiere nehme; bezüglich der Zahl soll nun die Grenze von 10,000 Mann nicht überschritten werden, und bezüglich der Lokalität soll es „der Dexterität und Vorsichtigkeit" Neippergs überlassen bleiben, das Ganze so einzurichten, daß das in Oberschlesien einrückende preußische Corps, „ohne sich des Gebirges zu bemächtigen, diesseits der Neiße verbleibe". Auch soll der Marschall den König unter der Hand zu einer Vergütung für die von den Einwohnern zu liefernden Naturalien bewegen ¹).

Dem Feldmarschall erregten die beiden Instruktionen mit ihrer allerdings wenig präcisen Form, die nur zu viel seiner „Dexterität" überließen, großen Kummer. Sehr lebhaft traten wieder vor seine Seele die Zeiten des Belgrader Friedens, dessen Unguust er auf dem Donjon von Glatz zu büßen gehabt hatte, obschon er bei jenem Abschlusse nach bestem Wissen seine Instruktionen erfüllt zu haben glaubte. Die beiden Handschreiben vom 2. und 4. Oktober scheinen ihm „fast nach dem nämlichen stylo gemacht zu sein, so wie in vorigen Zeiten, die mir das bekannte Unglück zugezogen" ²). „Es heißt den in Ver= derben stürzen wollen, an den man sich mit solchen zweideutigen Weisungen wendet", schreibt er an den Großherzog ³). „Ich habe bereits genugsam zu erkennen gegeben, daß ich kein Minister und weder auf derlei Negotiationen, noch auf die seine Schreibart mich verstehe. Darum bitte, mich künftig hiervon zu dispensieren und andre, so geschickter als ich, zu erkiesen."

Des Marschalls Verlegenheit war um so größer, als inzwischen des Königs Vorrücken auf dem rechten Ufer der Neiße seine militärische Lage mehr und mehr verschlimmerte, indem es ihn in die Alternative brachte, sich entweder von Neiße abdrücken zu lassen oder die nächste Linie für seinen voraussichtlich baldigen Abmarsch nach Mähren einzubüßen. Dabei schien er auch des Beirates von Hyndford entbehren zu sollen, wenigstens machte er demselben über die neuesten Weisungen aus Presburg keine eingehenderen

---

¹) Die Stelle lautet: „Und da das Land ohnedies soviel gelitten, Ich auch dessen Beyhülffe nötig habe, so solte billig glauben, daß der König unter der Hand die Vergütung für die von selbem abgebende Naturalien zu leisten sich nicht ent= schütten werden". Das Merkwürdige dabei ist, daß, wie Lord Hyndford in seinem noch näher aufzuführenden Berichte vom 14. Oktober anführt, der König durch Oberst Golz einige Tage vor der Klein=Schnellendorfer Zusammenkunft dem Marschall 50,000 Dukaten habe anbieten lassen, als Entschädigung für die an seine Truppen in Oberschlesien zu liefernde Fourage. Dieses Anerbieten, von welchem wir sonst nichts erfahren, müßte also wohl dem Marschall zugegangen sein, bevor er noch die im Texte besprochene Weisung vom 4. Oktober in den Händen hatte. Auffallend bleibt aber immer dabei, daß in den Punktationen von Klein=Schnellendorf der Geld= entschädigung weiter keine Erwähnung geschieht.
²) Aus den „Erinnerungen" Neippergs vom 13. Oktober, wovon weiteres unten.
³) Den 13. Oktober; Wiener St.=A.

Mitteilungen, nicht weil er das darin ausgesprochene Mißtrauen gegen den Gesandten geteilt hätte, sondern weil er besorgte, daß der letztere, wenn er die neuen Schwierigkeiten, die man in Preßburg mache, erführe, nach Breslau zurückkehren oder wenigstens sich nicht weiter für die ganze Angelegenheit interessieren werde [1]).

Indessen schrieb er doch an Hyndford und bat denselben unter Hinweis auf die empfangenen Instruktionen, über welche er sich nicht näher äußerte, eine neue Zusammenkunft mit Goltz herbeizuführen [2]). Dem Lord konnte die eingetretene Wendung, bei welcher er thatsächlich zur Seite geschoben und nicht weiter auf dem Laufenden erhalten ward, nicht wohl entgehen, und daß er dies empfand, ließ er dann auch dadurch merken, daß er den von ihm ge= forderten Schritt zwar that, aber in einer Form, die ihn nur noch als ein farbloses Medium erscheinen ließ. So sandte er den Brief Neippergs im Originale an Goltz [3]) mit einem Begleitschreiben und der Bitte um eine Zu= sammenkunft, deren Ort und Stunde der Oberst bestimmen möge, der Mar= schall habe einen Kurier erhalten mit der Ermächtigung, Neiße unter gewissen Restriktionen, über welche er sich nicht näher äußere, abzutreten. Diesen Brief an Goltz sendet er offen an Neipperg, mit dem Ersuchen, auch die Ant= wort des Obersten, wenn sie an ihn käme (die Briefe von Goltz an Hyndford gingen bekanntlich immer unter der Adresse von General Lentulus durch das österreichische Hauptquartier) zu erbrechen [4]).

Aber bereits am folgenden Tage tritt er wieder aus seiner Zurückhaltung heraus, wenn er dem Marschall schreibt [5]), er wundere sich, daß die Preußen nicht neugieriger seien, die Restriktionen hinsichtlich Neißes zu erfahren, er bekenne, daß er sie selbst gern kennen und mit Goltz und auch mit Neipperg einmal zusammenkommen möchte.

Wie Hyndford es erwartet hatte, zeigte Goltz zunächst den Wunsch, Näheres über die angedeuteten Restriktionen hinsichtlich Neißes zu erfahren, ohne vorerst auf die neue Zusammenkunft einzugehen [6]). Inzwischen hatte nun aber Neipperg, wahrscheinlich nach Eintreffen der zweiten bekanntlich wieder ein wenig einlenkenden Preßburger Instruktion vom 4. Oktober, also am 6ten abends oder sehr früh am 7ten Hyndford in Neiße aufgesucht [7]) und demselben zufriedenstellende Erklärungen abgegeben, worauf dieser nun am 7ten (morgens) von neuem an Goltz schreibt, nachdem er inzwischen den Marschall gesprochen, könne er versichern, daß, wenn derselbe eine neue Zu=

---

[1]) Nur diesen letzteren Grund seiner Zurückhaltung gegen Hyndford führt der Marschall in seinen noch näher zu erwähnenden „Erinnerungen" für Lentulus vom 13. Oktober an.

[2]) Der Marschall schrieb diesen Brief (der nicht mehr erhalten zu sein scheint), wie wir aus Hyndfords Antwort sehen, am Abend des 4. Oktober, also vermutlich unmittelbar nach Empfang der Instruktion vom 2. Oktober (der ersten also und, wie wir sehen, der besonders restriktiven).

[3]) Ohne auch nur eine Abschrift zurückzubehalten.

[4]) Diese Sendung an Neipperg datiert vom 5. Oktober, morgens 8 Uhr; Lon= doner Record office.

[5]) 11 Uhr morgens; ebd.

[6]) Goltz, den 6. Oktober morgens.

[7]) Hyndford an Goltz, Neiße, den 7. Oktober: „J'ai l'honneur de votre reponse de hier matin et ayant vû depuis le Marechal Neipperg" etc.

sammenkunft begehre, er nicht etwa bloß ihn hinhalten oder im mindesten etwas proponieren wolle, was den Absichten des Königs zuwiderlaufe.

Es seien ja jetzt auch die Österreicher in den wesentlichen Punkten auch hinsichtlich Neißes zum Nachgeben bereit, er möge nur eine Zusammenkunft bestimmen, wiederum bei den Kapuzinern, oder wo er sonst wolle, er über= sende zu diesem Zwecke einen Paß von Neipperg, für den er auch seinerseits einen erbitte, in einer Viertelstunde persönlichen Gesprächs komme man weiter als mit langer Schreiberei. Neipperg bitte nur, daß der König während dieser Pourparlers keine weiteren militärischen Bewegungen mache, er wolle es auch unterlassen.

Umgehend noch am selbigen Tage (den 7. Oktober) antwortet Goltz unter Übersendung des gewünschten Passes für Neipperg, er sei bereit, tags darauf, Sonntag den 8. Oktober, gegen Mittag nach dem Schlosse Klein=Schnellen= dorf, unweit des österreichischen Lagers, zu kommen [1]).

Das Billet kam zunächst nach Greisau an Neipperg, der von dem Inhalt Kenntnis nahm und es dann unverzüglich weiter an Hyndford nach Neiße beförderte, mit der Bitte, womöglich noch denselben Abend herauszukommen oder spätestens den nächsten Morgen 8 Uhr in Greisau zu sein, von wo dann beide zu Pferde oder zu Wagen nach Klein=Schnellendorf gehen wollten. In jedem Falle werde Hyndford morgen in Greisau übernachten müssen, er möge deshalb sein Bett mitbringen, für Wohnung im Hauptquartiere werde der Marschall sorgen [2]). Hyndford lehnte es bei seiner Unbekanntschaft mit der Karte des Landes ab, am Abende abzureisen, fand sich aber morgens recht= zeitig ein, und im Laufe des Vormittags trafen sie dann an dem verabredeten Orte den preußischen Obersten.

Die brennende Frage lag, wie wir wissen, nicht eigentlich in den mate= riellen Bedingungen, über welche man ja im ganzen einig war, sondern in der Schwierigkeit, für die Art von Abkommen, wie es König Friedrich zu= zugestehen geneigt war, eine beiden Teilen zusagende Form zu finden. Die Abschließung eines eigentlichen Traktates hatte König Friedrich, wie wir sahen, bereits früher abgelehnt, und auf das Programm, welches Goltz in seinem Briefe vom 30. September vorgeschlagen hatte, zurückzugreifen, mochten beide Teile Bedenken tragen. Neipperg und Hyndford deshalb, weil wenigstens der letztere entschieden keine Vollmacht hatte, eine Ab= tretungsurkunde, wie sie dort gefordert war, auszustellen, und Goltz nicht weniger, weil der König inzwischen doch zu dem Entschlusse gekommen war, überhaupt nichts Schriftliches von seiner Hand zu geben, also auch nicht eine Zusicherung, wie sie noch in jenem Schreiben vom 30sten in Aussicht gestellt war.

Der König mochte bedenklich geworden sein, nachdem er erfahren, daß Gerüchte über die geheimen Unterhandlungen an vielen Orten kursierten, schwerlich ganz ohne Mitschuld des österreichischen Hofes [3]), bei dem es wirk= lich sehr erklärlich war, wenn er wenigstens durch noch vorsichtig verschleierte

---

[1]) Londoner Record office, wo irrtümlich als Datum der 8. Oktober steht, den schon der Zusatz: „morgen Sonntag" verurteilt; Polit. Korresp. I, 370.
[2]) Londoner Record office, 7. Oktober.
[3]) Vgl. die Anführungen bei Droysen, S. 346. 347.

Andeutungen des Bevorstehenden seinem so tief gesunkenen Kredite in Frank=
furt, Mainz, Dresden etwas aufzuhelfen trachtete.

Es macht nun dem Scharfsinne Lord Hyndforbs alle Ehre, wenn er aus
jenem Dilemma einen sehr plausibeln Ausweg fand, der zugleich ihm selbst
trotz der mangelnden Legitimation eine Mitwirkung sicherte, nämlich, daß der
König entweder selbst, oder durch eine hinreichend bevollmächtigte Person
vertreten, mit dem Marschall zusammenkommen und eine Abkunft verabreden
sollte, deren Bestimmungen eine von beiden Parteien dazu aufgeforderte und
autorisierte dritte Person formulieren sollte und dieses Schriftstück dann,
wenn beide Teile sich damit einverstanden erklärt, einem jeden in beglaubigter
Abschrift zukommen lassen sollte.

Golz leuchtete der Vorschlag ein, er hielt es auch für sicher, daß der
König für die Rolle des dritten niemanden anders als Lord Hyndforb er=
nennen werde, womit natürlich auch Neipperg einverstanden war, und verab=
redete unter Vorbehalt der Zustimmung seines Herrn für den morgigen Tag,
den 9. Oktober, eine Zusammenkunft an demselben Orte unter näher ver=
einbarten Modalitäten.

Sonst bekam er noch zweierlei mit auf den Weg, nämlich einmal einen Brief
des Großherzogs von Toscana, enthaltend eine Werbung um die Kurstimme
Brandenburgs, welchen Neipperg schon mehrere Wochen hinter sich hatte,
ohne seine Aushändigung für opportun zu halten [1]), und zweitens eine von
Neipperg in deutscher Sprache aufgesetzte Zusammenstellung der Punkte, über
welche man übereinzukommen hoffen durfte, worin dann auch die von Öster=
reich gewünschte Beschränkung der preußischen Winterquartiere in Oberschlesien
präzisiert und speziell gebeten war, Troppau davon auszuschließen [2]).

Hyndforb empfing noch am selbigen Abend die Nachricht, der König sei
mit allem einverstanden, wolle ihnen auch Troppau lassen, bezüglich dessen
also wohl Golz Bedenken geäußert haben mochte, man würde tags darauf
um 3 Uhr nachmittags zur Stelle sein [3]).

---

[1]) So berichtet er dem Großherzog unter dem 25. September; Wiener Kriegs=
ministerial=A.

[2]) Alles aus Neippergs „Erinnerungen für Lentulus" vom 13. Oktober (Wiener
Kriegsministerial=A.) und dazu Hyndforbs Bericht vom 14. Oktober (Londoner Record office).

[3]) Londoner Record office und daraus in der Polit. Korresp. I, 370.

Zweites Kapitel.
Das Protokoll von Klein-Schnellendorf und die Einnahme von Neiße.

Wenig nördlich von dem kleinen oberschlesischen Städtchen Steinau liegt das Dorf Klein-Schnellendorf mit einem herrschaftlichen Schlosse, damals gehörig dem Grafen Heinrich von Starhemberg. Das Dorf hatte im Laufe des Krieges schon manches zu erdulden gehabt.

Als die Preußen, die es zuerst besetzt hatten, durch Neippergs Einmarsch zur Räumung gezwungen wurden, plünderten sie den Ort vor dem Abmarsche noch aus (den 6. April), und als dann Ende September die Preußen wiederum auf dem rechten Neiße-Ufer vorrückten, furagierten am 3. Oktober die Österreicher das Dorf und Dominium rein aus, damit nichts in die Hände der Feinde fiele; alles Vieh und Geflügel, die Fische aus dem Teiche, nicht minder was Speicher und Keller bargen, ja selbst was im Garten gereift war, ward fortgeschleppt [1]. Doch blieb das Dorf fürs erste noch von einer starken Husarenabteilung besetzt.

Als nun am 9. Oktober vormittags Feldmarschall Neipperg begleitet von Lord Hyndford und General Lentulus hier eintrafen, war es das erste, daß er die Husaren zurücksandte. Auch das Schloß mit Umgebung wurde von allen sonstigen Bewohnern geräumt; von dem Gesinde setzte man einige als verdächtig unter Schloß und Riegel, die übrigen trieb man einfach hinaus [2].

---

[1] Aufzeichnungen des damaligen Klein-Schnellendorfschen Wirtschaftsinspektors Joh. Möcke aus den Jahren 1740—1757; Handschr. des schles. Geschichtsvereins.

[2] Hyndfords Bericht vom 18. Oktober; Londoner Record office: — „under pretence that the servants, who were left in the Castle were suspected by the Marichal he ordered them all into custody in order to Examination". Möcke a. a. O. berichtet: „Den 8. Oktober (sic) ist in hiesigem Schloß S. Exc. H. G. F. M. Neipperg und I. K. M. Friedericus II. König in Preyßen zusammen kommen umb einen Frieden zu formieren, weßenthalben dann groß und klein, alt und jung sich flichten müssen." Man könnte versucht sein, auf Grund dieses Berichtes eines unmittelbar beteiligten Augenzeugen die Hyndfordsche Nachricht von der Einsperrung der Schloßbedienten zu verwerfen, obwohl auch der Lord Augenzeuge war; doch ist ein gewisses Bedenken dabei. Möcke bringt zuerst zwei Aufzeichnungen vom 6. April und eine zweite vom 19. Oktober, bei welchen er selbst beteiligt erscheint; dahinter folgen dann der sonstigen chronologischen Ordnung widersprechend Aufzeich=

Gegen 3 Uhr nachmittags am 9. Oktober 1741 erschien der König nur von dem Obersten Goltz begleitet, und die Konferenz begann. Der König hatte den ihm tags zuvor übersandten, deutsch geschriebenen Entwurf des Marschalls durch einen anderen in französischer Sprache ersetzt, welchen jetzt Goltz vorbrachte. Indem der König jenen kritisierte, äußerte er unter anderem, es sei da von den Alliierten der Königin gesprochen, er wisse von niemandem als England=Hannover.

Gegen den neuen Entwurf hatte nun wieder der Marschall einige Bedenken, denen dann der König sich anbequemte, und das Resultat der Verhandlung faßte schließlich Hyndford in einem Protokoll zusammen [1]).

Das denkwürdige Schriftstück hat die Gestalt einer Urkunde, durch welche der Graf Hyndford auf Pflicht und Gewissen bezeugt, als Ohrenzeuge vernommen zu haben, wie der König von Preußen einer= und Marschall Neipperg als Bevollmächtigter der Königin von Ungarn anderseits über eine Anzahl von Punkten übereingekommen seien [2]).

Von diesen (achtzehn) Punkten betreffen die ersten vier die Übergabe von Neiße: der König wird die Stadt belagern, und der Kommandant Ordre haben, nach einer Belagerung von fünfzehn Tagen die Stadt zu übergeben; die Garnison wird freien Abzug mit allen militärischen Ehren erhalten und ohne daß man durch Überredung oder Zwang einen Mann zu bewegen versuchen wird, preußische Dienste zu nehmen; die nötigen Wagen werden ihr bis zur mährischen Grenze gestellt werden, die Zivilpersonen, welche sich zurückzuziehen wünschen, dürfen der Garnison sich anschließen, die Geschütze (l'Artillerie de fonte, wohl im Gegensatze zu dem sonstigen Artilleriematerial), die in Neiße und seinen Befestigungen sich finden, sollen der Königin bis zum Abschlusse eines eigentlichen Vertrages oder Friedens aufbewahrt und dann übergeben werden.

Die nächsten vier Paragraphen (5—8) enthalten dann die allgemeinen Zugeständnisse beider Parteien. Der König von Preußen wird nach der Einnahme Neißes nicht mehr offensiv vorgehen, weder gegen die Königin von Ungarn, noch gegen den König von England, als Kurfürsten von Hannover, noch gegen einen der gegenwärtigen Alliierten der Königin

---

nungen zunächst vom 3. und 8. Oktober (die letztere die hier in Rede stehende) eingeführt mit den Worten: „Unterm 3. Oktober wird auch bemerkt 2c.", was doch nicht auf Autopsie schließen läßt, wie denn auch die Angabe eines falschen Datums 8. statt 9. Oktober gegen die unbedingte Glaubwürdigkeit seiner Angaben spricht. Überhaupt steht zu vermuten, daß hinter jenen ersten beiden Aufzeichnungen das Folgende bis zum Jahre 1742, wo unser Gewährsmann wieder in erster Person spricht oder seine Namensunterschrift beisetzt, später erst zugefügt sind. So spricht er zum 8. Dezember 1741 von jener damals vorgenommenen preußisch=sächsischen Grenzregulierung mit den Worten: „Die Gränitz zwischen Preyßen und vormeintlich sächsischer Parte ausgesteckt", als wisse er schon, daß aus dieser Sache dann nichts geworden ist. Unser Autor hat doch vielleicht gerade in der Zeit, wo Klein=Schnellendorf zwischen den beiden streitenden Parteien lag, sich unter irgendwelchem Vorwande salviert. Am 19. Oktober, wo er zurückgekehrt gewesen sein muß, war Klein=Schnellendorf bereits wieder außerhalb der Schußlinie.

[1]) Diese Umstände sind Neippergs Erinnerungen für Lentulus vom 13. Oktober entnommen, von denen unten.

[2]) Das Protokoll ist abgedruckt in der Polit. Korresp. I, 371. Über den ersten Abdruck desselben vgl. Preuß. Staatsschriften ed. Koser I, 478. 479.

bis zum allgemeinen Frieden. Er wird niemals mehr von der Königin ver=
langen als Niederschlesien mit Neiße. Man wird versuchen, einen definitiven
Vertrag gegen Ende Dezember zu machen. Neipperg versichert im Namen
seiner Königin, dieselbe werde ohne Schwierigkeit an den König von Preußen
in dem Ende Dezember abzuschließenden Vertrage abtreten ganz Niederschlesien
einschließlich der Stadt Neiße bis zur Neiße resp. zur alten Grenze des
Fürstentums Oppeln mit voller Souveränität und Unabhängigkeit.

Nun folgen drei Paragraphen (9—11) über den Abzug Neippergs.
Am 16. Oktober wird Neipperg mit seiner ganzen Armee nach Mähren
abziehen und von da, wohin es ihm beliebt. Zur selben Zeit wird das Schloß
Ottmachau geräumt werden. Die Magazine, welche der Marschall am Fuß
des Gebirges errichtet hat, darf er bis zum 26. Oktober leer machen.

Weiter über die preußischen Winterquartiere (§ 12—16) wird
festgesetzt, daß ein Teil der preußischen Armee bis zu Ende April 1742
Winterquartiere in Oberschlesien beziehen wird, jedoch ohne das Fürstentum
Teschen, die Stadt Troppau (in welcher ein Bataillon und einige Husaren
als österreichische Garnison bleiben werden), die Herrschaft Hennersdorf
(Bartensteins Besitz) und das, was jenseits der Oppa liegt, noch auch die
hohen Gebirge in Oberschlesien zu besetzen, und ohne von den Einwohnern
mehr als Wohnung und Fourage zu verlangen[1]), ohne Kontribution zu er=
heben oder Werbungen anzustellen. Außerdem sollen bis auf weitere Verab=
redung die Feindseligkeiten pro forma fortgesetzt werden (§ 17).
Endlich ist ein unverletzliches Stillschweigen über das Ganze dem
Könige von Preußen durch Lord Hyndford, Marschall Neipperg und General=
major Lentulus auf Ehrenwort gelobt worden (§ 18).

Es war eine Übereinkunft nach Form und Inhalt so eigenartig, wie
kaum eine andere in der Weltgeschichte. Was die Form anbetrifft, so war
diese, wie wir wissen, nachdem König Friedrich den Abschluß eines förmlichen
Vertrages, wie überhaupt jede eigenhändige schriftliche Verpflichtung abge=
lehnt hatte, als Auskunftsmittel von Hyndford vorgeschlagen worden. Den
Inhalt hatte im großen und ganzen der König bestimmt, seine Gegnerin war
der koncedierende Teil gewesen, dagegen spricht aus den Einzelheiten des
Protokolls fort und fort die ängstliche „Dexterität" Neippergs.

Von den einzelnen Bestimmungen des Vertrages beschäftigen sich, wie
wir sehen, nur einige wenige mit den allgemeineren politischen Fragen, die
große Mehrzahl bilden zusammengestellt eine Art von militärischer Kon=
vention, welche unzweifelhaft bindende Kraft haben sollte, und deren Inhalt
war, daß der König die Übergabe Neißes zugesichert erhielt gegen die Ver=
pflichtung, Neipperg ruhig abziehen zu lassen und die Winterquartiere in
Oberschlesien nur unter gewissen Beschränkungen einzunehmen.

Wer hatte den Vorteil von dieser Konvention? Der Biograph Maria
Theresias[2]) zweifelt keinen Augenblick, daß der wesentlichste Vorteil auf des
Königs Seite gewesen, ja daß derselbe überhaupt, um dieses Vorteils teil=
haftig zu werden, das ganze Abkommen eingegangen habe, allerdings in der

---

[1]) Ob hier nicht noch mündlich eine Geldentschädigung ausbedungen ward, wird
nach dem oben S. 20, Anm. 1 Angeführten dahingestellt bleiben müssen.
[2]) Arneth a. a. O., S. 337.

vorgefaßten Absicht, die Königin zu hintergehen, und wenn er der Früchte des Vertrages teilhaft geworden wäre, denselben ungescheut wieder zu brechen. Diese Früchte wären gewesen, Neiße ohne Blutvergießen in seine Hand zu bekommen, Neippergs Heer nicht mehr sich gegenüber zu haben, in aller Ruhe sich ausbreiten zu können und seinen durch einen elfmonatlichen Feldzug erschöpften, schon ziemlich mißgestimmten Truppen Erholung zu gönnen.

Man wird uns nun zugeben, daß ein so arglistiger Plan zur notwendigen Voraussetzung seitens des Königs die Überzeugung gehabt haben müßte, daß die gedachten Früchte ihm sonst nicht zuteil geworden sein würden, wofern er nicht etwa es auf den Ausfall blutiger Kämpfe hätte ankommen lassen wollen. Aber wenn König Friedrich diese Überzeugung gehabt hätte, würde er sich in einem auffallenden Gegensatze zu der thatsächlichen Lage der Dinge befunden haben.

Wir vermögen für diese Behauptung eine Reihe von Beweisen der unverdächtigsten Art beizubringen, und bei der Wichtigkeit der Sache stehen wir nicht an, es zu thun. Unter dem 15. September schreibt Neipperg an Lobkowitz, er werde hier nicht lange mehr sich halten können, und unter dem 18. September an die Königin, der König von Preußen könne ruhig abwarten, bis seine (Neippergs) Armee anderswo nötig werde[1]), und dann werde man bald von der Beschießung Neißes hören[2]). Unter dem 21. September empfängt der Marschall die Instruktion, wenn der König das österreichische Angebot ablehne, doch abzuziehen, nachdem er Neiße und Glatz möglichst stark besetzt habe, wenngleich auch Neiße sich dann nicht lange mehr würde halten können[3]). Unter dem 25. September berichtet Neipperg an den Großherzog, wenn er fortgehe, werde der König Neiße nehmen und Oberschlesien besetzen[4]), und am folgenden Tage wiederholt er diese Befürchtung mit dem Zusatze, derselbe werde dann auch Mähren einnehmen[5]). Und General Brown, der Ende September nach Preßburg kommt, sieht die Lage ebenso an, nur daß er meint, nach Neippergs Abzug, der immer als selbstverständlich vorausgesetzt wird, werde es möglich sein, mit geringen Streitkräften während des Winters die Gebirgspässe zu behaupten, das Vorland aber müsse preisgegeben werden; davon, daß sich Neiße noch längere Zeit halten könne, hat er nichts erwähnt, und gerade Browns Anschauungen eignet sich dann auch Maria Theresia an, nämlich für den Fall eines Scheiterns der Verhandlungen, daß auch dann Neipperg die Armee zurückführen solle[6]). Und als dann das Abkommen von Klein-Schnellendorf getroffen ist, macht Neipperg ganz besonders geltend, daß, während ohne dieses der König unfehlbar ganz Oberschlesien besetzt und dort sein Heer ernährt haben würde, er nun eine Reihe von Beschränkungen nach dieser Seite hin sich müsse gefallen lassen[7]).

So steht auch die Sache in der That. Was König Friedrich durch das

[1]) Kriegsministerial-A. in Wien.
[2]) Den 18. September; ebb.
[3]) Wiener St.-A.
[4]) Wiener Kriegsministerial-A.
[5]) Wiener St.-A.
[6]) Instruktion vom 2. Oktober; ebb.
[7]) Bericht vom 13. Oktober: Wiener Kriegsministerial-A.

Abkommen unter allerlei lästigen Beschränkungen erlangt hat, das wäre ihm ohne Übereinkunft unverschränkt in den Schoß gefallen. Und man kann nicht einmal sagen, daß in der beschleunigteren Perzeption der Vorteil gelegen haben könnte. Nach dem Angeführten dürfen wir gar nicht zweifeln, daß Neipperg spätestens Mitte Oktober in jedem Falle abgezogen wäre, und anderseits erhalten wir aus Friedrichs Verhalten in keiner Weise den Eindruck, als habe er es besonders eilig. Er setzt für die Übergabe Neißes selbst den Termin von vierzehn Tagen, obwohl die Österreicher bereit gewesen wären, ihm die Festung unmittelbar nach Neippergs Abzug zu übergeben, und daß die Beziehung der Winterquartiere in Oberschlesien sofort nach Neippergs Abzug erfolgen konnte, ergiebt sich aus der militärischen Lage ganz von selbst.

Höchstens also könnte man auf den Einwurf gefaßt sein müssen, Friedrich habe vielleicht nicht gewußt, wie günstig für ihn die Sachen im Lager seiner Gegner standen und deshalb zu jenem hinterlistigen Vertrage gegriffen. Dem gegenüber wird man prinzipiell sagen müssen, daß eine solche Annahme die Präsumtion nicht für sich hat, welche vielmehr dahin gehen wird, daß es von einer intelligenten Heeresleitung erwartet werden darf, daß sie im großen und ganzen von dem Stande der Dinge im feindlichen Lager unterrichtet ist. Das Gegenteil ist eine Ausnahme, die allerdings oft genug vorkommt, aber immer in besonderen Umständen ihre Erklärung findet. Eine solche Ausnahme hier vorauszusetzen, haben wir aber um so weniger Grund, als wir sehen, daß bezüglich des Punktes, auf welchen thatsächlich doch alles ankommt, nämlich des Abzugs von Neipperg bei dem Könige die zwingende Notwendigkeit desselben auf das bestimmteste vorausgesetzt und dieselbe vom ersten Beginne der geheimen Unterhandlungen also etwa vom 8. September an geradezu zur Grundlage der gesamten Verhandlungen gemacht wird. Von Anfang an ist der ungehinderte Abzug Neippergs sein Hauptangebot, und außerdem verdient es doch wohl hervorgehoben zu werden, daß in den vier vollen Wochen, innerhalb deren die Unterhandlungen sich fortspinnen, in keinem der zahlreichen Zeugnisse, welche darüber uns vorliegen, die geringste Andeutung sich vorfindet, daß jene Voraussetzung des Königs, man werde die Armee Neippergs demnächst zur Rettung Wiens brauchen und deshalb abberufen, von Neipperg oder Hyndford bestritten und geleugnet worden wäre.

Und was die Eroberung Neißes anbetrifft, so hatte sich der König nach wiederholten Äußerungen seiner Briefe seit Anfang September anheischig gemacht, sie unter allen Umständen ganz unabhängig von Neippergs Verbleiben durchzuführen; wie hätte er auch nur einen Augenblick zweifeln sollen, daß es ihm ein Leichtes sein würde nach Neippergs Abzug, wo jede Hoffnung auf Entsatz abgeschnitten war, Neiße zu gewinnen, noch dazu, wenn er bereit war, der Besatzung so eminent günstige Bedingungen zu gewähren, wie sie dann das Schnellendorfer Abkommen enthielt. Daß das ohne großes Blutvergießen abgehen würde, hat er sicherlich vorausgesehen.

Und was nun den dritten Punkt betrifft, die Möglichkeit freier Ausbreitung für das preußische Heer in Oberschlesien, so ist wohl darüber kein Wort zu verlieren, daß es dem Könige klar gewesen ist, wie er nach dieser Seite hin, sobald Neipperg abgezogen, vollste Freiheit haben würde. Als man österreichischerseits bezüglich dieser Winterquartiere Schwierigkeiten macht, läßt er Goltz an Hyndford schreiben (den 30. September), man solle doch erwägen, daß man dies in keinem Falle verhindern könne, wenn man nicht das preußische Heer mehreremale zu schlagen sich getraue. Und auch das wird man nicht einwerfen können, der König habe viel= leicht gefürchtet, es könne, wenn das bayerisch=französische Heer die Unter= nehmung gegen Wien aufgäbe und sich gegen Böhmen wendete (wie dies ja thatsächlich geschehen ist), mit dem Wegfallen dieses wirksamsten Pressions= mittels zur Abberufung Neippergs für die Königin diese Abberufung über= haupt unterbleiben.

Wie zögernd und schlaff auch die Kriegführung der Verbündeten war, so war doch die Gefahr, welche ihre Heere auch nach Böhmen gewendet der Königin von Ungarn brächten, immer noch groß genug, um eine Zurückberu= fung Neippergs zu rechtfertigen.

Kurz, eine vollkommen unparteiische Erwägung dieser Angelegenheit läßt uns nicht zu dem Schlusse kommen, daß König Friedrich sich durch das Schnellendorfer Abkommen reelle Vorteile verschafft habe. Durch eine geheime Konvention sehr verwickelter Art hat er unter allerlei lästigen Be= schränkungen nicht mehr erlangt, als was ihm, wenn er die Konvention nicht abgeschlossen hätte, von selbst in größerer Ausdehnung und ohne jene Be= schränkungen zugefallen sein würde. Er hat also, was wir so nennen, ein herzlich schlechtes Geschäft gemacht, und wer ihm als Beweggrund jenes Ab= schlusses betrügerische Hinterlist zuschreibt, hat allen Grund, noch einen zweiten Tadel hinzuzufügen, nämlich den einer ganz auffallenden Kurz= sichtigkeit.

Aber vielleicht liegt der eigentliche Schlüssel zu Friedrichs Verhalten in jenen allgemeinen Bestimmungen, die wir vorläufig beiseite gelassen haben. Die in diesen letzteren dem König gemachten Konzessionen beschränken sich auf zwei Punkte:

Man werde gegen Ende Dezember versuchen, einen definitiven Vertrag zustande zu bringen [1]), und in diesem abzuschließenden Vertrage werde die Königin ohne Schwierigkeit dem Könige die bekannte Abtretung (Nieder= schlesien mit Neiße) machen.

Korrekterweise hätte hier fortgefahren werden müssen: der König von Preußen seinerseits werde mit dieser Abtretung sich genügen lassen und nicht mehr verlangen, auch inzwischen sich jedes feindlichen Vergehens gegen die Königin oder deren Alliierten enthalten.

Jedenfalls hätte doch die preußische Zusage dieselbe Voraussetzung haben müssen wie die österreichische, nämlich den in § 7 enthaltenen Satz, man werde versuchen, bis Ende Dezember einen definitiven Vertrag zustande zu bringen, welcher Satz doch auch die Möglichkeit nicht ausschloß, daß der Ver= trag nicht zustande käme, und für diesen Fall der Königin von Ungarn wenig= stens vollste Freiheit sicherte.

Nicht ohne Erstaunen finden wir in unserem Protokolle aber etwas ganz anderes. Hier sind die Zugeständnisse des Königs vorausgenommen, und sie lauten sehr bestimmt und bindend; der König werde nach der Einnahme

---

[1]) „qu'on tachera de faire un traité definitiv vers la fin du mois de De- cembre qui vient".

Neißes nicht mehr offensiv auftreten, weder gegen die Königin noch einen ihrer Alliierten bis zum allgemeinen Frieden, und werde niemals mehr verlangen als die bewußte Abtretung.

Während also, wie Neipperg ganz mit Recht auseinandersetzte [1]), die Königin zu nichts verpflichtet war, wenn sie nicht Lust hatte, bis Ende Dezember einen Vertrag zu schließen, war Friedrich nach dem Wortlaute jener Punktation unter allen Umständen gebunden. In der That, wenn es je ein foedus iniquum gegeben hat, so lag hier ein solches vor.

Man hat wohl gesagt, Friedrich sei, ebenso gut wie sein oberster Feldherr, so auch sein eigener Minister des Auswärtigen gewesen. Im vorliegenden Falle hat dieser Minister den König übel bedient, und es ist ganz undenkbar, daß, wenn Podewils mit in Klein-Schnellendorf gewesen wäre, er jene ungerechte Fassung zugegeben haben würde. Denken wir uns nur einmal den Fall, es wäre Neipperg geglückt, in Eilmärschen an das französisch-bayerische Heer heranzukommen und diesem eine furchtbare Niederlage beizubringen; infolge deren und vielleicht auch unter dem Eindrucke der Gerüchte von dem geheimen Abkommen Preußens mit der Königin wäre Bayern zum Frieden geneigt gewesen, und auch Frankreich hätte sich mit einigen Konzessionen auf der Seite der Niederlande zufrieden stellen lassen. Sachsen würde sich beeilt haben, seine Front zu verändern, und die große Koalition, welche im Anfang des Jahres Friedrich bedroht, hätte wohl noch einmal aufleben können. Maria Theresia hätte inzwischen, bis die Alliierten marschfertig gewesen wären, den König durch Unterhandlungen hingehalten, und dieser, wenn er auch erkannt hätte, welches Netz sich über ihm zusammenzöge, hätte nach dem Wortlaute jener Punktation nicht das Recht gehabt, „das Prävenire zu spielen" und das Netz zu zerreißen, ehe es noch ganz sich geschlossen hätte.

Will man fragen, wie es möglich geworden, daß der scharfblickende König sich so habe binden lassen, so wird man eben doch wieder daran denken müssen, daß der König, der in den vorausgegangenen geheimen Verhandlungen den Abschluß eines eigentlichen Vertrages so bestimmt abgelehnt hatte, bei dieser Konvention nicht so streng den Wortlaut der einzelnen Bestimmungen abgewogen hat, wie es wohl bei einem eigentlichen Vertrage geschehen wäre. Noch erklärlicher wird uns das, wenn wir den Hergang bei der Zusammenkunft, so wie er glaubwürdig feststeht, erwägen. Der Tenor der Übereinkunft beruhte, wie wir wissen, im großen und ganzen auf einem Entwurfe, den Goltz fertig mitbrachte, den also der König selbst unter Berücksichtigung des ihm von Neipperg übersendeten festgestellt hatte. Als dieser nun in Klein-Schnellendorf verlesen wurde, machte der Marschall einige Einwendungen und schlug Amendements vor, denen der König mündlich zustimmte. Wie nun aber und in welcher Fassung diese mündlich gemachten Konzessionen dann von dem Protokollführer zu Papier gebracht wurden, das scheint während der Zusammenkunft oder am Schlusse derselben in der That von dem Könige wenigstens nicht kontrolliert worden zu sein, mit anderen Worten, das amendierte Protokoll scheint dann nicht noch einmal verlesen worden zu sein. Formell war gegen diesen Modus wenig einzuwenden, insofern beide Komparenten nach der vorausgegangenen Verabredung übereingekommen waren, von einer

[1]) An den Großherzog, den 13. Oktober; Wiener St.-A.

Verifizierung des Protokolls durch ihre Unterschriften Abstand zu nehmen. Wenn nun gleich dagegen wohl hätte daran erinnert werden können, daß bei einer Übereinkunft, der immerhin eine gewisse Verbindlichkeit beiwohnen sollte, es doch von Wert sein mußte, den Wortlaut der einzelnen Punkte genau zu kennen, so scheint man doch thatsächlich darauf verzichtet zu haben; wenig= stens würde, wenn der König, als ihm Hyndford seine Ausfertigung des Protokolls zusendet, diesem durch Golß schreiben läßt, er sei bis auf Kleinig= keiten einverstanden [1]), dies doch keinen rechten Sinn haben, wenn eine solche Approbation schon tags vorher ausgesprochen worden wäre.

Hiernach ist sogar die Möglichkeit nicht ausgeschlossen, daß Hyndford, als er in Neippergs Hauptquartiere Greisau die Ausfertigung der beiden Exemplare besorgte, der an sich erklärlichen Ängstlichkeit des Marschalls nachgebend den Ausdruck im einzelnen noch nach dessen Wünschen mobi= fiziert hat.

Freilich hatte anderseits unzweifelhaft auch der König das Recht, als er das Protokoll in die Hände bekam, Änderungen oder Zusätze zu verlangen, und daß er in der That noch Wünsche hatte, erhellt deutlich daraus, daß Golß noch eine nachträgliche Zusammenkunft mit Hyndford begehren mußte. Indessen sind bei dieser letzteren, auf welche wir noch näher einzugehen haben werden, wohl noch weitere mündliche Verabredungen gepflogen, aber der Wortlaut des Protokolls ist nicht geändert worden und jene unbillige Verteilung der beiderseitigen Verpflichtungen, auf die wir bereits hingewiesen, ist stehen geblieben. Der König hat sich darüber damit getröstet, daß ihm zu einem Rücktritt von der Übereinkunft, falls ein solcher ihm notwendig schiene, die Bedingung unverbrüchlichen Geheimnisses, welche voraussichtlich nicht streng gehalten werden würde, in jedem Augenblicke Anlaß genug geben würde, obwohl auch dies wohl als Forderung und somit als zur Substanz der Übereinkunft gehörig in dem letzten Paragraphen des Protokolls sich vor= fand, aber doch nicht eigentlich strikt als conditio sine qua non hingestellt [2]); mündlich allerdings hatte sich der König in dem letzteren Sinne geäußert, und es war dies auch, wie wir noch sehen werden, nach Preßburg mitgeteilt worden.

Es bleibt freilich sehr zweifelhaft, ob dieses Auskunftsmittel ein glück= liches war. Es scheint eben doch, daß er dieses eventuelle Loskommen sich leichter vorgestellt hat, als es thatsächlich war, ebenso wie er die bindende Kraft dessen, was zu Klein=Schnellendorf abgemacht wurde, doch nicht nach allen Seiten hin hinreichend gewürdigt hat. Um dies zu erweisen, dürfen wir nur auf einen Umstand hinweisen. Unzweifelhaft war das Moment, auf welches er selbst bei den Vorverhandlungen so großen Wert gelegt hat, daß er selbst nichts Schriftliches in dieser Sache von sich gegeben, von nicht geringer Be= deutung für den Fall, daß die Zeitumstände oder der Mißbrauch, den man mit den gemachten Konzessionen getrieben, den König nötigten, den ganzen Vertrag abzuleugnen, also für den momentanen Erfolg; für das Urteil der

---

[1]) Den 10. Oktober; Londoner Record office.
[2]) In der späteren Bearbeitung der Histoire de mon temps (von 1775) be= hauptet der König, die Forderung so schroff gestellt zu haben (Oeuvres II, 91) weniger entschieden in der früheren Bearbeitung von 1746 (ed. Poßner, S. 238).

Geschichte aber scheint doch in der That nicht allzu viel darauf anzu=
kommen, und es wird einem Historiker nicht leicht werden, seine Leser zu
überzeugen, daß die Abmachung von Schnellendorf für den König weniger
bindende Kraft gehabt hätte, weil seine Unterschrift dem Protokolle gefehlt
habe.

Aber auf der anderen Seite, wie mißlich auch die nachträgliche Auf=
stellung derartiger Hypothesen ist, man muß daran denken, daß sich alles doch
hätte wohl anders einrichten lassen. Hätte Friedrich darauf bestanden, in den
Punktationen bezüglich seiner Verpflichtungen ganz auf gleichem Fuße be=
handelt zu werden wie die Königin von Ungarn, so hätte nach menschlichem
Ermessen gegen die in die Augen springende Billigkeit solcher Forderung
weder Hyndford, noch selbst der ängstliche Neipperg ernstlich etwas einwenden
können, und doch hätte der ganze Vertrag eine andere Physiognomie be=
kommen, wenn die §§ 5—8 so gelautet hätten, wie sie billigerweise allein
lauten konnten, nämlich: „man wird versuchen bis Ende Dezember einen Ver=
trag zustande zu bringen, in welchem dann die Königin von Ungarn ohne
Schwierigkeit Niederschlesien mit Neiße abtreten, während anderseits der König
nicht mehr als dieses verlangen und sich inzwischen nach der Einnahme
Neißes aller Feindseligkeiten gegen die Königin und deren Alliierten ent=
halten wird."

Eine solche Fassung würde dann den Vertrag vom 9ten erst in seinem
wahren Lichte gezeigt haben, als eine militärische Konvention, deren bindende
Kraft sich nur auf den ungehinderten Abzug Neippergs bezog, für die Zu=
kunft aber wohl auch gute Zusicherungen enthielt, zu deren Erfüllung jedoch
nur die gleich von vornherein sehr gebrechlich angelegte Brücke der Re=
densart: „on tachera de faire un traité définitif" hinüberführte. Ganz un=
zweifelhaft stand es dann bei jeder der beiden Parteien, zu sagen, der Ver=
such, einen definitiven Vertrag zu schließen, müsse als gescheitert angesehen
werden, und man habe nun wieder vollkommen freie Hand, zu handeln, wie
es gut schien, während so König Friedrich dieses Recht der freien Hand nur
durch jenes mißliche Auskunftsmittel des nicht gewahrten Geheimnisses, also
durch unliebsame Rekriminationen sich hat erstreiten müssen.

Doch wir werden noch Veranlassung haben, auf diesen Punkt zurückzu=
kommen. Hier kann es uns genügen, zu konstatieren, daß, wenn, wie wir
sahen, der praktische, militärische Teil der Klein=Schnellendorfer Abkunft als
nicht eigentlich vorteilbringend für den König angesehen werden kann, von
den allgemeinen Bestimmungen sogar gesagt werden muß, daß der König
durch sie geradezu in unbilliger Weise benachteiligt worden sei.

Wenn wir es nun auch als selbstverständlich voraussetzen, daß Friedrich
die Konvention überhaupt nicht geschlossen haben würde, wenn er dies nicht
als in seinem Interesse liegend angesehen hätte, so glauben wir doch die
Meinung, als habe der König sich zu dem Abkommen überhaupt nur herbei=
gelassen, um einen momentanen Vorteil zu erlangen und mit der arglistigen
Absicht, sich seinen Verpflichtungen zu entziehen, sowie er eben jenen Vorteil
eingeheimst, widerlegt zu haben, und zwar den ersten Punkt durch den Nach=
weis, daß er den angeblichen Vorteil durch bloßes Abwarten bequemer und
vollständiger hätte erreichen können, und den zweiten durch den Hinweis auf
die gewisse Sorglosigkeit, mit der er sich die kaptivierenden Bestimmungen

des Protokolls hat gefallen laſſen, während es doch in ſeiner Hand gelegen hätte, ſich eine bequeme Hinterthür offen zu halten.

Welches Motiv hat nun den König zu der Abkunft vom 9. Oktober, „dieſer Art von Waffenſtillſtand", wie er es nennt, bewogen? Nach des Königs eigenen Angaben war es die Abneigung gegen die Ziele der franzöſiſchen Politik, wie dieſe gerade eben damals in dem von dem Marſchall Belleisle mit Bayern und Sachſen abgeſchloſſenen Partagetraktate zutage traten. Dieſe Politik lief, wie er ſagt, darauf hinaus, durch die Verteilung eines großen Teils der öſterreichiſchen Erbſchaft, dann vier Mächte zweiten Ranges zu etablieren, Öſterreich, Bayern, Sachſen, Preußen, denen gegenüber dann Frankreich eine Stellung gehabt haben würde, wie etwa weiland die Römer zu den kleinaſiatiſchen Dynaſtieen. An der Verwirklichung eines ſolchen Planes einer franzöſiſchen Univerſalmonarchie mitzuwirken, ſpeziell ſich um die Vergrößerung Sachſens, in welchem Preußen zu jeder Zeit einen miß=günſtigen Nachbar gehabt hatte, zu bemühen, hätte nach Friedrichs Anſicht geheißen, ſich ſelbſt ſeine Ketten zu ſchmieden; da war es beſſer, ein gewiſſes Gleichgewicht zwiſchen Frankreich und der Königin von Ungarn zu erhalten, nachdem der letzteren Stolz hinlänglich gebeugt war, um ſie in die Abtretung Schleſiens willigen zu laſſen; kurz, er gedachte, ohne mit Frankreich zu brechen, doch auch Maria Thereſia wieder etwas aufatmen zu laſſen [1]). Daß ihm für den Notfall die mangelhafte Wahrung des Geheimniſſes ſeitens des öſterreichiſchen Hofes immer einen ausweichenden Grund geben würde, von dem Vertrage zurückzutreten, ſetzte er voraus [2]).

Die hier entwickelten Anſichten kehren nun vollſtändig wieder in den ausgiebigen Äußerungen, welche der König bei der Zuſammenkunft ſelbſt ge=than hat. Wir haben darüber zwei von einander unabhängige Berichte, einen, welchen Hyndford unter dem 14. Oktober an Lord Harrington er=ſtattet [3]), und daneben die „Erinnerungen", welche Neipperg unter dem 13. Ok=tober für den von ihm zu mündlicher Berichterſtattung an die Königin und den Großherzog von Toscana nach Presburg geſandten Generalmajor von Lentulus, bekanntlich einen der Teilnehmer der Schnellendorfer Zuſammen=kunft, niedergeſchrieben [4]). Dieſer beſonderen Beſtimmung entſprechend wollen dieſe Aufzeichnungen gar nicht ein Bild der Zuſammenkunft geben, und ſelbſt die Äußerungen des Königs werden prinzipiell der mündlichen Berichterſtat=tung des Generals überlaſſen, nur daß Neipperg hier und da die Stellen hervorhebt, die ihm von größter Bedeutung zu ſein ſcheinen, um daneben dann vielfach Bemerkungen über das Gehörte anzureihen.

Für unſere Darſtellung, für die es allerdings von Wichtigkeit zu ſein ſcheint, von den Äußerungen des Königs bei der mehr als zweiſtündigen Zuſammenkunft möglichſt wenig einzubüßen, wird es nun wohl für gerecht=fertigt gelten können, wenn wir den Hyndfordſchen Bericht zugrunde legen und deſſen einzelnen Punkten die Neippergſchen „Erinnerungen" anfügen, ohne beides in einander zu verſchmelzen.

[1]) Hist. de mon temps (1746) p. 239. 240 und (1775) p. 94.
[2]) Ebd.
[3]) Londoner Record office.
[4]) Im Wiener Kriegsminiſterial=A.; Auszüge daraus in der Öſterr.=milit. Zeitſchr. 1827, II, 149, und daraus wieder bei Orlich, Geſch. der ſchleſ. Kriege I, 148.

„— — Der König war ausnehmend höflich und freundlich und beteuerte lebhaft seine guten Wünsche und Absichten für die Königin von Ungarn und den Großherzog, nachdem sie nun ihre frühere Hartnäckigkeit abgelegt hätten, denn ohne das, fügte er hinzu, würde er sie bis auf das äußerste verfolgt haben; doch nun nehme er den lebhaftesten Anteil an dem Mißgeschicke der Königin, und würde die Sache geheim gehalten, so gedenke er weiterhin noch mehr Dienste derselben zu leisten, als ihm jetzt gestattet sei, zu sagen. Er gab zu verstehen, daß er versuchen werde, Mähren und Oberschlesien der Königin zu erhalten gegenüber dem Kurfürsten von Sachsen, daß er die Bayern oder Sachsen hindern wolle, in Böhmen diesseits der Elbe Winterquartiere zu beziehen, und daß, im Falle sie dies doch versuchten, er dort selbst Winter= quartiere nehmen und dafür der Königin eine Entschädigung in barem Gelde bezahlen wollte."

Zu diesem Stücke Hyndforbschen Textes möge dann als Glosse Neip= pergs Folgendes hinzugefügt werden:

„[Der König] erwähnt, daß ihm seine Alliierten nebst ganz Unterschlesien und der Stadt Neiß auch noch die Grafschaft Glatz und noch über das, so ihm durch die Convention zufiele, einen guten Theil von O. Schlesien diesseits des Neißflusses zu verschaffen und zu überlassen zugesaget, den Ueberrest von Oberschl. mit dem Marggrafthum Mähren, und etwas von Böhmen soll vermöge des Partage=Tractats Sachsen einbekommen, Baiern hingegen Böhmen, das Land Ob der Ems, Tyrol und das Vorderösterreichische mit Einbegreif derer in Schwaben liegenden österreichischen Ländereien, Frankreich wenigstens das Herzogthum Luxemburg, und Italien solle unter verschiedene getheilt werden.

Von dem mit Frankreich und Baiern geschlossenen Tractat machet er kein Geheimniß, sondern saget, daß es anmit seine Richtigkeit habe, man spüret aber beßwegen an ihm fast einige Reue, und er giebt zu erkennen, daß er dieser Alliance gerne auf gute Art und Gelegenheit los sein möchte.

Mit Sachsen, wie mir der Goltz allein gesagt, soll der Tractat von ihm noch nicht unterzeichnet, jedoch hierzu in wenigen Tagen der angesetzte Termin sein, der König von Preußen trainirte sothane Unterzeichnung mit Fleiß, und der Vorwand hierinfalls soll dieser sein, daß er für einen Theil seiner Truppen die Winterquartiere in Böhmen, gleich wie auch Baiern und Sachsen für einen Theil derer ihrigen dahin übereingekommen zu haben prätendiret, wogegen aber Sachsen und die übrigen noch zur Zeit protestiren. Er zeiget gegen Sachsen einen besonderen Pique, ohne jedoch die hierzu ihn bewegende Ursach zu berühren, nimt auch darob Anlaß, für einen Theil seiner Truppen gegen darbietender Bezahlung die Winterquartiere in Böhmen, und zwar in der Nachbarschaft derer sächsischen zu verlangen, um dadurch Gelegenheit zu haben, sie zu chicaniren, und endlich darob Ursach zu finden, die Alliance zu brechen, zu welchem Ende derselbe einem Generalen über sothane in Böhmen zu bequartierende Truppen das Commando auftragen wollte, der sich auf die Chicanen verstünde, und ihm hierinnen unter lauter scheinbaren Freund= schaftsbezeugungen jedoch den verlangenden Endzweck erreichen machte."

Bei den nahen Beziehungen, welche der Marschall zu dem Großherzog hatte, war es natürlich, daß jener mit besonders gespannter Aufmerksamkeit dem gefolgt ist, was der König über die Kaiserwahl=Angelegenheit geäußert hat, und so enthalten dann über diesen Punkt gerade die „Erinnerungen" viel reicheres Material als Hyndjords Bericht. Der letztere hat hier nur folgende Zeilen:

„Der Marschall gab dem König einen Brief des Großherzogs, welchen der König sehr gnädig annahm und sagte, er hoffe, der Großherzog werde es nicht auffallend finden, wenn er nicht unmittelbar antworte, denn derselbe kenne sehr wohl die gegenwärtige Lage der Dinge und seine Verpflichtungen Frankreich gegenüber, aber er hoffe, es würde auf dasselbe hinauslaufen, wenn er dem Großherzog eine Antwort Ende Dezember sende, und was er inzwischen in dessen Interesse thun würde, so gut sein wie eine Antwort."

Dasselbe berichtet nun auch Neipperg, fügt aber noch hinzu, der König habe sich beschwert, daß man so wenig Menagement für ihn trage, nicht ver= schwiegen sei, auch bereits an den Kurfürsten von Mainz geschrieben habe, man sei des Friedens mit ihm so viel als versichert, und somit auch der kur= brandenburgischen Stimme gewiß, wodurch er bei seinen Alliierten in Ver= dacht komme und sich vor der Zeit Unheil und Unbeliebigkeiten zuziehen könnte, man derohalben daselbst seinetwegen mehreren Menagements sich be= fleißen möchte. „Er deklarirte hierbei, daß er zwar dem Großherzog hierin= falls nicht entgegen sein wollte, doch aber sein vor Bayern übernommenes Engagement noch zur Zeit, ohne sich Widrigkeiten zuzuziehen, nicht zurück= nehmen könnte. Man sollte aber trachten, die Kurfürsten von Mainz und Trier dahin zu verleiten, daß sie die Kaiserwahl in die Länge hinaus ver= schieben, er seines Orts wollte selbige gewiß nicht pressiren, und unter solcher Zeit dürften sich vielleicht Mittel und Gelegenheit hervorthun, wodurch er sich seines diesfälligen Engagements entschlagen und dem Großherzog seine Freundschaft comprobiren könnte, wohingegen aber hierauf, wenn man das mit ihm geschlossene public machte und nicht geheim hielte, gar nicht zu rechnen und alles ungültig sein sollte, als ob der Krieg zwischen ihm und uns noch wie zuvor fort= geführt würde."

Wir lassen nun Hyndjord weiter berichten:

„Er (der König) blieb über 2 Stunden und äußerte während der ganzen Zeit die größte Teilnahme für die Königin und den Herzog von Lothringen, gab M. Neipperg Ratschläge bezüglich der Operationen gegen die Verbün= deten und empfahl ihm besonders, Fürst Lobkowitz mit allen seinen Streit= kräften zu ihm stoßen zu lassen, um einen Schlag zu führen, ehe die Al= liierten ihre Truppen beisammen hätten. Und wenn der Marschall Erfolg hätte, machte er Andeutungen, die nicht viel weniger besagten [1]), als daß er in solchem Falle auf Seite der Königin treten werde. Aber wenn der Mar= schall noch Unglück hätte, müsse er (der König) an sich denken.

Er sprach dies halblaut zu dem Marschall, und ich hatte mich aus Re= spekt zwei oder drei Schritte zurückgezogen; aber der König zog mich sogleich beim Arme zu ihm und sagte: ‚Mylord, ich wünsche, daß Sie jedes Wort der Unterredung hören. Was Sie, Mylord, anbetrifft, so haben Sie nichts zu fürchten, denn ich beabsichtigte niemals etwas Feindseliges gegen den König von England, und erst vor zwei Tagen schrieb ich an ihn so freundlich als mög=

----

[1]) „he insinuated little less than that: He would take part with the Queen".

3 *

sich einen Brief, und um ihm einen ferneren Beweis zu geben, daß ich keine anderen Absichten habe, als in Freundschaft mit ihm zu leben, habe ich meiner Armee in Brandenburg den Befehl gegeben, sich aufzulösen und in die Winterquartiere zu gehen.'

Er wies mich dann vor Neipperg an, dem Wiener Hofe zu schreiben, derselbe möge einen Traktat vorbereiten, zu vollziehen an oder vor dem nächsten 24. Dezember. — Aber über alles empfahl er jedermann das größte Geheimnis an, und um Herrn v. Valori zu täuschen, wünschte er, daß ich ihm einen Brief in sein Lager schriebe mit Klagen über den schlechten Erfolg meiner Versuche, einen Vergleich zustande zu bringen, welcher mit einem Trompeter ankommen sollte, während der König bei Tische säße. Er würde Sorge tragen, Valori bei sich zu haben, und ihm meinen Brief direkt zeigen." [1]

Aus den Neippergschen Aufzeichnungen mag dann noch zum Schlusse die Verabredung nachgetragen werden, welche bezüglich der künftigen Korrespondenzen getroffen wurde. Dieselbe sollte durch zwei Stabsoffiziere gehen, den in Jägerndorf stationierten Oberstlieutenant, Marquis de Varenne, preußischerseits und österreichischerseits den Oberstlieutenant v. Levrier in Troppau.

Wir haben in dem Vorstehenden nur den eigentlich referierenden Teil der „Erinnerungen" Neippergs wiedergegeben, und manche seiner subjektiven Beobachtungen und die große Menge militärischer Einzelheiten und Desiderien, von denen viele offenbar nur für das Ohr seines Gönners, des Großherzogs, bestimmt waren, weggelassen. Die Verquickung dieser Dinge mit dem ganz heterogenen Berichte über die Zusammenkunft von Klein-Schnellendorf zu einem Schriftstück, das dann wieder thatsächlich nur als Merkzettel für den zu mündlicher Berichterstattung abgesendeten Lentulus dienen soll, läßt es in der That als sehr gerechtfertigt erscheinen, wenn Neipperg wiederholt protestiert hat, er sei zum Diplomaten nicht geschickt. In der That, wenn, wie wir sahen, der König von dem Vorwurfe, es mit der Schließung der Konvention zu leicht genommen zu haben, nicht freizusprechen ist, so trifft derselbe Vorwurf noch in viel höherem Maße den Marschall, und wenn jener sich um die Fassung dessen, was Lord Hyndford als Quintessenz und Resultat der Verhandlung aufgezeichnet hat, nicht hinreichend bekümmert hat, so hat dieser dagegen eine sträfliche Sorglosigkeit darin bewiesen, die Äußerungen des Königs, welche doch als hochwichtige Erläuterungen der von ihm zugestandenen Konvention gelten mußten, möglichst präcise seinem Hofe wiederzugeben.

Das eben ist nicht geschehen, ja kaum versucht worden. Lord Hyndford war ja, wie wir wissen, seit Anfang Oktober nicht mehr legitimiert, im Namen

[1] Bericht Hyndfords vom 14. Oktober; Londoner Record office. Auszüge bei Raumer a. a. O., S. 149. Wenn dieser Bericht in den Hyndford Papers des British Museum (Additional Mss. 11366 f. 297) das Datum des 12. Oktobers trägt, so muß das falsch sein, und auch die Annahme, daß dies als das Konzept gegen die sonstige Sitte einmal ein anderes Datum trüge als das Mundum, würde immer noch nichts helfen, da der aus Breslau datierte Bericht damit beginnt, daß Hyndford die letzte Nacht erst aus Greisau zurückgekehrt sei, während wir vom 12. Oktober nicht weniger als drei Briefe Hyndfords haben, sämtlich noch aus Greisau datiert.

der Königin zu unterhandeln, und konnte daher gar nicht daran denken, einen Bericht, wie er ihn für Lord Harrington abgefaßt hatte, dem Preßburger Hofe einzusenden; aber offenbar hätte es Reipperg in seiner Hand gehabt, da der Gesandte mehrere Tage nach der Zusammenkunft in seinem Hauptquartiere verweilte, dessen Erinnerungen bei der Zusammenstellung der Äußerungen des Königs zuhilfe zu rufen.   Der Marschall, der es für zulässig halten konnte, in so wichtiger Angelegenheit sich auf die mündliche Berichterstattung des Generals Lentulus zu verlassen, hat natürlich daran nicht gedacht, aber sehr zum Schaden seines Hofes, für den es vermutlich vorteilhafter gewesen wäre, einen eben solchen Bericht wie den Hyndfordschen zu erhalten, der trocken und sachgemäß, aber eingehend die ganze Zusammenkunft schilderte, als die Reippergschen Bemerkungen, welche einzelne Partieen herausgriffen und diese detaillierten, um anderes kaum weniger Wichtiges ganz zu über= gehen, und außerdem subjektive Wahrnehmungen anreihten, über deren prä= judizielle Natur sich eigentlich Reipperg nicht hätte täuschen können, hätte ihn nicht der Wunsch, dem ganzen Abkommen, das er mit geschlossen, möglichst gute Seiten abzugewinnen, nur allzu sehr beherrscht. Gerade er, der es selbst wiederholt beklagt hatte, daß sein Hof sich dem Könige von Preußen gegenüber so besonders schroff und ablehnend zeigte, hätte doch billig Be= denken tragen sollen, in Preßburg die Meinung zu erregen, als brenne König Friedrich darauf, bei erster bester Gelegenheit seine Alliierten zu verlassen und gewissermaßen reumütig ins Lager der Gegner überzugehen. Jedenfalls hat das schlimme Früchte getragen.

Und wie wenig zeigt sich auf der anderen Seite Reipperg beflissen, das Programm, das der König so offen darlegt, zur Kenntnis seines Hofes zu bringen.   Man wird hier in der That zu der Annahme gedrängt, er habe hier überhaupt die ihm in mündlicher Unterredung eröffneten Intentionen nicht so schnell zu fassen vermocht. Der König entwickelt den Plan, seinen bisherigen Gegnern zunächst wenigstens die Elbgrenze in Böhmen zu sichern und zu diesem Zwecke preußische Truppen, für deren Verpflegung er eine Geldentschädigung in Aussicht stellt, einrücken zu lassen, ein Entschluß, der dann so vielfache Irrungen hervorrufen sollte. In Reippergs Erinnerungen aber hat der ganze Plan keine Stelle gefunden, und des Königs fast allzu offenherzige Eröffnung über seine Absicht, mit den Sachsen Reibungen hervor= zurufen, steht ganz unmotiviert da.

Und weiter empfiehlt der König Reipperg, den Moment zu benutzen, sich schnell mit Lobkowitz zu vereinen und einen Schlag gegen die Verbündeten zu führen, ehe diese ihre Kräfte beisammen hätten. Fiele derselbe glücklich aus, so könnte dies dem König vielleicht Gelegenheit geben, sich ganz von seinen Verbündeten zu trennen; andernfalls würde er freilich zunächst an sich denken müssen. Aber von dieser ganzen so höchst charakteristischen und be= deutsamen Eröffnung enthalten die Reippergschen Erinnerungen kein Wort.

Und nun die heikle Angelegenheit, die Kaiserwahl betreffend. — Hier hat es Reipperg, wie wir sehen, an sich nicht fehlen lassen; seine Aufzeich= nungen präcisieren des Königs Standpunkt vollkommen. Derselbe sagt nichts mehr zu, als daß er auf Vollziehung der Wahl nicht drängen wolle, erklärt sich für engagiert und begnügt sich, eine einfach dilatorische Politik zu em= pfehlen, auf die Möglichkeit hin, daß ein Umschwung in der allgemeinen Lage der Dinge auch ihm gestatte, von seinen Verpflichtungen zurückzutreten, warnt aber gerade nach dieser Seite hin auf das nachdrücklichste, und mit Hinweis auf eine bereits begangene Indiskretion, vor jeder Veröffentlichung des mit ihm getroffenen Abkommens, da er sonst sich an nichts binden und den Krieg einfach fortsetzen werde. Der Wortlaut der „Erinnerungen“ ist hier so geartet, daß er eigentlich jede Unklarheit ausschließt. Aber es ist sehr fraglich, ob dem österreichischen Ministerium jemals dieser Wortlaut vorgelegen hat. Es fällt schon auf, daß die Neippergschen „Erinnerungen“ auf dem Wiener Staats= archive nicht vorhanden sind, weder ganz, noch teilweise, sondern nur auf dem Kriegsministerialarchive, wo neben den ausschließlich militärischen Dingen noch die Briefe Neippergs an den Großherzog ihre Stelle gefunden haben. Offenbar war in den „Erinnerungen“, in denen, wie wir wissen, noch zahl= reiche militärische Beschwerden und Wünsche angeschlossen sich finden, Ver= schiedenes nur für das Ohr des Großherzogs bestimmt, und bei der engen Verbindung zwischen dem letzteren und Neipperg hat dessen Abgesandter sicher die erste Audienz bei jenem gesucht, und dort erst verabredet, was der Königin, resp. deren Ministern zu berichten wäre. Der ganze Passus über die Kaiserwahl war ja nun eigentlich die mündliche Antwort des Königs auf das Handschreiben des Großherzogs, welcher also wohl gerade hieran ein näheres Interesse geltend machen konnte. Franz wünscht offenbar sehnlichst die Kaiserkrone; er hat bei dem König von Preußen zu verschiedenen Malen im Laufe des Jahres 1741, so oft nur die Verständigung irgendwie in Aus= sicht stand, mit einem fast naiv zu nennenden Vertrauen um dessen Stimme geworben, und seine etwas sanguinische Art hat es aller Wahrscheinlichkeit nach vermocht, auch aus jener Antwort des Königs im Grunde Günstiges herauszulesen, und was die Minister seiner Gemahlin davon erfahren haben, ist sicher so eingerichtet gewesen, daß es deren Eifer für die Wahlsache nicht hat abschwächen können.

Fassen wir nun alles zusammen, so ergiebt sich für den Klein=Schnellen= dorfer Vertrag Folgendes: Nach König Friedrichs Intentionen soll sich an die militärische Konvention vom 9. Oktober doch eine allgemeinere politische Verständigung der beiden kriegführenden Mächte anschließen. Und nachdem Österreich den entschiedenen Entschluß kundgegeben, die von ihm verlangten Abtretungen zu bewilligen, gedenkt der König dafür seinerseits keineswegs sich mit einer bloßen Neutralität zu begnügen, sondern er zeigte sich vielmehr ernstlich entschlossen, einer vollständigen Zertrümmerung der österreichisch= deutschen Erblande, wie sie seine Verbündeten bereits geplant hatten, ent= gegenzuwirken. In welchem Umfange dies möglich würde, das mußte aller= dings von dem Gange der Kriegsereignisse abhängen; die Konvention vom 9. Oktober sicherte den Österreichern die Verwendung des Neippergschen Heeres gegen die Franzosen und Bayern, und er selbst wollte schon jetzt, indem er scheinbar fortfuhr, gegen die Königin zu operieren, in Wahrheit zu deren Gunsten handeln und z. B. durch ein Einrücken in Böhmen seine Truppen gleichsam eine Barrière bilden lassen, um eine Überflutung dieses Landes durch die Verbündeten zu hindern, ja er stellte sogar Maßregeln in Aussicht, welche den Anfang einer Lösung der bisherigen Allianzverhältnisse bilden sollten.

Es liegt auf der Hand, daß für diese Intentionen die kurzen Paragraphen, die in Hyndfords Protokoll vom 9. Oktober die allgemeinen Angelegenheiten behandelten, ganz gleichgültig waren; wohl aber hat der König selbst am 9. Oktober vor Neipperg und Hyndford seine Pläne und die Linie, auf welcher er sich zu bewegen gedächte, mit großer Offenheit dargelegt, allerdings aus erklärlicher Vorsicht nur eben mündlich.

An der Ehrlichkeit der Absichten des Königs ist um so weniger zu zweifeln, da er in seinen Memoiren überzeugend nachweist, wie sehr eine solche Politik in seinem Interesse lag. Eine Durchführung derselben würde ihn zum Beherrscher der Situation gemacht haben.

Das Üble an dem ganzen Programme war offenbar das, daß es nur durchführbar war, wenn Österreich willig dazu die Hand bot und sich ganz genau auf den Bahnen bewegte, die ihm vorgeschrieben wurden. Hier wird man nun sagen können: hätte der ganze Plan genau und sorgfältig detailliert schwarz auf weiß in Preßburg den österreichischen Ministern vorgelegen, es ist zweifelhaft, ob sie bei ihrer Schwerfälligkeit und bei dem tiefgewurzelten Mißtrauen gegen den König von Preußen darauf recht eingegangen wären. Nun sahen wir, daß überhaupt von dem eigentlichen Programme des Königs nur eine sehr unvollkommene Kunde nach Preßburg gedrungen ist, es war daher von vornherein kaum denkbar, daß die österreichischen Minister zu der schwierigen Melodie, die der König von Preußen anzuspielen gedachte, die richtige Begleitung hätten finden sollen. Sie hielten sich einfach an das, was ihnen die 18 Paragraphen des Hyndfordschen Protokolls sagten, und was darüber von den Äußerungen Friedrichs hinaus transpiriert war, hatte bei ihnen nur die Wirkung, auf der einen Seite die von Neipperg ihnen insinuierte Meinung, daß der König von Preußen lebhaft wünsche, von seinen bisherigen Alliierten auf gute Manier loszukommen, zu bekräftigen, auf der anderen Seite aus den fragmentarischen Andeutungen über weitere Pläne des Königs eine unbestimmte Vorstellung von versteckten, arglistigen Absichten des gefährlichen Mannes aufsteigen zu lassen. Das eine wie das andere schien dazu zu mahnen, den Vorteil der preußischen Neutralität möglichst eifrig zu verwerten. Wünschte der König sich von seinen bisherigen Verbündeten loszumachen, so war eine sanfte Pression vielleicht besonders gut angebracht, und hegte er arglistige Absichten, so vermochte man diese vielleicht zu kreuzen.

So steuerte man denn einen Kurs, der dem von Friedrich vorgezeichneten schnurstracks zuwiderlief. Denn da dieser ganz fest entschlossen war, sich für jetzt nicht aus seiner Stellung und der antipragmatischen Allianz herausdrängen zu lassen, so hatten österreichische Indiskretionen nur die Wirkung, den König zu nötigen, den bei seinen Verbündeten erweckten Verdacht durch seine Handlungsweise thatsächlich zu widerlegen, also ihn von der Linie, die er zugleich eben im Interesse der Königin von Ungarn einzuhalten beabsichtigte, abzudrängen. An diesen Gegensätzen ist die Klein-Schnellendorfer Abkunft zugrunde gegangen.

Zunächst ward wenigstens der militärische Teil der Klein-Schnellendorfer Verabredung zur Ausführung gebracht. Während Neipperg von den Preußen unbehelligt sein Heer nach Mähren führte, begann Friedrich die Belagerung von Neiße. Am 17. Oktober ward ein Corps von 13 Bataillonen Infanterie und 12 Schwadronen Reiter unter dem Erbprinzen Leopold gegen Neiße und zur Eroberung der Festung abgesendet.

Der Erbprinz war nicht in das Geheimnis von Klein-Schnellendorf eingeweiht und nahm die ihm gestellte Aufgabe mit vollem Ernste in Angriff [1]). Am 18. Oktober vor Neiße eingetroffen, entwarf er nach einer noch an demselben Tage vorgenommenen Rekognoscierung seine Dispositionen. Er verzichtete auf eine vollkommene Einschließung, zu der auch seine Streitkräfte nicht hingereicht hätten, und nahm einen Angriff ausschließlich von der Seite, auf welche er angerückt war, d. h. von Osten und Süden her in Aussicht. Allerdings gewährte im Norden und zum Teil auch Westen die Neiße der Festung eine gute Deckung. Sonst war dieselbe nur mit einfachen Bastionen versehen, welche mehr auf der Nord- und Westseite als gerade gegen Süden und Osten hin verstärkt worden waren. Doch hatte der Kommandant sich eine andere Schutzwehr zu schaffen gewußt, indem er die mit ziemlichem Gefälle vom Gebirge herab kommende und die Festung durchfließende Biele hatte stauen lassen, wodurch das ganze südliche Vorterrain in einen See verwandelt worden war.

Der Erbprinz hatte seine Truppen von der Biele an bis an die Neiße hin aufgestellt und nachdem eine Aufforderung zur Übergabe von dem Neißer Kommandanten eine höfliche Ablehnung erfahren, war er unverzüglich daran gegangen, einerseits den Inundationen einen Abfluß in die Neiße zu verschaffen dadurch, daß man die Biele, die sich südlich der Festung der Neiße bis auf geringe Entfernung nähert, bei dem Dorfe Neumühl, unweit des abgebrannten Kupferhammers, direkt in diese ableitete, andererseits im Südosten der Stadt [2]) ungeachtet des anhaltenden Feuerns der Belagerten aus und auf den Trümmern der abgebrannten Vorstädte ein Zangenwerk zu errichten, aus dem dann am Morgen des 20. Oktober 4 Zwölfpfünder ihr Feuer eröffneten, das allerdings nicht viel Schaden anrichtete, sondern vielmehr durch die überlegene Artillerie des Platzes ganz zum Schweigen gebracht wurde. Als der König im Laufe des 20. Oktober selbst eintraf und sein Hauptquartier in Neunz aufschlug, billigte er die Dispositionen des Erbprinzen und ließ die zerschossene Batterie wieder herstellen, auch die Arbeiten an der Ableitung der Gewässer gewannen Fortgang; doch ward in den nächsten Tagen das Feuer von beiden Seiten nur schwach unterhalten. Der Erbprinz mußte auf besonderen Befehl am 22. Oktober mit einem kleinen Corps ins Glatzsche abgehen, und sein Bruder Dietrich, der ihn vor Neiße ablöste, nachdem er eben damals zum Generallieutenant avanciert war, beschloß erst das Eintreffen des aus Brieg ihm zugesagten Belagerungsgeschützes abzuwarten. Allerdings waren seine Entschließungen von der Entscheidung des Königs abhängig. Obwohl nun bereits am 20sten 12 große Mörser aus Brieg angekommen waren, so begnügte man sich doch bis zum 27sten mit einer schwachen Kanonade, von da an aber, und nachdem inzwischen auch der Artilleriepark

---

[1]) Wenn das Tagebuch des Kreuzherrn Pratzer (Stadtarchiv zu Neiße, Kastneriana VI) angibt, es wäre dem preußischen Oberbefehlshaber am 22. Oktober Wein, Brot und Geflügel herausgeschickt worden, so ist das nach allen Seiten hin unglaublich und nur als ein Stadtgerede anzusehen, welches allerdings auf das Gerücht eines geheimen Einverständnisses hindeutet.

[2]) Nahe dem Neuländer Schlössel, sagt das Pratzersche Tagebuch, und das klingt viel wahrscheinlicher, als die Angabe bei Orlich I, 154 „unweit Karlau".

vollständig eingetroffen war, ward Ernst gemacht. Der Ingenieur, General Wallrave, bewirkte in der Nacht vom 27ften bis zum 28. Oktober die Er= öffnung der Laufgräben im Süden der Festung zwischen der Neiße und der oberen Biele, wobei ein an dem ehemaligen fürstlichen Garten von der Neiße nach der Biele zu führender Damm zweckmäßig benutzt werden konnte [1]).

Da, wo der Damm die Biele erreichte, ward dieses Flüßchen über= schritten und jenseits an der abgebrannten Mühle eine große Batterie von 32 schweren Geschützen und 10 Mörsern errichtet und an seinem anderen Ende an der Neiße, unweit des Mühlwehres, eine zweite von 4 Mörsern. Beide eröffneten dann am 29ften ein starkes Feuer auf die Stadt, in= folge dessen der Kommandant bei General Wallrave schriftliche Vorstel= lungen machte, es könne doch unmöglich die Absicht des Königs sein, die Stadt ganz zugrunde zu richten; den Festungswerken schade das Bom= bardement nicht, und der Kommandant werde, wenn auch kein Haus von der Stadt mehr stände, deßhalb doch die Festung nicht früher übergeben. Wirklich schwieg das Feuer am 30ften, und der im Parlamentieren geübte Adjutant des Königs, Oberst v. Borcke, brachte eine neue Aufforderung zur Übergabe in die Festung. Als aber diese wiederum abgelehnt ward, begann das Bombardement mit erneuter Heftigkeit und ward auch am 31ften eifrig fortgesetzt.

Neipperg hatte bei seinem Rückzuge den bisherigen Kommandanten von Neiße, Oberstlieutenant St. André, mit 1500 Mann, 5 Kanonen und einigen Zentnern Pulver an sich gezogen, so daß nur eine Besatzung von etwa 1000 Mann unter Oberstlieutenant Krottendorf zurückgeblieben war. Dieser hatte die Instruktion erhalten, die Festung, wenn die Preußen, wie zu vermuten stehe, sie belagern sollten, am 15ten Tage, vom ersten Kanonenschusse an ge= rechnet, gegen freien Abzug zu übergeben, doch war für den Fall, daß die Belagerung mit besonderem Nachdruck betrieben würde, auch eine frühere Übergabe zugestanden. Dieser Ordre pünktlich folgend, ließ der Oberst am 14ten Tage nach dem Beginne der Beschießung am 31. Oktober 1741, Abends 9 Uhr, Chamade schlagen, und erklärte, wegen der Übergabe in Unterhandlungen treten zu wollen. Seine Bedingung freien Abzugs mit allen militärischen Ehren fand, wie ja in Klein=Schnellendorf verabredet worden war, die Zustimmung des Königs und auch die Ausbedingung des Schutzes für die katholische Geistlichkeit und die Erhaltung des status quo in kirchlichen Dingen, die er zu verlangen gehalten war, wurde bereitwillig zugestanden; und nachdem er dann am 1. November das Zollthor besetzt hatte, zog am 2ten die Besatzung, noch 677 Mann stark, mit Waffen und Gepäck und 6 Kanonen ab. Kranke und Verwundete wurden auf Wagen nachge= fahren, ebenso wie die Bagage.

Übrigens zeigte sich jetzt, daß die Beschießung doch gerade den Festungs=

---

[1]) Als der Prinz am Abend des 27. Oktober diese Stelle aufsuchte und dabei in den Sumpf geriet, vermochte ihn der Husarenmajor v. Dewitz, der von einem tollkühnen Ritte nach der Festung hin die Situation genau kannte, zurechtzuweisen. Aufzeichnungen von Dewitz in [Naumanns] Sammlung ungedruckter Nachrichten, S. 80.

werfen ansehnlichen Schaden zugefügt hatte, während von den Häusern nur zehn mehr oder weniger niedergebrannt waren.

Damit war denn auch die stärkste der schlesischen Festungen in den Besitz des Königs gekommen. Er hatte, abgesehen von Glatz, das ganze Land= gebiet, das er zu behaupten entschlossen war, in seiner Hand, und gedachte nun die feierliche Huldigung der ganzen Provinz in Breslau entgegenzu= nehmen.

Drittes Kapitel.
Verfassungsveränderungen, Landeshuldigung.

———

Es war inzwischen in den letzten Monaten für die feste Gründung der preußischen Herrschaft im Inneren sehr viel und Bedeutsames geschehen. Gerade die korporativen Vorrechte, welche in der österreichischen Zeit that= sächlich sich am meisten geltend gemacht, am meisten der Staatsgewalt einen Zwang, eine Beugung oder zum mindesten eine Berücksichtigung auferlegt hatten, sie lagen damals schon gebrochen zu den Füßen des jungen Königs, und zwar waren sie dahingesunken ohne Sang und Klang, ohne daß eine Thräne um ihren Verlust geweint worden wäre, oder ein Feuer der Empö= rung sich an ihrer Asche entzündet hätte. Auch hatte sie nicht ein vorbedachter politischer Akt beseitigt, sondern sie waren untergegangen im Verlaufe der Thatsachen bei dem ersten Konflikte mit einer Gewalt, welche die ihr eigene Unbeugsamkeit jetzt, wo sie in Waffen einherschritt, mit verdoppelter Energie an den Tag legte.

Es hatte sich hier vornehmlich um zwei Dinge gehandelt, einmal um die Autonomie der schlesischen Hauptstadt Breslau und dann um die schlesische Ständeverfassung. Breslau hatte in österreichischer Zeit eine Stellung einge= nommen, unvergleichlich bedeutungsvoller als die der übrigen schlesischen Städte, es hatte sich zu einer fast republikanischen Selbständigkeit entwickelt. Im Weichbilde der Stadt herrschte der Rat ziemlich unumschränkt, soweit ihm nicht die Privilegien der geistlichen Körperschaften Schranken setzten; dem kaiserlichen Herrn gegenüber fand man sich mit Geldzahlungen ab. Diese Selbständigkeit Breslaus hat ihre große Bedeutung gehabt, und man wird wohl sagen können, daß ohne sie sich der Protestantismus in den schweren Zeiten der jesuitischen Reaktion nimmermehr so weit zu behaupten vermocht hätte, wie es doch geschehen ist. Die zwei Grundpfeiler dieser hervorragenden Selbständigkeit waren einerseits das jus praesidii, das Recht, sich selbst zu beschützen, also landesherrliche Besatzung auszuschließen, ein Recht, das, ob= zwar nicht eigentlich verbrieft, doch gewohnheitsmäßig eingebürgert war und als das Palladium der Breslauer Freiheit angesehen ward, auch wirklich die Stadt im Drange des 30jährigen Krieges geschützt hat, namentlich vor den Religionsverfolgungen, zu denen sich ja damals die kaiserliche Soldatesca (man braucht nur an die Lichtensteiner zu erinnern) vielfach gebrauchen ließ,

Der andere Grundpfeiler war das allerdings auf alten Privilegien beruhende Recht, sich selbst den Rat zu kiesen, resp. die am Jahresschluß abgehenden Ratsherren und Schöffen ihre Nachfolger wählen zu lassen, ohne daß dem Landesherrn thatsächlich ein Einfluß geblieben wäre, wie denn auch von einer Kontrolle der städtischen Verwaltung keine Rede war.

Diese beiden Grundpfeiler der Breslauer Verfassung waren nun im Laufe des Feldzuges von 1741 auf das ernstlichste erschüttert worden. Was das jus praesidii anbetraf, so hatte das, als der König am 10. August 1741 das bis dahin neutrale Breslau besetzte hatte, thatsächlich schon aufgehört: preußische Truppen hielten die Stadt besetzt. Als das erste Mal des Abends die Schlüssel der Thore dem Gouverneur abgegeben werden mußten, ließ man diesem sagen, Rat und Bürgerschaft hofften, daß alles bald wieder in den alten Stand kommen werde. Aber daß dies wirklich bald geschehen werde, hat thatsächlich niemand recht geglaubt, ja der Mehrzahl nach haben es die Breslauer, wie sehr sie auch die ungewohnte Einquartierungslast drücken mochte, nicht einmal gewünscht, weil sie die preußische Besatzung von der für jetzt wenigstens sehr lebhaft gehegten Besorgnis vor einer Überrumpelung durch die Österreicher befreite.

Nicht besser war es mit dem freien Wahlrechte des Rates gegangen. Thatsächlich waren in Breslau nicht die mit den Ehrenämtern des Rats= präses und der Ratsherren bekleideten Patrizier die Regenten der Stadt ge= wesen, sondern die besoldeten Beamten, vor allen die zwei Syndici, zu deren hochangesehener Stellung man immer nur hervorragende Juristen berief. Namentlich der erste Syndikus war eigentlich immer der thatsächliche Leiter des Breslauer Gemeinwesens. Nun hatte, wie wir wissen, nachdem er schon früher die Absicht gehegt hatte, die Breslauer an Gutzmars Stelle einen an= deren, besser gesinnten Syndikus wählen zu lassen [1]), der König Anfangs August die beiden Syndici wegen ihrer unterhaltenen Verbindung mit den Österreichern gefangen setzen lassen und erklärt, sie nicht wieder in ihre Ämter zurückkehren lassen zu können. Ja der König hatte gerade aus der zweideu= tigen Haltung der Breslauer Stadtbehörden für sich die Notwendigkeit her= geleitet, der bisherigen Neutralität ein Ende zu machen, die Stadt militärisch zu besetzen. Doch dachte der König ursprünglich auch nach der Besetzung die nun unvermeidlich gewordene Personalveränderung durchzuführen, ohne dem Wahlrechte der Patrizier zu nahe zu treten. Er nahm an, daß bisher wie in den übrigen schlesischen Städten auch in Breslau der Rat aus katho= lischen Mitgliedern hätte bestehen müssen, und daß daher es genügen würde, wenn er die Bürgerschaft einen neuen evangelischen Magistrat erwählen ließe, den er dann zu bestätigen sich vorbehielte, und hatte in diesem Sinne unter dem 12. August verfügt. Als er aber belehrt worden, daß hier das Bekenntnis an der mißliebigen Haltung keine Schuld getragen habe, griff er zu einem anderen Mittel, das er allerdings bereits an anderen Orten, wie z. B. in Schweidnitz und Liegnitz, zur Anwendung gebracht hatte, und ließ dann am 11. September 1741 durch das Feldkriegskommissariat einfach dem Rate anzeigen, daß er den bisherigen Kriegsrat zu Küstrin, Blochmann, einen geborenen Schlesier (aus Hirschberg), zum Direktor des Breslauer

---

[1]) An Podewils, den 21. Mai 1741; Berliner St.=A.

Ratscollegii und den bisherigen Ratsherrn v. Sebisch, einen eifrigen An-
hänger der preußischen Sache, an der Stelle des in Ruhestand versetzten, damals todkranken Herrn v. Roth, zum Ratspräses ernannt habe. Ich habe
nun weder in den amtlichen Berichten, noch in den Tagebüchern jener
Zeit eine Spur davon gefunden, daß diese Botschaft beim Rate Bestürzung,
Betroffenheit oder gar irgendeinen Widerstand hervorgerufen habe; man
scheint sich der Bedeutung dieses Schrittes schwerlich ganz bewußt geworden
zu sein, vielmehr ward der Ratssekretär sogleich bei der Ankunft Blochmanns
an ihn abgesendet, um ihn zu bewillkommen und zu erfragen, wenn einer
der Ratsherren, der dazu deputierte Herr v. Sommersberg, unser schlesischer
Historiker, ihm seine Aufwartung machen, die Freude des Rats über seine
Ernennung aussprechen und die Stadt seinem Wohlwollen empfehlen könnte,
was denn auch zu allseitiger Befriedigung geschah. Auch die feierliche Einführung des neuen Direktors durch die Geheimen Räte des Feldkriegskommis-
sariats am 28. September wurde von keinem Mißtone gestört; alles, was zum
Rate gehörte, bis zu den Vertretern der Zünfte herab, hatte sich eingefunden,
um Herrn Blochmann zu begrüßen, dieser und der Präses Sebisch hielten
längere Reden, und es erregte große Freude, als der Geheimrat Reinhard
der Stadt Hoffnungen erregte, bald ihre Privilegien durch den König bestätigt zu sehen. Derselbe machte auch darauf aufmerksam, welcher Vorzug
für Breslau darin läge, daß, während in den übrigen schlesischen Städten
eine vollständige Umgestaltung der Magistrate erfolgt wäre, hier alles beim
alten bliebe und die Ernennung eines Ratsdirektors Breslau den Haupt-
städten der Monarchie, Berlin und Königsberg, wo es bisher allein eine
solche Charge gegeben hätte, anreihe [1]). Interessant ist es, bei dieser Gelegenheit aus dem offiziellen Protokoll zu ersehen, wie der Rat durchaus ungewiß
war, welche Stellung Blochmann in der neugeschaffenen Eigenschaft eines
Direktors neben dem Präses einnehmen würde; die Ratsherren beschlossen
deshalb, vor dem Ratstische stehend ihn zu erwarten und ihm ganz zu überlassen, sich selbst einen Platz auszusuchen. Doch machte Blochmann schnell
allem Zweifel ein Ende, indem er ohne weiteres den Präsidentenstuhl ein-
nahm und dem gesetzlichen Präses erst die zweite Stelle überließ, auch einige
Tage darauf anordnete, daß fortan alle Verfügungen des Rats die Signatur:
„Wir Direktor, Präses und Rat 2c." tragen sollten, und daß ferner nichts ex-
pediert werden sollte, wozu er nicht seine Autorisation gegeben. Darüber
also konnte kein Zweifel obwalten, daß der vom König den Breslauern ok-
troyierte Beamte sich als den eigentlichen Leiter der Stadt ansah. — Es
kam nur noch darauf an, inwieweit die Verfassung der Stadt seiner Gewalt
Schranken ziehen werde. Doch wie groß auch die Zahl der Körperschaften
war, welche bei der Regierung der Stadt mitzusprechen hatten, so war deren
Kompetenz doch nirgends gesetzlich bestimmt; das alte Herkommen und die
Rücksicht auf die öffentliche Meinung waren im wesentlichen einzig die Regu-
latoren dieser Verhältnisse, und eine energische Persönlichkeit fand Raum
genug für umfassende Thätigkeit. Übrigens zeigte es sich bald, daß die Stadt
keine Ursache hatte, mit der vom König getroffenen Wahl unzufrieden zu sein,
Blochmann hatte entschieden ein Herz für das ihm anvertraute Gemeinwesen;

---

[1]) Reinhards Rede ist gedruckt in den Ges. Nachr. II, 94.

ich habe mehrere einzelne Streitsachen aus den nächstfolgenden Jahren nach den Akten verfolgt und überall wahrgenommen, daß er sehr eifrig, namentlich im wesentlichsten, dem Geld-Punkte, das Interesse der Stadt auch gegenüber der Regierung verfocht. Dabei war Blochmann viel zu klug, um nicht, soweit es irgend anging, das alte Herkommen zu respektieren, und anderseits verstand er es, durch Liebenswürdigkeit und Freundlichkeit alle Herzen zu gewinnen. Schon eine Woche nach seiner Einführung berichtet der preußische Agent Morgenstern an den König: „Das gewinnende Benehmen Blochmanns bewirkt, daß der Rat von seiner österreichischen Gesinnung schnell zurückkommt, und derselbe läßt sich in ganz wunderbarer Weise für das Interesse Ew. Majestät gewinnen. Der gelehrteste dieser ‚versammelten Väter‘, v. Sommersberg (damals b. h. im September und Oktober consul regens), geht so weit in der Zuneigung für Ew. Majestät, daß er alles, was vor der Besetzung der Stadt geschehen, durch die Bezeichnung: ‚Zeit der Finsternis‘ brandmarkt und deshalb daran denkt, in einer zweiten Auflage seines Geschichtswerkes (Ss. rer. Siles.) die Finsternis der alten Zeit entsprechend der neuen Aufklärung zu verbessern.“ Morgenstern empfiehlt deshalb eine Verleihung von distinguierten Titeln an die vornehmsten der Ratsherren [1].

Der König war übrigens mit Blochmanns Wirksamkeit so zufrieden, daß er am 20. Oktober ihn zum Geh. Rat ernannte und zugleich in den Adelsstand erhob, nicht ohne hinzuzufügen, daß die Stadt in dieser Auszeichnung ihres Vertreters einen deutlichen Beweis seiner gnädigen Gesinnung gegen sie sehen möchte.

Auf den besonderen Wunsch des Breslauer Rats hat übrigens der König auch noch der Stadt ihre Privilegien bestätigt, allerdings unter einem gewissen Vorbehalte seiner Souveränitätsrechte, und erst nachdem das darüber befragte Feldkriegskommissariat auseinandergesetzt hätte, die Breslauer Privilegien wären im Grunde minder ansehnlich und weitreichend als z. B. die von Berlin, Brandenburg, Magdeburg, Stendal, und nicht auf dem Wortlaute dieser Privilegien, sondern mehr auf einer Obfervanz und Konvenienz seitens des Wiener Hofes habe die bisherige große Selbständigkeit der Stadt beruht, wie z. B. gerade das jus praesidii ebenso wenig wie das Recht der freien Ratswahl [2] sich als verbrieft nachweisen ließen.

Die eigentliche Privilegienbestätigung des Königs, datiert vom 29. Dezember 1741, wiederholt die Konfirmation Kaiser Karls VI. vom 9. April 1735; außerdem erhielt Breslau unter dem 30. Januar 1742 noch einen besonderen Gnadenbrief, welcher dasselbe zum Range einer Residenzstadt erhob im dritten Range hinter Königsberg und Berlin, ferner den Ratsmitgliedern den Titel Hofrat, so wie die Anrede „Ehrenfeste und Gelehrte“ zusprach und auch den nobilitierten Mitgliedern des Rats ihren Adel bestätigte [3].

Im Grunde kam nicht allzu viel mehr auf diese Privilegien an. Die

---

[1]) Berliner St.-A.

[2]) Bezüglich des letzten Punktes scheint doch ein Irrtum vorzuliegen; der in Breslau bisher in Übung gewesene Wahlmodus findet sich in dem Privilege des letzten Breslauer Herzogs vom 13. Januar 1327 (Korn, Breslauer Urkundenbuch, S. 110) anerkannt und verbrieft.

[3]) Die Originale mit dem großen königlichen Siegel im Breslauer Stadt-A. C 23 a u. f.

von preußischen Truppen besetzte, von einem preußischen Beamten regierte
Stadt, deren Verwaltung, wie das für alle schlesischen Städte angeordnet wor=
den war, durchaus der Aufsicht und Kontrolle der Staatsbehörden unter=
worfen war, hatte wenig Ähnlichkeit mehr mit dem freistädtischen Breslau, das
die österreichische Zeit gekannt hatte. Das neue Breslau war eine preußische
Provinzialstadt und, was noch mehr sagen wollte, eine preußische Festung.
Die alte Verfassung war dahin, darüber konnte man sich kaum täuschen.
　　Aber ebenso gewiß war, daß man ihr keine Thränen nachweinte. Diese
Verfassung war doch ihrem eigentlichen Wesen nach eine oligarchische gewesen,
in engem Kreise hatte der Sitz am Ratstische und auf der Schöffenbank all=
jährlich gewechselt, nur pro forma hatte man einige zünftische Beisitzer zuzu=
ziehen gepflegt. Eine Anhänglichkeit an diese Instruktionen lebte in der
großen Menge der Bürgerschaft nicht; ob auf dem ersten Ratsstuhle einer
jener nobilitierten Patrizier saß, wie bisher, oder ein preußischer Beamter,
kümmerte die Mehrzahl der Breslauer wenig, ja die Wahrnehmung, daß jetzt
die regierenden Herren einer strengen Kontrolle unterworfen werden sollten,
erweckte eher ein Gefühl der Genugthuung [1]).
　　Nicht besser ist es mit der Verfassung der schlesischen Stände gegangen.
Diese hatten thatsächlich eine außerordentlich weitgehende Befugnis, sie übten
ein vollkommenes Steuerbewilligungsrecht und hatten dann auch die Umlage
der Steuern und so eigentlich die ganze Finanzverwaltung in ihrer Hand, ohne
ihre Einwilligung durfte kein österreichisches Militär ins Land rücken, kein
Zoll gesetzt, keine Straße gebaut werden. Allerdings hatten sie namentlich
in letzter Zeit sich fügsam genug gezeigt und die Geldforderungen der Re=
gierung, wenn auch mit Klagen und auch wohl einigen bescheidenen Ab=
strichen regelmäßig bewilligt. Mit dem König von Preußen gerieten sie nun
aber bald in Konflikt. Dessen Meinung war ursprünglich, von jeder Kriegs=
kontribution Abstand zu nehmen und nur die für das Jahr 1739 der öster=
reichischen Regierung bewilligte und von dieser erhobene Summe von den
Ständen zu verlangen, doch fand er bei dieser ihm sehr billig scheinenden
Proposition unerwarteten Widerstand. Zunächst spielte der conventus pu=
blicus eine Weile Versteckens hinter allerlei Formalien, versäumte auch nicht
einen Notschrei nach Wien dringen zu lassen; als dann der König sehr ge=
duldig auf allen Formenkram eingehend um so bestimmter das eigentliche
punctum saliens betonte, erwiderte man ihm unter Hinweis auf die Privi=
legien aus der Zeit von weiland König Johann de anno 1327, daß die schle=
sischen Stände ihrem obersten Herzog nichts zu kontribuieren schuldig seien,
sondern was sie bisher bewilligt, sei aus ganz freiem und ungezwungenem
Willen erfolgt, und in diesen Äußerungen ihres guten Willens so weit zu
gehen, wie der König verlange, hindere der kalamitose Zustand des Landes.
Kurz, man bot schließlich den dritten Teil der geforderten Summe und wollte
davon dann die nicht einzubringenden Beiträge 2c. in Abzug bringen. Daß
dies alles dem König, wie seine Breslauer Räte sich ausdrückten, äußerst
„disproportionierlich" erschien, war kein Wunder, doch haben die letzteren

---

[1]) Für diesen Abschnitt möchte ich, was Einzelheiten und Belege anbetrifft, auf
mein Buch „Friedrich der Große und die Breslauer 1740 und 1741", S. 195 ff. ver=
weisen.

noch mehrere Monate darüber Schreiben mit dem ständigen Ausschuß ge=
wechselt und diesen schließlich auch zum Nachgeben gebracht. Viel früher aber
hat es wohl bei dem Könige festgestanden, in keinem Falle die ganze Finanz=
verfassung der neuen Provinz in den Händen dieser Stände zu lassen. Im
August setzt er die letzteren davon in Kenntnis, daß er die Finanzen und
Steuern in Schlesien auf märkischen Fuß einzurichten beabsichtige. Das
eigentliche Todesurteil der Ständeverfassung enthält dann eine königliche
Verfügung vom 29. Oktober, welche mit dürren Worten erklärt, daß der
König, da er fortan die Accisen und Steuern und die ganzen Revenuen des
Landes von eigenen in Schlesien zu etablierenden Kollegien verwalten zu
lassen beabsichtige, des „sonst in Schlesien üblichen conventus publici und
des damit verknüpft gewesenen General=Steueramtes der Herren Fürsten und
Stände nicht mehr bedürfe, vielmehr, da er zur Soulagierung des Lan=
des alle überflüssigen Ämter abzuschaffen gedenke, damit bei dem mehrge=
dachten conventu publico den Anfang mache". Mit der Wegnahme der
Finanzverwaltung fiel dann natürlich die ganze Ständeverfassung von selbst
zusammen.

Von einem Proteste der Stände ist nichts verlautet. Man äußerte nur
schüchtern die Hoffnung, nach der Beendigung des Krieges wieder alles in
den vorigen Zustand kommen zu sehen. Im Volke nahm man überhaupt
längst kein Interesse mehr an dem ganzen Treiben der Stände.

Was jetzt hier ohne Widerstand vor dem Machtspruche des Königs dahin=
sank, hatte einst wohl seine Bedeutung gehabt. Das Zusammenschließen der
schlesischen Fürsten und Stände datiert aus der Zeit des guten Königs
Wladislaw am Ende des 15. Jahrhunderts, dessen Freigebigkeit die Schlesier
ihre großen Privilegien verdankten. Daß sich hier in dem zersplitterten Lande
ein korporatives Zusammenschließen ermöglichen ließ, war von größter Be=
deutung gegenüber den unausgesetzten Bemühungen der Böhmen, das schle=
sische Nebenland eng an sich zu schließen, sich ganz zu unterwerfen, Bestre=
bungen, denen die Schlesier um so eifriger widerstanden, als sie gegen ihre
czechischen Nachbarn noch von der Hussitenzeit her eine tiefgehende Abneigung
hegten. In der Abwehr der czechischen Unifikationsgelüste, in der Erhaltung
der landschaftlichen Selbständigkeit Schlesiens, in dem Zusammenhalten des
zerstückten Landes liegt ein nicht geringes Verdienst der schlesischen Stände=
verfassung; sie hat auch nicht wenig dazu beigetragen, daß Schlesien nicht
mehr mit den anderen Erblanden verwachsen ist. Aber ihre Aufgabe war
nun erfüllt, es handelte sich nicht mehr um Abwehr einer fremden, feindlichen
Nationalität; der kleine preußische Staat konnte die landschaftlichen Schlag=
bäume kaum dulden; für ihn war es ein Lebensinteresse, diese auseinander=
gerissenen Teile wenigstens eng aneinandergeschlossen in einem Geiste ver=
waltet und regiert zu sehen. Wer wollte leugnen, daß hier ein formelles
Unrecht, eine Gewaltthat vorlag, nachdem Friedrich, der bei seinem Einrücken
in Schlesien versprochen hatte, die Schlesier bei ihren alten Rechten und
Freiheiten zu schützen? Aber gewiß ist auch, daß diese Gewaltthat unver=
meidlich war, daß es für einen preußischen König kaum möglich gewesen sein
würde, in einer seiner Provinzen die gesamte Steuerverwaltung in den Hän=
den einer ständischen Korporation zu sehen und sich durch einen jährlichen
Tribut abfinden zu lassen. Und die vollkommene Gleichgültigkeit, mit welcher

die Bevölkerung ihre Ständeverfassung in den Staub sinken sah, zeigt deut=
lich genug, daß es sich hier um eine Institution handelt, die bereits abge=
storben war, die keine Wurzeln mehr im Bewußtsein des Volkes hatte und
damit eigentlich keine Berechtigung mehr zu existieren.

Bemerkenswert aber erscheint es doch, daß der junge König hier in dem
kaum eroberten Lande, ehe er noch für dessen Besitz eine andere Sicherheit
hatte, als die ihm das Recht der Waffen verlieh, so kühn alle Schranken
seiner landesherrlichen Gewalt beseitigte und die korporativen Vorrechte, die
ihm im Wege standen, kurzweg aufhob. Dem Könige scheint es kaum zum
Bewußtsein gekommen zu sein, daß sein Vorgehen ein gewaltsames, dem for=
· mellen Rechte widersprechendes sei, er hat einer Entschuldigung in keiner Weise
zu bedürfen geglaubt, um so weniger, da der noch immer fortdauernde Kriegs=
zustand ein Zusamentreffen der Staatsgewalten damals dringend zu erheischen
schien.

Ohne irgendeine Besorgnis davor, Unzufriedenheit und Groll bei seinen
neuen Unterthanen erregt zu haben, gedachte er jetzt, nachdem nun auch
die letzte der schlesischen Festungen sich ihm ergeben, sich in Breslau huldigen
zu lassen, und mit ganz ungetrübter Zuversicht erwartete er von den Stän=
den, deren Verfassung er eben vernichtet, und inmitten der Stadt, der er ihre
wichtigsten Privilegien genommen, eine willige und freudige Huldigung zu
empfangen.

Bei den Vorbereitungen für die Huldigungsfeier, die mehrfach verschoben
nun definitiv am Dienstag, den 7. November, stattfinden sollte, hatte Friedrich
seine Abneigung gegen unnützen Pomp mit dem Wunsche, die Formen wieder
aufleben zu lassen, unter welchen die letzte hier in Breslau von einem Landes=
herrn persönlich entgegengenommene Huldigung, die des Kaisers Matthias
1611, zur Ausführung gekommen war, nur schwer in Einklang bringen
können. Das Abbrennen der Geschütze hatte er sich verbeten, man solle das
Pulver nicht unnütz verschießen, dagegen hatte er den herkömmlichen Krö=
nungsochsen, der auf dem Neumarkte dem Volke dargeboten wurde, zuge=
standen. Eine feierliche Einholung lehnte er ab, erklärte auch die Aus=
schlagung des Fürstensaales mit rotem Tuche einfach für nicht nötig, ja sogar
bezüglich der Errichtung eines Thrones nebst Thronhimmel entschied er durch
die lakonischen Worte: „ist gleichfalls ohnnöthig" [1]). Am 4. November,
Nachmittag 3¼ Uhr, kam König Friedrich hier an; in einer mit 8 Falben be=
spannten, mit gelbem Sammt ausgeschlagenen Chaise hielt er seinen Einzug
durch das Schweidnitzer Thor. Im Fond des Wagens saßen neben dem
Könige sein Bruder, Prinz Wilhelm, rückwärts der Herzog von Braunschweig=
Bevern und Markgraf Karl, rechts neben dem Wagen ritt der Breslauer
Gouverneur v. Marwitz, im zweiten Wagen hatte neben anderen hohen Offi=
zieren der junge Fürst Leopold von Dessau Platz gefunden. In des Königs
gewöhnlichem Absteigequartiere, dem gräflich Schlegenbergischen Hause auf
der Albrechtsstraße (Ecke der Altbüßerstraße), begrüßten ihn als Vertreter
der Stadt Blochmann und Sommersberg nebst anderen Herren vom Adel
und der Geistlichkeit. Desselben Abends genoß Breslau zum erstenmale des

---

[1]) Bericht vom 8. Oktober. Acta, betreffend die Huldigung von Niederschlesien;
Breslauer St.=A.

Anblicks einer wenigstens teilweisen Beleuchtung der Stadt durch Straßen=
laternen, eine der vielen gemeinnützigen Einrichtungen des neuen Direktors,
dem ja die Stadt auch die Anschläge der Straßennamen an den Ecken ver=
dankt.

An dem darauffolgenden Sonntage besuchte der König mit Gefolge den
festlichen Gottesdienst in der Elisabethkirche, und hörte aufmerksam der Pre=
digt des Inspektors Burg zu, welcher die Instruktion empfangen hatte, hübsch
beim Evangelium zu bleiben und keine Lobeserhebungen zu machen, da der
König das nicht leiden könne. Dieser hatte es auch abgelehnt, sich auf den
besonders ausgeschmückten Königschor zu begeben, sondern mit seinem Bruder
unten in dem Ratsstuhle Platz genommen. Den Abend darauf hatte er einen
glänzenden Maskenball in Frau Locatellis Redoutensaale auf der Bischof=
straße (dem jetzigen „König von Ungarn") veranstalten lassen, wo er selbst
lange Zeit in sichtlicher Heiterkeit verweilte.

Am 7ten fand dann die feierliche Huldigung auf dem Fürstensaale statt.
Diesen festlich auszuschmücken, hatte sich die Stadt doch nicht nehmen lassen.
Die ganze nördliche Wand desselben war mit rotem Tuche ausgeschlagen
und an dieser befand sich der mit karmoisinenem Sammet bekleidete Thron,
dessen Rückwand der preußische Adler auf einem Grunde von Silbermohr
zierte. Um halb 9 Uhr erschien hier der König und nahm auf dem Throne
Platz, er trug die Uniform seines Leibregiments, ein blaues mit Silber bor=
diertes Kleid, zu seiner Rechten rangierten sich die Prinzen Wilhelm, Hein=
rich und Karl, sowie der Fürst Leopold von Dessau, zu seiner Linken der
Staatsminister v. Podewils, der an die versammelten Stände eine Rede hielt,
welche Friedrich stehend anhörte. Podewils erwähnte, wie der König von
Preußen seine alten Ansprüche auf Schlesien, denen Österreich niemals habe
Gerechtigkeit widerfahren lassen, endlich in der Weise geltend gemacht, wie
es souveräne Mächte, welche keinen Richter über sich erkennten, thun müßten,
und er habe sich nun in den Besitz Schlesiens gesetzt, und wenn derselbe jetzt
mehr in Besitz genommen habe, als worauf seine ursprünglichen Ansprüche
gegangen, so könne dieser Überschuß als ein Äquivalent für die so lange ihm
vorenthaltenen Einkünfte des Landes gelten. Aber der König sei nicht wie
andere Eroberer gekommen, Furcht und Schrecken zu bringen, sondern wolle
als ein milder und gnädiger Landesvater kommen, „der den Tag als einen
verlorenen ansehe, an welchem er nicht jemand Gutes thun und glücklich
machen könne". Es sei eine sichtliche Fügung des Himmels, daß nach Er=
löschung des österreichischen Mannesstammes und dem Abgange der letzten
Landesobrigkeit diese getreuen Stände und Unterthanen gänzlich ohne neue
Pflicht geblieben, bis ihnen Gott den gezeigt, der mit Segen und Huld über
sie herrschen sollte. Dieser frohe Tag sei nun erschienen, und sie möchten
nun den Eid der Treue mehr mit dem Herzen, als dem Munde nachsprechen
und gewissenhaft erfüllen [1]). Darauf entgegnete namens der Fürsten und
der Stände der fürstlich wartenberg=ölsnische Landeshauptmann v. Pritt=
witz, der zum Sprecher gewählt war, vielleicht um der alten Beziehungen
willen, in denen gerade das durch ihn vertretene Fürstentum schon einst zu

---

[1]) Die Rede Podewils' wie die Prittwitz' ist gedruckt im „Triumph von Schlesien",
S. 11—17.

König Friedrich I. gestanden [1]), Fürsten und Stände sähen sich jetzt durch Gottes Schickungen von allen Pflichten gegen den früheren Landesherrn entbunden, und so wie die Schlesier immer darauf gehalten, die alte „teutsche Treue" zu bewahren, so werde sich auch der König auf sie verlassen können. Es hätten jetzt seit langer Zeit ungewöhnlich schwere Kalamitäten Schlesien betroffen, dennoch wäre die Einwohnerschaft ohne Kleinmut und erwarte ein freudiges Wiederaufblühen unter preußischem Scepter. Nicht ohne die Hoffnung auf vollständige Konservierung, ja sogar Restituierung der bisher etwa verkürzten ständigen Privilegien auszusprechen, schließt er dann mit den lebhaftesten Versicherungen der treuesten Ergebenheit. Hierauf erfolgt dann die eigentliche Huldigung, bei deren Zeremoniell man sich ganz an den 1611 üblich gewesenen Modus anschließt. Dieser unterscheidet augenscheinlich noch zwischen dem Homagium oder Lehnseide und dem eigentlichen Unterthaneneide; demzufolge leisteten denn der Dompropst und der Dechant namens des Bischofs ebenso wie die fürstlichen Gesandten und die Vertreter des Domcapitels knieend das Homagium, während der König dabei mit bedecktem Haupte auf dem Throne saß; dagegen schworen die übrigen Abgeordneten der Standesherren der status minores und der Städte stehend, und auch der König stand währenddessen mit entblößtem Haupte auf der obersten Stufe des Thrones [2]).

Auch die Abgeordneten von Schweidnitz-Jauer, welche ursprünglich auf Grund ihrer alten Privilegien einen besonderen Huldigungsakt in Schweidnitz verlangt hatten, waren nun doch auch erschienen.

Die Vertreter Breslaus, welchen altes Herkommen aus der Zeit, da sie noch die Landeshauptmannschaft ihres Fürstentums verwaltet, einen erhöhten Rang vor dem niederen Adel und den übrigen städtischen Deputierten unter den Vertretern der Erbfürstentümer einräumte, hatten in einem besonderen Promemoria sich darüber beschwert, daß das Berufungspatent jenes Vorrecht ignoriert habe, und genossen auch wirklich der Genugthuung, an der ihnen gebührenden Stelle eintreten zu dürfen.

Nach beendeter Huldigung schritt der König die Stufen des Thrones herab und sagte zu dem Grafen Schönaich, dem neu ernannten Präsidenten der Breslauer Oberamtsregierung, er habe vorhin von den Kalamitäten, welche Schlesien betroffen, gehört, er möge das Seinige thun, daß alles besser werde. Als die Stände alter Sitte folgend dem Könige ein Geschenk von 100,000 Thaler darbringen wollten, wies dieser es mit den Worten zurück, es sei nicht seine Absicht, dem Lande unnütze Kosten zu machen, er wünsche nur, daß das ohnehin erschöpfte Land bald wieder zu Kräften käme.

Die Grafen Haßfeld und Schönaich wurden bei der Gelegenheit in den Fürstenstand, Goschütz zur freien Standesherrschaft erhoben und deren Besitzer Graf Heinrich Leopold von Reichenbach zum General-Land-Postmeister,

---

[1]) Er erwähnt in der Rede S. 16, wie die von weiland Friedrich I. über das Fürstentum übernommene Tutel schon einige konsolable Blüten getragen.

[2]) Die aus Bielefelds Memoiren II, 46 eingeführte Anekdote, wie Schwerin, der das Reichsschwert habe halten sollen, dasselbe vergessen habe und der König dann seinen Degen gezogen und ihn dem Marschall gereicht habe, findet in den Berichten über die Begebenheit nicht ihre Bestätigung. Schwerin war damals gar nicht mit in Breslau.

sowie Christoph Heinrich von Reichenbach auf Neuschloß zum Ober-Jäger-
meister und der Baron von Mudrach zum Ober-Intendanten der königlichen
Schlösser in Schlesien und 17 schlesische Adelige zu Kammerherren ernannt.

Auch sonstige Standeserhöhungen, Erhebungen in den Grafen-, Freiherrn-
und Adelsstand erfolgten bei dieser Gelegenheit. Unter den neugeschaffenen
Grafen war auch der Minister v. Podewils, der auch damals den schwarzen
Adlerorden empfing, mit ihm die schlesischen Grafen Bees, Henckel, Hoch-
berg, Nostitz, Reder [1]). Der Sieger von Mollwitz, Feldmarschall Schwerin,
der nicht mit nach Breslau gekommen war, empfing damals des Königs Bild
reich mit Brillanten besetzt.

Den denkwürdigen Tag schloß eine Illumination, die, was die allgemeine Beteiligung und die Zahl der Transparente betrifft, ihresgleichen
suchte.

Die bei Korn 1742 erschienene und der Königin von Preußen gewidmete
Schilderung der Huldigungsfeierlichkeiten füllt 118 Quartseiten mit einer
Beschreibung der Transparente und zählt deren 252 auf, von denen die
meisten aus allegorischen Bildern bestehen, die durch längere, mehrzeilige
Verse erklärt waren. Allerdings giebt uns eine Durchsicht derselben keine
besondere Veranlassung, das Genie der damaligen Breslauer Poeten zu be-
wundern, und selbst das offizielle Transparent am Rathause, welches eine
Reihe brennender Herzen durch die Inschrift erklärte:

> „Hier brennen, großer Prinz, nicht schlechte Lampen-Kerzen,
> Nein, nein, es brennen selbst der Unterthanen Herzen"

dürfte schwerlich nach dem Geschmack unserer Zeit sein. Dagegen muß es
uns äußerst originell erscheinen, daß mehrfach Breslauer Bürger diese Gelegenheit benutzt haben, um ihre Klagen über die ungewohnte und deshalb
besonders drückende Einquartierungslast gerade durch ihre Transparente zur
öffentlichen Kenntnis zu bringen; so hatte z. B. ein Tischler auf der Messer-
gasse ein Haus dargestellt, vor welchem drei Füsiliere Einlaß begehrend stehen,
ohne das Schlüsselloch finden zu können, mit der Unterschrift:

> „Mein Haus ist ziemlich klein,
> Und wird vor 3 Soldaten zu enge sein",

und kaum weniger eigentümlich in seiner Art war ein anderes Transparent,
auf welchem eine geputzte Frau mit dem schlesischen Adler auf der Brust einen
Mann in preußischer Uniform bei der Hand faßte, der ihr den Adler abzunehmen suchte, erklärt durch die Worte:

> „Halb mit Liebe! halb gezwungen!"

Ein Dr. med. Hoffmann auf der Ohlauer Straße stellte zwei Pagoden
aus, deren Kopfschütteln die Inschrift illustrierte:

> „Ich wundre mich,
> daß Preußen sich
> in kurzer Zeit
> so ausgebreit."

---

[1]) Triumph von Schlesien, S. 19; Ges. Nachr. II, 293.

Und der Kirchenknecht von Maria Magdalena charakterisierte die Schick=
sale der schlesischen Festungen, resp. die verschiedenen Arten ihrer Gewinnung
durch folgende Zeilen:

> „Glogau im Schlaffen,
> Brieg in Waffen,
> Breslau im Lachen,
> Neiße im Krachen."

Die vielen Klöster Breslaus zeichneten sich durch reichgeschmückte und
mit patriotischen Versen umschriebene Transparente aus.

Auch eine Medaille ist zur Erinnerung an die Huldigung geschlagen
worden. Dieselbe zeigte auf der einen Seite das Brustbild Friedrichs mit
der Umschrift: „Fridericus Borussorum Supremus Silesiae Inferioris dux",
auf der anderen Schlesien unter dem Bilde einer mit dem schlesischen Adler
geschmückten Frauensperson dem Könige von Preußen eine Krone anbietend
mit der Umschrift: „Justo Victori" [1]. Von diesen Medaillen ward eine
größere Anzahl verschenkt, auch manche Offiziere erhielten sie, und der Prinz
Leopold erhielt vom Könige den Auftrag, bei der Verteilung derselben den=
jenigen Offizieren, welche die Schlacht bei Mollwitz mitgemacht hätten, „zu
vermelden, wie daß ich ihnen diejenige Medaille schickete, zu welcher sie den
Stempel gemacht hätten" [2].

---

[1] Abbildungen der Medaille bei Kundmann, Taf. II, Nr. 9 D, und in den
Gef. Nachr. II, Tafel zu S. 326.
[2] Den 9. November bei Orlich I, 400.

Viertes Kapitel.
Das Ende der Klein-Schnellendorfer Verabredungen.

Der König ging von Breslau nach Berlin, der Krieg war ja für jetzt zum Stillstand gekommen, wenn es gleichwohl bald fraglich erscheinen konnte, wie lange die Situation, welche die Verabredung vom 9. Oktober geschaffen, sich würde aufrecht erhalten lassen.

Die Zusammenkunft von Klein-Schnellendorf, hatte, wie sie am 8. Oktober ein Vorspiel an demselben Orte gehabt, so noch ein Nachspiel am 11ten. Denn als Hyndford am 10. Oktober von Greisau die versprochene Ausfertigung des Protokolls in das preußische Hauptquartier sandte mit der Anfrage, ob er hier noch Weiteres für den Dienst des Königs thun könnte oder nach Breslau zurückkehren solle, erhielt er am selbigen Abend ein Billet von Golz, das ihm ankündigte, man sei bis auf eine Kleinigkeit mit dem Schriftstücke ein-verstanden, aber er werde ersucht, tags darauf, nachmittags 3 Uhr an dem be-wußten Orte (also doch wohl in Klein-Schnellendorf) zu sein. Golz scheue sich beinahe, auch den Marschall zu bitten doch mitzukommen, er habe über das weitere Verfahren noch etwas zu sagen [1]).

Die Zusammenkunft hat dann auch am 11. Oktober stattgefunden [2]) und auch Neipperg hat an ihr teilgenommen; worauf es dem Könige dabei ankam, war augenscheinlich, das Einrücken eines preußischen Truppenteils in Böhmen, welches er in Klein-Schnellendorf gesprächsweise als in seiner Absicht liegend bezeichnet hatte, wovon aber in Hyndfords Protokoll nicht Erwähnung gethan war, noch nachträglich als einen Punkt der Übereinkunft feststellen zu lassen. Dies noch weiter plausibel zu machen, war eben Golz's Aufgabe, und dieser hat zu diesem Zwecke angeführt, der König habe mit Absicht es bisher noch hinausgeschoben, einen Vertrag mit Sachsen zu unterzeichnen unter dem Vor-wande, daß eben diese Macht noch immer gegen einen Einmarsch preußischer Truppen in Böhmen protestiere [3]). Um so mehr werde dann, wenn der König

---

[1]) „sur la manière à agir"; Londoner Record office.
[2]) In einem Billet Hyndfords an Golz vom 12ten (Berliner St.-A.) findet sich die Notiz: „J'ai reçu la quittance dont nous avons parlé hier".
[3]) Neipperg berichtet dies in seinen Aufzeichnungen für Lentulus mit dem Zu-satze, es habe ihm dies der Golz allein gesagt, und ebenso schreibt Golz an Neipperg

nun diese Absicht wirklich ausführe, dies Gelegenheit zu Verwickelungen und
zur allmählichen Lösung der Verpflichtungen geben, welche ihn jetzt noch
bänden. Neipperg hatte nun keinerlei Vollmacht, preußische Winterquartiere in
Böhmen zuzugestehen, und er hat sicher auch darüber sich keine Illusionen ge=
macht, daß sein Hof hiervon nichts würde wissen wollen, aber da er sah, wie
großen Wert der König von Preußen auf die Sache lege und gerade er an=
derseits auch überhaupt der Ansicht war, daß dieser in der Lage sei, einfach
die Bedingungen eines Vertrages zu diktieren, so hütete er sich wohl, durch
einen entschiedenen Protest vielleicht noch nachträglich den ganzen Vertrag zu
gefährden [1]), berichtete auch von der Absicht des Königs nachhause ohne jede
Bemerkung, daß er selbst dagegen protestiert habe, allerdings auch ohne, wie
es wohl eigentlich seine Pflicht gewesen wäre, hervorzuheben, daß der König
eben um dieses Punktes willen noch eine weitere Zusammenkunft begehrt
habe, ein Umstand, der bei den österreichischen Ministern sicherlich ins Gewicht
gefallen sein würde. Aber Neipperg war zu froh, mit dem Hyndfordschen
Protokolle noch leidlich gut aus einer schwierigen Lage herausgekommen zu
sein, als daß er nicht hätte nachträglichen Schwierigkeiten möglichst aus dem
Wege gehen sollen. Er war offenbar geneigt, jene Angelegenheit als eine
cura posterior vorläufig noch zu vertagen.

Was Hyndford anbetrifft, so macht es den Eindruck, als hätten ihm die
Golzschen Ausführungen geradezu eingeleuchtet; unmittelbar nach der Zu=
sammenkunft schreibt er unter dem 12ten an Robinson, welchen er (obwohl es
der König eigentlich nicht gewünscht hatte) bereits am 10ten in das Geheimnis
eingeweiht, aber auch zu dessen Wahrung auf das strengste verpflichtet hatte,
nun einen zweiten Brief, in dem es heißt: „Kurz, wenn diese Angelegenheit
so weitergeführt werden kann, wie sie angefangen ist und unter Wahrung
des Geheimnisses, so wird der König von Preußen wahrscheinlich der Pro=
tektor von Böhmen und Mähren für die Königin werden, denn er scheint
seiner neuen Verbündeten recht müde zu sein und sie zu fürchten.“ Das
strengste Geheimnis brauche er Robinson nicht erst zu empfehlen, wohl aber
sei er besorgt wegen des Wiener Hofes, welcher noch niemals ein Geheimnis
zu bewahren vermocht habe [2]).

An demselben Tage (den 12. Oktober), immer noch von dem österreichischen
Hauptquartiere Greisau aus, schreibt dann Hyndford verabredetermaßen jenen
zur Täuschung Valoris bestimmten Brief an den König, der seine Rückkehr
nach Breslau anzeigt, da er seine Bestrebungen zur Herbeiführung einer Ver=
ständigung als gescheitert ansehen müsse. Das Schriftstück scheint ihm eine

am 12. November, er habe ihm die Gründe für das Einrücken der Preußen aus=
einandergesetzt. Angeführt bei Droysen a. a. O., S. 349 Anm. Allerdings fehlt
bei beiden Anführungen eine Angabe der Zeit, aber es liegt auf der Hand, daß
Golz sich über diesen delikaten Punkt nicht eher geäußert hat, als nachdem der König
denselben in Klein-Schnellendorf aufs Tapet gebracht hatte, und da am 9ten der Mar=
schall, soviel wir wissen, keine Gelegenheit gehabt hat, allein mit Golz zu sprechen,
so kann diese Unterhaltung füglich eben nur bei der Zusammenkunft am 11. Oktober
stattgefunden haben.

[1]) Golz schreibt in dem zuletzt angeführten Briefe, Neipperg habe damals seine
Gründe nicht gemißbilligt, ebenso wie Mylord Hyndford.

[2]) Londoner Record office.

gewisse Freude gemacht zu haben; indem er es Goltz übersendet, bittet er denselben, ihm mitzuteilen, welche Wirkung es hervorgebracht, übrigens sei es nur eine Probe von Weiterem, wie er denn einen ähnlichen Brief schon an Robinson avisiert habe, über Prag zu senden, mit der Bestimmung aufgefangen zu werden [1]).

Inzwischen aber zogen sich schon wieder finstere Wolken zusammen, die ben eben abgeschlossenen Vertrag bedrohten. Der Schleier des Geheimnisses, der denselben verhüllen sollte, lüftete sich an verschiedenen Stellen. Man hat wohl gesagt, das Geheimnis würde sich überhaupt nicht haben wahren lassen, die Vögel in der Luft würden es weiter gesagt haben. In gewisser Beziehung ist das nun wohl richtig. Die Vermutung, daß ein geheimes Abkommen im Werke sei, war durch die getroffenen Anstalten nahe genug gelegt worden, der Aufenthalt Hyndfords im österreichischen Hauptquartier, die Botschaften, die wochenlang herüber und hinüber gingen, hatten doch nicht verborgen bleiben können, und wir hören ja, daß bereits vor der Klein-Schnellendorfer Zusammenkunft unter den Diplomaten, welche damals in Breslau residierten, derartige Gerüchte verbreitet waren. Es folgten die Vorbereitungen zum Abzuge Neippergs; uns liegt ein Bericht aus Neiße vor [2]), aus welchem erhellt, daß die Übergabe der Stadt offiziell in einer Weise vorbereitet wurde, als sei dieselbe doch nicht durch den Zwang der militärischen Umstände diktiert, sondern durch besondere Umstände, die sich der Mitteilung entzögen. In Breslau erzählte man sich auch in nichtdiplomatischen Kreisen ganz offen, „die Attaque auf Neiße geschehe nicht en forme, sondern bloß pro forma, um den französischen Hof zu täuschen" [3]). Es war daher wohl etwas Wahres daran, wenn man von Presburg aus an Hyndford zur weiteren Mitteilung schrieb, man dürfe den österreichischen Ministern nicht die Schuld beimessen, wenn etwas von dem Abkommen in die Öffentlichkeit bringe. Hier in Presburg sei bereits vor dem Eintreffen des Generals Lentulus (18. Oktober abends), der die offizielle Nachricht von Klein-Schnellendorf überbracht habe, das Gerücht von einer zustande gekommenen Aussöhnung allgemein verbreitet gewesen [4]). Im preußischen Heere selbst, behauptet Neipperg, habe man offen von der Sache gesprochen, die Husaren hätten es den österreichischen Vorposten zugerufen [5]).

Allerdings waren es nun nicht derartige Gerüchte, über welche der König Grund hatte zu zürnen. Solche mochte man leichthin desavouieren. Beunruhigend wurde die Sache erst, wenn solche Gerüchte sich auf Personen von Rang und Stellung zurückführen ließen, auf Mitteilungen eines gewissen amtlichen Charakters. Aber auch an solchen hat es nicht gefehlt, und bereits unter dem 21. Oktober schrieb Goltz an Hyndford, nachdem sie sich alle ge-

---

1) Berliner St.=A.

2) Vom 16. Oktober; ebd.

3) Aus einem Briefe des preußischen Agenten Morgenstern vom 22. Oktober; angeführt bei: Grünhagen, Friedrich d. Gr. und die Breslauer, S. 209, Anm. 3.

4) Vom 21. Oktober; Wiener St.=A. Allerdings schreibt auch Maria Theresia bereits unter dem 14. Oktober an ihren Agenten Koch über „den Frieden mit Preußen"; Arneth I, 412, Anm. 36.

5) In dem unten anzuführenden Briefe Neippergs an Hyndford vom 2. November.

freut hätten, so weit gekommen zu sein, habe inzwischen der Teufel sein Spiel getrieben. Graf Khevenhüller (österreichischer Gesandter) habe auf der Rückreise von Dresden aus Prag eine Stafette an seinen Kollegen Graf Wratislaw gesandt mit der Nachricht, daß der Friede zwischen dem Könige und der Königin geschlossen sei, welche Neuigkeit dann schnell Verbreitung gefunden. Der Lord möge selbst beurteilen, ob man mit dieser Art die angelobte Diskretion zu halten zufrieden sein könne, der König sei in schrecklichem Zorne und habe ihm befohlen, mitzuteilen, daß, wenn man nicht die Sache redressiere, Khevenhüller zur Zurücknahme seiner Nachricht veranlasse und künftig das Geheimniß besser wahre, er sich, wie er es ja ausdrücklich angekündigt habe, an nichts gebunden halten werde. Die Minister der Königin müßten durchaus das gerade Gegenteil erklären und überall große Erbitterung gegen den König zeigen.

In diesem speziellen Falle mußte es den Österreichern leicht werden, sich zu rechtfertigen. Sie durften darauf hinweisen, daß die Nachricht, welche der am 10. Oktober von Dresden abgereiste Graf Khevenhüller dorthin am 12. Oktober zurückgemeldet habe, doch nicht wohl auf eine Indiskretion der österreichischen Minister zurückgeführt werden könne, insofern diesen die in Rede stehende Sache erst nach dem 15. Oktober kundgeworden sei [2]). Was also Khevenhüller an Wratislaw mitgeteilt, sei eben nur ein Gerücht gewesen, und in der That hat Brühl die Nachricht nur als ein solches angesehen [3]).

Nicht so günstig hatte es Robinson mit seiner Verteidigung. Wohl konnte auch er geltend machen, die ihm schuldgegebene Indiskretion, ein Brief an Villiers (in Dresden), datiert vom 14. Oktober, also vor dem Eintreffen der Nachrichten, welche Lentulus am 15ten überbrachte, aber anderseits doch kaum leugnen, daß er eben nicht auf die von Lentulus herstammenden Mitteilungen zu warten gebraucht hatte, sondern seine Information einem Briefe Hyndfords vom 10. Oktober verdanke. Er sei wie vom Donner getroffen, versichert der letztere, und verlangt von seinem Preßburger Kollegen, derselbe solle auf das lebhafteste widersprechen und auch Khevenhüller desavouieren [4]).

Aber auch die österreichischen Minister werden sich von dem Vorwurfe der Indiskretion nicht wohl zu reinigen vermögen. Bereits unter dem 19. Oktober berichtet der preußische Gesandte bei dem Regensburger Reichstage: das Gerücht von dem zwischen Ew. Majestät und der Königin von Ungarn abgeschlossenen Frieden ist so allgemein verbreitet und wird selbst von den österreichischen Gesandten [5]) so bestimmt ausgesprochen, daß kaum jemand es wagt, daran zu zweifeln [6]).

---

[1]) Mitgeteilt bei Arneth I, 413, Anm. 40; auch Polit. Korresp. I, 382.

[2]) Maria Theresia in einem Briefe vom 29. Oktober an Neipperg; angeführt bei Arneth I, 411, Anm. 35.

[3]) Brühl an Bülow, den 16. Oktober 1741; Dresdner Archiv.

[4]) Den 20. Oktober; Londoner Record office.

[5]) Wenn hier von den ministres d'Autriche die Rede ist, so kann man doch wohl nur an die österreichischen bevollmächtigten Minister in Regensburg, nicht an das Ministerium in Wien resp. Preßburg denken.

[6]) Angeführt in Anm. 1 zu S. 315 der Preuß. Staatsschriften I ed. Koser.

Unter dem 18. Oktober hat Bartensteins Schwiegersohn, Hofkriegsrat Knorr, die große Neuigkeit dem Herzoge von Braunschweig gemeldet, und auf eine Mitteilung des Hofkanzlers Graf Sinzendorf beruft sich die Kaiserin Amalie, Witwe Josephs I., welche sich dann beeilt, ihrem Schwiegersohne, dem Kurfürsten von Bayern, davon zu schreiben [1]), und der sächsische Gesandte am österreichischen Hofe, v. Bünau, klagt zwar wiederholt, daß man die wahren Contenta des Friedens vor ihm geheim halte, so daß er sie nicht genau anzugeben vermöge, glaubt jedoch an dem Vorhandensein eines geheimen Vertrages überhaupt nicht zweifeln zu dürfen, da die Minister, wenn sie gleich „den Frieden noch nicht eingestehen wollten, doch aber auch solchen nicht ableugneten" [2]).

---

[1]) Angeführt bei Droysen, S. 353.

[2]) Berichte vom 18. und 24. Oktober im Dresdener Archive. Die Nachricht, daß der Hofkanzler Sinzendorf dem sächsischen Gesandten das Original des geheimen Vertrages mit der eigenen Unterschrift des Königs (die also dann der Hofkanzler dazu gefälscht haben müßte) gezeigt, und daß dieser die Artikel, auf die er abgeschlossen sei, eingesendet habe (vgl. Droysen a. a. O., S. 353), findet also in den Berichten Bünaus ihre Bestätigung nicht. Da nun aber der preußische Gesandte Ammon, der jenes nachhause meldet (auch Schmettau hat davon erfahren, wie Droysen anführt), sicherlich so etwas sich nicht ersonnen hat, so werden wir notwendig zu der Annahme gedrängt, daß hier Brühl in einer allerdings sehr dreisten Weise mit dieser Lüge auf den Strauch zu schlagen versucht habe. Brühl selbst hat nachmals dem preußischen Gesandten gegenüber die Unwahrheit der Sache eingeräumt, aber natürlich die ganze Schuld auf Bünau geschoben und schließlich sich dahinter zurückgezogen, der letztere hätte von General Lentulus versichert gehört, er habe den Vertrag selbst gesehen. (Bericht Ammons vom 13. November; Berliner St.-A.) Nach dieser Probe wird ein gewisses Mißtrauen gegen die über Dresden gekommenen Nachrichten gerechtfertigt scheinen und deshalb auch die Schuld des Marschalls Neipperg, der gegen den in seinem Lager sich aufhaltenden sächsischen Obersten Massani von der Sache gesprochen haben soll, für nicht erwiesen gelten können. Durch Brühl und den französischen Gesandten in Dresden war die Kunde davon an Belleisle und weiter an Valori gekommen, der dann unter dem 7. November dem König davon schreibt (Berliner St.-A.). Außerdem hat dann Brühl bei Podewils' Anwesenheit in Dresden diesem davon gesprochen, und daß Neipperg dem genannten Obersten gesagt habe, derselbe werde selbst die Thatsache seiner Verständigung mit dem König von Preußen daraus abnehmen können, daß dieser ihn bei seinem Abzuge nicht verfolgen werde. (Bericht von Podewils vom 18. November; Berliner St.-A.) Aber diesen Schluß konnte Massani, der seit 6 Monaten im österreichischen Lager verweilte, ohne Anwendung allzu großen Scharfsinnes sehr wohl ohne Neipperg machen; und Brühl ist es zuzutrauen, daß er, um das Motiv wirksam zu machen, dasselbe Neipperg zugeschrieben hat. Auch die von Droysen (S. 353) gebrachte Nachricht, daß „der Hofkriegsrat in dem gedruckten Armeejournale der Truppen in Schlesien Tage und Stunden der Konferenzen und schließlich die Zusammenkunft Neippergs mit dem Könige am 9. Oktober habe angeben lassen", wird von österreichischer Seite bestritten. Droysen beruft sich auf einen Brief Schmettaus vom 2. November, worin es heißt: „et si le louable conseil de guerre Autrichien est capable de faire emaner les journaux de leur armée en Silesie, dans lesquelles il fait paroitre aux yeux du public les jours et les heures des conférences du ministre Anglois avec ceux du Roi et l'entrevue de V. M. même avec Neipperg le 9 Oct." Dagegen belehrt mich eine gütige Mitteilung des Herrn v. Arneth, daß sorgfältige Nachforschungen sowohl im Wiener Hof- und Staatsarchive, wie im Kriegsministerialarchive keine Spur eines derartigen gedruckten Armeejournals haben auffinden lassen. Freilich bleibt es zweifelhaft, ob „emaner" wirklich als „bekanntwerden durch Druck" erklärt werden muß.

Und da man österreichischerseits an der Hoffnung festhielt, durch die Nachricht von der mit Preußen geschlossenen Abkunft die Sachsen noch in der zwölften
Stunde hindern zu können, auf gegnerische Seite zu treten, so war die Ver-
suchung allerdings so groß, daß man zweifeln darf, ob irgendein Ministerium
der Welt in solcher Lage das Siegel des Geheimnisses ganz streng gewahrt
haben würde. Und schlimm war es dann, daß, wenn die österreichischen Diplomaten sich nun auch mit vorsichtigen Andeutungen und Winken begnügten, diese dann von den Sachsen, welche durch keine Verschwiegenheit
gebunden die große Neuigkeit den Franzosen und Bayern gegenüber so schön
verwerten konnten, um den Wert ihres Bündnisses zu steigern und ihr Zögern
zu rechtfertigen, als fait accompli ohne weiteres einer Öffentlichkeit preisgeben würden, welche die Indiskretion noch viel schlimmer erscheinen ließ,
als sie ursprünglich war.

Was nun gerade Sachsen anbetrifft, so wird man, um billig zu urteilen,
nicht außeracht lassen dürfen, daß wohl keine andere Macht ein so lebhaftes
Interesse an der ganzen Frage nehmen mußte als eben der Dresdener Hof,
der, nachdem er eben sich den alliierten Franzosen und Bayern angeschlossen,
in einer Änderung der Haltung des mächtigen nächsten Nachbars eine Sache
von ernstester Bedeutung erkennen mußte. Es war nichts natürlicher, als daß
die sächsischen Diplomaten kein Mittel unversucht lassen, um hinter das vermutete Geheimnis zu kommen, vorsichtiges Hinhorchen, dreistes Auf-den-
busch-Klopfen, ungläubiges Bezweifeln und jede Art von Bestechung.

Soviel scheint doch sicher, daß ein frivoles oder hinterlistiges Mißachten
des angelobten Geheimnisses nicht in den Intentionen der Regierung Maria
Theresias gelegen hat. Wir erfahren, daß sie, um die Zahl der Mitwisser
nicht unnötig zu mehren, nur einer kleinen Anzahl ihrer Gesandten überhaupt
von der Sache Mitteilung gemacht [1]), und diesen wenigen das strengste Geheimnis „eingebunden" hat [2]). Freilich waren die ins Geheimnis gezogenen
Gesandten gerade solche, die an besonders bedenklichen Punkten fungierten:
Wasner, der in Paris mit Fleury, Brandau, der in Frankfurt mit dem Kur-
Erzkanzler und Koch, der ebendaselbst mit Belleisle unterhandelte. Indem
man diesen überhaupt Mitteilung machte, that man dies doch unter der still-
schweigenden Voraussetzung, daß die Nachricht ihr diplomatisches Verhalten
beeinflussen müsse. Und so wie eine solche Modifikation ihres Verhaltens
sich nach außen erkennbar zeigte, begann eigentlich schon die Indiskretion, und
unmerklich kam man dann von da in die Region von Winken und Andeutungen. Der Wunsch, ihrer Souveränin zu dienen und die ihnen aufge-
tragenen Unterhandlungen zu gedeihlichem Ende zu führen, mußte sich ganz
naturgemäß als stärker erweisen als „die Einbindung des Geheimnisses".

Die Dinge gingen ihren Lauf, wie einer gewissen Naturnotwendigkeit
folgend; die Wirkungen dieser Fortentwickelung aber bekam vor allem die
Mittelsperson zu spüren, welche den Vertrag vom 9. Oktober als sein eigen-
stes Werk ansah, nämlich Lord Hyndford.

Wir sahen schon oben, wie bereits unter dem 21. Oktober Goltz dem
englischen Gesandten von des Königs Zorne über die österreichischen Indis-

---

1) Arneth I, 412, Anm. 36.
2) Ebd. und Heigel a. a. O., S. 374, Anm. 48.

kretionen zu melden hatte. Er fügt dem hinzu: „Bei meiner Freundschaft und dem Vertrauen, welches ich zu Ihrer Diskretion habe, will ich Ihnen noch etwas mehr sagen. Es scheint mir, daß die Schäferstunde für die Königin von Ungarn gekommen ist; aut nunc aut nunquam. Erwarten Sie nicht den 25. Dezember, um den formellen Frieden abzuschließen. Versuchen sie ihn so schnell als möglich zu machen, besser heut' als morgen, ehe sich der Teufel hineinlegt. Ich sage Ihnen die Wahrheit, Sie kennen meine Gesinnung. Der König ist schrecklich pikiert über die Indiskretion der Österreicher. Die Al= liierten drängen ihn mehr als je und bieten ihm alle Tage neue Vorteile. Ur= teilen Sie, ob er lange wird widerstehen können. Ich wünschte, Sie vermöchten eine Vollmacht von der Königin zu haben, um ganz mit uns abzuschließen, spätestens am 2. oder 3. November, wo der König in Breslau sein wird. Uns drängt nichts, im Gegenteil kann uns Zeitgewinn nur vorteilhaft sein, doch die Königin hat, wie mir scheint, keinen Augenblick zu verlieren. Außer= dem ist es absolut notwendig, daß das Wiener Konseil nichts erfahre, daß Sie Ihrerseits nur den König, Ihren Herrn und Mylord Harrington ein= weihen, und daß man keinen Sekretär gebrauche."

Er fügt noch hinzu: „Sie sehen Mylord, daß ich aus Liebe zur guten Sache mich allem Möglichen aussetze. Ich hoffe, Sie werden von dem Ver= trauen, das ich Ihnen zeige, keinen üblen Gebrauch machen, und bitte Sie, mir baldmöglichst eine Zeile Antwort zu senden. Sie können sie Herrn v. Podewils geben mit dem Bemerken, ich hätte Sie gebeten, mir eine Uhr aus England zu besorgen. Herrn v. Marwitz soll nichts gesagt werden." [1])

Hyndford sagt mit besonderer Beziehung auf diesen Brief, er wisse, daß jede Zeile, welche Golz an ihn schreibe, vom Könige diktiert werde [2]). Aber man möchte doch zweifeln, ob nicht gerade eben dieser Brief eine Ausnahme bildet. Es fällt doch schwer, zu glauben, daß der König nun auf einmal so direkt und dringend die Abschließung eines eigentlichen Vertrages von Öster= reich hätte verlangen sollen, nachdem er kurze Zeit vorher bei den Verhand= lungen vor Klein=Schnellendorf einen solchen so bestimmt abgelehnt und die Hinausschiebung auf einige Monate selbst vorgeschrieben hatte. Es liegt da viel näher, anzunehmen, daß Golz, der unzweifelhaft das Zustandekommen einer Verständigung selbst wünschte, beunruhigt durch Äußerungen des Un= mutes bei dem Könige darüber, daß ihm das Schnellendorfer Protokoll in seiner Fassung seitens der Königin gar keine Garantieen böte, diesen Brief, wenngleich vielleicht nicht ohne Wissen und Willen des Königs, so doch in einer ausschließlich von ihm herrührenden Fassung geschrieben habe, was ja dann auch andere Stellen des Briefes und die ängstliche Vorsicht, welche der Schreiber anwenden zu müssen glaubt, im wesentlichen bestätigen [3]).

[1]) Berliner Archiv und daraus in der Polit. Korresp. I, 382. Bis auf den letzten Zusatz auch im Wiener Archiv, also soweit doch weiter mitgeteilt.

[2]) Den 23. Oktober, an Robinson; Londoner Record office.

[3]) Es ist doch nicht wahrscheinlich, daß der König einen Passus diktiert habe wie den folgenden: „Les alliés le pressent plus que jamais et lui offrent tous les jours de nouveaux avantages. Jugez s'il pourra y resister long temps." Auch die Wendung: „J'espère que vous ne ferez pas mauvais usage de la confidence que je vous temoigne", sowie die ungewöhnliche Art der Bestellung dürften meine Vermutung rechtfertigen.

Hyndford beeilte sich, an Robinson wie an Neipperg diese Eröffnungen mitzuteilen; dem ersteren meldet er: wenn man ihm ausreichende Vollmacht senden wollte, sei er bereit, ohne erst neue Weisungen aus England abzu= warten, die Sache zum Abschlusse zu bringen [1]), dem letzteren, vielleicht ver= möge der Marschall besser als er zu erraten, aus welchen Beweggründen der König es nun so eilig habe mit dem künftigen Vertrage; aber in jedem Falle werde es sich wohl empfehlen, diesem Wunsche zu entsprechen [2]). An Golz meldet er gleichzeitig die gethanen Schritte [3]).

Indessen waren auch von der anderen Seite neue Anforderungen an ihn gekommen. So in einem Memoire Neippergs, das noch einige Punkte auf= führt, welche in Klein-Schnellendorf nicht zur Sprache gekommen wären, auf denen jedoch die Königin bei einem definitiven Frieden bestehen müßte, näm= lich die Aufrechterhaltung des status quo für die katholische Kirche in Schle= sien, die Übernahme der auf ganz Schlesien hypothecierten Schulden pro rata und eine allgemeine und gegenseitige Amnestie. Außerdem wird die Hoff= nung ausgesprochen, daß der König seinen Beistand gewähren werde, um einen Aufschub der Kaiserwahl durchzusetzen.

Hyndford war wenig mit dem Memoire zufrieden. Mit Schrecken sähe er, schreibt er, wie der Wiener Hof in seinen Erwartungen und Hoffnungen viel zu weit gehe. Derselbe nähme die kaiserliche Würde in bestimmte Aus= sicht und verlangte, daß der König von Preußen, bevor noch ein Vertrag ab= geschlossen, öffentlich seine Alliierten disobligiere, was er nie thun werde. Jedenfalls werde er (Hyndford) im eigenen Interesse des Wiener Hofes das Memoire, bevor er es übergebe, erheblich verschneiden [4]).

Wie es scheint, hat man jedoch in Preßburg darauf nicht gewartet, son= dern jene Forderungen der Königin auch direkt an Preußen mitgeteilt zu= gleich mit der Benachrichtigung, daß General Lentulus am 24. oder 25. Ok= tober von Preßburg abreisen werde, um mit Oberst Golz über die vorläufige Konvention und den definitiven Friedensvertrag zu verhandeln [5]). Zu größerer Beschleunigung der Sache wird dann noch der Hofkammer= und Bankalitätsrat, Freiherr v. Gillern, nach Troppau gesendet [6]). Man schien österreichischer= seits sehr ernstlich auf einen definitiven Abschluß hinzudrängen. Bereits unter dem 21. Oktober, also noch vor Empfang jener zur Eile drängenden Mahnung von Golz, läßt die Königin an Neipperg schreiben: so wie man über jene drei Punkte, den status quo der Religion, Übernahme der Schuldenrate und Sicherstellung der Privatorum einig sei, könne der definitive Friedens= vertrag dadurch, daß man jene Punkte „mit den in des Hyndfords Akt be=

---

[1]) Den 23. Oktober; Londoner Record office.

[2]) Arneth, S. 415, Anm. 56.

[3]) Den 22. Oktober; Berliner St.=A. Die Worte: „J'attends par le premier courier votre montre d'Angleterre", finden in dem im Texte Erwähnten ihre Er= klärung.

[4]) „castrate". An Lord Harrington, den 28. Oktober; Londoner Record office.

[5]) Neipperg an Golz, den 23. Oktober; Berliner Archiv. Im Widerspruch mit Droysen, S. 351, glaube ich, daran festhalten zu müssen, daß jene im Texte an= gegebenen Preßburger Desiderien der Königin sogleich ganz bestimmt angegeben worden sind, und daß ihr Inhalt dem Abschlusse des Friedens nicht hinderlich gewesen ist.

[6]) Instruktion an Neipperg vom 29. Oktober; Wiener St.=A.

findlichen einem förmlichen Frieden leicht zu adoptierenden Artikeln verein=
barte", in wenigen Tagen zustande gebracht werden [1]). Als dann der König
die ersten österreichischen Indiskretionen, denen dann, wie wir wissen, der
Dresdener Hof noch eine ganz besondere Resonanz verschafft hatte, dadurch
beantwortet hatte, daß er an alle seine Gesandten den bestimmten Befehl
schickte, diese Gerüchte von einem geheimen Abkommen in bestimmtester Form
zu dementieren, so fand man, daß dieser Schritt den österreichischen Interessen
großen Schaden gebracht, und namentlich Sachsen, das bereits unschlüssig ge=
worden, aufs neue der französischen Allianz zugetrieben hätte [2]) und ward
um so eifriger, Preußen wirklich zu gewinnen. Sie wisse wohl, schreibt damals
die Königin an Neipperg, „daß mit dem König von Preußen auf eine ganz
besondere Art sich benommen werden müßte, schriebe deshalb auch in modo,
wie ein und das andere anzubringen sein möchte, nichts vor, sondern über=
lasse dies des Marschalls selbsteigener Beurteilung". Eine neue Ermahnung
zur Beschleunigung des Vertrages erfolgt dann unter dem 31. Oktober, wo
Neipperg den ausgearbeiteten Entwurf eines Friedenstraktates erhält auf den
bekannten Grundlagen. Man solle alles thun, was man vermöge, Lentulus
solle hingehen, wohin immer der König wolle, wenn nur der Zweck erreicht
wird, sich seiner (des Königs) vollständig zu versichern [3]).

Aber inzwischen traten sehr ernstliche Differenzen von Tag zu Tage
schroffer hervor. Eine der Verabredung zuwiderlaufende Besetzung von
Würbenthal durch die Preußen ward auf die Klage der Österreicher schleunig
und mit Entschuldigungen rückgängig gemacht. Dagegen ward der Erbprinz
von Anhalt=Dessau, der bisher (seit dem 18. Oktober) die Belagerung von
Neiße geleitet hatte, noch ehe die Übergabe des Platzes erfolgte (was am
31. Oktober geschah) bereits am 22. Oktober beordert, mit 10 Bataillonen
Infanterie, 40 Schwadronen Kavallerie und einiger Artillerie durch die Graf=
schaft Glatz in Böhmen einzurücken.

Unter dem 25ften berichten die Glatzer Stände der Königin über den
Einmarsch der Preußen in die Grafschaft [4]), am 28ften auch Neipperg, der,
wie wir wissen, gerade in diesem Punkte keineswegs ein ganz reines Gewissen
hatte, unter schüchternem Hinweis auf die Ankündigung eines solchen Vor=
habens durch den König von Preußen bei Gelegenheit der Schnellendorfer
Besprechung, und dann noch einmal am 30. Oktober an den Großherzog, man
möge sich erinnern, daß er bereits vor einiger Zeit einen Vorgeschmack davon
gegeben und erwähnt habe, welcher Gestalt der König von Preußen für einen
Teil seiner Truppen gegen Bezahlung die Winterquartiere in Böhmen ver=
langt habe. Aus was für einer Absicht dies aber geschehen, sei ihm allzeit zu
fein zu penetrieren gewesen; nur soviel habe er erfahren, daß der König da=
durch Anlaß zu bekommen suche, mit den anderen in Böhmen eingerückten
feindlichen Truppen, absonderlich aber den Sachsen in Zwistigkeiten zu ver=
fallen, um alsdann mit seinen Alliierten desto füglicher sich überwerfen und
brechen zu können. Ob das wahr sei, wisse er freilich nicht [5]).

---

[1]) Instruktion für Neipperg vom 21. Oktober; Wiener St.=A.
[2]) Instruktion für Neipperg vom 29. Oktober.
[3]) Wiener St.=A.
[4]) Wiener Kriegsministerial=A.
[5]) Ebd.

Es ist nun nicht zu leugnen, daß man sich in Preßburg immer diesem Gedanken des Königs gegenüber durchaus abgeneigt gezeigt hat. Bereits in der ersten Rückäußerung an Neipperg auf das mündliche Referat von Lentulus findet sich ein Passus, welcher eine Ausdehnung der preußischen Winterquartiere auf Böhmen ablehnt [1]). Dagegen war Neipperg ein eigentlicher Protest gegen diesen Teil der Entwürfe des Königs von Preußen nicht aufgetragen worden, und als man ihm daher auf die Nachrichten von dem Vorrücken des Erbprinzen durch die Grafschaft Glatz Vorwürfe macht, daß er das nicht verhindert habe, und ihm aufträgt, jetzt noch die Sache rückgängig zu machen [2]), antwortet er sehr verstimmt unter dem 2. November der Königin, allerdings sei auch er überzeugt, daß jener Marsch des Erbprinzen gegen des Lord Hyndfords Akt „schnurgrade laufe", und daß die Einwendungen der Königin sehr gerechtfertigt seien, aber er bitte, sich doch zu erinnern, daß er von des Königs Absicht bereits früher und auch durch Lentulus Meldung gethan habe, und daß man darauf nichts Weiteres an den König von Preußen habe gelangen lassen. Er selbst habe erst Nachricht erhalten, als die Einrückung bereits begonnen, und habe dann weiter nichts unternommen, da der König, wenn er einmal einen Vorsatz gefaßt, sich auch durch die bestabgefaßten Schreiben nicht abwendig machen lasse. Im übrigen wiederhole er seine Bitte, einen anderen mit der Fortführung der Unterhandlungen zu betrauen [3]).

Noch besonders macht dann der Marschall in einem an demselben Tage geschriebenen Briefe gegen seinen Gönner, den Großherzog Franz, seiner Verstimmung Luft.

Er sähe, schreibt er, aus dem eben empfangenen Briefe, wie wenig doch sein Hof den König von Preußen kenne, wenn er sich schmeichle, denselben von seinem Vorhaben durch einfache Briefe abbringen zu können bei der vorteilhaften Lage, in der er, und der schlechten, in welcher sich die Königin befindet. Er habe deshalb auch nicht an den König geschrieben, möge der Hof durch Robinson und Hyndford schreiben. „Kurz, gnädiger Herr, ich mische mich nicht mehr in den mit dem König von Preußen abzuschließenden Vertrag und alles, was darauf sich bezieht. Die Sache ist zu schwierig und delikat für mich, der ich mich nicht auf diese Subtilitäten verstehe, welche von Tag zu Tag sich mehren durch das, was der eine Teil thut und der andere schreibt. Ich habe es gleich von Anfang an erklärt, daß ich nicht der Mann dazu sei, eine solche Angelegenheit zu betreiben, und wenn ich mich damit befaßt habe bis zu der eventuellen Konvention, welche die Königin zu nichts verpflichtet, wofern sie es nicht für angemessen findet, und bis zu einem bestimmten Termine, so ist das nur geschehen, um den König von Preußen dahin zu bringen, daß er nicht nach meinem Rückzuge nach Mähren vorbringe und dort Winterquartiere beziehe, wie das sonst unfehlbar geschehen

[1]) Vom 21. Oktober; Wiener St.-A.
[2]) Den 31. Oktober; ebd.
[3]) Eybenschütz, den 2. November; ebd. Bereits den Tag vorher, also ehe er noch das Schreiben der Königin erhalten, hatte er von Brünn aus die gleiche Bitte ausgesprochen und dadurch motiviert, daß er sich jetzt immer weiter von Schlesien entferne.

wäre nach dem darüber in der ganzen preußischen Armee verbreiteten Pro=
jekte." Man habe ja genug Diplomaten von Fach, möge man sich doch an
die halten, aber ihn verschonen. Die gleiche Bitte spreche dann auch Len=
tulus aus [1]).

Übrigens schreibt nun doch und zwar wiederum an demselben Tage
(2. November) der Marschall an Hyndford eine verspätete Antwort auf dessen
Brief vom 23. Oktober, zeigt an, daß er ebenso wie Lentulus die Unterhand=
lungen wegen der wachsenden Entfernungen nicht mehr weiterführen könne;
auch Golz habe ihn gebeten, ihm keinen Brief mehr zu senden, da er am Hofe
sei, doch wisse man, daß er dem Corps attachiert sei, welches in Böhmen ein=
rücke. Dieses Einrücken laufe übrigens gegen die Konvention und beraube
die Königin eines neuen Teils ihrer Länder. Der Marschall hoffe, daß dies
bald geregelt sein und der König überhaupt bald die Maske fallen lassen
werde. Deutschland werde in ihm seinen Befreier sehen, wenn er verhindere,
daß die Gewalt Fremder Deutschland einen Kaiser aufdränge, und der Groß=
herzog hoffe Beweise der freundlichen Gesinnung zu erhalten, welche der
König noch zuletzt in Klein=Schnellendorf ausgesprochen [2]).

Die Hoffnung, mit welcher dieser Brief schließt auf eine Mitwirkung
Preußens zur Kaiserwahl Franz' von Toscana, brachte der Entwurf eines
Friedensvertrages, der bereits einige Tage vorher an den König abgesendet
war, noch viel entschiedener zum Ausdrucke, insofern diesem Entwurfe, der,
sonst auf der Grundlage der Schnellendorfer Konvention entworfen, jene uns
bereits bekannten nachträglichen Forderungen (status quo hinsichtlich der Re=
ligion, Schuldenübernahme, Amnestie) hinzufügt, außerdem aber noch zwei
geheime Artikel angefügt waren des Inhalts:

„1) Der König bestreitet nicht ferner die Ausübung der böhmischen Wahl=
stimme durch die Königin und hilft die darüber etwa entstehenden
Schwierigkeiten beseitigen;

2) derselbe verständigt sich mit der Königin, dem Könige von England als
Kurfürsten von Hannover, den Kurfürsten von Mainz und Trier über
die geeigneten Mittel, um die Wahl eines Kaisers nicht überstürzen
zu lassen und die Freiheit der Wahl zu sichern, und wird so bald als
möglich Gelegenheit nehmen, um zu der Erhebung des Großherzogs
mitwirken zu können.

Beide Artikel sollen geheim bleiben, jedoch dieselbe Kraft haben, als ob
sie in dem Traktate mit enthalten wären." [3])

Man wird wohl behaupten dürfen, daß in dieser Richtung, in derartigen
Zumutungen, das Moment gelegen hat, welches den König so schnell die
in Schnellendorf projektierte Linie seines künftigen Verhaltens hat auf=
geben lassen. Wir entbehren allerdings gerade für diese Zeit aller
eigenen Äußerungen des Königs; der sonst so ausgiebige Briefwechsel mit
Podewils schweigt von diesen Dingen, weil eben, wie wir wissen, der Mi=
nister in das Geheimnis dieser Unterhandlung nicht hineingezogen worden
war, und in den Memoiren Friedrichs, die ja in einer Zeit, wo sich die poli=

---

[1]) Wiener Kriegsministerial=A. XI, 6.
[2]) Den 2. November; Berliner St.=A.
[3]) Den 31. Oktober 1741; Berliner St.=A.

tische Konstellation ganz und gar verändert hatte, geschrieben waren, tritt das
Moment der Indiskretionen, welches in Wahrheit doch nur den Anlaß oder
höchstens eines der Motive zum Bruche gebildet hat, als Hauptursache in den
Vordergrund. Im Grunde erklärlich genug — bereits 1746, als König
Friedrich die erste Bearbeitung der „Histoire de mon temps" verfaßte, war
Kaiser Karl VII. tot und die ganze Kombination, welche die Kaiserwürde
dem österreichischen Herrscherhause entwinden sollte, gescheitert. Sich für
diese verlorene Sache nachträglich noch historisch zu kompromittieren, konnte
König Friedrich um so weniger Neigung finden, als sich ihm eine so bequeme
Handhabe darbot, die ganze Schuld auf die Indiskretion der Gegner zu
schieben.

Wir vermögen das vollkommen zu begreifen und können sogar die Überzeugung aussprechen, daß kaum ein Memoirenschreiber an Friedrichs Stelle
anders gehandelt haben würde; aber wir haben guten Grund, überzeugt zu
sein, daß das Motiv, welches König Friedrich 1746 in seinen Memoiren zu
verschweigen als opportun ansah, im Oktober 1741 doch sehr ernstlich für
ihn in Betracht gekommen ist, und daß die eigentliche Ursache seines Rücktritts
von der Schnellendorfer Konvention in der bei ihm schnell ausgebildeten Überzeugung gelegen hat, das Programm von Klein-Schnellendorf sei unausführbar, und daß speziell in Frankfurt und den Intriguen der Kaiserwahl
der eigentlichste Stein des Anstoßes gelegen hat.

Um das zu begreifen, müssen wir uns noch einmal vergegenwärtigen, in
welcher Absicht der König die Schnellendorfer Konvention eingegangen hatte.
Dieselbe sollte ihn ganz einfach zum Herrn der Situation machen. Wenn
Neipperg, durch jenen Vertrag degagiert, sich eiligst, wie es ihm der König in
Klein-Schnellendorf so dringend anriet, auf die verbündeten Franko-Bayern
warf, so mochte dann zwischen beiden Parteien das Los der Waffen entscheiden. Wie immer aber auch dieses Los fallen mochte, die letzte Entscheidung stand stets bei Friedrich. Er selbst im Besitze alles dessen, was er
begehrte, in einer Stellung, welche das nach Böhmen vorgeschobene Corps
noch stärker machte, mußte die Wagschaale, in welche er sein siegreiches Schwert
warf, sinken machen; er und nicht die Franzosen, welche die Länder der
habsburgischen Erbschaft nach den Interessen ihrer arglistigen Politik ver-
teilen zu können meinten, ward der Schiedsrichter Europas.

Es war ein großer und kühner Gedanke, aber er schloß offenbar die
große Gefahr in sich, daß Friedrich, wie er es selbst einmal im Laufe der
Verhandlungen ausspricht, sich zwischen zwei Stühle setze.

Daß die Königin von Ungarn nur mit dem allergrößten Widerwillen
und unter dem dringendsten Zwange der Umstände die Abtretung in Schlesien machte, wußte er sehr wohl, auch, daß sie ungleich lieber ein Stück der
österreichischen Niederlande an Frankreich und allenfalls auch ein Stück
Böhmens an Bayern geopfert hätte, als den besten Teil Schlesiens an ihn.
Wie wenn nun Frankreich, ehe noch die Entscheidung der Waffen gefallen
war, in Besorgnis vor dem Abfalle Preußens, dem ja in weiterer Perspektive auch noch ein vollkommener Übertritt auf österreichische Seite folgen
konnte, doch den Unterhandlungen, welche Maria Theresia in Frankfurt, wie
Friedrich wohl wußte, mit Belleisle ununterbrochen fortspinnen ließ, ein ge-
neigteres Ohr lieh und sich mit kleinen Vorteilen begnügend mit Öster-

reich abschloß, konnte er dann, von allen Seiten isoliert, nicht in eine Lage kommen, gefährlicher als sie irgendwie im ganzen Verlaufe des Krieges gewesen war?

Man muß einräumen, daß unmittelbar nach Klein-Schnellendorf sehr vieles zusammentraf, was ihm diese Gefahren recht vor die Seele führen konnte. Zunächst mußte er, so wie er das Protokoll Lord Hyndfords schwarz auf weiß vor sich hatte, ja inne werden, daß durch dasselbe die Königin für die Zukunft eigentlich zu nichts verpflichtet wurde, daß das ganze große Resultat jener Verhandlungen, die Einwilligung der Königin, Niederschlesien bis zur Neiße definitiv abzutreten, in einer Weise darin zum Ausdruck gebracht war, die für ihn kaum eine praktische Bedeutung haben konnte. Wir deuteten schon oben an, wie jene überraschende Mahnung von Golz an Hyndford, mit der Abschließung eines förmlichen Friedensvertrages sich österreichischerseits aufs höchste zu beeilen, aller Wahrscheinlichkeit nach eben durch des Königs Unmut hervorgerufen worden ist.

Dazu trat nun anderes. Die ungemeine Langsamkeit, mit welcher Neipperg, anstatt, wie es Friedrich selbst angeraten, durch Böhmen eiligst den Feinden auf den Leib zu rücken, seinen Rückzug durch Mähren bewerkstelligte, konnte in Preßburg kaum übler empfunden werden, als im preußischen Hauptquartiere [1]). Indem die Entscheidung der Waffen, welche der König zunächst abwarten wollte, dadurch noch weiter hinausgeschoben ward, verlängerte sich für ihn die peinliche Situation, in der er sich im Augenblicke befand, und welche natürlich die österreichischen Indiskretionen noch unangenehmer machen mußten.

Am schwersten aber wog vielleicht die sich ihm schnell aufdrängende Wahrnehmung, wie wenig doch Maria Theresia trotz ihrer Bedrängnis daran dachte, sich zu einer so resignierten Rolle zu bequemen, wie ihr Friedrichs Programm von Klein-Schnellendorf zudachte. Erinnern wir uns, daß Friedrich damals mit größter Offenheit es ausgesprochen hat, er gedenke seine Freundschaft für die Königin dadurch zu beweisen, daß er die Opfer, welche dieselbe werde bringen müssen, vermindere, indem er ihr wenigstens den für Sachsen bestimmten Anteil zu retten sich bemühe. Darüber ist er nicht hinausgegangen, und wenn damals Neipperg ihm gesagt hätte, seine Herrin lebe der Hoffnung, daß die Abtretung von ganz Niederschlesien an Preußen sie dann der Notwendigkeit aller weiteren Opfer nach anderen Seiten hin überheben würde, so dürfte vermutlich die Antwort des Königs bei aller diplomatischen Form den Gegensatz der beiderseitigen politischen Standpunkte einigermaßen haben durchschimmern lassen. So viel ist gewiß, daß Friedrich bei den damals in sehr bedingter Form angedeuteten Zusagen eines künftigen Beistandes nicht im Sinne gehabt hat, auch nur eventuell an einer Politik mitzuwirken, welche der Königin von Ungarn den Besitz aller Lande ihres Vaters mit alleinigem Ausschluß von Niederschlesien und außerdem noch die Kaiserkrone für ihren Gemahl hätte sichern sollen. Noch zwei Monate später setzte der König dem englischen Gesandten auseinander, er habe damals die Absicht gehabt, den Österreichern Mähren und Oberösterreich zu retten, daß sie

---

[1]) Hyndford berichtet wiederholt von des Königs Unzufriedenheit darüber. So den 9. und 12. Dezember; Londoner Record office.

dagegen auch im Besitze von Böhmen und Oberschlesien blieben, sei nicht sein Vorteil, denn über kurz oder lang würden sie für ihn sehr unruhige Nachbarn werden, während es nicht so leicht sei, von Mähren herüberzukommen [1]. Die Königin dagegen hatte gegen diese Auffassung, · welche ihr ja die Neipperg'schen Aufzeichnungen kundgethan hatten, zwar nicht protestiert, aber ihr ganzes Verhalten ließ darüber keinen Zweifel, daß sie weit entfernt war, ihre ganze Lage als so hoffnungslos anzusehen, um sich auf solche Opfer ge= faßt zu machen. Wir erinnern uns, daß Hyndsord um die Zeit des Schnellen= dorfer Vertrages bei ihr geradezu in Ungnade fiel, weil er im Verdachte stand, den preußischen Ideen einer „allgemeinen Pacifikation" zugestimmt zu haben, und wenn der König nicht bereits in Klein-Schnellendorf aus der bloßen Anregung der Kaiserwahlfrage erkannt hatte, wie hoch noch die Ge= danken der Königin flogen, so konnten ihm doch dann die nun mit verdop= peltem Eifer namentlich in Frankfurt fortgesetzten Bemühungen für die Kan= bidatur des Großherzogs, sowie die an ihn selbst fort und fort gerichteten Zumutungen, dabei mitzuhelfen, bald darüber keinen Zweifel lassen, daß eine wirkliche Verständigung mit Österreich, wie er sie doch offenbar in Klein= Schnellendorf noch für möglich gehalten hatte, nur dann möglich sein würde, wenn er geneigt wäre, den Kurfürsten von Bayern ganz fallen zu lassen und weder die Kaiserwürde noch eine territoriale Erwerbung aus der habsburgi= schen Erbschaft für ihn in Aussicht zu nehmen, — ein Preis, den Friedrich zu zahlen entschieden nicht geneigt war. Die österreichischen Zumutungen an Friedrich, die halben Andeutungen von einem geheimen Einverständnisse mit Preußen, welche die Herren v. Brandau und Koch in Frankfurt fallen ließen, wirkten um so peinlicher, als gerade damals die so lange verschleppte Angelegen= heit der Kaiserwahl endlich in Fluß zu kommen schien, die Konferenzen am 16. Oktober begannen und am 20sten der Kur-Erzkanzler seinen feierlichen Einzug in Frankfurt hielt. Trotz aller Ableugnungen blieben doch die Ge= rüchte von Klein-Schnellendorf nicht ohne Wirkung: es fiel auf, daß der hannöverische Gesandte trotz der von seinem Herrn so bestimmt an Bayern gegebenen Zusagen in den Vorfragen wenigstens ohne Instruktion war; auch Sachsen erhob neue Schwierigkeiten.

Schließlich mußte dann auch das ins Gewicht fallen, was ja, wie wir sahen, bereits Goltz in seinem Briefe vom 21. Oktober als geeignet, den König von den Schnellendorfer Verabredungen abzuziehen, bezeichnet hatte, nämlich die erhöhten Vorteile, welche ihm die Alliierten in Aussicht stellten, oder, wie sich Goltz richtiger ausgedrückt haben würde, welche ihm die Al= liierten nicht abschlagen konnten.

Wie wir uns erinnern, garantierte das preußisch-französische Bündnis vom 5. Juni dem Könige nur eben Niederschlesien mit Breslau, eine Bestim= mung, welche es im Grunde noch fraglich erscheinen lassen konnte, ob darin auch die diesseits der Neiße liegenden Teile des Fürstentums Neiße und des Fürstentums Münsterberg, welche von manchen noch mit zu Oberschlesien ge= rechnet wurden, eingeschlossen waren. Doch hatte Friedrich an der Neiße= grenze festgehalten, und in der That nimmt diese auch der zwischen Sachsen und Bayern abgeschlossene Partagetraktat vom 19. September an. Aber des

---

[1] Mitgeteilt aus dem Londoner Record office bei **Raumer**, Beitr. II, 164.

5 *

Königs Wünsche gingen noch weiter, er begehrte einmal die Festung Neiße und dann noch eine Lisière von einer deutschen Meile auf dem rechten Neiße= ufer, um, wie er schreibt, allen den Irrungen vorzubeugen, welche die häu= figen Überschwemmungen des Flusses und die Veränderungen seines Laufes hervorrufen könnten [1]), außerdem aber die Grafschaft Glatz. Das eine ging Sachsen an, das andere Bayern, deren Anteile geschmälert wurden; aber wie die Sachen lagen, stand die Entscheidung über diese Forderungen thatsächlich bei Frankreich, wenn dieses gleich natürlich bei den Schwierigkeiten, die es machte, die Weigerung der nächstbeteiligten Mächte vorschob.

Sachsen gegenüber hielt nun König Friedrich daran fest. Valori habe ihm wiederholt erklärt, man werde Sachsen von Oberschlesien nur das geben, was er nicht selbst haben wolle [2]), und drückte schließlich die Sache einfach in ziemlich brüsker Weise durch; die müßten froh sein, meinte er, wenn sie über= haupt etwas bekämen, und er schrieb mit bitterem Hohne an Belleisle: „Ich bitte Sie, alle Schuld auf mich zu schieben, der ich Schamlosigkeit genug be= sitze, um meine Forderung wegen der Lisière aufrecht zu erhalten, und müßte ich selbst den Unwillen Sr. Excellenz Brühl und die Bannflüche des Paters Guarini riskieren. Ich bin vollkommen entschlossen, mein teurer Marschall, mich diesem Risiko auszusetzen, und bitte Sie, meiner nicht in Dresden zu schonen, denn ich würde in Verzweiflung sein, wenn Sie davon den geringsten Ärger hätten. Sagen Sie den Sachsen, daß ich eigensinnig bin, daß ich mich gegen Sie schlecht ausgedrückt habe, und mit einem Worte, daß man von einem schlechten Zahler nehmen muß, was man kriegen kann, und vornehm= lich das eine, daß, da thatsächlich ganz Schlesien in meinem Besitze sich be= findet, nur die Übermacht oder mein guter Wille die Sachsen in den Besitz dessen setzen könnten, was ich von meinen Eroberungen ihnen zu cedieren ge= neigt wäre." [3])

Was dann Glatz anbetrifft, so war zwar, wie wir wissen [4]), dem Könige bereits in der zweiten Hälfte des September eine Äußerung Belleisles in die Hände gekommen, daß, wenn der König darauf bestände, man hierin würde nachgeben müssen; trotzdem aber hatte der Kurfürst immer noch Widerstand geleistet, vornehmlich weil er in dieser Konzession ein Aufgeben des bisher, namentlich Sachsen gegenüber, so fest aufrecht erhaltenen Prinzips, Böhmen nicht zerstückeln zu lassen, erblickte. Erst in der zweiten Hälfte des Oktober machten ihn Geldverlegenheiten, denen der König als Entgelt für die Cession von Glatz abzuhelfen sich geneigt zeigte, und dann wohl auch das Gerücht von des Königs Verständigung mit Österreich gefügiger, und unter dem 28. Ok= tober vermag Friedrich dem Kurfürsten für seine Nachgiebigkeit zu danken, die ihn zu ewiger Dankbarkeit verpflichten werde. Mit der Grafschaft Glatz empfange er den Schlüssel seines Hauses [5]).

Es ist nicht unwahrscheinlich, daß die Zusicherung dieser Erwerbung den letzten Anstoß zum Rücktritte von den Klein=Schnellendorfer Verabredungen

[1]) An Belleisle, den 9. Oktober; Mémoires de Valori II, 241 und Polit. Korresp. I, 373.

[2]) Angeführt in demselben Briefe vom 9. Oktober.

[3]) Den 22. Oktober; Polit. Korresp. I, 384.

[4]) S. oben Bd. I, S. 251.

[5]) Polit. Korresp. I, 389.

gegeben hat. Wenigstens dürste in den Tagen, wo jene Nachricht aus München eintraf, der entscheidende Entschluß gefaßt worden sein.

Am 25. Oktober schreibt er an Jordan: „Ihr wollt den Frieden mit aller Gewalt, leider werdet Ihr ihn nicht haben, aber ich verspreche Euch zur Entschädigung ein schnelles Ende des Feldzuges." [1]) Kurz darauf muß er die Ordre an seinen Gesandten in Frankfurt ausgefertigt haben, den Zutritt Preußens zu dem Partagetraktate mit Bayern zu unterzeichnen, was nun am 1. November erfolgte, und gleichzeitig auch ein auf Beschleunigung der Kaiser= wahl hinzielendes Promemoria der Kurfürsten von Köln, Bayern, Pfalz und Sachsen [2]). Unter dem 31. Oktober erließ er dann eine Instruktion an den Kommandierenden des in Böhmen eingerückten Corps, den Erbprinzen Leopold von Dessau, deren Inhalt (wir kommen noch darauf zurück) über den Bruch mit dem Schnellendorfer Programme keinen Zweifel läßt, und am 2. November schreibt er an Karl Albert von Bayern: „Ich bitte Sie, den Briefen der Kai= serin Amalie ebenso wenig Glauben beizumessen, wie den gewöhnlichen Vor= spiegelungen des Wiener Kabinetts; ich kann Sie auf das bestimmteste und auf mein Ehrenwort versichern, daß ich in keinerlei Weise Frieden mit den Österreichern geschlossen habe, und daß ich ihn niemals schließen werde, ehe Ew. Kurfürstliche Hoheit Genugthuung geworden." [3])

Zur Beruhigung der Franzosen schrieb der König einen Brief an den Kardinal, der sich dann allerdings mehr durch einen kühnen Schwung der Phantasie als durch ein strenges Festhalten an den Thatsachen auszeichnet. Es heißt hier, die Königin von Ungarn habe ihm von Schlesien alles, was er wolle, angeboten, gegen die Garantie der Eroberung Bayerns und Lothringens und die Kurstimme für den Großherzog. Und nachdem Friedrich dies als lächerlich zurückgewiesen, sei Hyndford auf den Befehl seines Königs in das österreichische Hauptquartier gekommen, um von dort aus neue Unterhand= lungen anzuspinnen, bei denen man ihm die vorteilhaftesten Anerbietungen gemacht, ihm alles, was er von Schlesien haben wollte, angeboten für seine Neutralität und seine Stimme zugunsten des Großherzogs verbunden mit der Vertreibung des Kurfürsten von Bayern aus Österreich [4]). „Ich habe ihnen geantwortet", fährt der König fort, „daß ich direkt nach Mähren marschieren würde, um die Vertreibung des Kurfürsten zu hindern. Wirklich habe ich auch meine Operationen gegen diese Provinz gerichtet, was Herrn v. Neip= perg so in Unruhe versetzt hat, daß er Tag und Nacht marschiert ist, um die Engpässe von Jägerndorf und Freudenthal zu gewinnen. Ich habe ihm ein Corps nachgeschickt, das jedoch zu schwach war, um mehr zu thun, als einiges Gepäck wegzunehmen. Meine erste Sorge ist gewesen, Neiße zu belagern, womit ich noch jetzt beschäftigt bin; die zweite, ein starkes Corps in Böhmen eindringen zu lassen, um Glatz zu belagern oder zu blockieren und dadurch meine Verbindung mit den Franzosen herzustellen, die in kurzer Zeit das westliche Ufer der Elbe besetzen werden." Er versichert schließlich den Kar=

---

[1]) Oeuvres de Fr. XVII, 146.

[2]) Den 2. November; Europ. Staatskanzlei LXXXIV, 344.

[3]) Polit. Korresp. I, 581.

[4]) „Ils m'ont offert tout ce que je voudrais de la Silésie moyennant une neu-
tralité et toujours ma voix pour le duc de Lorraine jointe à l'expulsion de

dinal, daß, wie sehr er auch sonst Ketzer sein möge, man im Punkte der Po=
litik, der Freundschaft, der Dankbarkeit auf seine Rechtgläubigkeit zählen
könne [1].

An Valori aber schreibt er doch etwas über die Unterhandlungen, welche
die österreichischen Gesandten Waßner und Stainville fort und fort in Paris
führten, und bemerkt, daß, wenn man von ihm ein kurzes Abbrechen der
Unterhandlungen fordere, er auch seinerseits erwarten dürfe, daß jene beiden
Diplomaten heimgeschickt würden [2].

Mitte November erging dann auch ein Zirkularreskript an die preußischen
Gesandten, welches die vielfach verbreiteten Gerüchte von einem Frieden des
Königs mit der Königin von Ungarn auf das bestimmteste dementierte und
dasselbe als durch und durch falsch und erfunden in allen seinen Einzelheiten
und jedes Grundes entbehrend erklärte und des Königs Entschluß kundgab,
niemals ein Übereinkommen mit dem Wiener Hofe einzugehen, außer im
Einverständnisse mit seinen Verbündeten, und keinem Vorschlage Gehör zu
schenken, der auf eine Trennung von diesen abzielte [3].

So war denn das Band, das man am 9. Oktober zu schürzen versucht
hatte, zerrissen, oder vielmehr, um es genauer auszudrücken, es war nur der
militärische Teil der Klein=Schnellendorfer Verabredung, der den ungehin=
derten Abzug Neippergs gegen die Übergabe von Neiße ausbedungen hatte,
wirklich zur Vollziehung gekommen, der politische Teil dagegen nicht. Aller=
dings war ja, wie wir bereits sahen, gerade nach dieser Seite hin das Pro=
tokoll von Hyndford so schlau gefaßt, daß zwar der König vollständig gebunden
schien, Maria Theresia aber eigentlich gar keine Verpflichtungen übernahm
und vollständig freie Hand hatte. Wie sehr man nun auch österreichischer=
seits von dieser Freiheit Gebrauch gemacht hatte, dafür mögen wir ein ein=
zelnes Beispiel anführen, um zu zeigen, daß auch von dieser Seite, ganz ab=
gesehen von dem Punkte der Geheimhaltung, nicht allzu ehrlich mit den
Schnellendorfer Verabredungen umgesprungen worden ist.

Die von österreichischer Seite in Frankfurt bereits seit geraumer Zeit mit
dem Marschall Belleisle angeknüpften Verhandlungen, deren eigentlicher
Zweck natürlich der war, durch Konzessionen resp. Abtretungen an Frankreich
der Entäußerung eines größeren Teiles von Schlesien überhoben zu werden,
führte der Geheime Hofrat v. Koch, und es schien ganz in der Ordnung, daß,
nachdem zu Klein=Schnellendorf die Grundlage für eine Verständigung mit
Preußen gefunden war, jene Unterhandlungen, die ohnehin keinen günstigen
Verlauf genommen hatten, abgebrochen würden, wie denn auch Neipperg
unterm 23. Oktober an Golz mitteilt, seine Regierung habe bereits am
15. Oktober einen Kurier nach Frankfurt abgesendet, um den unverzüglichen
Abbruch jener Verhandlungen anzuordnen [4].

---

l'électeur de Bavière do l'Autriche." Hiernach scheint es, als ob der König doch
an der Vertreibung des Kurfürsten einen Anteil hätte haben sollen, wo dann aller=
dings doch von keiner Neutralität die Rede sein konnte.

[1] Den 29. Oktober; Polit. Korresp. I, 392.
[2] Ebd. S. 394.
[3] Abgedruckt Preußische Staatsschr. I, 316.
[4] Berliner St.=A.

Sehr im Widerspruche mit dieser Zusicherung hat nun Koch bald darauf eine vom 26. Oktober datierte Instruktion erhalten, des Inhaltes, er solle, wenn sich die preußische Wahlbotschaft entsprechend dem Hyndfordschen Alte betrage, die Unterhandlungen mit Belleisle sistieren, wenn nicht, nicht [1]). Bekanntlich enthält nun das Protokoll von Klein=Schnellendorf keinerlei Ver=pflichtung Preußens zugunsten der Kaiserwahl des Großherzogs, und inso=fern nun der Abbruch jener diplomatischen Bemühungen an eine unberechtigte und daher höchst unwahrscheinliche Bedingung geknüpft erscheint, verfügt jene Instruktion thatsächlich die Fortsetzung von Unterhandlungen, welche, wenn sie Erfolg gehabt hätten, den eventuellen österreichischen Zusagen von Klein=Schnellendorf bezüglich der Abtretungen in Schlesien natürlich jeden Boden entzogen haben würden.

Herr v. Koch wird in Frankfurt seine Instruktion ziemlich zu derselben Zeit empfangen haben, wie der preußische Gesandte daselbst den Befehl zur Unterzeichnung des Partagetraktates; und so haben beide Teile ziemlich gleich=zeitig und gleich unzweideutig ihren Entschluß bekundet, sich durch die Be=sprechung von Klein=Schnellendorf in ihrer Politik nicht binden zu lassen, eine Wahrnehmung, die durch die Thatsache, daß nur der eine Teil von seinen Bemühungen wirklichen Erfolg gehabt hat, nicht widerlegt werden kann und für Anklagen von österreichischer Seite wegen Friedrichs Rücktritt von jener Konvention kaum noch Raum läßt.

Wohl aber drängt sich uns von einem anderen Gesichtspunkte aus, dem der Staatsraison, welcher für die Politik des 18. Jahrhunderts doch nun einmal der maßgebende gewesen ist, eine Kritik jener Episode des Krieges auf, welche in dem Klein=Schnellendorfer Vertrage gipfelt, und deren Abschluß wir eben zu verzeichnen hatten. Zu einer solchen Kritik mahnt uns schon die einfache Thatsache, daß der König nun doch einmal sich veranlaßt gesehen hat, Verab=redungen, die er am 9. Oktober getroffen, am 31. Oktober wiederum zu verleugnen, ohne daß dazwischen etwa ein großes nicht vorherzusehendes Er=eignis gelegen hätte. Mit der bei solcher Gelegenheit sich zunächst dar=bietenden Vermutung, in einem von beiden Fällen, entweder bei der Eingehung oder bei der schnellen Lösung jener Konvention sei eine Übereilung vorge=kommen, wird man im Grunde nicht eben fehl greifen. In der That stehen wir nicht an, die Klein=Schnellendorfer Übereinkunft als einen Fehlgriff zu bezeichnen.

In derartigen Dingen entscheidet doch eben schließlich der Erfolg, und man wird nicht leicht die reellen Vorteile aufzählen können, welche dem Könige jener Vertrag eingebracht habe. Wir führten bereits oben aus, daß der Abzug Neippergs und die Gewinnung von Neiße ihm sicher gewesen wären, auch ohne einen besonderen Vertrag; um den ersteren, der die Voraussetzung der zweiten war, zu beschleunigen, hätte es doch ganz in seiner Hand gelegen, Hyndford davon zu überzeugen, daß er nicht willens sei, Neipperg zu ver=folgen, sondern vielmehr seinen Truppen die wohlverdiente Ruhe in den Winterquartieren nun zu gönnen. Was bleibt da nun? Daß Maria The=resia sich mit dem Gedanken mehr vertraut gemacht hat, einen großen Teil von

---

[1]) Wiener St.=A.

Schlesien abtreten zu müssen, oder daß seine Verbündeten aus Furcht, ihn ganz zu verlieren, zu größeren Konzessionen sich geneigt zeigten?

Aber hätte Friedrich, wenn er nach Neippergs Abzug Neiße nahm und, wie er es bereits angekündigt hatte, seine Truppen Winterquartiere beziehen ließ, nicht nach der einen wie der anderen Seite hin eine eher noch günstigere Stellung gehabt, als ihm der Schnellendorfer Vertrag bringen konnte? Aber wären selbst wirkliche Vorteile nachzuweisen, sie würden unzweifel= haft überwogen durch die Nachteile, welche derselbe dem König gebracht hat inbezug auf seinen Kredit, auf die Meinung, die sich über ihn in der Welt gebildet hat. Daß hier die Folgen ungünstig gewesen sind, wird sich kaum bestreiten lassen. Wir haben im Vorstehenden den König vielfach zu verteidigen Gelegenheit gehabt; wir sahen, daß bei der Schließung der Konvention eine arglistig=gewinnsüchtige Absicht entschieden nicht vorgelegen hat, sondern daß ihn nur der Gedanke geleitet hat, die allmählich zutage tretenden geheimen Ab= sichten der französischen Politik durch einen kühnen Zug zu parieren, und daß ebenso bei dem Rücktritte des Königs von jener Verabredung er sowohl ein gewisses formelles Recht, als Rücksichten der Billigkeit auf seiner Seite hätte: aber wir werden doch immer zugestehen müssen, daß die ganze Art, wie die Angelegenheit sich abspielte, die ungünstige Meinung erklärlich macht, welche sich über diese Episode des schlesischen Krieges im Publikum gebildet und die doch auch in den Urteilen der Geschichte einen gewissen Wiederhall gefunden hat. Zum mindesten hat der König den Schein gegen sich gehabt und nicht hindern können, daß aus seinem Verhalten in dieser Angelegenheit unvorteil= hafte Schlüsse über seine Charaktereigentümlichkeiten gezogen wurden und sich bei seinen Zeitgenossen festsetzen konnten. Hyndford versichert, Schmettau habe ihm eingestanden, daß seit Klein=Schnellendorf es ihm nicht mehr möglich ge= wesen sei, den Kurfürsten von Bayern zu überzeugen, daß es der König von Preußen gut mit ihm meine, der ganze Zug gegen Prag sei der Hauptsache nach durch die Angst vor den geheimen Absichten Preußens diktiert gewesen, und alle späteren Schritte des Königs hätten das damals gefaßte Mißtrauen nicht mehr ausrotten können [1]). Was den Lord selbst anbetrifft, so hat er den Rücktritt von jenem Vertrage dem Könige nie verziehen; wenn er demselben früher bis zu einem gewissen Grade zugethan war, so haßt er ihn seitdem ernstlich, wie wir noch anzuführen Gelegenheit haben werden.

Wir denken dabei nicht an eine Kritik vom Standpunkte privatrechtlicher Moral, wie sie der Staatskunst jener Zeit im Grunde sehr fern lag; aber wenn wir es erklärlich finden, daß das ganze Auftreten dieses jungen Fürsten im ersten schlesischen Kriege, das ungewöhnliche Maß von Energie und Kühnheit, das er entfaltet, eigentlich allgemein alarmierend gewirkt hat, so wird es nicht minder einleuchten, daß dieser beunruhigende Eindruck in be= denklicher Weise verstärkt werden mußte, wenn man wahrzunehmen glaubte, es sei mit jenen Eigenschaften auch noch eine Rücksichtslosigkeit in der Wahl der Mittel, ein jäher Wechsel in den Entschließungen, eine gewisse Unbe= rechenbarkeit, die durch keinen Vertrag sich binden ließe, verknüpft. Hinter der Überzeugung, daß ein so gearteter Charakter, noch dazu im Besitze einer größeren Macht, eigentlich für die Allgemeinheit zu einer Gefahr werden

---

[1]) Bericht vom 13. Januar 1742; Londoner Record office.

müsse, konnte sich dann all' die Abneigung, mit welcher ein Genius so leicht Geister niederer Ordnung erfüllt, konnte sich aller Neid, alle Mißgunst bequem verstecken. Und es ist kaum zu leugnen, daß gerade vom schlesischen Kriege sich das große Maß von Antipathie herschreibt, welches sich bei der Mehrzahl der europäischen Diplomaten gegen König Friedrich festgesetzt.

Das „oderint dum metuant" ist aber für internationale Beziehungen ein gefährlicher Grundsatz. Der erfahrene Podewils warnt einmal eben im Herbst 1741 seinen königlichen Herrn davor, seine Nachbarn, die ohnehin samt und sonders durch Preußens Erfolge beunruhigt seien, nicht kopfscheu zu machen, um nicht zu Vereinigungen gegen ihn Anlaß zu geben [1]). Wer will sagen, ob nicht in der That die Eindrücke von 1741 und ganz besonders der dunklen Partie des Klein-Schnellendorfer Vertrages ihren Anteil haben an der großen Koalition, welche dann 1756 Preußen so schwer bedroht hat?

Ein gewissenhafter Historiker wird in dem Bewußtsein, daß sich ihm doch ein Moment der Vergangenheit niemals in seiner Totalität enthüllt, nur zögernd es unternehmen, einem großen Manne, dessen tiefen politischen Blick er so oft bewundert hat, den Vorwurf zu machen, er habe in einem konkreten Falle die voraussichtlichen Folgen seiner Handlungen nicht hinreichend erwogen; auf der anderen Seite aber darf es, so wenig es auffallend erscheinen kann, wenn man in dem Friedrich von Mollwitz noch nicht den von Roßbach und Leuthen findet, ebenso wenig befremden, wenn der 29jährige Monarch in einer Aktion, wo er sich einmal vollständig von dem Beirate auch seiner vertrautesten Ratgeber emanzipiert und ganz auf eigene Hand einen diplomatischen Streich versucht, unvorsichtig einen Fehlgriff thut und sich selbst in zweideutige Lagen bringt, aus denen er nicht ganz ohne Schaden sich wieder herauszuwickeln vermag.

Wir dürfen nicht zweifeln, daß auch Friedrich später das Bedenkliche seines damaligen Verhaltens eingesehen hat. Man wird in allen den diplomatischen Feldzügen des großen Staatsmannes Schachzüge, wie die aus dem Herbste 1741, nicht zum zweitenmale nachzuweisen vermögen.

---

1) „pour ne point les effaroucher et causer des ligues contre nous". Den 23. September 1741; Berliner St.-A.

Fünftes Kapitel.
Der Partagetraktat und Preußens Beitritt.

———

Die wirksamste Dementierung der überall verbreiteten Gerüchte von dem geheimen Abkommen mit Österreich bewirkte der Beitritt zu dem zwischen Bayern und Sachsen abgeschlossenen Partagetraktat.

In Frankfurt, dem Sitze der Wahlintrigue, hatte in dieser Zeit Marschall Belleisle, in dem man ja den Hauptträger der antipragmatischen Politik sehen darf, eine große Thätigkeit entwickelt, und seinen Bemühungen war es gelungen, Mitte September Sachsen nun mit in die Allianz zu ziehen, trotz mannigfacher Schwierigkeiten, die hier zu überwinden gewesen waren.

Der sächsische Hof hatte, obgleich die Versprechungen, mit denen Belleisle bei seiner Durchreise nach Schlesien (im April) denselben auf die Seite der Alliierten zu locken versucht hatte, keineswegs ganz ohne Eindruck geblieben waren, doch schließlich noch lange an der Hoffnung festgehalten, auf der pragmatischen Seite die Vorteile erlangen zu können, welche ihm der freilich noch immer nicht ratifizierte Vertrag mit Österreich vom 11. April zusicherte, den Pfandbesitz einiger böhmischen Kreise und eine Verbindung mit Polen in Schlesien; die Sympathieen des Hofes, vor allem der Königin und ihres Beichtvaters gingen nun einmal nach dieser Seite, die alte Verbindung mit Rußland und die tiefgewurzelte Abneigung gegen Preußen wirkten in gleichem Sinne. Aber allmählich mußte man sich dann doch überzeugen, daß weder Rußland noch England=Hannover in den Krieg einzutreten sich bewegen lassen würden, und Mitte Juli ward dem Könige von Polen ein Promemoria seiner Minister vorgelegt, welches auf den Rat hinauslief, mit Frankreich und Bayern anzuknüpfen und kurz sich so zu stellen, daß man immer noch die eine oder die andere Partei ergreifen könne[1]).

Bald machte Sachsen Ernst. Der gewandteste der sächsischen Diplomaten, Saul, wurde Anfang August nach Paris gesendet. Hier hatte man einen einflußreichen Fürsprecher in der Person des Grafen Moritz von Sachsen, des Halbbruders von König August, der in französischen Kriegsdiensten stand.

———

[1]) Vom 17. Juli unter den Akten der sächsischen Gesandtschaft in Hannover; St.=A. zu Dresden.

Bei Marschall Belleisle in Frankfurt hatte Saul erfahren, Böhmen, auf das man als Preis des Übertrittes Sachsens auf die Seite Österreichs sein Augenmerk gerichtet hatte, sei bereits dem Kurfürsten von Bayern zugesagt, dagegen wolle man Mähren und Oberschlesien Sachsen gönnen, von einer Abänderung dieser Verträge wollte der Marschall nichts hören. Bessere Erfolge hoffte man in Paris zu erzielen bei Kardinal Fleury, den Graf Moritz als dem Könige von Polen sehr günstig gesinnt bezeichnete.

Am 7. August langte Saul in Paris an, hatte am 8ten eine Audienz bei dem Minister des Auswärtigen, Amelot, und am 9ten bei Kardinal Fleury, denen beiden der Graf von Sachsen beiwohnen durfte. Derselbe hat dabei selbst mit großem Eifer die Sache seines Bruders verfochten. Er setzte dem Kardinale auseinander, wie der letztere, der selbst so schwerwiegende Ansprüche auf die österreichische Erbschaft habe, doch einen ungleich größeren Anteil erwarten dürfe, als ihm Belleisle zugedacht habe. Möge man doch dem Kurfürsten von Bayern Oberösterreich, Tirol und Schwaben geben und ihn zum König von Schwaben machen, aber Böhmen und Mähren müsse der König von Polen haben. Die Länder, welche man diesem jetzt zudenke, möchten sich auf dem Papiere ganz gut ausnehmen; aber, fügte er mit geographischer Unbedenklichkeit hinzu, er kenne sie aus eigener Anschauung, das seien nichts als Berge, die nichts brächten, etwa wie die Pyrenäen. Der Cardinal versicherte beruhigend, der König von Frankreich werde sich ins Mittel legen, er werde festsetzen, welchen Anteil jeder haben solle, und der König von Polen werde zufrieden sein. Damit mußte Saul vorliebnehmen, der jedoch seinen Aufträgen entsprechend auch wegen der Kaiserwürde für Sachsen anklopfte. Es könne vielleicht kommen, wagte er zu sagen, daß vier von den Kurstimmen für Sachsen stimmten und vier für Bayern, wo dann eine schlimme Spaltung entstehen könnte. Aber der Kardinal wich vorsichtig aus: „darein mischen wir uns nicht, wir werden keinen Zwang auf die Wahl ausüben, das ist Sache der Kurfürsten und wir werden nur die Vereinigung und die Eintracht hineinbringen" [1]).

Graf Moritz machte dann dem Kardinal noch die Freude, ihn zu versichern, daß, wenn nun auch Sachsen auf die Seite der Alliierten trete, die Sache vor dem Winter entschieden sein werde, ohne daß man auch nur einen Pistolenschuß abzufeuern nötig haben werde. Seinem Bruder aber schrieb er, an seiner Stelle würde er unverzüglich seine Truppen an die böhmische Grenze marschieren lassen, um dann, sowie man die Sicherheit habe, daß Preußen nicht etwa dem Bündnisse untreu zu werden beabsichtige, in Böhmen einzurücken. Habe man das Land einmal in Besitz, würde man von den Franzosen schwerlich wieder delogiert werden, und der Kurfürst von Bayern werde sich schließlich die Sache gefallen lassen müssen.

Zu solch kühner Politik hatte man nun aber in Dresden nicht den Mut gehabt und auch nicht die Mittel, denn davon, daß 22,000 Sachsen marschbereit daständen, wie Graf Moritz dem Kardinal mitgeteilt hatte, war keine Rede. Die Rüstungen gingen langsam vorwärts, schon weil das Geld fehlte.

---

[1]) „et nous n'apporterons que l'union et la concorde". — Der Bericht des Grafen Moritz über die Audienz am 9. August bei Vitzthum von Eckstädt, **Maurice comte de Saxe**, p. 396 sqq.

Und auf dem Wege der Unterhandlungen schien für die Wünsche Sachsens wenig zu erreichen. Wenn der Kardinal dieses wirklich zu begünstigen Lust hatte, so widerstand doch Belleisle und konnte sich durch die entschiedene Weigerung Friedrichs, den Anteil Bayerns auf Kosten Sachsens verkürzen zu lassen, gut decken. Podewils sagte dem sächsischen Gesandten achselzuckend: „sero venientibus ossa." Man fand überhaupt in Dresden auch nur zu dem Entschlusse, sich auf Seite Frankreichs zu stellen, um so schwerer den Mut, als die wiederholten Unterhandlungen Robinsons immer aufs neue die Besorgnis erregten, Preußen könne seinen Frieden mit Österreich machen, und dann Sachsen, wenn es sich kompromittiert habe, die Zeche bezahlen müssen.

Dagegen drängte Belleisle eifrig und nicht ohne Drohungen auf Entscheidung, und auf dessen Antrieb dann auch König Friedrich; und so schloß denn endlich Sachsen nicht ohne Hintergedanken wegen Böhmens am 19. September zu Frankfurt unter Belleisles Vermittelung einen Vertrag, für welchen allerdings die Garantie Preußens ausbedungen wurde, mit Bayern ab, in welchem diese beiden Mächte die österreichischen Erblande in der Weise geteilt hatten, daß Bayern Böhmen, Oberösterreich, Tirol und die vorderösterreichischen Lande erhalten sollte, Sachsen dagegen Oberschlesien bis zur Neiße, Mähren und das Quartier Obermannhardsberg von Niederösterreich, zugleich auch den Königstitel für Mähren. Die beiden Höfe hatten sich gegenseitig verpflichtet, nicht eher die Waffen aus der Hand zu legen, als bis diese Ansprüche befriedigt, die stipulierten Eroberungen gemacht sein würden.

Natürlich hatte sich Belleisle nun eifrig bemüht, den Beitritt Preußens zu dem Traktate herbeizuführen, noch besonders angespornt durch die auch in Frankfurt verbreiteten Gerüchte von der geheimen Abkunft des Königs mit Österreich [1]). Er vertrat dabei eifrig des letzteren Wünsche bezüglich der Grafschaft Glatz und der Neißelisiere.

Um die von Bayern und Sachsen immer noch gehegten Bedenken zu beschwichtigen, hatte er einen separaten Artikel dem Vertrage anzufügen vorgeschlagen des Inhalts, daß, falls etwa der König auf den Antrag Bayerns oder Sachsens in einem oder dem anderen der in der Konvention festgesetzten Punkte etwas nachließe, dieser Punkt dann als nichtig angesehen werden sollte. Der preußische Gesandte hatte diesen Zusatz ohne Bedenken acceptiert, da ja das alles ganz in der Hand des Königs läge, und den Vertrag mit dem Separatartikel unterzeichnet, doch Friedrich war wenig zufrieden damit. „Ich werde mich hierunter", schreibt er einem Gesandten, „in nichts relachieren, und er hat übel gethan dergleichen zu unterschreiben. Ich will auch hoffen, daß Mir kein Präjudiz erwachsen, noch die Sache dadurch von neuem zweifelhaft und langwierig werde." [2])

Indem jetzt Preußen diesem Vertrage beitrat, übernahm es damit keineswegs so weitgehende Verpflichtungen von Bayern und Sachsen, garantierte aber dem Kurfürsten von Bayern und dem Könige von Polen, wie ihre sonstigen Besitzungen so ihre nach dem vorgedachten Vertrage zu erwerbenden

---

[1]) Wiederholte Dankversicherungen deswegen enthalten die Schreiben des Königs an den Marschall vom 8. und 18. November; Polit. Korresp. I, 400 u. 403.
[2]) Den 6. November; ebd. S. 399.

Länder, nämlich dem Könige von Polen Mähren, das Quartier von Obermannhardsberg und Oberschlesien mit Ausnahme dessen, was an den König von
Preußen abgetreten werden würde, und dem Kurfürsten von Bayern das
Königreich Böhmen, außer der Grafschaft Glatz, die an Preußen kommen solle,
ferner Oberösterreich, Tirol und Vorderösterreich mit allen Zubehörungen
und Dependenzen [1]). Anderseits garantieren Sachsen und Bayern dem Könige
von Preußen Niederschlesien in dem Umfange, daß gegen Oberschlesien hin,
welches bekanntlich eben Sachsen zufallen sollte, auf dem rechten Oberufer
die Brinnitz die Grenze machen sollte, auf dem linken Ufer aber von der
Mündung der Neiße in die Oder anzufangen bis an die Grenzen des Fürstentums Münsterberg und Böhmens (richtiger der Grafschaft Glatz) eine Lisière
in der Breite einer deutschen Meile noch bei Preußen bleiben sollte, und
mit der Grafschaft Glatz.

Um diese Lisière, ferner um das Stück des Kreises Oppeln, welches
zwischen der Brinnitz und der alten Oppelner Fürstentumsgrenze liegt [2]),
und endlich um die ansehnliche Landschaft der Grafschaft Glatz waren die
Erwerbungen des Partagetraktats größer als die, welche einst der Klein-
Schnellendorfer Vertrag in Aussicht gestellt hatte.

Der König, der über den Begriff einer Garantie sehr geringschätzig
dachte [3]), legte das Hauptgewicht darauf, daß der Vertrag ihn nicht verpflichte, die garantierten Länder nun auch mit erobern zu helfen, und er hat
noch später erklärt, er habe ganz wohl damals seine Truppen die Winterquartiere beziehen lassen können und abwarten, wie seine Verbündeten ihrer
Anteile sich bemächtigen würden [4]).

Am 4. November unterzeichnen dann zu Breslau Podewils und der
bayrische Gesandte Graf Törring noch einen besonderen Allianzvertrag, der
vornehmlich dann die Vergünstigungen enthielt, welche der künftige Kaiser
dem Kurfürsten von Brandenburg in Aussicht stellte, also eigentlich ein Stück
Wahlkapitulation. Es ward da noch mancherlei stipuliert: Anerkennung der
preußischen Succession in Ostfriesland und Investitur mit diesem Fürstentume,
desgleichen der preußischen Anwartschaft auf Mecklenburg mit der Zusage, die
Auslösung der von Hannover besetzten 8 Ämter zu bewirken, das jus de non
appellando für alle preußischen Reichslande, das Recht der Werbung im Reich,
Einführung des Fürstentums Meurs ins Fürstenkollegium und andere minder

---

[1]) Es verdiente doch hervorgehoben zu werden, daß die garantierten Lande wirklich
in dem Accessionsvertrage namentlich aufgeführt sind, da die Darstellung Droysens
I, 364 zugleich im Hinblick auf S. 365, Anm. 2 das Gegenteil vermuten lassen
könnte.

[2]) Obwohl die Brinnitz, wie wir sahen, zuerst von den Österreichern als Grenz-
linie aufgestellt worden ist, so wird doch im Klein-Schnellendorfer Vertrage dieser
Fluß nicht mehr genannt, sondern nur allgemein die alte Grenze des Fürstentums
Oppeln bezeichnet.

[3]) Auf einen Bericht Podewils vom 24. November 1741 schreibt er: „Ce qui
m'étonne c'est que le monde ne devienne jamais plus sage et qu'après que
l'on voit si évidemment la frivolité des garanties principalement dans ce qui
regarde la pragmatique sanction l'on ne se lasse ni ne se détrompe des traités
de garantie. Tous les hommes sont fols, c'est que dit Salomon, et l'expérience
le prouve." Polit. Korresp. I, 411.

[4]) An Karl VII., den 15. März 1742; ebd. II, 80.

wichtige Dinge, wie dies alles Podewils' fürsorglicher Scharfsinn ausgefunden und zusammengestellt hatte [1]).

Für Glatz verpflichtete sich der König 400,000 Thaler zu zahlen, that= sächlich 100,000 Gulden mehr, als der Kurfürst erwartet hatte; er hatte diesen Modus vorgezogen dem von den Gesandten in München empfohlenen, sich eine Anleihe, um die er von dem Kurfürsten gebeten worden, auf Glatz hypotheciren zu lassen; doch verzögerte sich die Zahlung, denn Friedrich fürchtete (Mitte November) bei der schlechten Kriegsführung der Alliierten ernstlich, daß der Kurfürst eine Niederlage erleiden und dann eilig Frieden schließen könnte, ohne sich irgendwie Sorge zu machen, ob der König Glatz habe oder nicht; wo es ihm dann passieren könnte, daß er die Kaufsumme bezahlt habe, ohne das Objekt erhalten zu können [3]). Erst nach der Einnahme von Prag ist die Summe (200,000 Thaler) an den Kurfürsten gezahlt worden.

In dem Vertrage wiederholte dann der König, um dem Kurfürsten einen Beweis seiner wahrhaften Freundschaft zu geben, im einzelnen die Garantie der demselben in Aussicht gestellten Eroberungen. Auch Sachsen hätte gern solch einen Sondervertrag mit Preußen gehabt, doch wich der König hier immer aus und ließ merken, daß die Sachsen sich solche Begünstigung erst durch eifrige Beteiligung an den Kriegsoperationen verdienen müßten. Da= gegen ward sogleich ein Vertrag mit Kurpfalz in Angriff genommen, dessen Abschluß sich allerdings dann noch bis zum Dezember verzögert hat, in welchem Preußen die Succession von Pfalz=Sulzbach in Jülich=Berg aner= kannte und Ravenstein gegen Glatz abtrat, dagegen nun auch von dieser Seite die Garantie seiner schlesischen Erwerbungen empfing.

Natürlich gelangte eine Kunde vor diesen Vorgängen auch ins öster= reichische Lager und zeigte den thatsächlichen Rücktritt des Königs von den Klein=Schnellendorfer Verabredungen; eine ausdrückliche Aufkündigung der= selben konnte man nach dem angekündigten Entschlusse des Königs, sie even= tuell in aller Form in Abrede zu stellen, nicht erwarten.

Maria Theresia war der Ansicht, daß wesentlich der Erfolg, den die Ver= bündeten mit der Einnahme von Prag (den 26. November 1741), von welchem wir bald zu berichten haben werden, errungen, „den preußischen Absprung" herbeigeführt habe [4]), und wenn sie gleich trotz ihrer damaligen Bedrängnis standhaft daran festhielt, ein tapferes Ausharren und eine mutige Fortführung der Kriegsoperationen werde das beste Mittel sein, den König, „wo nicht auf bessere Gedanken zu bringen, so doch von mehrerer Unterstützung der übrigen Feinde abzuhalten" [5]), so verschmähte sie es doch auch nicht, diesem Ziele zu= gleich durch Weiterführung der einmal angeknüpften Unterhandlungen zuzu= streben, und noch verschiedene Schreiben sind in dieser hoffnungslosen Sache vom Stapel gelassen worden.

Der Vermittler von Klein = Schnellendorf, Lord Hyndford, befand sich

---

[1]) Darunter auch die Anwendung des Titels „Majestät und Großmächtigster" selbst in kaiserlichen Schreiben, und die Befugnis, sich im Kontexte des Fürwortes „Wir" zu bedienen rc.

[2]) Verfügung auf einen Bericht vom 4. Oktober; Polit. Korresp. I, 378.

[3]) An Schmettau, den 17. November; ebd. S. 402.

[4]) An Khevenhüller, den 30. Dezember 1741; Wiener Kriegsministerial=A.

[5]) Ebd.

natürlich in sehr gedrückter Stimmung. Unter dem 11. November berichtet er Lord Harrington, er habe die neuen Vorschläge Österreichs erhalten, aber der König werde sie nicht annehmen; nachdem derselbe neuerdings dem Partage= vertrage beigetreten, sei nicht mehr vorauszusetzen, daß er den Klein=Schnellen= dorfer Vertrag ehrlich halten werde [1]).

Bald darauf reiste er dem Könige nach Berlin nach, konnte denselben aber erst am 28. November sprechen, und auch da war derselbe sehr eilig, blieb jedoch einmal vor ihm stehen und sagte: „Mylord, der Wiener Hof hat unser Geheimnis ganz und gar in die Öffentlichkeit gebracht, denn ich bin genau davon unterrichtet, daß die Kaiserin Amalie es an den Hof von Bayern mitgeteilt hat, Herr Wasner dem Kardinal, Graf Sinzendorf dem russischen Hofe, Robinson durch Villiers dem Dresdener, und daß mehrere Lords von der englischen Regentschaft öffentlich davon gesprochen haben.“ Sprach's, zuckte die Achseln und ging weiter. Es ist eher zu wenig als zu viel gesagt, wenn der Lord daraufhin schließt, das sei ein schlechter Anfang, der König scheine einen Vorwand zum Bruche zu suchen [2]).

Freilich seinen Kollegen Robinson verläßt sein gutes Zutrauen auch jetzt nicht, er teilt triumphierend die Nachricht mit, Schwerin habe in Oberschlesien auf den Erfolg der Waffen der Königin von Ungarn getrunken, und kolportiert unermüdlich weitere Beschwerden wegen der Kontributionen der Preußen in Böhmen [3]); und Hyndford nimmt sich wirklich dieser Sachen an; un= mittelbar nach jener Scene vom 28. November verlangt er eine Audienz bei dem Könige, und als er diese nicht gleich erreicht, begehrt er peremtorisch zu wissen, ob er eine solche erlangen werde oder nicht; ein Minister von England dürfe sich nicht wie der erste beste behandeln lassen. So energisch aufge= treten zu sein, versichert wenigstens der Lord in seinem Berichte vom 5. De= zember [4]). Was uns aus dem Berliner Archive in dieser Sache vorliegt, ist nur ein Billet an den König vom 29. November, welches dann einen mehr elegischen als energischen Ton anschlägt. Er übersende den neuen öster= reichischen Vertragsentwurf, für welchen er sich allerdings nicht eben viel Gutes verspreche, da der König so wenig Interesse dafür gezeigt habe, ihn vorgelegt zu erhalten. Er bitte um Antwort und gelobe, falls der König ihm etwas zu vertrauen habe, die strengste Verschwiegenheit. Daraufhin erteilt ihm nun Friedrich in den ersten Tagen des Dezember eine Audienz, über= rascht ihn aber da mit folgender Erklärung: „Mylord, Sie wissen, daß der Zeitpunkt, den Vertrag in die Hand zu nehmen, auf den 25. Dezember fest= gesetzt ist; bis dahin muß alles zwischen der Königin von Ungarn und mir auf demselben Fuße bleiben, und bis dahin kann ich keine Antwort geben und wünsche deshalb, daß Sie mit Geduld diesen Termin erwarteten.“ Und der Lord schien es nicht inne zu werden, daß das nicht viel besser war als eine Verspottung; er erwog, daß das nun wiederum ganz anders klinge, als die Mahnung zu größtmöglicher Beschleunigung des Vertrages in Golz' Briefe, der 25ste sei nahe genug, aber es müsse etwas passiert sein, oder be= vorstehen, was den König bestimmen werde; nur durch das augenblickliche

---

[1]) Londoner Record office.
[2]) Vom 28. November; ebd.
[3]) 19. November; ebd.
[4]) Ebd.

Interesse, nicht durch einen ordentlichen Plan oder ein politisches System lasse derselbe sich leiten. So schrieb er an Robinson nachhause [1]).

In Österreich war damals die Not sehr groß. Auf den König von Preußen rechnete man hier nicht mehr, verzweifelte aber, von allen Alliierten im Stich gelassen, daran, den vereinigten Heeren von Preußen, Sachsen, Bayern, Frankreich die Spitze bieten zu können, und in einem Ministerrate, zu Preßburg am Tage nach Katharinä gehalten (26. November), ward sehr ernstlich die Frage ventiliert, ob es nicht besser sei, durch Preisgebung dessen, was der Feind bereits besetzt habe, außer Schlesien eines großen Teiles von Böhmen und Oberösterreich, das Übrige zu retten und den Frieden zu erkaufen. Wesentlich die Königin war es, deren Standhaftigkeit für fortgesetzten Wider= stand den Ausschlag gab [2]).

Doch infolge der allgemeinen Notlage entschied man sich dafür, ein neues Anerbieten durch englische Vermittelung an den König gelangen zu lassen, welches insoweit über die Schnellendorfer Konzessionen hinausging, als es einmal die Abtretung der böhmischen Lehnshoheit über die brandenburgi= schen Besitzungen in der Niederlausitz hinzufügte, anderseits Konzessionen be= züglich der jülich=bergschen Succession in Aussicht stellte, soweit sich England mit solchen einverstanden erklären würde [3]), — eine Klausel, welche offenbar den Zweck hatte, die Engländer enger in diese Unterhandlungen zu ver= flechten.

Ehe aber dieses Memoire in Hyndfords Händen war, erhielt derselbe am 16. Dezember, wie er schreibt, durch einen auch früher schon in die Unter= handlungen verflochten gewesenen Vertrauten des Königs (man muß wohl an Marwitz denken, da Golz in Böhmen war) die bestimmte Nachricht: mit Rücksicht darauf, daß Österreich den geheimen Vertrag an allen Höfen Eu= ropas veröffentlicht, habe König Friedrich den Entschluß gefaßt, sich ganz von demselben loszusagen [4]). Auch der Kabinettsrat Eichel bestätigte ihm das, er= innerte daran, daß ja der König bereits in Klein=Schnellendorf seine Los= sagung von der Verabredung ganz bestimmt in Aussicht gestellt habe, wenn das Geheimnis nicht gewahrt werde. Und nun habe Österreich nicht nur diese Bedingung nicht erfüllt, sondern betreibe sogar einen Allianzvertrag gegen Preußen, wofür man die Beweise in den Händen habe, Beweise, von denen allerdings Hyndford urteilt, sie beständen bloß in Berichten der preußi= schen Gesandten und Agenten, die auch der allerparteiischste Gerichtshof nicht als wirkliche Beweise gelten lassen würde. Was die Äußerungen des Königs in Klein=Schnellendorf angehe, so erinnere er sich noch jedes Wortes und wünschte von ganzer Seele im Interesse des Königs von Preußen es vergessen zu können [5]).

Eben damals erlitt die Sache der Königin einen neuen schweren Schlag

---

[1]) Bericht vom 5. Dezember und dazu an Robinson vom 3. Dezember; Londoner Record office.

[2]) Bartenstein, Memoire von 1753 ed. Arneth; Archiv für österreichische Ge= schichts=Quellen Bd. XLVI, 176.

[3]) Memoire vom 22. Dezember 1741; Londoner Record office.

[4]) Bericht vom 16. Dezember; ebd.

[5]) Bericht vom 19. Dezember; ebd.

dadurch, daß in Rußland in der Nacht vom 5. bis 6. Dezember die Groß=
fürstin Elisabeth durch eine ganz unblutig verlaufende Palastrevolution die
Herrschaft in ihre Hand brachte. Von der neuen Regentin erwartete man
allgemein, daß sie mehr französischem als österreichischem Einflusse nachgeben
würde, und auf die Nachricht von dieser Umwälzung schrieb Goltz aus Jung=
Bunzlau an Schmettau: „Ohne Zweifel wird die Revolution in Peters=
burg alle Hoffnungen der armen Königin von Ungarn abschneiden — mais
basta." [1]

Es war diese Revolution zugleich ein Glück für den König von Preußen,
welcher nach Beendigung des schwedisch=russischen Krieges in der That auf
einen Angriff seitens Rußland gefaßt gewesen war und einige neue Regi=
menter ausgehoben hatte, entschlossen, ein Korps von 15,000 Mann in Preußen
aufzustellen [2].

Lord Hyndford fühlte wohl, daß unter solchen Umständen die Fort=
setzung der im Interesse Österreichs weiter zu führenden Unterhandlungen
hoffnungslos sei, und schrieb am 27. Dezember an Robinson nach Wien,
er befürchte, sich lächerlich zu machen, wenn er jetzt von dem ihm über=
sandten Memoire des Wiener Hofes Gebrauch mache. Übrigens hatte
er doch einige Tage zuvor bereits zu Podewils von jener österreichischen
Denkschrift gesprochen und auch um eine Audienz bei dem Könige nachge=
sucht. [3]

Die über diese Audienz geführte Korrespondenz ist dann auch aus dem
Grunde interessant, weil darin Podewils, der nie offiziell von dem Schnellen=
dorfer Vertrage unterrichtet worden ist, auf denselben anspielt. Indem er
von dem Verlangen Hyndfords nach einer Audienz berichtet, fügt er hinzu,
dem Anscheine nach solle dieser ein Memoire des Wiener Hofes überreichen,
das augenscheinlich mit sehr bitteren Klagen über das, was am Ende des
Feldzuges vorgegangen, angefüllt sein würde. Nach Hyndfords Äußerungen
lägen da doch Protokolle vor, durch Zeugen in Gegenwart des Königs unter=
zeichnet [4]. „Nichts", antwortet hierauf der König, „als was Mylord Hynd=
ford unterschrieben", fügt aber hinzu: „Mylord Hyndford kann bei mir
kommen, wenn er will, inzwischen kann ihm versichert werden, daß ich gegen
seinen Herrn nichts unternehmen würde. Von ihm wäre persuadieret, er
würde das Secret religieusement observieren, hätte man österreichischerseits
solches gethan, und mich nicht in die epineusesten Umstände von der Welt ge=
setzet, so würde meinerseits nichts gefehlet haben. Wollen die Österreicher
Bruit machen, so ist es um so schlimmer vor sie, und ich werde sie hautement
dementieren. Es muß Chambrier allenfalls instruiert werden, um präpariert
zu sein, falls die Österreicher ihre Desseins dorten (in Paris) ausführen
wollen. Besser wäre es aber, wenn Hyndford sie zu vernünftigen Gedanken
disponieren könnte." [5]

Die Audienz Hyndfords, welche dann am 25. oder 26. Dezember statt=

---

[1] Angeführt bei Schöning a. a. O., S. 118.
[2] So setzt dies der König wenigstens in einer Instruktion für Chambrier vom
25. Dezember 1741 auseinander; Polit. Korresp. I, 443.
[3] Londoner Record office.
[4] Bericht von Podewils vom 23. Dezember; Polit. Korresp. I, 442.
[5] Ebd.

gefunden hat, ist uns, wie erfolglos sie auch sonst blieb, und obwohl von den österreichischen Anerbietungen gar nicht die Rede gewesen ist, doch durch die Äußerungen, welche der König bei dieser Gelegenheit gethan hat, von größerem Interesse.

„Es thut mir leid", sagte der König, „daß die Österreicher es mir unmöglich gemacht haben, ihnen Dienste zu leisten. Hätten sie, wie es ihr Vorteil erheischte, das Geheimnis bewahrt, ich würde ihnen Mähren und Oberösterreich gerettet haben; daß sie außerdem auch Böhmen und Oberschlesien besitzen, ist nicht mein Vorteil. Denn über kurz oder lange würden sie mir unruhige Nachbarn geworden sein, während es nicht so leicht ist, mich von Mähren her anzugreifen. Sie haben aber, als sie das Geheimnis an die Öffentlichkeit brachten, einen doppelten Zweck gehabt, mich bei meinen Verbündeten verdächtig zu machen und dann bei einigen Kurfürsten inbezug auf die Kaiserwürde Zweifel zu erregen. Dann, Mylord, um ganz ehrlich es zu sagen, haben sie eine andere große Thorheit begangen, daß sie sich Prag vor der Nase haben wegnehmen lassen, ohne eine Schlacht zu wagen. Hätten sie eine solche gewagt und Glück gehabt, ich weiß nicht, was ich gethan haben würde; jetzt aber haben wir 130,000 Mann gegen ihre 70,000, und es ist zu vermuten, daß wir sie schlagen und ihnen dann nichts übrig bleibt, als Frieden zu schließen, so gut es eben gehen will. Seit der Umwälzung, welche die Franzosen durch ihre Intriguen in Rußland zustande gebracht haben, ist auch nach dieser Seite hin jede Aussicht verloren. Aber wäre das auch nicht geschehen, so würde man Mittel gefunden haben, die Russen zu beschäftigen. Wenn die Österreicher noch 6 Monate länger in ihrem Eigensinne beharren und das Reich Zeit gewinnt, sich neu zu konstatieren; wird man ihnen keine Provinz lassen." Hyndford warf die Frage dazwischen, ob der König denn an Bayern, wenn dieses Böhmen erlange, einen guten Nachbar zu gewinnen hoffe. „Ja", antwortete der König, „der Kurfürst müßte sonst sehr undankbar sein", worauf Hyndford meinte, es seien wenige Fürsten gerade wegen ihrer Treue und Dankbarkeit berühmt — und ob er denn nicht fürchte, daß auch Frankreich sich bemühen werde, die Bildung einer größeren protestantischen Macht zu hintertreiben. Aber Friedrich glaubt, die Frage der Religion kümmere die Fürsten am wenigsten. Und erwachse nicht, frägt Hyndford weiter, wenn Frankreich und Rußland einig seien, eine große Gefahr für alles, was dazwischen liegt? „Nun so müssen wir uns wehren, so gut wir können, zunächst aber einen Kaiser wählen, was am 24sten nächsten Monats geschehen soll." Noch einen Trumpf hat Hyndford auszuspielen: — „Wie, wenn Österreich die Übereinkunft vom 9. Oktober veröffentlicht und im übelsten Lichte darstellt?" Aber der König antwortet sehr ruhig: „Wenn sie das thun, werden sie nur die Thorheit und Schwäche ans Tageslicht bringen, womit sie ihr eigenes Spiel verderben — und vielleicht würde man ihnen nicht glauben?" — Als der König dann dem Lord einige Freundlichkeiten sagt, erklärt dieser, sein König wünsche so sehr, mit Preußen gehen zu können, und Friedrich ist schnell mit der Versicherung bei der Hand, daß auch ihm nichts lieber wäre, doch müsse König Georg in seinen Ausdrücken Frankreich mehr menagieren, und schließt daran einige Bemerkungen über die hannöverischen Minister von so bisobligeanter Art, daß sie Hyndford nicht wiederholen mag. Derselbe schließt seinen Bericht: „Kurz, man kann mit diesem

Könige nichts anfangen, so lange seine Unternehmungen von solchem Er=
folge begleitet sind." [1]

Wenn Hyndford, so viel wir aus seinem Berichte entnehmen, bei dieser
Gelegenheit von den neuen österreichischen Anerbietungen gar nicht gesprochen
hat, so wird ihm das nachträglich noch besonders lieb gewesen sein, als er
inzwischen durch eine Depesche aus London erfuhr, daß dort eben jetzt Frank=
reich und Preußen gemeinsam einen diplomatischen Schritt gethan hatten, der
auch bei den englischen Ministern die letzten Zweifel an der veränderten Hal=
tung Preußens beseitigte.

Es hatten nämlich am 20. oder 21. Dezember [2] in London die Gesandten
Preußens und Frankreichs nach einer vorherigen Meldung bei dem Grafen
Steinberg, dem deutschen Minister des Königs, bei diesem letzteren gemeinsam
darüber Beschwerde geführt, daß derselbe im Widerspruche mit dem Neutra=
litätsvertrage die dänischen Soldtruppen nicht nur nicht entlassen habe, son=
dern dieselben noch zu vermehren trachte, daß er ferner fort und fort die
Königin von Ungarn mit Geld unterstütze, und daß endlich die englischen
Gesandten in Holland, ebenso wie Graf Münchhausen bei dem Kurfürsten
von Trier, in Frankfurt, und bei den in Offenbach vereinigten Fürsten und
bei dem Bischofe von Münster nicht wie Minister einer neutralen Macht
handelten, sondern in einer Weise, die das Zustandekommen des Friedens nur
erschwere und hindere, und ebenso die Wahl eines Kaisers; die beiden Ge=
sandten hatten, falls diesen Beschwerden nicht abgeholfen würde, mit ernsteren
Maßregeln gedroht [3].

Podewils hatte sich nicht ohne Erfolg bemüht, die Schärfe der Erklärung
zu mildern, und schließlich auch noch eine Weisung des Königs an seinen eng=
lischen Gesandten durchgesetzt, nach Möglichkeit die Erklärung abzuschwächen,
und zu verhüten, daß der König und die englische Nation darüber in Har=
nisch gerate [4].

König Georg hatte auf jene Erklärungen geantwortet, den Neutra=
litätsvertrag habe er seiner Zeit ausschließlich als Kurfürst geschlossen [5],
und seine englischen Minister wären nicht in der Lage, darüber Erklärungen
zu geben, übrigens könne er sich nicht vorstellen, daß seine Gesandten in
solcher Weise gegen ihre klar ausgesprochenen Instruktionen sollten gehandelt
haben.

Die Depesche, welche Hyndford von diesen Vorgängen Nachricht gab,
brachte ihm dann zugleich auch die Weisung, fortan sehr zurückhaltend und

---

[1] Bericht vom 26. Dezember; Londoner Record office, zum großen Teile ab=
gedruckt bei Raumer a. a. O., S. 154.

[2] Koser giebt in seinen Anmerkungen zu der Polit. Korresp. (I, 443, Anm. 1)
den 27. Dezember als den Termin an, an welchem die Erklärung in London über=
reicht worden sei; doch steht dem die Thatsache entgegen, daß Lord Harrington an
Hyndford unter dem 10. Dezember alten Stils, also 21. Dezember neuen Stils, von
der Erklärung und der darauf gegebenen Antwort Mitteilung macht; Londoner Re=
cord office.

[3] Die Beschwerden aus dem Londoner Record office, kombiniert mit dem
Précis in der Polit. Korresp. I, 412; ein nachmals allerdings wesentlich abgeschwächter
Entwurf der Erklärung in der Polit. Korresp. I, 442.

[4] Den 25. Dezember; ebb.

[5] Vgl. oben Bd. I, S. 460.

vorsichtig sein und keine weiteren Versuche mit Unterhandlungen zu machen. So ward denn die Macht, welche bisher so unermüdlich für die Herstellung des Friedens zwischen den streitenden Parteien sich bemüht hatte, vorläufig in Ruhe gesetzt, und das neue Jahr 1742 mußte nun die Entscheidung durch das Los der Waffen herbeiführen.

Sechstes Buch.
Der Feldzug in Mähren.

———

Erstes Kapitel.
Wahl Kaiser Karls VII.

An der Schwelle des Jahres 1742 steht ein großes, weltgeschichtliches Ereignis, das mit seinen Folgen die Geschichte der nächsten Jahre wesentlich bestimmt hat: die Wahl Kaiser Karls VII. Von ihm zu sprechen scheint geboten, bevor wir dann im Zusammenhange die großen Kriegsereignisse, welche das neue Jahr heraufführte, zu schildern versuchen. Und es mag uns gestattet sein, bei dieser Gelegenheit, früher Versäumtes nachholend, in kurzen Zügen wenigstens die Entwickelung der Wahlsache seit dem Tode Karls VI. und den Einfluß der preußischen Politik darauf zu skizzieren.

Nur unter sehr großen Schwierigkeiten hatte die Kandidatur Karl Alberts sich allmählich geltend machen können. Nach dem Tode Karls VI. hat man von manchen Seiten wohl die Kaiserkrone dem jungen Könige von Preußen zugedacht, dem man alle Eigenschaften zutrauen wollte, um das Reich wirksam zu schirmen, ja manche hielten sogar seinen Übertritt zum Katholicismus für möglich um den Preis der Kaiserkrone [1]), — Gedanken, welche in Wahrheit dem Könige ganz unendlich fern gelegen haben.

Wohl aber haben neben dem Schwiegersohne Karls VI., dem Großherzoge Franz von Toscana, noch die beiden Schwiegersöhne des früheren Kaisers Joseph I., Friedrich August von Sachsen und Karl Albert von Bayern, sich Hoffnungen auf die Kaiserkrone gemacht, der letztere vornehmlich auf den Beistand Frankreichs bauend, der erstere auf den Rußlands, vor allem aber auf die Erwartung, seine Kandidatur könne schließlich beiden Parteien als Vermittelungsvorschlag willkommen sein, sowohl denen, die einen Schützling Frankreichs nicht wollten, wie denen, die sich daran stießen, daß der Großherzog von Toscana kein deutscher Fürst sei, sondern ein auswärtiger Monarch, der das Reich in fremde Händel verwickeln werde.

Unmittelbar nach dem Tode Karls VI. hatte Großherzog Franz die meisten Chancen. Die drei geistlichen Kurfürsten waren durch Pensionen und mancherlei Zuwendungen an das österreichische Interesse geknüpft; auf die Stimme Hannovers durfte man auch rechnen, selbst die preußischen Gesandten

---

[1]) Interessante Einzelheiten über die Stimmung nach dieser Seite hin liefert Heigel, Der österr. Erbfolgestreit und die Kaiserwahl Karls VII. (S. 46 ff.).

in Frankfurt sahen gegen Ende November die Wahl des Großherzogs als ge= sichert an [1]).

Maria Theresia hatte sich beeilt, ihren Gemahl als Mitregenten zu er= klären und ihm zugleich die Führung der böhmischen Kurstimme zu über= tragen, und Philipp Karl von Mainz, dem als Kur=Erzkanzler die Leitung des Wahlgeschäftes oblag, hatte, durch mannigfache Beziehungen und auch eine jährliche Pension an Österreich geknüpft, kein Bedenken getragen, in dem Rundschreiben, durch welches er unmittelbar nach dem Tode des Kaisers die Kurfürsten auf den 6. März 1741 zur Neuwahl nach Frankfurt entbot [2]), zu= gleich die große Vorfrage über die Führung der böhmischen Kurstimme da= durch zu entscheiden, daß er das Rundschreiben auch an die Prager Statt= halterschaft gelangen ließ.

Hiergegen war nun aber von zwei Seiten Widerspruch erhoben worden. Sachsen hatte (Mitte Dezember) gegen die Ernennung des Großherzogs zum Mitregenten ebenso wie gegen die Übertragung der Kurstimme auf denselben protestiert und die Führung dieser Stimme vielmehr selbst als nächster männ= licher Anverwandte in Anspruch genommen, und auf der anderen Seite hatte Kurpfalz, welches das wittelsbachische Stammesinteresse keinen Augenblick verleugnete, unter dem 6. Januar zu erwägen gegeben, „ob nicht, da eines Teiles wegen des in Schlesien von Sr. Königlichen Majestät in Preußen er= regten Krieges, anderenteils aber wegen der der kurböhmischen Wahlstimme halber entstandenen Schwierigkeiten zu besorgen stände, es würde bei dem auf den 1. März ausgeschriebenen Wahlkonvent nichts Gedeihliches gestiftet werden können, bei solchen vorwaltenden Umständen zu des Reiches allgemeiner Wohl= fahrt besser sei, den kaiserlichen Wahltag auf 3—4 Monate auszustellen, als solchen bei dermaligen Verwirrungen vor sich gehen zu lassen." [3])

Die schriftliche Abstimmung über diesen Antrag bedeutete eine Schlacht in der Wahlkampagne, und sie ward faktisch für Österreich verloren, obwohl 4 Stimmen für und 4 dagegen standen; denn der Kurfürst von Mainz ac= ceptierte thatsächlich den Vertagungsantrag, indem er die kurfürstlichen Ge= sandten zwar zu dem festgesetzten Tage zusammenberief, aber nur zum Zwecke von vorläufigen Besprechungen [4]).

Inzwischen setzte nun der französische Einfluß bei den rheinischen Kur= fürsten, bei denen er ja immer eine gewisse Geltung gehabt hatte, seine Hebel in Bewegung. Das Haupt der französischen Aktionspartei, welche dem, dem Kriege abgeneigten Kardinale Fleury eine kühnere Politik über den Kopf zu nehmen suchte, der eben jetzt zum Marschall von Frankreich ernannte Graf Belleisle, erschien selbst in Frankfurt, und obwohl die Aktien des Großherzogs auf die Nachricht, daß Maria Theresia einen Sohn geboren habe, wieder etwas stiegen, so erschütterten doch Belleisles Rundreisen bei den Kurhöfen und seine Erklärungen, daß von Frankreich die Wahl des Großherzogs als ein Akt der Feindseligkeit angesehen werden dürfte, den österreichischen Einfluß

---

[1]) Bericht derselben vom 26. November; angeführt bei Heigel, S. 49.
[2]) Das im Anschluß an dieses Rundschreiben an den Rat von Frankfurt er= lassene Schreiben ist vom 3. November 1740 datiert (Olenschlager) Geschichte des Interregnums nach dem Tode Karls VI. I, 368.
[3]) Ebd. S. 375.
[4]) Heigel a. a. O., S. 84. 85.

nicht unwesentlich, und der österreichische Botschafter betrieb bald selbst (Mitte März) einen Aufschub des Wahlgeschäftes aus Besorgnis, es könne eine Majorität für die Ausschließung der böhmischen Kurstimme sich heraus= stellen.

In Paris hatte (gegen Ende März [1])) nun auch der Karbinal dem Ge= danken einer kriegerischen Politik zugestimmt, und das von dieser Seite jetzt erteilte Versprechen bewaffneter Unterstützung gab der bayerischen Kan= bidatur erst festeren Halt, und nach der Schlacht von Mollwitz ging man auch auf dieser Seite um so zuversichtlicher vor, während dagegen Sachsen um seiner wieder angeknüpften Beziehungen zu Österreich willen seine Kandidatur, die es nicht ganz aufgeben mochte, nur im geheimen und als Eventualität be= treiben konnte. Anfang Mai durfte Karl Albert bereits mit Sicherheit auf drei Stimmen rechnen, nämlich außer der eigenen auf die von Pfalz und die seines Bruders Klemens August von Köln, den trotz aller Bemühungen Österreichs Belleisle auf die Gegenpartei herübergezogen hatte. Der letztere eilte jetzt selbst zu dem Kurfürsten von Bayern [2]) und fesselte durch die Macht seiner Persönlichkeit denselben noch fester an die französische Politik. Unter seiner Vermittelung kam am 28. Mai ein Vertrag zwischen Bayern und Spanien zustande, der dem geldbedürftigen Kurfürsten wenigstens Subsidien ein= brachte.

Im Juni verpflichtete sich dann König Friedrich in dem Allianzvertrage mit Frankreich, Bayern seine Kurstimme zu geben, wich aber dann, miß= trauisch gegen die Absichten Frankreichs, einer bestimmteren Erklärung zu= gunsten dieser Kandidatur so lange aus, bis diese Macht mit ihren militä= rischen Maßnahmen wirklich Ernst zeigte. Noch Anfang August stand die Sache so, daß der preußische Gesandte die Weisung hatte, zwar sich dem Marschall Belleisle nach Möglichkeit konnivent und entgegenkommend zu zeigen, aber doch in wichtigeren Dingen und namentlich bezüglich der Kaiser= wahl erst besondere Instruktionen einzuholen [3]). Man wollte preußischer= seits damals gar nicht, daß die Wahlversammlung weiter tage, damit nicht die österreichische Partei, wenn die Franzosen den Rhein überschritten, unter dem Vorwande, daß die Versammlung nicht mehr sicher sei, eine Auflösung derselben durchsetze [4]). Auch fürchtete man die Möglichkeit, daß die Gegen= partei unter dem Kurfürsten, wenn sie daran verzweifelte, den Großherzog von Toscana bei der Wahl durchzubringen, sich mit dem Kurfürsten von Sachsen einige, wo dann die 4 Stimmen von Mainz, Trier, Sachsen und Hannover den 4 Stimmen, über welche etwa Bayern verfügte, Brandenburg, Bayern, Pfalz und Köln in gleicher Anzahl gegenüberstehen könnten [5]).

Im preußischen Hauptquartier setzte damals (in der zweiten Hälfte des

---

[1]) Es verdient hervorgehoben zu werden, daß dieser Entschluß vor dem Ein= treffen der Nachricht von Mollwitz gefaßt wurde. Das dem bayerischen Gesandten übersandte Memoire des französischen Ministers Amelot scheint undatiert (Heigel, S. 130 und 350, Anm. 31), aber der auf diese Eröffnungen hin vereinbarte Kriegs= plan trägt das Datum des 14. April 1741 (Heigel, S. 350, Anm. 32).
[2]) Den 18. Mai trifft er in Nymphenburg ein.
[3]) Instruktion für Broich vom 1. August; Berliner St.=A.
[4]) Desgl. vom 16. August; ebd.
[5]) Ebb.

August) Podewils dem hannöverischen Gesandten auseinander, es sei doch
fraglich, ob überhaupt Teutschland einen Kaiser zu haben brauche, und selbst
wenn man das nicht leugnen wolle, ob man nicht einen schwächeren einem
stärkeren vorziehen müsse. In jedem Falle sei es mit dem österreichischen
Kaisertume vorbei. Alle Reiche hätten ihre bestimmten periodos, und die,
in welcher Österreich sein Ende finden solle, sei vor der Thür [1]).

Es war die Zeit, wo die französischen Heere infolge der Bemühungen
des Marschalls Belleisle sich wirklich in Marsch setzten, und der König
wünschte sichtlich dem letzteren seine günstige Gesinnung so viel als möglich
an den Tag zu legen; anderseits aber schien es ihm schwer zu werden, sich
den anderen Kurfürsten gegenüber durch eine bestimmte Erklärung für die
bayerische Kandidatur zu binden. So erhielt denn der Herr v. Broich unter
dem 16. August eine ziemlich auf Schrauben gestellte Instruktion. Er solle,
so gut er irgend könne, die Intentionen des Kurfürsten von Bayern bezüg=
lich dessen Erhebung auf den Kaiserthron begünstigen, und davon auch dem
Marschall Belleisle Mitteilung machen, so wie von des Königs Wunsche,
über dessen Absichten bezüglich jener Kandidatur Näheres zu erfahren, um
dann weitere Instruktionen seinem Gesandten geben zu können. In derselben
Instruktion hieß es dann aber weiter, wenn einer der Kurfürsten bestimmt
erfahren wolle, für welchen Kandidaten sich der König entscheiden werde, so
solle er sagen, daß sein Herr bei den gegenwärtigen Konjunkturen und bei
der Hartnäckigkeit des Wiener Hofes dem Herzoge von Lothringen seine
Stimme natürlich nicht werde geben können [2]).

Aber Belleisle verlangte anstatt dieser nur negativen Erklärung eine posi=
tive für Bayern, und drängte den Gesandten noch ganz besonders mit der Er=
öffnung, daß der Kur=Erzkanzler, um dessen Herüberziehung auf die bayerische
Seite sich der Marschall fortwährend ganz besonders bemühte, bestimmt er=
klärt habe, sich für Bayern entscheiden zu wollen, wenn der König von
Preußen hier vorangehe, und der Gesandte gab nun nach, um so mehr, da er
mit Belleisle darin übereinstimmte, daß die ihm gestattete Erklärung gegen
die lothringische Kandidatur doch auch schon eine für Bayern in sich schließe,
und er that nun viel mehr, als er in seinem Berichte vom 29. August seinem
Könige zu berichten für gut fand, insofern er dem Grafen von Elß, dem
Neffen des Kurfürsten von Mainz, eine ihm am 29. August abgegebene offi=
zielle Erklärung dann abends in einer Gesellschaft von über 50 Personen
bei dem Marschall Belleisle laut wiederholte, sein König habe ihm befohlen,
ihm als dem ersten mainzischen Wahlgesandten die Mitteilung zu machen,
daß er sich entschlossen habe, dem Kurfürsten von Bayern seine Wahlstimme
zu geben, und dieses Engagement mit 100,000 Mann unterstützen werde.
Bayern, Pfalz, Köln und Brandenburg würden unzertrennlich zusammen=
stehen. Er, der König, habe dem Erzhause vier Monate Zeit gelassen, auf
räsonnable Friedenspropositionen zu denken, aber man habe ihm nur Vor=
schläge gemacht, die seiner Ehre zuwider gewesen seien, so daß sich alles zer=
schlagen hätte. Jetzt seien 4 Stimmen für Bayern sicher, die fünfte und

---

[1]) Bericht Schwichelts vom 27. August 1741; St.=A. zu Hannover.
[2]) Berliner St.=A.

sechste in sicherer Hoffnung, so möge denn der Kur=Erzkanzler seine Pflicht thun [1]).

Nun war der Kurfürst von Mainz trotz seiner österreichischen Pension nicht länger an der verloren gegebenen Sache festzuhalten. Graf Eltz erklärt unter dem 1. September dem österreichischen Gesandten, er sähe kein Mittel mehr, es sei wohl mit blutigen Zähren zu beweinen; die Verblendung derer, die das verschuldet hätten, sei schwer zu beklagen [2]). Am 4. September sagt der Kurfürst in einem besonderen Vertrage Bayern seine Stimme zu gegen das Versprechen der Neutralität des Kurlandes für den Kriegsfall [3]). Am 16. September schreibt er an Maria Theresia, er könne das Reich nicht einem Schisma, sein Land dem Ruine aussetzen. Die vier vereinigten Kur= fürsten würden wahrscheinlich jetzt zusammenhalten, Preußens Stimme hätte man gewinnen können; wie schlimm es sei, daß man das unterlassen; nun werde es wahrscheinlich zu spät sein. Im nächsten Monate werde wohl die Wahl stattfinden müssen [4]).

Der preußische Gesandte erhielt dann auch Weisung, sich gegen die Kur= fürsten über den kitzlichsten Punkt des ganzen Wahlgeschäftes, nämlich die vorauszusetzende Abhängigkeit des neuen Kaisers von Frankreich, offen aus= zusprechen. Man möge dabei einerseits erwägen, daß Karl VI. in den letzten vier Jahren seiner Regierung so eng liiert mit dem französischen Hofe und in solchem Maße von demselben abhängig gewesen sei, wie es der Kurfürst von Bayern nie würde werden können, anderseits aber auch, daß ein Kaiser, welcher eben nicht fortwährend auf dem Kriegsfuße mit Frankreich stehe, wie das früher bei den Habsburgern die Regel gewesen sei, Deutschland eine Zeit des Friedens und der Ruhe verspreche; endlich solle man doch auch nicht vergessen, daß es in Deutschland Gott sei Dank noch Fürsten gebe, die mächtig genug wären, um, wenn sich der Kaiser mit ihnen zu verständigen wüßte, allem üblen Willen der Nachbarn des Deutschen Reiches Widerstand zu leisten [5]).

Ohne daß diese Argumente besonders durchgeschlagen und den Wider= willen mehrerer Kurfürsten, einen ausgesprochenen Schützling Frankreichs zum Kaiser zu wählen, beseitigt hätten, haben doch die Gewalt der Thatsachen und der Zeitumstände dahin gewirkt, daß von den Kurfürsten einer nach dem anderen ins bayerische Lager überging.

Der Partagetraktat vom 19. September brachte die Kurstimme Sachsens, und Ende dieses Monats erkaufte König Georg, durch das vom Niederrhein heranziehende französische Heer geschreckt, mit der Zusage seiner Wahlstimme für Karl Albert die Neutralität Hannovers. Als dann auch der treueste An= hänger der österreichischen Partei, der Kurfürst von Trier, Franz Georg Graf Schönborn, dem Drängen Preußens wich, waren sämtliche Wähler für Karl Albert gewonnen.

---

[1]) Eine Aufzeichnung dieser „Anrede" liegt zwischen den Berichten des hannö= verischen Gesandten in Dresden hinter dem 6. September; St.=A. zu Hannover, vgl. dazu Heigel, S. 176. 177.

[2]) Eine Abschrift des Briefes im St.=A. zu Hannover a. a. O., vgl. Heigel, S. 177.

[3]) Ebd.

[4]) Kopie im St.=A. zu Hannover a. a. O.

[5]) Instruktion für Broich vom 12. September 1741; Berliner St.=A.

Und trotzdem fand die Vornahme der eigentlichen Wahl immer erneute Aufschübe und Schwierigkeiten. Der Grund hierfür lag nicht in den allerdings in Frankfurt hoch bedeutungsvollen Zeremonie- und Ettiquettenfragen, noch auch in den Forderungen der in Offenbach tagenden Versammlung von Repräsentanten der altfürstlichen Häuser auf Erweiterung der fürstlichen Rechte gegenüber denen der Kurfürsten; wohl aber wirkten im Oktober die Gerüchte von der Klein-Schnellendorfer Übereinkunft und die darauf bezüglichen geheimnisvollen, aber vielsagenden Andeutungen des österreichischen Gesandten geradezu lähmend auf die Verhandlungen. Es ist in der That gar nicht zu bezweifeln, daß, wenn jene Verabredungen vom 9. Oktober wirklich zur Ausführung gekommen wären, allen Zusagen zum Trotze nicht Karl Albert, sondern Großherzog Franz aus der Wahlurne hervorgegangen sein würde. Indessen scheiterten diese Verhandlungen bekanntlich, und als dies entschieden war und Friedrich selbst am 1. November 1741 seine spezielle Wahlkapitulation mit Karl Albert geschlossen war, war er es wiederum, der die Angelegenheit zum Abschlusse brachte. Als der englische Gesandte in seiner Weihnachtsaudienz ihn auf die Gefahren der anwachsenden Macht Frankreichs hinwies, das sich leicht mit Rußland vereinigen und dann alles, was dazwischen läge, bedrohen würde, da hatte er erwidert, man müsse dann sehen, wie man sich wehren könne, vor der Hand aber müsse man einen Kaiser wählen, wozu ja der 24. Januar bereits ausersehen sei [1]). Offenbar war für ihn die Kaiserwahl ein erster Schritt zu dem Ziele, das ihm immer vorgeschwebt hat, den Schützling Frankreichs auf eigene Füße zu stellen und ihn nach und nach von dem Einflusse seiner Schutzmacht abzulösen.

In Frankfurt waren, und zwar am 4. November, dem Tage des heiligen Karl, die „förmlichen Präliminarienkonferenzen" eröffnet worden, und an demselben Tage hatte man gegen die Stimmen von Kurtrier und Kurbraunschweig [2]) den Beschluß gefaßt, das böhmische Votum für diesmal auszuschließen. Dann waren am 20. November 1741 die wirklichen Wahlkonferenzen eröffnet worden; es war aber vorauszusehen, daß die nun beginnenden Verhandlungen über die eigentliche Wahlkapitulation, wo so mannigfaltige Desiderien laut wurden, sich noch sehr in die Länge ziehen würden. Da war es wiederum der König von Preußen, der mit gewaltiger Energie eingriff. Seit Anfang November werden die preußischen Gesandten angewiesen, auf eine Beendigung des Interregnums zu dringen [3]), ja der König schreibt zu diesem Behufe selbst an den Kurkanzler [4]), und diese Weisung wird bald noch verstärkt erneuert, die Gesandten sollten mit allen ihren Kräften dahin wirken, daß die Kaiserwahl so bald als nur irgend möglich sei, zustande komme. Sie sollten im Kurfürstenkollegium mit geeigneten, aber energischen Ausdrücken hervorheben, wie notwendig es sei, „im Interesse der gemeinsamen Sache und zum Heile und zur Erhaltung des teuren Vaterlandes" schnell zur Wahl zu schreiten, ohne sich durch irgendwelche Formalitäten aufhalten zu lassen, bezüglich deren

---

1) Hyndfords Bericht vom 26. Dezember; Londoner Record office. Vgl. oben S. 82.
2) Letzteres erklärte der Instruktion zu entbehren. Beide aber wollten der Entscheidung der Majorität nicht entgegentreten; Olenschlager IV, 210.
3) Den 8. November; Berliner St.-A.
4) Ebd.

ja jedem der Kurfürsten seine Rechte und Prärogativen ausdrücklich vorbe=
halten bleiben könnten. Bis zu Ende des Jahres müsse alles abgemacht
sein [1].

Ja Friedrich verschmähte nicht, eine sehr empfindliche Pression anzu=
wenden, um den Eifer seiner Gesandten noch mehr anzuspornen, und als ihm
der inzwischen noch nach Frankfurt geschickte zweite preußische Gesandte, Ober=
stallmeister v. Schwerin, unter dem 25. November beweglich auseinander=
setzte, daß er sich und seine Familie ruinieren müsse, wenn er nicht Geld er=
hielte, lautete des Königs Resolution darauf: „Wenn Sie mir erst schreiben
werden, daß es wirklich zur Krönung kommt, alsdann sollen Sie Geld haben,
eher aber nicht, sollen also allen Fleiß thun, daß es bald zur Wahl und zur
Krönung komme." [2]

Die Hauptschwierigkeit schien darin zu liegen, daß die in der Wahlver=
sammlung zu vereinbarende Wahlkapitulation so langsam vorwärts kommen
wollte. Podewils rechnete in einer Denkschrift, welche der König für ganz
bewundernswürdig erklärte [3], den Wählern vor, nachdem sie für die Bera=
tung der ersten drei Paragraphen der hier zugrunde gelegten Wahlkapitu=
lation Karls VI. vierzehn Tage gebraucht hätten, könnte man fünf Monate
brauchen, um mit den dreißig Artikeln jenes Aktenstückes zu Ende zu kommen,
und schlug vor, entweder die Carolinische Wahlkapitulation en bloc anzu=
nehmen oder den Wahltermin bis spätestens den 15. Januar definitiv fest=
zusetzen, so daß bis dahin unter allen Umständen die Beratung geschlossen
sein müßte. Nachdem nun Sachsen sich für den letzteren Modus erklärt, und
da außerdem der große Erfolg der verbündeten Waffen, die Eroberung von
Prag, der bayerischen Partei ein neues Übergewicht verschafft hatte, ging auch
der Kur=Erzkanzler auf die Sache ein und stellte in der Sitzung vom 20. De=
zember mit dem Bemerken, er sei „höherer Orten her eigents belanget wor=
den", den Antrag, als Wahltag den 24. Januar 1742 festzusetzen, also ge=
rade den Geburtstag König Friedrichs [4]. Einmütig ward der Antrag zum
Beschlusse erhoben, und der Eifer, bis dahin noch alle nötigen Vorfragen
zu erledigen, scheint in der That groß genug gewesen zu sein, denn der
Historiker dieser Begebenheit versichert uns, einige fürtreffliche Botschafter
hätten sich sogar erboten, daferne es nötig und allerseitig beliebig werden
wolle, viermal in der Wochen zu den Sessionen anzufahren, um das ganze
Geschäft binnen solcher Zeit zu Ende zu bringen [5]. Am Abend des 20. De=

[1] Den 20. November; Polit. Korresp. I, 408.
[2] Marginale vom 13. Dezember; Berliner St.=A.
[3] Eingereicht den 7. Dezember; ebd.
[4] Der Bericht der preußischen Gesandten vom 21. Dezember (Berliner St.=A.)
spricht es nicht gerade positiv aus, daß der Kur=Erzkanzler bei der Wahl dieses Ter=
mins von der Absicht geleitet worden sei, dem Könige von Preußen eine Aufmerk=
samkeit zu erweisen; doch die Antwort des Königs (vom 30. Dezember) darauf
lautet: „Mais ce qui me comble de plaisir, c'est la nouvelle, que vous me
mandez, — que le collège électoral a pris unanimement la resolution de fixer
le jour et le terme de l'élection au 24 janvier prochain anniversaire de ma
naissance", und daß des Königs Freude doch nicht bloß der Einmütigkeit des von
ihm angeregten Beschlusses gilt, zeigen die folgenden Worte: „Je vous sais un gré
tout particulier du service que vous m'avez rendu dans cette ren=
contre" etc.
[5] Olenschlager IV, 312.

zember feierte eine glänzende Illumination des Gesandtschaftshotels den denk=
würdigen Beschluß.

Um diesen Eifer nicht erkalten zu lassen, hielt es der Kardinal Fleury,
der selbst schon über die vielen Verzögerungen ungeduldig geworden war,
für notwendig, den Marschall Belleisle von seinem Kommando in Böhmen
wieder nach Frankfurt zu berufen [1]), und König Friedrich erließ ein Rund=
schreiben an alle seine Gesandtschaften, um die Einmütigkeit der Wahlver=
sammlung inbezug auf die bevorstehende Kaiserkur zur allgemeinen Kenntnis
zu bringen. Man darf nicht zweifeln, heißt es darin, daß dieses so nahe ge=
rückte Ereignis viele Höfe von ihrer bisherigen, übel angebrachten Vorliebe
für das Haus Österreich zurückbringen und bestimmen wird, dasselbe seinem
Schicksale zu überlassen, um so mehr, da es dessen Schuld ist, wenn die Dinge
so weit gekommen sind [2]).

Es war dem gegenüber fruchtlos, wenn Maria Theresia gegen den ganzen
Wahlmodus Einspruch erhob und alle ohne Zuziehung ihres Vertreters ge=
faßten Beschlüsse für null und nichtig erklärte, auch die Kurfürsten darauf
hinwies, wie Karl Albert, dessen Land eben jetzt ein österreichisches Heer be=
setzte, bald nur noch von der Gnade des französischen Hofes und der Unter=
stützung der Reichsfürsten werde leben können [3]). Die Rücksicht auf Öster=
reich ging im Kurfürstenkollegium wohl noch so weit, daß man es ablehnte,
in der Wahlkapitulation dem Kurfürsten den Titel eines Königs von Böhmen
und Erzherzogs von Österreich beizulegen [4]), sonst aber schritt die Wahl=
handlung vorwärts, und auch die Wahlkapitulation ward rechtzeitig zu Ende
gebracht. Dieselbe kam, wie das natürlich war, nicht ohne einige besondere
Konzessionen zustande, an die Kurfürsten, das Fürstenkollegium und auch an die
Protestanten. Aus Konnivenz gegen Frankreich hatte man von Einfügung
einer Verpflichtung zur Wiedererlangung des Elsaß Abstand genommen.
Eine Schwierigkeit, die noch in letzter Stunde daraus entstand, daß die bran=
denburgischen Gesandten dem Anspruche des Kurfürsten von Köln, in seinem
Titel als Hochdeutschmeister auch den eines Administrators des Hochmeister=
tums in Preußen zu führen, entschieden entgegentraten, ward durch Nachgeben
von Köln beseitigt [5]). Die Stadt Frankfurt rüstete sich nun auf den großen Tag der Wahl, den
24. Januar. Die Juden wurden in ihre Häuser konsigniert, die Fremden
(Belleisle eingeschlossen) genötigt, für den Tag die Stadt zu verlassen, der
Rat und die Frankfurter Miliz, „die gewaffneten Wächter der Wahlfreiheit",
leisteten den Sicherheitseid" [6]).

In glänzendem Zuge bewegten sich am Morgen des 24. Januars 1742
die im Römer versammelten Kurfürsten resp. deren Gesandte zu Roß oder

---

  1) So schrieb Fleury an König Friedrich den 25. Dezember 1741, angeführt bei
Droysen V, 1. S. 390, Anm. 1. Am 3. Januar traf der Marschall in Frankfurt
wieder ein.
  2) Vom 29. Dezember; Berliner St.=A. Man vermißt die Zirkulardepesche in
der Sammlung der preußischen Staatsschriften.
  3) Anführungen bei Heigel S. 246. 247.
  4) Olenschlager IV, 363.
  5) Ebb. S. 339.
  6) Heigel, S. 251.

zu Fuß nach der Bartholomäuskirche, der Stätte der Wahl. An Pracht=
entfaltung standen weit hinter den anderen zurück die Gesandten Preußens,
der Oberstallmeister Bogislaw von Schwerin und Staatsrat Balthasar
v. Broich. Ihnen hatte ihr König auf die Bitte um besondere Repräsentations=
gelder antworten lassen: „Meine Intention ist es nicht, daß sie dorten viele
Depensen machen sollen. Sie sollen mit ihren Stimmen viel bedeuten, mit
ihrer Person aber wenig Parade machen." [1]

Die Wahl fiel einstimmig auf den Kurfürsten von Bayern, Karl Albert,
dessen Gesandter zur Annahme der Wahl bevollmächtigt war.

Der Neugewählte hatte die letzte Zeit in Mannheim verweilt, wo er die
Vermählung zweier Wittelsbacher Prinzen mit feiern half, darunter auch die
des Prinzen Klemens von Bayern mit jener Anna Maria von Pfalz=Sulz=
bach, die dann in dem bayerischen Erbfolgekriege 1778 noch eine hervor=
ragende Rolle spielen sollte. Persönlich an der Wahlstätte zu erscheinen hin=
derte ihn jener erwähnte Beschluß der Kurfürsten, der ihm den Titel eines
Königs von Böhmen verweigerte. Jetzt konnte er als römischer König am
31. Januar seinen Einzug halten, um dann am 12. Februar mit der Krone
Karls VI. den Kaisertitel zu empfangen.

Aber durch den Jubel der glänzenden Feste, welche vom Einzug bis zur
Krönung in den diplomatischen Kreisen Frankfurts gefeiert wurden, drangen
doch die Notschreie der eben damals von den irregulären Truppen der Öster=
reicher gemißhandelten Bayern. Deren Hauptstadt selbst fiel in ihre Hände
an demselben Tage, an welchem das langersehnte Diadem sich um die Stirne
des Kurfürsten von Bayern schlang. Diese Krone ist für Karl VII. in Wahr=
heit eine Dornenkrone geworden fort und fort bis zu dem Augenblicke, wo der
Tod sie barmherzig von seinem müden Haupte nahm. Nie ist seit den Tagen
jenes harten und grausamen Ferdinands II. um den Thron eines deutschen
Kaisers so viel Blut vergossen worden, als für diesen weichen und sanft=
mütigen Fürsten.

Und es war recht viel preußisches Blut dabei. In der That, es schürzte
sich in gewisser Weise der Knoten eines Verhängnisses auch für Preußen in
der Stunde, als in Frankfurt die sieben Wähler einstimmig den Kurfürsten
von Bayern zum Kaiser erwählten im offenen Widerspruche mit dem Hause
Österreich, das jahrhundertelang das Recht auf den Kaiserthron in seinem
Geschlechte vererbt hatte, dagegen zum großen Teile durch den Einfluß Preußens
bestimmt. Es entstand hier ein zweites Feld erbitterter Kämpfe zwischen den
beiden Gegnern Österreich und Preußen.

---

[1] Marginale zum 28. Oktober, Polit. Korresp. I, 399; übrigens sagt er ihnen
doch für die Krönungszeit „etwas Extraordinäres" zu.

Zweites Kapitel.
Schwerin in Oberschlesien und Mähren.

———

Indem wir uns jetzt zu den militärischen Dingen zurückwenden, haben wir den zweiten Akt des Krieges zu schildern. Derselbe spielt sich nicht mehr innerhalb der Grenzen des Landes ab, dessen Erwerbung von Preußen ins Auge gefaßt war — die Eroberung Schlesiens ist vollendet, und der Versuch, nach deren Abschlusse eine einseitige Verständigung mit dem Gegner herbei= zuführen, gescheitert —; es handelt sich jetzt darum, die Königin von Ungarn durch eine weitere Kriegführung zum Frieden zu zwingen und zwar zu einer allgemeinen Pacifikation, bei welcher nun auch den Forderungen der Verbün= deten Genüge geschehen soll. Bevor wir nun aber den Versuch des Königs, dieses Resultat herbeizuführen, seinen kühnen Zug nach Mähren im Anfang des Jahres 1742 darzustellen unternehmen, müssen wir von den beiden Ope= rationen, welche, noch im Jahre 1741 beginnend, diesem vorausgingen und gleichsam zur Stütze dienten, dem Einmarsche Schwerins in das nördliche Mähren und dem Zuge des Erbprinzen Leopolds nach Böhmen, berichten.

Nachdem am 31. Oktober Neiße gefallen war, blieben hier als Garnison die Regimenter Sydow, Prinz Karl und 1 Grenadierbataillon.

Zum Gouverneur von Neiße und Brieg ward Feldmarschall Schwerin bestellt, der zugleich auch das Corps kommandierte, das in der Stärke von etwa 6500 Mann Infanterie und 3500 Mann Kavallerie nunmehr in ganz Oberschlesien Winterquartiere bis nach Pleß hin bezog. Der Ingenieur, Ge= neral Wallrave, erhielt den Auftrag, zur Anlage neuer Werke bei Neiße Pläne zu machen; doch als dieselben eingereicht waren, fand der König die projek= tierten neuen Werke im Nordosten der Stadt bei der Wachsbleiche, wie er sich ausdrückt, „zu finzelig" und zeichnete selbst Entwürfe. Hauptsächlich faßte er die Nordwestseite ins Auge, wo jenseits der Neiße auf einer Anhöhe sich ein neues Fort erheben sollte, flankiert durch zwei Redouten von solcher Ausdehnung, daß 800 Mann dort untergebracht werden könnten. 40,000 Thlr. wies er sogleich dazu an, doch meinten die kundigen Militärs schon damals, man werde nicht mit dem Vierfachen der Summe auskommen. Anderseits stellten Schwerin und sein Generalstabschef v. Schmettau, der Bruder des Feldmar= schalls, dem Könige vor, Neiße werde wegen der umliegenden Höhen niemals die Bedeutung erlangen, welche der König ihm zuschriebe, wenn man nicht

Werke auf Werke häufen und ungeheuer viel Geld ausgeben wolle. Vielmehr empfehle sich die Anlage eines größeren Waffenplatzes an der Mündung der Neiße in die Oder bei Schurgast, durch den man den Handel auf der Oder sichern und ganz Oberschlesien auf beiden Seiten der Oder beherrschen würde, wo man auch nicht wie bei Neiße Rücksicht auf eine wohlhabende Bürger= schaft zu nehmen habe und sich nach allen Seiten nach Belieben ausdehnen könne. Schwerin wollte auch dabei ein neues System von Fortifikation zur Anwendung bringen, bei welchem das Holz eine große Rolle spielen sollte, das, wie er meinte, gegen feindliche Geschosse ungleich größere Widerstands= kraft habe, als Mauerwerk oder Rasen [1]).

Der König aber war anderer Ansicht; ihm stand die Sicherung des Platzes, der die Ausgänge der aus Mähren führenden Gebirgspässe be= herrschte, in erster Linie; er schrieb an Schwerin: „So viel das Fortifizieren in Neiße anbetrifft, so ist solches meine Phantasie und glaube ich meine guten Ursachen zu haben, daß mir diese Fortifikation was Rechts kosten lasse, worüber mich gegen Euch weiter explizieren will, wenn Ihr herkommen werdet." [2]) So ging man denn an die neue Befestigung, und am 29. März 1742 ist dann feierlich der Grundstein gelegt worden zu der Schanze auf der Höhe, die der König haben wollte, dem jetzigen Hauptfort von Neiße, dem Fort Preußen [3]).

Schwerin hatte hier in Oberschlesien noch einen anderen Auftrag auszu= führen, nämlich die Grenzregulierung zwischen Nieder= und Oberschlesien, welches letztere bekanntlich nach dem Partagetraktate der Dresdner Hof er= halten sollte. Hierzu waren als Kommissare preußischerseits ernannt Feld= marschall Schwerin und der Geheime Justizrat v. Nüßler [4]), sächsischerseits der Gesandte v. Bülow und der Geheime Kriegsrat Vockel. Die ersteren hatten ihre Vollmachten bereits unter dem 16. Dezember 1741 erhalten, und Nüßler traf am 20. Dezember in Neiße ein, wo er allerdings ebenso wenig seinen Kollegen wie die sächsischen Kommissare antraf. Doch benutzte er die Zeit, um noch zunächst einige vorbereitende Arbeiten ausführen zu lassen. So sollte der Lauf der Brinnitz, die bekanntlich nach dem Partagetraktate vom 1. November 1741 auf dem rechten Oberufer die Grenze bilden sollte, aber auf den Karten nicht gefunden werden konnte, durch geschickte Ingenieure

---

[1]) Berichte Schwerins und des Obersten Schmettau vom 30. November; Ber= liner St.=A.

[2]) Schöning a. a. O., S. 111, der dies Schreiben anführt, giebt als Datum den 9. November an, was nicht wohl möglich ist, da der Bericht, auf welchen das= selbe antwortet, vom 30. November datiert. Es liegt nahe, anstatt 9. November 9. Dezember zu lesen, und in der That beruft sich der König in einem Schreiben an Schwerin eben vom 9. Dezember (Polit. Korresp. I, 426) auf ein zweites von gleichem Datum; von diesem aber erklärt der Herausgeber der Polit. Korrespondenz Dr. Koser (Anm. 2 a. a. O.), es läge nicht vor, und auch ich habe es in der Samm= lung der militärischen Korrespondenz nicht gefunden. Gerade in dieser aber, die sonst Schönings Hauptquelle bildet, dürfte sich zu dessen Zeit der inzwischen abhanden ge= kommene zweite Brief vom 9. Dezember befunden haben.

[3]) Die lateinische Inschrift des Fundamentes bei Minsberg, Gesch. von Neiße, S. 146.

[4]) Ein geborener Schlesier aus Sagan; seine „Geschichte der ersten nicht voll= zogenen und der zweiten vollzogenen schlesischen Grenzscheidung" in Büschings Ma= gazin X, 479 ff. bildet die Quelle der im Texte folgenden Darstellung.

genau und zuverlässig verzeichnet werden, eine Arbeit, welche nun durch ge=
eignete Kräfte ausgeführt und nach Berlin gesendet wurde. Zugleich ließ
Nüßler vorläufig wenigstens auf dem linken Oderufer längst der Neiße die
Lisière durch Grenzpfähle bezeichnen. Es geschah dies im Januar 1742. Unter dem 12. b. M. berichtet
Schwerin dem Könige, da die sächsischen Bevollmächtigten erst Ende des Mo=
nats einzutreffen gedächten, habe er vorläufig Nüßler die Grenze bereisen
lassen [1].

Wirklich stellten sich, nachdem inzwischen das Verhältnis Preußens zu
Sachsen durch Friedrichs Besuch in Dresden, von dem wir noch zu berichten
haben werden, ein freundlicheres geworden war, Ende Januar die sächsischen
Herren in Breslau ein; die Einigung über den Grenzzug wollte aber nicht
vorwärts kommen, obwohl der König wiederholt zur Beendigung dieser Sache
mahnte. Der Grund, weshalb die sächsischen Bevollmächtigten Anstand nah=
men, abzuschließen, waren augenscheinlich die hohen Ansprüche ihrer preußi=
schen Kollegen. Diesen war in ihrer Instruktion vorgeschrieben, sich auf eine
etwaige Forderung der Sachsen, die preußischen Winterquartiere nur auf
Niederschlesien zu beschränken, nicht einzulassen, sondern zu erklären, daß,
„nachdem die preußischen Truppen Oberschlesien ohne jemandes Hilfe mit
vieler Beschwerlichkeit und großen Kosten erobert hätten, sie durch gute Winter=
quartiere verpflegt werden müßten“. Nach ähnlichen Gesichtspunkten ward
dann auch das Werk der Grenzregulierung preußischerseits in Angriff ge=
nommen; die Kommissare hatten den Auftrag, auf dem rechten Oderufer von
den großen Waldungen des Fürstentums Oppeln so viel als möglich für den
König zu gewinnen, da in Niederschlesien großer Mangel an Holz sei, und
bei der Bestimmung der Lisière an der Neiße sollte nach des Königs Willen
der Grundsatz gelten, daß, wenn etwa eine Stadt oder Dorf von der Grenz=
linie durchschnitten werde, der betreffende Ort ganz an Preußen fallen und
dann auch die bisher zu dem Orte gehörigen Äcker und Waldungen, auch
wenn dieselben jenseits der Grenze lägen, zugerechnet werden müßten.

Auch müßten, falls eine zum preußischen Gebiete gehörige Stadt, Dorf
oder Flecken jenseits der Grenzlinie Felder oder Holzungen hätte, diese noch
dazu genommen werden, und die Meile sei unbedingt zu 25,000 rheinlän=
dischen Ruthen zu rechnen [2].

Auch sonst scheinen noch mannigfache Schwierigkeiten obgewaltet zu haben.
Noch im März berichtet General Marwitz, als der König die Abnahme der
Huldigung in den neu erworbenen Grenzorten verlangt, so weit wäre man
noch nicht, auf dem rechten Oderufer vermöge man den Lauf der als Grenz=
fluß angenommenen Brinnitz aufwärts nur bis zu dem Dorfe gleiches Na=
mens verfolgen; von da an östlich bis Polen, auf einer Strecke von etwa
6 Meilen, sei es noch nicht gelungen, eine Grenzlinie festzustellen [3].

[1] Berliner St.=A. Das Protokoll Nüßlers datiert vom 26. Januar 1742;
Nüßler a. a. O., S. 481.
[2] Aus der Instruktion für Schwerin vom 10. Februar 1742; angeführt in
Varnhagens Leben Schwerins, S. 117. 118.
[3] Neiße, den 13. März; Berliner St.=A. Heutzutage findet man die Quellen
der Brinnitz viel weiter östlich unfern von Kobylno, nahe der polnischen Grenze.

Als dann Schwerin Ende März das Heer verließ und nach Neiße zurück=
kehrte, sollte er die Angelegenheit von neuem in die Hand nehmen, doch ehe
hier noch eine Einigung zustande gekommen ist, haben die Ereignisse die ganze
Grenzregulierung an dieser Stelle überflüssig gemacht.

In Oberschlesien herrschte im Winter 1741 zwischen den preußischen
Truppen und den schwachen österreichischen Garnisonen in Troppau, Freuden=
thal ꝛc. vollständige Waffenruhe, und daß man auch unter den preußischen
Offizieren an ein gewisses gutes Einvernehmen mit den bisherigen Gegnern
glaubte, dafür vermögen wir einen höchst charakteristischen Beleg anzuführen.
In der ersten Hälfte des Dezembers waren von der preußischen Garnison in
Jägerndorf zwei Unteroffiziere, noch dazu zwei Edelleute (von Fr. und M.)
desertiert, und Generalmajor Truchseß trug nun kein Bedenken, einen Offi=
zier nach Olmütz zu schicken, um dieselben zu reklamieren, welcher dann dort
auch ganz freundliche Aufnahme fand, die Flüchtlinge aber allerdings nicht
zurückbrachte. Als der König hiervon hörte, war ihm die Sache, „dergleichen
Vertraulichkeit mit dem Feinde und ohnüberlegte Exponierung meiner Offi=
ziers“ sehr unangenehm; er schrieb Truchseß, es müsse „ihn wohl der Kopf
umgegangen sein“, als er die Ordre gegeben, und fragte ihn, ob er wirklich
älter als 15 Jahr sei, er wundere sich nur, daß die Österreicher nicht den
Offizier einfach als Gefangenen zurückbehalten hätten [1]).

Im ganzen sagte dem Feldmarschall Schwerin das Stillsitzen in Ober=
schlesien um so weniger zu, als er sich unter einer abgeneigten Bevölkerung
wußte, die mit kaum verhehlter Erbitterung die Lasten des Krieges trug.
Hier sollte er rekrutieren, Lieferungen ausschreiben, jetzt sogar noch 3000 Ar=
beiter zum Schanzbau in Neiße zusammentreiben. „Hier hetzen die einen die
andern auf“, klagt er unter dem 30. November dem Könige, „ihre Wohnungen
im Stich zu lassen und sich nach Polen und Mähren zu flüchten. Sie denken,
daß Ew. Majestät den Plan hätte, sie ganz zugrunde zu richten.“ [2]) Er rät,
die Forderungen zu ermäßigen, damit nicht Schlimmeres erfolge. Auf diese
Art werde man es kaum bis zum Frühjahre aushalten.

Ihm war, wie wir vielleicht heute sagen würden, als Generalstabs=Chef
der königliche Adjutant und General=Quartiermeister Freiherr v. Schmettau
zugesandt worden — wie es Schwerin sich auslegte, als Aufpasser [3]) —, hatte
sich aber mit dem Feldmarschall sehr gut zu stellen und dessen Vertrauen schnell
zu gewinnen gewußt. Auch er schrieb um dieselbe Zeit dem Könige, es gehe
mit der Rekrutierung schlecht vorwärts, die Leute seien meist klein und unan=
sehnlich; zur Kavallerie schienen sie allerdings eine gewisse Neigung zu haben,
wie denn auch die Österreicher für diese gern ihre Rekruten aus diesen Be=
zirken genommen hätten [4]).

Schwerin, der ja schon im vorigen Winter ein Vorrücken nach Mähren
befürwortet hatte, drängte jetzt, um etwas mehr Raum zu haben, von neuem,
besorgte, sich so nicht bis zum Frühjahr halten zu können, da sich vielleicht

---

[1]) Polit. Korresp. I, 431, und dazu der Bericht von Truchseß vom 11. No=
vember im Berliner St.=A.
[2]) Berliner St.=A.
[3]) Varnhagen, Leben Schwerins, S. 112.
[4]) Den 30. November; Berliner St.=A.

der Großherzog, wenn er vor Prag nichts ausrichte, gegen ihn wenden möchte, wünschte etwas weiter vorzugehen [1]), wenigstens Troppau, welches bekanntlich der Klein=Schnellendorfer Vertrag von den preußischen Winterquartieren ausgenommen hatte, zu besetzen und als Vorposten davon dann auch das Gebirgsstädtchen Freudenthal, welches die Straße von Mähren über das Gesenke beherrschte [2]).

Die Vorschläge kamen dem Könige nicht ungelegen. Wie wir noch zu berichten haben werden, hatte er doch seit der glänzend ausgeführten Eroberung von Prag durch die Alliierten (26. November) wieder etwas Vertrauen zu deren Kriegsführung gefaßt und ja auch dem Prinzen Leopold in Böhmen ein Vorschieben seiner Truppen nach der mährischen Seite gestattet [3]), und denselben zugleich angewiesen, falls etwa Neipperg eine Schlappe erlitte, sofort eine Stafette an Schwerin zu schicken, damit dieser Troppau besetze [4]). Dem Feldmarschall gab er dann unter dem 9. Dezember Befehl, so wie Prinz Leopold vorgehe, auch seinerseits sich Troppaus und der Gebirgsstädtchen Bennisch, Freudenthal u. s. w. zu bemächtigen, sandte aber dieser Ordre noch am selbigen Tage eine zweite nach, damit sogleich vorzugehen, also unabhängig von Prinz Leopolds Bewegung, und ehe noch die Österreicher den Ort stärker besetzten, da er erwogen habe, daß die Verbindung zwischen den preußischen Garnisonen von Jägerndorf und Ratibor von Troppau aus vielfach gestört werden könnte [5]). Und indem er dies dem Marschall Belleisle noch am 9. Dezember mitteilt, stellt er sogar ein eventuelles weiteres Vorgehen Schwerins über die Gebirge in Aussicht [6])

Schwerin legte natürlich schnell Hand ans Werk. Oberst Truchseß erhielt Befehl, gegen Troppau vorzurücken und innerhalb der schlesischen Grenzen die allerstrengste Disziplin zu halten, nichts ohne bare Bezahlung zu entnehmen; auf mährischem Gebiete dagegen dürften sich die Soldaten wohl auf einige Tage freie Fourage und Hausmannskost zur Rekreation reichen lassen [7]).

Am 19ten kapitulierte in Troppau der österreichische Oberlieutenant Levrier auf freien Abzug seiner Besatzung nach Brünn, und das Regiment Sydow besetzte die Stadt; am 20sten gewährte Truchseß den 180 Invaliden und 40 Husaren, die in Freudenthal standen, gleichfalls freien Abzug [8]).

Schwerin drängte es weiter, und der König kam seinen Wünschen zuvor. Unter dem 14ten befiehlt er ihm, bis Hof und Sternberg vorzugehen, ja sich sogar Olmütz' zu bemächtigen, wenn das anginge, ohne daß er mit einem über-

---

[1]) Der angeführte Bericht vom 30. November.
[2]) Bericht vom 5. Dezember, die betreffende Stelle mitgeteilt bei Ranke, Werke XXVII, 497.
[3]) Eichel hatte also ganz recht, an Podewils zu schreiben (25. April 1742), daß erst nach dem Falle von Prag sich der König zur Wiederaufnahme der Feindseligkeiten gegen die Österreicher entschlossen habe. Vgl. den oben S. 82 angeführten Bericht Hyndfords vom 26. Dezember.
[4]) Den 5. Dezember; Polit. Korresp. I, 422.
[5]) Ebd. S. 426.
[6]) Ebd. S. 427.
[7]) Instruktion vom 17. Dezember; Berliner St.=A.
[8]) Bericht Schwerins vom 21. Dezember; ebd.

legenen Feinde zu thun bekäme [1]), und dann im nördlichen Mähren seine Truppen in Winterquartiere zu legen.

Es ging das alles an, denn die Österreicher hatten sehr wenig Truppen hier. Am 22sten überschritt Schwerin die mährische Grenze, er führte mit sich an Infanterie 7 Bataillons und 3 Grenadierbataillons, an Kavallerie 500 Ulanen; doch rückten bald weitere 5 Bataillone und 3 Grenadierbataillone, so wie 3 Regimenter Kavallerie nebst einer Artillerie von 25 Kanonen und 12 Mörsern nach, so daß er dann wohl etwa 10,000 Mann Infanterie und 2300 Kavallerie um sich vereinigte [2]).

Die österreichischen Behörden in Mähren nahmen bei dem Mangel an Truppen zur Verteidigung des Landes den Schein an, als erblickten sie in Schwerins Einrücken nur ein weiteres, eigenmächtiges Ausdehnen der preußischen Winterquartiere, wie es durch das Corps des Erbprinzen Leopold bereits nach Böhmen erfolgt war, nun auch nach der Seite von Mähren [3]); und im Publikum war, wie ein Augenzeuge jener Begebenheiten versichert, die Meinung verbreitet, mit dem Könige von Preußen stehe „Alles schon im Zustande friedlicher Betragnuß" [4]). So langte denn bei Schwerin, als dieser am 23. Dezember nur noch einen Marsch vor Olmütz stand, der Kreishauptmann v. Schubirz von dort an, um zu erkunden, wessen man sich von den preußischen Truppen zu versehen habe. Der Feldmarschall begnügte sich mit der Erklärung, das Land werde bei freundlicher Aufnahme von ihm geschützt werden, bei feindlicher Begegnung aber die Folgen sich selbst zuzuschreiben haben. Der Kommandant von Olmütz, General-Feldwachtmeister Baron Terzy, ließ darauf dem preußischen Kommandierenden eröffnen, er habe keine Ordre, die Preußen an die Stadt rücken zu lassen, und müsse sie als Feinde empfangen [5]); als aber Schwerin am ersten Weihnachtsfeiertage die Stadt einschloß und unter Androhung eines Bombardements die Übergabe verlangte, wagte er mit seinen 1200 Mann Besatzung keinen weiteren Widerstand, sondern schloß am Tage darauf, den 26. Dezember, eine Kapitulation, die der Garnison freien Abzug gewährte mit 4 Geschützen, während die übrige Artillerie des Platzes und die gesamten Vorräte den Preußen bleiben mußten, die am 27sten die Stadt besetzten und dann ihre Truppen in ausgedehnte Winterquartiere legten, von Prerau bis nach Hohenstadt [6]) unfern der böhmischen Grenze reichend, wo sie denen des Erbprinzen von Anhalt sehr nahe kamen.

---

[1]) Polit. Korresp. I, 432.

[2]) Diese Angaben hat nur die Österreichische militär. Zeitschr. 1827. 4. 38, und Orlich hat sie aufgenommen. Aber wenn auch die einzelnen Zahlen richtig sind, so ist doch die Berechnung der Gesamtstärke mit 15,000 Mann, die dann auch Droysen (a. a. O., S. 381) acceptiert hat, entschieden zu hoch. So viel kämen nicht heraus, wenn man selbst die Truppenkörper in ihrer Sollstärke rechnen wollte, was doch nicht angeht. Mit einem billigen Abstriche, wie ihn die Anführungen Droysens, S. 164, Anm. 2, an die Hand geben, kommen wir auf die im Texte angenommenen Zahlen.

[3]) Österr. militär. Zeitschr. 1827. 4. 38.

[4]) Kindl (General-Auditeur und -Lieutenant), Kompendium des preußisch-sächsischen Einfalls in Mähren (Brünn 1743), S. 3.

[5]) Ebd. S. 8.

[6]) Diese Linie giebt Schwerin in einem Berichte vom 3. Januar an; Berliner St.-A.

Schwerin wäre gern noch weiter vorgegangen; er hatte Lust zu einem Handstreiche auf Brünn, der um so eher auszuführen sein würde, wenn, wie zu vermuten stände, die Alliierten von Deutsch-Brot aus die österreichische Hauptarmee im Schach hielten. Wenigstens die Linie der Zwittawa wünschte er besetzen zu dürfen, schon damit der König ein Stück von dem fruchtbaren Teile des Landes in seine Gewalt bekäme [1]). Wie ernst es übrigens dem Feldmarschall mit seinem Anschlage auf Brünn war, mögen wir daraus erkennen, daß er in der Hoffnung auf des Königs Zustimmung zu seinem Plane bereits unter dem 15. Januar an den Grafen von Sachsen schreibt, um diesen zu einer Diversion gegen Iglau zu bestimmen [2]). Aber des Königs Zutrauen in die Energie seiner Alliierten war schon wieder sehr gesunken, und mit Rücksicht darauf, daß er die Zuversicht Schwerins nicht teilen könne, wies er dessen Vorschläge zurück, der Feldmarschall solle seine Quartiere behalten und nur zu seiner Linken Hradisch an der March besetzen, um sich gegen Ungarn zu schützen; auch durfte derselbe die nächsten Ortschaften vor Olmütz mit in Besitz nehmen [3]).

Schwerins Kühnheit hatte damals das Rechte getroffen, und der mährische Feldzug hätte vielleicht eine andere Wendung genommen, wenn der König ihn Anfang Januar hätte gegen Brünn vorgehen lassen. In Brünn war Ende Oktober an die Stelle des über 80jährigen Kommandeurs Grafen Sinzendorf der Feldmarschall-Lieutenant Freiherr von Seherr-Thoß gesendet worden, auch schon ein Siebziger. Er fand die Festung im elendesten Zustande, die Werke verfallen, selbst das über der Stadt sich erhebende Kastell, den Spielberg, ganz unhaltbar, mit einer Besatzung von kaum 400 Mann. Als dann die Preußen einrückten und Olmütz im Fluge nahmen, war in Brünn der Schrecken groß. Selbst in Wien rechnete man nicht darauf, die Stadt behaupten zu können; man bevollmächtigte Seherr zu einer Kapitulation, welche der Garnison freien Abzug auf den Spielberg gewährte, unter der Bedingung einer Waffenruhe zwischen Stadt und Citadelle. Die Behauptung der letzteren machte man allerdings dem Feldmarschall zur Pflicht, selbst auf die Gefahr hin, daß die Besatzung am Ende sich gefangen geben müßte [4]).

Doch auch das glaubte Seherr nicht verbürgen zu können. Er schrieb nach der Einnahme von Olmütz nach Wien, vier Wochen brauche er, um den Spielberg in verteidigungsfähigen Zustand zu setzen, und in vier Tagen könnten die Preußen vor der Stadt stehen, er bitte im Hinblick auf seine fünfzigjährigen Dienste ihn einer Verteidigung zu entheben, der er nicht mit Ehren vorzustehen vermöge [5]). In der That würde Schwerin, wenn er von Olmütz gleich auf Brünn losgegangen wäre, die Stadt in keiner Weise zur Gegenwehr gerüstet gefunden haben. Zu jenen 400 Mann „regulierter Miliz“, die, wie schon erwähnt, hier standen, waren Mitte November noch 200 Mann von der Besatzung Neißes bei deren Durchmarsche zurückbehalten

1) Bericht vom 9. Januar; Berliner St.-A.
2) Campagne de Mss. les Maréchaux Broglie et Belleisle III. 260.
3) Den 15. Januar; Berliner St.-A.
4) Österr. militär. Zeitschr. 1827. 4. 40.
5) Ebb. S. 40.

worden, dann trafen den 1. und 2. Januar die Besatzungen von Olmütz und Troppau ein (1600 Mann Infanterie, 150 Husaren) [1]), wo dann wohl etwas über 2000 Mann zusammenkamen. Doch fehlte es an Geschützen, an Gewehren, Munition und allen Vorräten; der Spielberg war im November notdürftig mit Palissaden bewehrt worden, aber seit dem 23. Dezember hatte man angefangen, über den Befestigungen der Stadt zu arbeiten, wo dann allerdings auch die Bürgerschaft, alt und jung, eifrig teilnahm [2]).

Der König seinerseits beabsichtigte an der Wende des Jahres keineswegs seine Truppen irgendwie zu exponieren, sondern zunächst nur Winterquartiere für dieselben in einem noch nicht ausgesogenen Lande, wo er zugleich Liefe= rungen ausschreiben und Kontributionen erheben konnte; ein Vorgehen in wohl abgewogenen Grenzen, das, indem es die Deckung der neu eroberten Provinz Schlesien als Hauptzweck festhielt, doch dabei bundesfreundliche Ge= sinnung an den Tag legen und etwaigen Argwohne aus der Klein=Schnellen= dorfer Zeit her begegnen konnte [3]), ohne doch den Verbündeten die Verpflich= tung abzunehmen, das Ihrige zu thun und sich nicht allein auf die preußischen Waffen zu verlassen. Gingen die Verbündeten energisch vor, so gedachte er auch seinerseits mitzuwirken, den Feldzug von 1742 von Olmütz aus zu er= öffnen, um dann durch vereinten Angriff den Gegner zum Frieden zu zwingen.

Vor allem sollte Schwerin die Hilfsquelle des nunmehr besetzten Landes in Anspruch nehmen. Bei seinem Einrücken in Mähren erhielt er die strenge Weisung, so weit er nur käme, Kontributionen auszuschreiben, „und zwar so hoch und so stark, als nur möglich ist", und solche mit Ernst einzutreiben [4]). Dann unter dem 26. Dezember, Schwerin müsse Magazine schaffen, aber Geld vermöge ihm der König nicht zu geben, er müsse sehen, wie er sich in Feindes Lande helfen könne [5]). Bald werden die Forderungen noch be= stimmter formuliert, Schwerin müsse aus Mähren so viel zusammenbringen, daß das Heer zwei Monate davon leben könne, für einen dritten Monat werde man vielleicht aus dem Troppauischen und Teschenschen Lande die Lebensmittel herbeischaffen können. Wenn in Mähren die Offiziere etwas bekommen könnten, „sonder daß es ein Geschrei verursachet", habe der König nichts dagegen [6]).

Der Feldmarschall war mit diesen Aufträgen sehr wenig einverstanden. Er hat durch die strenge Mannszucht, die er zu halten verstand, und die Leut= seligkeit seines Wesens selbst bei den Gegnern aufrichtige Anerkennung sich erworben [7]). Wohl mochte es schwer angehen, mit solchen menschenfreund= lichen Anschauungen die harten Aufträge, die er zu vollziehen hatte, in Einklang zu bringen. Er hatte vom 1. Januar an von den ständischen Vertretern des von ihm besetzten Teils von Mähren monatlich 170,000 Gulden verlangt [8]),

[1]) Kindl, S. 21. Österr. militär. Zeitschr. 1827. 4. 42.
[2]) Kindl, S. 10.
[3]) Vgl. das noch näher anzuführende Schreiben an den Erbprinzen von Anhalt vom 15. Dezember 1741; Polit. Korresp. I, 433.
[4]) 14. Dezember; ebd. S. 432.
[5]) Berliner St.=A.
[6]) Vom 1. Januar 1742; ebd.
[7]) Orlich I, 177.
[8]) Kindl a. a. O., S. 21.

aber seine Meinung war, die Vorräte, die er anschaffen sollte, von den Land-
leuten zu kaufen [1]). Er setzt dem Könige auseinander, die Leute hier hätten
den ganzen Sommer hindurch für die Österreicher liefern müssen, jetzt sei er
mit seinen Truppen da und verlange verpflegt zu werden, und außerdem solle
er nun auch noch große Magazine füllen, und dabei habe er doch nicht den
fruchtbaren Teil des Landes besetzt, sondern nur den nördlichen, bergigen
Strich, in dem ohnehin wenig wachse [2]).

Es war in der That schlimm, etwas beizutreiben; die gequälten Einwohner
flüchteten ihre Vorräte in die Wälder oder vergruben sie, man trieb keine
Pferde zum Transport auf, und die Herstellung von Mehlvorräten verhinderte die Eisdecke, welche die fließenden Gewässer sperrte. So hatte die Herstellung der Magazine nicht die gewünschten Fortschritte gemacht, als die
Wendung der Dinge, von der wir noch zu berichten haben werden, den König
selbst gegen Ende Januar nach Mähren führte. Schwerin war allerdings
über Olmütz hinaus vorgegangen, und am 18. Januar war Truchseß in Wischau, drei Meilen von Brünn, eingerückt. Als dort der Brünner Kommandant, Baron Seherr, ihm die fast naive Frage vorlegen ließ, wie man dieses
Näherrücken anzusehen habe, hatte Truchseß sich einfach auf einen Befehl des
Königs berufen, den er zu vollziehen habe [3]).

In Brünn rüstete man in dieser Zeit aus allen Kräften; seit am 18. Januar der tapfere Verteidiger von Neiße, General-Feldwachtmeister v. Roth,
eingetroffen war und das Kommando des Spielbergs übernommen hatte, kam
neues Leben in die Verteidigung. Nachdem dann Anfang Februar schweres
Geschütz und Munition und ansehnliche Verstärkungen an Truppen eingetroffen
waren, konnte man hoffen, die Festung zu halten, zu deren Schutze jetzt
3 Brigaden in der Gesammtstärke von 4150 Mann bereit standen, außer den
Bürgercompagnieen, die Roth zu organisieren sich beeilte.

Schwerin aber sah mit Sorge der Ankunft des Königs in Mähren entgegen; wenn jetzt hier noch größere Truppenmassen sich konzentrierten, wie
sollten sie ihre Verpflegung finden in dem ausgesogenen Lande? [4])

---

[1]) Bericht vom 19. Januar; Berliner St.-A.
[2]) Bericht vom 9. Januar; ebd.
[3]) Kindl, S. 21.
[4]) Bericht vom 19ten; Berliner St.-A.

Drittes Kapitel.

Eroberung von Glatz, Prinz Leopold in Böhmen, Fall von Prag.

Wir wenden uns nun zu dem anderen preußischen Corps unter dem Erbprinzen Leopold, welches in Böhmen einrückend sich dann rechts an die Heeresabteilung Schwerins anschloß. Der Erbprinz war, wie bereits erwähnt, von der Belagerung Neißes zu diesem Unternehmen abkommandiert worden und am 22. Oktober vom Lager vor Neiße aufgebrochen. Er führte mit sich 10 Bataillone Infanterie, nämlich die Regimenter Prinz Leopold, Markgraf Karl, Kalkstein, Jeetze und Derschau, 3 Kürassierregimenter à 5 Schwadronen, Geßler, Prinz Wilhelm und Buddenbrock, von Dragonern 10 Schwadronen Bayreuth und 5 Rothenburg, von Husaren die beiden Regimenter Malachowski[1]) und Bronikowski à 5 Schwadronen[2]) und 120 Artilleristen mit 20 Geschützen (Drei- und Sechspfündern)[3]).

Ihm war außer der Besetzung eines Striches von Böhmen auch die Eroberung der Grafschaft Glatz aufgetragen, und die Ausführung dieser letzteren Unternehmung wollen wir, um nicht dann den Verlauf der großen Kriegsereignisse unterbrechen zu müssen, voraufnehmend im Zusammenhange darzustellen versuchen.

Der Erbprinz sollte zunächst seine Aufmerksamkeit der Besatzung des nördlichen Böhmens zuwenden, und erst nachdem er dort sich mit den sächsischen Truppen auseinandergesetzt, sollte er sich bemühen, durch Surprise Glatz einzunehmen; wenn dann die Citadelle noch Widerstand leiste, so müsse diese dann durch ein Bombardement zur Übergabe gezwungen werden, der König werde an der Grenze der Grafschaft Mortiers bereit haben[4]).

---

[1]) Früher Banbemer (Geuber a. a. O., S. 186).

[2]) Aus den 5 Schwadronen der Bronikowskischen Husaren werden Anfang 1742 zehn gemacht, wo dann jeder Rittmeister die Hälfte seiner Schwadron sich durch Werbung zu ergänzen suchen muß; sie erhalten damals neue grüne Monturen. Tagebuch des Majors v. Dewitz in [Naumanns] Sammlung ungedruckter Nachrichten, S. 141. 143. 144.

[3]) Orlich I, 155 und dazu Geuber a. a. O., S. 194.

[4]) Instruktion vom 31. Oktober; bei Orlich I, 399; Polit. Korresp. I, 396.

So rückte denn das Corps des Erbprinzen im Oktober einfach durch das Glätzsche nach Böhmen. Der Erbprinz schreibt damals dem Könige: „Das Land ist bei Glatz herum so schön, daß, obgleich dieses Jahr viele schöne Situationen gesehen, doch keine einzige nicht gefunden, so die Glatzer bekäme, und ist diese Grafschaft, wie auch die Kommissarien sagen, in solchem Anschlage, daß wenn Böhmen 40 Thaler geben muß, selbige 1 Thaler giebt, folglich diese Grafschaft sehr konsiderabel." [1] Es blieben hier nur das Derschausche Regiment (Wünschelburg, Braunau), sowie eine Abteilung Husaren zur Beobachtung zurück. Das Land solle auf jede Weise geschont werden, „damit ich nicht selbst dasjenige ruiniere, was ich konservieren will, und folglich dasjenige, so jetzo nehme, nachher selbst doppelt wieder auszahlen müsse" [2], ja der König verlangte sogar, daß bei den Kriegskontributionen, welche der Kurfürst von Bayern als nunmehriger König von Böhmen in diesem Lande ausschrieb, das Glätzische frei bliebe [3].

Als dann Ende Dezember zwei neue Regimenter, Prinz Moritz und Herzog von Bevern, auf des Königs Befehl nach Böhmen zur Verstärkung einrückten [4], behielt der Erbprinz diese in der Grafschaft zurück und belegte die Städte mit Truppen. Im Januar führte er dann selbst noch ein Bataillon Jeetze aus Gabel nach Habelschwerdt (2 Meilen von Glatz), wo das Regiment Prinz Moritz lag. Von hier aus rekognoszierte er dann mit den Malakowskischen Husaren wiederholt die Stadt und kam zu der Überzeugung, daß eine Überrumpelung der Stadt ohne das Bergschloß, auf dessen Bewältigung man doch nicht rechnen dürfe, sich nicht empfehle. Das Magazin, das man allenfalls dort anlegen könne, lohne nicht die Leute, „so man bei einer fieren Attaque verlöre" [5].

Doch schloß er am 8. Januar mit dem zweiten Bataillon von Jeetze, dem ersten von Prinz Moritz und dem zweiten von Bevern, sowie den Husaren die die Stadt eng ein und ließ den Kommandanten durch Generalmajor v. Derschau zur Übergabe auffordern, erhielt aber trotz aller Beredsamkeit, die derselbe anwendete, eine abschlägige Antwort.

Am 9. Januar rückte dann der Erbprinz von allen Seiten her, bis auf Kanonenschußweite, an die Festung heran, mit scheinbar 7 Bataillonen, die er durch weitläufige Aufstellung aus seinen Dreien hergestellt hatte, wozu dann noch ein Bataillon Glasenapp kam, das er sich ad hoc aus Frankenstein verschrieben hatte [6]; die Aufforderung zur Übergabe ward nun in drohendem Tone wiederholt. „Was ich", schreibt der Erbprinz an den König am 9. Januar, „mit guten und polierten Worten bei dem Kommandanten nicht ausrichten können, habe heute mit harten Bedrohungen und hochdeutschen Redensarten zuwege gebracht, wenn er nicht heut kapituliere, könne ihm überhaupt keine Kapitulation gewährt werden" [7].

---

1) Den 28. Oktober; Archiv zu Zerbst.
2) An den Erbprinzen Leopold, den 17. Dezember; bei Orlich I, 407.
3) Desgl. den 18. Dezember; Polit. Korresp. I, 436.
4) Der König an den Erbprinzen, den 8. Dezember; ebd.
5) Bericht des Erbprinzen vom 6. Januar; Archiv zu Zerbst.
6) Relation von des Erbprinzen Adjutanten v. Katte; bei Seuder a. a. O., S. 215.
7) Berliner St.-A. Dieser Bericht des Erbprinzen läßt keinen Zweifel darüber,

In der Festung, deren Werke in nicht besonders gutem Stande waren, lagen drei Bataillone (Kollovrat, Max v. Hessen und Karl v. Lothringen) unter dem Kommando des Oberstlieutenants v. Grünne, während auf der Citadelle, dem Donjon, der Oberstlieutenant Fontanella kommandierte. Der strenge Frost, der die Gräben mit einer Eisdecke überzogen hatte, machte die Verteidigung noch schwieriger.

So begannen Verhandlungen, die von preußischer Seite der General=major v. Derschau führte. Der Prinz forderte die sofortige Einräumung eines Thors, und nachdem der Kommandant die Berechtigung verlangt und erlangt hatte, sich erst durch den Augenschein überzeugen zu dürfen, was die Preußen an Artillerie bei sich führten [1]), ward das eine Thor eingeräumt und die Kapitulation abgeschlossen, welche der Besatzung freien Abzug auf die Citadelle verstattete, unter der Verpflichtung, nicht auf die Stadt zu schießen.

Am 11. Januar besetzten drei preußische Bataillone Glatz, fünf Schwa=dronen Husaren wurden in den Vorstädten untergebracht. Es herrschte fortan zwischen der österreichischen Besatzung des Schlosses und den Preußen in der Stadt Waffenruhe. Es war klar, daß, wenn nicht ein Umschwung des Waffenglücks die Österreicher nach Glatz führte, die Besatzung in nicht zu ferner Zeit durch den Hunger zur Übergabe gezwungen werden würde.

Am 12. Januar schrieb der Erbprinz dem Könige: „Die Stadt Glatz halte ich von Häusern schöner als Brieg, jedoch nicht vollkommen so groß. Die Mauern, Grabens und Wälle sind so beschaffen, daß ich nicht glaube, einen festeren Ort, wenn es nicht eine Festung ist [2]), gesehen zu haben."

Der König zeigte sich sehr erfreut über die Kunde, versicherte dem Erb=prinzen, er hätte ihm nicht leicht eine angenehme Nachricht geben können, hoffte jetzt auch auf baldige Räumung der Citadelle durch die Österreicher [3]), und tags darauf schon ordnete er die Huldigung in Glatz an; das Konvokations=patent (vom 14. Januar) beginnt: „Demnach es nun unter göttlichem Bei=stand dahin gediehen, daß die Grafschaft Glatz als eine voralters zu unserem souveränen Herzogtum Niederschlesien gehörige, obwohl durch Unfall der Zeiten und allerhand Fatalitäten nachher von demselben abgesonderte Provinz nicht allein mit Vorbewußt und Genehmhaltung Sr. jetzt regierenden König=lichen Majestät in Böhmen und Kurfürsten in Bayern, als mit welcher wir wegen vollkommener Cedierung und Überlassung derselben an uns und unser Kurhaus in der Qualität einer souveränen Grafschaft gänzlich vereinständigt und verglichen, sondern wir uns auch durch die am 9ten erfolgte Übergabe der Stadt Glatz in völligem Besitze gedachter Grafschaft befinden" 2c. Ein zweites von demselben Tage datiertes Patent verpflichtet dann alle Angehörigen der Grafschaft, die etwa noch in österreichischen Diensten ständen, solche zu ver=lassen [4]). Bald nachher besuchte der König, als er sich von neuem zum Heere

daß die Kapitulation schon am 9. Januar erfolgte, obwohl die angeführte Relation Kattes dies erst den 2ten Tag nach dem 9ten erfolgen läßt.
[1]) Katte, S. 216.
[2]) Die Stadt Glatz, abgesehen von der Citadelle, galt also nicht als Festung. Der Bericht des Prinzen findet sich im Zerbster Archiv.
[3]) Orlich I, 411. Der König an den Erbprinzen: Berlin, den 13. Januar.
[4]) Beide Patente abgedruckt in den Ges. Nachr. II, 587 ff.

begab, um in Mähren einzurücken, die Stadt. Am Abend des 24. Januar traf er ein und nahm in dem gräflich Götzischen Oberhause Quartier [1]).

Er ließ dem Kommandanten den Vorschlag einer ehrenvollen Kapitulation machen, die dieser jedoch ablehnte. Derselbe hatte kurz vorher, um den guten Mut, der noch unter der Besatzung herrsche, zu zeigen, oben seinen Leuten einen Ball zur Feier der Siege Khevenhüllers in Bayern gegeben. Dabei fehlte es allerdings auf der Citadelle bereits an Trinkwasser, und geschmolzener Schnee mußte aushelfen [2]). Der König hat damals auch dem Marienbilde der Jesuitenkirche ein neues Kleid verehrt. Der Wunderkraft dieses Bildes war, wie die frommen Patres versicherten und durch ein eigens dazu gefertigtes Gemälde darstellen ließen, einst die Vereitelung des ersten Anschlages der Preußen auf Glatz (Januar 1741) zuzuschreiben gewesen; aufs neue sollte jetzt die Jungfrau Maria dazu helfen, die Preußen wieder aus der Stadt zu vertreiben, und die Gräfin Grünne, Gemahlin des ehemaligen Kommandanten in der Stadt, hatte für diesen Fall dem Marienbilde ein neues reiches Gewand gelobt. Davon hatte der König gehört, und damit das Heiligtum ungeachtet der geringen Aussichten auf eine Erfüllung jener Voraussetzung des verheißenen neuen Schmuckes nicht entbehre, nun einen Ersatz gewährt [3]). Die Jesuiten kamen in Prozession, seiner Majestät zu danken; aber zu gewinnen hat er sie doch nicht vermocht, sie haben sich noch später eine Geldstrafe zugezogen, weil sie sich zu der Fürbitte für den neuen Landesherrn nicht bequemen mochten [4]).

Es wurden nun in Glatz die seitherigen Mitglieder der bisherigen Amts= regierung ihres Dienstes enthoben (der Landeshauptmann Reichsgraf von Wald= stein hatte schon 1741 die Grafschaft verlassen), und allerorten die obrigkeit= lichen Personen durch Handschlag dem neuen Herrscher verpflichtet. Am 20. Februar 1742 nahm dann der Erbprinz von Anhalt in Glatz die Hul= digung ab. Im Amtshause leistete der Adel, die Geistlichkeit und Abgeordnete der Städte und nachher auch die Bürgerschaft von Glatz den Eid der Treue. Die Grafschaft ward von nun an eng mit Schlesien verbunden und ein Teil dieser Provinz, was sie bisher eigentlich nie gewesen war. Offiziell wurde die administrative Verbindung mit Schlesien durch ein Patent vom 23. Mai 1742 proklamiert [5]).

Indessen blieb die Citadelle von Glatz noch immer in österreichischen Händen, die Besatzung war zahlreich genug (angeblich 2000 Mann), von einem entschlossenen Manne kommandiert, und wenn man gleich von einem Berge jenseits der Neiße (wohl dem später in die Befestigung gezogenen Schäfer= berge) eine Beschießung der Festung mit Erfolg vornehmen zu können glaubte und damit bereits am 4. Februar einen Versuch machte [6]), so scheint dies doch wenig Erfolg gehabt zu haben, und noch monatelang wehte die öster= reichische Fahne auf dem Donjon. Endlich aber machte sich die Not unter

---

[1]) Das Haus gehörte 1836 dem Kaufmann Felix Caro; s. Wedekind, Ge= schichte der Grafschaft Glatz II, 463.
[2]) [Stille] Les campagnes du roi de Prusse (1872), p. 6.
[3]) Ebd.
[4]) Kahlo, Denkwürdigkeiten der Grafschaft Glatz, S. 56.
[5]) Gef. Nachr. III.
[6]) Gef. Nachr. II, 585.

den Eingeschlossenen fühlbar, die Lebensmittel begannen zu mangeln, und
die Besatzung schmolz durch Krankheiten hin, die Desertion nahm immer zu.
Viele hatten sich den harten Winter zunutze gemacht und waren, wenn der
Schnee, der die Abhänge des Schloßberges bedeckte, eine Eisdecke zeigte,
auf dieser herabgeglitten und fast immer davongekommen, kurz die Besatzung
war im April auf etwa 432 Mann zusammengeschmolzen [1]). Der Komman=
dant vermochte auch jetzt noch eine ehrenvolle Kapitulation zu erlangen, freien
Abzug mit allen militärischen Ehren, sogar 3 Kanonen, welche den Regi=
mentern und nicht der Festung gehörten, durfte man mit fortnehmen. Es
ist charakteristisch genug, daß der erste Punkt der am 26. April abgeschlossenen
Kapitulation die Freiheit der katholischen Religionsübung in der Martini=
kirche und der oberen Schloßkapelle verbürgt [2]). Die Besatzung zog nach
Mähren ab; als sie am 9. Mai in Brünn anlangte, sollen nicht mehr zehn
diensttüchtige Leute übrig gewesen sein [3]).

Wir mögen uns nun wiederum dem Corps des Erbprinzen zuwenden,
welches, wie wir wissen, in Böhmen den Landstrich zu besetzen hatte, welcher
innerhalb des von der Elbe beschriebenen Bogens liegt, von Leitmeritz bis
Königgrätz.

Der Plan zu diesem Einrücken in Böhmen ward bekanntlich bereits in
der Zeit der Klein=Schnellendorfer Verabredungen gefaßt und damals als im
Interesse der Königin liegend dargestellt, insofern dies Corps einer Erobe=
rung des nördlichen Böhmens durch die Alliierten im Wege stehen würde.
Für den König selbst hatte die Maßregel eine doppelte Bedeutung, insofern
er einmal einem Teile seiner Truppen Verpflegung und Winterquartiere in
einem fremden Lande gewähren und anderseits doch auch seinen Verbündeten
den thatsächlichen Beweis liefern konnte, daß er auch nach Eroberung Schle=
siens an dem allgemeinen Operationsplane mitzuwirken bereit sei, zugleich
zur thatsächlichen Widerlegung der noch nicht verstummten Gerüchte von einem
geheimen Abkommen mit Österreich [4]).

Es lief aber wohl noch ein geheimes Motiv mit unter. Wenn der König
seiner Zeit in Klein=Schnellendorf Neipperg gegenüber mit rücksichtsloser
Offenheit davon gesprochen hatte, daß Prinz Leopold dann in Böhmen die
Sachsen chikanieren und mit ihnen Händel anfangen sollte, so war das
keineswegs Verstellung gewesen, und auch nachdem inzwischen der Rücktritt
des Königs von jener Übereinkunft erfolgt war, behielt das Einrücken in
Böhmen seine Spitze gegen Sachsen. Friedrich wußte, daß in Dresden das
Denken und Trachten fort und fort darauf hinauslief, ein Stück Böhmens zu
erhalten, und wenn man sich nun auch darein gefunden hatte, Mähren anzu=
nehmen, war man nur um so mehr darauf aus, einen Streifen des nördlichen
Böhmens zur Verbindung mit Mähren zu erlangen. Das aber, ein Um=
fassen Preußens auf mehreren Seiten von sächsischem Gebiete, wollte der

---

[1]) So geben die Gef. Nachr. a. a. O.
[2]) Wiener Kriegsministerial=A.
[3]) Memoire des Generals Browne; Abschr. des Breslauer St.=A. I, 150.
[4]) „— — sonder ich habe durch dieses Mouvement der Welt nur zeigen wollen,
daß die von den Österreichern ausgestreute Bruits von einem Partikulierfrieden ohne
Grund sein und mich von der Partie derer Alliierten nicht detachieret habe." Den
15. Dezember an den Erbprinzen von Anhalt; Polit. Korresp. I, 433.

König nicht, und schon um sich nicht die Sachsen hier im nördlichen Böhmen festsetzen zu lassen, besetzte er nun gerade den Teil Böhmens, auf den die Pässe des sächsisch-lausitzischen Gebirgslandes mündeten. Auf der anderen Seite drängte er die Sachsen unablässig zu schnellem Vorgehen und verlangte, allerdings ganz dem Kriegsplane Belleisles entsprechend, von ihnen, daß sie links von dem Distrikte, den seine Truppen besetzt hatten, also östlich von der Elbe operieren sollten, um sich da das ihnen zugedachte Mähren auch selbst zu erobern [1]), denn sie dürften nicht denken, daß ihnen die Vögel in den Schoß fliegen würden bloß infolge der Mühen und Sorgen anderer [2]).

Unter dem 31. Oktober erhielt der Erbprinz von Anhalt die Weisung, er solle die Sachsen durch seine Quartiere hierdurch oder an denselben vorbei ohne Schwierigkeiten marschieren lassen, sie auch in Königgrätz oder weiterhin nach der mährischen Grenze zu Magazine anlegen lassen, nur dürfe er in dem von seinen Truppen besetzten Bezirke keine sächsischen Truppen sich festsetzen lassen [3]).

Der Erbprinz besetzte das Land bis zur Elbe hin, ohne irgendwo Widerstand zu finden. Nur in dem Städtchen Dobruschka im Königgrätzer Kreise traf man zur Bewachung eines dort befindlichen Magazines eine österreichische Besatzung, die man gefangen nahm (30. Oktober) [4]).

Die Beschwerde über diesen Vorfall, welche Neipperg unter dem 8. November an Goltz richtete, der nicht eben zu seiner Freude bei dem Corps des Erbprinzen das Amt eines Generalquartiermeisters verwaltete, darf vielleicht als die letzte von österreichischer Seite erfolgte Berufung auf Klein-Schnellendorf gelten. Goltz antwortete (den 12. November): daß das Einrücken eines preußischen Corps in Böhmen stattfinden werde, habe Neipperg ja gewußt, er selbst habe ihm einst die Gründe dafür entwickelt, die er auch nicht gemißbilligt habe. Das Magazin in Dobruschka hätten die Preußen nicht berührt; den Offizier mit seiner Abteilung gefangenzunehmen, hätten die Husaren allerdings nicht umhin gekonnt. Warum habe man die Abteilung nicht vorher zurückgezogen? Übrigens erneuere er seine Bitte, sich bei seiner dauernden Entfernung vom Hofe künftig lieber allein an Lord Hyndford zu wenden [5]).

Der König seinerseits erwartete von den Österreichern nichts anderes als den Wiederbeginn der Feindseligkeiten, und die weiteren im Laufe des Novembers an den Erbprinzen erteilten Weisungen nehmen bestimmt auch den Fall in Aussicht, daß Neipperg gegen das Corps des Erbprinzen vorginge, in welchem Falle dieser, wofern er sich nicht stark genug fühlte, die Elblinie zu behaupten, sich zurückziehen und um jeden Preis die Verbindung mit Schlesien sichern müßte [6]). Von einer Schonung der in Böhmen besetzten Kreise war nicht mehr die Rede, es wurden harte Lieferungen ausgeschrieben, viel Mannschaft ge-

---

[1]) An den Kurfürsten von Bayern, den 14. November; Polit. Korresp. I, 402.
[2]) An Schmettau, den 23. Oktober 1741; ebb. S. 387.
[3]) Ebd. S. 396.
[4]) 1 Lieutenant, 1 Fähnrich, 3 Unteroffiziere, 1 Tambour und 53 Mann Max v. Hessen. Bericht des Prinzen vom 1. November; Zerbster Archiv.
[5]) Beide Briefe Berliner St.-A.
[6]) Instruktion vom 20. November; bei Orlich a. a. O., S. 401; Polit. Korresp. I, 406.

worden resp. ausgehoben, schwere Kontributionen verlangt; über 55,000 Thlr.,
berichtete der Erbprinz, betrage der böhmische heilige Christ [1]). Der König
wollte nur die Grafschaft Glatz als sein Eigentum geschont wissen, wegen
Böhmens faßte er auf klägliche Beschwerden der Einwohner seine Vermah=
nungen an den Erbprinzen vornehmlich in die Worte zusammen: „daß solches,
was ich verlange, mit Methode und auf eine solche Art geschehen kann, daß
das Huhn gerupfet wird, sonder daß es sehr schreie" [2]).

Inzwischen war die französisch=bayerische Armee bis nach St. Pölten vor=
gedrungen, wo der Kurfürst am 21. Oktober eintraf. Nur noch 10 Meilen stand
er von Wien entfernt; und gern hätte er dem Drängen des preußischen Militär=
bevollmächtigten Feldmarschall Schmettau nachgebend den Marsch gegen die
österreichische Hauptstadt gewagt [3]), die auch trotz der in Eile getroffenen Vor=
bereitungen selbst nach dem Urteile österreichischen Militärs damals einem
ernstlichen Angriffe wahrscheinlich erlegen wäre [4]), doch gönnte, wie wir bereits
früher sahen, die französische Politik solch durchschlagenden Erfolg ihrem
Schützlinge nicht, selbst Belleisle hielt starr an dem einmal gefaßten Kriegs=
plane fest, und der Kurfürst, den allerdings damals gerade auch die Gerüchte
von Klein=Schnellendorf ängstigten, konnte sich nicht darüber täuschen, daß
er sich dem Willen seiner Beschützer zu fügen habe. So ward denn der Ab=
marsch nach Böhmen beschlossen, und während, um denselben zu maskieren,
General Mortagne bis Siegardshausen 4 Meilen von Wien streifte, über=
schritt am 24. Oktober das am weitesten vorgeschobene Corps, 9000 Mann
Bayern, auf einer bei Mautern geschlagenen Schiffbrücke die Donau, um sich
nordwestlich gegen Prag zu wenden. Die Brücke ward gleich nachher abge=
brochen und die letzten Truppen bis nach Ems zurückgezogen, denn bereits
schreckte die Nachricht von dem Anmarsche Neippergs. Getrennt von einander,
suchten die verschiedenen Heeressäulen ihren Wege nach dem großen Zielpunkte
Prag. Als der Kurfürst Anfang November, um in der starken Stellung von
Tabor und Budweis zwischen der Luschnitz und Moldau seine Streitkräfte gegen
die, unter dem Großherzoge nunmehr vereinigten, Heere von Neipperg und
Lobkowitz, die bereits bis zur mährisch=böhmischen Grenze gekommen waren,
zu konzentrieren, das über die Oberpfalz herankommende französische Corps
des Generals Gassion zu sich nach Budweis beschied, verweigerte dieser
geradezu den Gehorsam [5]), und erklärte lieber direkt auf Prag marschieren zu
wollen, „um den Kriegsplan seines Königs zur Ausführung zu bringen".
Eben damals war es, wo Friedrich sehr ernstlich fürchtete, daß die vereinigte
österreichische Armee dem Kurfürsten einen schweren Schlag versetzen könnte.
„Ich beklage", schreibt er damals, „aufs tiefste den Kurfürsten, daß er nicht
Ihrem Rate folgt und dem anderer ehrenwerter Leute, die sicherlich klarer
sehen, als die, deren Meinungen er nachgiebt, und wenn er zur Stunde es

---

[1]) Bei Schöning, Die fünf ersten Jahre Friedrichs d. Gr., Volksausg., S. 113.
Der König hatte für sechs Monate 1,001,304 Thlr. verlangt.
[2]) Orlich I, 418.
[3]) Daß der Kurfürst hier nicht die Schuld trug, hat Heigel a. a. O., S. 203 ff.
glaubhaft nachgewiesen.
[4]) Österr. militär. Zeitschr. 1827 III, 61.
[5]) Vgl. hierzu den Brief des Grafen Clermont=Tonnerre an Bréteuil vom 13. No=
vember; Campagne de Mss. les Maréchaux de Broglie et de Belleisle II, 277.

versäumt hat, sich mit Gassion zu vereinigen und die Österreicher diese Ver=
einigung haben hindern können, fürchte ich sehr, daß die Österreicher sie einzeln
schlagen. Es ist sehr zu wünschen, daß der Marschall Belleisle schon einge=
troffen sei, oder wenigstens so bald als möglich ankomme, um die Konfusionen
zu beseitigen und die französischen und bayerischen Truppen, welche man
bisher wahrhaft schülerhaft angeführt hat, ordentlich zu führen." ¹)

Der Kurfürst zog infolge der Unbotmäßigkeit Gassions selbst nordwärts
auf Prag zu, in Budweis und Wessely an der Luschnitz ansehnliche Truppen=
abteilungen von in Summa 18,000 Mann unter Törring und Leuville zurück=
lassend mit der Weisung, diese wichtigen Posten aufs äußerste zu behaupten.
Als aber auf diese von Neuhaus her die Hauptmacht der Österreicher heranzog,
verließen sie ihre Posten und beeilten sich dem Hauptheere nachzukommen ²),
so daß der Großherzog jetzt die Moldau gewann und das an der Donau unter
Graf Ségur zur Behauptung Oberösterreichs zurückgelassene Corps (etwa
13,000 Mann) von dem Hauptheere abschnitt, ein Fehler, der ja dann noch
so entscheidende Folgen haben sollte. Seit dem 7. November waren nun auch
die sächsischen Truppen etwa 19,000 Mann stark gegen Prag im Marsch.
Karl Alberts ursprünglicher Plan war gewesen, daß, während er selbst
seine Truppen und die Franzosen zwischen Budweis und Tabor konzentrierte,
im Norden die Sachsen bei Brandeis die Elbe überschreiten und verstärkt
durch das Corps des Prinzen Leopold, das, wie ihn auch Schmettau hatte
hoffen lassen, der König ihm zur Hilfe geben würde, auch von dieser Seite die
Belagerung Prags gegen das heranrückende österreichische Entsatzheer decken
sollte, welches zwischen beiden Heeren vorzugehen nicht wagen könnte. •

Unter dem 15. November hatte der Kurfürst wegen jenes Corps an den
König geschrieben und gleichzeitig auch an den Prinzen. Aber der Prinz
mußte in den höflichsten Formen erklären, bei aller Bereitwilligkeit dem
Wunsche des Kurfürsten nachzukommen, zeigten sich doch viele Schwierigkeiten,
das Korps sei nicht beisammen, sondern weit, von der sächsischen Grenze bis
nach Königsgrätz hin, zerstreut, viele Offiziere hätten in den Winterquartieren,
um die Fourage zu sparen, ihre Equipagepferde verkauft, die nun erst ersetzt
werden müßten, endlich müsse auch für die Verpflegung der Truppen die
nötige Fürsorge getroffen werden, kurz bis das Corps marschfertig sei, könne
der Dezember herankommen, wo es dann wohl zu spät sein würde ³). In
gleichem Sinne antwortete auch der König direkt dem Kurfürsten und geht
hier dann noch etwas weiter, auch im Dezember könne er das Corps des
Prinzen nicht zu den Sachsen stoßen lassen, er dürfe seine Truppen nicht von
Schlesien abschneiden lassen; wenn der Prinz die Elbe überschritte und dann
etwa Neipperg sich zwischen die Elbe und Schlesien zöge, würde dieses Land

---

¹) An Schmettau, den 17. November 1741; Polit. Korresp. I, 402.
²) Leuville schiebt die Schuld allein auf Törring, der die nördlicher gelegenen
Punkte Tabor und Wessely zu verteidigen hatte, nach deren Räumung Leuville nichts
übrig geblieben sei, als nun auch Budweis aufzugeben. Vgl. den Briefwechsel dar=
über in der „Campagne des Maréchaux" etc. II, 286 sqq., und besonders den Brief
Törrings an Leuville vom 17. November, S. 295, und dann das erzürnte Schreiben
Belleisles vom 22. November, S. 302.
³) So zu antworten instruiert der König den Prinzen unter dem 20. November
1741; Polit. Korresp. I, 406.

ihm offen stehen und die in Oberschlesien stehenden preußischen Truppen in die größte Gefahr kommen [1]). Zum Frühjahr verspricht er dem Kurfürsten das Beste, da werde er handeln, aber nicht, wie es ihm jetzt zugemutet werde, mit Detachements, das sei gegen seine Grundsätze [2]).

Die Zurückhaltung des Königs war begreiflicherweise den Alliierten in hohem Maße unangenehm, und es ist von Interesse, die Äußerungen Belle-isles darüber zu hören, wie sie Podewils von seiner Gesandtschaftsreise nach Dresden aus einer Unterredung mit demselben berichtet [3]). Belleisle war damals aus Frankfurt hergekommen, um den Oberbefehl über die Truppen der Alliierten zu übernehmen, war aber in Dresden von schwerer Krankheit befallen worden, so daß er noch gar keine Audienz bei dem Könige von Polen hatte haben können. Podewils fand den Marschall in einem Lehnstuhle sitzend, vollkommen unfähig, sich zu bewegen. Außer der Brustkrankheit, die ihn befallen, plagte ihn eine Ischias in der rechten Hüfte und dem ganzen rechten Beine, und zum Überfluß auch noch ein Ohrengeschwür, welches ihn aufs äußerste beschwerte.

Aber alle diese Leiden hielten ihn nicht ab, dem preußischen Minister eine sehr eingehende Kritik des Verhaltens seines Königs in letzter Zeit ent- gegenzubringen, der es bei aller Feinheit nicht an Schärfe fehlte, und die zu gleicher Zeit das eigentümliche, immer etwas an die Gascogne erinnernde Naturell des Marschalls recht charakteristisch abspiegelt.

Schon nach den ersten Höflichkeitsphrasen sagte der Marschall: „Sie können es sich gar nicht vorstellen, welche häßliche Wirkung jenes verwünschte Gerücht von einer Verständigung, Waffenstillstand, Konvention oder Konzert, oder wie Sie es immer nennen wollen, auf das Publikum gemacht hat." Podewils will ihn unterbrechen, den Ungrund des Gerüchtes nachweisen, aber Belleisle läßt ihn nicht zu Worte kommen:

„Mir brauchen Sie nicht das Gegenteil zu erweisen, denn ich bin zu eifersüchtig auf den Ruhm Ihres königlichen Herrn, um auch nur zu arg- wöhnen, als könnte er solch eines Schrittes fähig sein. Ich bin sein Ritter und sein Kämpe, und ich würde den Degen ziehen, wenn es sein müßte gegen alle Welt, um die Ehre des Königs, Ihres Herrn, zu verteidigen; aber so denkt nicht das übrige Publikum und so nicht die anderen Höfe.

„Das beste Dementi, was der König allem dem hätte geben können, wäre gewesen, wenn er, unseren Bitten nachgebend, nur noch vierzehn Tage seine Operationen fortgesetzt hätte. Wenn dem Kurfürsten von Bayern ein Unfall passiert, wird sich der König sein ganzes Leben lang Vorwürfe zu machen haben, daß er denselben nicht verhütet hat bloß durch die Gefälligkeit einer kleinen Verlängerung von vierzehn Tagen, um die ich ihn bat, oder wenn er wenigstens dem Prinzen von Anhalt einige Scheinbewegungen aufgetragen hätte, als wollte er die österreichischen Truppen hindern, auf die Bayern sich zu werfen, während ihr jetzt nur Vorteil ziehen wollt von einem Terrain,

---

[1]) „Woferne ich Ihr Corps von meinen Truppen separiere, und Neipperg nähme Ihre jetzigen Quartiere, so wäre ich aufs Frühjahr gekoppt", so der König in dem angeführten Briefe an den Erbprinzen.
[2]) Den 20. November; Polit. Korresp. I, 404.
[3]) Hubertsburg, den 18. November 1741; Berliner St.-A.

fünfzehnmal größer, als ihr es zur Unterhaltung eurer Truppen in Böhmen bedürft, und ein Land ruinieren, das eurem Alliierten gehören soll, und zu dessen Eroberung ihr nichts anderes thun wollt, als andere hindern, hier zu subsistieren. Mir hatte der König, Ihr Herr, geschrieben, er wolle seine Truppen nur bis Königgrätz ausdehnen, und jetzt beansprucht er, seine Quartiere bis Leitmeritz auszudehnen und immer weiter zu greifen. Will er denn, daß unsere und unserer Alliierten Truppen in Böhmen vor Elend und Hunger hinsterben, daß wir mehr als 100 Schwadronen (!) Kavallerie, die wir in Böhmen haben werden, nach Frankreich zurücksenden, weil dieselben nicht würden können erhalten werden, wenn ihr ihnen einen guten Teil ihrer Subsistenzmittel wegschnappt, ohne uns in irgendetwas beistehen zu wollen?"

Allen Beteuerungen von Podewils zum Trotz kam der Marschall immer von neuem auf diese Jeremiaden zurück, um so mehr, als er sichtlich besorgt war wegen der gegen Prag vorrückenden bayerisch=französischen Truppen. Schließlich pries er mit besonderer Betonung die Loyalität des Königs von Polen, welcher seine gesamten Streitkräfte, deren wirkliche Stärke er auf 22,800 Mann anschlug, ganz ihm zur Verfügung stellte, — ein Beispiel, welches er offenbar von dem Könige von Preußen hinsichtlich des Corps des Erbprinzen von Anhalt nachgeahmt zu sehen wünschte.

Der König, dem der Marschall seine Beschwerden namentlich bezüglich der preußischen Winterquartiere in Böhmen wiederholt vorgetragen hatte, erklärt ihm, seine Truppen hätten, wenn man selbst Glatz dazu rechne, kaum den fünften Teil von Böhmen besetzt, und für den Schaden, den er durch diese Quartiere dem Kurfürsten angeblich bereite, gedenke er denselben durch die Dienste, die er demselben im nächsten Frühlinge zu leisten gewillt sei, reichlich zu entschädigen. Übrigens könne er sich im großen und ganzen nicht Gesetze für seine Winterquartiere vorschreiben lassen und sei sehr entschlossen, sich in den von ihm gewählten zu behaupten. Falls Neipperg dieselben angreife, würden seine Truppen sich zu verteidigen wissen; sonst gedenke er seine Truppen in ihren Winterquartieren nicht zu stören, die zu verdienen sie viel genug für die allgemeine Sache gethan hätten. Doch erklärt er sich bereit, das Husarenregiment Bronikowski zur Hilfe zu senden [1]).

Inzwischen aber gelang den Waffen der Alliierten ein großes Unternehmen. Am 21. November hatte sich der Kurfürst bei Horzelitz drei Stunden von Prag mit Gassion vereinigt und das vereinigte Heer am 23sten auf dem Weißen Berge ein Lager bezogen, am 24sten konnte auch das sächsische Heer unter General Rutowski bei Troja, nördlich von Prag, ein Lager aufschlagen. Die Annäherung des österreichischen Entsatzheeres drängte zu schnellen Entschlüssen. Schmettau hatte zu schleunigem Sturme geraten, und auch der noch immer durch seine Krankheit in Dresden zurückgehaltene Belleisle hatte brieflich einen solchen gefordert. Doch in dem am 24sten gehaltenen Kriegsrate erklärte sich die Mehrzahl der französischen Befehlshaber für eine Belagerung, obwohl für eine solche das schwere Geschütz noch nicht zur Stelle war; da entschied die mutige Erklärung Rutowskis, er würde allein mit seinen Sachsen das Wagstück unternehmen. So ward denn, nachdem eine noch am selbigen Tage an den Kommandanten Grafen Ogilvy gerichtete Auf-

¹) Den 21. November; Polit. Korresp. I, 409.

forderung zur Übergabe erfolglos blieb, für die Nacht vom 25ten zum 26ten der Sturm bestimmt. Von Westen her sollte zunächst ein Scheinangriff der Bayern und Franzosen auf das Reichsthor erfolgen, und wenn dieser, wie man hoffte, die Mehrzahl der Verteidiger dorthin gelockt hätte, sollte eine französische Abteilung auch auf dem rechten Moldau-Ufer im Südosten an= greifen. Die ernstlich gemeinten Angriffe sollten aber von den Sachsen aus= gehen, die einerseits das Karlsthor im Norden am Hrabschin zu bewältigen, anderseits auch da, wo im Nordosten der Stadt einige Inseln den Übergang erleichtern, die Moldau zu passieren und in die Neustadt einzubringen hatten. Es fügte sich nun so, daß der Graf Moritz von Sachsen, der an der Spitze einer kleinen Schar von Franzosen die Moldau südlich von Prag über= schritten und dann zwischen dem Korn= und Neuthore einen Angriff versuchte, der nach dem Plane nur ein scheinbarer sein sollte, hier sehr günstige Ver= hältnisse antraf. Weder bedeckter Weg noch Gräben schützte hier die Fronte, und man entschloß sich schnell, Ernst zu machen: der Wall ward auf Leitern erstiegen, das Neuthor von innen geöffnet, und die ganze Stadt auf dem rechten Moldau-Ufer war bereits in der Gewalt der Franzosen, als die Sachsen, die bei dem Übergange über die Moldau Zeit verloren hatten, ein= trafen. Dagegen fand die andere sächsische Abteilung, welche vom Karlsthore her den Hrabschin angreifen sollte, sehr ernstlichen Widerstand und erlitt an= sehnliche Verluste, ehe sie des Thores sich bemächtigen konnte. Die Besatzung von 2000 Mann ward kriegsgefangen, auch Vorräte fielen in die Hände der Alliierten [1]).

Den Großherzog traf die Nachricht in seinem Lager an der Sazawa vier Meilen von Prag. Er konnte sich wohl kaum den Vorwurf ersparen durch sein Zögern den Fall der böhmischen Hauptstadt verschuldet zu haben. Von Neuhaus, wo er am 17ten eingetroffen war, hatte er die 13¼ Meilen, die ihn noch von Prag trennten, recht wohl in einer Woche zurücklegen können.

Der Schlag war schwer genug. Wohl mochte Prag mit seinen erbärm= lichen Werken als fester Platz wenig bedeuten; als Hauptstadt des Königreichs Böhmen hatte ihr Besitz nicht geringen Wert. Wie vorauszusehen war, ließ sich Karl Albert nun hier zum König von Böhmen ausrufen (den 7. De= zember), und die ersten Familien erschienen, seiner Ladung folgend, ihm zu huldigen. Von großer Bedeutung erschien das Gelingen dieser ersten kühnen Waffenthat für die Allianz, die damit ihre Feuertaufe erhielt. Die Verbün= deten, deren jeder einen Anteil daran hatte, faßten nun erst ein gewisses Ver= trauen zu einander und zu ihrer gemeinsamen Sache. Wie sehr dies aber auch sonst durch diesen Erfolg an Kredit gewann, das zeigt recht deutlich ein Blick auf den so sehr kritisch zuschauenden König von Preußen. Auch er ge= winnt Zutrauen, er zahlt jetzt dem von den Franzosen sehr knapp gehaltenen Kurfürsten die für Glatz zugesicherten 400,000 Thlr., er tritt sogar in Unterhandlungen ein über eine demselben zu gewährende Anleihe, nur daß er als Unterpfand den Königgrätzer Kreis begehrt [2]), für welchen er, wie es scheint, damals zuerst eine später noch vielfach bezeugte Vorliebe faßt. Und

[1]) Österr. militär. Zeitschr. 1827 III, 142 ff.
[2]) An Klinggräffen, Gesandten bei dem Kurfürsten, den 30. November 1741; Polit. Korresp. I, 416.

8*

auch zu militärischer Kooperation zeigt er sich jetzt bereit, Prinz Leopold
soll nun den größten Teil seiner Kavallerie, 15 Schwadronen Dragoner
und die 10 Schwadronen Husaren, die derselbe bei sich hat, zu den Verbün=
deten stoßen und bis an die mährische Grenze vorgehen lassen, doch unter
der Bedingung, daß dieselben immer auf der linken Flanke wären und nicht
von Schlesien abgeschnitten werden könnten [1]). Ja bald geht er noch weiter.
Unter dem 5. Dezember giebt er dem Prinzen Leopold für den damals noch
erwarteten Fall einer Schlacht zwischen der österreichischen Hauptarmee und
den Alliierten die Weisung, derselbe solle, wenn die Österreicher geschlagen
würden, mit seiner ganzen Macht auf dem linken Flügel der Alliierten bis an
die mährische Grenze vorgehen; im Falle aber die letzteren unterlägen, solle
er das Land so verwüsten, daß Neipperg keine Subsistenz mehr finden könne
und gegen die schlesische Grenze so weit als nötig zurückgehn [2]). Als er nun
aber erfährt, daß die österreichische Armee zurückgegangen, beordert er den
Prinzen, direkt bis in den nordöstlichsten Winkel Böhmens zwischen Chrudim
und Grulich vorzurücken, eventuell auch die mährischen Grenzorte zu besetzen [3]).

Es war dies die Zeit, wo, wie wir bereits sahen [4]), auch Schwerin von
Oberschlesien aus vorrückte und in Mähren eindrang, sich Olmütz' bemäch=
tigte. Am 15. Dezember überschritten nun auch die Geßlerschen Dragoner
von Prinz Leopolds Corps bei Pardubitz die Elbe und besetzten diesen wich=
tigen Ort, ohne Widerstand zu finden [5]); auch das dortige Schloß, welches
nach dem Urteil des Erbprinzen sehr wohl haltbar gewesen wäre [6]).

Bald schoben sich die Preußen südlich bis Chrudim vor und besetzten
auch das Land östlich bis zur mährischen Grenze, wo sie dann um das Ende
des Jahres den Truppen Schwerins die Hand reichen konnten.

Es begegneten sich die Meinungen des Königs und Belleisles in dem
Gedanken eines entschiedenen Vorgehens. Die französische Armee soll aufs
neue die Moldau überschreiten und Budweis zurückerobern, während gleich=
zeitig ein detachiertes französisches Corps unter Polastron mit dem ganzen
sächsischen Heere über die Sazawa gegen Deutschbrod vorgehen soll, um die
Österreicher in ihrer rechten Flanke zu beunruhigen. Hinter diesen dann Prinz
Leopold mit den Preußen. So ungern er den Truppen, schreibt der Mar=
schall unter dem 8. Dezember, bei der Ungunst der Jahreszeit diese Märsche
zumute, so halte er dieselben doch für notwendig, schon damit man sähe, daß
die Preußen an der Seite der Franzosen gegen die Königin von Ungarn
offensiv vorgingen, wodurch dann die falschen Gerüchte von einem angeblichen
Einverständnisse des Königs von Preußen mit dieser Fürstin mit Eklat de=
mentiert würden [7]).

---

[1]) An den Erbprinzen, den 30. November; Polit. Korresp. I, 414.
[2]) Ebb. S. 421.
[3]) Den 8. Dezember; ebb. S. 423.
[4]) Vgl. oben S. 100.
[5]) Bericht des Generalmajors Geßler vom 16. Dezember; Berliner St.=A.
[6]) Der Prinz schreibt unter dem 29. Dezember an den König über das Pardu=
bitzer Schloß: „so man vollkommen eine Citadelle heißen kann, zudem es an der
Elbe lieget und man gewiß alle Ceremonien solches wegzunehmen hätte brauchen
müssen"; Zerbster Archiv.
[7]) An Breteuil; Campagne des Maréchaux etc. III, 15.

In diesem Augenblicke ward Belleisle, der, endlich genesen, kurz nach der Einnahme Prags den Oberbefehl übernommen, auf Betrieb des Kardinals, in dessen Augen der Marschall sich dem Könige von Preußen allzu konnivent zeigte, abberufen und wieder nach Frankfurt gesendet, wo man seine Dienste, wie es hieß, für die bevorstehende Kaiserwahl nicht entbehren könne. An seiner Stelle erhielt Marschall Broglie, ein unfähiger, kleinlich=eigensinniger Charakter, den Oberbefehl.

Der König täuschte sich keinen Augenblick über die Folgen dieses Wech= sels, er beschwor den Kardinal im Interesse der gemeinsamen Sache, den= selben rückgängig zu machen, er werde einen Beweis von besonderer Freund= schaft und Rücksichtnahme seitens des Königs von Frankreich darin sehen. Mit rücksichtsloser Offenheit schließt der Brief: „Um Gott und Ihres Ruhmes willen befreien Sie uns von dem Marschall von Broglie, und um der Ehre der französischen Waffen willen geben Sie uns den Marschall von Belleisle wieder." [1])

Die energische Beschwörung hatte keinen Erfolg. In den Augen des Kar= dinals konnte die warme Verwendung des Königs dem Marschall Belleisle nur schaden. Broglie übernahm das Kommando, und das Geschick der alliierten Waffen war besiegelt.

---

[1]) Den 20. Dezember 1741; Polit. Korresp. I, 436. 437.

Viertes Kapitel.
König Friedrich in Dresden.

———

So empfindlich der Verlust von Prag den Österreichern geworden war, die Diversion der Verbündeten gegen Prag hatte ihnen doch im Süden an der Donau Luft gemacht, und im Laufe des Dezembers standen die Sachen der Königin um vieles besser als früher. Die vereinigten Corps von Neipperg und Loblowitz, seit Anfang Januar von dem Schwager der Königin Herzog Karl von Lothringen kommandiert, deckten in fester Stellung, den linken Flügel bei Budweis an die Moldau gelehnt, das südöstliche Böhmen; die Verbindung der Alliierten mit der bei Ens an der Donau zurückgelassenen Truppenabteilung des Grafen Ségur war unterbrochen, und die unentschlossene Langsamkeit des alten Marschalls Broglie war nicht geeignet diesen Schaden gut zu machen. Und gerade hier an der Donau ergriff der österreichische General Khevenhüller, durch Truppen aus Italien und Vorderösterreich verstärkt, zuerst die Offensive. Um die Jahreswende überschritt er die Ens, drängte Ségur nach Linz und hielt ihn endlich in dieser Stadt blockiert, und nachdem die kleine Grenzfestung Schärding am 8. Januar in seine Hände gefallen war, erfüllten seine zahlreichen irregulären Truppen das unbeschützte Bayernland mit Schrecken und Verwüstung.

In der Not wandte sich der Kurfürst von Bayern, der, nachdem er sich am 19. Dezember in Prag hatte als König von Böhmen huldigen lassen, Anfang Januar nach Frankfurt gegangen war, um dort die Kaiserkrone zu empfangen, hilfeflehend an König Friedrich.

Friedrich gedachte eben damals, nach den Stürmen der langen Campagne, eine Weile Erholung zu suchen in seinem friedlichen Rheinsberg; den Hirtenstab und die Lyra, schrieb er damals [1]), gedenke er wieder zur Hand zu nehmen, „wollte der Himmel, daß ich sie nie mehr verlassen dürfte“. Mit mehr Ruhe der Seele würde er aus dieser stillen Einsamkeit schreiben können. Am 6. Januar ward mit großer Feierlichkeit die Vermählung des Prinzen von Preußen mit der Schwester des Königs begangen [2]). Allerdings rechnete er selbst nicht auf allzu lange Muße; Ende Februar gedachte er nach Olmütz

———

[1]) An Voltaire, den 8. Januar; Oeuvres XXII, 84.
[2]) Seuber a. a. O., S. 208.

wieder zum Heere abzugehen, um eventuell selbst einzugreifen [1]), er wollte, wie es scheint, zugleich auch abwarten, ob nicht, wenn die vollendete Thatsache der (auf den 24. Januar festgesetzten) Kaiserwahl die Königin von Ungarn um eine große Hoffnung ärmer gemacht haben würde, sie sich der Idee der allgemeinen Pacifikation geneigter zeigen würde, zu welcher Notwendigkeit dann eine Kollektivnote der vier verbündeten Mächte noch besonders hindrängen sollte [2]).

Da drang zu ihm (am 14. Januar) jener Schmerzensschrei des Kurfürsten. Was derselbe begehrte, lief nur auf das hinaus, was um dieselbe Zeit auch Schmettau [3]), und gleichzeitig dann auch Belleisle [4]) vorschlugen, daß nämlich Schwerin, der, wie wir wissen, um die Weihnachtszeit sich Olmütz' bemächtigt hatte, aber nach seinen Instruktionen nicht weiter vorgehen sollte, nun im Verein mit den Sachsen und dem französischen Corps unter General Polastron gegen Iglau marschieren solle, um so die Österreicher in der Flanke zu fassen und zu einer Bewegung nach Osten hin zu veranlassen, welche in weiterer Konsequenz dann auch, wie man hoffen durfte, dem Vorbringen Khevenhüllers ein Ziel setzen würde. Auch Ségur, meinte Schmettau, würde so zu entsetzen sein, der Feind werde im vorausgesetzten Falle Lobkowitz Verstärkungen senden müssen; und Broglie würde dann Truppen nach Passau werfen können, die von da leicht Linz entsetzen könnten.

Friedrich war nicht gemeint, sich der Bitte Karl Alberts zu versagen; die Hilfe, die man von ihm begehrte, gedachte er zu bringen, aber in Person und in größerem Stile, als es erwartet wurde. Es galt für ihn den Kurfürsten zu retten, statt denselben dem zweifelhaften guten Willen der Sachsen und Franzosen preiszugeben, die Schatten, welche seit Schnellendorf auf der preußischen Politik lagen, zu zerstreuen und gleichzeitig die Entscheidung der Dinge, die Herrschaft über die Situation doch nun in die Hand zu nehmen.

Es hatte das für ihn eine um so größere Bedeutung, als jenes Mißtrauen gegen die letzten Ziele der französischen Politik, das ihn einst vornehmlich nach Klein-Schnellendorf geführt hatte, von neuem lebendig geworden war, namentlich durch die sächsischen Intriguen in Paris und die Begünstigung derselben durch Kardinal Fleury im Zusammenhange mit den Gerüchten von neuen großen Kriegsrüstungen der Franzosen. Sein Gesandter erhielt damals den Auftrag, sehr genau zu sondieren und zuverlässig zu melden: „ob der Kardinal vor die Sachsen portiert sei oder nicht, und ob er intendiere, in Deutschland eine Espèce von Equilibre zu etablieren, um darin nur lauter kleine Herren (regulos) zu haben und einen mit dem andern zu balancieren; ob der Kardinal im Grunde seines Herzens dem Könige feindlich gesinnt und auf denselben eifersüchtig sei" [5]).

---

[1]) An den Kurfürsten von Bayern, den 4. Januar 1742; Polit. Korresp. II, 4. Auch Valori berichtet in dieser Zeit über diese Vorsätze an Broglie, vgl. unten S. 130.

[2]) Vorschlag in einem Briefe Friedrichs an Belleisle vom 8. Januar; Polit. Korresp. II, 7.

[3]) Den 14. Januar; die Stelle bei Droysen (a. a. O.), S. 392, Anm. 1.

[4]) Belleisle an Broglie, den 9. Januar; Campagne des Maréchaux III, 176; allerdings denkt dieser mehr an die Sachsen und Prinz Leopold.

[5]) An Podewils, den 16. Januar 1742; Polit. Korresp. II, 12.

Allen Ränken die Spitze abzubrechen und zugleich in die Kriegführung der Alliierten das nötige Maß von Energie zu bringen, gab es kein besseres Mittel, als wenn der König selbst die Leitung der Kriegsoperationen in die Hand nahm; auf diesem Wege war es ja ein sehr großer Schritt, den er jetzt that, indem er sich an die Spitze eines Teils der alliierten Truppen zu stellen beschloß; ein günstiger Erfolg, wie er ihn hoffte, mochte dann das Weitere, die Unterstellung aller alliierten Truppen unter sein Kommando wohl herbeiführen können [1].

Es sollte ein Stoß auf das Herz des Feindes werden, wie ihn einst die Römer ausführten, als sie, um Hannibal aus Italien zu vertreiben, die Karthager in Afrika selbst angriffen [2].

Der ganze Plan ward die Folge eines jener blitzschnellen Entschlüsse, wie sie bei Friedrich vornehmlich in jener frühen Zeit nicht so selten sind. Am 14. Januar hatte er das Schreiben des Kurfürsten erhalten, und schon am Tage darauf trugen Briefe des Königs seinen Entschluß, selbst an der Spitze eines Heeres zuhilfe zu kommen, in alle Welt, an den König von Böhmen, an den preußischen Gesandten bei diesem, Klinggräffen, den Kardinal Fleury, den Marschall Belleisle.

Den Cardinal erinnerte er daran, wie er ihn seiner Zeit gewarnt, Belleisle nicht abzuberufen [3], und diesen letzteren beschwört er zurückzukehren: „Eure französischen Truppen, Helden unter Ihrem Kommando, sind unter Broglie nichts als Coujone" [4].

Am ausführlichsten schreibt er an Klinggräffen:

„Eben empfange ich Ihre Depesche vom 9. d. M., aus welcher ich den traurigen Zustand ersehe, in dem sich die Angelegenheiten des Königs von Böhmen in Bayern wie in Oberösterreich befinden, eine Sache, welche ihnen der Marschall Schmettau oft genug vorausgesagt hat, als er sie so schlechte Manöbers machen sah. Obgleich ich keinen Grund habe, allzu sehr zufrieden zu sein mit der Art, wie sich der König mir gegenüber benommen, als er noch mit dem Winde segelte, wo er mich wegen der Winterquartiere meiner Regimenter in Böhmen schikanierte, und obwohl ich Grund zu der Befürchtung habe, man werde mir, wenn ich alles gethan haben werde, mit Undank lohnen, werde ich doch aus Liebe für den König und die gemeinsame Sache versuchen, in ein paar Tagen, sobald es möglich sein wird, abzureisen und dem Feinde eine starke Diversion zu machen, allerdings unter der ausdrücklichen Bedingung, daß man mir absolute Disposition über die sächsischen Truppen und die französischen, die dort unter Polastron stehen, gewährt, damit ich zu handeln vermag, wie ich es den Interessen der gemeinsamen Sache für konform halte.

„Will man mir das bewilligen, so werde ich eine Diversion versuchen, um den Feind zum Rückzuge aus Bayern zu nötigen; will man nicht, so wird,

---

[1] Unter dem 6. Februar 1742 schreibt Graf Moritz von Sachsen an Brühl: „Le chevalier de Belleisle (der Bruder des Marschalls) est chargé de négocier à Paris le commandement de toutes les troupes des alliés en Allemagne pour le roi de Prusse." Vitzthum d'Eckstaedt, Maurice comte de Saxe, p. 430.

[2] So charakterisiert den Plan Schmettau in einem Briefe an den Kaiser vom 18. Februar 1742; angeführt bei Heigel, Österr. Erbfolgestreit, S. 274.

[3] Polit. Korresp. II, 11.

[4] Ebd. S. 12.

wie ich überzeugt bin, der König selbst einsehen, daß ich nicht als Subalterner dienen könnte [1]) und ebenso wenig meine Truppen dem Ruine aussetzen, in Gemeinschaft mit Leuten, die ihr Handwerk so schlecht verstehen und solche unüberlegte Mißgriffe machen, daß man es kaum glauben kann." [2])

Des Königs Absicht war, wie er selbst schreibt, bei dieser Expedition so wenig als möglich von eignen Truppen zu verwenden, dagegen von den Alliierten so viel, als man irgend erlangen könne [3]), und wie wir bereits anführten, machte er geradezu zur Bedingung, ein französisches Corps (das von Polastron) und die ganze Kriegsmacht der Sachsen unter seinem Befehle zur Verfügung zu haben. Daß das letztere gewisse Schwierigkeiten haben würde, sah der König sicher voraus bei der Spannung, die eigentlich fort und fort zwischen ihm und dem Dresdener Hof geherrscht hatte.

Es war sehr erklärlich, daß Sachsen mit dem Anteile, der ihm bei der projektierten Teilung der österreichischen Lande zugedacht wurde, Mähren, Oberschlesien und Obermannhardsberg, wie ansehnlich derselbe auch war, sich nicht recht zufrieden zeigte und lieber Böhmen oder wenigstens ein Stück davon, das sich mit dem Kurlande bequemer verbinden ließ, gehabt hätte. Man hatte sich große Mühe in dieser Sache gegeben, in Paris, bei Belleisle und mit dem französischen Gesandten in Dresden unermüdlich verhandelt, und der sächsische Gesandte Bülow hatte im Oktober bei Friedrich und Podewils kein Mittel unversucht gelassen, um Preußen für seine Interessen zu gewinnen, doch mit sehr geringem Erfolge; im Gegenteil hatte es zugeben müssen, daß von dem ihm zugesagten Oberschlesien Friedrich noch eine Lisière jenseits der Neiße in Anspruch nahm unter Formen, die jeden Einspruch Sachsens sehr schroff abwiesen.

· Sie hatten hier nachgeben müssen, obwohl der Marschall Belleisle sich im Grunde auf ihren Standpunkt gestellt hatte, schon weil er ihre Mitwirkung bei der Eroberung Böhmens für ganz unentbehrlich erachtete [4]).

Es kamen dann die Gerüchte von dem geheimen Abkommen Preußens mit Österreich. Wie wir bereits wissen, ist darüber nirgends in solchem Maße Lärm geschlagen worden, wie in Dresden. Allerdings war die Sache dazu angethan, den Grafen Brühl besorgt zu machen, aber außerdem ließ sie sich auch zweckmäßig für Sachsen verwerten. Eine zweideutige Haltung Preußens mußte für Frankreich und Bayern das Bündnis Sachsens im Preise steigen lassen, und auch das letztere hatte guten Grund, selbst den Preis zu steigern in demselben Verhältnisse, wie sein Risiko sich vermehrte.

Als nun am 7. November die sächsischen Truppen nach Veröffentlichung eines vom 28. Oktober datierten Manifestes, welches die Lossagung Sachsens von der durch die Ereignisse und die eigenen Handlungen der Königin von Ungarn hinfällig gewordenen pragmatischen Sanktion erklärte, die böhmische

---

[1]) „Der König von Preußen muß das Kommando haben, wo immer er sich befindet", heißt es in einem Schreiben an Belleisle.

[2]) Polit. Korresp. II, 10.

[3]) Histoire de mon temps (1742), p. 248; (1775), p. 106.

[4]) Vgl. den auch sonst interessanten Brief Belleisles an den Kurfürsten von Bayern vom 23. Oktober 1741; Campagne des Maréchaux Broglie et Belleisle (Amsterdam 1772) II, 182. 183.

Grenze überschritten [1]), mußte es sehr locken, die Operationen dieser Truppen in gewisser Weise den geheimen Intentionen anzupassen, und einen Streifen böhmischen Landes, wie man ihn zur Verbindung mit Mähren so dringend ersehnte, vorläufig wenigstens militärisch zu besetzen. Durch diese Rechnung machte nun der Einmarsch des preußischen Corps in Böhmen einen gewal= tigen Strich, engte die sächsischen Bewegungen ein und brachte sie in die unerwünschteste Abhängigkeit von Preußen. Wer wollte nun es den Sachsen verübeln, wenn sie Bedenken trugen, in Böhmen vorzugehen, so lange sie nicht Preußens, das ihnen gegenüber eine so gefährliche Flankenstellung ein= nahm, ganz sicher waren? Daher ward es von dem Augenblick an, wo König Friedrich sich entschloß, das Schnellendorfer Programm aufzugeben, eine direkte Notwendigkeit, sich mit Sachsen zu stellen und, wenn er auch entschlossen war, demselben keine weiteren Zusicherungen zu machen, so doch dasselbe über sein Festhalten an dem antipragmatischen Bündnisse zu beruhigen. Er sandte zu diesem Zwecke Mitte November in außerordentlicher Mission Podewils nach Dresden.

Wenn schon die Wahl dieses Mannes, den man ja für den eigentlichen Minister des Auswärtigen ansah, als eine Auszeichnung für den sächsischen Hof gelten mußte, so konnte anderseits gerade er die Schnellendorfer Gerüchte um so leichter und besser dementieren, als er selbst damals wenigstens ent= schieden nicht wußte, wie weit am 9. Oktober sein königlicher Herr gegangen war, sondern, wie sich aus gelegentlichen Äußerungen zu ergeben scheint, nur eben ein militärisches Arrangement ohne größere Tragweite sich unter jenen Verhandlungen vorstellte.

Als er am 17. November in Dresden eintraf und dem Hofe eiligst nach Hubertusburg nachreiste, erschrak man zunächst. Man meinte, der Minister bringe die Bestätigung der umlaufenden Gerüchte und mit der Anzeige eines vollzogenen Frontwechsels auch die Aufforderung, denselben mitzumachen. Aber Podewils that sein Bestes, die Sache richtig zu stellen, ein Brief Fried= richs an den König von Polen [2]) half ihm dabei, ebenso jener uns bereits be= kannte so energisch lautende Brief an den Kurfürsten von Bayern vom 2. No= vember, von welchem er eine Abschrift vorlegen konnte, und auch die Be= rufung auf die neuerdings gerade von Preußen gegebene Anregung zur Kaiser= wahl ließ sich geltend machen. Das Gesamtresultat war wohl eine gewisse Beruhigung, wenngleich etwas von Argwohn sitzen blieb, insofern man dar= aus, daß die in Böhmen eingerückten preußischen Truppen sich doch einer Mit= wirkung mit den Alliierten versagten, immerhin auf etwas wie eine Verpflich= tung zur Neutralität Österreich gegenüber schließen zu müssen glaubte [3]).

Es war im Grunde sehr erklärlich, wenn Graf Brühl gerade damals gegen Frankreich, wie es allerdings alle Berichte hervorheben, eine besonders liebens= würdige Seite herauskehrte. Er konnte sich doch kaum darüber täuschen, daß nur eben von dieser Seite her etwas für die besonderen Wünsche Sachsens

[1]) Winkler, Die Kriegsereignisse der sächs. Armee 1741/42; Archiv für sächs. Armee VIII, 63.
[2]) Vom 8. November; Polit. Korresp. I, 399.
[3]) Bericht des preußischen Gesandten v. Ammon vom 1. Dezember; Berliner St.=A.

zu hoffen, vonseiten Bayerns und Preußens aber eher ein Widerstand zu fürchten war.

Die Gründe, mit welchen Sachsen vorging, waren wesentlich gegen Preußen gerichtet. Man machte geltend, in dem Partagevertrage sei Sachsen Oberschlesien zugesagt, wozu doch auch das ganze Fürstentum Neiße und das Fürstentum Münsterberg gehöre. Das letztere nehme nun aber Preußen ganz in Anspruch und von dem ersteren den ganzen Grottkauer Bezirk und neuerdings sogar noch die Festung Neiße mit einer Lisière auf dem andern Neißeufer, außerdem belege dasselbe ganz Oberschlesien mit Truppen, sauge das Land aus und verheere es. Für alle diese Ausfälle dürfe Sachsen doch wohl als Entschädigung ein Stück von Böhmen verlangen, und der Kurfürst von Bayern, der ja noch nachträglich Glatz an Preußen abgetreten, könne dies um so weniger weigern, als man anderseits bereit sei, auf den österreichischen Bezirk Obermannhartsberg, der bekanntlich noch dem sächsischen Anteile zufallen solle, zu verzichten [1]).

Man glaubte bereits den Marschall Belleisle, der damals in hohem Grade aufgebracht gegen Preußen schien, für diesen Plan gewonnen zu haben. Die Tapferkeit, welche die sächsischen Truppen bei der Erstürmung von Prag bewiesen, mußte die diplomatischen Bemühungen wirksam unterstützen. Man machte die größten Anstrengungen, die Armee zu vermehren; im Dezember wollte man 4 neue Regimenter ausrüsten, deren eins Brühl ganz auf seine Kosten zu stellen unternahm, man versicherte, Belleisle habe den Kurfürsten von Bayern bereits dahin gebracht, daß er sich bereit erklärt habe, soviel von Böhmen an Sachsen abzutreten, als dasselbe in Münsterberg, Grottkau und der Neiße-Lisière an Preußen zu cedieren habe, man glaubte auf die drei Kreise Leitmeritz, Bunzlau und Königgrätz rechnen zu dürfen [2]), gegen Verzicht auf Obermannhartsberg.

Zugleich unterhandelte man eifrigst auch in Paris; Prinz Poniatowski, der im Oktober zurückgekehrt war, ward aufs neue dorthin gesendet [3]), auch der immer für die schwierigsten und geheimsten Negotiationen aufgesparte Geheimerat Saul ward Mitte Dezember in Dienst gestellt und an Belleisle nach Frankfurt geschickt [4]). Über die Palastrevolution in Petersburg, welche zuerst erschreckt hatte, insofern sie den sächsischen Gesandten Grafen Lynar um den Einfluß brachte, den er als erklärter Günstling der gestürzten Großfürstin gehabt hatte, söhnte man sich schnell aus, und nahm den alten Plan wieder auf, den Grafen von Sachsen (einen natürlichen Sohn August des Starken) zum Herzog von Kurland zu machen und die Großfürsten Elisabeth heiraten zu lassen [5]); auch über eine Heirat des Kurprinzen von Sachsen mit einer fille de France ward verhandelt [6]).

---

[1]) Berichte des hannöverischen Gesandten in Dresden von dem Busche vom 19. und 20. November; St.-A. zu Hannover.

[2]) Nach Berichten des hannöverischen Gesandten von dem Busche (vom 6. und 10. Dezember), der von dem Vertrauten Brühls, Geheimrat Hennicke, seine Mitteilungen erhielt; St.-A. zu Hannover.

[3]) Bericht des preußischen Gesandten Ammon vom 25. Dezember; Berliner St.-A.

[4]) von dem Busche, den 17. Dezember; St.-A. zu Hannover.

[5]) Desgl. den 24. Dezember. Auch die Histoire de mon temps (S. 108) spielt darauf an.

[6]) Ammon, den 25. Dezember; Berliner St.-A.

König Friedrich dagegen blieb ganz fest und erließ am 30. Dezember an seinen Gesandten in Dresden die Weisung, zu erklären, Preußen werde nicht zugeben, daß Sachsen den Partagetraktat ändere; Ammon solle davon nicht selbst anfangen, aber, wenn man ihn frage, über des Königs Meinung keinen Zweifel lassen, er werde niemals in Böhmen einen andern Nachbarn dulden als den Bayern. Ohne seine Zustimmung könnten die Franzosen nicht wagen, so etwas zu bewilligen, und so würden die Sachsen die Rechnung ohne den Wirt gemacht haben. [1]

Er war in hohem Maße aufgebracht über die Intriguen Poniatowskis und Sauls, die unter andern auch einen weiteren Vorschlag aufs Tapet brachten, dahin gehend, man solle, wenn die Königin sich nicht beeile, Frieden zu machen, ihr auch Niederösterreich nehmen und dies dann noch dem Kur= fürsten von Bayern geben, in welchem Falle dann auch die Anteile Preußens und Sachsens vermehrt werden und dieses letztere dann das ersehnte Stück von Böhmen zur Verbindung mit Mähren erhalten sollte. Die Sache war doch schon so weit gediehen, daß der französische Gesandte in Dresden dem preußischen von diesem eventuellen Plane Mitteilung gemacht hatte [2]. Um so mehr glaubte der König wachsam sein zu müssen; seine Korrespondenz aus der ersten Hälfte des Januar 1742 ist wesentlich von dieser Angelegenheit erfüllt, und von Bemühungen, solchen Plänen entgegenzuarbeiten, in Paris bei dem Kardinal, in München bei dem neuen König von Böhmen und auch in Frankfurt bei Belleisle.

So schreibt er an den letzteren unter dem 8. Januar: „Treu, wie ich meinen Verpflichtungen bin, werde ich, so lange ich atme, auf keine Weise dulden, daß man einen Meierhof von Böhmen zugunsten des sächsischen Königs ab= trenne. Ich bitte Sie, diesem kleinen sächsischen politischen Merkur (Saul) nach= drücklich zu bemerken, daß die Arglist seines Hofes sich nicht schlimmer mani= festieren konnte, als in dem Wunsche, einen Vertrag den zweiten Monat nach einer Unterzeichnung wieder umzuschmelzen." [3]

Als dann der König von Polen von der Einnahme von Olmütz durch Schwerin erfahren, hatte derselbe mit (unter dem 10. Januar) Rücksicht auf die künftige Bestimmung Mährens eine Ablösung der preußischen Truppen durch sächsische beantragt; dieses Verlangen aber hatte Friedrich in einem vom 15. datierten Briefe rund abgelehnt und bei aller Verbindlichkeit der Form, doch die Thatsache, daß eben die preußischen Truppen Mähren für Sachsen erobern müßten, scharf genug betont [4].

Als dieser Brief abgefaßt wurde, war möglicherweise bereits des Königs Entschluß, sich selbst nach Mähren zu begeben, und für diesen Zweck den Oberbefehl des sächsischen Heeres zu verlangen, gefaßt, sicherlich aber noch nicht der weitere, selbst nach Dresden zu gehen, um durch die Gewalt seiner Persönlichkeit dem dortigen Hofe trotz dessen Abneigung die Zustimmung zu seinem Plane abzuringen [5], wenngleich auch früher schon, als die Eröff=

---

[1] Den 30. Dezember 1741; Polit. Korresp. I, 445.
[2] Aus einem Berichte Ammons vom 30. Dezember 1741; angeführt in der Polit. Korresp. II, 2.
[3] Ebd. S. 7.
[4] Ebd. S. 9.
[5] Wäre der König am 15. Januar bereits entschlossen gewesen, nach Dresden

nung des Feldzuges noch in weiterer Ferne zu liegen schien, von dem Könige
daran gedacht worden ist, durch einen Besuch in Dresden eine nähere Verständigung über die bevorstehenden gemeinsamen Kriegsoperationen herbeizuführen [1]).
Aber 24 Stunden später hatte er sich für den kühnen Schritt entschieden.
Bereits am 17. Januar war die Ankündigung des überraschenden Be-
suches in Dresden [2]). Am 18ten langte dort der französische Gesandte Valori an, der verabredetermaßen das Terrain sondieren und dem Könige bei
dem ersten Wiedersehen durch ein Kopfnicken anzeigen sollte, ob er gerade
auf sein Ziel losgehen könne [3]). Am 19ten kam der König, das Zeichen erfolgte [4]), und inmitten der Feste, mit denen der prunkvolle sächsische Hof den
seltenen und gefürchteten Gast zu ehren suchte, ging dieser aufs eifrigste seinen
Zielen nach.
Am 19. Januar, vormittags 11 Uhr, traf König Friedrich in Dresden
ein, begleitet von seinem Bruder Prinz Heinrich, General Rothenburg, den
General-Abjutanten v. Borck, Wartensleben und Stille, sowie seinem Kabinettsrat Eichel [5]), Feldmarschall Schmettau folgte einige Stunden später.
An den festlichen Empfang schloß sich eine halbstündige Audienz des Grafen
Brühl, dem begreiflicherweise die Zumutung, die sächsischen Truppen unter
des Königs von Preußen Befehl zu stellen, um so unerwünschter kam, als er
sich darüber nicht wohl täuschen konnte, daß diese Wendung seinen Absichten
auf ein Stück von Böhmen in keiner Weise förderlich sein würde, während
auf der anderen Seite es doch auch nicht ratsam war, einer so kategorisch
gestellten Forderung des gefürchteten Nachbarn sich ganz zu versagen. Es ist
wohl glaublich, daß er sehr nachdenklich und blaß geworden aus des Königs
Zimmer herauskam [6]).
Die Tafel war bereits um 3 Uhr zu Ende, und nach derselben lud der

---

zu gehen, so würde sicherlich jener an diesem Tage an den Kurfürsten von Sachsen
geschriebene Brief eine Beziehung auf dies Vorhaben enthalten haben; aber in keinem
der fünf Briefe, die wir von jenem Datum aus des Königs Kabinette besitzen, und
deren vier von seinem neuen Plane sprechen, findet sich die kleinste Anspielung auf
die Dresdner Reise.
[1]) Lord Hyndford erfuhr durch Schmettau von dieser Absicht des Königs, deren
Ausführung dann für Mitte Februar in Aussicht genommen sei. Bericht Hyndfords
vom 13. Januar; Londoner Record office.
[2]) Vgl. meinen Aufsatz: „Friedrich d. Gr. in Dresden", nach Berichten des hanno-
verischen Gesandten von dem Busche; Archiv für sächs. Geschichte, Neue Folge II, 221 ff.
Auf S. 222 ist hier ber Druckfehler 13. Januar in 17. zu verbessern, was schon der
Zusatz „am vergangenen Mittwoch" ergiebt.
[3]) Histoire de mon temps (1775), p. 106.
[4]) Der französische Gesandte in Dresden Desalleurs hatte Valori eifrig vorgearbeitet. Valori an Séchelles; Campagne des Maréchaux etc. III, 248.
[5]) Grünhagen, Friedrich d. Gr. in Dresden, a. a. O., S. 227 und Geuber
a. a. O., S. 213.
[6]) von dem Busche bei Grünhagen a. a. O., S. 224. Wenn der König in
seinen Memoiren (1775) S. 106 anführt, Brühl habe damals noch besonders vor
den Enthüllungen einer Gräfin Klenck (so ist statt King zu lesen) gebangt, so bemerkt
dazu Flathe (Geschichte von Sachsen II, 421), daß deren Briefwechsel mit Brühl
im Dresdener Archive für jene Angabe keinen Anhalt gäbe. Mehr als dies dürfte
aber vielleicht der Umstand ins Gewicht fallen, daß der ganze Passus in der älteren
Bearbeitung von Friedrichs Memoiren fehlt.

König den Grafen Brühl, den im französischen Heere dienenden Grafen
Moritz von Sachsen, die beiden französischen Gesandten Valori und Desal=
leurs und endlich den Feldmarschall Schmettau ¹) zu einer Konferenz ein und
setzte diesen an der Hand einer vor ihnen ausgebreiteten Karte seinen Plan
auseinander, durch einen Angriff auf Iglau die Feinde zu nötigen, zum
Schutze Niederösterreichs, und um sich nicht von der Donau abschneiden zu
lassen, sich ostwärts zu ziehen, so daß aller Wahrscheinlichkeit nach ein drei=
facher Vorteil sich aus diesem Plane ergeben würde, nämlich, daß Mähren
für Sachsen gewonnen, die in Oberösterreich eingeschlossenen Alliierten ge=
rettet und Bayern von den Österreichern befreit würde.

Es war vor allem der Graf von Sachsen, der dagegen Einwendungen
erhob, die hauptsächlich darauf hinausliefen, daß es nicht abzusehen sei, wie
die sächsischen Truppen in so weit vorgeschobenen Stellungen verpflegt wer=
den sollten, eine Schwierigkeit, der der König durch persönliche Rücksprache
mit dem französischen Intendanten in Prag, Séchelles, abzuhelfen ver=
sprach ²).

Die Konferenz ward durch den Eintritt des Königs von Polen unter=
brochen, den anfangs Friedrich mit dem besten Erfolge in die große Frage
hineinzuziehen suchte, der aber dann doch nicht länger zu halten war, als die
Nachricht eintraf, daß seine Gemahlin bereits seit einer halben Stunde (seit
4 Uhr) im Foyer der Oper warte ³).

Aber noch während der Vorstellung konnte Valori dem Könige von Polen
mitteilen, ein eben eingetroffener Kurier bringe die Nachricht, Séchelles über=
nehme die Verpflichtung, die sächsischen Truppen mit Brot zu versorgen, und
Friedrich sprang, als er dies hörte, von seinem Sitze auf: „O wie mich dies
freut, alles wird gut gehen, ich stehe Ihnen dafür" ⁴).

Auf dem Maskenballe, der ihm zu Ehren an die Opernvorstellung sich
anschloß, fand er dann noch Gelegenheit, auch dem General Rutowski ein=
dringliche Vorstellungen zu machen.

Er machte demselben den Vorschlag, wenn den Sachsen sein Plan nicht
gefalle, direkte Hilfe zu gewähren, nach Bayern zu marschieren und Kheven=
hüller hinauszutreiben. „Das Haus des Nachbars brennt", sagte er, „es ist
Pflicht, zu helfen." Und als diese Proposition begreiflicherweise wenig An=
klang fand, erklärte Friedrich: „Meine Geschäfte sind zu Ende; was ich jetzt
noch thue, geschieht im Interesse meiner Freunde. Wenn Sie mir nicht bei=
stehen, allein kann ich es nicht machen, und dann ist auch nicht meine Schuld,
wenn es weiter brennt. Inzwischen vermag ich in diesem Falle nichts zu
thun, als mich still in Mähren zu halten und dort die Quartiere für meine

---

¹) In Schmettaus Berichte (Polit. Korresp. II, 14) fehlt von den hier genannten
Personen der Graf von Sachsen; von dem Busche dagegen setzt noch einen zu, den
Grafen Rutowski. Ich bin der Angabe Valoris gefolgt. (An Séchelles; Campagne
des Maréchaux etc. III, 248.)

²) Bericht Schmettaus an den Kurfürsten von Bayern; Polit. Korresp. II, 14,
neben der Histoire de mon temps (1746), p. 249.

³) von dem Busche bei Grünhagen, S. 226. „Dix royaumes à conquérir
n'eussent pas retenu le roi, la voix de Faustine lui plaisait mieux que ma
charlatanerie, nous courumes à l'opéra", schreibt der König a. a. O.

⁴) Anführung des mehrerwähnten Briefes von Valori an Séchelles, den 19. Ja=
nuar; Campagne etc. III, 248.

Truppen auszudehnen." [1]) Doch auch dies lag wenig in den Wünschen der Sachsen, daß der König von Preußen die ihnen bestimmte Provinz Mähren ausschließlich besetzte und auszog.

So konnte es schließlich wohl auch in Dresden fraglich werden, ob nicht am Ende ein Zug nach Mähren eine geeignete Verwendung für das sächsische Heer sei, und es mochte doch etwas Überzeugendes in dem Argumente liegen, welches König Friedrich wiederholt betonte, daß König August niemals Mähren haben würde, wenn er nicht die Mühe auf sich nähme, es zu erobern.

Allerdings waren bei Brühl, ebenso wie bei dem Grafen Moritz von Sachsen, der für seine kurländischen Pläne in Friedrich einen Gegner witterte, Abneigung und Haß groß genug, um allen praktischen Gründen die Wage zu halten, und es wäre doch vielleicht auch am zweiten Tage zu keiner definitiven Entscheidung gekommen, sondern man hätte die Sache hinzuschieben und so allmählich tot zu machen gesucht, hätte nicht Friedrich sich an eben dem Tage noch einen Bundesgenossen gewonnen, mächtig genug, um selbst mit Brühl in die Schranken zu treten.

Der König hatte erst gegen 1 Uhr den Maskenball verlassen, aber schon früh um 7 Uhr saß der vielvermögende Beichtvater der Königin, der Jesuitenpater Guarini, der ihm schon am Tage vorher einen kurzen Besuch abgestattet, an dem Frühstückstische des Königs, der den von Eitelkeit nicht freien Priester durch die äußerste Liebenswürdigkeit für sich zu gewinnen wußte und namentlich durch die Erklärung köderte, er würde niemanden lieber als ihm den schließlichen Erfolg seiner Dresdener Reise verdanken. Guarini beeilte sich, den Dank des Königs sich zu verdienen, indem er ihm in die letzte Konferenz mit Graf Brühl und dem Grafen von Sachsen die Zustimmung Friedrich Augusts brachte. Der König hatte hier noch einmal seine Forderung bestimmter präcisiert. Die Sachsen sollten mit ihm vereinigt Iglau unweit der mährisch-böhmischen Grenze besetzen und sodann als sein rechter Flügel südöstlich gegen Südböhmen vorgehen, um so die feindlichen Heere, die fürchten mußten, von Wien und Niederösterreich abgeschnitten zu werden, aus Böhmen herauszumanövrieren. Aber er war bereit, die Konzession zu machen, daß, wenn die Sachsen nach der Besetzung Iglaus aus irgendwelchem Grunde nicht weiter ihm folgen wollten, dies ihnen freistehen solle, in welchem Falle er allein mit seinen Truppen gegen die Taya, den Grenzfluß Niederösterreichs und Mährens, vorzugehen gedenke, unter der Voraussetzung, daß die Sachsen, bei Iglau stehen bleibend, seine rechte Flanke deckten. Lebensmittel zur Verpflegung der Sachsen für die ersten vier bis fünf Tage, bis man in den Quartieren der Feinde sich auf Requisitionen werde verlassen können, verspreche er zu schaffen. Weise man aber seinen Vorschlag ganz und gar zurück, so verlange er, daß darüber ein Protokoll aufgenommen werde, damit seine Alliierten sähen, aus welchen Gründen man auf seine uneigennützigen Vorschläge einzugehen verschmäht habe [2]).

Es war für Brühl kaum noch möglich, zu widerstehen; die beiden franzö-

---

[1]) Der hannöverische Gesandte versichert, einen Teil der Unterhaltung mit Rutowski selbst gehört zu haben; bei Grünhagen, S. 230.
[2]) Schmettaus Bericht; Polit. Korresp. II, 18.

fischen Gesandten Valori und Desalleurs, der Pater Guarini stimmten darin
überein, das Anerbieten des Königs von Preußen nicht zurückzuweisen, ja
selbst sein Souverän hatte sich damit einverstanden erklärt.

So konnte denn König Friedrich, als er am 20. Januar, früh 10 Uhr,
von Dresden nach Prag abreiste, seinen Zweck als erreicht ansehen und die
sächsische Armee als ihm überlassen. Wegen der Verpflegung der Sachsen
sollte eine Konferenz mit dem französischen Intendanten in Prag, Generallieutenant Séchelles das Nötige regeln, und gleich nach seiner Ankunft in
Prag, am 21ten abends, empfing er von diesem die beruhigendsten Versicherungen. Warme Kleidung und ordentliches Schuhwerk, woran es, wie sich
herausgestellt hatte, den Sachsen sehr fehlte, vermochte der französische In-
tendant allerdings nicht zu schaffen; hinsichtlich der Verpflegung aber versprach
er „das Unmögliche möglich zu machen" [1]; 1200 Säcke mit Mehl wurden
sofort den Preußen überwiesen [2].

Am 22sten reiste der König von Prag ab, besuchte den Erbprinzen in
dessen Hauptquartier, ging über Königgrätz nach seiner neugewonnenen Stadt
Glatz (den 25. Januar) und von da auf lebensgefährlichen Gebirgswegen
nach Landskron an der böhmisch-mährischen Grenze, wohin er auf den 26ten
die Führer der ihm überwiesenen sächsisch-französischen Heeresabteilungen,
den Ritter von Sachsen und den General Polastron zu einer Verabredung
über Zeit und Ort ihrer Vereinigung beschieden hatte, und erreichte am
28. Januar Olmütz.

---

[1] Histoire de mon temps (1746), p. 249.
[2] Österr. militär. Zeitschr. 1827. 4. 47.

Fünftes Kapitel.
Friedrichs politische Absichten und der Friedensbote des Großherzogs.

———

Als Friedrich seinen mährischen Feldzug unternahm, war die Lage der kriegführenden Armeeen in Böhmen folgende. Die österreichische Hauptarmee, in deren Kommando der Schwager der Königin, Herzog Karl von Lothringen, seinen Bruder abgelöst hatte, stand im südlichen Böhmen in einem Dreiecke, dessen Grundlage eine Linie von dem festen Budweis an der oberen Moldau nach Neuhaus, unfern der mährischen Grenze, bildete, und dessen Spitze der nörd= lichste Punkt des nach Norden gekrümmten Laufes der Luschnitz bei Tabor bildete, während von Neuhaus nordöstlich bis nach Iglau und Mähren die Quartiere des Lobkowitzischen Corps reichten. Im Süden in Österreich hielt Khevenhüller ein französisches Corps unter Graf Ségur in Linz eingeschlossen, und seine Truppen streiften dann weithin durch Bayern. Dagegen stand molbau=abwärts auf der linken Seite dieses Flusses bei Pisek in dem spitzen Winkel, den hier die der Moldau zufließende Wottawa bildet, Marschall Broglie mit dem, was einst das Gros der alliierten Armee gewesen war, was aber jetzt, nachdem Krankheiten und Gefechte das Heer hatten zu= sammenschmelzen lassen, nachdem die Besatzung von Prag abgegangen und bayerische Truppen zur Beschirmung des Landes gegen Khevenhüller deta= schiert worden, auf etwas über 11,000 Mann zusammengeschmolzen, kaum halb so viel Truppen zählte, wie der Gegner. Weit von ihm entfernt, nach Osten resp. Nordosten, standen den Lobkowitzischen Scharen gegenüber die Sachsen und Polastron an der oberen Sazawa zwischen Deutschbrod und Polna an der mährischen Grenze, und hinter ihnen das preußische Corps des Erbprinzen von Anhalt.

Die Lage der Verbündeten war in keiner Weise günstig, und während sie gar nicht daran denken konnten, das Heer des Gegners in dessen festen Stellungen anzugreifen, breitete sich dieser in Bayern mehr und mehr aus und drohte, das Corps Ségurs in Linz zur Niederlegung der Waffen zu nötigen. Ein Succurs von französischer Seite stand erst in ferner Aussicht, helfen konnte hier allein der König von Preußen.

Des Kurfürsten von Bayern Angstruf hatte ja nun auch den König in Bewegung gebracht, und von dem dem Kurfürsten sehr wohlgesinnten Schmettau rührte ja, wie wir wissen, eigentlich der Gedanke einer Diversion gegen Iglau her, welche das mährische Corps Schwerins auszuführen haben sollte.

Es war nun doch etwas anderes, was der König aus diesem Gedanken gemacht hatte. Die Diversion Schwerins gegen Iglau konnte im Interesse der Bayern und Franzosen nur erwünscht sein; kam jedoch ein größeres Unternehmen von dieser Seite in Frage, bei dem man noch die Sachsen und Polastron dazuzunehmen genötigt war, so lag doch die Frage nahe, warum man denn mit dieser größeren Macht nicht dem Feinde direkt auf den Leib gehen, Neuhaus nehmen, Ségur befreien, die Donau wieder gewinnen wolle. Wozu jetzt diese große Macht auf der östlichen Seite des Kriegstheaters konzentrieren, während auf der westlichen die eigentliche Gefahr lag, an der Donau, in Bayern, und nicht zum kleinsten Teile auch für Broglie?

In der That werden wir es doch nicht schlechthin auf dessen Eigensinn und seinen Haß gegen den König von Preußen schieben können, wenn er über den Plan des letzteren in Verzweiflung geriet.

Er hatte von dem Augenblicke an, wo er den Oberbefehl übernommen, die Lage der Dinge äußerst trüb angesehen, und weit entfernt, mit der Einnahme von Prag die Sache als entschieden zu erachten, fürchtete er vielmehr, daß im damaligen Augenblicke die kleinste Schlappe geradezu verhängnisvoll werden könne, die Situation erinnere sehr an die vor der Schlacht bei Höchstädt, die er ja einst auch durchgemacht [1]), nur die größte Vorsicht und Bedachtsamkeit könne hier schwereren Schaden verhüten. Das größte Unglück erblickt er in der Zerteilung der alliierten Streitkräfte der konzentrierten Stellung des Feindes gegenüber, der es ganz in seiner Macht habe, sich auf einen der Heeresteile der Verbündeten zu werfen, sicher immer da auch mit Übermacht auftreten zu können. Er selbst mit den 11,600 Mann, auf welche sein Heer nach dem Abzuge der Bayern zusammengeschmolzen ist [2]), sieht sich dem ungleich stärkeren Feinde gegenüber zur Unthätigkeit verurteilt, und ein Erfolg kann nach seiner Meinung nur dann erzielt werden, wenn Polastron, die Sachsen, Prinz Leopold und Schwerin sich zu einem gemeinsamen Angriffe auf die Österreicher verbinden, in welchem Falle er dann auch seinerseits mit allen Kräften vorgehen will [3]). Zu einem solchen konzentrierten Angriffe soll Polastron die Preußen und Sachsen bewegen [4]), und in einem solchen erblickte er auch das einzige ihm zugebote stehende Mittel, um die unter Ségur und Minußi in Linz eingeschlossenen französisch-bayerischen Truppen zu entsetzen, worauf Belleisle eifrig hindrängt [5]). Wenn er dann von einem möglichen Eingreifen des Königs von Preußen hört, so zeigt er sich erfreut darüber, jedoch immer unter der Voraussetzung, daß dieser nun eben zu dem gemeinsamen Angriffe auf Neuhaus die Hand bieten wolle; dagegen scheint es doch, als habe er von dem ersten Augenblicke an, wo er gehört, daß die Preußen in Mähren vorzugehen und die Sachsen dorthin zu ziehen gedächten, sich entschieden dagegen erklärt [6]).

[1]) An den Kardinal, den 4. Januar; Campagne des Maréchaux III, 144.
[2]) An Breteuil, den 9. Januar; ebd. S. 155.
[3]) An Belleisle, den 5. Januar; ebd. S. 169.
[4]) Den 5. Januar; ebd. S. 171.
[5]) Den 8. Januar; ebd. S. 220. Antwort Broglies vom 14. Januar, S. 226.
[6]) An Polastron, den 17. Januar; ebd. S. 217. Hier ist der Text, wie dies

In der That fürchtete Broglie, wenn die Sachsen, die ihm schon jetzt viel zu fern gestanden hatten, noch weiter nach Osten gezogen werden sollten, von dem so ungemein überlegenen Feinde nicht nur das Schlimmste für sich selbst, sondern auch für Prag, wohin den Österreichern dann der Weg offen stände. Und es fällt doch schwer, zu behaupten, daß derartige Besorgnisse übertrieben gewesen wären, namentlich wenn wir daran denken, wie dringend nachmals der klügste der österreichischen Befehlshaber Browne angeraten hat, sich zuvörderst auf den schwachen Broglie zu werfen und diesen durch die Übermacht zu erdrücken, wo dann die Sachsen von selbst Mähren räumen würden [1]).

Jedenfalls ist so viel gewiß, daß Broglie von dem ganzen mährischen Plane des Königs von Preußen nichts wissen wollte, vielmehr an Séchelles unter dem 22. Januar ein direktes Verbot sandte, zur Unterstützung der Sachsen die Hand zu bieten [2]), und, als es sich herausstellte, daß das Verbot zu spät kam, in heftigem Zorne denselben für alles, was daraus folge, verantwortlich machte [3]), um so mehr, da der König in Prag auch schon von einer Belagerung Brünns, also einer noch weiter nach Osten hin gerichteten Operation, gesprochen hatte, wie denn derselbe auch Brühl gegenüber eine Huldigung Mährens für den Kurfürsten von Sachsen von der Eroberung Brünns abhängig gemacht hatte [4]).

Es mochte ja wohl richtig sein, daß zur Befreiung Bayerns von den Österreichern ein Zug gegen Neuhaus und Budweis ein ungleich sichereres Mittel gewesen wäre, als das, was Friedrich unternahm, und noch bei dem Kriegsrate in Landskron hatte Polastron dem Könige vorgestellt, ob es nicht wenigstens für den Fall, daß die Besetzung von Iglau doch nicht den vom Könige vorausgesetzten Erfolg habe, daß nämlich das feindliche Heer hinter die Taya zurückginge, sich empfehlen könnte, dann gegen Neuhaus und Budweis vorzugehen, zu welchem Angriffe dann Broglie von der anderen Seite mitwirken werde. Doch der König hatte das rund abgewiesen: „Ich will nicht gegen Neuhaus marschieren, das ist eine ausgesogene Gegend, man

___

leider an mehreren Stellen der hier abgedruckten Schreiben der Fall ist, unzweifelhaft entstellt. An der entscheidenden Stelle muß es offenbar heißen: „que si les Saxons" statt „et si les Saxons". Valori (Mémoires I, 142. 143) beschuldigt Br. doch wohl mit Unrecht, plötzlich infolge der Aufreizung des Grafen Moriz von Sachsen seine Meinung über das Projekt des Königs von Preußen geändert zu haben. Allerdings besitzen wir den Brief Broglies vom 19. Januar 1742 (an diesem Datum wird man im Hinblick auf den Brief Valoris vom 27. Januar in der Campagne III, 286 festhalten müssen, obwohl statt dessen ebb. S. 289, und ebenso in den Mémoires de Valori II, 249 wiederholt irrtümlich der 9te angegeben ist), auf welchen sich Valori bei diesem Vorwurf beruft, nicht in seinem vollen Wortlaute; aber die ganze sonstige Korrespondenz Broglies, wie sie uns in jenem Werke vorliegt, macht es doch sehr wahrscheinlich, daß, wie er selbst zu seiner Verteidigung anführt (Campagne III, 289), er des Königs Projekt nur so lange gebilligt, als er geglaubt habe, derselbe werde von Iglau aus gegen Neuhaus gehen.

[1]) Österr. militär. Zeitschr. 1827, 4. 54.
[2]) Ebb. S. 47. Vgl. dazu den Brief Broglies an Séchelles vom 30. Januar; Campagne etc. III, 333.
[3]) Graf Moriz von Sachsen an Rutowski, den 29. Januar 1742; bei Vitzthum v. Eckstädt, Maurice comte de Saxe, p. 418. Valori klagt, Broglie habe ihn als einen Narren und Séchelles als einen Schurken behandelt; Mémoires I, 144.
[4]) An Brühl, den 25. Januar; Polit. Korresp. I, 19.

würde dort keine Subsistenzmittel haben, und ich mag nicht die Armee rui=
nieren." [1]) Aber es waren doch nicht allein diese militärischen Gesichtspunkte, welche
den König so fest auf seinem Plane bestehen ließen; politische Rücksichten
wirkten dabei in hohem Maße mit. Friedrich fühlte sich doch seiner franzö=
sischen Verbündeten und des Kardinals Fleury sehr wenig sicher und fürch=
tete ernstlich, daß dieser hinter seinem Rücken, wo nicht auf seine Kosten,
mit Österreich Frieden schließe. Es waren mancherlei Anzeichen vorhanden,
welche solche Befürchtung wohlbegründet erscheinen lassen konnten. Eben da=
mals schien die Partei Belleisles, welche den ganzen Krieg dem Kardinal
in gewisser Weise über den Kopf genommen hatte, vollständig unterliegen
zu sollen.

„Belleisle", schrieb am 4. Oktober Graf Moritz von Sachsen an den
Grafen Brühl [2]), „hat den kürzeren gezogen in Paris und am Hofe. Der
Kardinal und der König haben sich nach dieser Seite hin sehr bestimmt er=
klärt. Ich habe nicht wenig dazu beigetragen, ihm die Larve abzureißen, und
der Kardinal hat gesagt, ich hätte ihn abgemalt in allen Farben, Belleisles
Manöver seien nach dem Geschmacke der neuen Kochkunst, aber das sei nicht
der seinige." Belleisles Bruder solle gegenwärtig in Paris den Oberbefehl
des Königs von Preußen über alle Truppen der Alliierten in Deutschland
durchsetzen, aber er werde nicht zum Ziele kommen. Er habe manche Anzeichen
dafür, daß der Kardinal nur auf eine gute Gelegenheit warte, um einen
Frieden zu schließen, dessen Kosten der neuerwählte Kaiser zu tragen haben
werde.

Friedrich wußte von diesen Intriguen, und daß die Abberufung des
Marschalls Belleisle mit ihnen in Verbindung stand. Er kannte auch die
Absicht des Kardinals, durch Begünstigung Sachsens ihn niederzuhalten.
Gegen diese Eventualitäten schien ihm nun sein Unternehmen schützen zu
können.

Es sah schlimm genug aus mit den Kriegserfolgen der Verbündeten.
Ehe Friedrich nach Olmütz kam, erreichten ihn bereits neue Hiobsposten von
dieser Seite her. Am 17. Januar war Graf Törring bei einem tollkühnen
Unternehmen auf die kleine Grenzfeste Schärding kläglich gescheitert, und am
23. Januar hatte Graf Ségur in Linz, obwohl das an diesem Tage erst be=
gonnene Bombardement wenig Schaden angerichtet hatte, geschreckt durch die
Anzündung der Vorstädte, eine Kapitulation unterzeichnet, welche seinem
Corps von ungefähr 10,000 Mann (8400 Fußvolk, 1500 Reiter), zwar freien
Abzug sicherte, aber dasselbe verpflichtete, ein Jahr lang nicht gegen Truppen
der Königin von Ungarn zu fechten; und am Tage darauf fiel auch Passau
in die Hände der Österreicher. Wie übel es mit Broglies Macht aussah,
wissen wir bereits, und so war es dahin gekommen, daß von den Streit=
kräften der Alliierten nur noch das, was Friedrich in seinem Lager hatte,
den Namen eines Heeres verdiente [3]). Unter solchen Umständen, urteilt

[1]) Bericht des Ritters von Sachsen; bei Vitzthum a. a. O., S. 426.
[2]) Vitzthum a. a. O., S. 430.
[3]) So schreibt der König an den Kurfürsten von Sachsen, den 20. Januar; Polit.
Korresp. II, 21.

Friedrich, kann Frankreich mit all seiner Macht mich nicht anführen [1]), noch den Frieden anders, als ich will, abschließen — sie müssen auf mich Rück= sicht nehmen [2]).

Vor allem schien es ihm bedeutungsvoll, daß er die Sachsen in seiner Hand hatte. Als man in Dresden bei der Expedition Besorgnis geäußert hatte vor einem möglichen Angriffe der Österreicher auf Sachsen selbst, hatte er versichert, daß das Corps des Fürsten von Anhalt, das, in Quartiere zer= streut, jetzt wieder gesammelt werden sollte, jeden Augenblick zur Verfügung des Königs von Polen stehen würde.

Daß diese 30,000 Mann Anhalts ebensowohl wie zum Schutze der Sachsen auch dazu dienen konnten, dieselben in Abhängigkeit zu halten, ver= stand sich von selbst, und wenn jetzt der König die Heeresmacht der Sachsen unter seinem Befehl hatte und im Hintergrunde jene 30,000, war von dieser Seite kaum etwas mehr für ihn zu fürchten. Die Hauptkarte, welche der Kardinal gegen ihn auszuspielen Lust zu haben schien, war ihm entwunden.

Und nachdem nun der König in Dresden die erstaunliche „Timidität" der Sachsen nicht ohne Verwunderung kennen gelernt hatte [3]), rechnete er auch darauf, sie dauernd an sich fesseln zu können; „mein großer Zweck ist", schreibt er an Podewils, „die Sachsen nicht mehr aus meiner Hand zu lassen", und wenige Tage später teilt sein Kabinettsrat Eichel dem Minister mit, des Königs Intention sei, „sich mit dem sächsischen Hofe mehr und mehr zu accrochieren, um auf alle Fälle imstande zu sein, sich eines fourrierten Friedens ohnerachtet soutenieren zu können" [4]).

Ja, er nahm sogar nicht Anstand, die Sachsen etwas in seine Karten sehen zu lassen und ihnen die Perspektive zu eröffnen, im Bunde mit ihm eine Stel= lung sich zu erkämpfen, welche sie unabhängig machte von dem guten Willen, wie von dem Kriegsglücke der Franzosen; wenigstens berichtet der Ritter von Sachsen, der König habe ihn in Landskron nach dem Diner in eine Fenster= nische gezogen und ihm da unter anderem gesagt: „Ich bin sehr zufrieden mit dem Könige von Polen, Ihrem Herrn, ich glaube, er ist es auch mit mir und wird es in der Folge noch mehr sein. Wir müssen fest zusammenhalten. Mögen die Franzosen in Bayern den Krieg führen, dort Fehler machen und sich Schläge holen, wir haben nichts zu fürchten, ich werde mit den Truppen Ihres Herrn 15,000 Mann und einige Tausend Husaren vereinen und habe noch 7000 Mann hinter mir, um sie im Notfall heranziehen zu können, und auf diese Weise werden wir immer stark und dem Feinde überlegen sein, und wenn es nötig wäre, könnte ich noch im Frühling 30,000 Mann aus Schle= sien marschieren lassen, ohne daß das den Fürsten von Anhalt hinderte, zur Hilfe des Königs von Polen ein anderes Corps von 30,000 Mann heranzu= führen." [5])

Der König habe dies, berichtet der Graf, mit lebhaftem Gesichtsausdruck und Geberdenspiel und in einer Weise gesprochen, daß es ganz unmöglich sei,

---

[1]) „me leurrer".
[2]) An Podewils, den 30. Januar; Polit. Korresp. II, 24.
[3]) Ebd.
[4]) Ebd.
[5]) Bitzthum, S. 427.

nicht an die Aufrichtigkeit seiner Gesinnung zu glauben. Und noch von Landskron aus schreibt Friedrich dem Könige von Polen: „Die Sicherheit Ew. Majestät und Ihrer Alliierten stützt sich gegenwärtig einzig und allein auf unser vereinigtes Corps. Die Franzosen sind schwächer, als ich hätte denken können, und den Namen einer Armee verdient nur noch das Corps, welches ich zusammenbringe." [1]) Den Grafen Brühl gedenkt Friedrich dadurch sich zu „attachieren", daß er ihm vom Kaiser die Würde eines Reichsfürsten verschafft, um „seine außergewöhnlichen Verdienste zu belohnen" [2]).

Allerdings konnte ja niemand voraussagen, wie lange die Konstellation dauern würde, und so schien es unter allen Umständen rätlich, daß der König, so lange er die Situation beherrschte, nun auch einen Abschluß derselben seinem Sinne entsprechend herbeiführte und die allgemeine Pacifikation in Angriff nahm.

Ungefähr um diese Zeit hatte Podewils eine Denkschrift über den Frieden ausgearbeitet und die Vorfrage, ob man lieber einen Separatfrieden mit Österreich abschließen oder auch den Verbündeten Erwerbungen sichern sollte, dahin beantwortet, daß das letztere anständiger und sicherer sei; doch müßte der König ein Programm aufstellen und dessen Annahme von den Verbündeten verlangen unter der Drohung, sonst nicht mehr an den Dingen sich beteiligen zu wollen. Das Programm modifizierte den Teilungsvertrag vom September 1741 insoweit, daß es von den Ländern, über welche man in diesem verfügt hatte, ganz Österreich und Tirol der Königin von Ungarn lassen und dafür Bayern durch die zu säkularisierenden Bistümer Passau, Augsburg, Freising und die zu mediatisierenden Reichsstädte Ulm, Augsburg und Regensburg entschädigen wollte. Frankreich sollte Luxemburg mit geschleifter Befestigung und Mömpelgard erhalten, für welches letztere Württemberg durch ein Stück vom Breisgau entschädigt werden sollte. Dem spanischen Infanten Don Philipp war Parma und Piacenza zugedacht. Eine mögliche Ausdehnung des preußischen Anteils war insoweit nicht ausgeschlossen, als für Sachsen in Aussicht genommen war Mähren und von Oberschlesien so viel, als der König von Preußen nicht haben, mit anderen Worten, als dieser jenem zu lassen für gut finden wird [3]). Bezüglich Österreichs urteilt Podewils, dasselbe werde im Besitze von Ungarn, Ober- und Niederösterreich, Steiermark, Kärnthen, Krain, Tirol, Mantua, Mailand (vorbehaltlich einer Entschädigung für Sardinien) immer noch eine sehr respektable Macht bilden.

Die Denkschrift hatte ihre Hauptbedeutung darin, daß hier zuerst Säkularisationen und Mediatisierungen von kleineren Reichsgliedern vorgeschlagen wurden, ein Auskunftsmittel, das dann immer von neuem aufs Tapet kam. Eine Äußerung des Königs über diese Vorschläge liegt nicht vor, aber in

---

[1]) Den 28. Januar; Polit. Korresp. II, 21.
[2]) An den preußischen Gesandten v. Ammon in Dresden vom 2. Februar; ebd. S. 27.
[3]) Die undatierte Denkschrift hat sich im Geheimen Staatsarchive verschoben, so daß ich sie nicht einsehen konnte. Wenn ich trotzdem etwas ausführlicher über dieselbe berichten konnte, als dies bei Droysen, S. 398, Anm. 2, geschieht, so verdanke ich dies der ausnehmenden Freundlichkeit des berühmten Historikers, der mir sein Excerpt gütigst zusandte.

einem Hauptpunkte teilte er deren Anschauungen vollkommen, und er gab noch
von Olmütz aus seinem Minister Podewils den Auftrag, durch Lord Hynd=
ford dem österreichischen Hofe wissen zu lassen, es sei nicht seine Intention,
zu erlauben, „daß das österreichische Haus allzu sehr heruntergesetzt würde,
noch daß dasselbe von seinen Landen in Deutschland mehr verlöre, als Schle=
sien, Mähren und Böhmen, sondern, daß es imstande bliebe, das Haus
Bayern zu balancieren". Derartige Versicherungen direkt einem österreichischen
Abgesandten geben zu können, fand nun aber der König noch während seines
Olmützer Aufenthaltes erwünschte Gelegenheit.

Die Königin von Ungarn hatte die Wahl Karls VII. als einen schweren
Schlag empfunden. Daß die in ihrem Hause so gut wie erblich gewordene
Kaiserkrone demselben ganz entfremdet werden sollte, dünkte ihr wie ein ihr
angethaner Raub, kaum weniger schlimm als die Wegnahme einer Provinz.
Sie bestritt die Rechtmäßigkeit der Wahl wegen des Ausschlusses der böh=
mischen Stimme und rief in einem fast leidenschaftlich zu nennenden Mani=
feste Gott und die Welt zum Zeugen des ihr widerfahrenen Unrechtes an.
Entmutigt war sie keineswegs; die bedrängte Lage Broglies, sowie die sieg=
reichen Fortschritte Khevenhüllers in Bayern hatten ihr wieder neue Hoff=
nungen erregt, daß ihre, wie sie sagte, „von Gott so augenscheinlich gesegneten
Waffen" [1]), noch größere Erfolge erringen könnten. Bartenstein sprach zu
dem englischen Gesandten damals von der Möglichkeit, Elsaß und Lo=
thringen Frankreich abzunehmen und dasselbe Karl Albert als Ersatz für
Bayern zu geben [2]).

Allerdings stimmten sich diese Hoffnungen wohl wieder herab, als der
König Friedrich in Mähren erschien. Zunächst griff man wieder zu den alten
Hilfsmitteln, suchte Frankreich durch lockendere Anerbietungen, als vorher,
von dem Bunde abzuziehen [3]), während man auf der anderen Seite die See=
mächte aufs neue dringend um Beistand anrief, auch speziell gegen den König
von Preußen, der, schon zum zweitenmale seinem gegebenen Worte untreu
werdend, sie anfiele [4]). Aber es mehrten sich doch auch die Stimmen derer,
welche den König von Preußen als den Feind bezeichneten, der am gefähr=
lichsten sei [5]), und dessen Gewinnung daher den größten Vorteil bieten
müsse.

Natürlich vertrat diese Ansicht niemand lebhafter als der Großherzog
Franz. Er bestand darauf, eine Gesandtschaft an den König mit bestimmten
Anträgen zu schicken, und obwohl Maria Theresia anfänglich davon nichts

---

[1]) Ranke XXVII, 14.

[2]) Angeführt bei Heigel, Österr. Erbfolgekrieg, S. 274, unter Berufung auf
Hormayrs Anemonen II, 180.

[3]) Kardinal Fleury betont in einem Briefe vom 11. Juli 1742 die vorteilhaften
Anerbietungen, die ihm der österreichische Gesandte vor sechs Monaten gemacht
habe.

[4]) „Borussiae quoque rege secunda jam vice contra datam fidem in partem
operis veniente." Aus einem Schreiben der Königin an die Generalstaaten vom
27. Januar; angeführt Polit. Korresp. II, 69.

[5]) So z. B. Khevenhüller an Maria Theresia, den 3. Februar 1742: „Inmittelst
wird es ankommen, daß zugesehen und in das Klare gebracht werde, was Preußen
eigentlich für Intentiones führet und Absehen hat; denn ist dieser nur allein, der
Übles thun kann." Bei Arneth II, 466.

hören wollte, da der König von Preußen solch ein Entgegenkommen nicht ver=
diene, vielmehr wahrscheinlich schlechten Gebrauch davon machen werde, so
gab sie doch bald nach und verlangte nur, der Großherzog solle sich in seinem,
dem Unterhändler mitzugebenden Briefe nicht demütigen, vielmehr die Er=
folge Khevenhüllers zum Ausgangspunkte nehmen [1]).

An ihren Schwager Karl von Lothringen aber schreibt sie in jenen
Tagen: „Obwohlen von diesem Könige nicht leicht was Leidentliches anzu=
hoffen ist, beschiehet annoch von mir der äußerste Versuch, um ihn herbei=
zubringen nicht so viel in der Hoffnung etwas zu richten, als um beide
Seemächte zu überzeugen, daß an mir dessen Zuwegbringung nicht gehaftet
habe." [2])

Der Großherzog hatte zu der Mission seinen früheren Erzieher, Baron
Pfütschner, ausersehen, der einst in seiner Begleitung längere Zeit in Berlin
verweilt hatte und bei dieser Gelegenheit auch dem Könige bekannt geworden
war. Der Bericht, welchen der Baron über seine Sendung erstattet [3]), ver=
dient nähere Betrachtung schon um der eingehenden Äußerungen willen, welche
König Friedrich bei dieser Gelegenheit über die ganze Situation that.

Es war das erste Mal, seit König Friedrich die schlesischen Grenzen über=
schritten, daß ein österreichischer Unterhändler den Weg in das preußische
Hauptquartier fand.

Pfütschner, am 4. Februar des Morgens in Olmütz angekommen, ward, so
wie er sich bei dem Adjutanten, Grafen Wartensleben, gemeldet, zum Könige
beschieden. Die Treppe hinaufsteigend, begegnete er dem General Schmettau,
der ihm zuflüsterte, er habe seiner Sendung nach Kräften vorgearbeitet.

Man führte den Gesandten in ein Zimmer, wo der König in einer Con=
touche an einem großen mit Papieren bedeckten Tische saß, bei des Gesandten
Eintritte aber aufstand und demselben zwei Schritte entgegenkam mit den
Worten: „Monsieur, ich freue mich, Sie zu sehen; kommen Sie, wir müssen
im Vertrauen sprechen", worauf er ihn in das anstoßende Kabinett führte
und dort in einer anderthalbstündigen Audienz so viel zu ihm sprach, daß der
Gesandte sich außerstande erklärt, die Unterhaltung wörtlich zu berichten
und sich mit einer Wiedergabe des wesentlichsten Inhalts begnügen zu müssen
glaubt. Pfütschner beginnt im Auftrage des Großherzogs, ihm eine Allianz
mit der Königin anzutragen, da ihre vereinigten Truppen imstande sein wür=
den, gegen alle Welt stand zu halten; Friedrich möge selbst den Minister
der Königin bezeichnen, mit welchem er das Nähere verhandeln wolle.

Der König erwidert:

„Mein Lieber, lassen Sie uns offen sprechen, der Großherzog kann
nicht verlangen, daß ich eine so mächtige Allianz verlasse, um eine mit der
Königin zu schließen, die so geschwächt ist, daß sie die letzten Anstrengungen,
welche sie gegenwärtig gegen meine Alliierten macht, nicht wird durch=
führen können. Sie hat keine Freunde mehr, keine Bundesgenossen, keine
Hilfsquellen, — das wenige Geld, welches ihr die Engländer geliefert haben,

[1]) Arneth II, 468, Anm. 11.
[2]) Vom 27. Januar in Brownes Memoire über den österreichischen Erbfolgekrieg.
Abschrift im Breslauer St.=A. I f. 69.
[3]) Vollständig mitgeteilt bei Arneth II, 468.

ist fort und hat der Königin in ihrem Unglück nur einen kleinen Aufschub verschafft; ihre Länder sind erschöpft, sie kann nichts mehr daraus ziehen; alles verläßt sie. Frankreich möchte sie aus Deutschland herauswerfen, darin tritt der alte Kardinal in die Fußtapfen von Richelieu und Mazarin; die 6000 Hessen, welche England im Solde hatte, sind bereits dem Kaiser angeboten, die dänisch=englischen Soldtruppen gehen nachhause, das Reich wird dem Kaiser beistehen, und es giebt keinen noch so winzigen Fürsten im Reiche, der ihm nicht Hilfstruppen anböte, in der Hoffnung, dadurch ein kleines Lehen zu erlangen, über das der Kaiser verfügen kann. Gegenwärtig sind 20,000 Franzosen auf dem Marsche, die in Bayern eindringen werden, und im Frühjahre wird eine ansehnliche Reichsarmee dem Kaiser zudienste stehen. Eben jetzt erwägt man im Reiche die Mittel, die Königin mit offener Gewalt zur Herausgabe der von ihr noch zurückgehaltenen Reichsarchive zu zwingen.

„In Bayern hat man jetzt infolge der guten Dispositionen, welche der Graf Khevenhüller getroffen, einige Erfolge gehabt, und ich gestehe zu, daß die Truppen der Königin tapfer sind, doch auf die Länge werden sie der Menge ihrer Feinde nicht widerstehen können, wie tapfer man sei, man kämpft einmal nicht einer gegen drei. Wo wird die Königin Rekruten hernehmen? Die große Menge von Talpatschen werden es nicht thun, das sind Leute ohne Übung und Erfahrung. Wohl kann das Glück der Waffen wechseln, aber wenn das Heer der Königin eine Schlacht verliert, ist sie hoffnungslos ver= loren, wenn nicht ein Wunder geschieht. Ich rate ihr nicht, es zu riskieren — es ist sehr gut, daß man in Bayern vorwärts kommt, das kann der Königin bessere Bedingungen verschaffen, wenn sie jetzt den Frieden schließt. Sagen Sie dem Großherzog, er möge nicht in jenem Lande sengen und brennen lassen, das erzeugt nur Animosität zwischen den Parteien, und die Verhand= lungen werden immer schwerer; auch seien Sie ein wenig gemäßigt in Ihren Wiener Zeitungen über Ihre bayerischen Erfolge."

„Es scheint mir, Sir", warf hier Pfütschner ein, „daß, was jetzt in Bayern vorgeht, mit viel Bescheidenheit in dem Wiener Blatte berichtet wird."

„Es ist wahr", antwortete der König lächelnd, „jener Zeitungsschreiber schreibt jetzt bescheidener als voriges Jahr, aber lassen Sie uns auf unseren Diskurs zurückkommen. Frankreich ist imstande, es auszuhalten, und wird die Wette gewinnen. Es intriguiert überall, um der Königin jede mögliche Hilfe abzuschneiden; diese Nation ist vermöge ihrer Unterhandlungen noch mehr zu fürchten, als wegen ihrer Waffen. Sie bringt den König von England mit seinem Parlamente auf einen Punkt, daß er nicht zu mucksen wagt, und ohne Zweifel hat sie die letzte Revolution in Rußland angeschürt. Diese Verände= rung bringt England in große Verlegenheit, und die Königin hat von dieser Seite keinen Beistand zu hoffen, und das Schlimmste ist noch, daß die Königin auch von der Seite der Pforte so wenig Sicherheit hat. Frankreich drängt auf den Bruch mit der Königin, nur zu diesem Zwecke ist jener türkische Ge= sandte in Paris; man weiß ja wohl in Wien, daß bei dem Belgrader Frieden Frankreich sich ausgewirkt hat, daß die Pforte mit Österreich brechen solle, wenn die Interessen Frankreichs es verlangen würden. Die Pforte möchte sehr gern das Banat wieder haben, und wenn jetzt die Türken mit der Königin brächen, was meinen Sie, würde aus dieser werden?"

Pfütschner wandte hiergegen ein, es wäre das allerdings sehr schlimm, aber eigentlich hätte doch ganz Europa ein Interesse daran, die Königin nicht außerstand zu setzen, diesen für die ganze Christenheit furchtbaren Feind auf= halten zu können.

„Das Land Österreich", fährt der König fort, „ist noch ein schönes und gutes Land, und schließlich wird die Königin, wenn sie ihren Frieden gemacht hat, Alliierte finden, die ihr Beistand leisten werden; ich selbst werde eine Allianz mit ihr eingehen. — Niemand kann den inneren Zusammenhang der Staatsaffairen besser kennen als ich, ich habe Anteil und Kenntnis von allen Unterhandlungen, die jetzt in Europa spielen, — aber glauben Sie wirklich, daß unter diesen für die Königin so gefährlichen Umständen jemand mir raten könnte, meine Alliierten zu verlassen und gegen sie eine Allianz mit der Königin zu schließen, gegen Frankreich Krieg zu führen, nachdem ihr Ein= marsch in das Reich und in Bayern durch mich eingeleitet und entschieden worden ist? — was würde man von mir sagen? Ich sage Ihnen ehrlich, daß ich das in keinem Falle thun werde. Für mich verlange ich nichts weiter als die Citadelle von Glatz; und man sollte mich wegen der auf Schlesien haf= tenden Schulden nicht schikanieren; die wird, glaube ich, niemand bezahlen."

Pfütschner führt dagegen das Völkerrecht an und das Beispiel des Groß= herzogs, der mit Toscana eine Schuldenlast von 34 Millionen Francs habe übernehmen müssen; aber der König wies das Beispiel mit der Bemerkung zurück, daß der damalige Tausch ein gezwungener gewesen, und fuhr fort: „Sehen Sie, ich führe Krieg, ohne daß es mich etwas kostet; aber ich wäre sehr froh, wenn es zum Frieden käme, nur müßte derselbe auch meine Alliierten einschließen und auch dem Reiche Ruhe bringen, da sonst noch sehr traurige und unerwünschte Folgen aus dem Ganzen entstehen könnten. Sie kennen ohne Zweifel den Teilungsplan, welcher Sachsen außer Mähren und Oberschlesien ein Stück Österreich, genannt Obermanhartsberg, zuwenden will; Frankreich hatte sogar Ideen, auch über den Rest von Österreich zu verfügen und so der Königin alle ihre deutschen Lande zu nehmen; ich habe das gehindert. Spanien hat sich mit mir verbünden und mich veranlassen wollen, den Krieg fortzusetzen, während es die Königin in Italien bekriegen wollte; ich habe abgelehnt, ich will, daß die Königin eine Macht bleibe, mit der man eine Allianz schließen könne, ich habe selbst ein Interesse daran; aber nehmen Sie es als Maxime oder Prinzip an, von dem ich um keinen Preis abgehen werde, daß ich sie nicht als Nachbarin haben will, denn früher oder später würde man die erste günstig scheinende Gelegenheit benutzen, über mich herzufallen und mir meine Erwerbungen wieder abzunehmen."

Auf Versicherungen Pfütschners, betreffend die bindende Kraft feierlicher Zusage und die gewissenhafte Beobachtung geschlossener Verträge fällt der König ein: „Nein, mein Lieber, so machen die Fürsten nicht Politik und sollen es auch nicht, und bis jetzt haben der Wiener Hof und sein Ministerium nicht für sehr skrupulös bezüglich ihres gegebenen Wortes gegolten, und das Haus Österreich hat es oft verstanden, Gelegenheiten auf Kosten seiner Ver= tragstreue zu benutzen. — Wenigstens würde ich mich nicht darauf verlassen und habe Ihnen bereits gesagt, daß ich das Haus Österreich zum Nachbar haben weder will noch kann, — doch wünsche ich, daß dies Haus nicht so er= niedrigt und geschwächt werde, wie man in dem Teilungsvertrage projektiert hatte; ich wünschte, daß die Königin ganz Österreich, Tirol und einen Teil von Mähren neben ihrem Königreiche Ungarn behalten könnte. Dazu möchte ich ihr helfen, und ich habe nur diese einzige Gelegenheit, ihr einen Gefallen zu thun und alle Dinge zu dem guten System zurückzuführen, wo sie sein sollten; — ich werde es vermögen, wenn man auf die Ratschläge hören will, welche ich aus Freundschaft für die Königin und den Großherzog Ihnen geben werde. Die Königin muß ohne Zeitverlust den Alliierten, Bayern, Sachsen und mir, Friedensvorschläge machen, jedem besonders aber zu der nämlichen Zeit, sie muß in den sauren Apfel beißen, muß Bayern Böhmen, und den Sachsen ein Stück Mähren mit Oberschlesien anbieten, welches letztere ein Land ist, das der Königin wenig einbringt; was mich anbetrifft, so verlange ich außer der Citadelle von Glatz nichts weiter. Sachsen habe ich in der Tasche, es wird thun, was ich will, und ich kann beinahe dafür bürgen, daß der Kaiser sich mit Böhmen begnügen wird. Die Königin wird anfänglich weniger bieten, als sie aus Friedensliebe und um der Ruhe des Reichs willen geben will, mir gegenüber wird man sich noch wegen der Grafschaft Glatz und des jenseitigen Ufers der Neiße sperren können, dann wird die Unterhandlung in Gang kommen, und man wird es zu einem Waffenstillstand bringen, die Alliierten werden einander die ihnen gemachten Vorschläge mitteilen, und wenn sie vernünftig sind, werde ich sie unter der Hand annehmen lassen oder von der Allianz zurücktreten. Das ist das einzige Mittel, was ich finde, wie ich, ohne hervorzutreten, in etwas der Königin zuhilfe kommen und dem Großherzog einen Gefallen thun kann. Es wird nötig sein, daß der Großherzog mir die anfänglichen, bloß zur Einleitung der Unterhandlung bestimmten Vorschläge und zugleich auch die Zugeständnisse mitteile, zu welchen die Königin sich schließlich verstehen wird. — Sie dürfen nicht wieder hierherkommen, noch auch der Großherzog mir schreiben, das macht von vornherein zu viel Lärm; sehen Sie zu, ob durch eine dritte der Königin ergebene und im Punkte der Verschwiegenheit zuverlässige Person mir der Großherzog mündlich sagen lassen kann, was er mich will wissen lassen. Es giebt hier einen gewissen Priester Namens Giannini, den ich als einen redlichen Menschen kenne und welcher mir der Mann dafür zu sein scheint; kennen Sie ihn?"

Pfütschner erklärt, den Kanonikus vor zehn Jahren kennen gelernt und sonst Gutes von ihm gehört zu haben. Darauf fährt der König fort: „Ich gehe nicht nach Brünn und werde nicht hingehen, der Großherzog darf sich nicht um das kümmern, was ich thue; gegenwärtig handelt es sich darum, den Fürsten Lobkowitz aus dem Winkel, den er einnimmt, zu belogieren und daß die Sachsen dort Quartier nehmen. Sie sehen, daß ich offen und ehrlich spreche; sagen Sie mir nun, was Sie von dem eben Vernommenen denken."

Der Gesandte erklärt vorsichtig, man werde dankbar sein für die Beweise von Wohlwollen, doch zweifle er, ob die Vorschläge ganz nach dem Geschmacke der Königin sein würden, und wenn es dem König darauf ankäme, um die Königin nicht zur Nachbarin zu haben, eine Lisière aus den Besitzungen anderer Fürsten herzustellen, ließe sich das wohl machen, ohne daß die Königin gezwungen würde, ganz Böhmen an Bayern und einen großen Teil Mährens sowie ganz Oberschlesien an Sachsen abzutreten.

„Nun gut", sagte der König, „möge man nur die Propositionen zum Beginne der Unterhandlung machen, man wird schon in der Folge sehen, wie man am besten davonkommen kann. Ich liebe und achte den Großherzog, aber in Sachen der Politik darf Freundschaft nicht den Ausschlag geben, — schon seit einigen Tagen habe ich um der Freundschaft willen hin- und hergesonnen, wie ich ihm im geheimen und in der Stille das zustecken könnte, was ich Ihnen eröffnet habe. Sie sind unerwartet angekommen, aber sehr zu gelegener Zeit; Sie werden Ihrem Herrn getreulich berichten, was ich Ihnen gesagt habe. Wenn er meine Ratschläge befolgt, wird die Königin vielleicht auch noch die Niederlande und ihre italienischen Lande retten können, weil sie dort ihre Kräfte wird gebrauchen können. Ich hoffe übrigens, daß man an Ihrem Hofe von meinen Eröffnungen keinen üblen Gebrauch machen und sich derselben nicht bei anderen Mächten gegen mich bedienen wird. Geschähe das, hol's der Teufel, würde ich selbst die Brandfackel bis nach Wien tragen."

Der König sagte das mit heftiger Erregung, — Pfütschner sucht ihn dadurch zu beschwichtigen, daß er hinwirft, man schöbe viele Dinge der Königin und dem Großherzoge ganz mit Unrecht in die Schuhe; aber Friedrich erinnert ihn daran, daß er den Brief der Kaiserin Amalie an den Kurfürsten von Bayern (die Nachricht vom Schnellendorfer Vertrage) im Originale gesehen habe. „Ihr könnt kein Geheimnis bewahren, und Frankreich weiß genau, was vorgeht, bis in das innere Kabinett der Königin."

Der Gesandte giebt zu, daß Frankreich zahlreiche Spione halte, dieselben schrieben dann keck verschiedene Dinge in die Welt, die sie zum größten Teile bloß erraten hätten, mit denen sie aber dann doch zuweilen die Wahrheit träfen, ohne daß jemand ihnen etwas verraten hätte.

Man verabredet dann, wie man über die Audienz Pfütschners das Publikum täuschen wolle, — der letztere hat einen Paß zur Reise nach Teschen erhalten und will nun ausstreuen, er habe wegen der Winterquartiere der Preußen zu verhandeln gehabt. Der König wünscht nun auch, daß er zum schlesischen Thore hinausfahre und dann erst um die Stadt herum wieder auf den Weg nach Brünn gelange. Er solle auch davon sprechen, daß der König in Abrede gestellt habe, selbst etwas von Mähren zu beanspruchen, es wäre erwünscht, wenn das unter dem Adel des Landes bekannt würde. Auch solle Pfütschner mit Giannini anknüpfen und nachdenken, wie man an den letzteren des Großherzogs Antwort gelangen lassen könne. Der Österreicher schien geneigt, das für verfrüht zu halten, da man doch vorher wissen möchte, ob und inwieweit sein Hof auf des Königs Propositionen würde eingehen wollen, aber der König bleibt dabei: „Nein, ich erwarte zum mindesten eine prompte Antwort des Großherzogs auf Ihren Bericht, und diese kann bereits durch die Hände und den Mund Gianninis gehen, deshalb ist es notwendig, daß Sie zu ihm vor Ihrer Abreise sprechen."

Pfütschner berichtet dann noch von dem Wunsche des Großherzogs, den König am dritten Orte irgend in der Nachbarschaft zu sprechen, aber dieser meint lächelnd, dazu sei es jetzt noch nicht an der Zeit; wenn die Angelegenheiten erst geordnet seien, werde er sich ein Vergnügen daraus machen, den Großherzog zu besuchen, und wenn es in Wien wäre.

An demselben Tage speist Giannini mit dem Bischofe bei dem Könige und erhält von diesem eine Einladung ins Hauptquartier, welche ihn in große Verlegenheit setzt, da er fürchtet, daß der König von ihm irgendwelche Auskunft über Land und Leute in Mähren verlangen könnte. Er ist angenehm

enttäuscht, als Pfütschner, der ihn dann noch aufsucht, ihm den Zusammen=
hang aufklärt, und natürlich gern bereit, die ihm zugedachte Rolle zu über=
nehmen.

An der Stelle seiner Memoiren, wo er von dieser Audienz spricht [1]),
tadelt der König sich selbst, daß er sich von seiner Lebhaftigkeit allzu sehr
habe fortreißen und, statt den Gesandten seine Aufträge ausrichten zu lassen,
immer nur selbst in diesen hineingesprochen habe, — „ein unverzeihlicher
Fehler bei einer Unterhandlung, wo die Klugheit verlangt, den anderen Teil
geduldig anzuhören und selbst nur wohlabgemessene und erwogene Antworten
zu geben".

Im Grunde hat der König mit seiner Selbstkritik schwerlich unrecht; im
wesentlichen wiederholt sich hier in Olmütz die Scene von Klein=Schnellen=
dorf, wo ja auch der Friedrich mit solchem Eifer plädiert, als wäre es denkbar,
daß seine Beredsamkeit dem österreichischen Gesandten gegenüber einen wesent=
lichen Einfluß auf die Entschließungen des Wiener Hofes üben könnte. Für
uns ist das Wichtige dabei eben nur die offene Darlegung seines politischen
Programms; es ist, wie wir sehen, nicht so weit abstehend von dem des 9. Ok=
tobers, auch jetzt wieder richtet sich die verborgene Spitze gegen Frankreich. Über
dessen Kopf hinweg will er mit Österreich Frieden machen und seinen deutschen
Verbündeten Vorteile sichern, nur daß jetzt die Königin von Ungarn auch für
Sachsen, das nach den Schnellendorfer Verabredungen noch leer ausgehen
sollte, in gewisser Weise die Zeche bezahlen soll. Frankreich die Beherrschung
der Situation, die letzte Entscheidung aus der Hand zu winden, ist hier wie
dort das eigentlich leitende Motiv.

Inzwischen hatte der König unter dem 10. Februar noch einmal schriftlich
die Einladung an Giannini, zu ihm ins Hauptquartier zu kommen, wiederholt [2]),
dieser aber antworten müssen, es sei ihm noch nichts von Wien zugegangen [3]).
Und erst am 26. Februar gelangte die erwartete Sendung an ihn. Sie war
vom 17ten an unterwegs gewesen; die der Vorsicht halber gewählte Art von
Beförderung von Pfarrer zu Pfarrer machte den Vorzug erklärlich. Am 28ten
begab sich Giannini auf den Weg und langte am 2. März über Brünn in
Znaym, dem preußischen Hauptquartiere, an, wo er bei dem dortigen Dechanten
abgestiegen, dann durch den Adjutanten v. Borck den König um eine Audienz
bitten ließ, um ihm ein Anliegen seines Kapitels vortragen zu dürfen. Von
Friedrich an seinen Kabinettsrat Eichel gewiesen, legte er diesem nun das, was
er brachte, vor. Es war ein Promemoria, das der Großherzog von Toscana
selbst aufgesetzt und Giannini dann kopiert hatte, und welches darauf hinaus=
lief, daß die Königin von Ungarn bereit sei, außer Niederschlesien mit Neiße
auch noch die Grafschaft Glatz abzutreten, wenn der König ihr helfen wolle,
und zwar nötigenfalls mit bewaffneter Hand, ihre übrigen Erblande gegen
ihre Feinde zu behaupten [4]).

---

1) Nur in der späteren Bearbeitung, S. 109.
2) Polit. Korresp. II, 34.
3) Die Antwort Gianninis sendet Schwerin ein unter dem 14. Februar; Ber=
liner St.=A.
4) Den Inhalt des Promemorias gebe ich nach dem Auszuge bei Arneth II, 56,
während mir sonst Gianninis „Relation de mon voyage de Znaym" aus dem Wiener
Archiv vorgelegen hat.

Der König fand das Promemoria etwas trocken und meinte, wenn er auch mit dem ihm in Aussicht Gestellten zufrieden sein könne, so müsse er doch auch an seine Alliierten denken, denn wenn der Wiener Hof darauf ausgehe, ihn von diesen loszumachen, so werde er sich dazu nicht hergeben. Giannini wünschte, der König möge sich über die Vorteile, welche er für seine Alliierten verlange, erklären und drängte überhaupt Eichel, ihm eine Antwort seines Herrn auf das überreichte Promemoria zu verschaffen. Darauf brachte Eichel tags darauf allerdings nur mündliche Erklärungen, welche schriftlich zu fixieren sich dann der Kanonikus beeilte, so wie jener ihn verlassen hatte, aber denselben doch noch vorlegte, um sicher zu sein, daß er alles recht verstanden. Eichel fand die Ausdrücke etwas zu stark und übernahm es, dieselben zu korrigieren, was mit Freuden acceptiert wurde. Nächsten Tag brachte er dieselben umgearbeitet zurück und gestattete Giannini, eine Kopie davon zu nehmen.

Diese „Notanda" [1]) enthielten nun streng genommen keine bestimmt formulierten Bedingungen. Sie gingen davon aus, daß, da das überreichte Promemoria zu allgemein und zu wenig zufriedenstellend scheine, der Gesandte sich selbst nach Wien begeben solle, um der bewußten Person (also dem Großherzoge) vorzustellen, daß die Kräfte der Alliierten zu überlegen seien, als daß Österreich sich ihrer erwehren könne, und daß dessen Erfolge in Bayern nichts entschieden angesichts der neuen großen Anstrengungen, welche Frankreich mache. Selbst ein oder zwei gewonnene Schlachten würden keine Rettung bringen können; wohl aber könne eine verlorene Schlacht den Verlust aller deutschen Provinzen zur Folge haben. Frankreich könne Bayern nimmermehr im Stich lassen, ohne seinen Kredit und seine Interessen zu gefährden, und jeder Versuch, etwa die Kaiserwahl umstoßen zu wollen, würde alle Kurfürsten des Reichs zu Feinden machen, von denen ja die meisten dem Kaiser bereits ihre Truppen angeboten hätten. Es sei durchaus notwendig, daß man den Umständen Rechnung trage; man möge zu dem König von Preußen etwas Vertrauen haben und ihm die Konzessionen mitteilen, zu denen man sich im Interesse des Friedens verstehen wolle. Fände er sie billig und ausreichend, so wolle er es übernehmen, sie den Alliierten mitzuteilen, und wenn gegen alles Erwarten dann diese Bedingungen zurückgewiesen würden, so würde er sich als seiner Verpflichtungen ledig ansehen und thun können, was ihm beliebe.

Dieser Schluß durfte so angesehen werden, als stelle der König in Aussicht, den mit ihm zu vereinbarenden Frieden bei seinen Alliierten zur Annahme bringen zu wollen, unter der Drohung, sich von dem Bunde loszusagen, wobei freilich immer die Voraussetzung war, daß die Königin sich zu Abtretungen an die Alliierten verstände in dem Umfange, wie es der König für notwendig erachtete. Die brennende Frage war offenbar die nach dem Umfange der für die Alliierten begehrten Zugeständnisse, und als solche hatte sie ja auch, wie wir sahen, Giannini Eichel vorgelegt; doch hatte der letztere keine Antwort zurückgebracht, sondern Österreich ein Angebot zugemutet. Doch erzielte Giannini wenigstens aus der Umgebung des Königs noch einige Äußerungen, welche nach dieser Seite hin von Belang sein konnten.

---

[1]) Beilage zu Gianninis Relation im Wiener St.-A.

Unser Kanonikus traf hier in Znaym zufällig den Feldmarschall Schmettau, dessen flüchtige Bekanntschaft er in Olmütz bei der königlichen Tafel gemacht. So versichert wenigstens der vorsichtige Mann, wohl wissend, daß bei dem Wiener Hofe diese Persönlichkeit als Überläufer aus österreichischen in preußische Kriegsdienste sehr übel angeschrieben war. Schmettau sprach ihn sehr freundlich an und versicherte, daß gerade er die Blicke des Königs auf Giannini gelenkt habe, erklärte auch, ihn vor seiner Abreise noch aufsuchen zu wollen. Bei diesem Besuche (Sonntag den 4. März) beteuerte er dann seine dankbare Verehrung für die Königin und die günstige Gesinnung des Königs von Preußen, der es ganz in seiner Hand gehabt hätte, Preßburg zu nehmen, aber die Lage der Königin nicht noch hätte verschlimmern wollen. Der König habe bereits 30,000 Mann in Mähren und könne leicht noch ebenso viel von seinen Truppen kommen lassen; und wenn das neue französische Heer, das bereits am 20. Februar den Rhein überschritten, zu beiden Seiten der Donau vorrücken werde, müsse die Königin unterliegen. Anderseits sei er aber über= zeugt, daß, so wie die letztere sich nun mit Preußen geeinigt habe, er dann unver= züglich an den neuerwählten Kaiser, dem er durch eine frühere Gesandtschaft näher getreten sei, würde abgesendet werden, um diesen in den Frieden resp. eine Allianz gegen Frankreich hineinzuziehen, worauf man schon Mittel finden werde, sich auch mit Sachsen, wie es eben angehen werde, auseinanderzu= setzen. Deutlicher noch sprach sich über den letzten Punkt General Lamotte aus. Derselbe meinte, im Kreise der preußischen Offiziere erwarte man all= gemein als die nächste Folge einer Verständigung mit Oestreich eine Allianz gegen Frankreich. Es werde sich dann schon eine Form finden, um Sachsen Mähren und Oberschlesien vorzuenthalten, doch Böhmen werde der neue Kaiser als ein Patrimonium haben müssen, um seine Würde aufrecht zu er= halten.

Doch das waren private Aeußerungen; die officielle Antwort bildeten eben jene Notanda. Als Eichel diese hatte kopieren lassen, sprach er es als des Königs Wunsch aus, daß Giannini unverzüglich nach Wien gehe, um eine Antwort zu bringen; derselbe lege viel Werth darauf, die Gesinnung des Wiener Hofes kennen zu lernen, und hoffe, daß man geneigt sein werde, für seine Freund= schaft den Preis zu zahlen, den er verlange.

Postpferde und ein Paß waren bereit, am 5. März verließ der geistliche Herr Znaym [1]), stattete in Wien unter dem 7ten seinen Bericht ab und erhielt am 9ten die Antwort des Großherzogs, welche die fraglichen Konzessionen für Friedrichs Alliierte auf Rückgabe der von den österreichischen Truppen er= oberten bayerischen Lande beschränkte. Als Eichel dieselbe in Empfang ge= nommen, bedeutete er Giannini in des Königs Namen, derselbe werde erst im nächsten Monate in der Lage sein, ihm seine Entscheidung mitteilen zu können. Der Kanonikus begab sich nun nach dem von den Preußen blockierten Brünn, erhielt aber dort bereits am 23. März durch einen Trompeter die schriftliche Aufforderung, sich in das preußische Hauptquartier nach Selowitz zu begeben, wo ihm dann von Eichel eröffnet wurde, der König habe sich entschlossen, Lord Hyndford nach Olmütz kommen zu lassen, um da in einer Zeit von 6 Wochen die Friedenshandlung zu schließen, und werde inzwischen, wenn er nicht

---

[1]) So weit die Relation Gianninis.

selbst angegriffen würde, nichts Feindliches unternehmen, und man möge sich vonseiten Österreichs nicht daran stoßen, daß er die Armee des Fürsten von Anhalt an sich zöge [1]).

Damit schließt nun die Episode der direkten österreichisch = preußischen Unterhandlungen, welche Großherzog Franz in Scene gesetzt hatte, resultatlos ab, und die englische Vermittelung tritt wiederum in Thätigkeit.

---

[1]) Aus einem noch näher anzuführenden Schreiben der Königin von Ungarn an ihren Gesandten Wasner in London vom 31. März 1742; Wiener St.=A.

Sechstes Kapitel.
Des Königs Vordringen nach Niederösterreich.

———

Wir wenden uns nun zu dem Verlaufe der Kriegsoperationen zurück.

Der König verließ noch an demselben Tage, wo er dem Baron Pfütschner Audienz gegeben hatte, dem 8. Februar, Olmütz, um zu dem für den 9ten verabredeten Rendezvous mit seinen Bundesgenossen richtig zur Stelle zu sein. Obwohl mit diesen letzteren, wie wir noch sehen werden, bereits damals Differenzen entstanden waren, fühlte sich Friedrich voll Zuversicht auf das Gelingen seines Planes. In drei Wochen, hatte er von Olmütz aus an Podewils geschrieben, hoffe er, werde die Sache im großen und ganzen arrangiert sein [1]). Einer seiner Generäle versichert, er sei auf dem Marsche allen Beschwerden zum Trotze in bester Stimmung gewesen [2]).

In seiner Umgebung teilte man die Zuversicht des Königs nicht allgemein. Sein getreuer Kabinettsrat Eichel machte sich allerhand sorgsame Gedanken; die Verpflegung sei sehr schwierig, die Wege grundlos, das Volk tückisch und zum Komplottieren geneigt, und wenn die Feinde sich rechtzeitig verstärkten, könnte es hier leicht den zweiten Band von Mollwitz geben [3]). Etwa 11 Bataillons und 20 Schwadronen führte der König zunächst vorwärts auf der großen Straße nach Brünn bis Wischau (3½ Meilen von Brünn), von wo man westlich nach Jedowitz abbog, um zwischen diesem Orte und Blensko die Zwittawa zu überschreiten. Sehr mühsam bewegte sich der Zug vorwärts, im bergigen Terrain, fast fortwährend durch Engpässe auf so schmaler Straße, daß nur drei Mann neben einander marschieren konnten; dabei war ein solches Glatteis, daß die Fuhrwerke alle Augenblicke einmal ins Stocken kamen. Man hat am 7. Februar über den zwei starken Meilen zwischen Jedowitz und Gurein zehn Stunden zugebracht, und der König ist diese Strecke fast ganz mit zu Fuß gegangen, um die Seinigen anzufeuern [4]). Von Gurein sich wieder südwestlich wendend, kam man am 9. Februar nach

———

[1]) Den 30. Januar; Polit. Korresp. II, 24.
[2]) Stille, Campagnes du Roi, p. 15.
[3]) An Podewils, den 1. Februar; Berliner St.=A.
[4]) Stille, p. 12. 13.

Groß-Bitesch, wo man den Verabredungen entsprechend die Heerführer der Sachsen und Franzosen fand, die aus ihrem Hauptquartiere Groß-Meseritsch herbeigekommen waren.

Belesnays Husaren von der Brünner Besatzung umschwärmten während dieser Märsche das Heer. In Trebitsch nahmen sie mit größter Verwegenheit die Fouriere der Franzosen gleichsam unter den Augen des Hauptheeres gefangen [1]).

Der nun begonnene Aufmarsch gegen Iglau verzögerte sich, weil wegen der übelen Beschaffenheit der Wege sowohl sächsische als preußische Truppenteile noch zurück waren, um einige Tage [2]), ein Aufschub, den dann Lobkowitz wohl zu benutzen wußte, um seine Magazine in Iglau zu leeren, ehe er die Stadt räumte. Als Prinz Dietrich von Anhalt mit etwa 9000 Mann endlich am 14. Februar gegen Iglau vorging, fand er die Feinde gegen Neuhaus abgezogen. Zietens Husaren vermochten einer Abteilung Seherrscher Kürassiere, die sich verspätet hatte, 18 Gefangene abzunehmen.

So war nun mit Iglau das erste Ziel des preußischen Planes erreicht, eine wichtige Position in der Flanke des feindlichen Hauptheeres genommen. Der König befand sich, wie er selbst schreibt, drei große Märsche näher an Wien als die österreichische Armee. Vorwärtsgehend, konnte er diesem alle Verbindungen mit Ungarn, Niederösterreich, Wien abschneiden [3]).

Aber eben über das, was von Iglau aus weiter geschehen sollte, wich die Meinung der Verbündeten wesentlich von der des Königs ab. Diese Differenz kam keineswegs jetzt erst zum Ausbruch.

In Dresden hatte König Friedrich, wie wir wissen, nur die Mitwirkung der Sachsen zur Einnahme von Iglau verlangt und die Behauptung dieses Punktes durch dieselben, in welchem Falle er dann mit seinen Truppen weiter vorgehen wollte. Schon in Prag hatte aber Friedrich von einer Belagerung Brünns gesprochen, und bei dem Kriegsrat in Landskron war des Königs Absicht, weiter südlich an die Thaya und über dieselbe zu rücken, noch bestimmter hervorgetreten. Es liegen aus diesen Landskroner Beratungen zwei Operationspläne vor, vielleicht von Schmettau herrührend, deren ersterer eine Aufstellung von Iglau im Norden über Teltsch bis Zlabings unfern der österreichischen Grenze und wenig nördlich von der Thaya in Aussicht nimmt mit der Perspektive eines weiteren Vorrückens nach Süden und der Donau hin.

Für den Fall nun, daß die Sachsen und Franzosen zu einem energischen Vorgehen nach dieser Seite nicht zu bewegen wären, oder daß die Ungunst der Jahreszeit einem solchen allzu große Hindernisse entgegenstellte, sollte der zweite Plan zur Geltung kommen, der dann thatsächlich eine Umschließung von Brünn auf allen Seiten mit Olmütz als Stützpunkt und Hauptdepot vorschlägt, also im Grunde eine Bezwingung jener Feste, um dann, wenn dies gelungen, direkt gegen Wien vorzugehen [4]).

---

[1]) Stille p. 15. Kindl a. a. D., S. 38.
[2]) Stille p. 15. Diese bestimmte Angabe eines durchaus unverdächtigen Zeugen scheint zur Erklärung der Thatsache vollständig zu genügen, wie gegenüber den Anführungen der „Histoire de mon temps" (1746), p. 251, und bei Droysen, S. 401 bemerkt werden mag.
[3]) An Belleisle, den 8. Februar; Polit. Korresp. II, 32.
[4]) Die beiden Pläne im Berliner St.-A.

Also auch für den Fall, daß die Sachsen nach der Besatzung Iglaus schwierig würden, wollte der König sie nicht aus der Hand lassen, sondern sie nur gleichsam in einer weniger gefährlichen und exponierten Weise verwenden. Da nun aber das Motiv, welches die Sachsen schwierig machte, die Entfernung von ihrer Heimat einerseits und der Wunsch, sich von dem französischen Hauptheere nicht zu weit zu trennen, war, so wird es erklärlich, wenn ihnen ein solches Auskunftsmittel, welches sie bloß statt nach Süden weiter nach Osten geführt hätte, nicht allzu sehr zusagte, wie sehr auch die vollständige Eroberung Mährens, welches Sachsen behalten sollte, eigentlich in ihren Wünschen hätte liegen müssen.

Am wenigsten war begreiflicherweise mit der Sache Broglie zufrieden. Ihm sollte, wie wir wissen, der mährische Zug des Königs insoweit Lust machen, als, wie der König annahm, sein Vorgehen die österreichischen Heerführer veranlassen würde, zur Deckung Wiens Böhmen zu räumen und hinter die Taya zurückzugehen, wo dann Broglie Budweis wieder würde einnehmen, und dort das angekündigte französische Ersatzheer abwarten, oder aber die Moldau überschreiten und sich des Königs Heere anschließen können. Ein Unternehmen der Feinde auf Prag befürchtete Friedrich nicht; das mittlere Böhmen, behauptete er, sei so ausgesogen, daß die Österreicher dort nicht durchmarschieren könnten, selbst die Sachsen würden, auch wenn er nicht dazwischen gekommen wäre, ihre Quartiere an der obern Sazawa bald haben aufgeben müssen aus Mangel an Subsistenzmitteln für ihre Kavallerie [1]). Man wird zugeben können, daß alle diese Perspektiven für Broglie nicht sehr tröstlich waren, auch nicht der ihm zugemutete Marsch durch das ausgesogene mittlere Böhmen; am allerschlimmsten aber war es für ihn offenbar, wenn die Sachsen sich mit der Einschließung Brünns begnügten, dann halfen sie ihm bestimmt nichts. Er hätte also eigentlich schon, um dieser Eventualität zu entgehen, lieber ein energisches Vorgehen gegen die Donau befürworten müssen. Aber er fühlte sich überhaupt in äußerst bedrängter Lage.

Ihm drohten jetzt schon auch von Westen her Gefahren; bereits hatten Anfang Februar die Österreicher die Donau bei Straubing erreicht, bei etwas weiterem Vorgehen umfaßten sie ihn auch von dieser Seite, drohten ihn ganz abzuschneiden. Schon war er daran, einen Anschlag gegen Eger zu planen, um wenigstens einen Stützpunkt hier am Ausgange Böhmens in seiner Hand zu behalten. So wandte er das Gesicht gegen Westen zu derselben Zeit, wo König Friedrich ein französisches Corps und die Sachsen von Iglau aus gegen Südosten zu führen Miene machte. Direkt auseinandergehend im eigentlichsten Sinne des Wortes waren die Meinungen der beiden Heerführer. Aber Broglie war entschlossen, sich des Königs Plänen nach Kräften entgegenzustellen.

Polastron erhielt unter dem 27. Januar den Befehl, falls der König nach erfolgter Besatzung Iglaus nicht gegen Böhmen vorrückte, sich von ihm zu trennen, hinter die obere Sazawa zurückzugehen; er hoffe, daß die Sachsen ihm folgen würden [2]).

---

[1]) An Belleisle, den 8. Februar; Polit. Korresp. II, 32.

[2]) Brief, angeführt bei Droysen, S. 402, Anm. 2.

Diese Hoffnung zu verwirklichen, hatte er ein sehr geeignetes Werkzeug zur Verfügung in der Person des Grafen Moritz von Sachsen, der mit dem größten Eifer daran ging, die Pläne des Königs zu kreuzen. Friedrich hatte schon in Olmütz einen Brief des Kurfürsten von Sachsen erhalten, welcher neben den eifrigsten Freundschaftsversicherungen doch die Möglichkeit eines Zurückziehens der sächsischen Truppen zum Zwecke der Sicherung Prags an= gedeutet hatte ¹). Friedrich aber hatte in Erwiderung darauf sehr entschieden die Mitwirkung der Sachsen zu weiterem Vorrücken gegen Znaym und die Taya verlangt und erklärt, er werde, wenn die Sachsen ihn verließen, un= verzüglich Mähren räumen und nach Schlesien zurückgehen, in welchem Falle der Kurfürst von Sachsen die Idee, Mähren für sich zu gewinnen, aufgeben möge ²). „Die Sachsen wollen nicht vorgehen", schreibt er dem Kaiser, „ich bin empört über ihr schlechtes Benehmen" ³).

In Dresden mochte des Königs Drohung wohl Eindruck machen, aber die Köder, welche ihnen Broglie durch den Grafen von Sachsen vorhalten ließ, waren doch allzu lockend. Der letztere wußte Brühl an seiner schwächsten Stelle zu fassen, indem er das Gelüst nach Landerwerb in Böhmen wieder in ihm wachrief. Die Briefe des Grafen vom 4. und 6. Februar sind Meister= stücke in ihrer Art.

Er skizziert hier die politische Situation: Belleisle, der Beschützer des Kurfürsten von Bayern, sei gestürzt, und der Kardinal, der dem letzteren nicht eben wohlgesinnt sei, werde, wenn sich Gelegenheit zu einem vorteilhaften Frieden böte, kein Bedenken tragen, dessen Interesse zu opfern. Jetzt sei Ge= legenheit für Sachsen, sich Frankreich zu Dank zu verpflichten, die einzige Macht, von der Sachsen eine Gunst erwarten dürfe. Freilich dürfe es dann sich nicht dem Könige von Preußen in die Arme werfen, von dem kein Mensch wissen könne, ob er nicht im geheimen mit der Königin von Ungarn einver= standen sei, die Franzosen aus Böhmen hinausjagen zu lassen, wo dann die Sachsen ohne Wahl die Bedingungen anzunehmen haben würden, welche Preußen ihnen vorschriebe. Und was weiter die angebotene Beschützung Sachsens durch das Heer des Fürsten von Anhalt betreffe, so wolle er ihm eine Fabel erzählen: „Gewisse Wölfe schlugen gewissen Hirten einen Vertrag vor zur Bekämpfung der sonstigen Wölfe der Gegend, die Hirten sollten ihnen zunächst alle ihre Hunde ausliefern, damit diese auf die betreffenden Wölfe Jagd machten, sie, die paciscierenden Wölfe, würden inzwischen die Herden bewachen." Die Nutzanwendung möge Brühl selbst machen. An solche poli= tische Erwägungen schlossen sich dann militärische Anerbietungen Broglies an die Sachsen, wie sie Brühl sich kaum hätte besser wünschen können. Der Marschall wollte, wenn sie sich mit ihm vereinigten, ihnen Prag einräumen und sie in den Kreisen Leitmeritz und Saaz Quartiere beziehen lassen, während er selbst vor ihnen die Linie der Wottawa bis Pilsen behaupten würde ⁴). Festsetzung in Böhmen, und sogar in der Landeshauptstadt, gute Quartiere,

---

¹) Man vermag den Inhalt aus der gleich anzuführenden Antwort des Königs vom 4. Februar zu entnehmen.
²) Vom 4. Februar; Polit. Korresp. II, 29.
³) Ebb.
⁴) Die Briefe, mitgetheilt bei Vitzthum a. a. O., S. 428 ff.

Sicherung des eigenen Landes, lauter Dinge, die allerdings mehr locken konnten, als der Feldzug in entlegene Ferne, in welchen sie der König von Preußen fortzuziehen beabsichtigte.

Der Graf von Sachsen verlangte, daß Rutowski, der jetzige Führer der Sachsen, die gleiche Ordre erhielte, wie sie Polastron von Broglie empfangen, nach der Besatzung Iglaus nur dann bei dem Könige zu bleiben, wenn dieser sich gegen Neuhaus wende. Brühl ward durch des Grafen Vorstellungen vollständig überzeugt. „Ich habe", schrieb er zurück, „die Anwendung Ihrer Fabel gemacht und Ew. Excellenz darf überzeugt sein, daß nur über unsere Leiber der Wolf in den Schafstall kommen wird. Lieber einige Dörfer durch die Österreicher verbrannt, als unsere Eingeweide zerrissen." [1])

Inzwischen hatte sich Graf Moritz von Marschall Broglie in das preußische Hauptquartier schicken lassen, da seiner Meinung nach Rutowskis sanfter Charakter nicht genug Festigkeit besitze, um dem Könige von Preußen die Spitze zu bieten, der sehr wirksame Mittel anzuwenden und den andern Teil immer gleich vor die Alternative eines vollständigen Bruches zu stellen wisse [2]).

Friedrich war sehr unangenehm überrascht, als er bei der ersten Begeg= nung mit den Sachsen am 9. Februar in Groß=Bitesch auch den Grafen Moritz vorfand. Er kannte seinen Feind sehr wohl. „Alles wird gut gehen", schrieb er damals an Rutowski, „wenn sich nur nicht der Graf von Sachsen mit seinen Weibernergeleien (tracasseries de femmes) hineinmischt" [3]).

Und in der That begann sofort der Streit. Schon den Marsch gegen Iglau suchte Moritz zu hindern, die Feinde hätten sich dort stark verschanzt, hielten den Ort mit 6000 Mann und 18 Kanonen größtenteils schweren Kalibers, denen die Preußen nur 6 Sechspfünder und einige Haubitzen ent= gegenzustellen hätten. Er machte den Sachsen und Franzosen bange, der König wolle sie gegen das feste Iglau allein vorschicken [4]), und als dieser, alle gehässigen Voraussagungen widerlegend, Preußen gegen die Stadt vorschickte, die dann, ganz wie es der König erwartet hatte, dieselbe vom Feinde geräumt fanden, ward die Sache deshalb keinen Augenblick besser, obwohl selbst in der Umgebung Broglies Stimmen laut wurden, welche dem Könige nun den Argwohn abbaten, mit dem sie bisher seine Pläne angesehen hatten [5]).

Polastron mit seinen 4000 Franzosen hatte in der That bereits ent= lassen werden müssen; der König hatte ihm ein Billet an Broglie mitgegeben, dem es nicht an Bitterkeiten fehlte: Die Manier, ihm in dem Augenblicke, wo er gegen den Feind ziehen wolle, Truppen zu nehmen, sei wenig geeignet, seinen Eifer für die gemeinsame Sache zu beleben. Der König zweifle übrigens nicht, bald von brillanten Erfolgen zu hören, die Broglie, durch das Corps Polastrons verstärkt, erringen werde [6]). Dem Kaiser schreibt er damals: „Ich

¹) Die Stelle angeführt bei Vitzthum a. a. O., S. 441, Anm. 1.
²) Ebd. S. 429.
³) Ohne Ort und Datum im Dresdner St.=A.
⁴) Er berichtet das selbst an Broglie bei Vitzthum, S. 437.
⁵) Vgl. den Brief des Ritters d'Espagnac vom 26. Februar 1742; Campagne des Maréchaux etc. III, 428.
⁶) Den 11. Februar; Polit. Korresp. II, 35.

habe hier mit den Feinden Belleisles, mit den Sachsen und mit den Öster=
reichern zu kämpfen; das ist viel Arbeit auf einmal." [1])

An den Grafen von Sachsen schickte er den General Schmettau mit der
direkten Aufforderung, sich zu entfernen. Dieser aber berief sich auf seine
empfangenen Befehle und blieb, fortfahrend die sächsischen Befehlshaber ein=
zuschüchtern durch die Vorstellung der Gefahren, denen ihre Truppen ausge=
setzt sein würden, wenn sie nach dem Plane des Königs diesem gegen die
Thaya hin folgten, abgeschnitten von Sachsen, zwischen der starken Besatzung
von Brünn und dem Feinde. Unerhört sei es, mit 30,000 Mann bis ans
Ende der Welt marschieren zu wollen ohne Depots, ohne Magazine, ohne Ver=
bindungen, hinter sich einen feindlichen Waffenplatz mit starker Besatzung [2]).

Der König war unmittelbar nach der Besetzung Iglaus weiter marschiert
in südöstlicher Richtung auf die Thaya und Znaym zu, hatte aber in Scheletau
doch schon wieder einige Tage Halt gemacht, weil die Sachsen ihm nicht
folgten.

Friedrich hatte am Tage der Besetzung Iglaus dem Könige von Polen
vorgestellt, das Projekt, die sächsischen Truppen Broglie zuhilfe marschieren
zu lassen, sei jetzt geradezu unausführbar geworden; dieselben würden, um bis
Pisek zu gelangen, einen Monat brauchen und so unter allen Umständen zu
spät kommen, während diese Truppen in Mähren dadurch, daß sie den Feind
nötigten, sich weiter ostwärts zu ziehen, auch Broglie wirksame Hilfe bringen
würden [3]). Aber am Abend desselben Tages empfing er einen Brief des säch=
sischen Kurfürsten, in welchem dieser die Notwendigkeit einer Abberufung der
sächsischen Truppen aussprach. Darauf nun entsendet der König am 15. März
seinen Flügeladjutanten, Grafen Wartensleben, nach Dresden mit einem Briefe,
der nicht ohne Schärfe hervorhob, wie schlimm es sei, wenn große Fürsten der
Welt solch ein Beispiel der Undankbarkeit gäben. Nachdem er, das Schwert
in der Hand, Oberschlesien und den größten Teil von Mähren für den Kur=
fürsten von Sachsen erobert, habe er wohl einen anderen Lohn von diesem er=
warten dürfen. Übrigens handle es sich zunächst ja nur um Winterquartiere
hier in Mähren, da der Schnee und der Schmutz die Fortsetzung der Ope=
rationen unmöglich machten [4]).

Aber noch ehe Graf Wartensleben in Dresden angelangt war, hatte sich
hier bereits wider die Stimmung gewendet. Die französischen Gesandten
Desalleurs und Valori hatten doch ernstlich widerraten, sich ganz dem Könige
von Preußen zu versagen [5]), und Valori berichtete, der letztere hätte geäußert,
wenn die Sachsen ihn bei dieser Gelegenheit im Stiche ließen, würde er ihnen
diesen Streich niemals vergessen noch vergeben [6]). Die Besorgnis war doch
groß, der König von Preußen könne schnell einen Frieden mit der Königin

[1]) Den 11. Februar; Polit. Korresp. II, 36.

[2]) Graf Moritz an Brühl, den 14. Februar; bei Vitzthum, S. 442. 443.

[3]) Polit. Korresp. II, 37.

[4]) Ebd. S. 38.

[5]) Brühl an Rutowski, den 18. Februar: „Man weiß hier nicht, was man thun
soll; Broglie schreit um Hilfe, aber Valori ist anders gesinnt, und er wie Desalleurs
prophezeien das Schlimmste, wenn wir nicht Preußen nachgeben." Dresdner St.=A.

[6]) Angeführt bei Winkler, Die Kriegsereignisse der sächsischen Armee 1741 und
1742; Archiv für sächs. Geschichte VIII, 77.

machen, dann über Sachsen herfallen und dasselbe niederwerfen, ehe die Franzosen Hilfe bringen könnten. So entschloß man sich denn, die sächsischen Truppen wiederum zur Disposition des Königs von Preußen zu stellen, und als Graf Wartensleben in Dresden erschien, konnte ihm Brühl mitteilen, daß sein Verlangen bereits erfüllt sei.

Inzwischen hatte sich Valori sogar selbst in das Hauptquartier Rutowskis begeben, um auf diesen einzuwirken, und fand denselben auch wirklich seinen Argumenten zugänglich, um so unbeugsamer aber den Grafen von Sachsen; zwischen ihm und dem Gesandten kam es zu sehr heftigen Erörterungen [1]), denen allerdings dann die am 19ten abends im Hauptquartier zu Iglau eintreffende Ordre aus Dresden [2]), sich den Befehlen des Königs von Preußen zu fügen, ein Ende machte. Der Graf von Sachsen rief erzürnt aus, dieser kleine Brühl sei nichts als ein schwaches Rohr, auf das sich niemand stützen könne [3]), und reiste erzürnt ab; dem sächsischen Minister aber schrieb er nur die wenigen Worte: „Eine Armee habt Ihr nicht mehr." [4])

Rutowski hatte auf die frühere Ordre seiner Abberufung dem König erklärt, seinen Abmarsch gleich folgenden Tages beginnen zu wollen, und auch auf dessen Ersuchen, noch erst eine Antwort aus Dresden abzuwarten, ablehnend geantwortet, er werde langsam marschieren, so daß ein Gegenbefehl ihn immer noch zur Zeit zurückführen könne. Und langsam war es in der That gegangen, vom 16ten bis zum 19ten war man nicht weiter rückwärts gekommen als von Pirnitz [5]), zwei Meilen südöstlich von Iglau, nach diesem letzteren Orte zurück. Jetzt kehrte er — „außer sich vor Freude", wie er schrieb [6]) — wieder um. Die Freude ist schwerlich groß gewesen. Die Sachsen waren nur widerwillig bei dem Feldzuge. Es mochte ja wohl sein, daß sie in der letzten Zeit Mangel gelitten hatten, da Séchelles, durch die Drohungen seines Chefs geschreckt, das versprochene Brot nicht lange geliefert [7]), sondern es ihnen erst, wenn sie zurückgingen, in der Gegend von Czaslau in Aussicht gestellt hatte [8]). Und jetzt sollten sie hinter den Preußen herziehen, vorlieb nehmen mit dem, was diese ihnen übrig gelassen hatten, und das in dem Lande, welches ihrem Herrn gehören sollte [9]).

Aber immerhin war der Riß zwischen dem Könige von Preußen und den Sachsen zwar nicht geschlossen, aber doch wenigstens zugeklebt, wie ein Zeuge jener Begebenheiten sich ausdrückt [10]). Friedrich setzte zwar seinem Vetter von Sachsen auseinander, wie sehr der Verzug der letzten Tage den Gegnern zustatten gekommen sei, die sich vom ersten Schrecken hätten erholen können. Aber im Grunde war er voll der besten Hoffnung. Er selbst war mit seinen Truppen am

---

[1]) Mémoires de Valori I, 148.
[2]) Die Empfangsbescheinigung Rutowski bei Vitzthum, S. 449.
[3]) Valori, p. 149.
[4]) Vitzthum, S. 447.
[5]) Aus Pirnitz datiert ein Brief des Grafen Moritz vom 17. Februar bei Vitzthum, S. 446, und ein Brief des Königs von demselben Tage an Rutowski ist dahin adressiert; Polit. Korresp. II, 39.
[6]) Anführung bei Droysen, S. 405.
[7]) Anführung bei Vitzthum, S. 435.
[8]) Ebd. S. 439.
[9]) Mémoires de Valori, I. 149.
[10]) Stille, p. 20.

19. Februar in Znaym an der Grenze von Österreich eingerückt, die Sachsen beorderte er nach Teltsch, etwa 3½ Meilen südlich von Iglau. Seine Gedanken flogen hoch; einen von ihm entworfenen Kriegsplan sandte er unter dem 20. Februar an den Kaiser sowie an den Kardinal Fleury. Das neugerüstete französische Heer, 30,000 Mann stark, sollte die Donau entlang durch Öster= reich vorgehen, der Kaiser den Marschall Broglie durch die geworbenen Reichsvölker bis auf gleichfalls 30,000 Mann verstärken und dann gegen Budweis und Neuhaus vorrücken lassen. Er aber, der König, mit seinen neuerdings auch verstärkten Truppen und den Sachsen wollte Brünn, Preß= burg, Wien bedrohen. Ein konzentrierter Angriff dieser drei Heere würde, wie er berechnete, noch vor dem Juli Österreich zum Frieden zwingen.¹).

Wir haben eine Reihe von Briefen des Königs aus jenen Tagen an seinen Freund Jordan. Dieselben verraten im Grunde eine trotz aller auszu= stehenden Beschwerden gehobene Stimmung voll des liebenswürdigsten Hu= mors. „Verlange keine Verse", schreibt er das eine Mal, „von einem Manne, der nichts als Häcksel und Heu im Kopfe hat", und im nächsten Briefe liefert er ihm doch eine poetische Schilderung seines von Heiligenbildern erfüllten Quartieres in Groß=Vitesch, dessen Bewohner dem heiligen Vater die Hände und den Pantoffel küssen, aber doch zugleich an Hexerei, Vampire und Vor= zeichen glauben, ein Aufenthalt, um den ihn der ärgste Feind nicht beneiden würde, und den er in seinem Leben nicht aufgesucht haben würde, wenn nicht der Ruhm, diese Thorheit ihm den Weg dahin gewiesen hätte ²).

Und vierzehn Tage später schreibt er schon aus Znaym demselben, es handle sich um nichts Geringeres, als dem Hause Österreich einen schweren Schlag zu versetzen; in wenigen Wochen werde vielleicht eine Entscheidung fallen für ganz Europa. „Meine Husaren streifen bis vier Meilen vor Wien; Lobkowitz flieht, Khevenhüller eilt herbei, kurz bei dem Feinde totale Konfusion." Und drei Tage später an denselben, er erwarte nächstens einen entscheidenden Kampf und vertraue auf das alte Glück der Preußen ³). Er hatte guten Grund, einen solchen herbeizuwünschen; eine siegreiche Schlacht war, wie die Ver= hältnisse lagen, vielleicht das einzige Mittel, allem Mißtrauen und Übelwollen der Verbündeten zum Trotze die Unternehmung zu glücklichem Ende zu führen. Es kam darauf an, ob die österreichischen Heerführer sich zum Kampfe stellen würden.

Als Herzog Karl von Lothringen mit dem Beginne des Jahres 1742 den Oberbefehl über die österreichischen Heere in Böhmen übernahm ⁴), war er zu energischem Vorgehen gegen Broglie, zur Wiedereroberung von Prag entschlossen ⁵), ohne sich durch das Vordringen Schwerins in Mähren stören zu lassen. Aber als nun König Friedrich selbst an der Spitze einer größeren Heermacht in Mähren erschien, ward man doch um Wien besorgt, und ganz wie es Friedrich vorausgesehen hatte, verlangte Maria Theresia, daß das Hauptheer aus Böhmen herbeikomme, um Brünn und Niederösterreich zu

---

¹) Polit. Korresp. II, 42.
²) Oeuvres XVII, 148. 149, vom 11. Februar.
³) Ebd. p. 150 u. 151.
⁴) Unter dem 1. Januar 1742 zeigt Großherzog Franz dem Fürsten Lobkowitz an, daß er nach Wien zurückgehe und das Kommando seinem Bruder Karl übergebe.
⁵) Angeführt bei Arneth II, 32.

schützen. Aber Herzog Karl trug Bedenken, sich dieser schwierigen Aufgabe zu unterziehen, ohne für die Heeresabteilungen, welche er doch unter allen Umständen in Böhmen zurücklassen müßte, einen Ersatz zu erhalten, der dann natürlich nur von Khevenhüller gegeben werden konnte. Der Prinz verlangte eine derartige Detachierung mit dem Bemerken, „man müsse vorerst in den eigenen Landen das Kriegsfeuer zu verlöschen trachten, bevor man es auf feindlichem Gebiete zu entzünden versuche". [1]) So erhielt denn Khevenhüller Anfang Februar den Befehl, 4 Regimenter Infanterie, 2 Kavallerie und 3000 Kroaten, in Summa 12,000 Mann seines Heeres, also den bei weitem größten Teil desselben unter Zurücklassung eines zuverlässigen Generals zur Behauptung der bisher gemachten Eroberungen über die Donau und durch die Oberpfalz nach Böhmen dem Herzog Karl zuzuführen [2]).

Es war erklärlich, daß es Khevenhüller über alle Maßen schwer fiel, den Schauplatz seines Ruhmes und seiner Siege zu verlassen und sich den Befehlen eines jungen Prinzen unterzuordnen, von dessen Feldherrntalente er eine nicht allzu hohe Meinung hatte. Er remonstrirte aufs eifrigste gegen den erhaltenen Befehl. Es sei ganz unmöglich, wie die Königin es wünsche, den zu entsendenden Truppen für einige Zeit die Lebensmittel aus Bayern mitzubringen; und wenn man ganz Bayern besetzt habe, werde man nicht so viel Fahrzeuge aufbringen können. Sollte es bei der befohlenen Entsendung bleiben, so könne diese auch nur über Linz und Freistadt ausgeführt werden. Übrigens sei der ganze mährische Zug der Preußen bloß ein Plan Schmettaus, ausgesonnen, um ihn (Khevenhüller) aus Bayern herauszubringen. Um so weniger müsse man das thun. In Böhmen sei für die österreichische Armee keine Gefahr vorhanden: den Franzosen sei man weit überlegen; der einzige gefährliche Feind, der König von Preußen, könne doch, wenn man es recht bedenke, nicht allzuviel Schaden thun; in Ungarn einzubringen, könne derselbe nicht wagen, er würde dort nicht Subsistenzmittel für sein Heer finden, und die Insurrektion würde ihn bei jedem Schritte hindern. Wolle er bloß Mähren erobern, so werde er längere Zeit mit der Belagerung von Brünn zu thun haben; ein weiteres Vorrücken in Niederösterreich werde aus Rücksichten der Truppenverpflegung sehr schwer durchzuführen sein. Eine Belagerung Wiens sei kaum von ihm zu fürchten, dazu würde er die Donau überschreiten müssen, was er aus Furcht, abgeschnitten zu werden, sicherlich nicht wagen werde, ganz abgesehen davon, daß Wien sich jetzt in sehr gutem Verteidigungszustande befinde. Auch werde der König bald notgedrungen seine Operationen fürs erste einstellen müssen, da bei dem Aufgehen des Schnees die Wege ganz unpraktikabel werden würden. Der Gedanke, Bayern zu erobern, habe sich als der glücklichste in dem ganzen Feldzuge erwiesen. Hätte man ihn gleich ausgeführt, sowie Neippergs Heer disponibel geworden, man würde nimmermehr Prag verloren haben. Jetzt käme es darauf an, so lange als möglich sich in Bayern zu soutenieren, das Land zu enervieren, durch Verführung aller Vorräte

---

[1]) Angeführt bei Arneth II, 33.
[2]) Der Brief Maria Theresias ist vom 5. Februar, angeführt bei Arneth II, 33 und 468 (wo infolge eines Druckfehlers in Anm. 8 statt des 5. der 8. Februar angegeben ist); doch läßt der auf S. 466 angeführte Brief Khevenhüllers vom 3. Februar vermuten, daß schon ein früherer Brief der Königin die Notwendigkeit einer Entsendung von Truppen hervorgehoben hat.

nach Oberösterreich dem Kurfürsten alle Hilfsquellen zu entziehen. Schon rücke ein neugeworbenes französisches Corps heran, wie wichtig sei es, daß er diesem entgegengehe und es schlage. Er bitte daher, ihn fürs erste noch in Bayern zu lassen [1]).

Während sich Khevenhüller so der Ausführung des ihm gewordenen Befehles zu entziehen suchte, ging er tapfer vorwärts, gewann am 12. Februar die bayerische Hauptstadt und bedrohte bald den Waffenplatz Straubing an der Donau.

Aber die Königin blieb fest; Khevenhüllers Vorstellungen bewirkten nur soviel, daß wenigstens die beiden Kavallerieregimenter, die ihm ursprünglich mit abgefordert waren, ihm belassen wurden; die übrigen Truppen setzten sich am 22. Februar nach Oberösterreich in Bewegung, und Mitte März sollten sie, wie der Feldmarschall berechnete, in Linz eintreffen.

Es war allerdings mit diesen Verhandlungen viel Zeit eingebüßt worden. Maria Theresia hatte in dem warmen Anerkennungsbriefe, den sie ihrem einzigen siegreichen Feldherrn geschrieben (im Januar 1742), ihn aufgefordert, seinem Lehrer, dem Prinzen Eugen, auch fernerhin nachzustreben [2]). Ihn hatte sich nun Khevenhüller auch in dem Vorrechte, den Befehlen des Hofkriegsrates nicht unbedingt zu gehorchen, zum Vorbilde genommen, und auch ihm hat schließlich der Erfolg recht gegeben. Wäre Khevenhüller auf den ersten Befehl hin mit dem größten Teil seiner Kriegsmacht selbst nach Böhmen aufgebrochen, dann wäre man sicherlich auch weiter gegen die vereinigten Sachsen und Preußen vorgerückt, und die Schlacht, welche dann bei Chotusitz im mittleren Böhmen geschlagen worden ist, würde an der Südgrenze Mährens erfolgt sein, und bei gleichem Ausgange wie nachmals bei Chotusitz wäre die Lage der Königin eine fast verzweifelte geworden, und ein Friedensschluß hätte ganz andere Opfer gefordert als der von Breslau.

Jedenfalls ist die verlorene Zeit nur den Österreichern zugute gekommen, wie wir bald des näheren sehen werden.

Bis nun das böhmische Heer zu ihrer Verfügung stand, mußte die Königin sehen, wie sie die Fortschritte des Königs von Preußen aufhalten könnte. Sie setzt um diese Zeit ihrem Schwager auseinander: wenn man von zwei Feinden angefallen werde, sei es eine Grundregel, daß, während man den einen „zu dämpfen" sich bemühe, „dem anderen nur Einhalt zu thun gesucht werden müsse" [3]). So lange man nun noch nicht daran denken konnte, den König von Preußen „zu dämpfen", mußte man also suchen, ihm wenigstens „Einhalt zu thun". Dazu werden zwei Mittel gewählt. Das eine war die Sendung Pfütschners, von der schon erzählt worden ist, und von welcher, wie wir wissen, sich die Königin selbst keinen wesentlichen Erfolg versprach; das andere die Entfesselung von Widerstandskräften aus ihrem Volke selbst.

Am 3. Februar hatte sie in Wien Vertreter von Adel, Klerus und Bürger-

---

1) Ausführliche Mitteilungen aus Khevenhüllers Denkschrift in dem Memoire des General Brown über den Erbfolgekrieg im Wiener Kriegsministerial-Archive; Abschrift davon im Breslauer St.-A. I, f. 270.
2) Arneth II, 9.
3) Vom 27. Januar in dem erwähnten Memoire Browns a. a. O. I, 69.

schaft zu sich auf die Favorite berufen, um ihnen ihren Entschluß, den Kampf gegen ihre Feinde mutig fortzusetzen, anzukündigen, zugleich aber sich auch der Gesinnung ihres Volkes zu versichern, wo dann auf die einmütige Zu= stimmung der Versammlung der päpstliche Nuntius den einzelnen aufs neue das Gelöbnis unverbrüchlicher Treue abnahm [1]).

Zehn Tage später, unter dem 16. Februar, rief sie das Volk in Ungarn und Mähren zur Verteidigung des Landes und zur Vertilgung der einge= drungenen Feinde auf. Der von dem mährischen Gubernium erlassene Aufruf wandte sich besonders an die Hannaken und Wallachen, „deren Vorfahren sich von uraltersher in Tapferkeit und Kriegsthaten berühmt gemacht", und verhieß Erlaß der alten Kontributionsreste u. s. w., künftige Erleichterungen in der Kontribution und dem Salzzolle, die Wahl eigener Anführer, Aus= rüstung mit Munition in Brünn und Stalitz, Überlassung des Erbeuteten ꝛc. [2])

Die Proklamation machte großen Eindruck, und da die englischen Subsidien Mittel gewährten, Waffen und Geld zu liefern, rotteten sich noch im Laufe des Februar Schwärme an den Grenzen zusammen, die den Preußen beschwer= lich wurden, allerdings nicht minder auch den Edelleuten, die zuweilen von den Preußen Schutz vor jenen räuberischen Haufen ersehnten [3]), ja selbst den Pfarrern, die auch vielfach gebrandschatzt und geplündert wurden [4]). Ein Herr von Seblnitzki erhielt die Erlaubnis, ein Corps von 4000 mährischen Walachen zu errichten [5]). Auch erhielt diese Art Landsturm an den jetzt erst ins Feld rückenden neuen ungarischen Regimentern eine gewisse Stütze, wie denn z. B. das neue Husarenregiment des General Ghillanyi am 1. März in Mährisch=Neustadt einrückte [6]).

Die Entzündung eines Volkskampfes hat immer die Folge, den Krieg er= bitterter und grausamer, die Verwüstungen schlimmer zu machen. Hier in Mähren war, wie wir früher sahen, bei Schwerins erstem Vorgehen von= seiten der Österreicher eine Zeit lang der Schein gewahrt worden, als sei man ungewiß, ob man die Preußen wirklich als Feinde zu behandeln habe; es war ja vorgekommen, daß der Kommandant von Brünn preußische Gefangene einfach wieder freigelassen hatte [7]). Dem gegenüber mochte es wie eine Art von erneuter Kriegserklärung gelten, als am 31. Januar General Truchseß den Hauptmann v. Korff nach Brünn zu dem Kommandanten schickte, um namens des Königs die Erklärung abzugeben, derselbe begehre nicht das min= deste von Mähren, fühle sich jedoch verpflichtet, nachdem der Kurfürst von Bayern einstimmig zum Kaiser erwählt sei, zu dessen Verteidigung die Waffen zu ergreifen. Baron Seherr erwiderte, er werde von dem Gehörten nach Wien Mitteilung machen, behandelte im übrigen den Offizier sehr freundlich [8]). Auch

---

[1]) Angeführt bei Ranke, Preußische Geschichte (Ges. Werke XXIX, 14); und man wird seiner erneuten Versicherung auch gegenüber den Zweifeln Arneths II, 464 und Droysens V, 1. S. 407, Anm. 2 nicht wohl den Glauben versagen können.
[2]) Moravia 1840, S. 4. Ens, Oppaland II, 142.
[3]) Bericht Schwerins vom 27. Februar; Berliner St.=A.
[4]) Stille, p. 27.
[5]) Österr. militär. Zeitschr. 1827, 4. S. 42.
[6]) Moravia 1840, S. 48.
[7]) Kindl a. a. O., S. 24, berichtet das, als sei es Mitte Januar erfolgt.
[8]) Bericht aus Wischau an Truchseß vom 31. Januar; Berliner St.=A.

nach Ungarn an den Feldmarschall Palfy entsandte Schwerin Anfang Februar seinen Adjutanten Lepell mit der Aufforderung, die neuausgehobenen Truppen in Ungarn zurückzuhalten, in welchem Falle auch die Preußen keine Feind=seligkeiten gegen Ungarn vornehmen, andernfalls aber mit Feuer und Schwert gegen dasselbe vorgehen würden. Palfy berief sich auf die Befehle der Kö=nigin, die er auszuführen habe, wie lebhaft er auch sonst eine gütliche Ver=ständigung zwischen derselben und dem Könige herbeiwünsche. Er bäte übrigens, nicht mehr an ihn zu schicken, sondern an seinen Hof [1]).

Wenn in dem allem noch Ideen einer gesuchten Verständigung zu liegen schienen und die Österreicher sogar aus dem Umstande, daß die Preußen mehrere Male, auch wo sie es zu hindern in ihrer Hand zu haben schienen, Verstärkungen und Zufuhren hatten nach Brünn gelangen lassen [2]), schließen wollten, es sei doch denselben kein rechter Ernst mit dem Kriege, so nahm dagegen nach dem Eintreffen des Königs in Mähren und dem Aufrufe der Königin der Krieg eine furchtbare Gestalt an, und das unglückliche Land ward auf das schwerste heimgesucht. Der König selbst verfuhr rücksichtsloser und härter, als es sonst seine Art war. Er hatte, als er eintraf, zu seinem Miß=vergnügen wahrgenommen, daß Schwerin die Magazine nicht so gefüllt hatte, wie er es verlangte, und erzürnt über dessen unzeitige Milde, beschloß er, das Versäumte möglichst wieder gut zu machen; so wurden denn die schwersten Lieferungen ausgeschrieben und mit Strenge eingetrieben, hohe Kontributionen auferlegt und auch eingezogen [3]), und außerdem ward eine zwangsweise Re=krutierung in großem Maßstabe vorgenommen, bei welcher z. B. der Olmützer Kreis sich mit 1023 Mann zu beteiligen hatte [4]). Als nachmals Podewils nach Olmütz kam, bestürmten ihn einige Großen des Landes mit Bitten um seine Verwendung; aber der König wies dieselbe zurück mit den Worten: „Sie wissen nicht, was Krieg heißt, die Depesche Pollmanns (Gesandten am Reichstage in Regensburg) wird Ihnen zeigen, daß die Österreicher in Bayern noch ganz anders verfahren." [5]) Sein Kabinettsrat Eichel mußte dem Mi=nister noch weiter in dieser Sache schreiben: „Entweder der Wiener Hof braucht einen Frieden mit mir oder nicht; ersterenfalls wird alles Mißver=gnügen dieser Leute, von welchen man nichts verlangt, als was die raison

---

[1]) Die einschlagende Stelle der Korrespondenz mitgeteilt bei Droysen, S. 399, Anm. 1. Übrigens verdient auch hier wieder darauf aufmerksam gemacht zu wer=den, daß hier nicht von dem Massenaufgebote der Ungarn die Rede ist, wozu der Aufruf ja erst den 13. Februar erlassen ward, sondern von den im September 1741 bewilligten neuen ungarischen Regimentern, welche erst in jenen Tagen marschfertig sich gesammelt hatten.

[2]) Österr. militär. Zeitschr. a. a. O., S. 48.

[3]) Der Kreis Olmütz z. B. hat in den zwei Monaten März und April 202,196 fl. zu zahlen gehabt, wovon auf die Hufe (Lahn) 13 fl. 31 kr., auf einen herrschaft=lichen Kamin 3 fl. 57 kr., auf einen unterthänigen 1 fl. 10 kr. kamen. Mährisches Notizenblatt 1864, S. 57. Der Prälat des Stiftes Raygern wurde, weil er eine Kontribution von 15,000 fl. nicht herbeizuschaffen vermochte, längere Zeit gefangen gehalten.

[4]) Mährisches Notizenblatt 1864, S. 57. In der betreffenden Verfügung wird die Gestellung der Rekruten als „nach Landessitte" erfolgend bezeichnet. Dagegen erklärt Khevenhüller diese Maßregel für eine bei Christen unerhörte Art. Browns Memoire a. a. O. I, 37.

[5]) Den 5. April; Polit. Korresp. II, 107.

de guerre erlaubt, den Frieden nicht hindern, andernfalls würde es den Wiener Hof nicht pliabler machen, wenn man aus dem ganzen Lande nicht das Geringste nähme; haben diese Familien etwas in Wien zu sagen, so mögen sie das Accommodement befördern, alsbann Se. Majestät wegen der geforderten Geldsummen sich généreux zeigen würde; könnten Sie aber in Wien nichts ausrichten, so sehe Se. Majestät nicht ab, warum ihnen nicht das geschehen sollte, was den bayerischen Landsassen von den Österreichern wider=fahren." [1]

Während nun der König mit dem ersten Treffen seines Heeres, Brünn links lassend, bis Znaym vorgegangen war, hatte das zweite Treffen, dessen Befehlshaber, Schwerin, in Olmütz krank darniederlag, sich an der March vor=geschoben, am 18. Februar den wichtigen Punkt Hradisch, unweit der unga=rischen Grenze, besetzt und dann sich ostwärts wendend über Austerlitz, Pohrlitz, Kanitz eine zweite Linie von Postierungen hergestellt, welche den Aufstellungen des Königs an der Thaya einige Meilen weiter nördlich parallel lief.

Der König war, nachdem er Znaym besetzt, noch einige Meilen weiter über die Thaya nach Oberösterreich bis Rötz vorgerückt, wo er einen ge=eigneten in der Front durch doppelte Wasserläufe geschützten und auch an den Flanken gut angelehnten Lagerplatz gefunden hatte [2]. Am 21. Februar ent=sandte er 3 Bataillone Infanterie unter Oberst Schmettau und 2000 Reiter, Dragoner und Husaren, unter General Posadowsky, um in den südlichsten Teil von Mähren von Nikolsburg an und in Niederösterreich Kontributionen auszuschreiben und Requisitionen vorzunehmen zur Füllung seiner Magazine; und eine vom 26. Februar aus Stein datierte preußische Proklamation ver=langt von den Bewohnern Ober= und Niederösterreichs unter schwerer Drohung pünktliche Entrichtung der Kontributionen und Lieferungen, deren Ausschreibung als Vergeltung bezeichnet wird für die Ungebührlichkeiten, welche die österreichischen Truppen in den Landen des erwählten römischen Kaisers und Kurfürsten zu Bayern vornähmen [3].

Jener Streifzug hatte den besten Erfolg; was man von Feinden antraf, einige Abteilungen Husaren und einige Schwadronen Kürassiere wich bis über die Donau zurück, und selbst in Wien erschrak man, als die Husaren Zietens sich schon in Stockerau, wenige Meilen donauaufwärts von Wien, blicken ließen [4]. Nach Ablauf einer Woche, am 28. Februar, kehrte das De=

---

[1] Mitgeteilt bei Droysen, S. 406, Anm. 1.

[2] An den Erbprinzen von Dessau, den 25. Februar 1742; bei Orlich I, 413. Wenn man aus dieser Stelle schließen möchte, daß des Königs Hauptquartier in Schloß Rötz gewesen sei, so erscheinen dagegen seine Briefe in jener Zeit immer aus Znaym datiert.

[3] Die Proklamation abgedruckt bei Olenschlager, Geschichte des Interreg=nums ꝛc. III, 249. Unterschrieben ist die Proklamation merkwürdigerweise von Schwerin, General de Prusse, während doch der Feldmarschall Schwerin in Olmütz krank dar=nieder lag.

[4] Man möchte glauben, daß derartige weit ausgedehnte Streifereien zweimal ausgeführt worden sind. Stille berichtet in einem vom 28. Februar datierten Briefe (S. 22), daß bei der eben erwähnten Expedition Posadowskys man bis vier Meilen vor Wien gekommen sei, und dasselbe erwähnt der König in einem Briefe an Jordan vom 25. Februar (Oeuvres de Fr. 17150). Aber derselbe schreibt dann auch zu einer Zeit, wo jene Expedition am 28. Februar bereits zurückgekehrt war, am 1. März,

tachement mit vollen Händen wieder ins Lager zurück, die Österreicher aber zogen, um solchen Streifzügen entgegentreten zu können, das Husarenregiment Esterhazy heran, das, durch ungarische Insurgenten verstärkt, unter dem Kommando des bewährten Reitergenerals Baranyay sich östlich von Rötz bei Poisdorf aufstellte, Posten nach allen Seiten hin vorschiebend [1]).

Der König hatte schon wieder neue Schwierigkeiten mit seinen Verbündeten. Es verlangte jetzt auch der Kardinal Fleury, daß er gegen Neuhaus vorgehe, und Graf Moritz von Sachsen konnte Brühl einen Brief des Kardinals vorlegen mit der Aufforderung, den Zuzug der Sachsen zu Broglies Heere herbeizuführen [2]). Der König setzte noch einmal dem Kardinal auseinander, daß ein Zug gegen Neuhaus unmöglich sei, einmal aus Verpflegungsrücksichten und dann weil der Feind dann sogleich hinter den Teichen von Wittingau eine ganz unangreifbare Zuflucht finden würde [3]).

Die Sachsen standen in dieser Zeit unthätig, abgesehen von einem kleinen Erfolge, den ihre Ulanen gegenüber österreichischen Husaren in Teltsch erfochten, deren sie eine Anzahl getötet und 150 gefangen genommen hatten [4]), in und bei Iglau, zuweilen Mangel an Lebensmitteln leidend und jedenfalls wenig zufrieden mit ihrem Schicksale. Am 28. Februar hatte ein blinder Lärm von einem Anrücken des feindlichen Heeres sie bewogen, Iglau eilig zu räumen [5]), wohin sie jedoch zwei Tage später, als der Ungrund jenes Gerüchtes sich herausgestellt hatte, wieder zurückkehrten.

Über den ganzen Vorfall sehr erzürnt, schreibt der König: „Die Sachsen haben Iglau auf das schnödeste preisgegeben, sie haben eine ungemessene Furcht vor dem Feinde und wollen gar nichts thun; hätte Cäsar solche Soldaten gehabt, nicht ein Dorf würde er von Gallien erobert haben." [6])

Es lag nahe, daß er unter solchen Umständen an eine größere Konzentration der ganzen Aufstellung dachte. Es mahnte vieles zur Vorsicht. Feindliche Husaren unterbrachen oft genug die Verbindung mit Olmütz, fingen Briefe und Transporte ab; von Ungarn her mußte er erwarten, mehrere neue Regimenter [7]) gegen sich in den Kampf eintreten zu sehen, an 15,000 Mann, die Irregulären ungerechnet [8]), und zugleich war er jeden Augenblick darauf gefaßt, sich südlich von der Thaya dem österreichischen Hauptheere gegenüber zu finden [9]).

---

gestern seien preußische Truppen bis zwei Meilen vor Wien gewesen (Polit. Korresp. II, 63), und dann dasselbe noch einmal am 2. März (ebd. II, 64).

[1]) Österr. militär. Zeitschr. 1827, 4. S. 56.
[2]) Vom 15. Februar; bei Vitzthum, S. 452.
[3]) Den 27. Februar; Polit. Korresp. II, 59.
[4]) Stille, S. 22.
[5]) Ebd. S. 24.
[6]) Den 2. März an Valori; Polit. Korresp. II, 64, und in gleichem Sinne an Kaiser Karl VII. ebd.
[7]) Von der im September 1741 beschlossenen Aushebung, die jetzt erst marschbereit geworden waren.
[8]) So in vier verschiedenen Briefen des Königs erwähnt; Polit. Korresp. II, 64. 66 u. 67.
[9]) Schon gegen Ende Februar hat Valori aus Prag die Absicht des Prinzen Karl, nach Empfang der Verstärkungen, die Khevenhüller schicken sollte, gegen den König zu marschieren, diesem mitgeteilt. Brief des Königs an Broglie vom 27. Februar; Polit. Korresp. II, 58. Wie wir wissen, und noch näher sehen werden, hat sich die

Der König zog deshalb aus Schlesien von seinen Truppen noch 6 Bataillone und 20 Schwadronen an sich [1]) und forderte die Sachsen auf, ihm näher zu rücken, ihn in Znaym abzulösen und von da an in weitem Halbkreise Brünn einzuschließen, während er selbst weiter westlich von Laa an die Linie der Thaya und der unteren Schwarzawa besetzen und so Brünn von Ungarn und Niederösterreich abschneiden wolle [2]).

Es war das noch nicht ein direkter Befehl, sondern mehr ein Vorschlag, über welchen der König Rutowskis Meinung zu hören wünschte, doch dieser, längst mit seiner Stellung unzufrieden und nun doppelt verstimmt seit der ärgerlichen Affaire von Iglau, suchte einen Vorwand zu einer Reise nach Dresden, und als er sich dem König empfahl, gab dieser ihm einen freundlichen Brief an seinen Halbbruder, den Kurfürsten, mit, und das Ersuchen, die Artillerie zur Belagerung von Brünn zu liefern [3]). So freundlich die Abschiedsaudienz war, so empfand man doch im preußischen Hauptquartier, daß der sächsische General nicht mehr wiederzukommen gedächte [4]); der Oberbefehl über die Sachsen fiel nun dem Ritter von Sachsen zu.

Schon empfand inzwischen der König die Nähe des Feindes. Am 6. März wagten 600—800 feindliche Husaren einen Angriff auf die Glasenappschen Grenadiere in Bulla, wenig über eine Meile südwestlich von dem Hauptquartiere in Rötz, der allerdings tapfer abgeschlagen wurde [5]), aber doch die steigende Kühnheit der Österreicher erkennen und daraus auf die Zuversicht erwarteten Succurses schließen ließ. Deserteurs brachten die Nachricht, daß General St. Ignon mit 2000 Reitern bei Horn in Oberösterreich Posto gefaßt habe, als Vorbote des erwarteten größeren Heeres, und ein am 7. März aufgefangener Brief brachte die bestimmte Nachricht, daß demnächst Fürst Lobkowitz durch Entsendungen Khevenhüllers verstärkt in Niederösterreich eintreffen würde, während auf der anderen Seite die ungarischen Regimenter bei Göding in Mähren eindringen und die ungarische Miliz im Hradischer Kreise sich ansammeln und so der Feind in der Front bedroht, dann zugleich auf der Flanke und im Rücken gefaßt werden sollte [6]).

Der König erkannte, daß die Diversion der Ungarn vornehmlich den inzwischen aus Schlesien nachrückenden Truppen gefährlich werden könne, wie

Ausführung jenes Vorhabens lange verzögert, und im Lager Broglies hatte man Interesse daran, jeder Nachricht von einem beabsichtigten Abmarsche der Österreicher aus Böhmen, den Glauben zu versagen und zu thun, als seien diese Nachrichten nur Äußerungen und Vorspiegelungen des Königs von Preußen, wie z. B. Graf Moritz von Sachsen unter dem 12. März an Brühl schreibt: „Herzog Karl von Lothringen ist noch immer in Budweis allem Gerede und Gethue Sr. preußischen Majestät zum Trotz." (Vitzthum, S. 455.)

   [1]) Angekündigt zuerst in einem Briefe an Belleisle, den 27. Februar; Polit. Korresp. II, 60.
   [2]) An Rutowski, den 2. März; ebd. S. 65.
   [3]) Ebd. S. 72.
   [4]) Stille, S. 23, der jedoch bereits vor dem 28. Februar die Abreise Rutowskis erfolgen läßt (Winkler, Kriegsereignisse der sächsischen Armee, Archiv für sächs. Geschichte VIII, 78, giebt den 7. April an, vielleicht nur infolge einer Verwechselung mit 7. März), während der erwähnte Brief des Königs, den Rutowski mitnehmen sollte, vom 6. März datiert.
   [5]) Stille, S. 24.
   [6]) Ebd. S. 25.

denn bereits am 3. März das Regiment Lamotte zwischen Neutitschein und Weißkirchen von zwei Fahnen Wallachen angefallen wurde, deren man sich allerdings ohne alle Verluste zu erwehren vermocht hatte [1]). Der König beschloß dagegen Maßregeln zu ergreifen.

Er ließ den Generalmajor, Prinz Dietrich von Anhalt, mit etwa 5500 Mann zu Fuß und 3000 Reitern [2]) gegen die ungarische Grenze vorgehen. Am 10. März rückte derselbe aus den Quartieren von Rötz gegen Göding vor, die mährische Grenzstadt an der March, nahe dem Winkel, wo die Grenzen von Niederösterreich und Ungarn zusammenstoßen. Das Schloß, welches 350 Mann ungarische Milizen besetzt hielten, erklärte der Kommandant, Graf Erdedy [3]), bis auf den letzten Mann verteidigen zu wollen; doch als der Prinz vier 12pfündige Geschütze auf das Schloß richten ließ, zwangen nach den ersten Schüssen die Mannschaften ihren Befehlshaber zur Übergabe [4]).

Am 13ten früh erzwang der Prinz wenig oberhalb Göding bei Rohatetz den Übergang über die March, worauf General Ghillanyi, der mit 4000 Insurrektionshusaren hier stand, nach Ungarisch-Brod nordöstlich zurückwich [5]). Aber Dietrich folgte ihnen auch hierher am 14ten, und obwohl man hier noch einige Scharen uniformirter Walachen fand, so stob doch alles beim Anrücken der Preußen in die Gebirge auseinander. 34 ungarische Husaren wurden auf dem Wege nach Ungarisch-Brod gefangen genommen, dort dann noch 4 Offiziere, 178 Gemeine, 109 Pferde [6]). So ging es weiter am 17ten, am 18ten über Malenowitz nach Freistädtel, bis Meseritsch im Prerauer Kreise, wo der Prinz am 21. März anlangte, und von wo er, nachdem er so das ganze linke Marchufer gesäubert hatte, am 30. März in dem Hauptquartiere des Königs Selowitz südlich von Brünn wieder eintraf [7]), als Gefangene 10 Offiziere, 596 Gemeine und 24 Geschütze mit sich führend [8]).

Eine weitere Ausdehnung des Zuges bis gegen Troppau und Neu-

---

[1]) Bericht Lamottes vom 3. März; Berliner St.-A.

[2]) Die Regimenter Glasenapp, Voigt, Selchow, je ein Bataillon Derschau und Prinz Moritz von Anhalt nebst 3 Grenadierbataillonen, an Kavallerie je 5 Schwadronen Gensdarmen, Karabiniers, Posadowsky, Kannenberg.

[3]) Diesen Namen hat die Autobiographie des Prinzen Dietrich im Zerbster Archive f. 40. Kindl a. a. O., S. 53, nennt an seiner Statt den Oberst-Wachtmeister Giulay.

[4]) Mit der Darstellung des Prinzen a. a. O. stimmt die bei Stille, S. 18, der dem Berichte des von dem Prinzen ins Hauptquartier abgesendeten Kapitäns v. Blankensee folgt, überein, und auch die Österr. militär. Zeitschr. 1827, 4. S. 57 giebt zu, daß sich die Milizen ohne Widerstand ergeben hätten. Was Kindl a. a. O., S. 53 über einen hier von 2 Uhr nachmittags bis gegen Mitternacht geleisteten Widerstand berichtet, wird sich daher nicht wohl halten lassen.

[5]) Bericht des Prinzen aus Stalitz vom 13. März im Berliner St.-A. und Österr. militär. Zeitschr. a. a. O.

[6]) Bericht vom 15. März; Berliner St.-A.

[7]) Über Weißkirchen (den 26. März), Prerau (den 27. März), Kojetin (den 28. März), Wischau (den 29. März).

[8]) Stille, S. 38. Für des Königs Angabe in seinen Memoiren (1746), S. 252, Prinz Dietrich habe 1200 Kriegsgefangene gemacht, vermag ich keinen weiteren Beleg anzuführen. In einem Briefe an Jordan (allerdings vom 17. März; Oeuvres XVII, 156) spricht er von 600 ungarischen Gefangenen, was ja mit der im Texte gegebenen Zahl stimmen würde.

titscheiu, wie sie der König zur Abwehr eines Einfalls von Ungarn aus nach Oberschlesien ursprünglich im Sinne gehabt hatte [1]), scheint also inzwischen nicht mehr nötig erschienen zu sein.

Währenddessen hatte der König noch an demselben Tage, an welchem jener aufgefangene Brief in seine Hände gekommen war, am 7. März die Sachsen näher an sich beordert, ihnen Stellungen auf einer Linie zwischen Budwitz und Znaym angewiesen [2]), von ihnen auch die Einschließung von Brünn auf dieser Seite verlangt. In Znaym ließ ihnen der König Magazine, die er aus Österreich zu füllen Sorge getragen hatte [3]).

Der König selbst war am 9. März mit seinen Truppen aus seinen Quartieren an der Thaya aufgebrochen nordöstlich nach Irritz, Pohrlitz, um dann vom 13ten ab in Selowitz etwa 2½ Meilen direkt südlich von Brünn, wo auf der linken Flanke die Schwarzawa, in der Front ein der Schwarzawa zufließender Bach und rechts ein Teich erwünschte Deckung gewährten, für längere Zeit sein Hauptquartier zu nehmen, während seine Truppen auf dieser Seite Brünn einzuschließen hatten. Der Rückzug war nicht ohne Kampf vor sich gegangen. In der Nacht vom 10ten zum 11ten hatten die Österreicher mit Hilfe des Landvolkes die Brücken über die Thaya zerstört [4]), so daß das zweite Bataillon des Regimentes Prinz Moritz jenseits des Flusses abgeschnitten schien. Oberst Blankensee mit 2 Bataillonen Sydow wurde eilig zurückbeordert und vermochte die Kameraden glücklich über den Fluß herüberzubringen, im Kampfe mit 1200 feindlichen Reitern [5]). Die preußischen Truppen umschlossen in engem Kreise die Stadt Brünn, und vielleicht die exponierteste Stellung hatte General Truchseß angewiesen erhalten, der auf dem äußersten rechten Flügel der preußischen Aufstellung die 2 Bataillone seines Regimentes so postiert hatte, daß das zweite bei Slapanitz, etwa 2 Meilen östlich von Brünn; das erste aber, das noch dazu bis auf 122 Rotten, also 366 Mann zusammengeschmolzen war, nordwestlich davon in dem Flecken Lösch, der nur 1 Meile von Brünn entfernt war und dabei von Bergen so dicht eingeschlossen, daß man, wie Truchseß berichtet, von denselben mit Pistolen in den Ort hineinschießen konnte.

Truchseß mochte wohl die Tollkühnheit, die in dieser Postierung lag, selbst einsehen und verlor deshalb keinen Augenblick, an den Zugängen Verhaue anzulegen und seine Truppen um das Schloß zu konzentrieren. Die

---

[1]) Unter einen Kabinettsbrief an den Prinzen Dietrich aus Pohrlitz, den 11. März, schreibt der König eigenhändig: „Wenn Sie gegen Meseritz mit das Krop fertig seind, und es an dem ist, daß die Ungarn über der Jablunka nacher Oberschlesien bringen, so müssen Sie ihr Corps gegen Troppau und Neutitschein ziehen und Schlesien decken. Adieu F." (Archiv zu Zerbst.)

[2]) An den Ritter von Sachsen; Polit. Korresp. II, 73. Es verdient doch betont zu werden, daß es in dieser Ordre ausdrücklich heißt: „Vous aurez à lever vos quartiers de Teltsch avec tous ceux, qui sont au delà de Budwitz et mettre ceux de Teltsch à Budwitz."

[3]) „Cette irruption [in Niederösterreich] nous procura des subsistances en quantité." Histoire de mon temps (1746), p. 252. Auf vier Wochen hätten die in Znaym zurückgelassenen Vorräte reichen müssen, schreibt der König dem Ritter von Sachsen, den 24. März; Polit. Korresp. II, 88.

[4]) Bericht des Grafen Dohna vom 11. März aus Laa; Berliner St.-A.

[5]) Stille, S. 33. 34.

Anlage von Wall und Gräben gestattete das hartgefrorene Erdreich nicht, auch hätte er dazu keine Zeit gefunden, denn am Mittag desselben 14. März, an welchem er am Morgen einrückte, ward er von überlegener Macht angegriffen [1]).

Bald genötigt, sich auf das Schloß zurückzuziehen, resp. auf den von einer vier Fuß hohen Mauer umgebenen Hof desselben, ward er auch dort eingeschlossen und durch Anzündung der daran stoßenden Scheuern und Häuser bedrängt, und nachdem er seine Mannschaft schwören lassen, sich nicht gefangen zu geben, sondern bis auf den letzten Mann mit ihrem Führer zu kämpfen, öffnete sich das Thor, und die tapfere Schar brach hervor, gleich durch eine Salve empfangen, welche die Bespannung des einen der beiden mitgeführten Bataillonsgeschütze tötete, wo dann die stürzenden Pferde die Kanone umwarfen, welche jedoch der Unteroffizier Meißner schnell zu vernageln die Geistesgegenwart hatte. Durch diesen Unfall nicht geschreckt, drangen die Preußen vorwärts, und unablässig feuernd und nach verschiedenen Seiten hin Front machend, jeden Stützpunkt umsichtig benützend, zogen sie sich nach der Richtung von Slapanitz zurück, von wo ihnen nach mehr als sechsstündigem Kampfe endlich um halb sieben ein Succurs entgegenkam. Die Feinde hatten keinen Mann des tapferen Bataillons in ihre Gewalt bekommen, sondern nur die Bagage und jenes vernagelte Geschütz, aber es waren 18 Mann gefallen und 47 Mann verwundet, darunter fast alle Offiziere; einer davon, der Hauptmann v. Kalkreuth, tödlich [2]); der Feind, meinte Truchseß, habe 3 bis 400 Tote oder Verwundete [3]). „Nichts kann dem Ruhme dieses Tages gleichkommen", urteilt der König über diese Affaire, „niemals haben die Spartaner Größeres geleistet, als meine Soldaten, und im Vertrauen auf sie komme ich mir zehnmal mächtiger vor, als ich es früher geglaubt habe" [4]).

Dagegen erlitten die Sachsen am 23. oder 25. März eine schwere Schlappe. In einem Hohlwege zwischen Tischnowitz und Czernahora wurden 2 Schwadronen des Regimentes Rechenberg unter Oberstlieutenant Pflug von Husaren überfallen, und der Führer selbst, 7 seiner Offiziere, 120 Mann und 160 Pferde nebst den beiden Standarten wurden die Beute der Feinde [5]). Der sächsische General Rochow hatte kurz vorher einen österreichischen Trom-

---

[1]) Die Österr. militär. Zeitschr. 1827, 4. S. 58 läßt, gestützt auf das oft erwähnte Memoire Browns, den Angriff von 300 Husaren ausgehen, während es doch eine Lächerlichkeit ist, anzunehmen, daß 300 Husaren 366 preußische Infanteristen aus einer gedeckten Stellung hätten vertreiben können. Schon die Aufforderung zur Übergabe läßt auf eine ansehnliche Übermacht schließen. Nach Truchseß' Berichte hätte allein der Verlust der Österreicher an Toten und Verwundeten 3 bis 400 Mann betragen. Kindl a. a. O., S. 54 sagt, es seien die Bellesnayschen Husaren, also doch wohl das Regiment dieses Generals, ferner 180 Mann Infanterie von dem ungarischen Regimente Forgach dabei gewesen, gegen Abend habe dann Hauptmann Olelo einen Succurs von 300 Mann herbeigeführt. Die preußischen Berichte sprechen von 3000 Mann; so Stille, S. 32; Gender a. a. O., S. 224; des Königs Lettre d'un officier prussien (ed. Droysen, S. 354) sogar von 3 bis 4000.

[2]) Der Bericht von Truchseß vom 22. März seinem wesentlichsten Inhalte nach mitgeteilt bei Schöning, Die 5 ersten Jahre Friedrichs d. Gr., S. 149 ff.

[3]) Kindl, S. 56, giebt dagegen 6 Tote und 18 Verwundete an.

[4]) An Jordan, den 17. März; Oeuvres XVII, 156.

[5]) Österr. militär. Zeitschr. 1827, 4. S. 58. Bericht des Feldmarschall Seher vom 29. März; Wiener Kriegsministerial-A.

peter, der bei ihm die Ranzionierung eines gefangenen ungarischen Ritt=
meisters begehrt hatte, abgewiesen mit dem Bemerken, er gedenke nächstens
dem Kommandanten von Brünn selbst eine Visite abzustatten. Jetzt ließ der
letztere einen preußischen Trompeter, der gleichfalls in Auswechselungsange=
legenheiten nach Brünn gekommen war, am Karfreitage (den 23. März) den
feierlichen Einzug der Husaren mit den sächsischen Gefangenen und Trophäen
selbst ansehen und trug ihm an den sächsischen General die Botschaft auf, der=
selbe habe weit mehr Aussicht, eine Visite zu empfangen, als abzustatten [1]).

Die letzte Bewegung des Königs war doch immerhin ein Schritt rück=
wärts gewesen. Die kühne Offensive, die auf Preßburg und Wien abge=
zielt hatte, schien aufgegeben, und wenn nicht die Feinde bald Gelegenheit
gaben, durch eine siegreiche Schlacht alles wieder gut zu machen, konnte die
Zukunft nicht allzu viel Gutes versprechen, ein Dahinschmelzen der eigenen
Streitkräfte gegenüber einem Anwachsen der feindlichen und dabei steigende
Not wegen der Verpflegung. Es war kein Wunder, daß Friedrich mißmutig
wurde. „Die Verhältnisse verwickeln sich mehr und mehr", schreibt er an
Jordan [2]), „und keine menschliche Klugheit vermag in so kritischem Zustande
ein solides Urteil über die Dinge zu gewinnen", und einige Tage später:
„Wahrlich, die Ehre, an dem Rade der europäischen Ereignisse zu drehen, ist
eine sehr harte Arbeit." Wehmütig denkt er an die schönen Tage von Rheins=
berg zurück, wo in ruhigem Fahrwasser kleine Freuden und kleine Leiden sein
Los waren, während jetzt auf der weiten See die eine Woge ihn bis zu den
Wolken emporhebe, die andere ihn in den Abgrund schleudere; er sei voll
Sorgen, unruhig, von Geschäften überbürdet [3]).

Auf das härteste bekam diese Stimmung Schwerin zu empfinden, den zu
seinem größten Schmerze Krankheit in Olmütz festhielt. Auf die Nachricht,
daß in der Nacht vom 9. zum 10. März österreichische Husaren in der Vor=
stadt von Olmütz eingedrungen waren und von den dort untergebrachten
Pferden und Maultieren der königlichen Equipagen eine große Anzahl fort=
geführt hatten [4]), brach der Zorn das Königs los. •

Nach mancherlei anderen harten Vorwürfen schreibt er dem Feldmarschall
unter dem 18. März: „Ihr werdet Euch selbst Justice thun und erachten,
ob ich von Eurer Conduite zufrieden sein kann, da ich gleich von Anfang an,
als die Regimenter in Mähren eingerückt sind, befohlen, auch beständig er=
innert habe, daß man vor allem Magazine anschaffen und das Benötigte
dazu auf alle Weise nehmen sollte, um einen Vorrat auf 3—4 Monate vor
die Armee zusammenbringen; — gleichwohl ist nichts geschehen, wo man Alles
haben können, und bin gewiß, daß die Armee kaum auf einen Monat jetzo
Subsistance hat, da wir jetzo alles zusammen haben könnten; inzwischen sind
nun die Ungarn dazu gekommen, welche das Land konsumieren und z. T.

---

[1]) Kindl, S. 62.
[2]) Den 11. März; Oeuvres XXVII, 155.
[3]) Den 17. März; ebd. p. 156.
[4]) Die Husaren scheinen allerdings mit staunenswerter Dreistigkeit dort vorge=
gangen zu sein. General Zeelx schreibt an Prinz Leopold unter dem 13. März: es
seien an 400 Husaren gewesen, dieselben hätten sich ganz angeniert Fackeln ange=
zündet und bei deren Scheine verschiedene Häuser geplündert, an 86 Pferde von den
königlichen Equipagen und 14 Stück Maultiere fortgeschleppt; Zerbster Archiv.

die Lieferungen zu denen Magazinen auf verschiedene Arten hindern, so daß
ich frappiert bin, wenn ich dran gedenke, woher die Armee ihre Subsistance
und Magazine nehmen soll in einem Lande, so von vorn vom Feinde konsu=
miert ist und von der anderen Seite und von hinterwärts wegen des diffi=
cilen Transports über die Gebirge keine Zufuhren haben kann" 2c. Eine
eigenhändige Nachschrift sagt dann noch: „Sie haben die Ziege und den Kohl
schonen wollen, und jetzt haben Sie Beides zuschanden gemacht." ¹)

Es fällt schwer, in dem Konflikte zwischen dem Könige und dem Feld=
marschalle unbedingt des ersteren Partei zu nehmen. Wir mögen daran er=
innern, wie Schwerin zu einer Zeit, wo dies auch nach dem Zeugnisse öster=
reichischer Quellen sehr wohl Erfolg versprochen hätte, Brünn anzugreifen
bereit war, und wie nur der entschiedene Widerspruch des Königs den Mar=
schall verhindert hat, gleich im Anfange den Stein aus dem Wege zu räu=
men, der dann vor allem das Gelingen des mährischen Zuges gehindert hat;
der König bannte mit diesem Befehle zugleich Schwerin in den nördlichen,
unfruchtbareren Teil von Mähren, von welchem Schwerin wohl doch nicht
mit Unrecht urteilte, daß derselbe nicht reich genug sei, um, nachdem ihn
schon die Österreicher ausgesogen, nun nicht nur das Heer Schwerins zu
unterhalten, sondern auch noch große Vorräte in Magazine zu liefern. Der=
selbe antwortet auf jenen ungnädigen Brief des Königs in diesem Sinne und
fügt hinzu, sein Fehler sei nur der gewesen, daß er nicht offen die Unmög=
lichkeit, die Befehle des Königs hinsichtlich der Magazine auszuführen, aus=
gesprochen habe ²).

Wenn wir die Briefe Schwerins an den König aus jener Zeit durchlesen,
müssen wir doch vor seinem Feldherrnblicke Respekt bekommen, wir sehen ihn
überall schon früh auf die Schritte hinweisen, zu denen sich der König nach=
mals doch hat entschließen müssen: die Heranziehung von mehr Truppen aus
Schlesien, die Einschließung Brünns, die Besetzung von Göding an der unga=
rischen Grenze, und wenn er unter dem 14. Februar unmittelbar nach der
preußischen Manifestation an die Ungarn es sehr empfiehlt ³), mit 10,000
Mann einen Handstreich auf Preßburg ins Werk zu setzen, so ist es sehr frag=
lich, ob ein solches Unternehmen gerade in dieser Zeit nicht mit Erfolg aus=
zuführen und ein gutes Mittel gewesen wäre, einerseits die Ungarn nieder=
zuhalten, anderseits den Wiener Hof ernstlich für Wien besorgt und dadurch
einem Friedensschlusse geneigter zu machen.

Ja es wird sogar berichtet, Schwerin habe noch während der Belagerung
von Brünn sich anheischig gemacht, vermöge der Verbindungen, die er unter
der Besatzung der Festung habe, eine Überrumpelung derselben herbeizuführen,
wenn man ihm einige Regimenter anvertrauen wolle, doch der König habe die
Sache kurzweg und ohne jede Erörterung von der Hand gewiesen ⁴).

Schwerins Rechtfertigung fruchtete nichts, und seine Krankheit bot den
geeigneten Vorwand, Urlaub zu nehmen. Er kehrte nach Neiße zurück, um

---

¹) Berliner St.=A.
²) Olmütz, den 22. März; ebd.
³) Ebd.
⁴) Varnhagen v. Ense, Leben Schwerins, S. 49; eine Nachricht, die aller=
dings wohl noch Zweifel übrig läßt, ob jener Plan wirklich hinreichende Bürgschaft
für den Erfolg geboten hat.

dort für die Grenzregulierung mit Sachsen thätig zu sein, die bald genug überflüssig wurde, das Heer verlassend, an dessen Spitze er gerade ein Jahr vorher den entscheidenden Sieg erfochten hatte. Der König sah ihn mit feind= lichem Sinne gehen [1]); ihm war es erwünscht, für die mehr und mehr sich trübenden Aussichten des mährischen Feldzuges einem anderen einen großen Teil der Schuld aufwälzen zu können [2]), denn eine gewisse rücksichtslose Härte auch gegen die treuesten seiner Diener lag nun einmal in dem Wesen des Königs. Auf der anderen Seite ist wohl auch etwas Wahres darin, wenn er in seinen Memoiren Schwerin so charakterisiert: „Dieser Marschall ist voll Feuer, befähigt für alle kurzen und energischen Unternehmungen; doch hat er nicht genug Geduld, um Projekte auszuführen, welche ein Beharrungsver= mögen und ruhige Überlegung verlangen. Im übrigen ist er persönlich von heroischer Tapferkeit." [3])

---

[1]) Bgl. des Königs Brief an Jordan; Oeuvres XXVII, 190.
[2]) Schon unter dem 26. März 1742 schreibt er in diesem Sinne an Belleisle. Polit. Korresp. II, 90.
[3]) (1746), p. 254.

Siebentes Kapitel.
Der Ausgang des mährischen Feldzuges.

———

Wenn man im preußischen Lager sich in einer von Tag zu Tag unangenehmer werdenden Lage fühlte, so war die Situation auf der Seite der Gegner wenig besser, und die hier eigentlich doch mit großem Erfolge zur Anwendung gebrachte Zögerungspolitik entsprang in keiner Weise einem durchdachten Plane, sondern es ist hier thatsächlich ein Mangel an Entschlossenheit und eine gewisse Langsamkeit in der Ausführung erhaltener Befehle zum Glücke ausgeschlagen.

Wir sahen bereits oben, wie wenig es zutrifft, wenn man gemeiniglich annimmt [1]), Maria Theresia habe dem Befehlshaber des österreichischen Hauptheeres, ihrem Schwager Herzog Karl, ganz überlassen, ob er sich gegen die Preußen, die Sachsen oder die Franzosen wenden wolle, während dieser Letztere zu keinem Entschlusse habe kommen können, sondern daß vielmehr, so wie Friedrich mit den Sachsen in Mähren erschienen war, Maria Theresia, ganz wie ihr Gegner es vorausgesetzt hatte, den neuen Feinden ihr Hauptheer hatte entgegenwerfen wollen und auch wirklich Khevenhüller dessen Einwendungen zum Trotze dazu gezwungen hatte, einen großen Teil seines Heeres nach Böhmen zurückzusenden. Auch dem Herzog Karl erklärt sie unter dem 1. März, die gegenwärtige Lage erfordere es, Böhmen zu verlassen und sich schleunigst nach Mähren zu ziehen, dann aber den Feind mit gesamter Macht anzugreifen [2]). Und dieser Befehl wird durch einen zweiten vom folgenden Tage noch näher dahin präcisiert, daß er selbst entscheiden solle, ob er es vorziehe, sich gegen die Sachsen oder die Preußen zu wenden, nur solle dies unverzüglich geschehen, die Königin erwarte ehestens zu vernehmen, wann und wohin er zu marschieren gesonnen sei [3]).

Dieser Befehl verlangte schleunigst ausgeführt zu werden, also vor Ankunft der vier Regimenter, welche Khevenhüller herbeischicken sollte, und

———

[1]) Aus der Österr. militär. Zeitschr. 1827, 4. S. 52 ist diese Darstellung von Orlich I, 190 acceptiert worden, und auch Arneth II, 40. 41 scheint sie zu teilen.
[2]) Wiener Kriegsministerial-A.
[3]) Ebd. Also von den Franzosen ist keine Rede, und der Abzug nach Mähren wird ihm unter allen Umständen zur Pflicht gemacht.

welche vor der zweiten Hälfte des März kaum in Budweis erwartet werden konnten. Schon mit Rücksicht hierauf erhob Karl Bedenken, und er war es nun, der auch die Franzosen mit ins Spiel zog. Er befinde sich zwischen drei Heeren in der übelsten Lage. Rücke er nach Iglau gegen die Sachsen, so werde Broglie in seinem Rücken Budweis nehmen und ihm die Verbindung mit Oberösterreich abschneiden, und da die Preußen gegen Znaym im Marsche seien, verliere er auch die Verbindung mit Mähren. Wolle er sich gegen die Preußen wenden, so müsse er Böhmen ganz aufgeben, und da der größte Teil seiner Truppen aus Böhmen bestehe, werde eine große Desertion die Folge sein. Griffe er die Franzosen an, so würden sich Preußen und Sachsen in seinem Rücken bei Freistadt vereinigen [1]). Er wünschte, von Wien aus bestimmten Befehl zu erhalten, welche der drei bezeichneten Möglichkeiten er ausführen solle. Indessen hielt er am 4. März in Neuhaus einen großen Kriegsrat ab, und da in diesem die allgemeine Meinung dahin ging, daß man zum Schuße von Wien und Österreich gegen die Preußen und Sachsen ziehen müsse, so ward, ohne weitere Weisung aus Wien abzuwarten, beschlossen, eine Stellung einzunehmen, von der aus man zugleich die Sachsen in Iglau und die Preußen in Znaym bedrohen könne, nämlich im nordwestlichsten Winkel Niederösterreichs von Waidhofen bis Zlabings (dies noch in Mähren); General St. Ignon ward mit vier Reiterregimentern dahin vorausgesendet und der gefaßte Entschluß mit den Voten des Kriegsrates nach Wien mitgeteilt [2]).

Eine Hindeutung auf diesen beabsichtigten Marsch der Österreicher nach Mähren resp. Niederösterreich fand sich dann in jenem am 7. März aufgefangenen Briefe aus Wien, der den König zu der erwähnten Konzentration seiner Truppen bewog.

Aber kaum gefaßt, ward jener Entschluß schon wieder erschüttert. Der erfahrenste der österreichischen Heerführer, Feldmarschall Brown, hatte dem Kriegsrate nicht mit beigewohnt, und als ihm dann das Protokoll desselben zugesandt wurde, erklärte er sich auf das entschiedenste gegen jenen Beschluß. Der Weg bis nach Niederösterreich sei sehr weit und die Wege in dieser Jahreszeit schwer passierbar, während man doch eine ungeheure Menge Wagen für die Bedürfnisse des Heeres brauchen werde. Auch könne man die wichtige Stellung von Budweis nicht dem Feinde überlassen, da ja sonst Khevenhüller das eroberte Bayern sofort räumen mußte, und wolle man sie auch nach dem Abmarsche des Hauptheeres behaupten, so werde man, da der Ort doch nicht befestigt sei, mindestens 8000 Mann zurücklassen müssen, die dann an andrer Stelle fehlen würden. Auch sei der eigentliche Zweck des ganzen Unternehmens durch einen Angriff auf Broglie viel sicherer zu erreichen. Dieser habe, nachdem er erst ganz kürzlich ein Detachement gegen Eger entsendet, kaum noch 12,000 Mann unter seinem Befehl; wenn man gegen ihn (Budweis ist von Pisek nur sechs Meilen entfernt) zöge, dürfe man sicher sein, ihn zu schlagen, und sei das geschehen, so würden, wie man überzeugt sein könne, die Sachsen sich nicht länger von dem Könige von Preußen halten lassen, sondern zurückgehen, um ihr eigenes Land zu beschützen.

[1]) Österr. militär. Zeitschr. a. a. O., S. 52.
[2]) Den 5. März: Wiener Kriegsministerialrat.

Nach Abzug der Sachsen aber werde der König schwerlich Lust haben, den Kampf allein weiterzuführen. Sein Plan sei ja nur gewesen, die Österreicher aus Böhmen herauszulocken, ein Grund mehr, ein Land nicht aufzugeben, das nachmals wieder zu gewinnen sehr schwer halten könnte [1]). Auf Herzog Karl machten die Argumente des Feldmarschalls, dessen Stimme, wie er wußte, auch bei der Königin sehr viel galt, nicht geringen Eindruck; aber auch noch ein anderes Ereignis griff hier bestimmend ein. Marschall Broglie, an den der König das bestimmte Verlangen gestellt hatte, sowie er erführe, daß das feindliche Heer gegen Mähren sich wende, eine Bewegung gegen Tabor und Budweis zu machen, um auch seinerseits den Gegner in Atem zu erhalten [2]), entsprach dieser Weisung und ließ auf die erste Nachricht von den Abzugsvorbereitungen im österreichischen Lager bereits am 7. März 6000 Mann seiner Truppen gegen Wodnian (ziemlich auf dem halben Wege zwischen Pisek und Budweis) vorgehen und zugleich die Besatzung seines vorgeschobenen Postens, des Schlosses Frauenberg an der Moldau, verstärken.

Der anerkennenswerte Eifer, den Broglie bei dieser Gelegenheit in Erfüllung der Wünsche des königlichen Verbündeten an den Tag legte, hatte keinen unmittelbaren Erfolg; als die vorrückenden Franzosen erfuhren, daß die Stellungen bei Budweis noch gleich stark wie früher besetzt seien, gingen sie wieder über die Wottawa zurück, nichtsdestoweniger ist die Bewegung thatsächlich von den weittragendsten Folgen; sie brachte bei Herzog Karl die Wagschale der Argumente Browns vollends zum Sinken; eilends trug ein Kurier seine Meldung von dem bevorstehenden Angriffe der Franzosen auf sein Heer nach Wien, und umgehend erhielt er unter dem 10. März die Antwort [3]), mit Rücksicht auf das neuere Vorgehen der Franzosen solle es seinem Gutbefinden überlassen bleiben, ob er gegen die Franzosen oder die Sachsen resp. Preußen marschieren wolle, nur solle er handeln, da dem Ganzen nichts zu größerem Nachteile gereichen könnte als längere Unthätigkeit [4]).

Herzog Karl, dem so aufs neue die ganze Verantwortlichkeit für die zu ergreifenden Maßregeln auf die Knie gelegt war, fand für seine eigene Unentschlossenheit einen willkommenen Vorwand in dem Gedanken, nun zunächst das Eintreffen des von Khevenhüller noch ausstehenden Zuzugs zu erwarten, und wieder gingen zwei Wochen ins Land, während deren der Herzog zwar wohl Vorbereitungen für den Marsch nach Mähren traf, aber das Heer doch nicht in Bewegung setzte. Inzwischen hatte General Roth von Brünn aus nach Wien berichtet, die Preußen hätten einen großen Teil ihres Heeres gegen Ungarn entsendet, jetzt sei der günstigste Moment über die Sachsen herzufallen [4]). In Wien aber waren die Meinungen gleichfalls geteilt. Browns Ansicht fand einen beredten Fürsprecher an Bartenstein [5]), doch endlich siegte die Meinung des Großherzogs, der immer behauptet hatte, ein Zug gegen Broglie werde nur ein Stoß in die Luft sein; der Marschall

---

[1]) Österr. militär. Zeitschr. 1827, 4. S. 54 und Arneth II, 42.
[2]) An Broglie, den 27. Februar; Polit. Korresp. II, 58.
[3]) Wiener Kriegsministerial-A. und Arneth II, 44.
[4]) Den 10. März; Wiener Kriegsministerial-A.
[5]) Arneth II, 44.

werde den Kampf nicht annehmen, sondern sich unter die Kanonen von Prag zurückziehen und Karl dann doch zurückgehen müssen. So erhielt denn dieser jetzt am 26. März [1]) bestimmten Befehl, nach Zurücklassung von 10,000 Mann in Budweis gegen Znaym anzurücken, um dort die Sachsen anzugreifen. Da jetzt auch Khevenhüllers Regimenter eintrafen, so ward der Abmarsch wirklich nun angeordnet und am 1. April angetreten, vorher jedoch am 30. März noch ein Überfall auf Frauenberg versucht. Derselbe scheiterte zwar, aber die Rekognoscierungen vorher nach dieser Seite hin hatten nun in Broglies Hauptquartier die Meinung erzeugt, man werde sich doch gegen ihn wenden, und dessen infolge davon ausgestoßene Not- und Hilferufe haben dann, wie wir noch sehen werden, sehr wesentlich zu dem Ausgange des mährischen Feldzuges beigetragen.

Inzwischen waren vom 7. März an Nachrichten über die Absichten des österreichischen Hauptheeres doch auch zu den Sachsen gedrungen und hatten nun deren Heerführer äußerst bedenklich gemacht, den Weisungen des Königs entsprechend zum Zwecke der Einschließung von Brünn ihre Quartiere auf eine größere Strecke auszudehnen, um so mehr, da inzwischen das Vordringen Khevenhüllers in Bayern auch Besorgnisse für Sachsen erregte und der Ritter von Sachsen geradezu um Entsendung von einigen Compagnieen Ulanen zum Schutze der Heimat angegangen wurde [2]). Weitere Bedenken erregte dann das Zusammenschmelzen der sächsischen Truppen in den schlechten mährischen Winterquartieren, und thatsächlich vergingen vierzehn Tage, ehe die Sachsen überhaupt nur Anstalten zur Ausführung der Blockade von Brünn trafen. Noch am 25. März muß sich der König bemühen, den sächsischen Feldherrn zu überzeugen, daß er, dem gegenwärtig noch das ansehnliche gegen die ungarische Grenze entsendete Corps des Prinzen Dietrich von Anhalt fehle, außerstande sei, auch auf der Westseite von Brünn die innerste, exponierteste Linie der Blockade zwischen Struß und Malomierzitz mit seinen Truppen zu besetzen [3]).

Erst am 28. März begann wirklich die Einschließung, zu welcher nach dem ursprünglichen Plane unter den Generallieutenants v. Birkholz und Jasmund 13 Bataillone und 8 Schwadronen auf einer Linie zwischen Obrzan, Sabrowitz und Judendorf aufgestellt werden sollten, während von den übrigen Truppen ein kleiner Teil nördlich von Brünn, der Hauptteil südlich bis zur Thaya und Znaym die Deckung jener Aufstellungen zu bilden hatte [4]). Doch machten die Ausfälle der zahlreichen und unternehmungslustigen Brünner Besatzung bald eine Verstärkung der Blockadetruppen notwendig, und da die sächsischen Truppen allmählich durch Krankheiten so zusammengeschmolzen waren, daß ihre ganze Infanterie nur noch aus 5000 Mann bestand, so kam es bald dahin, daß die ganze sächsische Armee zur Einschließung von Brünn verwendet und alle äußeren Postierungen — auch die wichtigsten, wie Znaym und Budwitz — aufgegeben werden mußten, natürlich zum großen Leidwesen des Königs [5]).

1) Arneth II, 44.
2) Polit. Korresp. II, 89.
3) Ebd. S. 89.
4) Winkler; im Archiv für sächs. Geschichte VIII, 79.
5) Der König an Belleisle, den 12. April; Polit. Korresp. II, 114.

„Die Sachsen", schrieb er in dieser Zeit, „bringen mich oft zur Wut; ohne etwas thun zu wollen, zeigen sie große Lust, an die sächsischen Grenzen zurückzukehren, aus Furcht, es könne ihrem Lande so gehen wie Bayern." [1]) Die Österreicher fürchteten nicht viel von der Belagerung, sie wußten, daß die Festung zu gut verproviantiert sei, um ausgehungert werden zu können, und daß zu einer Beschießung es den Sachsen an der schweren Artillerie fehle [2]), die König August zwar zu liefern versprochen hatte [3]), aber dann doch nicht schickte. Der entschlossene Kommandant des Spielbergs, Roth, trug kein Bedenken, die Annäherung an die Festung auch dadurch den Feinden zu erschweren, daß er alle die Dörfer rund um die Stadt in Asche legte [4]), und dann auch in weiterem Umkreise die Ortschaften von seinen Husaren anzünden ließ, um den Preußen und Sachsen Subsistenz und Unterkunft zu rauben. Bald verging kein Abend mehr, wo man nicht zwei oder drei Dörfer hätte brennen sehn [5]), mehrfach entdeckte man in den Quartieren der Preußen Versuche zur Brand-stiftung [6]), und die ganze Stadt Lundenburg, welche sie besetzt hatten, ward so ein Raub der Flammen; bis zum 20sten mußte man von 15 niederge-brannten Ortschaften, bald stieg die Zahl auf 22 [7]).

Von dem Augenblicke an, wo Friedrich sein Hauptquartier von der Thaya nach Selowitz verlegte, mochte es ihm wohl klar sein, daß der mährische Feld-zug in dem Plane, wie er ursprünglich koncipiert worden, gescheitert war, daß weder die militärischen Ereignisse sich, wie man es vorausgesetzt, entwickelt hatten, noch die Pression auf den Gegner stark genug geworden war, um diesem einen Frieden selbst um den Preis ansehnlicher Opfer aufzunötigen. Er selbst wünschte aufrichtig den Frieden und war weit entfernt davon, die Waffen nicht eher niederlegen zu wollen, bis die Bedingungen des Partage-traktats erkämpft wären; ja wir werden in einem weiteren Abschnitte noch sehen, wie er um die Zeit, von der wir sprechen, ernstliche Friedensbedingungen formulierte und eifrig verfolgte, ohne sich darin irgendwie durch Rücksichten auf seine Verbündeten abhalten zu lassen. Aber einen vorteilhaften, ehren-vollen Frieden konnte man kaum irgendwie anders als von der Bedrängnis des Feindes erwarten. Ließ man denselben aus dem Schach, so steigerte sich sogleich dessen Zuversicht in demselben Maße, wie seine Bereitwilligkeit Opfer für den Frieden zu bringen sich minderte. In Mähren waren jetzt für Friedrich die Operationen zum Stillstande gekommen; um weitere Fortschritte zu machen, bedurfte es ungleich mehrerer Truppen, neuer großer Anstrengungen.

---

[1]) An Belleisle, den 26. März; Polit. Korresp. II, 90.

[2]) Graf Heisler an St. Ignon, den 22. März; St. Ignon an Herzog Karl, den 23. März; Wiener Kriegsministerial-A.

[3]) An König Friedrich, den 15. März; im Berliner St.-A. Es ist deswegen nicht ganz genau, wenn der König in seinen Memoiren sagt (1746), S. 252, Friedrich August habe sein Verlangen abgeschlagen. In der späteren Bearbeitung (S. 112) fügt er noch eine bittere Bemerkung hinzu: „Ce prince le refusa faute d'argent, il venait de dépenser 40,000 écus pour acheter un gros diamant vert." Es fällt auf, daß in dem Briefwechsel des Königs aus dieser Zeit des Ausbleibens dieser Sen-dung nicht weiter Erwähnung geschieht.

[4]) Kriegsberichte Friedrichs d. Gr. ed. Droysen, Beiheft zum Militärwochenbl. 1875, S. 355.

[5]) Friedrich an Jordan, den 3. September; Oeuvres XVII, 169.

[6]) Stille, S. 36.

[7]) Ebd. Orlich I, 204.

Zu solchen entschloß sich jetzt Mitte März König Friedrich.

Mit der ihm eigenen Schnelligkeit erläßt er die Befehle zu einer Truppen=
zusammenziehung von so großartiger Ausdehnung, wie sie dieser Krieg noch
nicht gesehen, bei welcher thatsächlich die ganze preußische Kriegsmacht ziemlich
mit allen Reserven in Oberschlesien und Mähren versammelt werden sollte
zu einem furchtbaren Stoße auf das Herz des Feindes. In Oberschlesien
sollten zu den wenigen Bataillonen, die in Neiße, Kosel, Oppeln und Ratibor
lagen, nun hinzugeführt werden durch den Erbprinzen Leopold aus Böhmen
2 Grenadierbataillone, das Regiment Bevern, das Regiment Münchow und
ein Bataillon Hautcharmoy, welche letztere der Prinz unterwegs aus Neustadt
und Frankenstein an sich ziehen sollte. Außerdem sollte der alte Fürst von
Dessau die Regimenter, welche einst das Beobachtungscorps gegen Hannover
gebildet hatten, hierher führen; es waren das 7 Infanterieregimenter [1] nebst
7 Grenadierbataillonen und 30 Schwadronen Kavallerie [2]), wozu dann der
König noch 3 Bataillone Infanterie [3]) und 10 Schwadronen Reiter [4]) de=
tachieren wollte, während ihm selbst Erbprinz Leopold bis zum April den
Rest seines Corps mit Ausnahme von 2 Infanterie= und 1 Kavallerieregi=
mente, die in Böhmen resp. in Glatz bleiben sollten, zuzusenden hatte, was
dann noch 4 Regimenter Infanterie [5]), sowie die Kürassierregimenter Geßler
und Buddenbrock, die Dragoner von Rothenburg und Baireuth und die
Malakowskischen Husaren ergeben hätte.

Der Erbprinz von Anhalt erhielt den Befehl, seine nach Oberschlesien be=
stimmten Truppen selbst dorthin zu führen, zwischen Troppau und Ratibor
zu postieren und bei dem Eintreffen seines Vaters diesem das Kommando des
Ganzen zu übergeben und selbst zu des Königs Heere zu kommen [6]).

Das Corps, welches sich hier nun in Oberschlesien sammeln sollte, konnte
auf etwa 20,000 Mann zu Fuß und 6000 Reiter größtenteils frischer und
tüchtiger Streiter veranschlagt werden. Sein Oberbefehl sollte dem alten
Fürsten von Anhalt anvertraut werden, der dann damit durch das östliche
Mähren nach Ungarn einzubrechen und im Waagthale aufwärts auf Tyrnau [7]),
und dann weiter auf Preßburg vorzugehen hatte, damit zugleich den von
österreichischer Seite geplanten Einfall in Oberschlesien aufs energischeste ab=
wehrend.

Man wird einräumen müssen, daß der Gedanke des Königs ein großer
und kühner war, und daß er doch vielleicht die einzige Möglichkeit enthielt,
den mährischen Feldzug vor dem Scheitern zu behüten, in höherem Maße,
als dies ein bloßer Nachschub von Truppen in dem ausgesogenen Mähren
vermocht hätte. Und wäre das Corps des Fürsten zur Hand gewesen, sein

---

1) Borck, Zerbst, Lehwald, Holstein, Flans, Röder, Prinz Ferdinand.
2) Möllendorf, Werdeck, Jung=Waldau, Alt=Waldau.
3) 1 Schwerin=, 1 Kleist=, 1 Grenadierbataillon.
4) Prinz Friedrich, Bredow, Posadowsky, Kannenberg.
5) Prinz Leopold, Jeetz, Derschau, Prinz Dietrich.
6) Unsere einzige Quelle für diese Dispositionen sind die Briefe des Königs an
den Fürsten von Anhalt vom 13. März, und an den Erbprinzen vom 12. und
13. März; bei Orlich I, 351 ff. und 414. 415. In dem erstgenannten Briefe findet
sich auch die Notiz, daß das Regiment Borck bereits Marschorbre hätte.
7) Nur diese Andeutung: „Ihr Corps soll gegen Tirna in Ungarn agieren",
findet sich unter Vorbehalt näherer Weisungen in dem Schreiben an den Fürsten.

Erscheinen in Ungarn hätte in Wien den gewaltigsten Eindruck machen, die Lage der Dinge wesentlich ändern können. Das Schlimme an der Sache war nur die zu überwindende räumliche Entfernung und die Notwendigkeit, den größten Teil des zu erwartenden Corps erst aus den Marken heranzuziehen. Dafür, daß das Unternehmen nicht überstürzt würde, bürgte die methodische Langsamkeit des dazu aus= ersehenen Heerführers, und der König selbst empfahl ihm zwar Beschleu= nigung des Marsches, „doch solchergestalt, daß die Regimenter alle in solchem Stande in Oberschlesien ankommen, daß man sie gleich gebrauchen kann". Am 30. April werde hoffentlich der Fürst nicht weit von Jägerndorf stehen.

Die große Schwierigkeit bestand offenbar darin, daß der König bis dahin resp. bis den Mai sich in Mähren behauptete. Er zweifelte im Grunde nicht daran, und indem er das Corps, welches die Österreicher ihm gegenüber bei Horn und Waidhofen versammelten, auf höchstens 24,000 Mann veranschlagt, glaubte er sich mit seinen 16,000 Mann und den 13,000 Sachsen ihnen gewachsen und in der Lage zu sein, je nach Befinden selbst anzugreifen oder einen Angriff siegreich zurückzuweisen [1]. Und wenn selbst die Feinde noch weitere Verstärkungen an sich zogen, so standen ja solche auch für ihn in Aus= sicht, und sobald erst die Truppen, die ihm der Erbprinz Leopold aus Böhmen zusenden sollte, eingetroffen waren, vermochte er dann die Belagerung von Brünn mit 40 Bataillonen Fußvolk und 100 Schwadronen Reitern, die Sachsen ungerechnet, zu decken [2]. Von dem Befehlshaber der letzteren ver= langte er eine bestimmte und kategorische Erklärung, ob er darauf rechnen könne, daß, wenn er bei etwaiger Annäherung des Feindes die Truppen an einen bestimmten Ort konzentrierte, um den Gegner anzugreifen, die Sachsen auch unfehlbar pünktlich zur Stelle sein würden [3]. Umgehend empfängt er die gewünschte Zusage [4].

Doch bereits quälen ihn die Sorgen um die Erhaltung seines Heeres in dem ausgesogenen Lande, um so mehr, da die Massen von leichter Reiterei, welche der Feind zur Verfügung hat, an allen Orten die Fouragierung hin= dern. Fast in jedem seiner Briefe aus jener Zeit kehren Klagen über diese Schwierigkeit wieder. Als der Ritter von Sachsen von ihm Abhilfe des Mangels erbittet, der im sächsischen Lager herrsche, antwortet er, daß er selbst nicht wisse, wie er für seine 60 Schwadronen Unterhalt schaffen solle. Die Sachsen sollten weit hinaus in die hinterliegenden Lande bis nach Böhmen hinein fouragieren [5]. An den Kaiser schreibt er in dieser Zeit: „Wir leiden in Mähren fast an allem Mangel, sind umringt von Husaren, welche uns hindern, Magazine anzulegen, das Land ist durch die Lieferungen für die Neippergsche Armee in dem vorigen Feldzuge ruiniert, Oberschlesien ist aus= gezehrt, so daß die Verlegenheit unaussprechlich ist." [6]

---

[1] An den Kardinal Fleury, den 15. März; Polit. Korresp. II, 76.
[2] Ebd.
[3] Den 24. März; ebd. S. 88.
[4] Unter dem 27. März schreibt er davon; ebd. S. 93. Gegenüber diesen authen= tischen Zeugnissen der Briefe scheint doch des Königs Darstellung in seinen Briefen etwas zu ungünstig für die Sachsen.
[5] Den 27. März; ebd. S. 95.
[6] Den 28. März; ebd.

Der König kämpft nur noch um einen Separatfrieden, der schließlich nichts mehr als die Rückgabe Bayerns an den Kaiser für die Verbündeten ausbedingen will, aber er fürchtet, daß, wenn der Mangel ihn nach Olmütz zurückzugehen zwingt, der Wiener Hof nur noch übermütiger werden und keine annehmbaren Bedingungen stellen wird. Indem er Podewils davon schreibt, rechnet er, daß die Vorräte seiner Magazine alles in allem nur noch auf vier Wochen reichten. Dann würden die Sachsen ebensowohl aus Mangel an Subsistenzmitteln wie aus Besorgnis für ihr eigenes Land abrücken und auch er zurückgehen müssen.

Als er dies schrieb, am 31. März, sind die Sachsen für ihn noch eine Macht, die bedeutsam in Betracht kommt, und deren eventueller Abzug für ihn schwer ins Gewicht fallen kann, aber vielleicht schon den Tag darauf erfährt er, daß, wie bereits angeführt wurde, die Sachsen, um endlich die Einschließung von Brünn beginnen zu können, genötigt waren, alle ihre sonstigen Postierungen, vor allem das wichtige Znaym, ebenso wie Budwitz [1]) aufzugeben, da sie nur noch über 8000 streitbare Mannschaften verfügten [2]).

Stand es aber so mit den Sachsen, dann konnte von einem Beistande, den dieselben dem König leisten, von einer Deckung, die sie dem Heere auf der westlichen Seite gewähren sollten, keine Rede mehr sein und ebenso wenig von einer ernstlichen Belagerung Brünns durch dieselben. Ganz im Gegenteil ward das unzufriedene, mit dem Mangel kämpfende Häuflein mit seiner außerordentlichen Menge von Kranken nur noch eine Verlegenheit, eine Last. Und bei ihren immer steigenden Klagen wegen Mangel an Lebensmitteln sah er voraus, daß er über kurz oder lang würde für sie selbst sorgen oder sie entlassen müssen, während doch auch für ihn der Mangel drohte. Dazu ein ruhm- und aussichtsloses Stillsitzen, welches die Kräfte in widerwärtigen kleinen Kämpfen mit einem unfaßbaren Feinde aufbrauchen ließ. Es war kein Wunder, daß er die Situation auf das peinlichste empfand und lebhaft wünschte, ihr auf gute Manier ein Ende machen zu können.

Eine solche Gelegenheit fand sich nun. Wie wir wissen, hatte Herzog Karl von Lothringen bis gegen Ende März geschwankt, ob er sich gegen die Franzosen oder gegen die Preußen, resp. Sachsen wenden solle und infolge dieser Unentschlossenheit auch von den 4 Regimentern, welche ihm Khevenhüller zusendete, drei von Linz nach Budweis kommen lassen, wo dieselben

---

[1]) Wenn der König an der betreffenden Stelle (Polit. Korresp. II, 114) neben Znaym und Budwitz noch Teltsch nennt, so ist zu bemerken, daß er die Räumung von Teltsch den Sachsen bereits unter dem 7. März anbefohlen hatte und dann wiederholt in seinen Briefen diesen Ort unter denen nennt, wo sich österreichische Husaren festgesetzt hätten, so an Belleisle den 26. März, und an Fleury den 27. März; Polit. Korresp. II, 90 u. 93.

[2]) Diese Summe giebt der König in seinen Memoiren (1746, S. 253) an, in dem Briefe an Belleisle vom 12. April (Polit. Korresp. II, 114) bezeichnet er den Bestand der sächsischen Infanterie mit 5000 Mann, während er an einer anderen Stelle von der Zeit des Abzuges der Sachsen sprechend noch 12,000 Mann in Summa angiebt (Polit. Korresp. II, 106). In seiner Schätzung waren die sächsischen Streitkräfte schnell genug zusammengeschmolzen. Am 15. März schätzt er ihre Reiterei noch auf 36 Schwadronen, den 27. März nur noch auf 26 (Polit. Korresp. II, 78 u. 94). Anfang April sind dann nur 3000 Reiter vorhanden.

am 26. März eingetroffen waren [1]). Da nun also von diesen Khevenhüller=
schen Truppen nur der vierte Teil die natürliche und bequeme Wasserstraße
der Donau nach dem niederösterreichischen Lager, welches sich bei Waidhofen
den Sachsen und Preußen gegenüber bildete, verfolgte, der größere Teil aber
nordwärts nach Budweis zog, so war es sehr erklärlich, daß sich im Lager
Broglies die Meinung bildete, Herzog Karl würde, sowie er diese Verstär=
kung an sich gezogen, sich mit seiner Hauptmacht auf Pisek und die Franzosen
werfen. Rekognoscierungen des Herzogs nach dieser Seite hin, welche dem
Anschlage auf Frauenberg vorausgingen, schienen diese Ansicht nur noch zu
bestätigen, und es ist ja schließlich wahrscheinlich, daß der österreichische Heer=
führer absichtlich sich bemüht hat, die Feinde über seine eigentlichen Pläne
irrezuführen.

Natürlich erfaßte niemand den Gedanken der neuen, schweren Gefahr, die
den Franzosen drohte, eifriger als Graf Moritz, der seinen Plan, die Sachsen
von dem Könige abzuziehen, keinen Augenblick aufgegeben hatte. Er beeilte
sich, dem Grafen Brühl davon Mitteilungen zu machen, wie, falls die Öster=
reicher gegen den Marschall anrückten, dieser bis unter die Kanonen von
Prag und die französische Kavallerie vielleicht bis nach Sachsen zurückgehen
würde [2]).

Aber auch Broglie schrieb direkt an den König, um in seiner gegenwär=
tigen Bedrängnis die Sachsen zurückzufordern, da er mit den 8000, die er
nach der Detachierung gegen Eger noch bei sich habe, nicht den 40,000 Herzog
Karls widerstehen könne [3]). Valori teilte dann von Prag aus die Alarm=
nachricht direkt dem Könige mit.

Dieser sendet darauf umgehend einen Kurier an Valori, um eine wirk=
liche Bestätigung der Nachricht zu erlangen; in diesem Falle werde er sofort
die Sachsen nach Prag marschieren lassen, wo sie dann hinter der Beraunka
sich mit Broglie vereinigen könnten. Schon habe er die Sachsen drei Märsche
auf Böhmen zu aufgestellt, daß sie, so wie Valoris Kurier einträfe, gleich ab=
marschieren könnten. Er selbst scheint am 1. April noch nicht zum Abzuge
entschlossen; er würde, schreibt er an Valori, gern selbst mit einem Teile
seiner Truppen nach Böhmen marschieren, wenn er nur irgendwie eine Mög=
lichkeit sähe, in dem ausgesogenen Lande den nötigen Unterhalt zu finden,
und an den König von Polen an demselben Tage, die Position seiner Truppen
erlaube ihm selbst nicht, dem Marschall zuhilfe zu kommen [4]). Außerdem
fürchtet er immer noch, daß das Ganze eine Finte des Feindes sei, der eine
bloße Demonstration gegen Broglie mache und dann es auf ihn, den König,
gemünzt habe [5]).

Wie es scheint, hat der König noch am 1. April einen kühnen Streich
vorgehabt, der seine Lage ändern und verbessern konnte, möglicherweise einen
Anschlag auf Brünn; er schreibt an diesem Tage dem Erbprinzen von An=
halt nach einem warmen Lobspruche für seine „admirable Infanterie" die

---

1) Österr. militär. Zeitschr. 1827, 4. S. 58.
2) Den 28. März; bei Vitzthum, S. 456.
3) Angeführt bei Winkler a. a. O., S. 80.
4) Wir haben drei Briefe des Königs vom 1. April an Valori den König von
Polen und den Kardinal Fleury; Polit. Korresp. II, 100. 101. 102.
5) Ebd. S. 100.

merkwürdigen Worte: „Ich traue mir nicht, alles von hier zu schreiben, die Briefe möchten aufgefangen werden, sonst könnte Ihnen ganz kuriose Sachen berichten; Sie sollten Ihre Tage nicht raten, was ich jetzunder vorhabe, j'espère que je serai heureux." [1]) Aber bei näherer Erwägung muß er denn doch den Plan ebenso schnell fallen gelassen haben, als er ihn gefaßt hatte, und als er so weit war, ist dann auch keine Rede mehr davon, erst den Kurier Valoris und die Bestätigung der Alarmnachricht noch abzuwarten [2]), die für wahr zu halten ihm in seinem Interesse zu liegen scheint [3]); er faßt vielmehr jetzt am 2. April bestimmt den Entschluß, selbst ganz aus Mähren fortzugehen. Seine Vorräte hatten doch nicht so lange vorgehalten, wie er noch Ende März annahm [4]), sie gingen jetzt mit entsetzlicher Schnelle auf die Neige. „In Mähren ist nicht mehr zu subsistieren gewesen", schreibt er an den Erbprinzen [5]), „und wenn ich vier= zehn Tage später herausmarschieret wäre, so hätte ich risquieren müssen, mit der Armee zu verhungern." Außerdem rieben sich seine Truppen in fort= währenden Kämpfen mit den zahlreichen leichten Truppen des Feindes auf, und während er im Rücken das stark besetzte Brünn hatte, das er nach dem Ab= zuge der Sachsen nicht mehr zu bezwingen hoffen konnte, verstärkten sich ihm gegenüber die Feinde in Niederösterreich, und zur Seite in Ungarn entwickelten sich Streitkräfte von unerwartet ansehnlichem Umfange. „Die Österreicher", schreibt er an Fleury, „ziehen unglaublich viel Truppen aus Ungarn, sie haben thatsächlich ein Corps von 20,000 Ungarn zwischen Wien und Pres= burg, und es sind noch 30,000 Mann Reiterei und Fußvolk unterwegs [6]). Der König selbst berechnet, daß er, da er auf die Sachsen nicht mehr rechnen könnte, mit seinen eigenen Truppen, die er im ganzen auf 26,000 Mann veranschlagt, sich nicht würde behaupten können, wenn dann das Hauptheer der Österreicher gegen ihn heranzöge [7]).

Dieser mißlichen Situation entschloß er sich mit einemmale ein Ende zu machen, mit einem Teile seines Heeres nach Böhmen in die Gegend von Pardubitz zu ziehen und so Prag unter allen Umständen zu decken. Aufs neue fliegen seine Boten, der alte Fürst von Anhalt wird beordert, seine auf dem Marsch befindlichen Truppen nicht nach Oberschlesien, sondern nach Böhmen, nach dem Bunzlauer und Königgrätzer Kreise und in die Gegend von Chlumetz hin zu dirigieren [8]), während der Erbprinz die seinigen um

---

[1]) Bei Orlich I, 421. Die letzten Worte, die offenbar an etwas besonders Kühnes und Gewagtes denken lassen, scheinen es doch nicht zu gestatten, wie es z. B. Schöning (a. a. O., S. 146) thut, unter dem Vorhaben, das der Prinz sein Lebtage nicht erraten werde, den Plan eines Rückzuges nach Böhmen zu verstehen.

[2]) Allerdings enthält der Brief an den Ritter von Sachsen vom 2. April (Polit. Korresp. II, 102) eine Andeutung, als habe er inzwischen eine anderweitige Bestä= tigung der Nachricht erhalten.

[3]) „Je fis semblant d'ajouter foi aux faux avis de Broglio", schreibt er in seinen Memoiren (1746), S. 254, aber seine Briefe aus jener Zeit, wenigstens noch vom 1. April, lassen es doch als zweifelhaft erscheinen, ob er wirklich von dem Un= grunde der Broglieschen Nachricht positiv überzeugt gewesen ist.

[4]) Polit. Korresp. II, 98.

[5]) Den 30. April; bei Orlich I, 425.

[6]) Den 1. April; Korresp. II, 102.

[7]) Histoire de mon temps (1746), p. 253.

[8]) Den 2. April; bei Orlich I, 354.

Glatz konzentrieren solle. Die Sachsen sollten am 5. April auf dem nächsten Wege nach Prag aufbrechen, er selbst gleichzeitig zunächst nördlich und dann erst östlich, damit die beiden Heere einander nicht kreuzten.

So verließ denn der König am 5. April das so lange behauptete Schloß von Selowitz, und seine Truppen räumten das südliche Mähren, das Land in traurigem Zustande zurücklassend. Freund und Feind hatten hier gewett= eifert, es zu verwüsten. Die Dörfer dieser Gegend, so weit sie nicht die Österreicher selbst niedergebrannt hatten, waren wüst und verlassen, die Ein= wohner in die Wälder und Berge geflohen [1]. „Hier ist es so gar", schreibt der König, „daß nach unserem Abmarsche kein räuberischer Ulan wird zu plündern finden." [2]

Der König gesteht in seinen Memoiren selbst zu, daß die Hilferufe Broglies ihm einen erwünschten Vorwand gegeben haben, mit guter Manier aus einer mißlichen Lage herauszukommen [3]. Die Schuld des Mißlingens schob er unbedenklich auf die unzulänglichen Magazinierungen Schwerins und anderseits auf die Sachsen. Er erzählt dort, der sächsische Gesandte Bülow habe ihn nach seinem Abzuge aus Mähren gefragt: „Wer wird nun meinen Herrn krönen" (nämlich zum Könige von Mähren)? Darauf habe er er= widert, nur die Kronen des Himmels empfinge man durch die bloße gött= liche Gnade, irdische Kronen aber müsse man sich mit Kanonen erobern [4].

In der That kann ja darüber kein Zweifel sein, daß die Sachsen es an sich haben fehlen lassen, daß sie nicht im entferntesten den Grad von Eifer gezeigt haben, den ihnen eigentlich das Bewußtsein, es handle sich bei dem Feldzuge um die Eroberung des ihnen zugedachten Anteils, hätte einflößen müssen. Aber auf der anderen Seite trägt offenbar doch auch der König seinen Anteil an dem Scheitern des mährischen Feldzuges. Es ist dies eine der Ge= legenheiten, wo die Unerfahrenheit des jungen Königs in militärischen Dingen, die er ja selbst, von jenen Jahren sprechend, in seinen Denkwürdigkeiten mehr= fach eingesteht, sich fühlbar gemacht hat. Es scheint doch, als habe er hier ein weitaussehendes Unternehmen begonnen, ohne der Möglichkeiten und Folgen in dem Maße sich bewußt geworden zu sein, wie das erforderlich ge= wesen wäre, und wie er auch selbst das in seinen späteren Jahren nicht unterlassen haben würde; er hat die Kräfte des Feindes unterschätzt, ebenso wie die Bedeutung von Brünn, und den ganzen Feldzug von vornherein viel zu sehr unter dem Gesichtspunkte einer Diversion, eines Vorstoßes aufgefaßt, der eines schnellen Resultates sicher wäre, ohne sich zugleich für den Fall zu rüsten, daß unvorhergesehene Umstände dazu nötigten, den als schnell wir= kende Diversion geplanten Zug in das Gleis eines regulären methodischen Feldzuges überzuführen. Ja man wird sagen können, daß die Zuversicht, mit welcher er das schnelle Gelingen seiner Diversion erwartet hat, um so we= niger gerechtfertigt war, als er eingeständlich von vornherein die Absicht hatte, bei derselben möglichst wenig von eigenen und möglichst viel von den Truppen der Bundesgenossen zu verwenden [5]. Bei größerer Erfahrung

---

[1] Der König an Belleisle, den 12. April; Polit. Korresp. II, 114.

[2] An den Erbprinzen, den 2. April; bei Orlich I, 422.

[3] Histoire de mon temps (1746), p. 253.

[4] Ebb.

[5] Ebb. p. 248.

würde er da in Betracht gezogen haben, daß die mancherlei Friktionen, auf
die ein Feldherr bei der Verwendung von Truppen eines fremden Souve=
räns unter allen Umständen gefaßt sein muß, bei einem Unternehmen, das
eine besonders prompte Ausführung erfordert, doppelt schwer ins Gewicht
fallen. Und schließlich scheint es doch auch, daß der Vorwurf, den der König
dem Feldmarschall Schwerin macht, daß er zu Unternehmungen, bei denen
es auf Phlegma und kalte Berechnung ankäme, nicht recht die Gebuld habe [1]),
in gewisser Weise sich doch auf ihn selbst anwenden läßt.

Die Sachsen waren auf ihrem Abmarsche von österreichischen Husaren
verfolgt worden, die ihnen einige Gefangene abnahmen und dann am 15. April
noch eine schwerere Schlappe beibrachten, indem sie, durch 500 Kroaten ver=
stärkt, 4 Compagnieen des Regimentes Kosel unter dem Obristen Sebenz in
dem Dorfe Austup (nördlich von Czernahora zwischen Schwarzawa und
Brnawa) überfielen. Die Sachsen wehrten sich eine Stunde lang sehr tapfer,
wurden aber, nachdem sie schwere Verluste erlitten, zur Kapitulation genötigt,
welche dann noch 247 Mann, 4 Geschütze und 4 Fahnen in die Hände der
Feinde fallen ließ [2]).

Auch die Preußen hatten bei ihrem Rückmarsche, der östlich von Brünn
vor sich ging, Anfälle der Feinde zu bestehen, die sie jedoch mit hervorragender
Bravour abwiesen. Hauptmann Froideville schlug mit 1 Schwadron von
Nassau=Dragonern in Napagedl den Angriff eines weit überlegenen Schwarms
feindlicher Husaren mit solcher Tapferkeit zurück, daß Oberst Knau, der mit
den anderen Schwadronen zur Hilfe herbeieilte, nichts mehr zu thun fand [3]).
Ganz besonders wurden die fast zuletzt, am 9. April, von Selowitz nach
Austerlitz marschierenden beiden Regimenter Sydow und Selchow unter des
Generals v. Selchow Kommando auf dem ganzen Wege von feindlichen An=
fällen fortwährend beunruhigt, und noch schlimmer hatte es das Dragoner=
regiment Möllendorf [4]), welches noch nach ihnen kam. Als dieses etwa eine
halbe Meile vor Austerlitz von den Bergen niedersteigen wollte, gewahrte es
vor sich in der Ebene 800 Dragoner und 1200 Husaren zum Angriffe ge=
rüstet. Diesen abzuwehren ließ der Generalmajor v. Möllendorf 200 seiner
Reiter absitzen und sich in den Gräben versteckt zur Deckung der Flanken
postieren. Als dann die Feinde in Galopp mit furchtbarem Geschrei ange=
stürmt kamen, brachte diese eine Karabinersalve aus den Gräben in Unord=
nung, und diesen Moment benutzend, hatten dann die übrigen Dragoner sie
mit blanker Waffe tapfer angegriffen und in die Flucht geschlagen, 40 getötet,
an 20 gefangen genommen. Wohl machten die Feinde Miene, sich zu neuem
Angriffe zu sammeln, doch eilte jetzt auch General v. Selchow aus Austerlitz
zur Hilfe herbei, und einige Schüsse seiner Bataillonsgeschütze ließen die

---

[1]) Histoire de mon temps (1746), p. 248.
[2]) Österr. militär. Zeitschr. 1827, 4. S. 64. Stille, S. 43.
[3]) Der König an den Fürsten von Anhalt, den 19. April; I, 356.
[4]) Man könnte versucht sein, zu glauben, daß das Regiment nur die Hälfte
seiner 10 Schwadronen hier gehabt habe, da der König in seinem Briefe an den Fürsten
von Anhalt vom 13. März (Orlich I, 352) unter den Truppen, die aus der Mark
herangezogen werden sollen, ausdrücklich 5 Schwadronen von Möllendorf aufzählt,
doch werden dann bei Orlich I, 205, Anm. 2 unter den in Mähren stehenden
Truppen 10 Schwadronen Möllendorf angeführt, so daß im ganzen 15 herauskommen.

Feinde an nichts als eiligen Rückzug denken, so daß selbst die Bagage, welche mit sehr schwacher Bedeckung noch nachkam, ungefährdet die Stadt erreichte, ohne daß die Preußen mehr als einen Mann tot und 4 verwundet gehabt hätten [1]).

Auch das Grenadierbataillon Kleist mußte sich seinen Rückzug aus Göbing an der ungarischen Grenze durch Haufen ungarischer Milizen bahnen, welche die Stadt ganz eingeschlossen hielten, aber sich allerdings bald durch die entschlossene Haltung der preußischen Grenadiere zurückscheuchen ließen [2]).

Der König beschloß übrigens immer noch den größeren Teil seines Heeres in dem nördlichen Mähren zur Behauptung von Olmütz und Deckung Oberschlesiens zurückzulassen, und nahm mit sich nur 12 Bataillone Infanterie und 15 Schwadronen [3]), also kaum 7000 Mann Infanterie und 3200 Kavallerie, weniger als es, da er zuerst den Entschluß des Abmarsches gefaßt hatte, seine Absicht gewesen war [4]). Wahrscheinlich mit Rücksicht auf seine geringe Zahl und um die Feinde über sein eigentliches Vorhaben zu täuschen, bog er weit nach Norden aus und marschierte mit den zum Abmarsche bestimmten Truppen, Olmütz rechts lassend, bis nach Müglitz an der oberen March und erst von da in fast spitzem Winkel der böhmischen Grenze zu, die er hinter Zwickau erreichte. Auf beschwerlichen Wegen durch das Bergland ging der Weg, doch unbelästigt vom Feinde erreichte er Mitte April Böhmen und die seiner hier wartenden Truppen des Prinzen Leopold.

Übrigens hielt der König eine Rückkehr nach Mähren keineswegs für ausgeschlossen, und wir werden sehen, wie er noch später sich die Möglichkeit offen hielt, falls etwa das feindliche Hauptheer sich gegen seine dort zurückgelassenen Truppen wende, zurückzumarschieren und auf mährischem Boden die entscheidende Schlacht zu schlagen.

---

[1]) Der eben erwähnte Brief (Stille, S. 41; Friedrichs Kriegsberichte a. a. O., S. 355) und dazu die Berichte Möllendorfs und Selchows, beide d. d. Wischau, den 10. April; im Berliner St.-A.

[2]) Stille, S. 41.

[3]) Histoire de mon temps (1746), p. 254. Es waren das 2 Bataillone Garde, 2 Lamotte, 2 Prinz Dietrich, 1 Bataillon von Schwerin und 5 Grenadierbataillone, und von Kavallerie 10 Schwadronen Bayreuth und 5 Rothenburg. Droysen (Schlacht bei Chotusitz; Abhandlung der Berliner Akademie 1872, S. 178) giebt an, daß von den Bataillonen, welche den Zug aus Mähren mitgemacht, 7 an der Schlacht teilgenommen, und führt dieselben bei dieser Gelegenheit an. Wenn da statt 5 Grenadierbataillone nur 2 angegeben werden, so erklärt sich das dadurch, daß 3 Grenadierbataillone, wie Droysen selbst bemerkt (S. 175), zur Zeit der Schlacht abkommandiert werden; dagegen scheint Droysen doch die 2 Bataillone Garde vergessen zu haben, welche nach Ausweis der Ordre de bataille an der Schlacht teilnahmen, anderseits aber auch nach dem ausdrücklichen Zeugnisse Stilles (S. 40) mit dem Könige aus Mähren nach Böhmen gekommen sind. Es verdient dies namentlich gegenüber der Anführung Droysens a. a. O., S. 129, Anm. 2 hervorgehoben zu werden.

[4]) Noch am 4. April schreibt der König, er wolle mit 40 Schwadronen und den Zietenschen Husaren, sowie mit 21 Bataillonen, worunter 5 Grenadierbataillone, nach Pardubitz ziehen.

Achtes Kapitel.
Der Rückzug des Prinzen Dietrich und die letzten Kämpfe in Oberschlesien.

Wie wir bereits wissen, hatte die Alarmnachricht Broglies sich keineswegs bestätigt; ganz im Gegenteil hatte sich am 1. April Herzog Karl von Lothringen mit dem Gros seines Heeres 13 Infanterie-, 6 Kürassier-, 6 Dragoner- und 4 Husarenregimentern, 1200 Kroaten in Summa etwa 30,000 Mann[1]), nebst 36 Geschützen von Budweis gegen Znaym in Marsch gesetzt und war am 8. April dort eingetroffen. Am 15. April, also zu der Zeit, wo das preußische Heer in Böhmen anlangte, befand sich die Armee der Österreicher in Austerlitz auf dem Wege gegen Olmütz, während vor ihnen her die bei Waidhofen gesammelten Truppen sowie die Besatzung von Brünn unter dem unternehmenden General Roth und verstärkt durch ungarische Milizen eilig den Preußen nachrückten, hauptsächlich um, was bei dem in Mähren herrschenden Mangel von besonderer Bedeutung schien, die Reste der von den Preußen angelegten Magazine zu erbeuten[2]).

Ihm gegenüber stand nun nach des Königs Abmarsch an der Spitze der Preußen der durch die Erfolge seines ungarischen Streifzuges in der Schätzung des Königs schnell emporgekommene Prinz Dietrich von Anhalt. Er vereinigte unter seinem Kommando 16 Bataillone Infanterie und 30 Schwadronen Kürassiere und Dragoner, außerdem noch die beiden Husarenregimenter Zieten und Malachowski zu je 10 Schwadronen und 10 Schwadronen Ulanen[3]).

---

[1] Österr. militär. Zeitschr. 1827, 4. S. 59. Es pflegen bei solchen Berechnungen österreichischerseits irreguläre Truppen nicht mitgerechnet zu werden.
[2] Verschiedene Korrespondenzen darüber aus Anfang April im Wiener Kriegsministerial-A.
[3] Stille, S. 58. Histoire de mon temps (1746), p. 254. Orlich I, 205, Anm. 2 giebt eine Ordre de bataille für Prinz Dietrich und nennt dabei die Regimenter Truchseß, Dumoulin, Prinz Moritz, Selchow, Münchow, Hautcharmoy und 2 kombinierte Grenadierbataillone, doch ergiebt das nur die 14 Bataillone, auf die nach der ursprünglichen Anordnung des Königs sich das Corps Dietrichs beschränken sollte, und von denen die beiden Bataillone Dumoulin noch zurück in Troppau

Der Prinz hatte den Auftrag, was noch von Vorräten vorhanden war, zurück nach Olmütz zu schaffen, doch sollte er „um des Husarengesindels willen nichts präcipitieren" [1]). Daß das österreichische Hauptheer nach Mähren gezogen war, blieb dem König lange verborgen, er berechnete, daß vielleicht 6= bis 7000 Husaren und Talpatschen und 1000 Dragoner sich bei Brünn sammeln könnten, die aber doch nimmermehr den Prinzen aus Mähren würden ver= jagen können [2]). Er zürnt deshalb über dessen Rückzug, über die Räumung von Kremsier und meint bitter genug, wenn die preußischen Garnisonen sich über etliche Husaren und Ungarn, wenn sich solche sehen ließen, „inquietieren" wollten, würden sie bald nicht nur Mähren, sondern auch Oberschlesien räumen müssen. Er versprach dem Prinzen die zweite Kolonne in der Nähe zu lassen, so daß derselbe die Macht habe, den Feind aus Wischau zu jagen, daß der= selbe „die Beine in die Höhe lehre" [3]).

Der Prinz wußte natürlich besser, wie die Sachen standen; er mußte zurück, und auch die Fortführung der Vorräte gelang nur zum kleineren Teile wegen Mangel an Bespannung, denn meilenweit, schreibt der Prinz, sei weder ein Bauer noch ein Pferd mehr zu finden [4]). In Wischau mußte das Magazin zum größten Teile zerstört werden, um es nicht den Feinden zu überlassen. Major v. Bredow, der hier in der Nähe noch eine Weile zurück= geblieben war, mußte sich mit seinen 3 Schwadronen Gendarmen durch 600 Mann feindliche Reiter mit tapferem Kampfe den Weg bahnen [5]), und in die größte Gefahr kam Oberst Lamotte Fouqué, der mit 6 Grenadiercompagnieen, die alles in allem 450 Mann ausmachten, das Magazin in der Bischofsstadt Kremsier (marchabwärts 4½ Meile südlich von Olmütz) bewachte. Die wie= derholten Befehle des Prinzen, das Magazin zu ruinieren und eiligst nach Olmütz zurückzugehen, wurden stets von feindlichen Reitern abgefangen, und als endlich Fouqué am 13. April in früher Morgenstunde aus eigenem An= triebe aufbrach, hatte er bereits die Feinde auf den Fersen. Er suchte sich da= durch zu sichern, daß er mit einem kleinen Umwege über die March ging und die Brücken hinter sich abbrach. Doch obwohl der Fluß gerade etwas ange= schwollen war, schwammen die Husaren massenweise darüber, und unter fort= während Kämpfen mußte das kleine Häuflein in zwei Hälften geteilt, die

---

standen. Dazu dürften dann noch gekommen sein die beiden Regimenter Sydow und Bogt. Daß die 2 Bataillone Sydow bei dem Corps des Prinzen waren, bezeugen die Kriegsberichte des Königs (ed. Droysen a. a. O., S. 355) in Verbindung mit Stille, S. 41, und auch von beiden Bataillonen Bogt wird sich behaupten lassen, daß sie mit dem Könige in Mähren waren und dann nicht mit nach Böhmen mar= schiert sind. Ebenso wird man bei der von Orlich angeführten Kavallerie, den 5 Schwadronen Kürassiere Prinz Friedrich, 5 Kannenberg=Dragoner und 10 Möllen= dorff=Dragoner, einerseits die 5 Schwadronen Kannenberg=Dragoner abziehen müssen, welche, wie wir noch näher sehen werden, in Fulnek weiter rückwärts standen, ander= seits aber noch 5 Schwadronen Gendarmen (Stille, S. 46), sowie 5 Schwadronen Nassau=Dragoner, und zu den 10 Schwadronen Malachowski=Husaren noch die 10 Zietens und die Ulanen hinzuthun müssen.

[1]) Instruktion vom 11. April; Zerbster Archiv.
[2]) Desgl. vom 16. April; ebb.
[3]) Desgl. vom 15. April; ebb.
[4]) Bericht vom 13. April; Berliner St.=A.
[5]) Stille, S. 46.

Bagage dazwischen, der Oberst bei der Nachhut, den langen Weg zurücklegen. Und als man nun endlich bis in die Nähe des Zieles zu dem Flecken Kokor etwa 1¾ Meilen vor Olmütz gelangte, fand man hier wieder 1200 Husaren, unter dem tapferen Obersten Nabasty vor sich, verstärkt durch Haufen bewaffneter Bauern. Aber mutig ging Fouqué vor, sein kleines Häuflein in ein längliches Viereck geordnet, die Wagen auf den Flanken. Die kühne Entschlossenheit that ihre Wirkung, das eifrige Feuer der Preußen und vor allem die Schüsse der Bataillonsgeschütze verbreiteten Schrecken unter den Feinden, der Flecken wurde erreicht, den nun durch ausgesendete Pelotons vor einem Inbrandstecken durch die Feinde zu schützen, der Oberst sich angelegen sein ließ. So kam der Zug wirklich durch, worauf dann die Pelotons sich wieder anschließend als Nachhut den Feind erfolgreich abwehrten. Die tapfere Schar erreicht glücklich in Wisternitz bei Olmütz preußische Quartiere, ohne auch nur einen Mann eingebüßt zu haben, und Nabasty verschwor es, sich wieder gegen die Preußen entsenden zu lassen, wenn man ihm nicht ein paar Geschütze und etwas ordentliche Infanterie mitgeben könne [1].

Je mehr die österreichischen Truppen sich Olmütz näherten, desto lebhafter wurden die Kämpfe. Die Husaren Baranyays rühmten sich, bei einem derselben die Preußen bis in die Vorstadt von Olmütz verfolgt und ihnen 130 Pferde abgenommen zu haben [2], anderseits berichtet der Prinz Dietrich von einem Treffen am 17. April, wo er auf die Nachricht, daß sich ein feindliches Corps von 8- bis 10,000 Mann bei Proßnitz einige Meilen südwestlich von Olmütz gesammelt habe, mit einigen zusammengerafften Truppen nach der Gegend ausgerückt sei, er voran mit 2 Schwadronen Husaren und 500 kurz vorher aus Polen eingetroffenen sächsischen Ulanen. Zwar sei diese Vorhut zuerst von den feindlichen Husaren geworfen worden, habe sich aber von neuem gesammelt und sei dann mit besserem Erfolg wieder vorgegangen, ein allgemeiner Angriff seiner Infanterie mit klingendem Spiel und fliegenden Fahnen habe dann die Feinde nach Proßnitz zurückgetrieben. Er habe die Nacht auf dem Schlachtfelde zugebracht, dann aber seine Truppen in ihre Quartiere zurückgeführt [3]. Prinz Dietrich hatte die Weisung, Olmütz, so lange es irgend ginge, zu behaupten oder, wie der König sich ausdrückte, „es nicht legerement zu abandonnieren"; „es ist unser Boulevard von Schlesien", hatte der König eigenhändig geschrieben [4]. Aber der Prinz hatte seine Bedenken dabei: „Wenn erst die Husaren kommen", schrieb er zurück [5], „weiß man nicht, was dahinter kommt, und Kundschafter sind hier nicht zu haben." Er war daher dafür, lieber die Stadt früher aufzugeben, als es darauf ankommen zu lassen, daß es zu spät würde. Olmütz sei nun einmal gegen reguläre Truppen nicht zu halten, es habe an manchen Stellen nichts als eine einfache Mauer, die Thore seien häufig nicht einmal mit einer Mauer noch einem Werke gedeckt.

---

[1] Stille, S. 49—51. Eine weitere Relation in [Naumanns] Sammlung ungedr. Nachr., S. 176—181.
[2] Feldmarschall Seeherrs Bericht vom 16. April; Wiener Kriegsministerial-A.
[3] Bericht des Prinzen d. d. Schnobolin, den 18. April; Berliner St.-A. Stille, S. 46.
[4] Den 11. April; Zerbster Archiv.
[5] Den 15. April; Berliner St.-A.

Doch fand der Prinz nachmals vor Olmütz diesseits der March eine Stellung, in welcher er, wie er schreibt, sich noch acht Tage halten könne, wenn gleich 50,000 gegen ihn anrückten [1]), und auf die Nachricht, daß jetzt wirklich von Proßnitz her die Armee des Prinzen Karl gegen ihn anrücke, erließ er am 21. April für die vielleicht tags darauf bevorstehende Schlacht eine Disposition, die dann ihrem innersten Wesen nach vornehmlich den Charakter der Defensive trägt, der Abwehr einer gut geschulten Infanterie gegen überlegene Reitermassen. Die Flügelbataillone sollten zu Haken einschwenken, und ein sorgfältig abgemessenes, und zwischen den Pelotons regelmäßig wechselndes aber anhaltendes Feuer, zu welchem der Mann ungewöhnlich reiche Munition, nämlich 60 Patronen, erhielt, sollte die Überlegenheit der preußischen Waffen bewähren [2]).

Aber die Österreicher zeigten sich am 22sten noch nicht, Herzog Karl requirierte erst noch schweres Geschütz aus Brünn zur Beschießung von Olmütz, und Prinz Dietrich ward in seinem Vorsatze, hier einen Kampf anzunehmen, doch wieder erschüttert. Nachdem er für die Eventualität eines Abmarsches die nötigen Anstalten getroffen, versammelte er am 23. April in früher Morgenstunde alle Oberstwachtmeister seines Corps um sich und stellte denselben vor, seit fünf Tagen sei jede Verbindung mit dem König unterbrochen und er selbst ohne jede Nachricht von diesem [3]); zu leben habe man nur noch auf drei Tage, und wenn erst die Armee des Herzogs Karl, die bereits von Proßnitz auf Olmütz zu marschieren, heran sei mit ihren ungeheueren Massen von Reiterei, werde ein Rückzug nach Oberschlesien, den der Mangel an Subsistenzmitteln doch in kurzer Zeit notwendig machen werde, kaum noch auszuführen sein. Einmütig stimmten darauf alle für sofortigen Rückzug. Derselbe ward noch an demselben Tage angetreten. Der Prinz nahm sein Nachtquartier bereits in Sternberg; 17 eiserne und 41 metallene Geschütze und einen sechspfündigen Böller, auch eine größere Quantität Pulver hatte man in Olmütz zurücklassen müssen [4]).

Es war vielleicht gut, daß an jenem 23. April ein Brief, den der König am Tage vorher an den Prinzen geschrieben, noch nicht in des letzteren Händen war. In diesem geht Friedrich von dem Gedanken aus, was von den Österreichern gegen Olmütz heranziehe, sei auf 8= bis 10,000 Mann, höchstens auf 12,000 zu schätzen, das Gros stehe viel weiter zurück und es sei noch sehr zweifelhaft, ob es sich nicht nach Böhmen wenden werde. Der Prinz solle sich erklären, ob er sich zutraue, auch wenn das ganze Heer Herzog Karls gegen ihn anrücke, sich hinter der March und Olmütz so lange zu halten, bis der König mit einem Corps ihm zuhilfe kommen könne, für welches er dann die nötigen Vorräte selbst mitbringen werde. Eine eigenhändige Nachschrift lautete: „Sollte sich der Feind nach Mähren verstärken, so marschiere ich mit

---

[1]) Den 20. April; Berliner St.=A.

[2]) Ebd.

[3]) Bericht des Prinzen vom 23. April; ebd. Der Prinz giebt an, Lieutenant Bronikowsky, den er an den König entsendet, sei selbst auf dem Umwege über Sternberg und Jägerndorf immer wieder auf Feinde gestoßen und zur Umkehr genötigt worden; doch wissen wir aus Stille, S. 48, daß derselbe dann doch am 24. April bei dem König über Neiße und Glatz eingetroffen ist.

[4]) Österr. militär. Zeitschr. 1827, 4. S. 65.

dem ganzen Brast hin." [1] Es ist ebenso wahrscheinlich, daß solch ein Brief, wäre er rechtzeitig in die Hände des Prinzen gelangt, diesen zurückgehalten haben würde, wie es ungewiß ist, ob dann die in Aussicht gestellte Hilfe des Königs nicht doch zu spät gekommen wäre.

Die Lage des Prinzen war bereits eine ungleich bedenklichere, als der König voraussetzte. Auch in seinem Rücken nördlich von Olmütz und westlich davon war alles von Bewaffneten erfüllt, und zu den ungarischen Insurgenten gesellten sich jetzt auch Haufen von mährischen Bauern, die zu den Waffen gegriffen hatten. Hatten doch lange vor des Prinzen Abmarsch von Olmütz, 18. und 19. April, in seinem Rücken die Dragoner des Obersten Kannenberg schon einen wahrhaft furchtbaren Angriff zu bestehen. Der Oberst hatte zur Wiederherstellung seiner Gesundheit den Winter auf seinen Gütern zugebracht und fand sich nun am 18. April in Grätz bei Troppau wieder ein, wo er eine Schwadron seines Regimentes zu finden hoffte [2], aber nur 40 Dragoner fand, die Oberstlieutenant v. Schack zu seiner Abholung auf Bauerwagen von Fulnek entsendet hatte.

Das Terrain auf Fulnek zu schien so beschaffen, daß man es vorzog, den Weg zu Fuß zu machen und die Wagen hinterher fahren zu lassen. Auch kam man glücklich durch die Waldgründe hindurch, aber als man Fulnek vor sich sah, nahm man auch wahr, daß der Ort von allen Seiten durch Feinde eingeschlossen war, ein Regiment Husaren, an tausend berittene Ungarn und außerdem noch viele zu Fuß. Dieselben entdeckten bald das nahende Häuflein der Preußen, deren Führer schnell eine Art von Wagenburg herstellte, hinter der er sich auch wirklich zu schützen vermochte, bis Oberstlieutenant v. Schack in Fulnek, seine Bedrängnis gewahrend, mit einem kühnen Ausfalle ihn befreite und in die Stadt hinein holte, in der man dann allerdings den Rest des Tages und die Nacht hindurch sich immer erneuter Angriffe des Feindes zu erwehren hatte. Da man jedoch den Ort zu behaupten keinen Auftrag hatte und wegen Mangels an Lebensmitteln auch nicht vermochte, so entschloß sich der Oberst am Morgen, sich einen Weg durch die Feinde zu bahnen. Glücklich erreichte man eine Höhe vor der Stadt und dadurch, daß man die Erwartungen den Feinde täuschend sich nordwestlich gegen Wigstadtl wandte, auch einen gewissen Vorsprung. Aber bald waren die Österreicher wieder auf den Fersen der kleinen Schar, die, in zwei Hälften geteilt, die Bagage dazwischen, mühsam vorwärtskam, sicher überall, wo das Terrain zur Seite der Straße den Feinden irgendwie Deckung gewährte, angefallen zu werden. Den immer erneuten Angriffen der Feinde, welche der Vorhut den Weg versperrten, suchte man mit Erfolg in der Weise zu begegnen, daß eine Abteilung der Dragoner, abgesessen, die Feinde mit einer Karabinersalve empfing, worauf dann die dadurch entstandene Unordnung der Gegner benützend 2 Schwadronen auf den Feind einbrachen und ihn zurücktrieben, so daß der Zug wieder ein Stück vorgehen konnte, bis die wieder Gesam-

---

1) Den 22. April; Berliner St.-A.
2) Daß in Grätz eine Schwadron des Regimentes stationiert war, berichtet Stille, S. 52; doch ist dann weiter immer nur von den 4 Schwadronen in Fulnek die Rede, vielleicht war die eine Schwadron zu der Garnison nach Troppau gezogen worden.

melten mit neuen Angriffen drohten. So verging der Tag unter beständigen Kämpfen; die Nacht bivouakierte man auf freiem Felde, die Wagen, jeden mit 7 — 8 Wachen besetzt, in Zwischenräumen um sich als Schutzwehren aufgestellt. Der Morgen des 20. April fand die tapferen Dragoner in verzweifelter Lage. Seit 40 Stunden hatten weder Mann noch Roß Nahrung erhalten, die Munition ging auf die Neige, und noch hatte man über 2 Meilen bis Troppau und vor sich ein Dorf von ungarischer Miliz stark besetzt. Die einzige Hoffnung schien, Succurs von Oberst Dumoulin aus Troppau herbeizuholen, und Lieutenant v. Blankensee erbot sich; den gefährlichen Ritt zu wagen. Er erhielt das beste Roß, über das man verfügte, aber bei dem ersten Versuche traf er auf Feinde, die ihn zurückscheuchten. Zum zweitenmale ritt er dann ab, und der Oberst sah ihn den Blicken entschwinden mit geringer Hoffnung, daß derselbe sein Ziel erreichen würde. Kannenberg selbst war entschlossen, lieber auf alle Fälle tapfer vorzugehen, als sich hier bei langsamem Feuer braten zu lassen. Er ordnete seinen Zug so, daß 80 Mann zu Fuß, das Bajonett auf den Karabiner gepflanzt, denselben eröffneten, dann die Bagage, dahinter die 2 Schwadronen zu Pferde und als Nachhut wiederum 60 Mann zu Pferde und 30 zu Fuß. So marschierte er jetzt gegen jenes Dorf, wo in engem Thale der Feind den Weg sperrte. Die Vorhut ging sich teilend rechts und links auf dem Abhange vor, um von hinten die Häuser zu gewinnen und die Feinde zu vertreiben, was auch wirklich, wenn gleich nicht ohne Verlust, gelang. Glücklich passierte der Zug das Dorf, und nun waren es die Preußen, die mit ihrer Nachhut dann die Häuser besetzend, das Thal dem nachdrängenden Feinde sperrten und so ihren Wagen einen gewissen Vorsprung sicherten, um sich dann wieder dem Zuge anzuschließen. Wohl ward auch hinter dem Dorfe der Marsch von neuem beunruhigt, aber eine kleine Stunde weiter brachten zwei Kanonenschüsse das Signal, daß Hilfe aus Troppau herannahe, worauf die Feinde das Weite suchten.

Der letzte der drei Boten, welche Prinz Dietrich immer vergeblich nach Fulnek geschickt hatte, hat als österreichischer Gefangener dem Kampfe zugesehen und mit eigenen Augen wahrgenommen, daß die Feinde 82 Mann Fußvolk und über 60 Reiter in den Kämpfen dieser Tage eingebüßt haben. Der Verlust der Dragoner belief sich auf 21 Mann und 59 Pferde [1]).

Der König hatte allen Grund, sich zu freuen, daß in diesem Jahre auch seine Kavallerie sich so glänzend bewährte; die Dragoner, die hier diesen heldenmütigen Zug ausführten, waren dieselben, welche ein Jahr vorher bei Mollwitz die Schlacht so unrühmlich für die preußischen Waffen eröffnen ließen, sie hatten in diesen Tagen die alte Scharte trefflich auszuwetzen vermocht.

Prinz Dietrich war inzwischen am 24. April bis Bärn, am 25ten bis Teschna gekommen, hatte am 26. April Troppau erreicht und ohne erheblichen Verlust die große Bagage, die 800 Kranken und Verwundeten nach Schlesien zurückgebracht. Nur einmal hatten in einem Défilé unweit des Torfes Kunzendorf noch südlich von der Mora, anscheinend auf der Straße,

---

[1]) Stille, S. 52—57.

die auch Kannenbergs Dragoner gezogen, 2000 österreichische Husaren, die sich durch die Wälder heranschlichen, die Wagenreihe mit Erfolg angreifen können, etliche 30 Wagen und etwa 80 Mann meistens Kranke blieben in den Händen der Feinde, 12 Mann fielen [1]). Als der König nachmals dem Prinzen darüber Vorwürfe machte, schrieb dieser unerschrocken: „Ich bin versichert, daß Höchstdieselben gewiß die ganze Bagage hätten verbrennen lassen, wenn Sie in ähnlicher Lage sich befunden hätten. Mein Zug nahm dabei eine Distanz von zwei Meilen ein, und alle Defilees und Hölzer steckten voll Husaren, Kroaten und Bauern." [2]) Bei den entsetzlichen Wegen seien an 200 Bauernpferde umgefallen, er wundere sich, daß er ein Pferd habe bis Troppau bringen können. . Infolge dessen sei der Zug alle Augenblicke ins Stocken geraten. An Vorsicht habe es nicht gefehlt und nicht an Bedeckung; 3 Bataillone habe er vor und 3 hinter der Wagenreihe gehabt.

Das Corps des Prinzen sollte nun Oberschlesien gegen die Österreicher schützen. Dies Land war, seitdem gegen Ende des Jahres Schwerin in Mähren eingerückt war, ziemlich von Truppen entblößt, nur einige Punkte an der Oder, Oppeln, Kosel, Ratibor und außerdem Troppau, waren schwach besetzt geblieben. Es lag nahe, daß die Feinde von Ungarn aus hierher eine Diversion versuchten, namentlich seit das allgemeine Aufgebot in Ungarn hier Leute genug zur Verfügung stellte. Lord Hyndford selbst hatte es mit seinem Amte vereinbar gefunden, der Königin versichern zu lassen, einige tausend Ungarn in Oberschlesien würden ihrem Gegner empfindliche Verlegenheiten bereiten [3]).

Nach dieser Seite hin wirksamen Schutz zu gewähren, hatten ja dann jene oben erwähnten großen Truppendislokationen des Königs aus der Mitte März bezweckt. Das Corps des Prinzen sollte zwischen Troppau und Ratibor Stellung nehmen [4]); falls der Feind auf dem rechten Oderufer einzubrechen versuche, solle die Besatzung von Namslau um ein Bataillon verstärkt werden. Hauptsächlich solle er alle Subsistenzmittel aus Oberschlesien an sich ziehen, das sei das sicherste Mittel, den Feind abzuhalten.

Prinz Dietrich hatte, als er jetzt Ende April die ihm angewiesenen Quartiere zwischen Troppau, Ratibor und Jägerndorf bezog, große Not mit der Verpflegung der Truppen. Als er nach Troppau gekommen war, hatte ihm Oberst Dumoulin versichert, hier in der Gegend wäre nichts mehr zu erlangen, und bezüglich der Magazine in Neiße, an die ihn der König ge= wiesen, schrieb General Marwitz von dort, er habe den Befehl zur Anlegung von Magazinen vor vier Tagen erhalten und sei natürlich jetzt noch nicht in der Lage, etwas zu liefern [5]). Am 30sten berichtet der Prinz, morgen gingen seine Magazine zu Ende, und Marwitz bliebe dabei, aus Neiße nichts liefern

---

[1]) Bericht des Prinzen vom 27. April im Berliner St.=A. übereinstimmend mit den Angaben der Noten zu dem oft erwähnten handschriftlichen Memoire Browns, während die österr. militär. Zeitschr. a. a. O., S. 65, die sonst jenem Memoire folgt, höhere Zahlen hat.

[2]) Jägerndorf, den 8. Mai; Berliner St.=A.

[3]) Den 19. Januar an Robinson nach Wien und den 30. Januar 1742 an Lord Harrington; Londoner Record office.

[4]) Die Ordre vom 12. März; bei Orlich I, 414.

[5]) Bericht des Prinzen vom 26. und 28. April; Berliner St.=A.

zu können ¹). Es scheint in der That, daß die Truppen hier Mangel ge=
litten haben.

Diese Schwierigkeiten walteten noch ob, als der alte Fürst von Anhalt in
Jägerndorf eintraf, um seinen Sohn im Kommando abzulösen. Derselbe
war, wie wir wissen, ursprünglich mit dem brandenburgischen Heere nach Ober=
schlesien beordert gewesen, hatte dann jedoch die Truppen dem König nach
Böhmen zuführen müssen und war nach einer Zusammenkunft mit Friedrich
in Chrudim am 29. April von da über Glatz und Neiße, wo er die neuen
Fortifikationen zu inspizieren hatte, gegangen und am 4. Mai in Jägerndorf
eingetroffen. Er war wenig zufrieden mit den Verhältnissen, die er hier
vorfand; so lange er kommandiere, schreibt er, habe er noch nie so viele
Kranke gehabt, als jetzt, er rechnet auf den Tag fast 40 neue Erkrankungsfälle,
und er werde die Befehle des Königs wegen aller ermangelnden Subsistenz
zu exekutieren nicht imstande sein ²). Der König sucht durch zweckdienliche
Anordnungen abzuhelfen, und er hofft das Beste von des Fürsten „Savoir
faire und Dextérité", schlägt ihm aber die erbetenen Verstärkungen beharr=
lich ab, da er alle Truppen in Böhmen, wo er des Feindes ganze Haupt=
macht gegen sich habe, selbst brauche, er meint, daß „das Gebirge nach Ober=
schlesien hin mit nichts als Talpatschen und dergleichen Gesindel besetzt wäre,
und daß daher vor der Hand in Oberschlesien nicht viel zu besorgen sei" ³).
Aber der König unterschätzte doch die Streitkräfte, welche Prinz Karl, als
er gegen die Preußen nach Böhmen aufbrach, zur Sicherung Mährens
unter dem entschlossenen General Festetics in Sternberg zurückließ. Es
waren nach österreichischen Quellen an 10= bis 12,000 Mann ⁴), allerdings auf
weiter Linie von Teschen bis nach der böhmischen Grenze verteilt; auch
waren die verwegenen Husaren doch nicht ganz verächtliche Gegner und ver=
mochten auch den unerprobten ungarischen Nationaltruppen einen gewissen
Halt zu geben.

Es konnte doch geschehen, daß am 28. April in dem Gebirgsstädtchen
Freudenthal ein Kommando vom Hautcharmoyschen Regimente, Lieutenant
v. Osterwiek, Fähnrich v. Acken, 4 Unteroffiziere und 60 Mann von einem
Regimente ungarischer Husaren unter Oberst Desöffy eingeschlossen wurden.
Da die Aufforderung zur Übergabe zurückgewiesen ward, und nachdem die
Preußen den ganzen Tag hindurch mutig Gegenwehr geleistet, unternahmen
die Österreicher in der Nacht einen Sturm, sprengten die Thore mit Pulver und
zwangen die preußische Abteilung, die Waffen zu strecken ⁵). „Die 60 Mann
von Hautcharmoy", schrieb der König dem Fürsten, „machen mir viel Cha=
grin, und wollte ich einen Finger geben, daß es nicht geschehen ist." ⁶)

---

¹) Berliner St.=A.

²) Schöning, S. 169. 170.

³) Chrudim, den 5. Mai; bei Orlich I, 358.

⁴) Österr. militär. Zeitschr. 1827, Hft. 10, S. 148.

⁵) Bericht Osterwieks und Ackens aus der Gefangenschaft, Brünn, den 4. Mai;
Archiv zu Zerbst. Man hatte ihnen ihre aufgefangenen Briefe an den Obersten ge=
zeigt zum Beweise, daß sie auf keinen Succurs zu hoffen hätten. Bericht Haut=
charmoys vom 2. Mai aus Jägerndorf; Berliner St.=A. Österr. militär. Zeitschr.
1827, S. 168.

⁶) Den 5. Mai; bei Orlich I, 360.

Doch noch ungleich schlimmer war die Schlappe, welche am 20. Mai das Kürassierregiment Prinz Friedrich erlitt. Es lagen zwischen Ratibor und Troppau 15 Schwadronen Reiterei unter dem Oberbefehle des Prinzen Eugen von Anhalt, und zwar auf der großen Straße zwischen beiden Städten der Prinz mit 5 Schwadronen Karabiniers in Zaubitz und nicht weit davon die 5 Schwadronen Posadowsky-Dragoner, auf der südöstlich über Kranowitz führenden kleinen Straße in dem genannten Orte jenes Kürassierregiment, und zwar wegen der Exponiertheit des Postens hinter eilig aufgeworfenen Erdwerken in gewisser Weise verschanzt. Als nun gegen Mittag an jenem 20. Mai ein nach Osten etwas vorgeschobenes Detachement die Annäherung von feindlichen Husaren meldete, ließ der Oberst der Kürassiere, v. Rochow, das Detachement anweisen, falls es angegriffen würde, sich auf Kranowitz zurückzuziehen, wo er dann den Verfolgern aus den Karabinern einer Anzahl im Hinterhalte liegender Reiter einen schlimmen Willkommen zu gewähren gedachte.

Inzwischen war von der Annäherung des Feindes auch nach Zaubitz Meldung gethan worden; der Generalmajor, Prinz Eugen, kam eiligst herübergeritten und entschied dann, man solle durch kühnes Hervorbrechen dem Feinde eine ordentliche Lektion erteilen. Auf seinen Befehl rückte der Oberst mit 3 Schwadronen nordöstlich dem Feinde entgegen, während der Prinz mit den übrigen beiden den Ort besetzt hielt. Jene hatte etwa eine halbe Meile von der Stadt bei dem Dorfe Bojanow die Zinna [1]) zu über- schreiten, über die hier weitaus nur die eine Brücke führt, und so schmal das Wässerchen sonst ist, so machten doch die äußerst sumpfigen Ufer den Über- gang schwierig genug. Noch war nun nicht die Hälfte hinüber, so brach die Brücke, und als die im Hinterhalte liegenden Feinde diese Stockung ge- wahrten, griffen sie von allen Seiten an, ohne durch das Manöver des Obersten, 30—40 Mann absitzen und durch Karabinersalven die Feinde zurückscheuchen zu lassen, abgehalten werden zu können. Nur der Rückzug über das Wasser blieb übrig, wo dann in dem Moraste viele verunglückten, andere bei dem Versuche, über die Trümmer der Brücke zurückzugelangen. Inzwischen war der Prinz, die Bedrängnis der Reiter bemerkend, mit seinen 2 Schwadronen herbeigeeilt, doch auch die Feinde hatten unterhalb eine Furt gefunden und bedrängten jetzt von rechts her in immer wach- sender Zahl, die man auf 2000 veranschlagte [2]), die Rückzugslinie der Schwadronen eifrig, und gingen darauf aus, dieselbe von Kranowitz abzu- schneiden. Und wirklich vermochten die Preußen nur noch, sich in ein ein- zelnes Gehöfte, noch ein Stück Weges von dem Flecken, zu retten, und auch da von allen Seiten bedrängt, suchten sie endlich ihr Heil in der Flucht mit dem Verluste zweier Standarten. Nur das Herankommen der Karabiniers und der Dragoner Posadowskys rettete den Rest und ließ sie Kranowitz wieder gewinnen. Am 21sten hatte man bereits 40 Tote gefunden, an 20 Reiter waren schwer verwundet, 200 Mann und 50 Pferde wurden vermißt [3]),

---

[1]) Das Weißwasser nennt den Bach der Bericht des Prinzen.
[2]) Außer den ungarischen Nationaltruppen war das ganze Husarenregiment Beleznay bei der Aktion beteiligt; Österr. militär. Zeitschr. a. a. O., S. 168.
[3]) Bericht des Obersten von Rochow vom 21. Mai aus Groß-Pültsch bei

während die Österreicher nur 54 an Toten oder Verwundeten gehabt zu haben behaupten [1]).

Dagegen soll nicht verschwiegen werden, daß am 18. Mai die von dem Obersten Sobrinsky in Polen angeworbenen Ulanen, welche den Namen „tartarische Hoffahnen" führten, bei Zuckmantel einen glücklichen Angriff auf 300 ungarische Husaren machten [2]). Sie hatten allerdings alle Ursache, ihr Renommé wieder etwas zu heben, denn der König hatte noch am 1. April geschrieben: „Ich bin von unsern Offiziers, Cav., Inf., Huzaren wo möglich noch besser zufrieden wie vorjahr, unsre Infanterie ist niemalen so admirabel gewesen, die Hullanen allein sind das Brot nicht werth." [3])

Im übrigen blieben in dieser Zeit auf dem linken Oberufer wenigstens alle Feindseligkeiten auf die Grenzen beschränkt, und der König konnte den Bewohnern der jenseits der Neiße von ihm noch in Besitz genommenen Lisière, die, wie wir oben sahen, die preußischen Grenzkommissare im Anfange des Jahres abzustecken sich bemüht hatten, am 5. Mai in Neiße durch den General v. d. Marwitz den Huldigungseid abnehmen lassen. Man hatte die Meile nicht allzu knapp bemessen; der Distrikt begriff in sich 150 Dörfer, 11 Vorwerke und folgende 11 Städte: Löwen, Falkenberg, Friedland, Schurgast, Neiße, Steinau, Weidenau, Patschlau, Johannesberg (Jauernik), Wartha, Reichenstein, von welchen allerdings Löwen, Neiße und Reichenstein bereits früher gehuldigt hatten; auch der Piaristenkonvent zu Weißwasser wird besonders genannt [4]).

Auf dem rechten Ufer herrschte ungleich weniger Sicherheit vor den Feinden. Am 28. Mai hat der Rittmeister v. Malachowsky mit etwa 50 Ulanen vom Regimente Natzmer einen Schwarm von irregulärer Miliz 3 Meilen von Oppeln attaquiert und größtenteils niedergehauen [5]), und es schien doch notwendig, daß in denselben Tagen das Regiment Persode und die schwarzen Husaren von Namslau nach Brieg und von da nach Oberschlesien rückten [6]), und trotzdem klagt noch am 2. Juni Podewils dem König, irreguläre Truppen streiften auf der rechten Oberseite bis nach Brieg herunter [7]). Erst der Friedensschluß hat hier vollständig Ruhe geschafft.

Für den alten Fürsten von Dessau aber galt das Kommando in Oberschlesien, welches ihn von der Teilnahme an dem eigentlichen Feldzuge ausschloß, als eine neue, schwere Kränkung, und als dann am 9. Juni auch sein

---

Katscher (im Berliner St.-A.), und dazu Orlich I, 267, der eine andere Quelle benützt, aber (sicher mit Unrecht) die ganze Begebenheit auf den 19. Mai, und nach der Gegend von Köberwitz in ganz entgegengesetzter Richtung von Kranowitz, fast 1 Meile südwestlich verlegt. In der Relation des alten Fürsten von Dessau vom 2. Juni (Archiv zu Zerbst) werden die Offiziere gelobt, die Gemeinen aber hätten sich lache benommen.

[1]) Österr. militär. Zeitschr. a. a. O., S. 168.
[2]) Diesen Tag giebt ein Bericht des Oberstlieutenant v. Kleist aus Neustadt vom 19. Mai im Zerbster Archive an; die Ges. Nachr. III, 251 haben den 14. Mai.
[3]) An Erbprinz Leopold; bei Orlich I, 421.
[4]) Acta von der Huldigungsabnahme in Neiße 1742; Breslauer St.-A. P. A. I, 1. c.
[5]) Ges. Nachr. III, 252.
[6]) Berliner geh. St.-A.
[7]) Dies berichtet Marwitz aus Neiße unter dem 29. Mai.

Sohn Dietrich mit einem Teile der Truppen nach Böhmen abberufen wurde, bat der alte Herr flehentlich den König, gegen ihn, als einen alten, treuen Offizier, nicht „seinen Haß so verächtlich auszulassen". Der nahe Friede brachte ihm dann einen Besuch des Königs in Neiße, aber nicht Trost für den Schmerz, an dem Feldzuge so gar keinen thätigen Anteil haben nehmen zu können [1]).

---

[1]) Schöning, S. 193.

Siebentes Buch.

Chotusitz und Breslau.

———

Erstes Kapitel.
Die Wiederaufnahme der englischen Vermittelung.

———

Die englische Vermittelung, deren Wieder=in=Kraft=treten wir auf den folgenden Blättern zu schildern haben, ward bald sehr wesentlich bestimmt durch die Folgen eines großen welthistorischen Ereignisses, das dann auch auf die Politik König Friedrichs seinen Einfluß üben mußte.

Es hatte nämlich der Verlauf des schlesischen resp. des österreichischen Erbfolgekrieges eine merkwürdige Wirkung in die Ferne geübt und in London ein Ministerium zu Fall gebracht, welches länger als irgendein anderes das Ruder geführt hatte, das Ministerium Sir Robert Walpoles. Es ist nicht leicht für einen kontinentalen Verstand, sich ein richtiges Urteil über diesen Mann zu bilden. Wohl liegt es nahe, zu sagen, für einen Staat wie England, dessen ausgesprochenes Prinzip das Monopol des Welthandels und die Beherrschung der Meere war, müsse notwendig der Schwerpunkt in der auswärtigen Politik liegen, und ein Mann, der nach dieser Seite hin eigentlich nur eine Kette von Mißerfolgen aufzuweisen habe, vom Vertrage von Hannover 1725 an bis zu dem Momente, wo der immer gesteigerte Un= wille der Nation ihn zur Abdankung zwang, könne nicht für einen großen Staatsmann angesehen werden. Aber es kann uns wohl stutzig machen, wenn wir wahrnehmen, daß die Engländer selbst im großen und ganzen in dieses Urteil nicht einstimmen mögen. Sie, die dem Minister in und vor der Westminster=Abtei Statuen errichtet haben, zählen ihn nun doch einmal zu ihren hervorragendsten Politikern.

Wie oft schon war die Opposition gegen ihn Sturm gelaufen, und immer hatte er seinen Platz behauptet, obwohl keine der beiden großen englischen Parteien ihn eigentlich stützte. Was ihn immer gehalten hatte, war etwas ge= wesen, das doch über den Parteien stand, das Gefühl der Dankbarkeit, welche ihm das englische Volk dafür zollte, daß er nach einer Zeit langer ruhmvoller aber kostspieliger Kriege eine Ära des Friedens heraufgeführt hatte, wo Handel und Verkehr einen mächtigen Aufschwung nahmen, die Staatspapiere hoch standen, gesetzmäßige Zustände sich befestigten. Groß genug war die Zahl derer, welche um dieser Errungenschaften willen die Ruhmlosigkeit seiner äußeren Politik nicht unwillig in den Kauf nahmen, Walpoles Abneigung, England in kontinentale Kriege verwickelt zu sehen, vollkommen teilten, und schließlich ganz einverstanden waren, wenn man sich der Königin von Ungarn gegenüber mit einer Geldsumme abfinden könnte.

Indessen hatte das doch seine Grenzen; zu allen Zeiten hat das englische Nationalgefühl Punkte gehabt, wo es eine größere, oft sehr unerwartet kom= mende Empfindlichkeit zeigte. Für jene Zeit waren die Momente, welche jeder englische Staatsmann auf das ernstlichste in Betracht zu ziehen ge= wohnt war, einmal das Verhältnis zu Frankreich, wo eingewurzelte nationale Feindschaft und die Besorgnis vor einer Rivalität auf dem Felde des über= seeischen Handels immer die Gemüter in Spannung erhielt, und ferner das zu Hannover, dessen Interessen, wie jeder Engländer glaubte, König Georg II. auf Kosten der englischen zu befördern stets geneigt war, so daß nur eine sorg= same und argwöhnische Kontrolle seitens der konstitutionellen Gewalten hier eine Ausbeutung Englands für fremde Zwecke verhüten könnte.

Und gerade diese beiden wunden Punkte hatte nun jene Neutralitäts= erklärung, durch welche König Georg II. sich im September 1741 Frankreich gegenüber gebunden hatte, auf das empfindlichste getroffen. Mochte auch wenigstens nachträglich die beliebte Unterscheidung zwischen König und Kur= fürst angewendet und die Zusage der Neutralität als nur für den letzteren bindend erklärt werden, die Thatsache, daß derselbe König, welcher sich am 19. April seinem Parlamente gegenüber so entschieden für die Interessen des Hauses Österreich engagiert hatte, nun einige Monate später dem Erbfeinde gegenüber die Verpflichtung übernahm, dem französischen Kandidaten seine Kurstimme zu geben und von seinen Erblanden aus auf keine Weise Maria Theresia zu unterstützen, war belastend genug, und doppelt schlimm mußte es eben erscheinen, daß diese Demütigung Englands vor Frankreich wiederum um Hannovers willen erfolgte.

Wie es scheint, ist diese Angelegenheit allerdings dem leitenden Minister in gewisser Weise über den Kopf genommen worden. Der Unterstaatssekretär Lord Harrington, welcher als englischer Minister den König bis Hannover begleitete, hatte die Unterhandlung mit der Selbständigkeit, an welche ihn Walpoles Abneigung, sich mit kontinentalen Angelegenheiten zu beschäftigen, gewöhnt hatte, geführt, und Sir Robert hat später erklärt, erst als die Unter= handlungen im Gange gewesen, durch einen Privatbrief des Königs von der Sache erfahren zu haben [1]), aber ebenso gewiß ist, daß er schließlich die Über= einkunft gebilligt hat, wenngleich unter Verwünschungen Lord Harringtons, der unter dem Scheine, immer die Entscheidung den Londoner Ministern zu überlassen, diese dann vor die unerwünschte Alternative zu stellen verstehe, entweder den König zu beleidigen oder auf ein Verfahren einzugehen, welches ihnen als nachteilig für die Interessen des Landes erscheine [2]).

Es war dies nur ein Punkt des langen Sündenregisters, welches die Opposition gegen Sir Robert zusammengestellt hatte, aber es war, wie selbst von englischer Seite zugegeben wird, der schlimmste von allen [3]). Es mochte

---

[1]) Coxe, Mémoirs of Sir R. Walpole IV, 237.

[2]) So charakterisiert Horaz Walpole die Verfahrungsweise Lord Harringtons in einem Briefe an Trevor; angeführt bei Mahon, History of England, T. III, c. 23.

[3]) Mahon a. a. O.

noch als ein großes Glück erscheinen, daß wenigstens die neuen Parlaments=
wahlen schon vollzogen waren, als jene Nachricht von der hannöverischen
Neutralität eintraf, aber Walpole mußte sich doch sagen, daß die Stimmung
des neuen Parlamentes, in welchem ohnehin die Opposition zu bedrohlicher
Macht angewachsen war, infolge jenes Ereignisses gegen ihn nur noch feind=
licher werden würde. Dem preußischen Gesandten sagten viele Parlaments=
mitglieder, sie seien entschlossen, die Männer zu bekämpfen, welche die wahren
Interessen der Nation preisgegeben und dabei diese in eine unverzeihliche
Prostitution gebracht hätten[1]. Man zeigte sich entrüstet darüber, daß Eng=
land, statt selbst auf dem Kontinente Gesetze vorzuschreiben, sich habe von
Frankreich die Neutralität erbitten müssen[2].

Es war sehr natürlich, daß die englischen Minister mit großer Sorge der
Eröffnung des Parlaments entgegensahen. Ein Hoffnungsstrahl blitzte für
sie auf mit dem Klein=Schnellendorfer Vertrage. Man zweifelte in London
keinen Augenblick daran, daß der Rücktritt des Königs von Preußen von der
antipragmatischen Allianz die ganze Sachlage ändern müsse[3], und wenn das
englische Ministerium nachweisen konnte, daß seine Bemühungen es vermocht
hätten, den siegreichen König von der französischen Partei zu trennen, so
mochte dieser große Erfolg die Schlappe der hannöverischen Neutralitätskon=
vention aufwiegen können. Und Hyndford durfte ja hoffen, daß im Dezember,
wo das Parlament zusammentreten sollte, aus der Saat des 9. Oktober be=
reits eine leidlich reife Frucht vorliegen würde.

Aber wie wir wissen, kam alles sehr anders. Das Werk Hyndfords, der
Schnellendorfer Vertrag, blieb eine taube Frucht und ward, wenngleich nicht
gekündigt, durch die Handlungen des Königs täglich mehr verleugnet. Mochten
die Minister dann auch, als Anfang Dezember das Parlament eröffnet war,
noch eine Weile sich mit geheimnisvoll klingenden Anspielungen behelfen, der
König von Preußen beabsichtige im stillen sich aus seinen bisherigen Ver=
pflichtungen herauszuwickeln, so trat diesen Phantasmagorieen doch die nackte
Wirklichkeit nur allzu schroff entgegen, indem um dieselbe Zeit Anfang De=
zember Frankreich und Preußen fast identische Noten an das englische Mi=
nisterium richteten, mit Klagen über die mit der Neutralitätserklärung nicht
im Einklang stehende fortdauernde Begünstigung Österreichs.

Es schien, als gäbe jetzt auch das englische Ministerium das Spiel auf.
Dieselbe Depesche, welche Hyndford von jenen Reklamationen Nachricht
brachte, enthielt auch die Weisung, vorläufig von weiteren Unterhandlungen
Abstand zu nehmen[4].

Noch vor Ablauf des Jahres traf dann auch die Nachricht von der Palast=
revolution in St. Petersburg ein, welche Kaiserin Elisabeth auf den Thron
hob, und in welcher man allgemein einen Sieg des französischen Einflusses
erblickte. — In der That der Wendepunkt des Jahres bezeichnet so ziemlich
den niedrigsten Stand der Aktien des pragmatischen Programms, das Eng=
land vertrat. Der König von Preußen aufs neue gegen Österreich in Waffen,

---

1) Bericht Andriés vom 22. September; Berliner St.=A.
2) Desgl. den 10. Oktober; ebb.
3) Desgl. den 11. November.
4) Vom 10. Dezember; Londoner Record office.

das sächsische Heer mit dem französischen vereinigt, die Wahl des franzö=
sischen Kandidaten für den Kaiserthron gesichert, selbst Hannover verpflichtet,
für ihn zu stimmen, schließlich auch noch Rußland für französischen Einfluß
gewonnen.

Solche besondere Ungunst der Verhältnisse will dann ihr Opfer haben,
und so fern es der Art des englischen Parlaments gelegen hätte, sich in den
heiklen Fragen der auswärtigen Politik zu leidenschaftlichen Beschlüssen hin=
reißen zu lassen, so vermochten doch die Redner der immer mächtiger ange=
wachsenen Opposition auch aus den diplomatischen Mißerfolgen des Ministe=
riums sich wirksame Waffen zu schmieden. Es war dann umsonst, daß Robert
Walpole über die Unbilligkeit klagte, die ihn für allerlei nicht vorherzusehende
Ereignisse verantwortlich machen wollte, als hätte er des Kaisers plötzlichen
Tod verschuldet, den Krieg mit Spanien entzündet, dem König von Preußen
zu seinem Einfalle in Schlesien oder dem von Polen zu dem Anschlusse an
Frankreich geraten. All' seine geschickte und eifrige Verteidigung, alle Be=
mühungen auch, welche König Georg machte, den Minister zu halten, konnten
die feindselige Stimmung, die sich gegen ihn bildete, nicht entwaffnen. Wenn
er noch einige Male mit schwachen Majoritäten oppositionelle Stürme ab=
schlug, so waren das doch, wie sein Sohn treffend bemerkte, Pyrrhussiege,
und als das Parlament seine Weihnachtsferien begann, hatte Walpole bereits
parlamentarische Niederlagen zu verzeichnen, und seine Freunde drangen in
ihn, sein Amt niederzulegen, ehe es ihm entwunden würde. Aber der Mi=
nister hielt bis zum letzten Augenblicke sein Portefeuille fest; erst als eine
entschiedene Majorität sich gegen ihn erklärte, reichte er am 13. Februar 1742
seine Entlassung ein. Nicht das ganze Ministerium wechselte, doch die Leitung
der auswärtigen Angelegenheiten nahm der neue Ministerpräsident Lord
Carteret selbst in die Hand, ein Mann von sehr andrem Schlage als Walpole.
War dieser ein Vollblutengländer vom Wirbel bis zur Zehe, so hatte Carteret
eher etwas vom Franzosen an sich, die gewandteren Formen, die schwunghafte
Beredsamkeit, die dann wohl auch einmal scharf präcisierte Deduktionen durch
allgemeine wohlklingende Phrasen ersetzt. Die auswärtige Politik, für den
früheren Ministerpräsidenten eigentlich nur eine unerwünschte Plage, war für
den neuen die erwünschte Arena für seinen Ehrgeiz. Und wenn jener nur
widerwillig den Blick über den Horizont der britischen Inseln erhoben hatte,
in deren Sonderinteressen sein Wesen aufging, so lockten Carteret gerade die
großen Welthändel, in ihnen mit thätig zu sein zum Wohle seines Vater=
landes. „Meine Sache ist es, Könige und Kaiser zu machen, und das
Gleichgewicht Europas aufrecht zu erhalten“, soll er einmal gesagt haben, als
man von ihm größere Sorge für die innere Verwaltung verlangte [1]).

Wohl war dafür gesorgt, daß ein englischer Minister keinen zu kühnen
Flug versuche, aber, daß nach außen hin mehr geschehen sollte als bisher, war
gewiß; zum Teil eben deshalb war Walpole gestürzt und Carteret berufen
worden, und ebenso klar war die Richtung, in welcher man die Thätigkeit des
neuen Ministeriums erwartete und wünschte. Die öffentliche Meinung war
unzufrieden mit dem Preisgeben des alten Alliierten und der pragmatischen
Sache, und die Nation erwartete, daß dies jetzt anders würde.

---

[1]) Coxe, Mémoirs of R. Walpole I, 147.

Das alles lag sonnenklar vor den Augen der Welt, und auch König
Friedrich, der auf die Nachricht von der steigenden Erregung der Gemüter
in England schon seit Ende des Jahres 1741 sich die wichtigeren Londoner
Blätter durch seinen Gesandten zusenden ließ, hat sicherlich erkannt, wohin
die öffentliche Meinung drängte, und auch die Eröffnungen, welche Lord
Carteret bald nach Übernahme des Ministeriums dem preußischen Gesandten
machte, liefen doch schließlich darauf hinaus, daß alle Parteien des Parlaments sich in dem Wunsche zusammenfänden, mit möglichst wirksamen Mitteln
den Anmaßungen Frankreichs sich zu widersetzen, ohne dabei jedoch, wie man
höflich hinzufügte, den Interessen Preußens zu nahe treten zu wollen [1]).
Podewils schrieb dem Könige über die englische Ministerveränderung, vor
allem werde Frankreich den Schaden zu tragen haben; wenn Walpole den
Krieg gehaßt habe, so seien dagegen die neuen Minister Carteret, Chesterfield,
Stair zu gute Freunde der Königin von Ungarn, um dieser nicht Hilfe zu
bringen. Möglich sei es allerdings, daß ihr Eifer durch den König Georg
zurückgehalten werde, der aus Rücksicht auf Hannover es mit dem neuen
Kaiser nicht werde ganz verderben wollen [2]).
König Friedrich hat schwerlich jemals für Sir Robert Walpole und dessen
Kollegen Sympathieen gehabt, aber ebenso wenig sich wohl darüber getäuscht,
daß, wie die Verhältnisse nun einmal lagen und die Stimmung in England
war, jedes Ministerium, welches Walpole ablöste, wenn es überhaupt sich
sollte halten können, seinen Interessen noch weniger Chancen in Aussicht
stellte, als jenes gethan [3]).
Wenn Carteret jetzt für sein politisches Programm obenan stellte, er
wolle vor allem den Glauben an England, den das frühere Ministerium
untergraben habe, wieder herstellen, so lag es ja auf der Hand, daß die
Macht, der eben vorzugsweise der verloren gegangene Glaube wiedergegeben
werden sollte, Österreich war, und gelang das irgendwie, so folgte daraus
mit gleicher Notwendigkeit wie die Nacht dem Tage, daß das letztere, in
seinem Vertrauen auf den Alliierten neu gestärkt, um so weniger geneigt sein
würde, Konzessionen und Abtretungen zu machen. Es zeigte sich eben als
gleichschwierig, Österreich zu unterstützen ohne Preußens Interessen zu schädigen, als Preußen zu befriedigen ohne auf Österreich eine unliebsame Pression
zu üben, und die neuen Minister gestanden auch dieses Dilemma ein und bekannten ihre Verlegenheit, nachdem sie sich überzeugt hatten, daß das Auskunftsmittel, auf welches sie zunächst verfallen waren, die jülich-bergische
Erbschaft zur Abfindung heranzuziehen, wenig Erfolg versprach [4]).
Da nun aber die Meinung in England vor allem eine Unterstützung Österreichs verlangte, so konnte kaum ein Zweifel darüber obwalten, wessen Interessen bei der Lösung jenes Dilemmas hintangesetzt werden würden, und daß

---

[1]) Angeführt bei Droysen a. a. O., S. 427.
[2]) Bericht vom 5. März; Berliner St.=A.
[3]) Es ist daher doch wohl nur als eine kühne Vermutung anzusehen, wenn
Droysen S. 370 annimmt, der König habe seiner Zeit (Anfang Dezember 1741)
jene identische Note mit Frankreich in London übergeben, in der Absicht, die Krisis
zu beschleunigen, um die schlaffe Politik Frankreichs in ein rascheres Tempo zu
bringen.
[4]) Vgl. die Anführungen bei Droysen, S. 427, Anm. 2.

demgemäß für Preußen der Wechsel des englischen Ministeriums nichts
weniger als vorteilhaft erscheinen konnte.

Jedenfalls mußte dieser Ministerwechsel den König veranlassen, der eng=
lischen Politik wiederum ein aufmerksameres Auge zuzuwenden und in die
Friedensverhandlungen, welche ja, wie wir sahen, in der letzten Zeit direkt
und über die Köpfe der englischen Vermittler hinweg gepflogen worden waren,
nun diese letzteren wieder hineinzuziehen. Nicht als ob die Aussichten, mit
diesen Unterhandlungen zu einem Resultate zu kommen, allzu groß gewesen
wären, insofern das Ziel, welches der mährische Feldzug im Auge hatte, die
allgemeine Pacifikation, also Befriedigung auch von Friedrichs Alliierten nicht
wohl nach dem Geschmacke Englands sein konnte. Aber das schadete im Grunde
nichts, denn einmal liebte es die Diplomatie jener Zeit sehr, auch ganz aus=
sichtslose Unterhandlungen an= und fortzuspinnen bloß zum Zwecke, den an=
deren Teil, wie der Kunstausdruck lautete, „zu amüsieren" d. h. hinzuhalten
und durch den Anschein freundlichen Einvernehmens von energischen Ent=
schließungen abzuhalten; anderseits waren die kriegerischen Ereignisse ganz
dazu angethan, den König von dem Programme der allgemeinen Pacifikation
allmählich auf das Gebiet hinüberzuführen, auf welchem auch das neue eng=
lische Ministerium sich für das Zustandekommen einer Verständigung ernsthaft
zu interessieren bereit war, nämlich dem eines Separatfriedens.

Wir sahen bereits, wie die durch Pfütschner und Giannini angebahnten
Versuche einer Verständigung verliefen und thatsächlich damit abschlossen, daß
der König gegen Ende März 1742, ohne sich im Prinzipe einem solchen Se=
paratfrieden zu versagen, die weiteren Unterhandlungen lieber durch Lord
Hyndford führen zu lassen sich entschloß. Wir werden aber, ehe wir dort an=
knüpfen, mit wenigen Worten das Verhalten des englischen Unterhändlers
von dem Beginne des neuen Jahres 1742 an zu schildern haben [1].

Wir mögen uns erinnern, daß gegenüber den im Dezember von Wien
aus übersandten Propositionen Lord Hyndford erklärt hatte, er fürchte sich
lächerlich zu machen, wenn er mit denselben herauskäme. Offenbar war ihm
das ganze Geschäft verleidet.

Jedem, der die Depeschen dieses Gesandten hinter einander durchstudiert,
muß auffallen, welch' gewaltige Veränderung in ihm seit dem Spätherbste
1741 sich vollzogen hat. Wenn bis dahin seine Berichte einen wohlthuenden
Gegensatz gegen den widerwärtigen Hofmeisterton seines Vorgängers Guy
Dickens, ein Verständnis der Eigentümlichkeiten des jungen Monarchen, bei
dem er beglaubigt war, ein gewisses Maß von Billigkeit in der Beurteilung
desselben, ja zuzeiten sogar etwas, was wie Verehrung oder Anhänglichkeit
aussah, zeigten, so schlägt das alles von dem Zeitpunkte an, wo der Rücktritt
Friedrichs von den Klein=Schnellendorfer Abmachungen zur Thatsache wurde,
in das gerade Gegenteil um. Ohne ein Gefühl dafür, daß er selbst durch die
schreiend unbillige Fassung, die er Neipperg zuliebe dem Schnellendorfer Pro=

---

[1] Unsere thatsächlichen Anführungen werden dann die Angabe Arneths
(II, 35), daß „man durch Robinsons und Hyndfords Vermittelung unablässig
Verhandlungen mit Friedrich gepflogen habe" zu berichtigen vermögen auch in dem
Punkte, daß zu der Zeit von Pfütschners Sendung von der Zurückweisung eines Mitte
Januar von der Königin persönlich ausgegangenen Anerbietens nicht die Rede sein
konnte.

totoll gegeben, den ersten Nagel zum Sarge der Übereinkunft geliefert, ohne
eine Erinnerung daran, wie hart er selbst unmittelbar nach Klein=Schnellen=
dorf das Verfahren der Österreicher getadelt, vielmehr nur von dem Gefühle
persönlichen Verdrusses über das Scheitern jenes seines eigensten Werkes
und den übeln Eindruck, den dasselbe in London machte, beherrscht, und das=
selbe in das Gewand sittlicher Entrüstung über den Vertragsbruch kleidend,
begann er jetzt den König aufrichtig zu hassen, und seine ersten Depeschen aus
dem Jahre 1742 sind wahre Pamphlete auf Friedrich den Großen. Allen
Klatsch, den die Medisance der diplomatischen Kreise umtrieb, nimmt er be=
gierig auf, schildert als ganz unsagbar, wie sehr der König hier in Berlin bei
allen Ständen verhaßt sei, namentlich wegen seiner Knauserei, wie er selbst
seinen Brüdern und den übrigen Prinzen des Hauses die Hälfte der ihnen
von Friedrich Wilhelm I. ausgesetzten Jahrgelder gestrichen, wie er die Kauf=
leute, die ihm Lieferungen gemacht, nicht bezahle und dabei überall, wo er hin=
komme, in Schlesien wie in Böhmen und Mähren das Land geradezu aussauge
und ruiniere ¹), wie er bei jeder Gelegenheit über Verträge und Bürgschaften
spotte, als über Dinge, die einen Fürsten nur so lange binden dürften, bis er
sie mit Vorteil zu brechen vermöge, und nach allen Seiten hin eine wahrhaft
destruktive Politik verfolge ²).

Sein Haß veranlaßt ihn zu noch bedenklicheren Schritten. Nachdem er
aus gelegentlichen vertraulichen Äußerungen am Hofe gehört, wie in Ober=
schlesien die Stimmung der Einwohnerschaft sich den Preußen sehr feindlich
zeige, trägt er kein Bedenken, nach London und auch direkt nach Preßburg
an Robinson ³) Ratschläge zu einem Einfalle der Österreicher aus Ungarn nach
Oberschlesien zu schicken, um dem König Verlegenheiten zu bereiten. Er thut
das im Bewußtsein, ein Unrecht zu begehen, aber, wie er selbst sagt, fortge=
rissen von seinem Eifer ⁴).

Damals in Berlin verkehrte er viel mit einigen hohen Offizieren aus der
nächsten Umgebung des Königs, dem Grafen Rothenburg und besonders mit
dem Feldmarschall von Schmettau, welcher seinerseits auch noch einen persön=
lichen Grund hatte, sich dem Lord freundlich zu zeigen, da er von seiner
früheren Stellung in österreichischen Kriegsdiensten her noch Beziehungen
nach diesem Staate hin und Interessen in Geldsachen daselbst hatte, für welche
ihm eine Fürsprache wohl erwünscht sein konnte ⁵). Hyndford hätte die
günstige Disposition Schmettaus gern noch durch ein ansehnliches Geldge=
schenk, das er bei seinem Hofe beantragte ⁶), gefördert; doch, da Schmettau den
König nach Dresden und dann ins Feldlager nach Mähren begleitete, wurden
die persönlichen Beziehungen unterbrochen.

Dagegen erhielt Hyndford Ende Januar von Robinson unter dem 25. Ja=
nuar die Nachricht, Maria Theresia sei jetzt geneigt, dem König von Preußen

---

¹) Den 2. Januar; Londoner Record office, zum Teil bei Raumer a. a. O.,
S. 156.
²) Den 9. Januar; Londoner Record office. Raumer, S. 157.
³) Vom 19. und 30. Januar; Londoner Record office.
⁴) An Robinson, den 10. März 1741; ebd.
⁵) Schmettau nimmt eine solche Fürsprache in einem Briefe vom 7. Februar
ganz bestimmt in Anspruch; ebd.
⁶) Den 13. Januar; ebd.

außer Niederschlesien auch noch die Grafschaft Glatz und ganz Oberschlesien mit Ausschluß von Teschen abzutreten, doch zeigte es sich bald, daß Robinson zu viel gesagt hatte. Ein vom 26sten datirtes Memoire brachte ihm aus Preßburg die Vollmacht, mit dem König von Preußen über eine Allianz zu unterhandeln, als deren Preis die Königin von Ungarn geneigt war, außer dem früher bereits Koncedierten auch noch einen näher zu bestimmenden Teil von Oberschlesien herzugeben, von Glatz nichts [1]). Dagegen enthielt das Programm die Forderung einer wirklichen Allianz und eines bewaffneten Beistandes.

Hyndford versprach sich wenig von einem Anerbieten, das hinter dem zurück blieb, was die Alliierten dem König garantiert hatten, und hütete sich sogleich vorzugehen. Er schrieb jedoch unter dem 1. Februar an Friedrich, eine Depesche aus Wien, welche vorteilhaftere Anerbietungen als jemals enthalte, veranlasse ihn zu der Anfrage, ob er sich ihm im Lager vorstellen dürfe [2]).

Kaum ist aber sein Brief abgesendet, so erfährt er, daß der König inzwischen strenge Ordre an alle hohen und nieberen Beamten hat ergehen lassen, ihm bis auf weiteres überhaupt nicht zu schreiben wegen der Unsicherheit der Beförderungen; der Gesandte erwartet daher nur eine abweichende Antwort, da er wisse, daß der König es nicht liebe, Fremde in seinem Lager zu sehen [3]).

Gegen Podewils nimmt er Anstand, sich zu eröffnen, und als dieser ihm davon spricht, daß die Königin am besten thun werde, zu einer allgemeinen Pacifikation die Hand zu bieten, meint er, er sei allerdings seit langer Zeit außer birekter Verbindung mit dem österreichischen Hofe, glaube aber doch zweifeln zu müssen, ob die Königin sich werde dazu bringen lassen, außer Schlesien auch noch Böhmen und Mähren abzutreten, namentlich da eben jetzt Khevenhüller so siegreich in Bayern vordringe. Podewils erwidert, Khevenhüller werde vielleicht sehr bald alle seine Eroberungen aufgeben müssen, um Wien zu beschützen, die Lage Österreichs habe sich doch jetzt sehr verschlimmert, die Kaiserwahl sei in einem ihm feindlichen Sinne ausgefallen, in Rußland dominiere jetzt Frankreichs Einfluß, von England werde es wenig zu hoffen haben, nachdem jetzt auch Dänemark den Subsidienvertrag gekündigt habe; daß von den Generalstaaten nichts zu erwarten sei, wisse man ja.

Der Gesandte bleibt jedoch dabei, das Einzige, was Österreich retten könne, sei, mit einem der Alliierten ein Separatabkommen zu treffen (implicite, wenn Preußen hartnäckig bleibe, werde Österreich vielleicht anderswo leichteren Zugang finden), und Podewils macht sich wenig Hoffnung auf eine Verständigung, da er wisse, daß man in Wien eben um der bayerischen Eroberungen willen den Kopf sehr hoch trage [4]).

Auch diese Unterhandlungen fanden bald ihr Ende, da der preußische Minister, durch den Befehl seines Herrn nach Olmütz berufen, bald nach jener Unterredung abreiste. Dagegen erhielt Hyndford eben damals einen aus Jebowitz, den 6. Februar datirten Brief des Königs, der in den höflichsten Ausdrücken ein Eingehen auf die Propositionen mit Rücksicht auf die große

---

[1]) Bericht vom 2. Februar; Londoner Record office.
[2]) Ebd.
[3]) Bericht vom 10. Februar; ebd.
[4]) Podewils' Bericht vom 10. Februar; Berliner St.-A.

Entfernung vertagte, der König hoffe bald nach Berlin zurückkehren zu können, da die Operationen, welche ihn augenblicklich in Anspruch nähmen, zum Zwecke der Herbeiführung eines erwünschten Friedens in einigen Tagen zum Abschluß kommen könnten [1]). Gleichzeitig kam auch ein Brief Schmettaus an, der kurz die Sendung Pfütschners erwähnt und dann bemerkt, man sei hier seit den im letzten Oktober gemachten Erfahrungen vorsichtiger geworden und habe sich daher begnügt, dringend zu raten, Maria Theresia möge jetzt Frieden schließen, wo sie noch unter dem Eindrucke der Khevenhüllerschen Erfolge eher bessere Bedingungen erlangen könnte, während später, wenn ihre Waffen vielleicht „einen notabeln Chec" erlitten hätten, dies nicht mehr gelingen dürfte. Der König werde, davon dürfte man überzeugt sein, keinen Separatfrieden machen [2]).

Dem Gesandten giebt die Andeutung des Königs über eine mögliche baldige Rückkehr nach Berlin viel zu denken. Entweder, urteilt er, ist er in großer Besorgnis, oder er hat irgendein auf Täuschung abzielendes Projekt im Sinn, bei welchem er, ohne seine Truppen aufs Spiel zu setzen, denselben gute Winterquartiere verschafft. Gegen Wien zu marschieren oder gar diese Stadt zu belagern, sei er augenscheinlich nicht in der Lage. Auch auf Schmettaus Brief ist er geneigt einen großen Wert zu legen, da er in ihm ganz des Königs Stil und Sprache wiederfindet, obwohl diese allerdings der ganze preußische Hof sich angeeignet habe [3]), ja der Brief, welchen er unter dem 12. Februar an den König richtet, knüpft eigentlich thatsächlich an den Schmettaus an.

Wenn Schmettau erwähnt hatte, die Ereignisse von Klein=Schnellendorf hätten den König vorsichtiger gemacht, so versucht hier der Lord eine vollständige Rechtfertigung des Wiener Hofes, dem er unbedingte Verschwiegenheit nachrühmt, wie ja derselbe noch bis zu diesem Augenblicke die Sache als strenges Geheimnis behandle. Die preußischen Gesandten im Gegenteil hätten zuerst von der Sache gesprochen; vor allem aber habe die französische Diplomatie ihre Hand im Spiele gehabt. Diese Macht sei gerade eben damals, Anfang Oktober, im Begriff gewesen, einen Sondervertrag mit Österreich hinter dem Rücken Preußens abzuschließen, doch habe Maria Theresia, welche ja einer Verständigung mit Preußen unter allen Umständen den Vorzug gegeben haben würde, jene Unterhandlungen nach Klein=Schnellendorf vollständig abgebrochen, aber dadurch eben auch den Argwohn Frankreichs erregt, dessen Minister dann das eigentliche Motiv erraten und die Abkunft mit Österreich zu hintertreiben gewußt hätten. Wenn er einem solchen Alliierten gegenüber, der sich selbst so wenig skrupulos zeige, mit einem Separatfrieden zuvorzukommen, werde er in den Augen der ganzen Welt für gerechtfertigt gelten [4]).

[1]) Polit. Korresp. II, 31.
[2]) Jebowitz, den 7. Februar; Londoner Record office.
[3]) Bericht vom 14. Februar; Londoner Record office.
[4]) Vom 12. Februar: Londoner Record office. Hyndford spricht hier immer nur von einer certaine cour und Ranke, Preuß. Geschichte III, 515, Anm. 1, glaubt dies auf Sachsen beziehen zu müssen. Aber wenn dazu auch die früheren Anführungen anlocken, so scheinen doch die weiteren die Möglichkeit ganz auszuschließen. Daß jene Macht auf dem Punkt gewesen sei, zur Zeit des Klein=Schnellen=

Diese Beweisführung, die allerdings die Wahrheit so ziemlich auf den Kopf stellte, wendet sich, wie wir sehen, hauptsächlich gegen den gleichfalls nur in dem Schmettauschen Briefe dem Könige zugeschriebenen Grundsatz, keinen Separatfrieden schließen zu wollen. Der Gedanke, hier den Hebel einzusetzen, den König, wie es hier eben versucht wird, gegen seine Alliierten, namentlich gegen Frankreich einzunehmen, ihn von deren hinterlistigen Absichten zu überzeugen, bildet von jetzt an einen Hauptfaktor der Hyndfordschen Politik. Wiederholt wendet er sich an Robinson nach Wien und an sein Ministerium um Herbeischaffung von Beweismaterial für diesen Zweck [1]).

Aber jener Brief vom 12. Februar begnügte sich nicht damit, dem Könige die französische Allianz zu verleiden, er trat auch mit positiven Anerbietungen hervor. Die Königin von Ungarn sei bereit, ganz Schlesien mit Ausnahme des Herzogtums Teschen abzutreten und, fährt er fort, „ich habe Veranlassung zu glauben, daß sie sich unter gewissen kleinen Bedingungen auch zu der Abtretung von Glatz bewegen lassen wird".

Dieses Angebot (beiläufig gesagt das erste, welches seit dem Dezember durch englische Vermittelung an den König gekommen war) ging nun allerdings in seinem Umfange über die von Wien empfangenen Vollmachten hinaus, denn er hatte, wie wir bereits wissen, Robinson unter dem 25. Januar zwar die Hoffnung ausgesprochen, daß die Königin sich wohl noch bewegen lassen würde, außer Oberschlesien auch noch Glatz abzutreten, aber gleich nachher dies wieder zurückgenommen. Doch hatte Hyndford, dem von seinem Standpunkte aus die Schwierigkeiten, welche ein Hinüberziehen König Friedrichs auf die österreichische Seite haben mußte, ganz besonders einleuchteten, nun, um die Lockungen zu verstärken, nach jener äußersten Konzession gegriffen, auch deren hypothetische Natur dadurch bezeichnet, daß er einmal bezüglich dieser die Geneigtheit der Königin nur als seine Vermutung hinstellte und anderseits noch besondere Bedingungen dafür voraussetzte. Und insofern auf dem damaligen Punkte der Verhandlungen die Frage eines bewaffneten Beistandes seitens Preußens noch in Frage kam, und diese gerade von England aus besonders lebhaft angestrebt wurde, mochte Hyndford darauf aus sein, das Angebot möglichst zu steigern.

Eben deshalb aber ist die hier vorliegende Überschreitung seiner Vollmachten für die spätere Phase der Verhandlungen doch nicht in dem Maße präjudiziell geworden, wie man wohl angenommen hat [2]); das zeigen die nächsten Rückäußerungen auf den Hyndfordschen Brief und vor allem die Thatsache, daß man doch preußischerseits später auf jenes angebliche Zugeständnis nicht weiter zurückgreift.

Des Königs Kabinettsrat Eichel berichtet unter dem 27. Februar an Podewils über diesen Brief, spricht aber nur von Oberschlesien ohne Teschen, welches der Gesandte angeboten habe, ohne jedoch die Gegenleistungen zu

---

dorfer Vertrags einen Separatvertrag mit Österreich einzugeben, unter Ausschließung König Friedrichs, ist etwas, was sich doch eben nur auf Frankreich und in keinem Falle auf Sachsen beziehen läßt.
[1]) So unter dem 10. März an Robinson, unter dem 27. März an das Ministerium; Londoner Record office.
[2]) Vgl. Arneth II, 66. 67.

präcisieren, weshalb man ihm auch nur in allgemeinen Ausdrücken geant=
wortet und ihn aufgefordert habe, sich zunächst über das, was die Königin
verlange, genauer zu erklären [1]).

Es war dies in der That der Sinn des natürlich sonst in verbindlichstem
Tone abgefaßten Schreibens, welches der König auch noch aus Znaym unter
dem 1. März an Hyndford richtete [2]). Die englische Vermittelung befand sich
eben noch im Stadium des „Amüsiertwerdens“, es galt preußischerseits nur
hinzuhalten, und dies war natürlich genug. Noch stand das mährische Unter=
nehmen Friedrichs im aufsteigenden Hause; Znaym bezeichnet das vorgeschobenste
Hauptquartier des Königs in dem ganzen Feldzuge, von hier aus konnten die
Bedingungen, welche er der Königin stellte, nicht wohl günstiger lauten, als
die, welche er einige Wochen früher in Olmütz dem Baron Pfütschner mit=
gegeben hatte. Eben jetzt und einige Tage vorher hatte er ja hier auch die
uns bereits bekannten Propositionen Gianninis erhalten und abgewiesen.

Die Frage, auf welche sich thatsächlich hier alles zuspitzte, war ja doch,
ob und inwieweit der König von Preußen eine Befriedigung seiner Verbün=
deten zur Bedingung eines Friedens machen, und ob speziell von der Königin
eine Abtretung Böhmens an Bayern verlangt würde. Für die Zeit, von der
wir nun hier sprechen, die letzte Woche des Februar 1742, wird man unbe=
denklich behaupten können, daß der König noch daran festhielt, Böhmen für
den neuen Kaiser zu gewinnen, und man wird vielleicht ein sehr entscheidendes
Zeugnis für diese seine Willensmeinung in seinem eben damals recht ernstlich
verfolgten Plane erblicken können, von dem Kaiser den Pfandbesitz des
Königsgrätzer Kreises zu erlangen. So gewiß die für dieses Geschäft von
dem Könige entworfenen Vorschläge, welche Feldmarschall Schmettau dem
Kaiser nach Prag überbringen sollte, auf eine schließliche Abtretung dieses
Teils von Böhmen hinauslaufen [3]), ebenso gewiß ist doch auf der anderen
Seite, daß der König in diesem Stadium des Krieges die Aussichten des
Kaisers auf den Erwerb von Böhmen noch für hinreichend groß erachtet hat,
um die Summe von einer Million Thaler an dieses Geschäft zu wagen.

So lange der König noch so gesinnt war, war die englische Vermittelung
aussichtslos.

Inzwischen hatte Hyndford in Beantwortung des königlichen Schreibens
darauf hingedeutet, daß er in der Lage sei, zu den übersendeten Propositionen
noch einige wesentliche Erläuterungen zu geben, die er aber einem Briefe nicht
anvertrauen zu dürfen glaube, bezeichnet aber dann doch wenigstens kurz als
den von der Königin von Ungarn aufgestellten Preis ihrer Angebote eine enge
Allianz der beiden kontrahierenden Teile zur Verteidigung ihrer beiderseitigen
Besitzungen gegen jedermann [4]).

---

[1]) Znaym, ben 27. Februar; Berliner St.=A.

[2]) Im Londoner Record office und Berliner St.=A.

[3]) Instruktion für Schmettau vom 26. Februar (Polit. Korresp. II, 54), § 5.
Der König wird in der Pfandschaft alle Souveränitätsrechte ausüben, die Stände und
Unterthanen werden ihm den Eid der Treue und Unterthänigkeit leisten, von den man
sie unter keinem Vorwande eher freigesprochen werden sollen, bis die Summe des
geliehenen Kapitals nebst den Kosten der darin gemachten Verbesserungen bezahlt
sein wird.

[4]) Den 10. März; Berliner St.=A. und Londoner Record office.

Es war dies jene alte in den Vermittelungsversuchen während des Som=
mers 1741 immer festgehaltene Forderung bewaffneten Beistandes, jenes
plötzliche Überspringen vom weißen auf das schwarze Feld, wie es König
Friedrich bezeichnet und immer abgelehnt hatte. Dieselbe war erst kurz vor
Klein = Schnellendorf auf bloße Neutralität herabgesetzt, nun aber in aller
Schärfe wieder aufgenommen worden, und zwar war es, wie Podewils ganz
richtig erkannt hatte [1]), wesentlich Hyndfords Meinung, die Königin müsse
an der Forderung bewaffneten Beistandes unbedingt festhalten, da das Bei=
spiel von Klein=Schnellendorf gezeigt habe, daß eine bloße Neutralität bei einem
Charakter, wie der des Königs sei, nicht genug Sicherheit böte. In der That
findet sich diese Meinung wiederholt in Hyndfords Berichten vertreten, und
noch in einem Briefe, welchen er an demselben Tage an Robinson richtet, heißt
es, man müsse diesen Monarchen, den weder göttliche noch menschliche Gesetze
zu binden vermöchten, und der den früheren Vertrag vom 9. Oktober so scham=
los unbeachtet gelassen habe, durchaus dahin bringen, sich entschieden mit der
Königin zu verbünden, um die Franzosen aus Deutschland zu vertreiben.
Das beste Mittel, denselben herbeizuziehen, werde sein, wenn man ihn von
den schlimmen Absichten Frankreichs überzeugen könne; dafür müsse Robinson
Beweise zu sammeln suchen. Daß der König mit der Situation unzufrieden
und in gewisser Weise ängstlich sei, glaubt er aus seinen Briefen schließen zu
dürfen [2]).

In der That änderte sich im Laufe des März dem Verlaufe der Kriegs=
operationen entsprechend doch auch die Gesinnung des Königs. Derselbe ließ
in der Sache des Königgrätzer Kreises Schmettau nicht zum Kaiser abgehen;
er trug Bedenken, eine Million auf diese Karte zu setzen, und schrieb Pode=
wils, da er „bei denen jetzigen critiquen und scabreusen Conjunkturen die
Freundschaft der englischen Nation sich zu menagieren" wünsche, solle der
Londoner Gesandte den neuen Ministern vonseiten des Königs allerlei Kom=
plimente sagen, an Carteret, daß sich Friedrich seiner früheren Bekanntschaft
mit ihm noch gern erinnere, an Chesterfield, daß er einige Schriften von ihm
gelesen und sehr nach seinem Geschmacke gefunden 2c. [3]). Lord Hyndford
aber, der eine persönliche Zusammenkunft begehrt, schrieb er an demselben
Tage aus seinem Hauptquartier Selowitz, er stelle ihm anheim, nach Breslau,
wohin auch die übrigen fremden Gesandten kommen könnten, überzusiedeln;
dort werde es ihm leichter werden, die persönliche Besprechung zu veranlassen,
sobald es die Umstände gestatten würden. Inzwischen werde es ihn interes=
sieren, von dem Gesandten Näheres über die Gesinnungen des neuen eng=
lischen Ministeriums zu hören [4]).

Hyndford, der, so viel wir sehen können, damals von dem neuen Mi=
nisterium eigentliche Instruktionen noch nicht erhalten hatte, antwortete unter
dem 27. März, indem er seine Bereitwilligkeit zu der Übersiedelung nach
Breslau aussprach, dem Könige, das neue englische Ministerium wünsche auf

[1]) Er schreibt dies an den König unter dem 5. Mai; Berliner St.=A.
[2]) Den 10. März; Londoner Record office.
[3]) Den 18. März; Polit. Korresp. II, 82.
[4]) Berliner St.=A. und Londoner Record office.

das lebhafteste gute Beziehungen mit Preußen zu pflegen. Allerdings sei es dabei fest entschlossen, nicht in den Fehler zu verfallen, den man dem früheren Ministerium nachsage, nämlich es an der nötigen Energie bei der Aufrecht=erhaltung des Hauses Österreich und des Gleichgewichtes von Europa fehlen zu lassen, doch rechne es darauf, diesen Zweck eben im Bunde mit Preußen erreichen zu können. Der König werde ja wohl schon von den Rüstungen der Generalstaaten und der Erklärung des Königs von Sardinien gehört haben und nicht darüber im Zweifel sein, namentlich gegenüber den geringen militärischen Leistungen seiner jetzigen Alliierten, auf welcher Seite sich ihm größere Vorteile darböten [1]).

Inzwischen hatte König Friedrich selbst den Gedanken eines Separat=friedens bereits ernstlich in Erwägung gezogen, bedenklich geworden nament=lich durch den Ministerwechsel in England, der ja auch Holland nun doch zu einer kriegerischen Politik hinreißen zu wollen schien, wie denn in diesem Staate jetzt wirklich eine Augmentation der Truppen beschlossen wird.

In präcisester Form stellt er in einer für seinen treuen Ratgeber Pode=wils bestimmten Denkschrift die Resultate seiner Erwägungen zusammen, näm=lich zunächst die Gründe, welche ihn bestimmen könnten, an dem französischen Bündnisse festzuhalten:

„1) Es ist übel, sein Wort zu brechen ohne rechten Grund; bis jetzt habe ich keinen Grund gehabt, über Frankreich oder meine Verbündeten zu klagen. Man bringt sich in den Ruf eines leichtfertigen und veränderlichen Menschen, wenn man einen gefaßten Plan nicht zur Ausführung bringt und oft die Partei wechselt.

2) Wenn dieser Feldzug glücklich zu Ende geht, werden die preußischen Waffen den ganzen Ruhm davon haben, vielleicht wird eine gewonnene Schlacht die Holländer und Engländer entwaffnen und uns den Frieden verschaffen. Träfe das ein, so würden die Preußen die Entscheidung über den Frieden in ihrer Hand haben und jede Schädigung ihrer Interessen verhüten können, das Reich würde sich dann sicherlich an den König von Preußen anschließen. Derselbe würde die Autorität eines Kaisers haben, während der Kurfürst von Bayern nur die Last des Amtes hätte. Die Winterquartiere, welche man nach einer dem Feinde beigebrachten Niederlage würde einnehmen können, vermögen reichen Ersatz der Kriegskosten zu ge=währen.

3) Bleibt man bei der Partei Frankreichs, wird man den Holländern und Engländern die ansehnlichen Summen, welche diese dem verstorbenen Kaiser (auf Schlesien) geliehen haben, nicht zu zahlen brauchen.

4) Die Angelegenheiten Deutschlands sind in einer so gewaltsamen Si=tuation, daß der Kardinal sie nicht aufgeben kann, ohne allen Kredit in Europa einzubüßen und sich einen noch schlimmeren Krieg als den jetzigen auf den Hals zu ziehen.

5) England wird nie zu einem Sonderfrieden Frankreichs mit der Kö=nigin von Ungarn die Hand bieten, auf der anderen Seite gewährt mir ein Friede mit der Königin keinerlei Sicherheit; wofern dieselbe nicht Böhmen

---

[1]) Berliner St.=A. und Londoner Record office

und Mähren verliert, wird der Frieden nur eine Verkleisterung des Kon=
fliktes sein."

Diesen Gründen stellt er nun aber eine andere Reihe entgegen, welche
für einen Frieden mit der Königin sprechen:

„1) Die schlechten Maßnahmen der Franzosen, die befürchten lassen, daß
sie sich irgendwie einzeln werden schlagen lassen.

2) Die Entfernung Frankreichs, welche eine Verzögerung der erforder=
lichen Nachschübe, Rüstungen, Munitions= und Rekrutensendungen zur
Folge hat. •

3) Wenn England und Holland Frankreich in Flandern bekriegten, könnte
das die Wirkung haben, daß der Kardinal sich genötigt fände, einen guten
Teil der französischen Truppen aus Deutschland zu ziehen und mir die ganze
Last des Krieges auf dem Halse zu lassen.

4) Mein Vertrag mit den Alliierten läuft nur auf eine einfache Garantie
hinaus, ohne die Zahl der zu stellenden Truppen festzusetzen.

5) Das Ziel des gegenwärtigen Feldzuges ist nur das, den Kaiser und
den König von Polen in den Besitz großer und schöner Provinzen zu setzen;
indem man für Sachsen arbeitet, muß man daran denken, daß man hier einen
Nachbar groß macht, der gegenwärtig dem Hause Österreich mit Undank dafür
lohnt, daß dasselbe zwei Königreiche preisgegeben hat, um König August auf
den polnischen Thron zu setzen.

6) Ein glücklicher Ausgang dieses Krieges begründet das Übergewicht
Frankreichs in Europa.

7) Die Dreistigkeit des Kaisers und der Franzosen, die von mir eine
Anleihe von 6 Millionen Gulden ohne Hypothek verlangen.

8) Die ansehnlichen Summen, die der Krieg kostet.

9) Die großen Hilfsquellen, welche die Königin von Ungarn aus Ungarn
zu ziehen im Begriff steht, die Möglichkeit eines Umschlages des Kriegsglückes,
welcher mich das bis jetzt Gewonnene könnte verlieren lassen, und die Even=
tualität eines allgemeinen Krieges, der sich in meinem Lande von Hannover
aus entzünden könnte." [1])

Das Schriftstück trägt kein Datum, wir dürfen aber sicher sein, daß es
etwa den 18. oder 19. März verfaßt ist [2]). Es war begreiflich, daß der
König bei der Unsicherheit seiner Verbindungen mit Olmütz das Schriftstück
keinem Kurier anvertraut, sondern lieber Podewils nach seinem Hauptquar=
tiere Selowitz beruft, wo er ihm dann jene Denkschrift vorlegt. Der Minister
beantwortet sie auf der Stelle, indem auch er seinerseits die Argumente,
welche die wichtige Frage nach seiner Ansicht hervorruft, zusammenstellt. Er
bewegt sich in dieser seiner Gegendenkschrift ganz selbständig mit gewohntem
Freimute, und nimmt nur an vereinzelten Stellen auf des Königs Denkschrift
Bezug [3]).

---

[1]) Polit. Korresp. II, 98—100.

[2]) Den terminus ad quem bezeichnet das Selowitzer Programm vom 22. März,
welches dann das Endresultat der im Texte geschilderten Konferenz ist.

[3]) Die Stelle, welche mir für die Frage, ob dem Minister bei seiner Denkschrift
das Exposé des Königs vorgelegen hat, entscheidend war, ist die, in welcher Pode=
wils die vom Könige gehegte Besorgnis vor den Folgen einer Vergrößerung Sachsens
zu zerstreuen sucht.

Für einen Separatfrieden, urteilt er, könne sprechen der Wunsch, die eigenen Eroberungen in Sicherheit zu bringen und vor allen Wechselfällen des Krieges zu schützen, zugleich das Haus Österreich im Interesse des politischen Gleichgewichtes in Deutschland nicht ganz vernichten zu lassen, die Vergrößerung Sachsens zu hindern und ebenso eine der europäischen Freiheit gefährliche Vergrößerung des französischen Einflusses, Preußen aber freie Hand und zugleich die Entscheidung über die Schicksale des Reiches und des Nordens zu sichern.

Auf der anderen Seite jedoch würde man sagen können, es hänge in gewisser Weise der Ruhm und der Ruf des Königs davon ab, daß er das erste größere Engagement, welches er während seiner Regierung eingegangen sei, nun auch halte und keinen Grund gebe, an seiner Treue und Zuverlässigkeit Zweifel zu hegen, was sonst für die Zukunft von bedenklichen Folgen sein könnte. Ferner würde Bayern kraft der Ansprüche, welche es an die Erbschaft Karls VI. mache, das Recht der Königin zur Cession Schlesiens bestreiten und so ein Prätendent für Schlesien bleiben, ebenso wie Frankreich einen Abfall Preußens von dem Bündnisse leicht an den westlichen Provinzen rächen könnte, welche letztere doch zu einer eventuellen Verteidigung nicht gerüstet wären. Ein Partikularfrieden würde außerdem, weit entfernt, den allgemeinen Frieden herbeizuführen, die Fortsetzung des Krieges unvermeidlich machen, und gewiß sei, daß Österreich Preußen gegenüber das ihm Angethane nie vergessen und jede Gelegenheit ergreifen würde, um diesem das Verlorene wieder abzunehmen. Das jetzige Bündnis verspreche davor einen gewissen Schutz, indem nach der projektierten Teilung der österreichischen Erblande sich überall Barrièren aus Besitzungen anderer Fürsten zwischen Österreich und Preußen schieben würden. Der Zuwachs der sächsischen Macht sei wenig zu fürchten. Die Behauptung solch getrennter Landesteile wie Oberschlesien und Mähren habe sich immer mehr als eine Schwierigkeit, als ein Vorteil herausgestellt, und selbst von Frankreich sei vielleicht weniger zu fürchten, als es den Anschein habe, und wolle es wirklich ein gefährliches Spiel beginnen, so würde der Separatfriede dann immer noch geschlossen werden können und jedenfalls mit besserem Grunde als jetzt. An einen von Frankreich hinter dem Rücken des Königs und unter Ausschließung desselben zu machenden Frieden glaubt der Minister um so weniger, als dann ja auch die Abtretung der jülich-bergischen Ansprüche ungültig werden würde, was sicher nicht im Interesse Frankreichs liegt. Und was endlich die Beherrschung der Situation anbetreffe, so sei es zweifelhaft, ob nicht jetzt, wo der König unbestritten für die erste Macht in Deutschland angesehen werde, er eine einflußreichere Stellung habe, als er sie nach dem Abschlusse eines Separatfriedens haben würde [1]).

Wenn des Königs Denkschrift das nach der Meinung ihres Verfassers aus der Abwägung der Gründe für und wider sich ergebende Resultat eigentlich nur durch die Art der Anordnung andeutet, welche die für den Separatfrieden sprechenden Momente nachdrücklich an die zweite und letzte Stelle setzt, so läßt dagegen die des Ministers kaum einen Zweifel obwalten, daß er schließlich doch gegen den Separatfrieden sich entscheidet. Anders der König,

---

[1]) Berliner St.-A.

ben die steigende Ungunst seiner Lage in Mähren täglich mehr dem Projekte eines Separatfriedens geneigt machte und dessen Abschluß in möglichst beschleunigter Weise herbeiführen zu können wünschen ließ, so lange er noch seine jetzige weit vorgerückte Stellung im Herzen des feindlichen Landes mit zu verwerten vermochte.

Er spricht es ganz offen in einem Brief an Podewils aus, was ihn am meisten dränge, sei der Umstand, daß er nur noch höchstens für vier Wochen Lebensmittel in seinen Magazinen habe. Länger würden die Sachsen nicht zu halten sein, auch er selbst würde sich mindestens bis Olmütz zurückziehen müssen; und geschehe das, so werde sofort wieder den Österreichern der Kamm schwellen und die Verständigung viel schwerer werden, deshalb aber sei die Zeit so kostbar [1]).

Wir haben Grund, die Chronologie dieser Begebenheiten um so stärker zu betonen, als die herrschende Auffassung, wie sie auf den Forschungen unserer größten Historiker beruht, doch die Entwickelung dieser Dinge sich anders zurechtgelegt hat. Wenn Ranke [2]) sagt: als Friedrich mit seiner Armee nach Böhmen zurückging, fand er geraten die früher abgebrochenen Unterhandlungen wieder anzuknüpfen", so werden wir dem gegenüber darauf hinweisen müssen, daß, was hier als der zeitliche Ausgangspunkt für das Anknüpfen der Verhandlungen angegeben wird, in Wahrheit wenigstens nach Friedrichs Intentionen den Endtermin bezeichnen sollte, bis wohin die Verhandlungen abgeschlossen sein sollten. Der Entschluß zu dem Separatfrieden ward mehrere Wochen früher gefaßt, bevor der Rückmarsch aus Mähren begann. Wir vermögen den Zeitpunkt ziemlich genau festzustellen.

Unter dem 18. März beschied, wie wir sahen, der König den englischen Gesandten nach Breslau. Unmittelbar darauf ruft der König seinen Minister von Olmütz in sein Hauptquartier Selowitz. Hier, wie es scheint, arbeitet Podewils seine bereits besprochene Denkschrift über die Frage, ob Separatfrieden, ob nicht, aus, und das Resultat der hierüber gepflogenen Beratungen ist dann, daß der Minister den Auftrag empfängt, zusammenzustellen, auf welchen Forderungen Preußen im Falle eines Separatfriedens würde bestehen müssen. Podewils überreicht diese Zusammenstellung, auf deren materiellen Inhalt wir noch zurückkommen werden, unter dem 22. März im Hauptquartier Selowitz. Der König acceptiert dieselbe unter demselben Datum, indem er unter die von Eichel verfaßte Reinschrift eine reguläre mit Unterschrift und Siegel versehene Vollmacht für Podewils setzt, auf vorstehende Bedingungen hin unter Vermittelung des Lord Hyndford den Frieden mit der Königin zum Abschlusse zu bringen [3]). Mit dieser Vollmacht reist Podewils schleunigst nach Olmütz zurück und schreibt von da unmittelbar nach seiner Ankunft die Bitte an Hyndford, zu ihm kommen zu wollen, als geschehe dieses im Auftrage seines Hofes [4]).

Wenige Tage später eröffnet dann, wie wir wissen, der König dem Kanonikus Giannini, er habe sich entschlossen, Hyndford nach Olmütz kommen zu lassen, um dann durch diesen binnen sechs Wochen einen Frieden zum Ab-

---

1) Den 31. März; Polit. Korresp. II, 98.
2) A. a. O., S. 517.
3) Polit. Korresp. II, 84.
4) Londoner Record office.

schluß zu bringen. Es war dies auch Österreich gegenüber eine officielle Er=
klärung der Geneigtheit zu einem Separatfrieden.

Wie ernst er es damit meine, glaubte Friedrich auch dadurch zu zeigen,
daß er gleichzeitig den Vorschlag machte, thatsächlich schon jetzt eine Waffen=
ruhe beiderseits eintreten zu lassen.

Aber das ganze Projekt des Königs erstickte in allerlei Mißverständ=
nissen. Zunächst war es Hyndford, der es an sich fehlen ließ.

Er hatte, wie wir wissen, dem König unter dem 27. März geantwortet,
daß er sich nach Breslau begeben würde, aber dann den Eintritt der Reise
von einem Tage zum andern verschoben und, als er endlich aufbrach, sich zu
dem Umwege über Dresden und einem Aufenthalte daselbst entschlossen, so daß
er thatsächlich erst am 17. April in Breslau eingetroffen ist. An die Reise
nach Olmütz, wohin ihn dann Podewils eingeladen hatte, scheint er gar nicht
gedacht zu haben. Er hat auf diese Aufforderung Podewils nicht geantwortet,
so daß dieser um so sicherer auf seine Ankunft in den ersten Tagen des April
rechnete. Als der Gesandte dann nicht erschien, befremdete dies den König
erklärlicherweise[1]). Der Brief war nicht verloren gegangen, er findet sich
in London unter Hyndfords Correspondenz, dagegen wird auch in dessen Be=
richten dieser Berufung nach Olmütz mit keiner Silbe erwähnt, und wir wissen
nicht, wie er sich später über diesen Punkt mündlich mit dem Minister aus=
einandergesetzt hat. Thatsächlich mußte bei dem späten Eintreffen des Lords
in Breslau und des Königs Rückzuge nach Böhmen die Weiterreise nach
Olmütz ohnehin von selbst aufgegeben werden, man konnte sich dann bequemer
in Breslau sprechen.

Was den Gesandten bestimmt hat, ein so geringes Maß von Eifer an
den Tag zu legen, läßt sich ungefähr aus einem Berichte abnehmen, den er
unter dem 31. März 1742 abgestattet hat[2]). Zunächst empfand er es übel,
daß der König die gewünschte persönliche Unterredung immer noch hinaus=
schob und ihn an seinen Minister wies, mit dem er ungern verhandelte, da
er ihn für allzu sehr französisch gesinnt hielt. Er glaubte daraus auch er=
kennen zu müssen, daß es mit der ganzen Friedensverhandlung kein rechter
Ernst sei. In dieser Meinung bestärkte ihn ein kurz vorher empfangener
Brief Schmettaus, welcher ihm ein Programm der Friedensbedingungen, wie
sie nach seiner Ansicht der König aufstellen mußte, entwickelte und darin die
Überlassung Böhmens an den neuen Kaiser als durch das preußische Interesse
geboten darstellte und dagegen eventuell eine Art von bewaffneter Mediation
Preußens zugunsten des Friedens in Aussicht stellte. Es waren etwa die An=
sichten, die König Friedrich einst Giannini gegenüber entwickelt hatte, welche
aber von dem Könige in dem Programme eines Separatfriedens nicht mehr
festgehalten wurden, so daß Hyndford sich im Irrtume befand, wenn er an=
nahm, Friedensvorschläge derselben Art würde er eben von Podewils zu
hören bekommen. Er aber glaubte daran und hatte um so weniger Lust, so
unannehmbar scheinende Bedingungen zu besprechen.

Dazu kam dann noch, daß er über die Gesinnungen des neuen englischen
Ministeriums noch nicht unterrichtet war. In der That ist, soweit wir dies

---

[1]) Eichel an Podewils, den 8. April.
[2]) Londoner Record office.

aus den Depeschen Hyndfords beurteilen können, die erste direkte Instruktion seiner neuen Behörde erst gegen Mitte April, also um die Zeit, wo er in Breslau eintraf, an ihn gekommen, vermutlich deshalb, weil Lord Carteret, der ja das Departement der auswärtigen Angelegenheiten mit solchem Eifer in die Hand genommen hatte, erst selbst hier durch direkte Unterhandlungen mit den Gesandten sein Heil versuchen wollte, bevor er den auswärtigen Vertretern besondere Aufträge erteilte. Es ist sehr wohl möglich, daß Hynd= ford in Erwartung dieser Instruktion immer noch mit seiner Abreise ge= zögert hat.

Endlich hat aber auch die Gesinnung des Wiener Hofes ihren Einfluß üben müssen. Hier hatte nämlich jene Mitteilung des Königs über die Berufung Hyndfords nach Olmütz den allerungünstigsten Eindruck gemacht, namentlich wegen der Bestimmung einer sechswöchentlichen Frist und der Forderung einer gewissen Einstellung der Feindseligkeiten für diese Zeit. Man witterte hierin nichts als Tücke, eine bequeme Gelegenheit, in den 6 Wochen das Anrücken der französischen Verstärkungen auf der einen und des Anhaltischen Corps auf der anderen Seite abzuwarten, um dann die Königin nur desto sicherer zu verderben. Von dieser Ansicht ausgehend, war man ge= neigt, in dem ganzen Projekt der Friedensunterhandlungen nichts als einen Fallstrick zu sehn, wo man durchaus nicht trauen dürfe, auch in dem Falle nicht, „da sich der König von Preußen dann schon noch billiger als bisher erfinden ließe" [1]).

Es fällt sehr schwer, zu glauben, daß Hyndford nicht wenigstens unter der Hand von dieser Aufnahme des preußischen Vorschlags bei dem Wiener Hofe sollte Kunde erhalten haben, wenngleich unter den Depeschen des Ge= sandten kein Schriftstück hierüber sich vorfindet und der letztere noch im April gegen Podewils versichert hat, er sei seit dem mährischen Feldzuge thatsäch= lich ganz ohne Kenntnis von den eigentlichen Gesinnungen der Königin Preußen gegenüber.

Im Grunde war es eine eigene Verkettung von Zufälligkeiten und Miß= verständnissen, welche hier des Königs friedliche Absichten vereitelt haben. Thatsächlich lag die Sache so: wenn bei den Unterhandlungen mit Giannini der schlimmste Stein des Anstoßes in der preußischen Forderung von Kon= zessionen auch an die Verbündeten gelegen hatte, so war dieser jetzt weg= geräumt, der König war bereit, einen Separatfrieden zu schließen, aber er kam zunächst gar nicht dazu, sich dem Gegner verständlich zu machen. Sein im Grunde sehr nebensächlicher Vorschlag einer vorläufigen Waffenruhe alarmierte den Wiener Hof in überraschender Weise, und Hyndford entzog sich geradezu der Berufung nach Olmütz. Wäre der letztere schnell zur Stelle gewesen und hätte der Wiener Hof nur das Maß von Entgegenkommen gezeigt wie noch kurz vorher bei der Sendung Gianninis, es hätte sich wohl schon damals eine Basis der Verständigung finden lassen und das Blutvergießen von Chotusitz beiden Teilen erspart bleiben können. Friedrich würde, um den Frieden in Mähren d. h. vor seinem Rückzuge aus diesem Lande schließen zu können, vor= aussichtlich manches nachgelassen haben.

---

[1]) In diesem Sinne sich in London auszusprechen, wird Waßner unter dem 31. März angewiesen; Wiener St.=A.

Es sollte nicht sein, und Friedrich ohne eine Ahnung von jenen Mißver=
ständnissen wartete ungeduldig auf Hyndfords Eintreffen. In dieser Zeit des
Wartens wird zwischen König und Minister ein lebhafter Briefwechsel geführt,
der dann mancherlei Interessantes darbietet. Der König schickt an Podewils
seine Briefe in Form historischer Berichte mit wechselnden Überschriften,
Kopenhagen, Petersburg ꝛc., offenbar um im Falle des Auffangens nicht
gleich die Bedeutung des Schriftstückes so leicht erraten zu lassen.

Wir mögen hier einzelnes hervorheben:

Der König: „Selowitz, den 25. März. Man wird sehen müssen, ob
es Hyndford sehr ängstlich und dringend hat, dann wird man mehr verlangen
können, wenn nicht, sich begnügen, um keinen Preis aber durch den Vertrag
mich in einen neuen Krieg verwickeln." [1]

Podewils: „Olmütz, den 29. März. Je mehr Hyndford sich dringend
zeigt und je mehr er bietet, desto mehr wird er auf der andern Seite darauf
aus sein, Preußen gegen Frankreich in die Waffen zu bringen. Will man sich
nicht in einen neuen Krieg verwickeln lassen, wird man sich lieber in seinen
Forderungen beschränken müssen und z. B. für die Alliierten nur in allge=
meinen Redensarten Vorteile verlangen können." [2]

Der König: „Selowitz, den 27. März. Die Sache mit Hyndford ist
möglichst zu beeilen. Die Alarmnachricht der Sachsen (vertrauliche Mitteilung
des Königs August, daß Kardinal Fleury um jeden Preis Frieden machen
wolle) scheint falsch, und man kann sich denken, weshalb sie so etwas ersinnen,
dagegen kann ein Vorstoß der Österreicher gegen Eger die Sachsen zu schleu=
nigem Rückzuge auf Dresden veranlassen und damit alles verderben. Es ist
zu fürchten, daß Hyndford Entthronung des Kaisers verlangt, davon kann
nicht die Rede sein. König erwartet mit Ungeduld Nachrichten." [3]

Podewils: „Olmütz, den 31. März. Hyndford kann nicht wohl vor dem
7. oder 8. April hier sein. Den Gedanken einer Thronentsetzung des Kaisers
wird man gar nicht aufs Tapet bringen dürfen. Wohl aber wird Hyndford
enge Allianz mit der Königin verlangen, doch kann ihm eine solche höchstens
nach der allgemeinen Pacifikation in Aussicht gestellt werden. Dagegen wenn
man eine Allianz zwischen Preußen und den Seemächten verlangt, so wäre
es gut, eine solche, wofern sie einen ausschließlich defensiven Charakter trüge,
nicht von der Hand zu weisen, da man neue Alliierte brauchen wird gegen=
über der Erbitterung, welche ein Separatfriede bei Frankreich erregen würde.
Es könnte sich vielleicht auch empfehlen, sich Sachsen näher zu verpflichten,
indem man versuchte, ihm doch noch Oberschlesien zu verschaffen. Es könnte
dies angehen, da Österreich doch einmal ganz Schlesien verloren gegeben zu
haben scheint, und jene Forderung, Oberschlesien bis zur allgemeinen Paci=
fikation besetzt zu halten, könnte dafür wohl verwertet werden. Wenn Hynd=
ford ankommt, möchte es gut sein, den sächsischen Gesandten Bülow ins
Hauptquartier zu schicken, um einen lästigen Aufpasser los zu sein; Giannini
ist von Brünn zurück, aber hat sich noch nicht sehen lassen." [4]

---

[1] Polit. Korresp. II, 89.
[2] Berliner St.=A.
[3] Polit. Korresp. II, 94.
[4] Berliner St.=A.

Der König: „Selowitz, den 31. März. Ich verlange nicht mehr als die in Selowitz formulierten Bedingungen und werde froh sein, diese schnell zuge= standen zu erhalten. Bin in allem mit Ihren Ansichten einverstanden, und je mehr ich darüber nachdenke, desto mehr sehe ich, daß ich einen schnellen Frieden brauche. Die in Holland beschlossene Truppenaushebung, die beabsichtigte Übersetzung der englischen Truppen nach den Niederlanden zum Ersatze für die österreichischen Besatzungen der Barriereplätze, welche man auf der Weser nach Deutschland führen will oder sie am Niederrhein anwenden, die große Lust, welche der Kardinal zeigt, sich aus seinen jetzigen Engagements heraus= zuziehen, sind neben anderen Dingen hinreichend starke Beweggründe, um mich für den Frieden zu entscheiden; was mich aber am meisten drängt, ist meine Verlegenheit wegen der Verpflegung der Armee in Mähren." [1]

Nur wenige Tage jünger ist der nächste Brief des Königs, aber er zeigt eine totale Veränderung der Situation. Wenn er damals noch eventuell 4 Wochen sich in Mähren behaupten zu können gemeint hatte, so teilt er jetzt den Entschluß mit, unverzüglich nach Böhmen abzumarschieren; er müsse, schreibt er, sich bemühen, Prag zu decken, da, wenn die Eroberung dieser Stadt den Österreichern gelänge, ein solcher Erfolg sie ganz und gar über= mütig und untraitable machen würde. Er gedenkt, den Minister in Wischau zu sprechen. Wenn der König in Böhmen sein werde, könne Podewils seinen Aufenthalt in Schweidnitz nehmen.

Er fährt dann fort: „Der beifolgende Brief Hyndfords (vom 27. März) läßt mich schließen, daß dieser bei seiner Ankunft wird in hohem Tone sprechen wollen. In diesem Falle müssen Sie aus demselben Tone reden und ihm ein= fach erklären, daß, wenn man mir von Garantieen und Offensivtraktaten gegen irgendwen reden wollte, ich das so ansehen würde, als wünschte man die ganze Unterhandlung abzubrechen; ich meinerseits verlangte den Frieden nicht, aber ich würde mich zu einem solchen herbeilassen, wenn man mir alle Be= dingungen, welche ich stellte, bewilligte; es wäre mein Ultimatum, von dem ich nicht abgehen würde, man habe nur ja oder nein zu sagen. Ich bin der Ansicht, daß diese Leute sich, wenn sie uns brauchen, zu allem bequemen werden, im entgegengesetzten Falle aber wenig Interesse dafür haben werden, uns gute Bedingungen zu verschaffen, und sie dürfen sich nicht einreden, daß wir uns fürchten." [2]

Wenn wir bereits oben an der Hand der authentischen Berichte aus= führten, daß die Chancen eines Separatfriedens im preußischen Hauptquartier keineswegs erst von dem Rückzuge aus Mähren datieren, sondern vielmehr gerade vorher besonders groß waren, so vermag nun der oben angeführte Brief, jenes bekräftigend, noch die Wahrnehmung hinzuzufügen, daß im Gegen= teile, sowie der entscheidende Entschluß zum Abmarsche nach Böhmen gefaßt ist, ein gewisser Rückschlag auch in Beziehung auf die Friedensaussichten sich bemerkbar macht. Es ist dies sehr erklärlich.

---

[1] Polit. Korresp. II, 98. Die nähere Ausführung des letzten Punktes wurde schon oben S. 173. 175 mitgeteilt, dagegen läßt unter demselben Datum der König noch eine Mahnung zur vorsichtigen Behandlung des Punktes über Königgrätz folgen, auf welche wir noch zurückkommen werden.

[2] Selowitz, den 3. April; Polit. Korresp. II, 103.

Die Friedensstimmung Mitte März bei dem König von Preußen war, wie wir sahen, wesentlich aus dem Wunsche entsprungen, die weit vorge= schobene Stellung in Mähren, mit der sich der ursprünglich beabsichtigte Zweck doch nun einmal nicht erreichen ließ, wenigstens für die Ziele eines Separatfriedens zu verwerten und so schließlich mit Hilfe der Diplomatie einen militärischen Mißerfolg zuzudecken. Diese Absicht war durch Hyndfords Zögerung vereitelt worden, und seitdem Friedrich, ohne es zu friedlichen Ab= machungen gebracht zu haben, den Entschluß gefaßt hatte, seinen Rückzug anzu= treten, war die Sache in ein anderes Stadium getreten. Die militärische Rück= sicht drängte jetzt nicht mehr zum Frieden, im Gegenteile konnte dieser Gesichts= punkt jetzt zu starrerem und schrofferem Bestehen auf den gestellten Bedingungen antreiben, damit man nicht auf den Gedanken käme, etwaige Konzessionen aus einem Gefühle der verschlechterten militärischen Situation zu erklären. König Friedrich durfte sich als Diplomat gerade jetzt nicht nachgiebig zeigen, wollte er nicht diese Nachgiebigkeit auf Conto des mangelnden Erfolges seiner mili= tärischen Operationen setzen lassen.

Offenbar hat diese Empfindung die strengen Unterweisungen herbeige= führt, welche er in dem eben angeführten Briefe seinem Minister erteilt, und ihre Bedeutung wird dadurch nicht erschüttert, daß bereits der nächste Brief wiederum den Frieden für ihn als etwas bezeichnet, was ihm die Vernunft und der Zwang der Verhältnisse dringend anrieten.

Zweites Kapitel.
Unterhandlungen zu Breslau bis zur Schlacht bei Chotusitz.

Die Instruktion, welche unter dem 22. März in Selowitz für Podewils aufgesetzt worden war, betraf folgende sechs Forderungen:

1) Abtretung von Niederschlesien bis zur Brinnitz und Neiße mit der Festung Neiße und einer Lisière von einer deutschen Meile jenseits dieses Flusses, alles mit voller Souveränität und Unabhängigkeit auch vom Reiche.

2) Abtretung der Grafschaft Glatz mit Stadt und Festung, sowie des Kreises Königgrätz mit der Herrschaft Parbubitz.

3) Verpflichtung der Königin in allgemeinen Ausdrücken den Alliierten des Königs „une satisfaction raisonnable" zu gewähren.

4) Annahme einer Mediation von Preußen in Gemeinschaft mit den See-mächten zur Herbeiführung einer allgemeinen Pacifikation.

5) Oberschlesien mit Ausschluß von Teschen bleibt von den Preußen be-setzt bis zum allgemeinen Frieden.

6) Räumung Mährens von preußischen Truppen sofort nach Unterzeich-nung der Präliminarien. Die sächsischen Truppen dürfen sich, ohne angegriffen zu werden, gleichfalls zurückziehen [1]).

In dem Eingange dieses Schriftstückes hatte der König dasselbe als sein Ultimatum bezeichnet und außerdem noch eigenhändig die Worte gesetzt: „Il n'y a rien à rabattre de ces conditions, c'est le quot non." [2])

Trotzdem hatte der wiederholte Briefwechsel zwischen Friedrich und seinem Minister, zu welchem Hyndfords langes Ausbleiben Gelegenheit bot, gewisse Modifikationen als möglich herausgestellt, wie ja z. B. eine Nachgiebigkeit inbezug auf § 5 vom Könige zugestanden worden war. Hieran hatte sich dann, indem das Verhältnis zu Sachsen mit hereinspielte, Weiteres ange-knüpft. Sachsen hatte in jener Zeit sich mit sichtlichem Eifer an Preußen angeschlossen, und im Zusammenhange damit auch immer aufs neue vertrau-

---

[1]) Polit. Korresp. II, 89.
[2]) Berliner St.-A.

liche Mitteilungen kolportiert über die angebliche große Friedenssehnsucht des Kardinals und der Franzosen überhaupt. Der König hatte diesen Nachrichten nicht allzu viel Glauben beigemessen, vielmehr die Vermutung aufgestellt, die Sachsen wollten ihn nur dazu bringen, daß er mit ihnen den Plan eines Separatfriedens mit Österreich diskutiere und ihnen zu einem solchen selbst riete, was zu thun er sich jedoch hüten würde [1]). Wenn Podewils daran dachte [2]), man könne vielleicht, wenn der König zu Glatz noch den König= grätzer Kreis erhalte, den Sachsen doch noch Oberschlesien verschaffen, so er= klärte der König hierauf, er habe an sich nichts dagegen, doch müßte man darauf gefaßt sein, daß die Österreicher darauf beständen, als Äquivalent für den Königgrätzer Kreis Oberschlesien abzutreten, was man schlimmsten Falles wohl auch würde acceptieren müssen. Mit Rücksicht auf diese Eventualität zögerte der König, auch die Grenzregulierung, auf welche Sachsen jetzt drängte, zum Abschluß bringen zu lassen, er beauftragte zwar Schwerin damit, fügte aber die geheime Weisung bei, derselbe solle bei dem Geschäfte eine Schwierig= keit nach der anderen erheben [3]).

Wir sehen aus dem allen, daß der König also gleich bei dem Beginne der Unterhandlung darauf gefaßt war, eventuell anstatt des geforderten Königs= grätzer Kreises sich mit Oberschlesien begnügen zu müssen.

Ursprünglich hatte Podewils sogar Befehl, den Artikel, Königgrätz be= treffend, mit vieler Vorsicht anzufassen, und diesen Punkt zunächst nur unbe= stimmt in Wien andeuten zu lassen, und erst wenn die Königin Oberschlesien direkt anböte, als Ersatz dafür den Königgrätzer Kreis vorzuschlagen [4]). Der König besorgte nämlich, daß, wenn diese Forderung des Königs ruchbar würde und zu den Ohren seiner jetzigen Alliierten käme, ihm für den Fall, daß sich die jetzigen Unterhandlungen mit Österreich zerschlügen, jede Möglichkeit, diesen Landstrich auf andere Weise zu erlangen [5]), abgeschnitten sein würde.

Zunächst allerdings setzte Hyndfords langes Ausbleiben den König in große Unruhe, der geringe Eifer des Gesandten ließ wenig Gutes für die ganze Unterhaltung hoffen, und allerlei Schlimmes konnte dahinter stecken; der König mußte, ehe die Sache geordnet war, Mähren räumen, und schon hatte Belleisle seinen Besuch angekündigt, um Verabredungen für den neuen Feldzug zu treffen. Jedenfalls hatte Eichel sicher guten Grund, an Podewils zu schreiben:

„Kurz des Kgs. Majest. seynd in der größesten attente bald zu wissen, woran Sie seynd, und wie Ew. Exc. die Vivacité unsres allergnädigsten Herrn kennen und daß, wenn eine Sache languissant traktiret oder trainiret wird, Sie mit gleicher Vivacité einen andern Plan nehmen könneten, sonderlich wenn ein insinuanter Belleisle mit seinen Cajolerien und Promessen dazu kommet, so wünschte ich selbst vor mein geringes Particulier, daß die vor= seyende Sache bald reguliret würde, und daß nebst der Guarantie der See=

---

[1]) Eigenhändige Nachschrift zu dem Briefe vom 5. April; Polit. Korresp. II, 107.
[2]) Vgl. oben S. 211.
[3]) Selowitz, den 3. April; Berliner St.=A.
[4]) Den 31. März; Polit. Korresp. II, 97.
[5]) Wir wissen, daß er mit dem Kaiser wegen einer Verpfändung dieses Kreises in Unterhandlungen stand. Vgl. oben S. 203.

puissancen auch andre **Avantages**, welche S. Kgl. Maj. von dero jetzigen Alliierten stipulirt worden, als die Ostfriesische Successions=Sache mit sancirt werden könnten." [1]

·Der König hatte in der Ungeduld des Wartens wohl daran gedacht, lieber direkt mit dem Wiener Hofe sich in Verbindung zu setzen. Durch Giannini hatte er bereits, wie wir wissen, melden lassen, er habe Hyndford nach Olmütz beschieden, mit welchem dann Podewils innerhalb 6 Wochen einen Frieden zustande bringen sollte [2]); sonst aber war es Podewils untersagt, mit dem Kanonikus in nähere Verbindung zu treten [3]); des Königs Gedanke war, eventuell selbst einen Gesandten nach Wien zu schicken, und der Minister hielt dafür eventuell einen der Adjutanten des Königs und zwar an erster Stelle Goltz für geeignet, der dann mit einem Briefe Friedrichs an den Großherzog sich wenden sollte; prinzipiell aber wünschte er den Schritt überhaupt auf den äußersten Notfall verschoben zu sehen aus Besorgnis vor einem möglichen Mißbrauche des Schriftstückes durch den Wiener Hof [4]).

Indessen traf doch endlich der langersehnte Botschafter in Breslau ein, den 17. April fast gleichzeitig mit Podewils, welcher ihn dann gleich am Morgen nach seiner Ankunft aufsuchte und eine zweistündige Besprechung mit ihm hatte.

Die Unterhandlungen begannen nicht unter den besten Auspizien. Podewils trug die preußischen Bedingungen vor und versicherte, wie viel Mühe es gekostet habe, die Ansprüche des Königs so weit herabzustimmen. Der Lord hörte sehr ruhig zu und schien nur mäßigen Eifer für die ganze Sache zu haben. Er versicherte, in neuerer Zeit sei die Korrespondenz mit Wien vielfach unterbrochen worden, und seit dem mährischen Feldzuge sei er thatsächlich ganz ohne Kenntnis von den eigentlichen Gesinnungen der Königin und ihren Absichten Preußen gegenüber. Auch die Vollmacht, welche er zu produzieren vermochte, war von altem Datum und bezog sich eigentlich auf eine Weiterführung der Klein=Schnellendorfer Verhandlungen. Es komme im Grunde wenig darauf an, meinte Hyndford, und es lohne kaum, die Vollmachten zu erneuern, denn die von dem Könige gestellten Bedingungen werde man doch in Wien nimmermehr annehmen. Das wäre bedauerlich, erklärte Podewils, der König wolle nichts herunterlassen, und zeigte jenes eigenhändige „c'est le quot non", machte auch bemerklich, daß, wenn erst Belleisle, der den 10. Mai eintreffen wolle, neue Verabredungen getroffen habe, die Sache viel schwerer werden würde. Der König gedenke in Böhmen an der Spitze von 50,000 Mann seiner Truppen zu operieren und dabei noch 29,000 Mann in Mähren zu lassen, in Bayern würden die Alliierten mehr als 40,000 Mann haben und dazu noch in Böhmen 30,000 Mann.

Allmählich wurde nun doch Hyndford wärmer; er versicherte aufs nachdrücklichste seinen Eifer und machte nun seine Einwendungen gegen die einzelnen Artikel der preußischen Propositionen. Gleich bei § 1 stieß er sich an

---

[1] Chrudim, den 18. April; Berliner St.=A.
[2] Am 23. März. Mitteilung in einem Briefe der Königin an Waßner vom 31. März; Wiener St.=A.
[3] Brief vom 3. April; Polit. Korresp. II, 104.
[4] Der König an Podewils, Proßnitz, den 8. April. Antwort des Ministers, den 9. April; Polit. Korresp. II, 111 und Anm. 1 dazu.

der Forderung der vollkommenen Unabhängigkeit für Schlesien, da doch die Königin nicht Schlesien seiner hergebrachten Verpflichtungen gegen das Reich entbinden könne. Podewils beruhigte ihn, wenn die Königin nur ihre Rechte abtrete, könne sie es dem neuen Landesherrn überlassen, sich etwaiger Zumutungen des Reiches, von denen bei Schlesien nie die Rede gewesen sei, zu erwehren. Die Abtretung von Glatz würde die Königin, wie Hyndford meinte, wohl zugestehen, wenngleich unter gewissen kleinen Bedingungen, die er allerdings nicht näher angeben konnte oder wollte, aber in keinem Falle Königgrätz und Parbubitz, das wäre eine Zerstückelung Böhmens, da könne der König ebenso gut ganz Böhmen verlangen.

Podewils wendete ein, das Opfer sei doch nicht allzu groß, wenn die Königin sich dadurch eine ganze Provinz, nämlich Oberschlesien, retten könne; doch Hyndford zweifelte daran, daß die Königin auf solche Kompensation eingehen würde; da könne man eher noch daran denken, Oberschlesien mit Ausschluß von Teschen zu erlangen.

Ganz besonders erhitzte sich aber das Zwiegespräch bei dem dritten Punkte der geforderten „satisfaction raisonnable" für die Alliierten. Hyndford konnte es sich nicht versagen, bei dieser Gelegenheit etwas von der moralischen Entrüstung, die er von Schnellendorf her noch auf Lager hatte, an den Mann zu bringen. Dieses Verlangen, sagte er, wird in Wien ganz besonders revoltieren; man wird glauben, der König wolle sich einen Vorwand sichern, um jeden Augenblick den Krieg von neuem beginnen zu können, falls vielleicht die Bedingungen der satisfaction honorable nicht nach dem Geschmacke der Verbündeten oder seinem eigenen wären, und es sei schließlich der Königin nicht zu verdenken, wenn sie nach den Erfahrungen des letzten Herbstes sich davor zu sichern suchte, daß nicht der neue Vertrag dann wieder gebrochen würde. Das nahm dann doch Podewils übel, damals habe sein Herr sich zu nichts verpflichtet, und den üblen Ausgang hätten allein die Österreicher verschuldet; wenn sein König sich zu etwas wirklich verpflichte, dann dürfe man der Erfüllung sicher sein. Er ließ durchblicken, daß der betreffende Artikel nur eben eine Form sein sollte, sich mit seinen Verbündeten abzufinden.

Im Laufe der Debatte trat dann natürlich auch die eigentliche Hauptschwierigkeit zutage, als Hyndford erklärte, es sei die bestimmte Hoffnung der Königin, durch das Opfer der Abtretung so schöner Länder wenigstens den thätigen Beistand Preußens gegen ihre anderen Feinde zu gewinnen, und er glaube nicht, daß sie davon abgehen werde.

Darauf aber erklärte Podewils mit großer Bestimmtheit: „Mylord, wenn Sie das glauben, daß sich die Königin eine solche Idee in den Kopf gesetzt hat und daraus eine conditio sine qua non macht, dann ist es absolut unnötig, überhaupt in irgendeine Unterhandlung einzutreten, denn ich versichere Ihnen, daß der König eher alles aufs Spiel setzen und den Krieg bis aufs Messer mit der äußersten Energie führen wird, als sich in einen neuen Krieg stürzen im Bunde mit der Königin gegen den Kaiser, Frankreich und den König von Polen. Das hieße einen günstigen Krieg, den der König in fremdem Lande führt, vertauschen gegen einen sehr beschwerlichen, den man vielleicht in den eigenen Staaten haben würde und gegen drei Mächte. Krieg gegen Krieg, empfiehlt es sich denn doch, den gegenwärtigen lieber energisch durchzuführen, was mit Gottes Hilfe in dem Feldzuge dieses Jahres gelingen wird." [1])

Dieser Anfang versprach nicht allzu viel. Hyndford hatte es auch gar nicht eilig, einen Kurier nach Wien zu senden, solche exorbitante Forderungen kämen immer noch früh genug, aber endlich bewog ihn Podewils doch, die einzige zuverlässige Person, die er zur Verfügung hatte, seinen mehr als 60jährigen Kammerdiener, nach Wien abzusenden. Im Grunde versprach sich auch Podewils wenig Erfolg von der Unterhandlung; Hyndford war ihm kalt und wenig „empressiert" erschienen.

Eine zweite Konferenz am nächsten Tage schien dann die beiden Pacis-centen doch einander etwas näher zu bringen. Als Podewils dem Gesandten zärtliche Vorwürfe über seinen geringen Eifer machte, schob dieser alle Schuld auf die Natur der preußischen Vorschläge, die, wie er mit Schrecken wahrge-nommen, kaum der Hoffnung auf eine Verständigung Raum ließen. Als Pode-wils fragte, was ihn so besonders erschreckt habe, erklärte der Lord: „ganz besonders die Forderung von Königgrätz". „Ich kenne", sagte er, „die Ge-sinnungen des Wiener Hofes im Punkte von Böhmen; und wenn man ihnen das Messer an den Hals setzte, würden sie in diese Zerstückelung nicht wil-ligen aus Furcht, daß dann sofort auch andere (an erster Stelle Sachsen) Stücke von Böhmen verlangen würden. Aber wenn der König sich mit Glatz vorbehaltlich gewisser Bedingungen begnügen wollte und Schlesien bis an die Gebirge, nämlich in der Linie der in dem Protokoll vom 9. Oktober mit Neipperg festgesetzten oberschlesischen Winterquartiere, könnte ich mir Hoff-nung machen, den Wiener Hof dazu zu bringen, notabene wenn man Mittel fände, jene Leute von der Forderung eines Beistandes Preußens gegen ihre Feinde abzubringen; denn das ist der große Artikel."

Von jener Linie der oberschlesischen Winterquartiere erklärt Podewils in seinem Berichte Näheres nicht zu wissen, ein Beweis, daß er über die Einzel-heiten des Schnellendorfer Vertrages doch nie im einzelnen informiert worden ist. Er schließt den Bericht mit der Beobachtung, daß die Österreicher doch eine große Meinung von ihren militärischen Erfolgen zu haben schienen und dagegen eine sehr geringe von der Leistungsfähigkeit der Alliierten, ihrer Energie und Einigkeit [2]).

Die Auftraggeber waren diesmal im Grunde weniger difficil als die Unterhändler. An Hyndford schrieb Lord Carteret, man möge sich immerhin mit der bloßen Neutralität des Königs von Preußen begnügen. Derselbe werde um seiner eigenen Sicherheit willen bald genug selbst ein Defensiv-bündnis anstreben [3]). Der König selbst aber war eben damals friedfertiger gestimmt, als je. Am 19. April war Valori im Hauptquartier von Chrudim eingetroffen und hatte vom Könige einerseits eine Geldunterstützung für den Kaiser, zum mindesten die noch rückständigen 200,000 Thlr. (welche aber streng genommen noch nicht fällig waren, da die Glatzer Citadelle noch nicht

---

[1]) Über die Besprechung haben mir drei Berichte vorgelegen: der von Podewils vom 18. April im Berliner St.-A., und zwei Schreiben Hyndfords an Lord Car-teret und Robinson vom 18. resp. 19. April im Londoner Record office.
[2]) Bericht vom 19. April; Berliner St.-A.
[3]) Den 27. April (a. St.); Londoner Record office.

in preußischen Händen war), ferner die Entsendung eines Truppencorps ins Clevesche gefordert, „um die Holländer im Schach zu halten" und zugleich von allerdings unzulänglichen Friedensbedingungen gesprochen, welche an den Kaiser durch den Bischof von Bamberg gekommen [1]). Diese Eröffnungen hatten den König sehr beunruhigt; sie schienen ihm deutlich zu zeigen, wie sehr man in Frankreich den Krieg satt habe, und daß man dort ernstlich an einen Frieden denke. Unter diesen Umständen konnte er wohl an Podewils schreiben:

„Ein Sonderfriede scheint mir von Tag zu Tage notwendiger: 1) weil England im Begriff ist, sich offen für die Königin von Ungarn zu erklären; 2) Frankreich bereits meine Hilfe in Anspruch nimmt, um im Cleveschen ein Truppencorps den Engländern entgegenzustellen; 3) jeder allgemeine Friede für mich weniger vorteilhaft. sein wird, als ein Partikularfriede; 4) Valori zu mir in einem Tone gesprochen hat, als habe Frankreich Lust, mir zuvorzu= kommen; 5) in Erwägung der Kosten des Krieges; und 6) in Betracht des Risikos eines möglichen Umschlages des Kriegsglückes, welcher uns alle bis jetzt erworbenen Vorteile verlieren lassen könnte, so wie der geringen Energie der Alliierten und aller Diversionen, welche der Feind mit seinen Alliierten uns machen könnte. Aus allem diesem ziehe ich den Schluß, daß, wofern die Königin sich nicht auf meinen Beistand gegen ihre Feinde verlassen zeigt, man wird abschließen und sich einige Abstriche gefallen lassen müssen." [2])

In wie hohem Maße der König damals von der Friedensstimmung be= herrscht war, mögen wir am besten aus der Stelle eines Briefes von Eichel erkennen, welche zugleich die Bedeutung dieses vertrautesten Ratgebers in ein helleres Licht setzt; derselbe schreibt an Podewils:

„Des Königs Majest. seynd von der vorläufigen Declaration des Myl. Hyndford nicht ganz erbaut, aber auch nicht ganz ohne Hoffnung. Alles, was ich vor meine Wenigkeit dazu sagen können, ist, daß ich gebethen, daß des Königs Majestät kein Empressement merken lassen möchten, den Frieden zu haben und dann, daß dieselbe alles zu einer vigoureusen Campagne veran= stalten möchte um nicht auf den Fall die Negotiation sich zerschläget à sec zu sein. Beides ist mir versprochen worden, und wegen des letzteren bin ich be= fehliget worden darauf zu arbeiten, daß Alles zu einer recht ernsthaften Cam= pagne angeschaffet wird, wobei kein Geld menagiret werden soll [3]). Des Königs Majestät werden sich soviel möglich zum Frieden finden lassen, hin= gegen, wenn solcher refüsirt wird, sich auch platt in die Arme derer Alliirten werfen, die Scheide wegschmeißen und alsdann auf alle Extrema gehen. Daß es also hier heißen wird: aut nunc aut nunquam. Können Sie aber den Frieden haben, werden Sie alle Hände dazu bieten." [4])

Wie sehr dem Könige ein schneller Friedensschluß am Herzen lag, dafür sprechen dann ganz besonders die drei eigenhändigen Briefe, welche der König an drei aufeinanderfolgenden Tagen den 20., 21 und 22. April seinem

---

[1]) Eichel an Podewils. Chrubim, den 19. April; zum Teil abgedruckt Polit. Korresp. II, 118.
[2]) Chrubim, den 20. April; ebd. S. 119.
[3]) Desgl.; ebd. S. 120.
[4]) Berliner St.=A.

Minister schrieb noch neben den täglichen Weisungen, die er demselben durch Eichel zukommen ließ. Alles in der Absicht, die noch vorhandenen Schwierigkeiten zu ebnen. Selbst auf den mißtrauischen Zweifel, ob er den neuabzuschließenden Traktat auch wirklich streng halten werde, geht er ein, ohne sich erzürnt zu zeigen. Man müsse den Österreichern und Engländern den Unterschied zwischen einem Vertrage und einem bloßen pourparler klar machen. Er begriffe wohl, schreibt er, daß die Forderung bewaffneten Beistandes bloß deshalb gestellt werde, um sicher zu sein, daß er nicht bei der ersten besten Gelegenheit seine Gesinnung ändere; jene Forderung müsse er zwar unbedingt ablehnen, doch wäre er nicht dagegen, wenn Hyndford andere Auskunftsmittel vorschlüge, um den Wiener Hof in jenem Punkte zu beruhigen [1]). Bezüglich des Königgrätzer Kreises sollte Podewils vorstellen, daß es im Interesse der Königin liegen würde, diese kleinere Abtretung der des weit einträglicheren, umfangreicheren Oberschlesiens vorzuziehen [2]); „allenfalls aber, und wenn der wienerische Hof sich mit keinen Raisons bezahlen lassen wollte, so acceptierten königliche Majestät das offerierte Oberschlesien, wiewohl Sie allemal mehr vor Königgrätz und Pardubitz penchierten" [3]).

Außerdem wurden dem Gesandten als Preis eines glücklich zustande gebrachten Friedens 10,000 Thlr. in Aussicht gestellt [4]).

Nun schien es, als sollten die Unterhandlungen in einen gewissen Fluß kommen. Die Frage nach dem Umfange der von der Königin zu erlangenden Abtretungen schien wenig Schwierigkeiten mehr zu machen, seit man mit Oberschlesien sich begnügen wollte, und das letzte schwere Bedenken, ob der Wiener Hof sich bei einer bloßen Neutralität des Königs für hinlänglich sicher halten würde, bemühte sich Podewils gleichfalls zu heben. Er versicherte dem Gesandten, gerade nach dieser Seite positive und energische Instruktionen erhalten zu haben. Als dann der Lord bringend die eigenen Worte des Königs über diesen Punkt kennen zu lernen wünschte, trug der Minister kein Bedenken, ihm einen Passus, den er selbst aufgesetzt, und der die bestimmten Versicherungen enthielt, daß, wenn der Vertrag unterzeichnet sei, keine Erwägung, kein Vorwand ihn würde zu einem Bruche desselben bewegen können, als Stelle eines königlichen Briefes vorzulesen [5]). Hyndford zeigte sich sehr erfreut darüber, blieb aber doch bei dem Wunsche, der König möchte ihm selbst ein eigenhändiges Billet mit einer ähnlichen Versicherung schreiben, er wolle sich verpflichten, dasselbe weder im Original, noch in Abschrift aus seiner Hand zu geben, er wollte das Depot nur deshalb, um selbst in noch positiverer Weise die Aufrichtigkeit der Gesinnung des Königs

---

[1]) Chrudim, den 21. April; Polit. Korresp. II, 121.
[2]) Ebb. S. 122.
[3]) Ebb. S. 123.
[4]) Eigenhändig an Podewils, den 21. April; ebb. S. 121.
[5]) Aus dem Berichte Podewils' vom 23. Mai; Berliner St.-A. Eben diese Stelle führt Arneth II, 66 mit folgenden Worten ein: „Der König begriff sehr wohl, daß sein bisheriges Verfahren dem Wiener Hofe ein Recht zu gegründetem Mißtrauen gegeben hatte. Wie sehr er dies fühlte, zeigen die Beteurungen, mit welchen er seine Mitteilungen begleitete 2c." Dieser Argumentation wird nun doch wohl der wirkliche Sachverhalt, wie er im Texte dargestellt worden, den besten Teil seiner Beweiskraft entziehen. Der König hat jenen Revers weder selbst aufgesetzt, noch zu Gesicht bekommen.

dem Wiener Hofe gegenüber verbürgen zu können. Podewils riet, auf das Verlangen einzugehen, doch so, daß das Billet undatiert sei, sich in allgemeinen Ausdrücken halte, weder die Königin von Ungarn, noch den zu schließenden Vertrag näher bezeichne, vielmehr bloß die Versicherung gebe, einen einmal abgeschlossenen Vertrag dann auch unter allen Umständen gewissenhaft beobachten zu wollen [1].

Auch der Punkt des verheißenen Geldgeschenkes von 10,000 Thlrn. kam jetzt zur Sprache, und es verdient Hyndfords späteren Äußerungen gegenüber bemerkt zu werden, was Podewils hierbei berichtet: „Er sagte mir: ‚Das ist viel zu viel, und der König verkennt mich. Einzig und allein die Ehre und mein Interesse an dem gemeinen Wohle und dem wahren Vorteile des Königs sind die Beweggründe meiner Handlungen.‘ — ‚Aber‘, sagte ich, ‚Mylord, ein Minister kann bei einer Unterhandlung mit gutem Gewissen den Beweis von Anerkennung annehmen, welchen ihm ein großer Fürst bestimmt.‘ Er lächelte und sagte mir: ‚Wenn wir so glücklich sind, unser Ziel zu erreichen, wird sich das Übrige finden.‘“ [2]

Das alles geschah am 23. April, und am Tage darauf sandte Hyndford einen zweiten Kurier nach Wien; der frühere war nach den ersten Eröffnungen von Podewils am 20sten abgegangen. Man versprach sich im Grunde guten Erfolg und vertrieb sich die Zeit des Wartens mit kleineren diplomatischen Plänkeleien, wobei z. B. Hyndford verlangte, der König solle sich anheischig machen, nach geschlossenem Traktate die Franzosen zur Zurückziehung ihrer Truppen aus Deutschland aufzufordern, während natürlich Podewils jede Demonstration, welche wie eine Drohung angesehen werden könnte, ablehnte. Ferner wollte Hyndford den Ausdruck Oberschlesien mit Ausschluß von Teschen dahin modifizieren, daß die Linie der in Klein-Schnellendorf festgesetzten Winterquartiere als Norm gelten sollte. Dann kam auch die Frage der englischen auf Schlesien hypothecierten Anleihe zur Sprache. Anderseits trug Podewils dem Gesandten aus einem eigenhändigen Briefe des Königs folgende Argumentation vor: „Entweder die Österreicher sind nicht imstande, aus eigenen Kräften sich der verbündeten Franzosen, Bayern und Sachsen zu erwehren; in diesem Falle ist ihr Untergang doch ganz zweifellos, wenn ich auch noch auf Seiten ihrer Feinde stehe. Oder aber sie trauen sich zu, die Alliierten, mich eingeschlossen, zu bestehen; dann aber dürfen sie doch um so sicherer auf Sieg rechnen, wenn ich mich von ihren Feinden trenne; dann muß ihnen doch schon meine bloße Neutralität den Sieg sichern.“ [3] Hyndford zeigte sich geneigt, dieses Dilemma als ebenso richtig anzuerkennen, als irgendeinen Beweis Newtons [4], und wünschte nur, daß man die Sache in Wien ebenso ansehe. Im Grunde blieb bei Podewils der Eindruck, Hyndford sähe die jetzt in Frage gekommenen Zugeständnisse Österreichs als das Höchste an, was der König überhaupt zu erringen hoffen könne, denn man dürfe es als sicher annehmen, daß er auf der Seite der Alliierten unter keinen Umständen, selbst nicht bei dem glücklichsten Fortgange der Kriegsoperationen mehr würde

---

[1] Aus dem angeführten Berichte.
[2] Bericht vom 23. April; Berliner St.-A.
[3] Eigenhändig. Chrudim, den 22. April: Polit. Korresp. II, 124.
[4] Bericht Podewils' vom 25. April; Berliner St.-A.

erlangen können, da seine Verbündeten bereits schon allzu eifersüchtig auf seinen Ländererwerb seien [1]).

Während aber nun die beiden Unterhändler in Breslau wenigstens durch den zweiten Kurier aus Wien günstige Nachrichten zu empfangen hofften, erhielten die Dinge an den beiden Stellen, wo die Entscheidung lag, eine unerwartete Wendung, die wiederum alles in Frage stellte.

Was den König anbetrifft, so lag ihm die Königgrätzer Landschaft doch mehr am Herzen, als es hatte scheinen mögen. Der Wunsch, dieselbe zu besitzen, war ihm, wie es scheint, seit dem Beginne des Jahres 1742 gekommen; es war ihm von großem Wert, auch die jenseitige Ausdehnung des Hochgebirges, den Ausgang der Bergpässe in seiner Hand zu haben. Die starke militärische Position, welche ihm Glatz in die Hand gab, schien erst recht jetzt zu werden, wenn sich dieses nördliche Stück von Böhmen bis zur Elbe daran lehnte, während ohne dieses Österreich es jeden Augenblick in der Hand hätte, durch einen Vorstoß von Böhmen auf Schweidnitz den König von Oberschlesien so gut wie abzuschneiden [2]). Dabei schien ihm das Land reich und fruchtbar, es werde sichere Einkünfte abwerfen, ihm Männer und Rosse liefern für den Krieg [3]).

Wer will sagen, ob, als er nach Klein-Schnellendorf den Prinzen von Anhalt in Böhmen einrücken und den Königgrätzer Kreis bis zur Elbe besetzen ließ, ihn bereits der geheime Wunsch nach diesem Besitz lockte, oder ob erst die Schilderung, die er infolge der preußischen Quartiere in diesen Gegenden erhielt, denselben entzündet; gewiß ist, daß ihn, wie ja auch mehrfach angeführt wurde, im Januar und Februar der Gedanke einer Verpfändung dieses Kreises an ihn durch den Kaiser lebhaft beschäftigt hat. Nun bei dem Beginne der Unterhandlungen mit Hyndford trat der geheime Plan offen zutage. In der Zeit politischer Depression unmittelbar nach dem letzten Besuche Valoris, als die Besorgnis, daß ihm Frankreich mit einem Separatfrieden zuvorkommen könnte, alle anderen Gedanken zurückdrängte, hatte er schlimmsten Falls statt Königgrätz Oberschlesien nehmen zu wollen sich gegen Podewils, wie wir sahen, bereit erklärt; aber kaum war er ruhiger geworden, als er jene Nachgiebigkeit bereute und wiederum seine Gedanken auf jenes Ziel richtete. In jedem der Briefe, deren seit etwa dem 18. April ziemlich jeder Tag einen oder mehrere seinem Minister brachte, ist von Königgrätz die Rede, und das Verlangen danach wächst von Tag zu Tage. Da hat der König eine Argumentation bereit, die der Königin vorzählt, was sie alles durch den Separatfrieden gewönne, so daß sie sehr wohl jene Abtretung machen könne, da belebt sich aufs neue die Hoffnung, die Engländer zu einer energischen Pression nach dieser Seite hin bewegen zu können, da wird ein Bericht Andriés aus London mitgesendet, der deutlich zeige, daß das Verhältnis zwischen England und Frankreich eher noch gespannter geworden, als früher, und alle Hoffnungen des englischen Ministeriums auf Preußen sich

---

[1]) Podewils, 24. April; Berliner St.-A.
[2]) Kabinettsschreiben an Podewils vom 27. April 1742; Polit. Korresp. II, 137.
[3]) „Le Königgratz est un pays abondant dont je puis d'abord jouir, qui produit un revenu clair et qui fournit des hommes et des chevaux etc." Aus einem undatierten eigenhändigen Schreiben des Königs an Podewils.

richteten. Da wird die Proposition gemacht, der Königin noch eine namhafte Geldsumme zu zahlen, wenn sie sich zur Cession von Königgrätz verstände. Podewils sah und las das alles mit wahrem Entsetzen. Er hatte ja eben am 23. April infolge ausdrücklicher Autorisation seitens seines Herrn dem englischen Gesandten erklärt, man werde schlimmsten Falles, wenn auch ungern, statt Königgrätz und Parbubitz Oberschlesien annehmen. Aber was half es, daß er wiederholt an jene Bevollmächtigung erinnerte; die Bombe platzte endlich doch, und am 28. April hatte Podewils ein Schreiben Eichels in den Händen, welches ihn positiv beauftragte, Hyndford zu eröffnen, daß „des Königs Majestät die Proposition von Oberschlesien nicht aggreierten, sondern in diesem Stücke dasjenige, so gehandelt worden, desavouierten, vielmehr auf den Artikel von Königgrätz und Parbubitz beständen, welches er dem wienerischen Hofe melden könnte" [1]).

Als Begleitung kamen zwei eigenhändige Briefe des Königs, die wenig Zufriedenheit über Hyndfords Verhalten bezeugten. Vor zwei Monaten habe er ihm in einem Tone geschrieben, der alles habe hoffen lassen, und jetzt zeige er sich so unnachgiebig und mache überall Schwierigkeiten. Aber er solle keine Zeile von seiner (des Königs) Hand haben, bis dieser wisse, wie er mit dem Wiener Hofe daran sei.

„Sie können ihm sagen, ich ersähe aus der ganzen Einleitung der Unterhandlung, daß die Österreicher und Engländer zunächst das erste Ereignis abwarten wollten, ob es ihnen günstig sei oder nicht; aber sie könnten sicher sein, daß auch ich meine Ansprüche nach dem Barometer meines Glückes einrichten würde.

„Unter uns gesagt, ich glaube nicht, daß wir durch diese Unterhandlung zu etwas kommen werden, wir werden ihnen Energie zeigen und einen coup d'éclat machen müssen, um sie zu nötigen, ihre hochmütige Hartnäckigkeit vor der Notwendigkeit der Konjunkturen zu beugen.

„Ich habe daher die Idee nicht mehr so lebhaft im Sinne wie vor 3 Wochen. Übrigens ist meine Lage vom militärischen Gesichtspunkte aus jetzt viel besser, und ich kann kämpfen, belagern, mich verteidigen oder angreisen, wie ich es für nützlich finde. Das soll Sie nicht hindern, Anstrengungen zu machen für unsere Zwecke, aber ich glaube nicht, daß wir schon in der Schäferstunde sind. Versuchen Sie jedoch Hyndford zu schmeicheln und ihn uns zu konservieren. Das ist eine geheime Treppe für den Fall eines Brandes, die uns eines Tages nützlich werden kann, wenn wir keinen andere Heiligen anzurufen haben sollten." [2])

Podewils geriet begreiflicherweise in eine gelinde Verzweiflung über diese plötzliche Sinnesänderung seines Herrn um so mehr, als er inzwischen noch einmal Hyndford wegen Königgrätz mit Rücksicht auf des Königs Anerbieten einer Geldsumme für diesen Zweck sondiert und die entschiedene Antwort empfangen hatte, daß, wie groß auch die Summe wäre, die man dafür bieten wollte, der österreichische Hof doch nicht darauf eingehen würde, daß, wofern man wirklich den Frieden wünsche, man jenen Gedanken definitiv aufgeben mußte. Als er am 28. April den Bericht, in welchem er dies dem Könige

[1]) Chrubim, den 26. März; Polit. Korresp. II, 134.
[2]) Ebb. S. 133.

mitteilte, eben beendet hatte, empfing er den unerwünschten Befehl, nun doch auf Königgrätz zu bestehen. Er verhehlte seine Meinung dem Könige nicht.

„Was kann", schreibt er, „Hyndford aus dieser Desavouierung schließen, als daß man ihn und den Wiener Hof zum Narren hält, und daß man nichts weniger als Lust hat, den Frieden zu unterhandeln und abzuschließen? Er wird mir künftig weder Vertrauen schenken noch überhaupt die Unterhand= lung fortsetzen, wenn ich heut zurücknehme, was ich ihm gestern im Auftrage Ew. Majestät gesagt hatte, und Ew. Majestät wird von dem Augenblicke einer solchen Erklärung an die Unterhandlung als abgebrochen ansehen können.

„Ich selbst muß gestehen, daß ich aus dieser plötzlichen Sinnesänderung nur schließen kann, daß Ew. Majestät ganz Ihre Meinung geändert haben und nicht mehr den Frieden wünschen, worin man viel leichter wird reussieren können als darin, daß man denselben herbeiführt."

Er bittet, wenigstens jetzt noch nicht gleich jene Erklärung an Hyndford thun sondern die Antwort aus Wien vorher abwarten zu dürfen, wo man ja voraussichtlich immer noch gute Gelegenheit finden würde, auf jene For= derung zurückzukommen [1]). Hierauf erfolgt eine Kabinettsordre vom 30. April mit dem einigermaßen überraschenden Inhalte, der König fände Pode= wils' Gründe so „valabel", daß er sich resolviert habe, die Proposition wegen Acceptierung von Oberschlesien noch nicht zu desavouieren, sondern zunächst die Wiener Kuriere, und was dieselben bringen würden, abzu= warten [2]).

Eichel schließt dem einen Brief an voll Freude über diese Entscheidung, niemals auf der Welt habe er etwas mit mehr Chagrin und größerer Be= trübnis geschrieben als jene Ordre, die ihm damals der König mit großem Ernst und Vivacité befohlen habe. Er versichert übrigens den Minister, der König sei noch in der besten Disposition von der Welt, das Accommodement zu treffen, „aber man reguliert seine Dispositionen nach dem nur zu sehr wech= selnden Barometer der empfangenen Nachrichten, und ein einziges Krümchen Hoffnung macht oft aus Schwarz Weiß oder aus Weiß Schwarz" [3]).

Eichels Freude war umsonst, die Kontreordre kam zu spät, der Minister hatte den peinlichen Auftrag, den Gesandten von der Sinnesänderung seines Herrn zu unterrichten, inzwischen bereits ausgeführt.

Wir erinnern uns, daß jene Weisung wegen Königgrätz unter dem 26. April erlassen worden war. Dem Könige aber hatte jene fast nervös zu nennende Ungeduld, die ihn gerade in diesen Tagen beherrschte, keine Ruhe gelassen; bereits den folgenden Tag hatte er eigenhändig einen neuen Brief an Podewils aufgesetzt, welcher die allgemeine Lage der Dinge, die Gefahren, welche der Königin drohten, in lebhaften Farben schildert und geltend macht, daß, wenn jene den günstigen Moment vorbeigehen und ihn zu einem neuen Kriegsplane mit den Alliierten sich verbinden ließe, er wenigstens auf mehrere Jahre hinaus in die Unmöglichkeit versetzt werden würde, sich mit England zu verbünden; die jetzt zu erwartende Antwort würde die Entscheidung

---

[1]) Postskript zu dem Berichte vom 28. April; Berliner St.=A.

[2]) Den 30. April; Polit. Korresp. II, 144.

[3]) Chrubim, den 30. April; Berliner St.=A.

bringen, ob er sich für immer mit London oder Paris zu verbünden haben werde. Dieses Schreiben solle er Hyndford zeigen.

Podewils empfing diesen Brief mit einem andern aus dem Kabinette, der die Gründe für Königgrätz noch einmal auseinandersetzte, am 29sten und machte für sich den Schluß, daß jenes eigenhändige Schreiben, resp. die Vorlegung desselben vor den Gesandten, doch nur dem Zwecke dienen könnte, die wieder= aufgenommene Forderung wegen Königgrätz noch näher zu begründen, und daß deshalb die betreffende Mitteilung davon an den Lord nun doch nach des Königs Wunsche nicht wohl länger aufgeschoben werden dürfe.

So macht er denn die betreffende Eröffnung eben noch am 29. April, und allerdings knüpfte sich daran nicht das Verlangen, daß der Gesandte diese Mitteilung nach Wien weiterbefördern solle, sondern diesmal nach London, da der König die Hoffnung zu hegen schien, das gewünschte Resultat durch eine starke Pression Englands in Wien erreichen zu können. Der Lord schien sehr erstaunt. „Wäre es denn wirklich möglich", rief er aus, „daß der König den Frieden zurückwiese, wenn derselbe ihm Oberschlesien einbrächte, und sich durchaus auf Königgrätz steifte?" Er machte darauf aufmerksam, daß auf dem nun einzuschlagenden Wege die Sache sich notwendig in die Länge ziehen müßte, da der Umweg über London und das Hin= und Herschreiben unter allen Umständen viel Zeit kosten würde, außerdem würde seine Regierung bei dem besten Willen in Wien auf unüberwindliche Schwierigkeiten stoßen; kurz wenn der König, wie es doch schiene, Eile hätte, darüber ins klare zu kommen, wie er mit dem Wiener Hofe daran sei, müßte man staunen, daß er sich auf eine solche Bedingung steifte.

Podewils meinte den heiklen Auftrag mit leidlich guter Manier und ohne Hyndford ganz vor den Kopf zu stoßen ausgeführt zu haben, aber daß irgendein Erfolg damit zu erreichen sein werde, hoffte er nicht im mindesten; er hatte den Eindruck gewonnen, als werde es nie, weder in den Wünschen Maria Theresias, noch auch ihres englischen Alliierten liegen, daß Preußen nun auch im Herzen Böhmens festen Fuß fasse, und auf der anderen Seite sei bestimmt vorauszusetzen, daß, sowie man den Engländern besondere Be= mühungen zumute, um Preußen erhöhte Vorteile zu verschaffen, sie auch so= fort mit ihren alten Forderungen des bewaffneten Beistandes gegen Frankreich kommen würden [1]).

Podewils war wirklich damals in wenig beneidenswerter Lage, es verging kein Tag, ohne ihm eine Weisung zu bringen, und jede dieser Weisungen sprach so ziemlich aus einem anderen Tone. So wird z. B. Podewils unter dem 28sten angewiesen, nicht zu viel Empressement zu zeigen, die Sachen drängten vor der Hand nicht so, und es schade nichts, wenn auch die Negotiation noch zwei Monate dauerte [2]). Tags darauf, den 29. April, schreibt dagegen der König eigenhändig, er habe Nachricht von Klinggräffen, daß Frankreich in Wien ganz direkt über den Frieden unterhandele, und nur der Stolz der Königin habe bis jetzt die Sache scheitern machen. Doch sage man, Frankreich könne sich vielleicht so weit herbeilassen, um selbst im Verein mit den Seemächten die Vermittelung zu übernehmen. „Das bringt mich", fährt er fort, „zu dem

---

[1]) Bericht vom 29. April; Berliner St.=A.
[2]) Aus dem Kabinett; Chrudim, den 28. April. Polit. Korresp. II, 141.

Entschlusse, vorher eine Verständigung zu suchen um jeden Preis; aber da es unklug wäre, sich in einer so wichtigen Angelegenheit zu übereilen, muß man die Rückkehr der Kuriere aus Wien abwarten, um nach der Antwort den Umfang unserer Forderungen einzurichten; doch da ich vor allem entschlossen bin, als der erste meinen Frieden zu machen, könnte ich wohl mir abhandeln lassen bis zu dem Punkte, wo ich es für thunlich halte." [1]

Unzweifelhaft hatte der König recht mit seiner Annahme, daß man eben damals am französischen Hofe einen irgend acceptablen Frieden lebhaft herbeisehnte. Wir sahen ja bereits, wie noch während des mährischen Feldzuges der Einfluß der Kriegspartei und ihres Hauptes, des Marschalls Belleisle, in Paris sehr gesunken war. Jetzt, Ende April, unter dem entmutigenden Eindrucke, den des Königs Rückzug aus Mähren gemacht, hatte der französische Minister Amelot einen sehr merkwürdigen Brief an den Marschall Belleisle geschrieben, welcher diesem wohl zu denken geben konnte. Es sei vielleicht das Beste, hieß es hierin, für die nächste Zeit bei den Kriegsoperationen von einer Mitwirkung des Königs von Preußen ganz abzusehen, der doch mehr Verlegenheiten als Hilfe bringe, und dafür die Sachsen enger an sich zu ketten. Was dann die weitere Konsequenz dieser Politik sein könnte, hatte Amelot dem Freunde und Verfechter der preußischen Allianz gegenüber nur sehr vorsichtig angedeutet. Der König von Preußen sei von der Überzeugung durchdrungen, daß sich der geplante Partagetraktat nicht ausführen lasse, so daß es sich nur noch darum handle, wer von den Verbündeten geopfert werden solle [2]. Es stand dann bei Belleisle, diese Argumentation weiter fortzuführen und sich zu sagen, daß, wenn etwa auch Frankreich dahin kommen sollte, sich die Überzeugung Friedrichs (welche zu widerlegen der Minister sich wohl gehütet hatte) anzueignen, für dieses der Verbündete, dessen Interesse geopfert werden mußte, weder Bayern, für welches man die Waffen ergriffen, noch Sachsen, das man eben jetzt wieder noch enger an sich ketten wollte, sein würde, sondern viel eher der unbequeme Verbündete, von dessen Mitwirkung Abstand zu nehmen man für vorteilhaft ansah.

Offenbar war auf dieser Seite der böse Wille, den König von Preußen die Zeche zahlen zu lassen, vorhanden, nur daß es recht schwer war, diesen bösen Willen in Thaten umzusetzen, fast gleich schwer mit den Österreichern ohne Preußen fertig zu werden, wie von der gegen Frankreich erzürnten und von England beratenen Königin von Ungarn einen acceptablen Frieden zu erhalten.

Aber wie sehr auch der König mit seiner Beobachtung recht hatte, so war es auf der anderen Seite Podewils nicht zu verdenken, wenn er in Verzweiflung geriet über solche Art von Weisungen, welche heut für die Unterhandlungen zwei Monate Zeit ließen und morgen aus der Gefahr, daß etwa Frankreich mit einem Friedensschlusse zuvorkäme, die Notwendigkeit schleunigsten Abschlusses herleiteten.

Aber noch mehr. Der König hatte auf dem Höhepunkte seiner Friedensungeduld neben Podewils und hinter dessen, ja selbst hinter Eichels Rücken

---

[1] Chrudim, den 29. April; Polit. Korresp. II, 142.
[2] Vom [29. April. Bei Flassan, Histoire de la diplomatie française V, 149.

auch noch den bei Klein-Schnellendorf so bewährt gefundenen Goltz mit der Betreibung der Friedensunterhandlung betraut. Goltz hatte zuerst durch einen Brief vom 16. und 19. März mit Hyndford angeknüpft und dann unter dem 25ften jenen uns schon bekannten Vorschlag des Königs, der eine Geldsumme resp. Subsidien gegen Königgrätz auf die Wagschale warf, mitgeteilt und war endlich am 29. April [1]) selbst in Breslau erschienen, um nach vielen Ent= schuldigungen wegen der Veränderlichkeit seines Herrn dessen Entschluß, auf Königgrätz zu bestehen, zu befürworten. Mochte die Ungeduld des Königs den ganzen Schritt erklärlich machen, so bleibt es doch immer sehr fraglich, ob derselbe zweckmäßig war; Hyndford wenigstens schloß daraus nur soviel, daß entweder Friedrich den Frieden sehr nötig habe, oder daß er einen neuen Streich im Schilde führe [2]).

Der Lord verhandelte nun mit beiden und zwar, soviel wir sehen können, ganz unabhängig von einander, zunächst über die vom Könige gewünschte Entsendung eines Kuriers an seine Regierung. Er zeigte sich dazu wenig geneigt und behauptete, keinen Kurier mehr zur Verfügung zu haben, nahm aber doch schließlich Podewils' Vorschlag an, derselbe wolle ihm eine Stafette auf seine Kosten zur Verfügung stellen, welche die Botschaft nach dem Haag an Lord Stair bringen sollte, dem man dann die weitere Beförderung über= lassen wollte. Diese ging nun wirklich am 30. April ab mit einer Denk= schrift, welche das englische Ministerium für die preußische Forderung stimmen sollte [3]).

In Breslau wartete man inzwischen sehnsüchtig auf die Wiener Kuriere. In Wien aber waren die Dispositionen den preußischen Forderungen ganz besonders ungünstig. Man stand hier im wesentlichen noch auf dem Stand= punkte des Klein-Schnellendorfer Vertrages. Über diesen war man dann zu der Zeit, wo der König in Mähren einbrang, etwas hinausgegangen und hatte als weitere Konzession noch Oberschlesien mit Ausschluß von Teschen dem Könige angeboten, jedoch unter der Bedingung thätlichen Beistandes. Von Oberschlesien und Glatz war offiziell nie die Rede gewesen, und wie wir bereits oben sahen, hatte es Robinson nur als eine Vermutung seiner= seits ausgesprochen, daß es vielleicht gelingen könnte, unter gewissen Be= dingungen auch noch die Cession von Glatz durchzusetzen. In keinem Falle aber wäre man gemeint gewesen, das, was man dem in Mähren vorge= drungenen Preußenkönig allenfalls konzediert hätte, jetzt noch zu opfern, nach= dem derselbe Mähren hatte räumen müssen.

Und doch gingen die jetzigen Forderungen noch über jene Konzessionen

---

[1]) Diesen Tag giebt Hyndford in einem Briefe an Lord Stair vom 30. April an, während er in seinem Berichte vom 2. Mai (Londoner Record office) den 23ften hat.

[2]) Hyndford, den 28. April; Londoner Record office. Die betreffenden ange= führten Briefe von Goltz lagen den Depeschen des Gesandten im Londoner Record office nicht bei, und im Berliner St.=A. finden sich nur, und zwar in der Ka= binettskorrespondenz, zwei Antworten von Hyndford an Goltz vom 21. und 28. April, beide in einem leichten und vertraulichen Tone geschrieben, dagegen in der Eichel= Podewilsschen Korrespondenz keine Anspielung auf jenen Briefwechsel und ebenso wenig auf den Besuch von Goltz in Breslau.

[3]) Den Brief an Lord Stair vom 30ften habe ich in einem Aktenstücke des St.=A. zu Hannover über den Berliner Frieden gefunden.

15*

hinaus und zwar ohne durch irgendwelche Gegenleistungen annehmbarer ge=
macht zu werden. Als Robinson jenes Selowitzer Programm vortrug, mochte
man gar nicht darauf antworten, weil diese Forderungen zu sehr alles Maß
überschritten [1]. Und als man sich dann doch zu einer Antwort entschloß (den
25. April), erklärte man kurzweg die gestellten Bedingungen als unverträg=
lich mit der Sicherheit des Staates und begnügte sich, ohne die Proposition
selbst in Betracht zu ziehen, mit allgemeinen Versicherungen, daß die Kö=
nigin all das Böse, was man ihr angethan, vergessen und dem Könige von
Preußen Vorteile zusichern wolle, entsprechend den Anstrengungen, die er im
Bunde mit den Seemächten für das Wohl seines Vaterlandes und ganz
Europas machen würde [2].

Es war eine Antwort, die noch einmal den Ton anklingen ließ, welchen
der österreichische Hof in den ersten Zeiten des schlesischen Krieges ange=
schlagen hatte, und was dem Könige hier zugesichert wurde, war im Grunde
nur Verzeihung für den Schaden, den er der Königin zugefügt; die Bewil=
ligungen, die er etwa noch erhalten konnte, sollte er sich ja erst verdienen
durch eifrige Hilfe, und nach diesem seinem Eifer sollten sie abgemessen wer=
den. Wenn diese Antwort auf dem kürzesten Wege in des Königs Hände
gelangt wäre, wer will sagen, zu welchem raschen Entschlusse ihn der er=
klärliche Unwille hingerissen haben würde? Aber die Sache nahm einen
anderen Verlauf.

Wenn wir annehmen dürfen, daß jene so hochmütig abweisende Antwort
des Wiener Hofes noch an dem Tage, von dem sie datiert ist, den 25. April [3]
oder spätestens tags darauf, in die Hände des englischen Gesandten Ro=
binson gekommen ist, so hatte dagegen dieser, der sich wohl darüber nicht
täuschte, daß dieselbe außerstande sei, eine gute Wirkung zu üben, sich nicht
eben beeilt, sie an Hyndford abgehen zu lassen, er datiert sie resp. seine Mit=
teilung darüber erst vom 28. April, behält aber auch nach diesem Tage den
betreffenden Kurier noch zurück, nachdem inzwischen am 27. April jener zweite
Kurier aus Breslau mit der modifizierten und auf Oberschlesien und Glatz
beschränkten Forderung Preußens eingetroffen war. Diese Nachricht legt er
nun noch an demselben Tage den österreichischen Ministern vor in der Hoff=
nung, nun einen günstigern Bescheid zu erhalten und durch dessen gleichzeitige
Mitteilung den üblen Eindruck jener ersten Antwort einigermaßen zu mildern.
In der That erhält er bereits am 30. April eine Erwiderung, die nun doch
wenigstens eine Gegenproposition enthielt. Sie bot außer dem bereits in
Klein=Schnellendorf Zugesagten noch eine Lisière von einer deutschen Meile
jenseits der Neiße und außerdem entweder die Grafschaft Glatz oder Ober=
schlesien in den Grenzen der am 9. Oktober stipulierten preußischen Winter=
quartiere, aber unter der Bedingung einer Garantie Preußens für die deut=
schen Staaten der Königin und Verteidigung derselben gegen die Fran=
zosen [4].

---

[1] Randbemerkung von Podewils zu dem Discours de Mylord Hyndford vom
8. Mai; Berliner St.=A.
[2] Aus dem Briefe Robinsons von Hyndford Podewils in die Feder diktiert.
Vgl. den angeführten Diskurs.
[3] Arneth II, 480, Anm. 25.
[4] Alles aus dem bereits erwähnten Diskurs im Berliner St.=A.

Am 3. oder 4. Mai waren beide Kuriere bei Hyndford in Breslau, ob=
wohl sie nicht ohne Abenteuer ihren Weg hatten zurücklegen können; der eine
wenigstens war von Warasdinern aufgefangen worden [1]), die ihm sein Geld
und sein Kuriersabzeichen genommen hatten. Herzog Karl hatte auf seine
Klage zwei der Übelthäter hängen lassen. Der englische Gesandte hatte nun
wohl keinen Zweifel, daß die Zwecke der Unterhandlung durch die Wiener
Kuriere nicht eben gefördert werden könnten; aber was ihm am meisten am
Herzen lag, war nicht sowohl die Gewinnung des Königs, dem er doch nun
einmal nicht mehr traute, als vielmehr zu hindern, daß nicht der letztere an
jeder Möglichkeit einer Verständigung verzweifelnd mit voller Energie wieder
die Gegenpartei ergreife. Ein Zeitgewinn schien ihm nur der Königin zu=
gute kommen zu können, und von diesem Gesichtspunkte aus trachtete er dar=
nach, die Wiener Botschaften so lange als möglich dem preußischen Minister
vorenthalten zu können [2]).

Für diesen selben Zweck verwertete er nun auch einen ihn persönlich be=
rührenden Vorfall. Er hatte während seines Aufenthaltes in Berlin in sein
Haus die Frau eines bankrotten Restaurateurs, Namens Abbé, eines eng=
lischen Unterthans, als Wirtschafterin aufgenommen, und war dieser, wenn
man Anspielungen in der Berliner Korrespondenz trauen darf, allmählich per=
sönlich näher getreten. Dieselbe war in die finanziellen Verlegenheiten ihres
Gatten anfänglich mit verflochten gewesen, hatte aber ein Dekret des Ber=
liner Kammergerichtes ausgewirkt, welches sie von der Haftpflicht für ihren
Gemahl frei sprach, und erst daraufhin war ihr Engagement im Hause des
Gesandten erfolgt. Die Gläubiger Abbés hatten sich jedoch dabei nicht be=
ruhigt, sondern sich direkt an den König mit einer Beschwerde gewandt, frei=
lich ohne zu erwähnen, an welchem Orte die Beklagte inzwischen Zuflucht
gefunden hatte, und aus dem Kabinette einen Verhaftsbefehl gegen Frau Abbé
erlangt, vermöge dessen dann die Freundin Lord Hyndfords auf Befehl des
Gouverneurs durch Soldaten aus der Wohnung des Gesandten ins Gefängnis
fortgeschleppt worden war. Die Nachricht von diesem Vorfalle traf nun
gleichzeitig mit den Wiener Antworten in Breslau ein. Der sonst eher phleg=
matisch zu nennende Gesandte erschien ganz außer sich und blieb dabei, seine
diplomatische Thätigkeit einstellen zu müssen, bis ihm für die eklatante Ver=
letzung der internationalen Privilegien eines Gesandten volle Genugthuung
geworden sei, und daher auch über den Inhalt der aus Wien gekommenen
Depeschen für jetzt keine Auskunft erteilen zu können. Die Beredsamkeit
des Ministers zeigte sich diesem Vorsatze gegenüber vollkommen machtlos.
Podewils war sehr mißvergnügt darüber, und es kam ihm wohl auch
der Gedanke, daß, wenn die Nachrichten aus Wien wirklich zufriedenstellend
wären, der Gesandte wohl nicht so hartherzig sie vorenthalten würde; aber
er wendete selbst dagegen ein, daß, als der Lord seinen Entschluß zuerst
kundgab, er schwerlich bereits Zeit gefunden hätte, die Depeschen zu dechiff=
rieren.

Der König war begreiflicherweise von dem Verhalten des Gesandten,

---

[1]) Bei Hof (also in der Nähe von Olmütz), schreibt Podewils.
[2]) Bericht Hyndfords vom 5. Mai; Londoner Record office.

der, wie er gegen Eichel äußerte [1]), die Angelegenheiten seiner Köchin mit denen der Königin von Ungarn verknüpfte, wenig erbaut, versagte es sich auch nicht, dem französischen Gesandten Valori die Anekdote in drastischer Weise [2]) zu erzählen. An Podewils schrieb er darüber: „Ich bin sicher, daß, wenn die Aufführung unseres Engländers in London bekannt würde, seine Carriere sehr in Gefahr kommen könnte; denn dieser Querstrich ist nicht zeitgemäß, und die verliebte Leidenschaft geht zu weit, man sieht eben, daß auch der vernünftigste Mensch seine Narrheit hat." [3])

Des Königs Vertrautem, Eichel, schien es, als finge er (der König) an, die ganze Unterhandlung satt zu bekommen. „Wenn der Lord in solchen Tracasserien fortfährt, wenn dann Belleisle eintrifft und die Österreicher irgend einen militärischen Unfall erleiden, könnte es mit dem ganzen Friedenswerke zu Ende sein" [4]). Doch ging diese Stimmung schnell wieder vorüber; es kam dem Könige ein neuer Gedanke, man könne, wenn es vielleicht bedenklich scheinen sollte, daß die preußische Grenze sich so nahe der böhmischen Hauptstadt vorschöbe, dieselbe wohl etwas zurückrücken und den Königgrätzer Kreis bloß bis zur Linie der Cziblina (Gitschin — Neu-Biczow) verlangen und daher noch ein Stück Oberschlesien, etwa den Rest des Fürstentums Neiße und das Fürstentum Oppeln [5]). Er meinte damals: „das Wohl des Staates verlangt, daß wir Frieden machen, also verschlucken wir Schlangen, wenn wir nur zu unserem Zwecke kommen" [6]).

Aber auch an dem neuen Vorschlage will er nicht unter allen Umständen festgehalten wissen, er ist offenbar bereit, sich mit Oberschlesien zu begnügen, und daß er darauf rechnet, unter dieser Bedingung den Frieden zu haben, mögen wir daraus entnehmen, daß er unter dem 9. Mai seinem Minister eine Reihe von Gründen vorträgt, wie man, falls man mit Wien einig wäre, den Sonderfrieden den Alliierten gegenüber rechtfertigen könne. „Mein lieber Podewils", schließt er, „besänftigen Sie Ihren wilden Engländer, täuschen Sie den abgefeimten Sachsen und schläfern Sie den argwöhnischen Franzosen ein und bringen unsere Angelegenheiten zum Schlusse." [7])

Natürlich hatte inzwischen der „wilde Engländer" die vollste Genugthuung erhalten.

Aus dem an Podewils eingesendeten Originale der Vorstellung der Gläubiger durfte sich der Gesandte selbst überzeugen, daß man sich wohl gehütet hatte, dem Könige zu sagen, wo sich die Beklagte befände; diese letztere wurde natürlich in Freiheit gesetzt, der Gouverneur erhielt einen Verweis, der Offizier, der die Arrestation vorgenommen, den Befehl, den Gesandten um Verzeihung zu bitten, der Generalfiskal aber den Auftrag, die Gläubiger in Strafe zu nehmen, weil sie bei ihrer Klage die wahren Umstände verschwiegen hätten, und das alles ward verfügt auf den ersten Bericht von

[1]) Eichel an Podewils, den 6. Mai; Berliner St.-A.

[2]) „— — avec tous les enjolivements", schreibt er selbst den 6. Mai; Polit. Korresp. II, 151.

[3]) Eigenhändig, den 6. Mai; ebb.

[4]) An Podewils, den 6. Mai; Berliner St.-A.

[5]) Den 9. Mai; Polit. Korresp. II, 154 und dazu Anm. 1.

[6]) „— devorons des couleuvres, den 7. Mai; Polit. Korresp. II, 153.

[7]) Den 9. Mai; ebb. S. 155.

Podewils hin, und ehe noch Hyndfords Beschwerde an den König gekommen war [1]).

Daneben jedoch mochte es der König sich nicht versagen, dem Engländer seine Ansicht von der ganzen Sache in einer Weise auszusprechen, welche dieselbe thatsächlich ganz einfach als eine scharfe Zurechtweisung erscheinen lassen mußte; der Eingang dieses Briefes lautet:

„Milord, ich habe Ihren Brief in Sachen dessen, was sich in Berlin mit der Frau des Schenkwirths Abbé zugetragen hat, erhalten. Sie werden überzeugt sein, Milord, daß ich hinreichend das Völkerrecht kenne und weiß, was die bei mir residierenden Gesandten fremder Höfe zu beanspruchen haben, und daß, wenn hiergegen verstoßen wird, dies immer ohne meinen Befehl und gegen meinen Willen erfolgt. Aber Sie sollen auch wissen, daß es nicht passend ist [2]), wenn die Häuser der fremden Minister das Asyl von Bankerut= tirern und Leuten von schlechtem Lebenswandel werden, daß ähnliche Miß= bräuche in Rom die Licenz eingeführt haben, deren Folgen Diebstahl und Mord und die vollständige Zerrüttung politischer Ordnung und guter Sitte geworden sind. Ich schulde meinen Unterthanen Gerechtigkeit, und wenn ich dieselben in fremden Landen schützen soll, wo man dieselben ungestraft unterbrücken könnte, habe ich eine solche Verpflichtung doch in noch stärkerem Maße in meiner Hauptstadt und in dem Herzen meines Landes. Es scheint mir, Mi= lord, daß Sie in einer nicht ganz geeigneten Weise [3]) die Ehre einer Banke= ruttirerin mit der Ehre des Königs, Ihres Herrn, in Verbindung bringen und den Namen einer prostituirten Person mit dem erlauchten Namen eines Souverains. Sie werden sehen, daß durch diese Auseinandersetzung diese Sache ein anderes Gesicht bekommt." [4])

Wir wissen nicht, ob und was der Lord dem König auf solche Ausein= andersetzung geantwortet hat; aber gewiß ist, daß sich nun das Siegel von des Gesandten Munde löste, und Podewils hörte mit arger Enttäuschung die Wiener Bescheide. Er wollte es nicht glauben, daß Hyndford nicht noch etwas auf dem Grunde des Sackes hätte, bis dieser ihm sein Ehrenwort gab, auch nicht das Mindeste verschwiegen zu haben. „Dann", sagte er, „sind wir beide zu beklagen, denn wir haben ganz umsonst uns Mühe ge= geben." [5])

Lord Hyndford verdiente dies Bedauern kaum, er hatte die Unterhand= lungen in der That nicht mit besonderem Eifer betrieben, einmal aus Groll gegen den König noch von Klein=Schnellendorf her, und dann, weil er nicht glauben mochte, daß für die Königin im Augenblicke wirklich Gefahr im Verzuge sei. Seinem Hofe gegenüber faßte er seine Meinung über die für jetzt als gescheitert anzusehende Unterhandlung so zusammen, daß er dafür hielt, mit etwas mehr Konzessionen werde man die Neutralität des Königs von Preußen immer noch erkaufen können, von der man aller=

---

[1]) Eichel an Podewils, den 6. Mai; Berliner St.=A.
[2]) „indécent".
[3]) „un peu mal à propos".
[4]) Den 6. Mai; Polit. Korresp. II, 152. Unter den Papieren Hyndfords im Londoner Record office habe ich den Brief nicht gefunden.
[5]) Bericht vom 8. Mai; Berliner St.=A.

dings nie wissen könne, wie weit er sie beobachten werde. Zum bewaff=
neten Beistande dagegen werde man denselben nie bringen können, derselbe
müsse besorgen, daß ihn der Kaiser dann in die Acht thäte. Das Beste wäre
eigentlich, wenn man zugleich den Kaiser und Preußen von Frankreich ab=
ziehen könnte.

Bei diesem schlechten Stande der Friedensunterhandlungen und noch
unter dem Eindrucke der Verstimmung über die seiner Freundin angethane
Schmach fand Hyndfords Tugend auch den Mut zu einer entschiedenen Zurück=
weisung des eventuell in Aussicht gestellten Geldgeschenkes von 100,000 Thlrn.,
das, wie wir sahen, anfänglich von ihm mit keineswegs ungünstigen Augen
angesehen worden war. Am 8. Mai, dem Tage der entscheidenden Besprechung
mit Podewils, schreibt er an Goltz, er sei erstaunt über die am Schlusse von
dessen letztem Briefe enthaltene Proposition, die er ihm freilich nicht übel
nehmen dürfe, da derselbe ja nur auf Befehl seines Herrn so geschrieben habe.
„Aber Sie mögen wissen, mein Herr, daß ich mich als unwürdig ansehen
würde des Ranges, den ich einnehme, meiner Geburt und des Auftrages, mit
welchem ich vonseiten meines Herrn, so wie der Königin von Ungarn beehrt
bin, wenn ich fähig wäre, mich durch irgendwelche Anerbietungen, wie an=
sehnlich dieselben auch seien, gewinnen zu lassen. Wenn ich Verdienste habe,
wird mein Herr mich belohnen." [1]) Auch nach London meldete er jetzt
von dem Anerbieten. Das Verfahren sei den Preußen bei dem Utrechter
Frieden so gut bekommen, daß sie jetzt Lust hätten, es wieder zu versuchen;
er aber habe ihnen gezeigt, daß er kein Preuße, sondern ein Peer von Eng=
land sei [2]).

Der Eindruck aber, welchen die Wiener Antwort auf den König machte,
spiegelt sich sehr deutlich in dem Schreiben ab, welches derselbe nach Empfang
der Depesche seines Ministers an diesen richtete.

„Chrudim, den 11. Mai 1742.

„Mein lieber Podewils!

„Ich habe geglaubt in Ohnmacht zu fallen, als ich Ihren Brief empfing.
Jetzt sehe ich klar, daß wir von der Hyndfordschen Unterhandlung nichts zu
hoffen haben, und daß man auf jeden Separatfrieden verzichten muß. Zeigen
Sie den Brief, welchen ich für Hyndford geschrieben, diesem versiegelt, und
dann zerreißen Sie ihn in seiner Gegenwart, ohne ihn denselben lesen zu
lassen, und das auf meine Ordre.

„Sie sollen Hyndford erklären, daß die englische Nation zufriedengestellt
werden sollte durch die guten Dispositionen, welche ich für sie hatte, daß aber,
da nach den Hyndfordschen Kurieren der Wiener Hof eine so unerträgliche
Anmaßung an den Tag gelegt, ich nichts Besseres thun könnte, als die Bande,
welche mich gegen dieses Haus und seine Alliierten mit Frankreich verknüpfen,
noch enger zu schürzen.

„Ich habe heut Belleisle hierher berufen, und da die Österreicher ver=
blendet sind, muß man ihren Untergang beschleunigen; es scheint, daß dies

---

[1]) Breslau, den 8. Mai; Berliner St.=A. in Beantwortung eines dritten Briefes
von Goltz vom 6. Mai, der sich in London vorfindet.
[2]) Bericht vom 9. Mai; Londoner Record office.

ein Urteilsspruch der Vorsehung ist, dem man sich nicht widersetzen kann.

„Mit einem Worte, mein Entschluß ist gefaßt, die Operationen mit aller möglichen Energie zu betreiben, um den Wiener Hof zu dem Punkte der Erniedrigung zu bringen, auf den er kommen muß [1]).

„Abieu, ich habe viel Kummer von dieser Angelegenheit, aber ich sehe da kein Mittel.

Friedrich.

„Wir rücken am 13ten ins Feld [2]). Wirkung der Unterhanblung."

Und zwei Tage später, am 13. Mai, erläßt der König ein höchst denkwürdiges Reskript an seinen Gesandten in London. „England glaubt", heißt es hier, ·„daß das europäische Gleichgewicht die Erhaltung der ungeteilten Macht Österreichs fordere; das ist ein Vorurteil, ein schimärischer Gedanke; nur zu lange hat das Haus Österreich mit seinem Streben nach der Universalmonarchie Europa in Atem gehalten, es hat nie aufgehört den Protestantismus zu verabscheuen, und noch jetzt bebrückt und verfolgt es die Protestanten in seinen Landen. Wie schlaff hat Österreich fast immer in den schweren Kämpfen gegen Ludwig XIV. sich gezeigt, wie hat es immer in den Friedensschlüssen nur für sich zu sorgen gesucht, um dann nach geschlossenem Frieden ohne Voraussicht künftiger Gefahren in tiefere, innere Zerrüttung zu verfallen und das Gleichgewicht Europas zu schädigen, damit die Katholicität ihre Rechnung dabei finde. Wenn das Wohl Europas fordert, daß eine Macht da sei, die der Frankreichs das Gegengewicht halten könne, so ist die österreichische Monarchie, unter einem Haupte vereinigt, nichts weniger als dazu geeignet, und man muß eine ganz andere Macht suchen, das Gleichgewicht Europas zu basieren." [3])

Es ist ein merkwürdiger Versuch, England ganz von Österreich abzuziehen, vornehmlich unter Appell an die protestantischen Interessen, und dasselbe zu veranlassen, künftig in Preußen die Macht zu erblicken, welche ein Gegengewicht gegen Frankreich halten könnte. Ein Erfolg war freilich nicht leicht davon zu erwarten; es hätte doch in der That England bei dem besten Willen in Preußen nicht einen Ersatz für Österreich finden können, welches an den mitteleuropäischen Angelegenheiten, die für England vorzugsweise in Frage kamen, an dem Schicksale der Niederlande und ebenso Italiens doch ganz anders und unmittelbar beteiligt war.

So standen die Sachen, es bedurfte eben eines nochmaligen Appells an die Waffen, um die streitenden Parteien zur Verständigung zu bringen. Und die Entscheidung stand nahe bevor; in dem Begleitschreiben jenes mitgeteilten Briefes von Eichels Hand ward schon berichtet, man wisse jetzt genau, daß Herzog Karl von Lothringen gegen die Preußen heranrücke, des-

---

[1]) Eigenhändig; Polit. Korresp. II, 157.
[2]) Am 13. Mai werden, wie wir noch näher sehen werden, die bisher in Kantonnements auseinandergelegten Truppen in das Lager von Chrubim zusammengezogen, in welcher Maßregel sich allerdings der Entschluß, es auf einen Kampf ankommen zu lassen, aussprach.
[3]) Angeführt bei Droysen V, 1. S. 439.

halb eben sollte das in Quartiere auseinandergelegte preußische Heer am 13ten zusammengezogen werden, um dann die Schlacht anzunehmen, welche der Gegner zu suchen schien. In der That beruhte Maria Theresias Hoffnung jetzt darauf, daß ihr Schwager, dem sie das Verdienst zuschrieb, den Feind aus Mähren hinausmanövriert zu haben, nun den kriegstüchtigsten der Alliierten in offener Feldschlacht besiege [1]).

[1]) Arneth II, 46.

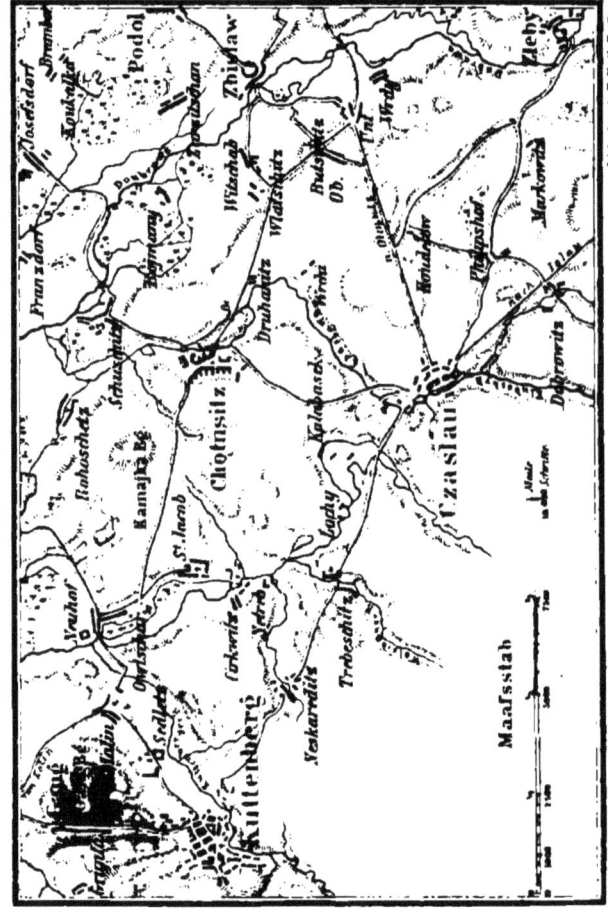

UMGEGEND
DES
SCHLACHTFELDES von CHOTUSITZ.

Maaßstab 1:100.000.

FR. ANDR. PERTHES

GOTHA.

Lith.Anst.v.H Keil.Gotha

Drittes Kapitel.
Schlacht bei Chotusitz.

König Friedrich war, nachdem er sein Corps glücklich nach Böhmen geführt hatte, am 17. April in Chrudim, südlich von dem Knie der Elbe bei
Pardubitz, mit dem Erbprinzen Leopold von Anhalt, der aus seinem Hauptquartier Königgrätz herübergekommen, zusammengetroffen und hatte dessen
Bericht über die demselben anvertrauten Truppen entgegengenommen [1]. Aber
auch nach der Vereinigung mit diesen [2] glaubte der König, der ja, wie wir
wissen, nur eine verhältnismäßig kleine Abteilung von Truppen aus Mähren
mit sich genommen hatte, dem österreichischen Heere, welches, wie er voraussetzte, ihm auf dem Fuße folgen würde, nicht gewachsen und wartete deshalb
ungeduldig auf das Herankommen des Reservecorps, das den Mitte März
erlassenen Ordres entsprechend der alte Fürst von Anhalt aus den märkischen
Quartieren heranführen sollte.

Der Fürst hatte in der That seine 15 Infanteriebataillone [3] bereits am
27. März den Marsch aus Berlin nach Schlesien antreten lassen, während
die zum Teil aus dem Magdeburgischen kommenden Kavallerieregimenter
erst am 8. und 9. April von Potsdam resp. Berlin aufzubrechen vermochten.
Am 15. April war der Fürst, nachdem er von Sachsen die Erlaubnis zum
Durchmarsche erlangt, mit seinen ersten Truppen in Zittau angelangt, fand
aber bei dem Weitermarsche große Schwierigkeiten. Denn während ihm der
König durch den Obersten von Schmettau eine vom 17. April datierte allerdings etwas summarisch gehaltene Marschroute, welche seine Truppen auf

---

[1] Stille, S. 44.

[2] Prinz Leopold führte ins Lager von Chrudim an Infanterie 2 Bataillone
Bevern, 1 Bataillon Schwerin, 1 Bataillon Grenabiere (diese waren mit in Oberschlesien gewesen), 2 Bataillone Prinz Leopold, 2 Bataillone Zeetze, 4 Grenabier-
bataillone, in Summa 12 Bataillone. (Anführung bei Droysen, Schlacht bei Chotusitz; Abhandlungen der Berliner Akademie 1872, S. 179, Anm. 3.) Dazu kamen
dann noch an Kavallerie 15 Schwadronen Kürassiere (Bubbenbrock, Geßler und Prinz
Wilhelm), 15 Schwadronen Dragoner (Rothenburg und Baireuth), und 10 Schwadronen Husaren. Die thatsächliche Stärke einer Schwadron glaubt Droysen (a. a. O.,
S. 180) nur auf 100 Mann durchschnittlich annehmen zu dürfen.

[3] Je 2 Bataillone Gröben, Röder, Borcke, Lehwald, Holstein, Flans, Prinz
Ferdinand und 1 Grenadierbataillon. Nach Droysen a. a. O., Anm. 1.

die drei Elbübergangspunkte Kolin, Przelautsch und Pardubitz dirigierte, übersendet hatte, erklärten die sächsischen Marschkommissare die betreffenden Wege über das Gebirge für unpraktikabel, und auch sein Sohn, der Erbprinz, dem vornehmlich die Sorge für die Verpflegung zufiel, suchte im Interesse bequemerer Subsistenz den Weitermarsch etwas „zu trainieren"; der Fürst trug seine Bedenken dem König schriftlich vor und entschloß sich dann ohne die Antwort abzuwarten, auf eigene Verantwortung abweichend von der königlichen Ordre den Hauptteil seiner Truppen auf bequemerem, aber längerem Wege über Reichenberg und Kratzau zu dirigieren [1]).

Aber der König, der die Möglichkeit, daß sich die feindliche Hauptmacht eilig auf ihn stürzen könnte, im Auge hatte [2]) und deshalb ungeduldig die Truppen erwartete, nahm die Änderung äußerst ungnädig auf. „Ich wundere mir sehr", schrieb er unter dem 21. April dem Fürsten, „daß Ihro Durchlaucht als ein alter Offizier nicht akkurater meine Ordre folgen, die ich Ihnen gebe, und wenn Sie noch habiler als Cäsar wären und meine Ordres nicht strikt nachleben, so hilft mir das Übrige nichts; ich verhoffe, daß es bei diesem Avertissement bleiben wird, und daß Sie mir ins Künftige keine weitere Ursachen zu Beschwerden geben werden." [3])

Der alte Feldherr empfand den harten Tadel äußerst schwer, und es half wenig, daß ihn der König, als er dann am 26. April bei ihm in Chrudim eintraf, freundlich empfing, als sei nichts vorgefallen [4]). Die von dem Fürsten herangeführten Truppen, die Ende April eintrafen, behielt der König bei sich; ihn selbst entsandte er Ende April, wie wir bereits wissen, zu dem wenig erwünschten Kommando nach Oberschlesien.

Der König vereinigte nun unter seinem Befehl an 30 Bataillone und einige 60 Schwadronen Reiterei, also im ganzen etwas über 30,000 Mann, und seine Truppen durften einige Wochen in Kantonnements eines noch weniger ausgesogenen Landes sich von den Beschwerden des langen Marsches erholen.

Seine Quartiere erstreckten sich von Leutomischl im Osten nahe der mährischen Grenze über Chrudim, wo des Königs Hauptquartier war, bis Pardubitz an der Elbe, also in einer Ausdehnung von etwa acht Meilen, gestatteten aber doch eine schnelle Konzentration. Den Sachsen gegenüber hielt er streng daran fest, daß seine alten Winterquartiere in Böhmen ihm blieben und nicht von jenen besetzt würden. Er hatte ihnen zwar zuerst gestattet, bei

---

[1]) Orlich I, 219 und Schöning a. a. O., S. 163.

[2]) Diesen Grund seiner großen Erregung führt der König selbst in dem Briefe an den Erbprinzen vom 28. Juli an; Orlich I, 427.

[3]) Ebd. S. 357.

[4]) Auch der Fürst hat damals keine Verteidigung versucht und erst nach dem Frieden sich über die ihm widerfahrenen Kränkungen beschwert, da er wisse, daß ein Offizier erst nach niedergelegtem Kommando sich verteidigen dürfe. Er legte nun alle seine Ämter nieder, indem er schreibt: „Auch hat mir diese harte Reproche dergestalt affligieret, daß ich gewiß seit dem, daß ich dieses sehr sensible Schreiben unschuldigerweise von Ew. K. Maj. erhalten, keine vergnügte Minute mehr gehabt." (Schreiben vom 15. Juli im Archive zu Zerbst.) Es ist nicht leicht gewesen, den alten Herrn zu begütigen: von dem Erbprinzen liegt ein undatiertes Billet an den König in dem Archive zu Zerbst, in welchem derselbe es ablehnt, in dieser Sache eine Vermittelung zu versuchen.

ihrem Marsche nach Leitmeritz, wohin sie von Dresden aus beordert worden
waren, bei Kolin auf das rechte Elbufer zu gehen, doch nur unter der Be=
dingung, daß sie eiligst durchmarschierten. Als diese Bedingung nicht streng
innegehalten ward, wehrte man ihnen den Übergang über den Fluß sowie
das Betreten des Bunzlauer und Königgrätzer Kreises ¹).

Von den Feinden war in den jetzigen Quartieren nichts zu spüren, nur
im Rücken des Heeres in dem Glätzer Gebirge machten feindliche Banden
die Gegend unsicher. Gegen sie ward am 23. April der Oberst Winterfeld
mit einem Bataillon von Markgraf Karl ausgesendet, der dann in der Gegend
von Mittelwalde, Habelschwert und Reinerz unter großen Beschwerden in fuß=
hohem Schnee und ohne besonderen Erfolg die Spuren der Banden verfolgte.
Man brannte einige Hütten nieder, deren Bewohner im Verdacht standen, es
mit den Feinden zu halten, und drohte den Ortschaften jener Gegend das
gleiche Schicksal, wenn die Unordnungen nicht aufhörten. Am 2. Mai war
seine Abteilung wieder zurück ²). In der Zwischenzeit war dann auch, wie
wir oben ³) bereits berichtet, die Citadelle von Glatz am 26. April durch
Kapitulation in die Hände der Preußen übergegangen und damit der letzte
Stützpunkt der Österreicher in der Grafschaft verloren gegangen.

Was die Verwendung der ansehnlichen Macht anbetrifft, welche der
König jetzt wieder unter seinen Fahnen hatte, so war sein erster Gedanke
gewesen, dieselben abermals nach Mähren zu führen, um die Scharte des
mißglückten Feldzuges auszuwetzen. Wir kennen bereits jenen Brief, den
er am 22. April an den Prinzen Dietrich schrieb, und der demselben mit=
teilte, der König wolle ihm zur Hilfe „mit dem ganzen Brast" hinmar=
schieren ⁴).

Was hier nur unter bestimmten Voraussetzungen angekündigt wurde,
schreibt der König tags darauf dem Kaiser als sein bestimmtes Vorhaben,
nämlich nach dem Eintreffen der Regimenter des Fürsten von Anhalt und
nachdem für die Subsistenz der Truppen die nötige Fürsorge getroffen sei,
in Mähren einzurücken und den Prinzen Karl schleunigst daraus zu de=
logieren ⁵).

Natürlich entzog die Kunde von der gänzlichen Räumung Mährens durch
Prinz Dietrich diesen Vorsätzen allen Boden, und als er diese Nachricht
empfängt, ändert er dann auch seinen Plan und denkt an einen Zug gegen
Deutschbrod, Iglau, Niederösterreich „als das einzige, was er thun könne" ⁶),
allerdings im Zusammenhange mit den Operationen der Verbündeten. In
diesem Sinne schreibt er dem Kaiser, seine Truppen bedürften einer gewissen
Ruhe nach den furchtbaren Strapazen, die sie ausgehalten; wenn aber dann
erst wieder wenigstens etwas Gras auf den Feldern sein würde und inzwischen
die neuen französischen Hilfsheere sowie die Truppen des Reichs beisammen

---

¹) An den Ritter von Sachsen, den 27. April, zwei Schreiben; Polit. Korresp.
II, 138. An den Erbprinzen von Anhalt, den 29. April; Berliner St.=A., und den
30ᵗᵉⁿ bei Orlich I, 426.
²) Stille, S. 63.
³) S. 109.
⁴) Vgl. oben S. 182.
⁵) Polit. Korresp. II, 130.
⁶) An Podewils, den 25. April; ebb. S. 131.

wären, würde man die Campagne mit Energie eröffnen, nach dem Kriegsplane, über den er sich mit Belleisle verständigen würde ¹).

Offenbar hatte der König wieder etwas mehr Vertrauen zu den Kriegsoperationen der Verbündeten gewonnen. Graf Moritz von Sachsen hatte am
19. April mit im Grunde unzulänglichen Mitteln das feste Eger zur Übergabe zu nötigen vermocht, der lange angekündigte französische Nachschub war
jetzt wirklich in Bayern angelangt, und Khevenhüller, der früher wiederholt
erklärt hatte, er würde, so wie sich diese Truppen zeigten, denselben entgegen-
gehen und sie schlagen, war jetzt vor ihnen bis Landshut zurückgewichen, so
daß der König bemerkte, es zeige sich jetzt doch, „seine mehriste Force“ bestände mit aus dem „zusammengelaufenen ungarischen Volke, so zu wenig
anders als zum Rauben zu gebrauchen“ ²). „Die bayerische Armee der
Franzosen, um welche wir in tausend Ängsten waren, ist angekommen und
hat sich heut gesammelt“, schreibt er an Podewils den 27. April ³), „meine
Unruhe wegen Bayern hat aufgehört.“ Schon empfiehlt er von neuem seinen
Plan vom vorigen Spätsommer, ein energisches Vorgehen der Alliierten
donauabwärts direkt auf Wien los, wo man alle die Schwierigkeiten mit
dem beschwerlichen Fuhrwesen, die sich in Böhmen so geltend machten, nicht
haben würde ⁴). Für diesen Plan sucht er dann auch den Marschall Broglie
zu gewinnen ⁵). In diesem Falle will er es übernehmen, Prag zu schützen ⁶)
und jener bereits früher in Aussicht gestellte Zug über Deutschbrod, Iglau
nach Niederösterreich werde dann auch zur Ausführung kommen können.

Dagegen versagt er sich einer Aufforderung Belleisles vom 22. April,
allein jetzt gegen Lobkowitz auf Budweis vorzugehen, er erinnert denselben
daran, daß die neuen französischen Streitkräfte noch nicht herauseien, daß die
Sachsen in Leitmeritz fest säßen und nicht leicht wieder zum Vorgehen zu
bringen sein würden, und rechnet ihm vor, welche ungeheuren Schwierigkeiten
es haben würde, in dem ganz ausgesogenen Lande vorzugehen, wo man alle
Lebensmittel und Fourage mit sich führen müßte. Er brauche 300 Wagen,
um Mehl für 14 Tage oder 3 Wochen mit sich zu führen, seine Kavallerie
habe 14,000 Pferde, dazu kämen dann noch 3000 für die Artillerie und
den Train, für alle diese müßte er den Unterhalt auf Wagen mit sich führen,
wenn er sich von seinen Magazinen entferne ⁷).

Anfang Mai erschien darauf Graf Mortaigne in seinem Hauptquartier,
der Vorläufer Belleisles, wie der König schreibt ⁸). „Er speit Feuer und
Flammen. Die Franzosen wollen sich unserer bedienen, um die Kastanien
aus dem Feuer zu holen. Sie werden es sehr geschickt anfangen müssen,
wenn sie Erfolg haben wollen.“ Derselbe nahm nur den Bescheid mit, man

---

¹) Den 28. April; ebd. S. 139.
²) An Podewils, den 22. April; ebd. S. 125.
³) Ebd. S. 135.
⁴) Zuerst in einem Schreiben an Belleisle vom 28. April; ebd. S. 140. Dann
in dem Memoire für Kardinal Fleury vom 2. Mai; ebd. S. 145.
⁵) Schreiben an diesen, Chrudim, den 5. Mai; ebd. S. 149.
⁶) Ebd. S. 150.
⁷) Den 28. April; ebd. S. 140. Vgl. dazu den Brief Belleisles an Breteuil,
Campagne des Maréchaux etc. V, 23.
⁸) An Podewils, den 1. Mai; ebd. S. 145.

müsse den Beginn der Operationen noch aufschieben, Broglie müsse seine Rekruten, der König die Herstellung seiner Fouragevorräte abwarten[1]). Als man ihm hierin beistehen zu wollen erklärte, hatte er dann Hoffnung gemacht, die Linie der Sazawa (also wiederum in der Richtung auf Deutsch= brod) halten zu wollen, wenn man seiner Armee die Subsistenzmittel liefern wollte[2]).

In allen diesen militärischen Verhandlungen spielt das Heer des Herzogs von Lothringen eigentlich gar keine Rolle, außer daß unter den Argumenten, welche der König jener eben erwähnten Forderung Belleisles entgegenstellt, auch das vorkommt, seine jetzige Stellung bei Chrudim diene dazu, das in Mähren stehende österreichische Heer an einem Eindringen in Oberschlesien zu hindern. Der König hielt dieses Heer für ungleich geringer, als es wirklich war, und schätzte es auf etwa 10,000 höchstens 12,000 Mann[3]). Anfang Mai erfuhr man dann allerdings durch Überläufer, daß dies Heer 34,000 Mann stark sei und auf dem Marsche von Brünn nach der böhmischen Grenze, von wo es direkt auf Prag marschieren wolle; aber der König sah in diesen Nachrichten nur eine grobe auf Täuschung abzielende Kriegslist, da der Gedanke, daß das österreichische Heer zwischen den preußischen und französischen Streitkräften gegen Prag vorzudringen unter= nehmen könne, nicht ernsthaft in Betracht kommen könne. Natürlich glaubte man da auch den Angaben über die Stärke des Heeres nicht und setzte be= stimmt voraus, dieses Heer werde ganz einfach wieder in sein altes Lager Budweis=Neuhaus zurückgehen, um in dieser sehr festen Stellung mit den Truppen von Lobkowitz vereinigt abzuwarten, was die Alliierten mit ihren neuverstärkten Heeren beginnen würden[4]).

Nicht weniger aber als der König täuschte sich der gegnerische Feldherr über die Stärke seines Feindes. Er suchte das preußische Hauptheer in Olmütz, und beschloß sich wenig um das kleine Corps[5]) zu kümmern, das Friedrich über die Berge nach Böhmen geführt, von dessen erwarteten Ver= stärkungen er offenbar keine Kenntnis hatte. Er ging daher selbst gegen Olmütz vor und drängte ja auch bekanntlich in der letzten Woche des April den Prinzen Dietrich aus Mähren nach Oberschlesien zurück. Wir wissen nicht, ob es ursprünglich seine Absicht war, demselben dahin zu folgen. Jeden= falls erhielt er bald nach seinem Eintreffen zu Olmütz von Wien aus die Weisung, auf dem kürzesten Wege über Leutomischl und Hohenmauth gegen Königgrätz zu marschieren und den König von Preußen in das Glätzische zurückzutreiben. In Wien hatten nämlich die Nachrichten von den An= strengungen der Preußen in Böhmen Magazine zu füllen nicht geringe Aufregung verursacht. Einmal wollte man nicht nun auch diesen Teil Böhmens in gleicher Weise, wie dies bei Mähren geschehen war, vom Feinde

---

[1]) Den 5. Mai; ebb. S. 150.

[2]) Broglie an Breteuil, den 17. Mai; Campagne des Maréchaux etc. V, 45. 47.

[3]) So schreibt er den 22. April an Prinz Dietrich; Berliner St.=A.

[4]) Stille, S. 65, und ganz übereinstimmend des Königs Schreiben an Broglie vom 5. Mai; Polit. Korresp. II, 149.

[5]) Als solches wird es dann auch in seinem noch näher anzuführenden Berichte bezeichnet.

vollständig aussaugen lassen, anderseits aber schloß man auch aus diesen
Maßregeln, daß die Preußen sich hier zu behaupten gedächten, und da man
ihre Macht in dieser Gegend bei weitem unterschätzte, erwartete man bestimmt, daß das stattliche Heer Herzog Karls, wenn es jetzt schleunigst jenen
entgegenrückte, entweder die preußischen Magazine den Feinden entreißen,
oder, wenn diese einen Kampf zu deren Verteidigung annähmen, sie schlagen
und dann vielleicht auch noch Glatz entsetzen könnte [1]).

Nach Beratung mit dem Grafen Königsegg sei er zu der Überzeugung
gekommen, daß, wenngleich der ihm anbefohlene Weg über Leitomischl und
Hohenmauth der kürzeste sei, es doch nicht rätlich sei, diese Route, die fortwährend über die Berge führe, einzuschlagen; man müsse fürchten, die Kavallerie ganz zu ruinieren, und man würde für das Heer um so weniger
Subsistenz dort finden, da die Preußen erst kurz vorher denselben Weg gezogen wären und alles aufgezehrt hätten; die Vorräte aber nachzufahren auf
Gebirgswegen, wo jeder Wagen statt zweier Pferde 6 bis 8 verlangen
würde, sei unthunlich, und wenn man dann mit einer abgematteten und
übel zugerichteten Armee aus den Gebirgen herauskomme, müsse man darauf
gefaßt sein, von den Preußen angegriffen zu werden. Solchen Weg könne
wohl ein kleines Corps wie das preußische machen, aber nicht sein großes
Heer. Er sei daher entschlossen, nach Brünn zurückzugehen nnd erst von da
nach Böhmen zu rücken. Drei oder vier Marschtage mehr dürften nicht
in Betracht kommen, wenn es sich um die Konservierung des Heeres handelte [2]).

So marschierte dann das österreichische Heer am 28. April aus dem
Lager von Olschan bei Olmütz ab und erreichte, nur 2 Reiterregimenter unter
Nadasdy am 30. April von Wischau aus gegen die Preußen auf dem direkten
Wege nach Böhmen voraussendend, auf dem großen Bogen nach Süden und
nach einem Marsche von 18¼ Meilen in elf Tagen die böhmische Grenze.

Der König, dem die oben erzählten Umstände eine so lange Ruhe gewährt hatten, ward der Nähe des Feindes erst wieder Anfang Mai inne, als
die vorausgeschickten Reiter Nadasdys die mährische Grenze erreicht hatten.
Dieselben besetzten am 2ten die Grenzstadt Zwittau und den nahegelegenen
böhmischen Ort Politzka [3]). Gegen sie ward am 3. Mai wiederum der Oberst
Winterfeld mit 6 Compagnieen Grenadiere und 300 Husaren ausgesendet,
der dann auch die feindlichen Reiter durch einige Schüsse aus den Bataillons-
geschützen zum Weichen brachte [4]) und am 5ten auch Zwittau aufs neue besetzte, um es aber wenige Tage später wieder zu räumen.

Am 7. Mai traf man dann auch einige Meilen südlich von Chrudim in
Haber feindliche Reiter, denen es gelang, eine preußische Patrouille, bestehend
aus 1 Offizier und 12 Husaren, gefangen zu nehmen [5]). Noch jetzt wollten

---

[1]) Österr. militär. Zeitschr. 1827, IV, 146.
[2]) Österr. militär. Zeitschr. a. a. O., S. 147, und deren Quelle, das handschriftl.
Memoire Browns.
[3]) Desgl. S. 151. Tagebuch des Majors v. Dewitz, Sammlung ungedruckter
Nachr., S. 146.
[4]) Stille, S. 64. Der König an Broglie, den 5. Mai; Polit. Korresp. II, 140.
[5]) Stille, S. 66. Österr. militär. Zeitschr. a. a. O., S. 151.

viele im Hauptquartier nicht glauben, daß wirklich die feindliche Armee heran=
nahe, und behaupteten, diese Truppen sollten nur den Marsch des feindlichen
Heeres nach Neuhaus maskieren und einige Lebensmittel aus diesem Teile
des Landes an sich ziehen [1]).

Das Gros des österreichischen Heeres war am 8. Mai in Kloster Saar
an der Grenze Böhmens und Mährens eingetroffen, rastete jedoch dort noch
zwei Tage, den Oberfeldherrn erwartend, der inzwischen nach Wien gegangen
war, um sich der Zustimmung des Hofes zu dem kühnen Plane, den er vor=
hatte, zu versichern. Er war nämlich in der That im Einverständnisse mit
dem als besonders kriegserfahren geltenden Feldmarschalle Königsegg [2]) ent=
schlossen, direkt auf Prag loszugehen, ohne sich in diesem Vorhaben durch die
Nähe der Preußen, deren Stärke er weit unterschätzte, und von denen er des=
halb bestimmt voraussetzte, daß sie bei seiner Annäherung sich über die Elbe
zurückziehen würden, stören zu lassen.

Allerdings hatte dieser Plan in Wien keineswegs allgemeine Billigung
erfahren, und namentlich hatte Karls Bruder, der Großherzog Franz, daran
festgehalten, daß, so lange die Preußen an der Elbe ständen, ein Marsch auf
Prag höchst gefährlich sei, da diese dann jeden Augenblick die Verbindungen
des vorrückenden österreichischen Heeres bedrohen könnten; man müsse durch=
aus dieselben zunächst bekämpfen und ins Glatzer Land zurückwerfen. Er
empfahl einen Zug gegen Königgrätz [3]).

Der Prinz wählte einen mittleren Weg. Er richtete seinen Marsch gegen
Kolin, also einen der südlichsten Punkte des Elbflusses; hier und dann weiter
stromabwärts in Podiebrad und Nimburg hatten die Preußen Magazine; ge=
lang es, dieselben wegzunehmen, so entzog man ihrem Heere die Subsistenz=
mittel für ihren eventuellen Zug gegen Prag. Und er durfte hoffen, einen
Vorsprung zu erlangen, namentlich, wenn das preußische Heer, wie er voraus=
zusetzen geneigt war, um größere Sicherheit für seinen Marsch zu erlangen,
auf das andere Elbufer ging.

So wie daher Herzog Karl am 10. Mai in Kloster Saar eintraf, befahl
er den Weitermarsch des Heeres in nordwestlicher Richtung für den 12ten

---

[1]) Österr. militär. Zeitschr. 1827 IV, 151.

[2]) Wenn die Darstellung der Österr. militär. Zeitschr. 1827 IV, 149 den öster=
reichischen Plan aus Beratungen mit Königsegg und Lobkowitz hervorgehen läßt,
welcher letztere mit Herzog Karl gleichzeitig am 11. Mai in Saar eingetroffen sei,
so scheint das nicht ganz genau. Zunächst berichtet das bereits mehrfach erwähnte
handschriftliche Memoire des Generals Browne (I, f. 151 der Breslauer Abschrift)
ganz bestimmt die Ankunft Herzog Karls bereits am 10ten, von Lobkowitz da=
gegen am 11ten, und es zeigt sich auch, daß, wenngleich das Gros des österreichischen
Heeres erst am 12ten Saar verließ, doch schon am 10ten eine größere Anzahl von
Truppen im Marsche begriffen von den Preußen beobachtet worden ist (Stille, S. 67),
und daß am 12. Mai die vorausgeschickten Truppen vor dem Gros des Heeres einen
Vorsprung von 6 Meilen hatten (die Entfernung zwischen Borowa und Czaslau).
Es ist also höchst wahrscheinlich, daß Fürst Lobkowitz bei seiner Ankunft in Saar
über das, was das Heer des Herzogs Karl vorhatte, bereits einen gefaßten Beschluß
vorgefunden hat, und daß mit Lobkowitz nur über die Rolle, welche dessen Corps
bei dem geplanten Unternehmen auf Prag spielen sollte, resp. über die Art, wie der=
selbe inzwischen Broglie beschäftigen sollte, verhandelt worden ist.

[3]) Österr. militär. Zeitschr. 1827 IV, 149.

und sandte noch am 10ten eine Truppenabteilung von über 1000 Mann [1]), aus Kavallerie und Kroaten bestehend, voraus.

Wie täuschte er sich über die Gesinnungen seines Gegners, der in Wahr-heit einen Kampf lebhaft herbeisehnte. Bereits am 22. April schrieb der König an Podewils, wenn er erst, was ja unfehlbar geschehen würde, die Österreicher geschlagen hätte, würde es zu einer Verständigung zu spät sein [2]), und Anfang Mai dann nicht minder zuversichtlich: „Alle meine Truppen sind eingetroffen, so daß ich mich vor dem Teufel nicht fürchte, und hätte er zehnmal schlimmere Hörner als die Priester ihn abmalen." [3]) Wie wenig er daran dachte, einem Kampfe auszuweichen, meinte er ja schon durch seine Stellung bei Chrudim, südlich der Elbe, gezeigt zu haben, während ihm sonst dieser Fluß für eine bloße Defensive die beste Deckung gewährt haben würde [4]).

Nur eben mochte er nicht daran glauben, daß die Feinde gegen ihn zum Kampfe heranzuziehen wagen würden. In dem angeführten Briefe vom 5. Mai bleibt er bei seiner früheren Überzeugung, daß die Österreicher wieder ihre alte feste Stellung von Neuhaus-Budweis aufsuchen würden [5]); und noch am 9. Mai schreibt er: „Nachdem die Feinde Mähren geräumt haben, machen sie Miene, sich zu Deutschbrod und längs der Sazawa zu sammeln. Man schreibt ihnen einen Anschlag gegen uns und Prag zu, doch sind sie keines-weges imstande, als Armeecorps vor Ende dieses Monats oder Anfang des nächsten zu agieren." [6])

Aber am 10ten erhielt auch er die Nachricht, daß sich größere Truppenteile des Feindes auf ihn zu bewegten, und erteilte nun sofort den Befehl, daß sein Heer am 13. Mai sich bei Chrudim, wenig südlich von der Stadt, kon-zentrieren solle, die linke Flanke an die Chrudimka gelehnt [7]). Ziemlich um dieselbe Zeit, wo er diesen Befehl gab, empfing er ja den Bericht seines Mi-nisters, welcher ihm keinen Zweifel darüber ließ, daß auch der von ihm er-sehnte Separatfriede unter Bedingungen, wie er sie verlangte, nicht ohne einen neuen Kampf zu erlangen sein würde [8]).

---

[1]) Vgl. Anm. 2 der vorigen Seite.

[2]) Polit. Korresp. II, 124.

[3]) Den 6. Mai; ebd. S. 157.

[4]) Er selbst betont das, Histoire de mon temps (1746), p. 258.

[5]) Ebb.; in den Worten: „Qu'ils se retirent en Bohême et Autriche", ist das sonst nicht näher bezeichnete Ziel angedeutet, über das aber nach den bereits früher erwähnten Äußerungen des Königs kaum ein Zweifel obwalten kann.

[6]) Polit. Korresp. II, 154. Sehr mit Recht weist Droysen V, 1. S. 441, Anm. 1, die z. B. auch in die Darstellung der Österr. militär. Zeitschr. a. a. O., S. 151, über-gegangene Nachricht, daß der König damals Broglie aufgefordert habe, sich mit ihm zu vereinigen, als unbegründet zurück. Wir mögen dazu noch bemerken, daß diese Fabel nach dem Breslauer Frieden von französischer Seite in Kurs gesetzt worden ist, mit dem Hinzufügen, daß aus Zorn über Broglies Weigerung, sich jenem Verlangen zu fügen, der König dann Frieden geschlossen habe. Schon A. de Mauvillon, in seiner Histoire de la dernière guerre de Bohême (Amsterdam 1756) II, 103, bezeichnet die Nachricht als die Erfindung eines Zeitungsschreibers und unwürdig des Königs von Preußen, der weder Lust gehabt haben würde, seine Lorbeeren mit den Franzosen zu teilen, noch deren Hilfe bedurft hätte.

[7]) Stille, S. 67. 68; Histoire de mon temps (1746), p. 258.

[8]) „Nous campons le 13: effet de la négociation." An Podewils, den 13. Mai;

Am 13. Mai, morgens 8 Uhr, rückte der König mit seinen 2 Bataillonen Garde aus Chrudim auf die südlich davon für das Hauptquartier ausersehene Höhe, und ein Berichterstatter aus seiner Umgebung schildert uns, welch einen herrlichen Anblick es abgegeben habe, als an dem schönen Frühlingsmorgen von allen Seiten her die langen Linien der Reiter und des Fußvolks herangekommen seien, häufig in dem coupierten Terrain ganz plötzlich erst sichtbar werdend, als kämen sie aus dem Schoße der Erde [1]).

An demselben Tage erreichte das österreichische Heer, das immer in nordwestlicher Richtung auf dem linken Ufer der Doubrawa marschierte, Chotieborz, etwa 3½ Meilen fast direkt südlich von Chrudim; schon am 12ten aber hatten jene vorausgesandten Truppen, nämlich 700 Reiter und 500 Kroaten, Czaslau noch 4 Meilen weiter nordwestlich auf die Elbe zu besetzt. Daß dieselben den Ort bereits von den Preußen geräumt fanden, bestärkte den österreichischen Oberbefehlshaber noch in seiner Meinung, daß dieselben über die Elbe zurückgehen würden, und damit zugleich auch in dem von ihm gefaßten Plane eines Marsches gegen Prag.

Der König von Preußen hat, wie es scheint, von dieser Besetzung Czaslaus durch den Feind keine rechtzeitige Kunde erhalten, und wenn die Österreicher rüstig weiter marschiert wären, hätten sie ihm wohl auf dem Wege nach Kolin und der Elbe ansehnlichen Vorsprung abgewinnen können; aber Herzog Karl gewährte seinen Truppen am 14. Mai in Chotieborz einen Rasttag, und am Abende dieses Tages erfuhr nun auch der König durch Überläufer von der Stellung des Feindes und dessen Absicht, am nächsten Morgen weiter gegen Kuttenberg und Kolin zu marschieren. Zugleich hörte man auch, daß jene Husaren, welche am 12ten in Czaslau waren, schon bis an die Elbe vorgegangen wären, dieselbe bei Neu-Kolin überschritten hätten und im Königsgrätzer Kreise herumstreiften [2]).

Noch immer fehlte es im preußischen Hauptquartiere nicht an Stimmen, welche den Österreichern die Kühnheit, an den Stellungen der Preußen vorbei auf Prag loszugehen, nicht zutrauen mochten, und der Heerführer, dessen Stimme bei dem Könige wohl am meisten galt, der Erbprinz von Anhalt, blieb dabei, man solle sich durch die Manöver des Feindes nicht aus der festen Stellung von Chrudim herauslocken lassen [3]), um so weniger, da man in wenig Tagen (am 19. Mai), wo die Truppen, welche die Generale Derschau, Truchseß und Nassau herbeiführen sollten (8 Bataillone, 10 Schwadronen Kavallerie und 20 Schwadronen Husaren) eintreffen mußten, dem Feinde unter allen Umständen überlegen sein würde [4]).

Aber der König entschloß sich, zum Schutze seiner Magazine an der Elbe unverzüglich vorzugehen und ergriff sofort nach Empfang jener Nachrichten am 14. Mai die geeigneten Maßregeln.

Polit. Korresp. II, 158. Allerdings wäre diese Zusammenziehung der Truppen wohl auch bei einem anderen Verlaufe der Unterhandlungen notwendig geworden.
[1]) Stille, S. 68.
[2]) Ebb. S. 71.
[3]) Der König erinnert hieran in einem Briefe vom 16. Mai bei Orlich I, 426.
[4]) Stille, S. 70. Des Königs Relation de la bataille de Chotusitz; im Militärwochenbl. 1875, Beiheft S. 359.

Die schwere Bagage ward jetzt nach Parbubitz gesandt, um auf dem rechten Elbufer abwärts fortgeschafft zu werden. Am Morgen des 15. Mai aber brach der König selbst mit der Avantgarde (10 Bataillone Infanterie, 10 Schwadronen Dragoner und 10 Schwadronen Husaren) über Podhorzan gegen Kuttenberg auf; der Erbprinz sollte mit dem Gros des Heeres am nächsten Tage, wenn die erwarteten Brotwagen aus Königgrätz eingetroffen wären, ihm schleunigst folgen.

Was der König hier unternahm, war kühner und gefährlicher, als er es selbst ahnte. Die Marschlinien der beiden feindlichen Heere strebten in ziemlich spitzem Winkel konvergierend Kuttenberg zu. Es liegt nun auf der Hand, daß des Königs Plan zur notwendigen Voraussetzung hatte, die Österreicher seien auf ihrer Marschlinie noch so weit zurück, daß auch der später aufgebrochene Hauptteil des preußischen Heeres noch rechtzeitig nach Kuttenberg würde gelangen können, um dort mit der Avantgarde wieder vereinigt, dem Feinde den Weg sperrend, den Kampf mit demselben aufnehmen zu können. Traf diese Voraussetzung nicht zu und befand sich der Feind in nahezu gleicher Entfernung von dem Kreuzungspunkte, so lief, da die beiden Marschlinien wenige Meilen vor ihrem Konvergenzorte notwendig sich einander bedenklich nähern mußten, das preußische Heer, welches vereint schwächer war als der Gegner, nun, wo es in zwei um einen Tagemarsch von einander getrennten Abteilungen marschierte, die schwerste Gefahr, daß die Österreicher sich zwischen sie warfen und eine nach der anderen durch die Übermacht erdrückten.

Thatsächlich nun hat jene Voraussetzung des Königs nicht zugetroffen, und es ist doch wohl als ein Glück zu preisen, daß kein Laudon das österreichische Heerkommando hatte.

Die Situation, unter der es dann zur Schlacht kam, knüpft sich an einige Orte, deren Lage der diesem Werke beigegebene Situationsplan veranschaulicht.

Die vier Punkte, welche in erster Linie in Betracht kommen, Podhorzan, Chotusitz, Kuttenberg, Czaslau, bilden ein ziemlich gleichseitiges, aber rhombisch verschobenes Viereck, dessen Seiten durchschnittlich $1\frac{1}{2}$ Meilen lang sind. Von Podhorzan über Chotusitz nach Kuttenberg ging die Marschlinie der Preußen, welche die Brücke über die Doubrawa zu einer Wendung nach Norden nötigte, in der Verlängerung der Linie Kuttenberg-Czaslau lag die der Österreicher.

Als der König am Nachmittage des 15. Mai in dem hochgelegenen Podhorzan [1]) eintraf, erblickte er etwa 2 Meilen von sich südsüdöstlich bei Wil-

---

[1]) „Podhorzan auprès de Chotieborz", schreibt der König in der Histoire de mon temps (1746), p. 169, und in seiner Relation de la bataille de Chotusitz (die neuerdings wiederholt abgedruckt ist, nämlich in den Kriegsberichten des Königs ed. Droysen, Beiheft zum Militärwochenbl. 1875, S. 360, und in der Polit. Korresp. II, 169), sogar wiederholt, er sei von Hermanmiestetz auf die Höhe von Chotieborz marschiert und habe von da rekognosciert. Keiner der Herausgeber hat dazu bemerkt, daß hier ein arger Irrtum darin steckt, daß der Ort Chotieborz mehrere Meilen zurück auf dem anderen Ufer der Doubrawa und auf der Marschlinie der Österreicher liegt und hier entschieden nicht in Frage kommen könne. Es ist schwer zu sagen, womit der König den Namen verwechselt hat. Bei der „hauteur de Chotieborz" scheint er einfach Chotieborz mit Podhorzan verwechselt zu haben, aber an der

limow ein feindliches Corps lagernd, das er auf 6= bis 7000 Mann schätzte. Wer will sagen, welches seine Entschließungen gewesen wären, wenn er er= kannt hätte, daß dies die österreichische Hauptarmee sei? Aber auf eine Nach= richt von Überläufern vertrauend, daß Prinz Karl erst am 16ten von Setsch und Bojanow aufbrechen wolle, sah er in jenem Heerhaufen eine von Lobkowitz aus dem südlichen Böhmen entsendete Verstärkung [1]). Allerdings hielt er an, sandte an den Erbprinzen Ordre, auch wenn das Brot nicht einträfe, am 16ten früh ihm das Gros der Armee zuzuführen, und er selbst blieb in Pod= horzan die Nacht, auf einen möglichen Angriff gefaßt, die Truppen schliefen unter dem Gewehr, die Pferde blieben gesattelt. Aber am Morgen war von dem Feinde in Willimow nichts mehr zu sehen, derselbe schien sich zurückge= zogen zu haben.

Den König aber trieb die Sorge um seine Magazine vorwärts. Am 15ten war ein Bataillon Grenadiere zur Verstärkung der Garnison nach Pobiebrad entsendet worden, am 16ten schickte er ein zweites gegen Kolin mit dem Befehle, wenn man Feinde dort fände, dieselben, koste es, was es wolle, herauszutreiben [2]).

Während er selbst dann am Morgen des 16ten nach Kuttenberg auf= brach, nur 5 Schwadronen Husaren unter Major Wechmar in Podhorzan zurücklassend [3]), benachrichtigte er den Erbprinzen davon und befahl dem= selben, von Podhorzan auf Czaslau zu marschieren, dieses zu besetzen und dort gegen Kuttenberg hin Stellung zu nehmen.

Diese Anordnung bedeutete thatsächlich eine gewisse Veränderung des ursprünglichen Planes. Die Marschlinie des Feindes sollte jetzt schon auf einem früheren Punkte coupiert werden, und die Aufstellung des Haupt= heeres bei Czaslau brachte die bisherige Avantgarde unter dem Könige bei Kuttenberg ins Hintertreffen. Es kam nun darauf an, ob diese Maßregel noch ausführbar war.

In der That war es die österreichische Hauptmacht gewesen, von welcher der König am 15. Mai einen Teil bei Willimow erblickt hatte. Prinz Karl war wohlunterrichtet von der Trennung des preußischen Heeres und hatte auch seinerseits die Preußen von Willimow aus erblickt, und wenn dem König am Morgen des 16ten die Truppen von Willimow wieder aus dem Gesichte entschwunden waren, so kam das daher, daß der Prinz vor Tage noch aufge= brochen war und ihm noch näher rückend zwischen Zleb und Ronow nur etwa 1½ Meilen direkt südlich von Podhorzan Stellung genommen hatte, wo dann in der größeren Nähe die Hügel seine Aufstellung vor den Blicken der Feinde leichter deckten.

anderen Stelle: „Podhorzan auprès de Chotieborz", ist das doch auch wiederum unmöglich. Sollte hier Chotieborz infolge eines error calami einfach für Chotusitz verschrieben sein?

[1]) So giebt der König selbst an, Histoire de mon temps (1746), p. 259. Schmettau in seiner Relation bei Droysen, Schlacht von Chotusitz (Abhandlungen der Berliner Akademie 1872), Beilage VII, S. 265 giebt an, der König habe jene Truppen für die Avantgarde des Heeres gehalten.

[2]) Brief Schmettaus aus Nürnberg. Beilage VII zu Droysen, Schlacht bei Chotusitz, S. 266.

[3]) Tagebuch des Generalmajors von Dewitz in [Naumanns] Sammlung ungedr. Nachr., S. 150.

Es bleibt für den österreichischen Oberfeldherrn ein schwerer Vorwurf, daß er auch am 16. Mai, nachdem der König so in nächster Nähe der feind= lichen Hauptmacht den kühnen Vormarsch auf Kuttenberg wagte, sich nicht zwischen die beiden preußischen Heeresteile geworfen hat; und man wird kaum die Entschuldigung, die er selbst dafür anführt, die morastige Beschaffen= heit des Terrains [1]), gelten lassen können; das Terrain ist kaum schlimmer, als das, durch welches er am folgenden Tage den Angriff machte, und da er selbst bei einer gleich von Ronow aus vorgenommenen Rekognoscierung die Lage der preußischen Truppen übersehen hatte, mußte er wissen, daß er alle Aussicht hatte, jene Terrainschwierigkeiten zu überwinden, bevor der Feind heran wäre. Er war aber trotz der Wolke von leichten Truppen, die dem Heere vorausschwärmte, nicht gut unterrichtet, sonst hätte er nicht noch am 17ten des Morgens die Hauptmacht des Feindes bei Kuttenberg quartiert ver= muten können [2]).

So waren denn auch die Abteilungen Husaren, welche er an der Dou= brawa hinaufstreifen ließ, so wenig instruiert, daß sie nicht einmal die einzige Brücke [3]) über diesen Fluß bei Sbislaw, welche sie mehrere Stunden ungestört in ihrer Hand hatten, abzuwerfen sich die Mühe nahmen. Das österreichische Hauptheer aber ging noch am 16ten weiter bis nach Czaslau, entschlossen am nächsten Tage den Feind anzugreifen.

Bei der Armee des Erbprinzen war man indessen in großer Sorge um den so kühn vorangeeilten König. Abends 10 Uhr, am 15. Mai, war hier der erste Bote des Königs eingetroffen, und man hatte sich zum Abmarsch am nächsten Tage gerüstet; an die Truppen war, da die Brotwagen aus Königs= grätz noch immer ausblieben, Mehl verteilt worden. Kaum war das Heer ein Stück marschiert, so langte der zweite Bote des Königs, Oberstlieutenant v. Schmettau, an, der die Nachricht von dem Weitermarsche der Avantgarde und den Befehl zur Besetzung Czaslaus brachte. Aber als das Heer etwas weiter auf dem gegen Podhorzan ansteigenden Wege vorgerückt war, sah man nach Südwest hin das ganze feindliche Heer auf den Höhen von Ronow in drei Linien aufgestellt in einer Stärke, die man auf 28= bis 30,000 Mann veranschlagte, und nur etwa 1¼ Meilen entfernt [4]). Der Erbprinz und Feld= marschall Schmettau, welche zu rekognoscieren vorausgeritten waren, konnten dem königlichen Adjutanten, des Feldmarschalls Bruder, das Lager selbst zeigen, in welchem man die Infanteristen und Reiter deutlich zu unterscheiden vermochte [5]). Es war klar, daß die österreichische Hauptmacht einen über= raschenden Vorsprung hatte, daß sie der preußischen Avantgarde näher stand, als das Gros der preußischen Armee. Gestützt auf diese Wahrnehmung sollte Schmettau schleunigst zu dem König zurückkehren, ihn zur Rückkehr, zur Wiedervereinigung mit dem Erbprinzen bewegen.

Aber der Oberst, dem zu größerer Sicherheit 50 Husaren als Begleitung

---

[1]) Relation des Prinzen Karl; Beilage I zu Droysen, Schlacht bei Chotusitz, S. 242.

[2]) Wie er dies in der angeführten Relation sagt.

[3]) Als die einzige bezeichnet bei Stille, S. 74.

[4]) Stille, S. 73.

[5]) Schmettaus Brief aus Nürnberg, den 22. Mai; Beilage VII, zu Droysens Schlacht bei Chotusitz, S. 266.

beigegeben waren, vermochte schon nicht mehr durchzukommen. Die Niede=
rung an der Doubrawa war von feindlichen Husaren erfüllt [1]), es mußten
erst zwei Kolonnen Infanterie vorgeschickt werden, welche den Flußübergang
bei Sbislaw frei machten.

Eilig suchte jetzt auch der Erbprinz das Heer von der Höhe von Pob=
horzan herabzuführen, immer in der Richtung auf Czaslau; es ging nicht so
schnell, wie er gewünscht hätte, an der Doubrawabrücke stopfte sich der Zug,
und namentlich die Artillerie hatte große Mühe durchzukommen. Hinter der
Doubrawa auf Czaslau zu hatte man unausgesetzt die Angriffe der Feinde
abzuwehren und erfuhr bald, daß der Feind die Stadt bereits besetzt habe, wes
halb dann auch der Erbprinz bei dem kaum ¾ Meile nördlich von Czaslau
gelegenen Flecken Chotusitz seine Stellung nahm, von dem Czirkwitzer Teiche
zur rechten links nach der Doubrawa hin.

Als der Erbprinz seinen Truppen, die seit zwanzig Stunden auf den
Beinen waren, und in dieser Zeit sich mit einer kärglichen Mehlsuppe hatten
begnügen müssen, ihre Stellungen anwies, war es bereits Nacht [2]); vom
König wußte er nichts, fürchtete vielmehr lebhaft, daß Oberst Schmettau den
österreichischen Husaren in die Hände gefallen sein könnte. So entsandte er
seinen Adjutanten von Bülow [3]) nach Kuttenberg, der dann auch um 2 Uhr
zurückkehrte mit der mündlichen Nachricht, der König werde am nächsten
Morgen um 7 Uhr mit Brotvorrat, den er in den Dörfern aufgetrieben, bei
dem Heere eintreffen. Bald nachher aber erschien, gleichfalls vom Könige ge=
sendet, Oberstlieutenant Uechtländer; er brachte ein Bataillon Grenadiere,
800 Brote und einen Brief des Königs, datiert vom 16ten abends, aus dem
Dorfe Gang hinter Kuttenberg. Derselbe teilte mit, er könne heute seine durch
den langen Marsch ermüdeten Truppen ihm nicht mehr zuführen, er werde
morgen kommen und 6= bis 8000 Brote mitbringen. Dann müsse man den
Feind angreifen, wo immer sich derselbe befinde. Die Bagage wolle er am
18ten über Kolin hinter die Elbe schaffen lassen, woher man sie leicht würde
haben können. Der Brief schloß:

„Ich verspreche mir, wofern die Vorsehung nicht gegen uns ist, daß wir
mit dem Feinde bequem werden fertig werden. Sie sehen indessen, daß wir
recht hatten, zu marschieren, und daß eine Gelegenheit wie diese sich vielleicht
nie wieder finden wird." [4])

Es ist erklärlich, wenn nachmals aus den Kreisen des Erbprinzen mit
Beziehung auf diesen Brief die Nachricht hervorgegangen ist, der König habe
gemeint, seinen Truppen am 17ten einen Ruhetag gönnen und erst am 18ten
die Schlacht liefern zu können [5]); man kann diese Absicht allenfalls zwischen
den Zeilen des Briefes lesen, in jedem Falle wenigstens die Überzeugung, daß

---

[1]) Mehr als 1000, sagt Schmettau a. a. O.

[2]) Die Arrieregarde, das Regiment Schwerin und die Dragoner Rothenburgs
haben um 2 Uhr des Nachts Chotusitz besetzt; Tagebuch des Regiments Schwerin
in der Sammlung ungedr. Nachr. (ed. Naumann), S. 173.

[3]) Denselben, der einst die Siegesnachricht von Mollwitz dem Könige überbracht
hatte.

[4]) Der Brief bei Orlich I, 426.

[5]) So die Relation des Erbprinzen a. a. O., S. 85, und noch bestimmter die
Relation Schmettaus bei Droysen a. a. O., S. 262.

der Feind noch ungleich weiter zurück sei, als dies wirklich der Fall war, wie denn die Möglichkeit einer Offensive seitens der Österreicher gar nicht in Betracht gezogen ist.

Offenbar haben des Erbprinzen Botschaften des Königs Täuschung in diesem Punkte nicht zu heben vermocht; erst am Morgen des 17ten hat er auf den Höhen von Neuhof (nordöstlich von Kuttenberg) sich durch den Augenschein von der Sachlage überzeugt, die er dann jedenfalls nicht eben seinen Wünschen entsprechend gefunden hat.

Der König tadelt sich selbst darum, daß er nicht bei dem Gros des Heeres geblieben und einem anderen Offizier die Führung der Avantgarde überlassen hatte [1]). In jedem Falle hat er sich infolge dessen darum gebracht, selbst den Schlachtplan entwerfen zu können. Er fand, als er am Morgen des 17. Mai mit den Truppen der Avantgarde eintraf, schon gegebene Verhältnisse vor, mit denen gerechnet werden mußte.

Der Erbprinz seinerseits mochte, als er jenen Brief des Königs in der Nacht zum 17. Mai erhielt, sehr weit davon entfernt sein, die Kampfesfreude und Siegeszuversicht, die jene Zeilen atmeten, zu teilen. Er hatte bereits im Dunkeln seinen ermüdeten Truppen ihre Stellungen anweisen müssen; und es mochte ihm wohl zweifelhaft sein, ob der Feind, den er sich so ungleich näher wußte, als der König annahm, ihm Zeit lassen würde, eine mustergültige Aufstellung vorzunehmen.

Von Schlaf konnte für ihn in dieser Nacht nicht die Rede sein; als der Tag graute, war er bereits unterwegs, um die Stellungen zu revidieren, hatte auf einer Anhöhe am rechten Flügel an dem Czirkwitzer Teiche, welcher eine gewisse Umschau gewährte, einen Offizier zur Beobachtung aufgestellt und war, von da zurückreitend, erst bis Chotusitz gekommen (4 Uhr des Morgens), als ihn schon eine Botschaft von dem Anrücken feindlicher Kolonnen erreichte; jetzt wurden schnell alle Anstalten getroffen und von dem Czirkwitzer See an bis in die Nähe der Doubrawa in der Richtung des Kirchturms von Chotusitz eine Schlachtordnung formiert, in der mitteninne allerdings etwas auf links zu der Flecken Chotusitz lag.

Der feindliche Oberbefehlshaber war über die Stellung der Feinde nicht gut unterrichtet, obwohl seine Husaren am 16. Mai fortwährend die Preußen umschwärmt hatten, und als er am 16ten, abends 8 Uhr, von Ronow gegen Czaslau aufbrach, erwartete er, gerade vor sich den Feind zu finden, der, wie er voraussetzte, am 17ten seinen Marsch weiter fortsetzen würde. Er wollte demselben nachziehen, dessen Nachhut angreifen und festhalten und so den auch von ihm ersehnten Kampf herbeiführen, von welchem er sich einen glücklichen Erfolg um so mehr versprach, als er die Truppenzahl der Preußen einigermaßen unterschätzte [2]). Daß er darauf rechnete, den Kampf bereits am 17ten zu bestehen, dafür spricht auch der Umstand, daß die Bagage in Ronow zurückblieb.

---

[1]) Allerdings nur in der späteren Bearbeitung der Histoire de mon temps, p. 125, in der älteren Bearbeitung a. a. O., p. 262, begnügt er sich damit, die Verantwortung für die getroffenen Dispositionen zur Schlacht abzulehnen.

[2]) Der König versichert (Histoire de mon temps [1746], p. 258), der Marschall Königsegg, in dem er den eigentlichen Leiter des österreichischen Heeres erblickt, habe die Stärke der Preußen auf nur 15000 veranschlagt.

Erst nach Mitternacht langten die Spitzen des Heeres in Czaslau an, und
einzelne Kommandos, welche nun, jener vorgefaßten Meinung entsprechend,
vorzugsweise in der Richtung auf Kuttenberg vorgeschickt wurden, gewahrten
dort die Truppen der preußischen Avantgarde und brachten die Kunde zurück,
daß die feindlichen Truppen in der Nähe von Kuttenberg in Quartieren zer=
streut lägen, Nachrichten, welche natürlich den Prinzen in seiner Meinung
noch bestärkten. Auch mit dem Anbruche des Morgens schwand die Täu=
schung noch nicht, da der nördlich von Czaslau sich hinziehende Höhenrücken
die Stellung der preußischen Armee deckte; erst eine stärkere Rekognoscierung,
welche am Morgen in der Richtung auf Czirkwitz ausgeführt wurde, brachte
ins österreichische Hauptquartier Aufklärung über die Stellung des Fein=
des [1]. Es war dies jedenfalls die Kolonne, welche, wie wir anführten, um
4 Uhr des Morgens vom rechten Flügel der Preußen beobachtet wurde und
hier das Signal gab, sich in Schlachtordnung zu setzen.

Jetzt also erst konnte man im österreichischen Lager darangehen, die
Schlachtordnung zu formieren, und erst gegen 6 Uhr sah man die Kolonnen
derselben herankommen. Ihr linker Flügel war natürlich, weil er den kür=
zeren Weg zurückzulegen hatte, schnell heran; der rechte, der sich wegen der
Sümpfe an der Czaslawa ganz östlich auf Wlaczitz, unfern der Doubrawa,
dirigierte, brauchte wohl eine halbe Stunde länger.

Das österreichische Heer war dem preußischen an Zahl überlegen, es
zählte einschließlich 1300 Kroaten (Warasdiner) etwa 17,800 Mann Infan=
terie und 10,200 Kavallerie, während die Preußen nur etwa 16,800 Mann
Infanterie und 6,900 Kavallerie hatten [2].

Die Schlacht, die nun in den Morgenstunden des 17. Mai sich entspann,
und welche von dem in dem preußischen Zentrum liegenden Chotusitz ihren
Namen erhalten hat, gliedert sich naturgemäß in drei Akte, deren ersten der
Reiterkampf auf dem linken österreichischen Flügel bildet. Dieser Kampf ent=
brannte eine halbe Stunde vor dem auf anderer Seite, weil eben hier
die Österreicher früher in den Bereich der preußischen Waffen kamen; der
König, welcher mit seinen Truppen nach 7 Uhr eingetroffen war und die
letzteren im zweiten Treffen eingeordnet hatte, billigte die Dispositionen des
Erbprinzen durchweg. Dieser hatte die Gunst, welche das Terrain auf dieser
Seite den Preußen darbot, möglichst auszubeuten gesucht. Hier nämlich, wo
der ausgedehnte [heut nicht mehr vorhandene] Czirkwitzer Teich eine treff=
liche Deckung gewährte, wurden nicht nur auf einem an dem Teiche sich er=
hebenden Hügel 4 schwere Geschütze postiert, sondern man ließ auch 6 Schwa=
dronen der Kavallerie dieses Flügels halbrechts umschwenken, um, von einer
Anhöhe gedeckt, dem Feinde die Flanke abzugewinnen.

Es war dies ein glücklicher Schachzug, der in seinen Konsequenzen fast
unvermeidlich der linken Flanke der heranrückenden Österreicher gefährlich wer=
den mußte. Kurz vor acht Uhr begannen jene vier Geschütze auf dem Hügel
ihr Feuer, und ·die fern wirkenden Geschosse dieser 12= resp. 24 Pfünder be=
unruhigten die auf der äußersten linken Flanke haltenden Husarenschwärme der

---

[1] Österr. militär. Zeitschr. a. a. O., S. 160.
[2] Nach den motivierten Berechnungen bei Droysen a. a. O., S. 164—169
und 178—181.

Österreicher. „Ehe und bevor noch beide Armeeen auf 2000 Schritt sich gegen einander näherten, wurde sich feindlicherseits schon bemühet, uns mit heftigen Kanonieren einzuheizen", sagt der Bericht des Prinzen Karl darüber [1]); und als nun die Kavallerie des ersten Treffens unter General v. Bubbenbrock sich auf die feindliche Kavallerie warf und diese zugleich von jenen sechs hinter der Anhöhe hervorbrechenden Schwadronen in die Flanke genommen wurde, ward das erste österreichische Reitertreffen vollständig über den Haufen geworfen, und wenn gleich die Reiter des zweiten Treffens die aufgelösten Scharen Bubbenbrocks zurückzutreiben vermochten, so traf dann auch sie wiederum ein heftiger Anprall des zweiten preußischen Reitertreffens unter dem kühnen Grafen Rothenburg, dem sie vollständig erlagen, so daß jetzt, wie ein Augenzeuge sagt, die österreichische Kavallerie nur noch einen verworrenen, ungeordneten Haufen bildete, in welchem man an 30 Standarten sah [2]), und aus dem viele über die zwei Steinbrücken der Czaslawa ihr Heil in der Flucht suchten. Auch fünf Bataillone der Infanterie wurden hiermit aufgerollt, schon wankte die Ordnung der Infanterie; wäre es gelungen, die aufgelösten Reiterscharen zu einem neuen Choc zu sammeln, oder wären hier noch einige frische Schwadronen zur Hand gewesen, man hätte hier wohl noch andere Resultate erzielen können. Aber der unsägliche durch diese Reiterkämpfe aufgewirbelte Staub verhinderte alle Übersicht, und den österreichischen Heerführern gelang es, einige Tausend Husaren aus der Reserve zusammenzubringen, welche vereint mit Bestandteilen der geschlagenen österreichischen Reiterei die preußische Kavallerie in Flanke und Rücken anfielen und sie in Unordnung und in ansehnlichen Verlust brachten [3]). Bis über Kuttenberg hinaus, rühmen die österreichischen Berichte, hätte man die preußische Kavallerie verfolgt; und jedenfalls büßte die preußische Kavallerie die errungenen Vorteile wieder ein. Allerdings wagten sich die österreichischen Husaren nirgends an die preußische Infanterie, ja sie stürmten selbst über das Schlachtfeld hinaus, so daß, als die Wolken auch des Staubes sich verzogen hatten, von der österreichischen Reiterei dieses Flügels nur wenige Schwadronen noch zu sehen waren, allerdings ebenso wenig von der preußischen, und die preußische Infanterie dieses Flügels fand freies Terrain vor sich um so mehr, da der Feind sich im ganzen nach rechts geschoben hatte. Denn die österreichischen Feldherren suchten indessen mit Aufbietung aller Kräfte die Entscheidung auf einem anderen Punkte, nämlich in dem Kampfe um Chotusitz.

Auf dieser Seite erfolgte der Zusammenstoß wegen der größeren Entfernung der kämpfenden Truppen eine halbe Stunde später als auf der anderen.

Die Österreicher waren, wie wir hören, in vier Kolonnen anmarschiert, und drei derselben waren, da gerade nördlich von Czaslau der etwas sumpfige Grund der Czaslawa das Vorrücken erschwerte, erheblich rechts gekommen, so daß sie den preußischen Beobachtern aus Butschitz nicht weit von der Doubrawa hervorzukommen schienen [4]). Hierin stimmen die Berichte ganz

---

1) Bei Droysen a. a. O., Beil. I, S. 243.
2) Bericht Schmettaus ebd., Beil. VII, S. 267.
3) Dies bemerkt der König in Histoire de mon temps (1746), p. 260.
4) „On vit la tête des 3 de leurs colonnes sortir de Butschitz." Bericht des Feldmarschalls Schmettau; bei Droysen a. a. O., Beil. VI, S. 262.

überein; Stille bezeichnet, um die Richtung anzugeben, die etwas nördlich aber gleichfalls nahe der Doubrawa gelegenen Dörfer Blatschitz und Bojmany [1]); in Schmettaus Berichte an den Kaiser heißt es, man habe preußischerseits erst am Morgen wahrgenommen, daß der Feind seine größte Stärke rechts von Chotusitz habe [2]), und des Erbprinzen Relation läßt eine Kolonne geradezu von der Doubrawa herkommen [3]). Bei dieser Marschrichtung der Österreicher mußten dieselben den preußischen linken Flügel, der noch recht weit von der Linie der Doubrawa endigte, sehr überflügeln. Anderseits aber wurde es auch für die Österreicher, als dieselben aus den Marschkolonnen sich in Schlachtordnung zu setzen versuchten, notwendig, sich enger aneinanderzu- schließen, die von der Czaslawa östlich vorgegangenen Truppen mußten sich links, die westlich rechts schieben, und es ist doch anzunehmen, daß von den drei Kolonnen, welche ursprünglich von Czaslau aus nordöstlich marschiert waren, wenigstens zwei nachmals, nachdem sie aus der sumpfigen Niederung heraus waren, wieder über die dort südlich von Chotusitz weit nach Osten ausbiegende Czaslawa gegangen und auf deren linkem Ufer Aufstellung ge- nommen haben. Von der östlich am weitesten bis an die Doubrawa gerückten Kolonne heißt es, dieselbe sei beim Beginne des Treffens noch nicht in die Schlachtlinie eingerückt gewesen und habe dann später die Preußen links über- flügelt und in der Flanke angegriffen [4]).

Wir müssen also annehmen, daß sich die österreichische Schlachtordnung formiert hat, ohne jene östliche Kolonne, die von der Doubrawa herkam, ab- zuwarten, und daß diese letztere gleichsam ein detachiertes Corps darstellt, aus Infanterie und Kavallerie zusammengesetzt, welches zur Umgehung des Feindes bestimmt war. Hiernach scheint es also nicht richtig, wenn die Schlachtpläne uns die beiden Heere einander gegenüberstehend zeigen, so daß nach traditioneller Weise das Fußvolk in der Mitte in zwei Treffen postiert war, die Reiterei auf beiden Flügeln verteilt; vielmehr war von dem rechten österreichischen Flügel ein Teil noch im Anmarsche, als die Schlacht begann, und dieser letztere, Infanterie wie Kavallerie, ließ bei seinem Vorgehen das Gros der österreichischen Aufstellung einschließlich der die Flanke deckenden Kavallerie links von sich [5]).

---

[1]) Bei Droysen a. a. O., Beil. VIII, S. 274.

[2]) Ebb. Beil. VI, S. 263.

[3]) Bei [Seyffert], Lebensgeschichte Friedrichs des Andern, Beil. I, S. 86.

[4]) Des Erbprinzen Relation a. a. O., S. 88.

[5]) An der Stelle in des Erbprinzen Relation a. a. O., S. 88, welche die im Texte angegebene Auffassung stützt, fährt derselbe, nachdem er hier den Beginn des Kampfes und speziell auch den Reiterangriff der preußischen Regimenter Prinz Wil- helm und Alt-Waldau (der weiter unten im Text darzustellen sein wird) geschildert hat, fort: „Die feindliche Kolonne Infanterie, wovon oben Erwähnung gethan, daß sie noch so weit zurück und an der Dobrawa gewesen, hatte inzwischen den Marsch fortgesetzt und war über das gute Terrain, wo unser linker Flügel hätte stehen sollen, marschiret; weil nun selbige keine Resistenz gefunden, so war es ihr sehr leicht geworden, von rückwärts in den Flecken [Chotusitz] zu kommen. Während die mit dieser Kolonne kommende Kavallerie sich amüsierte, unser Lager zu plündern, drang die feindliche Infanterie durch den Flecken zwischen unsere Linien" ꝛc. Aus diesem Berichte geht mit Notwendigkeit hervor, daß, als der Reiterangriff der preußi- schen Regimenter Prinz Wilhelm und Alt-Waldau auf dem preußischen linken Flügel stattfand, ein Teil der österreichischen Infanterie und Kavallerie noch nicht heran

Dagegen war die westlichste Kolonne der Österreicher, vermutlich gleich=
falls durch das sumpfige Terrain veranlaßt, zu weit nach links gekommen,
noch im Anmarsche hat sie schon das Feuer jener schweren Geschütze auf dem
Hügel am Czirkwitzer Teiche erreicht und sie bewogen, sich mehr rechts zu
halten. Noch mehr rechts hat sie dann, wie wir sahen, jener Angriff der Ka=
vallerie des rechten österreichischen Flügels gedrückt. Aber, wie wir wissen,
hielt hier ein neuer Angriff einer großen Masse von österreichischen Husaren
und Dragonern die Fortschritte der preußischen Kavallerie auf und erfüllte
den ganzen Raum vor dem preußischen rechten Flügel mit wildem Tumulte
und undurchdringlichen Staubwolken. Als der Staub sich gelegt, findet, wie
Stille berichtet, die Infanterie des rechten preußischen Flügels keinen Feind
mehr vor sich; dessen linker Flügel versagt sich absolut, um alle Energie gegen
die preußische Linke zu wenden [1]). In der That hatte die österreichische In=
fanterie eine halbe Rechtsschwenkung ausgeführt [2]), ein Manöver, welches
dem Könige, wie es scheint, anfänglich nur als eine unruhige Bewegung, als
ein Symtom der erschütterten Ordnung erschienen ist [3]).

Die Österreicher hatten hier, wenn auch nicht nach einem vorgefaßten
künstlichen Plane, sondern unter dem Drange der Umstände und der Terrain=
schwierigkeiten, mit dem Versagen ihres linken Flügels und der Halbrechts=
wendung etwas Ähnliches ausgeführt, wie Friedrich nachmals in größerem
Stile mit seiner schrägen Schlachtordnung bei Leuthen, und zunächst in der
That nicht ohne ein wenigstens vergleichbares Resultat; es war ihnen ge=
lungen, eine gewaltige Übermacht auf einen Punkt der preußischen Schlacht=
reihe zu führen, wo dann thatsächlich ein Dritteil der preußischen Armee
gegen zwei Dritteile der österreichischen mit Aufbietung der letzten Kräfte zu
ringen gehabt hat [4]), und zwar unter einer ganz besonderen Ungunst der
örtlichen Verhältnisse.

Als der Erbprinz am 16. April seine Stellung nahm, war es bereits
dunkel. Aber auch da sprang ihm jene schöne Deckung, welche der große
(heut nicht mehr vorhandene) Czirkwitzer Teich seinem rechten Flügel gewährte,
in die Augen, und offenbar hat ihn diese Rücksicht in erster Linie geleitet,
und an dieser festhaltend hat er dann, so gut es eben gehen wollte, auch für
den linken Flügel gesorgt. Es war dies nicht leicht; da die Doubrawa zu

---

war, und daß dieser letztere dann auf dem Terrain zwischen der Czaslawa und der
Parkmauer von Sehuschitz, also mit Umgehung der preußischen linken Flanke, vor=
gegangen ist. Wir dürfen außerdem auch konstatieren, daß in keinem der verschie=
denen Schlachtberichte sich Anführungen finden, welche den Angaben des kompetenten
Berichterstatters, auf den wir uns hier berufen haben, widersprächen.

[1]) Bei Droysen, Beil. VIII, S. 278.

[2]) „Toute l'infanterie de l'ennemi fit un demi tour à droite et vint attaquer
le village de Chotusitz", sagt der König in seiner Relation (Beiheft zum Militär=
wochenblatt 1875, Hft. X, S. 371), natürlich nicht ganz genau, da nur eben die In=
fanterie des linken Flügels der Österreicher diese Wendung zu machen hatte.

[3]) Darauf glaube ich die Worte der Histoire de mon temps (1746), p. 260
beziehen zu müssen: „Pendant ce combat de cavallerie on apercevait un certain
flottement et une incertitude dans la contenance de l'infanterie enemie."

[4]) 12 der 33 preußischen Bataillone haben hier gekämpft; für die Schätzung
der auf österreichischer Seite in den Kampf geführten Truppen giebt die graphische
Darstellung in Beil. XII bei Droysen aus den österreichischen Verlustlisten eine
gute Grundlage.

fern war, hatte der Erbprinz die Parkmauer des etwas zurückliegenden Schlosses Sehuschitz in Aussicht genommen, welche von dem Schlosse noch mehrere hundert Schritte nach Süden hin sich erstreckte, doch scheint es unzweifelhaft, daß er die Ausdehnung der Fläche zwischen dem östlichen Arme der Czaslawa und der Parkmauer, auf welcher er die Kavallerie des linken Flügels aufzustellen gedachte, zu gering angeschlagen hat [1]).

Es würde somit, auch wenn des Erbprinzen Plan ganz strikt zur Ausführung gekommen wäre, hier eine Lücke geblieben sein [2]). Aber dieser Plan ward auch sonst insoweit mobifiziert, daß eine noch weitere Verkürzung der preußischen Schlachtlinie eintreten mußte.

Die Linie vom Czirkwitzer Teiche bis zu dem südlichsten Ende der Sehuschitzer Parkmauer, wie sie sich der Prinz für die preußische Schlachtordnung dachte, wurde fast rechtwinklig durchschnitten von der nordsüdlich gerichteten Häuserreihe des Fleckens Chotusitz und dann von dem Wasserlaufe der Czaslawa, welche parallel den Häusern fließend gerade östlich von Chotusitz in zwei Arme gespalten eine langgestreckte Insel bildet, deren Anfang ein Stück südlich von Chotusitz, das Ende nordöstlich davon sich findet.

Es durfte nun wohl bedenklich erscheinen, daß hier die Lage von Chotusitz dazu nötigte, wenn man den Ort ganz in die Schlachtlinie hineinziehen wollte, ohne dabei der Deckung durch die Parkmauer von Sehuschitz verlustig zu gehen, in gewisser Weise hier einen ausspringenden Winkel zu bilden, der dann sich wie ein Schlüssel der preußischen Stellung nach außen darstellen und die Feinde zu einem Angriffe einladen konnte, während anderseits zu einem Schutze desselben weder die Örtlichkeit noch die strohgedeckten Hütten von Chotusitz etwas beitragen konnten, und zu irgendwelcher Befestigung sich doch keine Zeit hatte finden lassen.

Die Deckung von Chotusitz hatte der Erbprinz so angeordnet, daß die beiden Bataillone Schwerin die beiden Seiten der über die Schlachtlinie südlich herausragenden Häuserreihen von Chotusitz besetzen sollten, und wie es scheint auch die beiden Bataillone Lamotte zu beiden Seiten des Fleckens postiert [3]), während sein Regiment auf der Czaslawa-Insel östlich des Fleckens vorgehen sollte. An diese sollte sich dann die Kavallerie des linken Flügels, die 20 Schwadronen Bayreuth-Dragoner, Bredow, Alt-Walbau und Prinz Wilhelm anschließen. In diesem Sinne, versichert Prinz Leopold, den hier kommandierenden General v. Jeetze wiederholt instruiert zu haben.

Anderseits müssen wir uns nun aber erinnern, daß der Erbprinz am 18. Mai, früh um 4 Uhr, als er auf dem Wege, die definitiven Aufstellungen

---

[1]) Nach **Droysen** (Schlacht bei Chotusitz) a. a. O., S. 202, der die Entfernung selbst abgeschritten hat.

[2]) Der König meint (Histoire de mon temps [1746], p. 262), der Erbprinz hätte die linke Flanke am besten dadurch geschützt, daß er ein Bataillon Infanterie in den Park von Sehuschitz gelegt hätte, welches durch die Mauer gedeckt, durch sein Feuer recht wohl jede Überflügelung hätte verhüten können. Doch bemerkt hiergegen der Militärschriftsteller Berenhorst, seinen Halbbruder verteidigend (B. war ein natürlicher Sohn des alten Dessauers), da die Mauer doch über Mannshöhe gewesen, hätte man erst dieselbe halb abtragen oder Gerüste bauen müssen, wozu doch unter allen Umständen die Zeit mangelte. Aus dem Nachlasse Berenhorsts ed. Bülow I, 90.

[3]) **Droysen** (Schlacht bei Chotusitz), S. 200.

zu veranlassen, vom rechten Flügel bis nach Chotusitz gekommen war, durch
die Kunde, es rücke eine feindliche Kolonne gegen den rechten Flügel vor, auf
diesen zurückgerufen worden war, wo er dann selbst jene Beobachtung be=
stätigt fand. Wie wir wissen, täuschte er sich hierin, es war noch nicht die
feindliche Armee, die anrückte, sondern nur eine zur Rekognoscierung gegen
Czirkwitz vorgesandte Abteilung; aber jedenfalls hat der Erbprinz noch unter
dem Eindrucke dieser Täuschung gestanden, als er, nachdem er den rechten
Flügel geordnet, nach Chotusitz zurückkehrte, und eben deshalb erscheinen hier
auf dem linken Flügel seine Anordnungen als etwas in Eile und sehr sum=
marisch gegeben; und der Befehlshaber des linken Flügels, General v. Jeetze,
hat auf das bestimmteste in Abrede gestellt, den Befehl, vier ganze Bataillone
östlich von Chotusitz aufzustellen, erhalten zu haben [1]). Jedenfalls hat der
General weder jenen Instruktionen entsprechend gehandelt, noch auch ins
Hauptquartier gemeldet, daß und weshalb er anders handeln mußte. Er hat
möglicherweise schon auf Grund der erkennbaren Absichten des Feindes für
die Verteidigung von Chotusitz besser sorgen zu müssen geglaubt und außer
dem Regimente Schwerin, welches bereits vom Prinzen zur Verteidigung
dieses Ortes bestimmt war, nun noch drei jener erwähnten vier Bataillone 30
Schritt vor dem Flecken aufgestellt [2]), so daß statt vier nur noch ein Bataillon
links von Chotusitz zu stehen kam und die Front so sehr erheblich verkürzt
wurde. Da nun ohnehin die Entfernung von Chotusitz bis zur Schuschitzer
Parkmauer vom Erbprinzen unterschätzt worden war, so blieb jetzt, nach=
dem die Kavallerie dieses linken Flügels um so viel hatte rechtshin anschließen
müssen, eine große Lücke zwischen der Flanke und der Parkmauer von Schu=
schitz offen, welche die Gefahr einer Überflügelung sehr ernst erscheinen ließ,
um so mehr, da ohnehin die sumpfige Region an den Ufern des kleinen Flusses
der Czaslava, die zwischen Czaslau und Chotusitz fließt, die Österreicher
weiter nach rechts drängte.

Aber noch ein anderer wesentlicher Übelstand entsprang aus jener Anord=
nung Jeetzes. Die preußische Kavallerie des linken Flügels, die nun erheblich
näher an Chotusitz zu rücken hatte, brachte hier die Beschaffenheit des Terrains
in eine ganz ausnehmend ungünstige Lage. Dieselbe kam nämlich jetzt in die
Gegend, wo die beiden Wasserarme der Czaslava jede Bewegung hemmten,
und wo es allerdings fast hoffnungslos scheinen mochte, 20 Schwadronen
Reiterei zu postieren. Mit den Versuchen, hier eine Aufstellung zu finden,
verging eine kostbare Zeit, und die feindliche Kavallerie kam früher heran.

Es muß hier etwas tumultuarisch zugegangen sein, wenigstens haben
die beiden Reiterregimenter Prinz Wilhelm und Alt=Waldau, welche nach der
Ordre de bataille ihren Platz auf dem äußersten linken Flügel haben sollten, an
einer Stelle, wo man es nicht vermuten würde, vorzukommen gesucht, nämlich
durch und dicht neben Chotusitz. Als dieselben dann hier nach links auf den

---

[1]) Droysen a. a. O., S. 200, erhebt sehr begründete Zweifel, ob der Prinz
seine Anordnungen ganz so, wie er es später angegeben, getroffen habe.

[2]) Diese Distanz wird bestimmt in dem Schreiben des noch weiter zu erwähnen=
den Feldpredigers Seegebart von einem der hier in Frage kommenden Regimenter
Prinz Leopold vom 24. Mai 1742 angeführt. Der Brief ist angeschlossen an sein
Tagebuch ed. Fickert (Breslau 1849), S. 61.

zwei vorhandenen Brücken die beiden Arme der Czaslawa passiert hatten [1]), fanden sie auch bereits feindliche Kavallerie vor sich.

Ihnen stand nicht die ganze österreichische Kavallerie des rechten Flügels gegenüber, da, wie wir wissen, ein Teil derselben bei der östlichsten von der Doubrawa herkommenden und noch etwas zurückgebliebenen Angriffskolonne sich befand. Offenbar trennte hier die Czaslawa die österreichische Infanterie des rechten Flügels von ihrer Reiterei, welche letztere auf dem rechten Ufer vorging.

Ohne Zaudern warfen sich nun die preußischen Kürassiere in heftigem Angriff auf das nächste dieser Regimenter, die Kürassiere von Lubomirsky durchbrachen diese und ebenso das am östlichsten stehende Regiment Palsy, vom zweiten Treffen [2]), und so immer am rechten Ufer der Czaslawa fort=

---

[1]) Die Frage, ob die beiden Kürassierregimenter, die, wie der König selbst an= giebt (Histoire de mon temps [1746], p. 261), auf zwei Brücken über die Czas= lawa gegangen sind, hierbei vom rechten auf das linke Ufer gekommen sind, oder umgekehrt, und ob dann auch der im Texte zu schildernde Ritt dieser beiden Regi= menter auf dem rechten oder linken Ufer stattgefunden hat, ist doch von gewisser Be= deutung für die ganze Beurteilung der Schlacht. Die beiden Brücken liegen auch nach Droysens Plane so, daß aus der Mitte der Häuserreihe von Chotusitz eine Seitengasse nach Osten an die Czaslawa führt und diese dann durch eine Brücke übersetzt. Quer durch die Insel führt dann die Straße nach Druhanitz, Wlaczitz und Sbislaw zur Doubrawa und überschreitet den östlichen Arm der Czaslawa süd= östlich von der ersten Brücke. Bei solcher Beschaffenheit der Örtlichkeit ist es schwer, anders zu denken, als daß die Reiter, die doch gegen den Feind vorwollten, von Chotusitz aus südöstlich über die Insel und die beiden Brücken auf der Straße vor= gegangen sind. Das Entgegengesetzte, wenn die Regimenter erst an dem östlichen Arme der Czaslawa hinauf, dann über die Brücke und nordwestlich über die zweite Brücke nach Chotusitz und dann wiederum südöstlich an dem anderen Arme des Flusses herab ihren Weg genommen hätten, wäre in der That um so wunderlicher, da ihnen ja für diesen Zweck am Nordende von Chotusitz an einer Stelle, wo die zwei Arme des Flusses schon wieder zusammengekommen sind, eine Brücke zur Ver= fügung stand. Aber auch abgesehen davon, können wir uns kaum vorstellen, daß die Kavallerieregimenter, welche nach der Ordre de bataille auf dem äußersten linken Flügel der Preußen ihren Platz haben und entlang der Parkmauer von Sehuschitz vorgehen sollten, nun so ein gewaltiges Stück weiter rechts davon gar auf dem linken westlichen Ufer der Czaslawa sich ihren Weg hätten suchen wollen. Und fanden diese Regimenter wirklich auf dem linken Ufer der Czaslawa die Kavallerie des österreichischen rechten Flügels, dann ward deren Schlachtreihe auf dieser Seite von der preußischen übertragt, während, wie wir sehen, verschiedene Berichte um= kehrt von einer Überflügelung der Preußen auf dieser Seite sprechen. — Wenn Droysen (a. a. O., S. 205 u. 206) zu seiner abweichenden Annahme so gekommen ist, daß er „von der Stelle, wo die Spitze des linken österreichischen Flügels ange= griffen wurde" (ob sich derselbe dann wohl so genau fixieren läßt?), nach rechts zu die Distanzen berechnet und gefunden hat, daß von da bis zur Czaslawa noch etwa 4000 Schritt wären, eine Distanz, die 15—16 Bataillone nicht ausgefüllt hätten, so läßt sich dagegen geltend machen, einmal, daß, wie wir bereits anführten, die österreichische linke Kolonne nur mißverständlich so weit links gekommen sein kann und notwendigerweise, um die Halbrechtswendung ausführen zu können, ohne in das preußische Feuer zu kommen, weiter rechts und rückwärts sich gezogen haben muß, und ferner, daß die ganze Berechnung doch wohl erschüttert wird durch die Wahrnehmung, wie die preußische Schlachtordnung, die notorisch an dem Czirkwitzer Teiche anfing, also erheblich westlich von jener Stelle, von der Droysen aus rechnet, mit weniger Bataillonen als die Österreicher und der traditionellen engeren Auf= stellungsweise doch den ganzen Raum bis ein Stück über die Czaslawa hinaus hat ausfüllen können.

[2]) Droysen a. a. O., S. 206.

stürmend, fanden sie dann einige Bataillone Kroaten vor sich, die zur Re=
serve gehört hatten, und da das Terrain jenseits der Czaslawa durch den
konzentrierten Angriff auf Chotusitz eng geworden war, die Czaslawa noch
nicht hatten überschreiten können und jetzt auf deren rechter Seite vorgingen.
Unter diesen richteten die preußischen Reiter ein großes Blutbad an [1]). Sie
befanden sich jetzt im Rücken der feindlichen Stellung; aber es ward für sie
nun in hohem Maße schwierig, wieder zu ihrem Heere zu kommen. Schon
hatte der kühne Ritt große Opfer gekostet; hinter ihnen tobte der Kampf um
Chotusitz, und sich nach dieser Seite hin den Rückweg zu bahnen, mußte um
so gefährlicher erscheinen, als sie dann hätten fürchten müssen, von der in=
zwischen von der Dubrawa her vorrückenden östlichsten Angriffskolonne der
österreichischen Infanterie in der Flanke angegriffen zu werden. So wandten
sich die Reiter dann lieber nach der anderen Seite, überschritten die Czas=
lawa wahrscheinlich auf der vielleicht 2000 Schritt nördlich von Czaslau sich
vorfindenden Brücke, ordneten sich zu einem neuen Angriffe und unternahmen
es, in der Richtung des linken preußischen Flügels die österreichische Front
in ihren beiden Treffen von hinten zu durchbrechen; der Choc traf zunächst
das Regiment Wettes, das zweite von der linken Flanke des zweiten Tref=
fens [2]), und sein großer Verlust, Tote und Verwundete in Summa 292,
zeigt, wie furchtbar der Ansturm gewesen. Von da erreichen diese allerdings
arg decimierten Schwadronen den rechten preußischen Flügel, hinter welchem
sie sich aufs neue ordnen. Daß sie von der zurückgebogenen linken Flanke
der Österreicher bis zum rechten preußischen Flügel gelangen, ohne daß wir
von weiteren Kämpfen, die sie hier noch zu bestehen gehabt hätten, etwas er=
fahren, drängt uns zu dem Schlusse, daß dies zu der Zeit erfolgt sei, wo
schließlich fast die gesamte Kavallerie beider Teile auf dieser Seite sich zer=
streut hatte und faktisch vom Kampfplatze verschwunden war [3]). Die beiden
Regimenter hatten, Alt=Waldau 316, Prinz Wilhelm 421 von je 500 Mann
bei dem furchtbaren Ritte eingebüßt, und das Schlimmste war, daß dieser
Heldenmut im Grunde vergebens aufgewendet worden war, insofern das
Endresultat doch schließlich das war, daß auf dem Punkte, gegen den sich die
Hauptmacht des Feindes wendete, dem preußischen linken Flügel, zwei Reiter=

---

[1]) Stille bei Droysen, S. 278.
[2]) Stille, S. 279 versichert, hier selbst Augenzeuge gewesen zu sein; das Re=
giment Wettes nennt der König in seinen Memoiren (1746), S. 261.
[3]) Wollte man annehmen, es sei dies doch früher erfolgt, also etwa nach der
Niederlage der österreichischen Kavallerie des linken Flügels, so könnte nicht wohl
bei Gelegenheit des großen Husarenangriffs, zu welchem man sich dann österreichischer=
seits auf diesem Flügel aufraffte, preußischerseits nur eine Schwadron Kavallerie
noch auf dem rechten preußischen Flügel gehalten haben (Schmettau, S. 263),
denn wie reduziert auch jene 10 Schwadronen waren, sie hätten doch bei solchem Anlaß
einem neuen Kampfe sich nicht entzogen. Trifft aber unsere Zeitbestimmung zu, so
muß dann auch die Droysensche Kombination (S. 207), wonach die schwere preußische
Reiterei, welche nach dem Berichte des Husarenmajors Dewitz (Neumanns Samm=
lung ungedr. Nachr. I, 150. 151) zurückjagend die preußischen Bronikowskischen
Husaren, gerade als dieselben in das Regiment Thüngen (dem letzten der linken
Flanke des österreichischen Treffens), dessen Quarrée sie gesprengt, einzuhauen dabei
waren, mit ihren größeren Pferden mit fortgerissen hätten, jene Kürassierschwadronen
gewesen wären, notwendig aufgegeben werden. Denn dies Begebnis muß vor dem
großen Husarenangriffe der Österreicher erfolgt sein.

regimenter fehlten. Hier wendete sich denn in der That der Kampf sehr zu Ungunsten der Preußen: die hier noch übrigen 10 Schwadronen des ersten Treffens wurden von der feindlichen Kavallerie „durch und um den Flecken Chotusitz zurückgetrieben" [1]) und auch von der des zweiten Treffens, welche noch nicht vollständig rangiert war, ein Teil in Unordnung gebracht und geworfen. Zugleich aber wurden nun die vor Chotusitz vorgeschobenen Regimenter Schwerin und Lamotte in der Front von 8 Bataillonen angegriffen, welche sich auch ihrer Regimentsgeschütze mit großem Erfolge bedienten. Die Situation ward um so kritischer, als inzwischen auch das mit einem Bataillon Lamotte links von Chotusitz stehende Regiment Prinz Leopold, von seiner Kavallerie verlassen, sich in schwerster Not befand, so daß der Erbprinz das zweite Bataillon vom Regimente Schwerin diesem zur Unterstützung sandte [2]) und dafür aus dem zweiten Treffen ein Bataillon Borck einrücken ließ. Aber auch dies genügte noch nicht, da die steigende Bedrängnis der linken Flanke auch das zweite Bataillon Schwerin etwas nach links drängte, und zwischen dieses und das Bataillon Borck schob sich aus dem zweiten Treffen das erste Bataillon Holstein ein [3]). Die 4 Bataillone Lamotte, Borck, Holstein, Schwerin haben nun ihren Posten vor Chotusitz [4]) mit größter Bravour verteidigt, wenngleich der Befehlshaber jenes ersten Bataillons Holstein eingesteht, das furchtbare Feuer der feindlichen Grenadiere habe zweimal seine Leute zum Wanken gebracht, so daß er zweimal die Fahne ergreifen und durch Zusprechen sie wieder habe „zustande bringen müssen." [5])

Ungleich schlimmer aber erging es nun den vier Bataillonen, welche vom südlichen Ende von Chotusitz an die Flanke bildeten (nach links zu gerechnet 1 Bataillon Schwerin, 1 Lamotte, 2 Prinz Leopold); das letztere derselben (Prinz Leopold) von seiner Kavallerie verlassen, konnte jetzt von den feindlichen Reitern in der Flanke gefaßt werden [6]), während zugleich von der Front ein übermächtiger Infanterieangriff erfolgte.

Nun wich das Regiment Prinz Leopold und bald auch die danebenstehenden beiden Bataillone von Schwerin und Lamotte durch den Flecken Chotusitz zurück, in welchem es zwischen ihnen und den unmittelbar nachdrängenden Feinden [7]) zu einem wütenden Handgemenge kam. Dasselbe endigte um so mehr zu Ungunsten der Preußen, da diese auch aus den Häusern des Dorfes Feuer empfingen, in welches sich einerseits Kroaten von jener durch die preußischen Kürassiere so übel zugerichteten Schar am rechten Ufer der Czaslawa abwärts eingeschlichen hatten und anderseits auch reguläre Infan-

---

1) So des Erbprinzen Relation a. a. O., S. 88, an die man sich, was die Vorgänge auf dem preußischen linken Flügel anbetrifft, vornehmlich zu halten hat.

2) Schmettaus Relation an den Kaiser; bei Droysen a. a. O., Beil. VI, S. 261.

3) Rapport des Majors v. Kalnein vom Regiment Holstein in den archivalischen Beilagen am Schlusse dieses Werkes.

4) „so kurz hinter mich lag", schreibt Kalnein.

5) Kalnein a. a. O.

6) „Quelques escadrons de l'ennemi trouvèrent moyen de prendre en flanc notre infanterie de l'aile gauche"; Schlachtbericht des Königs (Militärwochenblatt 1875, Beiheft S. 362, auch Histoire de mon temps (1746), p. 261.

7) Seegebart a. a. O., S. 65: „Als unser Regiment sich retirierte und zum Teil mit feindlicher Artillerie und Grenadiers vermischt war" ꝛc.

terie von jener östlichsten österreichischen Kolonne, die jetzt hier in Aktion
trat [1]) und hinter der siegreichen Kavallerie her über die Insel von Osten
her eindrang [2]).

Bald war der Flecken Chotusitz für die Preußen verloren, nur in den
letzten nach Westen gelegenen Häusern hielten sich noch Mannschaften des
zweiten Bataillons Schwerins tapfer feuernd [3]). Ihnen zur Hilfe machte
jetzt das zweite Treffen eine neue Anstrengung, und Generalmajor v. Wedell
führte das zweite Bataillon Holstein nach Chotusitz hinein [4]), und zu seiner
Linken ging die letzte Reserve von Kavallerie, die auf dem linken Flügel disponibel war, vor, nämlich die Dragoner von Werdeck [5]). Aber diese wurden
von einem lebhaften Feuer aus den Häusern von Chotusitz und durch österreichische Infanterie, die in Gräbenrändern Deckung gefunden hatte, empfangen und zur Umkehr gezwungen; ihr tapferer Führer fand den Tod.
Und auch das zweite Bataillon Holstein konnte in dem Flecken um so weniger
etwas ausrichten, als der Feind schon um jene, wie bereits erwähnt, in den
letzten Häusern sich noch haltenden Preußen zu vertreiben, dieselben angesteckt
hatte, wo dann die Glut an den Strohdächern bequeme Nahrung findend,
sich schnell weiter verbreitete und bald beide Häuserreihen des Fleckens ergriffen hatte.

Wohl wichen die Preußen jetzt, um sich erst hinter dem Flecken wieder zu
setzen, aber auch dem Vordringen der Österreicher stellten die Flammen auf
der für die Preußen gefährlichsten Stelle unüberwindliche Schranken entgegen. Das aus dem brennenden Flecken gleichfalls zurückgedrängte zweite
Bataillon Holstein setzte draußen, die rechte Flanke an jenen gelehnt, den
Kampf fort, furchtbar ringend mit der Übermacht der Feinde, welche, ander-
wärts durch die Flammen von Chotusitz gehemmt, nun an dieser Stelle mit
äußerster Anstrengung vorzukommen und sich zwischen die beiden Treffen der
Preußen hineinzuschieben suchten, und denen hier dies kleine Häuflein, zum
Haken zurückgebogen, den Weg versperrte. Wohl war es ein Glück, daß die
Kavallerie jener östlichsten österreichischen Kolonne sich durch kein Zureden
der Offiziere abhalten ließ [6]), sich auf die Bagage der Preußen zu werfen und
diese zu plündern, aber auch die Infanterie dieser Kolonne reichte hin, das
Bataillon auf das schwerste zu bedrängen.

Dasselbe ist in diesem Kampfe so decimiert worden, daß es der König

---

[1]) Relation des Erbprinzen a. a. O., S. 79.

[2]) Daß sich Kroaten in Chotusitz festgesetzt, berichtet Stille bei Droysen
Beil. VIII, S. 282; daß österreichische Infanterie hinter ihrer Kavallerie her nach
Chotusitz vorgedrungen sei, erzählt auch der König in seinem Schlachtberichte, Militär-
wochenblatt 1875, S. 362.

[3]) Tagebuch des Regimentes in der Sammlung ungedr. Nachr., S. 174.

[4]) Daß das zweite Bataillon Holstein direkt nach Chotusitz hineingeschickt wurde,
sagt Kalnein in seinem mehrfach angeführten Berichte ausdrücklich.

[5]) Ob noch alle 10 Schwadronen disponibel waren, ist zweifelhaft.

[6]) Wie der Herzog Karl in seiner Relation klagt; bei Droysen a. a. O., Beil. I,
S. 243. Über die merkwürdigen Widersprüche bezüglich der Angaben über die Deckung
der Bagage, wo der Kabinettsrat Eichel klagt, er wäre beinahe gefangen worden,
„da anfangs bei der Bagage keine Bedeckung gewesen", während der König tadelt,
daß in dieser Schlacht die besten Soldaten bei der Bagage gewesen, vgl. Droysen.
a. a. O., S. 232.

nach der Schlacht zunächst ganz aus dem Feldetat gesetzt hat; seine Fahne ging, nachdem die Stange zweimal entzweigeschossen und der Korporal, dem ihre Bewachung anvertraut, getötet war, verloren [1]). Endlich wich es zurück, ihm nach drangen österreichische Grenadiere wirklich in den Raum zwischen beiden preußischen Treffen [2]). Da rafft General Lehwald noch einmal das, was von den schwer mitgenommenen Regimentern Prinz Leopold und Lamotte übrig war, zusammen und treibt den Feind mit dem Bajonette zurück [3]). Bei dieser Gelegenheit war es, wo der Feldprediger des Regiments Prinz Leopold, Seegebart, sich um die Sammlung der Truppen und ihre Anfeuerung große, auch vom Könige und dem Erbprinzen anerkannte Verdienste erworben hat. Auf einem kleinen Fuchse reitend, hatte der tapfere Mann das furchtbare Kampfgewühl in und bei dem Flecken Chotusitz, „wo die Kugeln ihm so dicht um den Kopf flogen, als wenn man in einem Schwarme sausender Mücken stehet", durchgemacht, und seiner bekannten Stimme folgten die Soldaten willig zu neuen Anstrengungen und neuen Gefahren [4]).

Da jetzt auch das, was von dem linken Flügel des zweiten Treffens noch disponibel war, tapfer eingriff, und anderseits doch auch der Zusammenhalt und die gegenseitige Unterstützung auf Seiten der Österreicher durch den Brand von Chotusitz gestört und beeinträchtigt wurde, so kam hier das Gefecht zum Stehen, und noch eine Zeit lang [5]) ward hier ohne durchgreifendes Resultat ein Feuergefecht durchgeführt, bis die Entscheidung von einem anderen Punkte her kam.

Noch stand, während der linke preußische Flügel stundenlang furchtbar gegen die Übermacht zu ringen hatte, das preußische Zentrum und der rechte Flügel ganz unthätig; man war, wie es heißt, vorgegangen, hatte aber den

---

[1]) Kalnein a. a. O.

[2]) Relation des Erbprinzen a. a. O., S. 89.

[3]) Erbprinz Leopold a. a. O., S. 89.

[4]) Seegebarts Schreiben vom 24. Mai in seinem Tagebuche ed. Fickert, S. 63 ff. Die Verdienste des tapfern Geistlichen sind auch anderweitig beglaubigt; sonst könnte man vielleicht stutzig werden, wenn man in seinem Berichte, S. 66: liest: „Die Kavallerie so ich gesammelt, und die sogleich auf meine Vorstellung zu agieren anfing, ist über 20 Esquadrons gewesen." Ob übrigens bei jenem unbekannten jungen Mann, der, wie man sich im Publikum erzählte, sich an die Spitze einiger Schwadronen gesetzt und dort mit großer Bravour gekämpft habe, und nach welchem sich Jordan bei dem Könige selbst erkundigt (Oeuvres de Fr. XVII, 212), an Seegebart gedacht werden muß, wie der Herausgeber jener Briefe in seiner Note dazu annimmt, scheint doch noch zweifelhaft. Mitgekämpft hat Seegebart doch nicht, auch nicht die Reiter gegen den Feind geführt, sondern die Soldaten nur angefeuert. Warum sollte da der König nicht recht haben, wenn er in seiner Antwort auf jenen Brief Jordans bemerkt, zu jener Sage habe wahrscheinlich das Verhalten eines Postmeisters Veranlassung gegeben, dem es sicherer erschienen sei, mitzukämpfen, als allein bei den Equipagen zu bleiben? (Oeuvres l. c., p. 218.) Der König hat aller Wahrscheinlichkeit nach bei jener Frage Jordans gar nicht an den Feldprediger gedacht, und es geschieht ihm sicherlich großes Unrecht, wenn man, wie dies neuerdings in einer vielgelesenen Zeitschrift geschehen ist, die Sache so darstellt, als habe er Seegebart seine bei dieser Gelegenheit erworbenen Lorbeeren nicht gönnen mögen.

[5]) Seegebart, S. 63 giebt an, daß nach dem erneuten Angriffe seines Regimentes (Prinz Leopold), den er allerdings ungenauerweise mit dem In-Brandstecken von Chotusitz gleichzeitig anzunehmen scheint, das Feuer von beiden Seiten wohl noch 1¼ Stunde gedauert habe.

Feind nicht erreichen können, der sich auf dieser Seite absolut versagte [1]). Als nun jetzt die Österreicher auf eine kleine Anhöhe vor dem Flecken einige Geschütze auffahren ließen, deren Kugeln einen Teil der preußischen Schlachtordnung erreichten [2]), führte der König die 8 Bataillone seines rechten Flügels mit einer Halblinksschwenkung direkt gegen jene Kanonen vor, ihre 16 Bataillonsgeschütze voran. Es erfolgte dies um die Mittagsstunde [3]).

Diese Bewegung führte die Entscheidung herbei. Eine Terrainwelle entzieht das Vorgehen zunächst den Blicken der Feinde. Um so größer ist deren Schrecken, als die Linien der Preußen nun auf der Anhöhe erscheinen und die ersten Kanonenkugeln von links her in die Reihen der noch immer gegen Chotusitz andrängenden Österreicher einschlagen. Deren Reihen weichen nach Osten hin, und ihre Heerführer müssen erwägen, daß zu ihrer Rechten die Sümpfe der Czaslawa [4]) liegen, in welche sie der neue Flankenangriff zu drängen droht.

„So entübrigte dann", wie des Prinzen von Lothringen Relation es ausdrückt; „kein anderes Mittel, als den Wahlplatz zu verlassen und bis über den Bach hinter Czaslau zurückzuziehen"; und bald auch noch weiter, in guter Ordnung, wie man österreichischerseits versichert, während die preußischen Berichte von Auflösung und Flucht sprechen. Letzteres doch wohl kaum ganz mit Recht, da sonst die Siegestrophäen der Preußen weniger spärlich hätten ausfallen müssen. In der That beschränkten sich dieselben auf 18 Kanonen und eine Haubitze; von Fahnen und Standarten scheinen die Österreicher in der That wenig oder gar keine verloren zu haben [5]), und wenn der König dies dadurch erklärt [6]), daß die Österreicher ihre Standarten vorsichtig vor der Schlacht an einen sicheren Ort zurückgeschickt hätten, so fügt bereits Stille, indem er dasselbe als Gerücht noch anführt, hinzu, er könne das kaum

---

[1]) Stille bei Droysen, Beil. VIII, S. 278.

[2]) Stille a. a. O., S. 283. Der Verlust, den diese Kanonen dem preußischen Zentrum beigebracht haben, war nicht groß. Das Regiment Bevern, welches zunächst an den linken Flügel stieß, hat in Summa 42 Tote oder Verwundete.

[3]) Der Herzog von Lothringen gibt als den Zeitpunkt, wo er den Kampf abgebrochen habe, die Mittagsstunde an (Beil. I bei Droysen, S. 244), und auch Seegebart (S. 63) berichtet, daß die Schlacht um halb 1 Uhr vorbei gewesen sei. Ich möchte das der Angabe Stilles (bei Droysen, Beil. VIII, S. 283), welcher um 11 Uhr annimmt, vorziehen, wenngleich auch der König in der Histoire de mon temps (1746), p. 262 den Kampf nur drei Stunden dauern läßt. In derartigen Einzelheiten ist die letztere doch lange nach den Ereignissen abgefaßten Darstellung nicht ganz genau, und wenn derselbe (S. 261) erzählt, er habe zu dem entscheidenden Vorgehen seines rechten Flügels den Moment erfaßt, wo die Österreicher Chotusitz in Brand gesteckt, so steht dem die auf S. 259, Anm. 5 angeführte Angabe Seegebarts entgegen, daß nach diesem Momente das Feuergefecht noch 1½ Stunde gedauert habe, aber auch der oft citierte Bericht des Majors Kalnein zeigt in seinen Einzelheiten deutlich, daß der verlustvolle Kampf des zweiten Bataillons Holstein erst nach dem Brande von Chotusitz erfolgt ist. Auf der anderen Seite wird man daran festhalten dürfen, daß, nachdem der König den rechten preußischen Flügel vorführt, der Kampf auch schnell mit dem Rückzuge der Österreicher sein Ende gefunden hat.

[4]) „se trouvant acculés à la Dobrawa", schreibt der König a. a. O., meint aber offenbar die Czaslawa.

[5]) Stille bei Droysen a. a. O., Beil. VIII, S. 284.

[6]) Histoire de mon temps (1746), p. 261.

glauben [1]), und Schmettau versichert bei dem ersten Angriffe des preußischen rechten Flügels an 30 österreichische Standarten auf einem Haufen zusammen gesehen zu haben [2]). Die Anzahl der österreichischen Kriegsgefangenen beziffert der König auf 1200 [3]), und schon die ungewöhnlich große Anzahl der in den österreichischen Verlustlisten als „vermißt" Bezeichneten (über 3000) läßt sie nicht allzu niedrig veranschlagen [4]), nachher bei dem Rückzuge der Österreicher ist deren Heer namentlich durch Desertion arg zusammengeschmolzen. Dagegen erscheint gewiß, daß die Österreicher zwei preußische Fahnen und namentlich mehrere Standarten (ihre Berichte geben 14 an) aus der Schlacht gerettet haben, und gewiß ist, daß sie bei der Auswechselung der Gefangenen 650 Mann ausgeliefert haben [5]).

Was den Gesamtverlust beider Heere an Toten, Verwundeten und Vermißten anbetrifft, so ergiebt sich für die Österreicher die Zahl 6212, für die Preußen 4757; dagegen stehen, wenn wir, von den Vermißten absehend, nur die Toten und Verwundeten in Betracht ziehen, die Preußen mit 4033 Mann den Österreichern mit 2919 gegenüber. Von diesen Verlusten trägt auf österreichischer Seite die Infanterie fast $5/6$, auf preußischer nur die Hälfte; bei jenen fällt auch die große Anzahl von Offizieren auf (131 auf 2472), bei diesen zeigt es sich recht deutlich, wie sehr die 12 Bataillone des linken Flügels die Wucht des Kampfes fast allein zu tragen gehabt haben. Von den 1926 Mann an Toten und Verwundeten, welche die preußische Infanterie zählt, entfallen auf diese 12 Bataillone an 1800 Mann also 93 % [6]).

Von höheren Offizieren waren gefallen der Generalmajor v. Werdeck, die Obersten v. Malzahn, Bismarck, Korzfleisch und Major v. Schöning und nahe an 50 Offiziere verwundet, unter ihnen auch General v. Wedell, der in

---

[1]) A. a. O.

[2]) Bei Droysen, Beil. VII, S. 267.

[3]) A. a. O.

[4]) Die Verlustberechnung bei Droysen, S. 229 ff.

[5]) Wie Eichel unter dem 9. Juni „auf Ehre und Gewissen" versichert, meist Blessierte.

[6]) Die Angaben des Feldpredigers Seegebart (S. 64) über die Verluste seines Regimentes (Prinz Leopold) bekämpft Droysen a. a. O., S. 179 mit gewichtigen Gründen, nämlich mit Hinweisung auf die amtlichen Verlustlisten. Doch bleibt hier einiges auffallend: Seegebart giebt an, die Rekruten, welche man für sein Regiment aus Böhmen eingestellt habe, seien während der Aktion fast alle fortgelaufen, während die Verlustlisten versichern, daß dieses Regiment durch Desertion oder Gefangennehmung nicht einen Mann verloren habe. Nun war gerade das Regiment Prinz Leopold vom Oktober 1741 an in Böhmen, und es ist notorisch, daß die zwangsweise Rekrutierung ganz besonders eben von dem Erbprinzen in ausgedehntem Maße zur Anwendung gebracht worden ist. Daß dieses Regiment also böhmische Rekruten gehabt hat, ist ebenso wahrscheinlich, wie daß diese während der Schlacht fortzulaufen versucht haben. Über ein derartiges Vorkommnis konnte der Feldprediger des Regiments recht wohl unterrichtet sein, und es ist im Grunde schwer, anzunehmen, daß sich der patriotische Berichterstatter solchen Umstand sollte direkt erfunden haben oder darüber getäuscht werden konnte. Da es nun auf der anderen Seite befremdlich erscheinen muß, daß ein Regiment, welches notorisch schwere Verluste erlitten und unter den ungünstigsten Umständen von dem Feinde zurückgedrängt worden ist, nicht einen einzigen Mann von seinen zahlreichen Blessierten sollte haben in den Händen der Feinde lassen müssen, so scheint doch die Möglichkeit, daß hier ein Fehler der Verlustlisten vorliegt, nicht ausgeschlossen.

die Hände der Österreicher gefallen, bald seinen Wunden erlag, während unter den Kriegsgefangenen, welche die letzteren verloren, sich auch die Generale Palland [1]) und Lievingstein [2]) befanden.

Den tapferen Verteidigern von Chotusitz erteilt der König selbst das Lob unübertrefflicher Tapferkeit und Unerschrockenheit, aber rühmt auch die ausgezeichnete Bravour der österreichischen Grenadiere, welche Chotusitz angegriffen, an denen es nicht gelegen habe, wenn die Schlacht verloren gegangen [3]). Noch auf dem Schlachtfelde ernannte der König den Prinzen Leopold zum Feldmarschall und erteilte den Kavalleriegeneralen Graf Rothenburg und Bredow den Schwarzen Adlerorden, den dann auch General Geßler erhielt, so daß die Kavallerie aus diesem gerade ihren Führern erteilten Auszeichnungen erkennen konnte, wie glänzend sie sich seit dem Tage von Mollwitz in der Schätzung ihres Kriegsherrn rehabilitiert hatte. Auch in einem Briefe an dem Fürsten von Anhalt rühmt der König seine Reiter, die zum Teil wie Helden gefochten hätten. Von der Infanterie, fügt er hinzu, verstehe sich das von selbst [4]).

Zu Mittag war Friedrich bereits in Czaslau. Die beiden Steinbrücken über die Czaslawa nördlich von der Stadt waren nur schwach von österreichischer Reiterei zu halten versucht worden, einige Kanonenschüsse hatten sie zerstreut. In Czaslau fanden die Preußen alle österreichischen Verwundeten der Schlacht, Brot für 4 Tage, die ganze Bagage der feindlichen Infanterie. Der Feind war in sein altes Lager von Zleb und Ronow gerückt, von wo ihn aber bald das Vorrücken der zur Verfolgung kommandierten Generale Jeetze mit einigen Bataillonen und Buddenbrock mit 30 Schwadronen und den Husaren vertrieb, so daß er am Abend des Schlachttages wieder in das Lager von Willimow zurückgekehrt erscheint, das er am 15. Mai in der zuverlässigen Hoffnung auf einen Sieg verlassen hatte. Die Preußen kampierten die Nacht nordöstlich von Czaslau auf Wlaschitz zu.

Die Schlacht bei Chotusitz hat ihr Charakteristisches darin, daß bei beiden Armeen die linken Flügel infolge des Zusammentreffens verschiedener Umstände, Ungunst der örtlichen Verhältnisse, mangelhafte Aufstellung 2c. dem angreifenden Feinde gegenüber in Nachteil gekommen sind. In solchen Fällen wird als natürliche Folge zunächst bei dem ungleichmäßigen aber im Grunde nach gleicher Richtung hin geübten Drucke eine gewisse Achsendrehung der gesamten Schlachtlinie eintreten, wie sie ja auch bei Chotusitz sich wahrnehmen läßt; der Sieg aber wird ceteris paribus auf der Seite sein, wo der Angriff jene Gunst der Verhältnisse am durchgreifendsten auszubeuten vermag. Und hier waren nun die Chancen ganz unzweifelhaft weit größer auf der österreichischen Seite; die Vorteile, welche die Preußen gegen den linken feindlichen Flügel erfochten, waren an sich nicht so bedeutend, konnten nicht verfolgt werden und zerrannen dann eigentlich ganz und gar bei dem letzten großen Reiterangriff der Österreicher, während diese letzteren mit der Erobe-

1) Auch dieser ist infolge seiner Verwundung gestorben.

2) Welcher nach Droysens scharfsinniger Vermutung (a. a. O., S. 208, Anm. 2) das Regiment Königsegg befehligte.

3) Kriegsberichte Friedrichs d. Gr., Beil. zum Militärwochenblatt 1875, S. 363.

4) Den 19. Mai; Polit. Korresp. II, 168.

rung von Chotusitz in der That einen sehr großen Schritt auf der Bahn des Sieges gethan hatten. Selbst der König giebt die Möglichkeit zu, daß der Feind bei energischem Fortschreiten auf dem eingeschlagenen Wege hätte den Sieg erringen können [1]).

Daß dies nicht gelang, hat in erster Linie die unübertreffliche Tapferkeit der hier kämpfenden preußischen Truppen bewirkt, dann aber auch die mangelhafte Leitung der Schlacht auf österreichischer Seite. Scharf und treffend hat der König selbst diese Fehler gekennzeichnet und z. B. hervorgehoben, wie die Österreicher mit dem In-Brand-stecken von Chotusitz etwas thun, was ganz im Gegenteile nur im Interesse ihrer Gegner hätte liegen können, und was daher unvermeidlich ihre eigenen Fortschritte arg hemmen mußte. Ebenso haben sie dann durch Vernachlässigung ihres linken Flügels das meiste dazu beigetragen, daß jene letzte Wendung, die der König ausführt, einen so durchgreifenden Erfolg erzielte. Es ist in der That schwer erklärlich, wie für die österreichischen Feldherren das schließliche Erscheinen des preußischen rechten Flügels in ihrer linken Flanke so überraschend und konsternierend hat wirken können, da sie doch alle Ursache hatten, etwas Derartiges mit Bestimmtheit ja eigentlich schon früher zu erwarten und sich darauf zu rüsten. Denn wenn sie selbst jener Täuschung über die Streitkräfte des Gegners, welche der König andeutet, anfänglich unterlagen, so mußte doch der erste Angriff auf ihren linken Flügel ihnen die ansehnliche Ausdehnung der preußischen Schlachtordnung zeigen, und daß die große Anzahl von Truppen, welche den Raum von Chotusitz bis an die Czirkwitzer Teiche füllten, nicht fort und fort ruhige Zuschauer bleiben würden bei dem übermächtigen Angriff, welcher gegen Chotusitz gemacht wurde, mußten sie füglich erwarten, und daß hiergegen nicht Vorkehrungen getroffen waren, ist wohl der schwerste Vorwurf, der die Österreicher trifft.

Daß dann der König auch die auf seiner Seite gemachten Fehler strenger Kritik unterwirft, ward bereits oben erwähnt; es handelt sich dabei wesentlich um die Mängel in der Aufstellung, namentlich des preußischen linken Flügels, wobei allerdings, wie auch bereits hervorgehoben wurde, manches zur Entschuldigung des Erbprinzen mitspricht. Aber des Königs wie Stilles Bemerkungen über den Verlauf der Schlacht lassen einen Punkt unaufgeklärt, der jeden, der sich näher mit den Ereignissen jenes Tages beschäftigt, lebhaft interessieren muß, nämlich das Verhalten der fast nicht zur Aktion gekommenen zwei Drittteile der preußischen Armee.

Es will uns doch schon als eine Anklage gegen die preußische Heeresleitung erscheinen, daß die Österreicher eine entschiedene Übermacht auf einen Punkt der preußischen Schlachtlinie zu führen in der Lage waren; mag dies nun durch die ersten Dispositionen des Erbprinzen verschuldet sein, so drängt sich doch die Frage auf, weshalb auch der König, der ja eben um 8 Uhr den Oberbefehl selbst übernahm, von 8½ Uhr, wo der Kampf um Chotusitz begann, bis nach 11 Uhr nichts gethan hat, um seinem bedrängten linken Flügel zuhilfe zu kommen. Haben hier besondere militärische Gründe hemmend eingewirkt, so beklagen wir es, über sie nichts zu hören. Der Verfasser der oft genannten trefflichen Monographie über diese Schlacht, Droysen, läßt

---

[1]) Histoire de mon temps in der Bearbeitung von 1746, p. 262.

uns hier auch im Stiche. Wenn er kurz andeutet [1]), der König habe den
Moment abgewartet, wo der größte Teil der feindlichen Armee im Kampfe
um Chotusitz engagiert war, um dann in ihrer Flanke zu erscheinen, so genügt
uns das doch nicht ganz, es will uns nicht recht in den Kopf, daß das, was
um Mittag mit solchem Erfolge ausgeführt wurde, nicht hätte sollen bereits
eine Stunde früher geschehen können, und wenn selbst eine Ausführung jenes
Manövers in früherer Stunde nicht so glatt, so schnell, so verlustlos für die
beteiligten Truppen hätte ausgeführt werden können, so hätte dies, scheint
es, kaum schwer in die Wagschale fallen können gegenüber der Aussicht, die
peinvolle und gefährliche Lage des preußischen linken Flügels eine Stunde
früher zu wenden. Es mußte doch gerechter erscheinen, daß das ganze Heer
einen Anteil an den Anstrengungen und Verlusten des Tages sich nahm, als
daß dieselben allein von einem Dritteil getragen wurden.

Wohl mögen wir dabei eingedenk bleiben, daß es Fälle geben kann, wo
ein Feldherr das Recht, ja die Pflicht hat, von einem Teile des Heeres Auf-
opferung bis auf den letzten Blutstropfen zu verlangen, wo eben dieser Teil
sich für die Rettung und Erhaltung des Ganzen opfert; ja auch selbst zur
Gewinnung eines großen, taktischen Resultates, welches dann künftiges Blutvergießen zu ersparen vermag, wird solches Opfer gerechtfertigt erscheinen;
und wenn z. B. das späte Vorgehen des rechten preußischen Flügels dann
die Wirkung gehabt hätte, dem ganzen feindlichen Heere den Rückzug abzuschneiden und es zu vernichten oder zur Kapitulation zu zwingen, dann würden
wir jenes verspätete Eingreifen sehr wohl verstehen und würdigen können.
Hat der König eine derartige Hoffnung gehegt? Wir vermöchten nichts anzuführen, was darauf hinwiese; aber es bleibt immerhin die Vermutung bestehen, daß irgendeine schließlich doch nicht zugetroffene Voraussetzung, Erwartung, Hoffnung oder Befürchtung den König 2¼ Stunden festgebannt
hatte, während sein linker Flügel sich zu verbluten drohte.

Wenigstens muß es uns sehr schwer fallen, zuzugeben, daß der schließliche
Erfolg, die einfache Zurückdrängung des Feindes, nur dadurch erzielt werden
konnte, daß, während ein Drittel der preußischen Infanterie gegen zwei Drittel
der feindlichen in ungleichem Kampfe rang, die dicht daranstoßenden Bataillone
des preußischen Zentrums, wie die Verlustlisten zeigen, 2¼ Stunden lang am
Kampfe so gut wie gar nicht teilnahmen. Wohl hören wir, daß der rechte
preußische Flügel auch seinerseits vorgegangen sei, doch den sich ihm auf diese
Seite hartnäckig versagenden Feind nicht habe erreichen können [2]); indes
muß dies Vorgehen in bescheidenen Grenzen geblieben sein, da sonst der
König bei seinem letzten entscheidenden Angriffe mit diesem Flügel nicht eben
nur eine Viertelschwenkung links auszuführen gehabt hätte [3]). Gewiß ist,
daß, wenn diese Truppen, wie Droysen angiebt [4]), nicht aufgehört hätten,
avancierend Terrain zu gewinnen, sie in den 2 Stunden hätten bis über
Czaslau hinauskommen müssen.

---

[1]) Preuß. Politik V, 1. S. 450.
[2]) Stille bei Droysen, Schlacht bei Chotusitz, Beil. VIII, S. 278.
[3]) Stille a. a. O., S. 283. Des Prinzen Relation (a. a. O., S. 89) läßt
allerdings den rechten Flügel einfach links schwenken.
[4]) Droysen a. a. O., S. 215.

Hier scheint doch noch ein gewisser Schleier zu liegen, den auch der Kri=
tiker der Schlacht, General Stille, schon eben weil der König so unmittelbar
beteiligt ist, nicht zu lüften unternimmt; gewiß ist, daß seine Darstellung nicht
die kleinste Andeutung enthält, welche auf einen tiefer liegenden Plan bei der
langen Zurückhaltung des preußischen Haupttheeres hindeutete, und daß, wenn
er das schließliche Heraustreten aus dieser langen Reserve so erklärt, als habe
der König sich der von den Österreichern aufgefahrenen Kanonen, welche
einen Teil seines Corps de Bataille bedrohten, habe bemächtigen wollen, dies
auch weniger auf einen lange vorbereiteten Plan hinzudeuten scheint.

Mag aber nun auch in der That dieses Vorgehen des Königs später erfolgt
sein, als es vielleicht hätte geschehen können, über die glänzende Ausführung
des Manövers, sowie seinen durchschlagenden Erfolg sind alle Stimmen
einig, und die Brust des jungen, königlichen Feldherrn mag sich in stolzer
Freude gehoben haben, als es ihm vergönnt war, hier selbst an der Spitze
seiner tapferen Krieger durch einen kühnen Vormarsch die Entscheidung des
blutigen Tages zu bringen und doch in ganz anderer Weise, als es bei Moll=
witz ihm beschieden gewesen war, für sich selbst Lorbeeren zu pflücken.

Der König erhielt am 20. Mai die Nachricht, der Feind, der Verstär=
kungen an sich gezogen, zeige Neigung noch einmal das Glück der Waffen zu
versuchen, woraufhin er dann am 21ften den General Lehwald mit 6 Grena=
bierbataillonen, 5 Schwadronen Dragoner und 28 Schwadronen Husaren zu
einer größeren Rekognoscierung gegen Haber (etwa 2¼ Meilen südlich von
Czaslau auf der Straße nach Deutschbrod), wo der Herzog Karl sein Lager
hatte, vorsandte. Er konnte dazu schon einen Teil der frischen Truppen ver=
wenden, welche ihm eben am 21. Mai General Derschau in der Stärke von
7 Bataillonen und 28 Schwadronen Reiter zuführte. Lehwald brachte die
Nachricht zurück, der Feind denke offenbar an keinen Angriff; er verschanze sich
in seinem Lager, es herrsche nach der übereinstimmenden Aussage der Über=
läufer eine große Entmutigung in seinen Reihen, und dieselben schmölzen
durch Krankheiten und Desertion bedenklich zusammen, während die ihm zu=
gegangenen Verstärkungen sich auf 2 Kavallerieregimenter und ein Bataillon
Infanterie beschränkten [1]).

Übrigens hatte das Erscheinen dieser preußischen Abteilung im öster=
reichischen Lager Schrecken hervorgerufen, da sie, als die Avantgarde des ge=
samten Heeres erschien, und am Tage darauf (den 22. Mai) hielt Herzog Karl
einen Kriegsrat und setzte den versammelten Heerführern auseinander, daß er
nur noch über 15,000 Mann streitbarer regulärer Truppen gebiete, mit denen
er dem Heere des Gegners, das mit den neuen Verstärkungen jetzt wohl
40,000 Mann zähle, nicht die Spitze bieten könne. Einstimmig ward darauf
der Rückzug in die Gegend von Deutschbrod, wo man sich eventuell mit dem Lob=
kowitzischen Corps vereinigen könnte, beschlossen und schleunig ins Werk gesetzt.

Großherzog Franz mißbigte den Entschluß seines Bruders schon wegen
der ungünstigen Wirkung, die solche Rückzugsbewegungen auf den Geist des
Heeres ausüben müßten. Sei man auch zu einer Schlacht zu schwach, so
könne man doch immer durch Streifcorps dem Feinde Abbruch thun [2]). Daß

---

[1]) Stille, S. 87—89.
[2]) Österr. militär. Zeitschr. 1827 IV, 165.

dies auch nach Chotusitz noch recht wohl möglich war, zeigte sich allerdings eben in jenen Tagen. Weit im Rücken der Preußen griffen am 24. Mai Husaren und Panduren unvermutet Pardubitz an, wo ein Bataillon des Regimentes Kalkstein das dortige Strohmagazin bewachte. Zwar schlugen die wachsamen Krieger den Angriff zurück, doch gelang es den Feinden nachmals, an einer Stelle, wo man es nicht erwartete, über die Chrudimka in die Stadt einzudringen, das Magazin in Brand zu stecken und einen Fähnrich mit 20 Mann nach tapferer Gegenwehr gefangen zu nehmen. Gegen diese Haufen ward nun General Lehwald mit 4 Bataillonen und den 10 Schwadronen der Ziethen-Husaren ausgeschickt, welcher dann auch eine große Anzahl leichter Truppen vor sich fand, deren Stärke man ihm auf 7000 angab, dieselben jedoch nicht vor die Klinge bekommen konnte, da sie bei seiner Annäherung in die Wälder und Berge sich zerstreuten. Nur einige 30 Panduren mit ihren Offizieren wurden von den Husaren samt ihrem Führer zusammengehauen. Lehwald postierte sich dann bei Chrudim, um diese Gegend zu überwachen [1]), aus der sich nun wirklich die feindlichen Streifcorps ganz fortzogen.

Um so schlimmer hausten sie dann aber in den schlesischen Grenzgebirgen und der Grafschaft Glatz, trotzdem, wie wir wissen, bereits Anfang Mai General Winterfeld hierher einen Zug unternommen hatte. Wohl waren die Städte meistens besetzt, und wenn die Feinde hier einen Angriff versuchten, wie sie es am 25. und 26. Mai mit Wartha versuchten, wurden sie mit blutigen Köpfen heimgeschickt, aber die Wege durch die Berge waren ganz unsicher, österreichische Husaren streiften hier überall umher, bis nach Silberberg hin, fingen alle Transporte ab und unterbrachen vollständig den Verkehr, so daß Major Buntsch, der mit einem Bataillon von Markgraf Karl in Glatz garnisonierte, nach der schlesischen, wie nach der böhmischen Seite hin ganz abgeschnitten war [2]).

Es gingen diese Beunruhigungen vornehmlich von einem ungarischen Streifcorps aus, welches in der Stärke von 800 Mann der Graf Joseph von Cziraky Mitte Mai hierhergeführt hätte, an welches sich dann allerlei zusammengelaufenes, notdürftig bewaffnetes Volk anschloß. Derselbe hatte sich am 16. Mai der südlich von Glatz gelegenen Stadt Habelschwerdt bemächtigt und machte seitdem das ganze Gebiet der Grafschaft unsicher. Am 23sten wagten sich seine Husaren bis in die Vorstadt von Glatz und plünderten in der Quergasse dort liegende verwundete preußische Husaren [3]), erst durch Kanonenschüsse aus der Festung verscheucht. Einen größeren Anschlag versuchte derselbe am 28. Mai, wo er mit einem Detachement in der Stärke von 350 Mann über Albendorf vor Braunau rückte, um das dortige preußische Magazin zu plündern oder zu zerstören. Zu dessen Schutz lag dort ein Kommando vom Regimente Markgraf Karl unter dem Kapitän von Billerbeck. •

Derselbe hatte seine beiden Offiziere mit einigen Mannschaften zur Hereinbringung und Eskortierung von zwei Transporten weggesendet und nur noch

---

[1]) Stille, S. 90. 91.

[2]) Bericht desselben vom 26ten und Bericht des Generals Marwitz aus Neiße vom 29. Mai im Berliner St.-A.

[3]) Webelind, Geschichte der Grafschaft Glatz, S. 464. 465.

5 Unteroffiziere, 2 Tambours und 104 Gemeine um sich. Die Feinde ver=
langten sofortige Übergabe des Ortes unter der Drohung, sonst keinen Pardon
zu geben, und griffen, als dies zurückgewiesen wurde, mit vieler Heftigkeit
und immer aufs neue an, so daß der Kampf 7 Stunden dauerte. Einmal
war es den Belagerern gelungen, unterstützt von Bauern aus der Umgegend,
die sich zu ihnen gesellt, mit Hacken und Brechstangen in die alte Stadtmauer,
welche die einzige Schutzwehr der Verteidiger bildete, eine Bresche zu machen,
doch der Kapitän warf sich mit 10 der Seinigen auf die Eindringenden und
trieb dieselben wieder hinaus. Mit schwerem Verluste (an 50 Tote und
Blessierte) zogen die Österreicher endlich ab. Die Preußen zählten 5 Tote
und 8 Verwundete. Wie der tapfere Führer versichert, habe ihm fast noch
mehr Not, als der Feind, die Bürgerschaft gemacht, welche aus Besorgnis, es
könne bei dem Kampfe die Stadt in Brand gesteckt werden, in eine Aufregung
geriet, die jeden Augenblick in Revolution auszuarten drohte [1]). Eins der
beiden ausgeschickten Kommandos, unter dem Fähnrich von Kottulinsky, ward
zwischen Politz und Nachod, bei dem Dorfe Ronow, von zahlreichen Feinden
angegriffen und nach 2½ stündigem Kampfe, und nachdem der Führer vier
Wunden empfangen hatte, zur Ergebung genötigt (mit 1 Unteroffizier, 1 Tam=
bour und 20 Gemeinen [2]).

Der König befahl zur Bekämpfung dieser Scharen aus Neustadt in Ober=
schlesien und Königgrätz je 2 Schwadronen Husaren heranzuziehen; und an
der Spitze der ersteren hat dann in der Gegend von Wartha der Kapitän
Malakowsky im Anfang Juni einem Haufen von 300 Reitern, den er er=
reichte, eine schwere Schlappe beigebracht, 56 niedergehauen und den Rest zu
Gefangenen gemacht [3]). Von den aus Böhmen gesandten Reitern ritt am
4. Juni Oberstlieutenant v. Dewitz von Bronikowski=Husaren mit 240 Pferden
von Glatz aus, um die Feinde in Habelschwerdt zu rekognoscieren, fand die=
selben aber bereits eine Meile von Glatz in Ullersdorf, und doch in so ansehn=
licher Zahl, daß er, namentlich da der Vorteil des Terrains auf ihrer Seite
war, sie nicht anzugreifen wagte, sondern nach Glatz zurückging.

Als jedoch die Feinde, die seiner inzwischen auch gewahr geworden, ihm
dorthin nachfolgten bis eine Viertelmeile vor Glatz, und er sie dort, wie er
schreibt, „nunmehr auf der Räumde hatte", griff er sie mutig an, schlug sie
in die Flucht und jagte sie von Nieder=Hannsdorf bis nach Eiersdorf, brachte
auch Gefangene und einige Beutepferde zurück mit sehr geringem, eigenem
Verluste [4]).

So sehr der König nun auch mit Dewitz' „Conduite" zufrieden sich zeigt,
so hat doch thatsächlich das Cziraky'sche Corps nicht aus der Grafschaft ver=

---

1) Bericht Billerbecks im Berliner St.=A. Der König schreibt an den Rand
des Berichtes: „Ich war sehr zufrieden von ihm und hatte es wie ein ehrlicher, ver=
nünftiger und braver Mann gethan." Billerbeck hatte schon wegen seiner bei der
Erstürmung Glogaus bewiesenen Tapferkeit den Orden Pour le mérite erhalten.
Jetzt sandte ihm der König 400 Thlr. Gratifikation; Sammlung ungedr. Nachr.,
S. 129 Anm.

2) Stille, S. 105.
3) Bericht darüber in der Sammlung ungedr. Nachr., S. 136 ff.
4) 1 Pferd tot, 1 Husar leicht blessiert, während die Feinde 2 Offiziere und
1 Husaren an Toten hatten. Bericht Dewitz' vom 5. Juni im Berliner St.=A.
Vgl. auch Dewitz' Tagebuch in der Sammlung ungedr. Nachr., S. 155.

trieben werden können und hat vielmehr erst nach dem Friedensschlusse das Land geräumt, und auch die allgemeine Unsicherheit hat noch fortgedauert, so daß noch am 8. Juni Freibeuter, die am Hummelschlosse auf vorübermarschierende Preußen geschossen hatten, zum warnenden Beispiele anderer an den Bäumen der dortigen Landstraße aufgeknüpft worden sind, immer einer 300 Schritte von dem andern [1]).

So hat hier, und, wie wir bereits sahen, in Oberschlesien der Krieg noch nach der Schlacht von Chotusitz Opfer gefordert, während auf dem Hauptkriegstheater in Böhmen thatsächlich die Waffen schon ruhten. Denn der König blieb seit dem 30. Mai unbeweglich in seinem Lager bei Kuttenberg; er gedachte unter allen Umständen seinen Soldaten eine gewisse Erholung zu gönnen. Auch lagen ihm die Opfer, welche der Tag von Chotusitz gekostet, schwer im Sinne, und ihm graute vor weiterem Blutvergießen; mit einem gewissen Grimme bezeichnet er Valori und den französischen Militärbevollmächtigten Mortaigne, die ihn zu energischem Weiterführen des Krieges drängten, als unersättlich nach preußischem Blute [2]). Aufrichtig ersehnte er den Frieden und wünschte den neuen Sieg nur in dessen Interesse verwerten zu können.

---

[1]) **Webelind** a. a. O., S. 465.
[2]) **An Podewils**, den 13. Juni; Polit. Korresp. II, 197.

Viertes Kapitel.
Die Friedensverhandlungen bis zum Abschlusse der Präliminarien.

———

Jene hochmütig abweisende Antwort des Wiener Hofes, welche, wie wir oben sahen, kurz vor der Schlacht bei Chotusitz die Friedensunterhandlungen zeitweilig ganz zum Stillstande gebracht hatte, war der König doch geneigt bis zu gewissem Grade auch Lord Hyndford und dem geringen Eifer, den derselbe in der ganzen Sache gezeigt habe, zur Last zu legen. Wir erinnern uns, daß im Sommer 1741 der englische Gesandte bei dem österreichischen Hofe, Robinson, bei der Königin in den Geruch gekommen war, als begünstige derselbe im Widerspruche mit seinen Instruktionen und den Absichten seines Hofes unbillig die Interessen des Königs von Preußen: ein Gleiches widerfuhr jetzt mutatis mutandis Lord Hyndford.

Dem Könige lagen gerade zu dieser Zeit zwei Äußerungen des neuen englischen Ministeriums vor. Die eine enthielt ein Brief des Kardinals Fleury vom 27. April, welcher sich über die allgemeine politische Lage und insbesondere auch über die Stellung des neuen englischen Ministeriums aussprach, indem er Abschrift eines Berichtes des französischen Gesandten in London, Bussy (vom 23. März) beilegte. Lord Carteret hatte diesem einige Tage vorher auseinandergesetzt, die Verpflichtungen des neuen Ministeriums dem Parlamente gegenüber verlangten eine ungesäumte Entscheidung über Krieg und Frieden. Ehe er diese treffe, wolle er Näheres über die eigentlichen Intentionen Frankreichs wissen. Er gedenke nicht die kleinen Kunstgriffe des vorigen Ministeriums anzuwenden; zwischen zwei Mächten, wie England und Frankreich, müsse man nobel entweder Krieg oder Frieden machen. Er wünsche nichts weniger, als Krieg mit Frankreich zu beginnen; für eine handeltreibende Nation, wie die englische, sei ein solcher sehr wenig erwünscht, aber auch Frankreich müsse er zur Last werden; England wolle ebenso wenig Gesetze vorschreiben, als sich vorschreiben lassen. Aber der Partagetraktat, der das Haus Österreich vollständig niederwerfen würde, sei nicht ausführbar, — jeder müsse um des lieben Friedens willen etwas nachlassen. Frankreich habe die Wahl eines Kaisers durchgesetzt, und England habe denselben gutwillig anerkannt, jetzt käme es daran an, wie weit Frankreich in der Erniedrigung des Hauses Österreich gehen wolle. Bei England

und Frankreich läge jetzt die Entscheidung über Krieg und Frieden; er beab=
sichtigte nicht, Frankreich seine Alliierten zu entfremden; wenn es nötig wäre,
wolle er mit der ganzen Allianz in Unterhandlung treten und wenigstens die
Beruhigung haben, seine Gesinnungen ehrlich dem französischen Gesandten
ausgesprochen zu haben [1]).

Obwohl nun der König ebenso wie Podewils in diesen Äußerungen eine
arge Duplicität des leitenden englischen Ministers erblickte, der zu derselben
Zeit, wo er Preußen auf jede Weise gegen Frankreich aufzureizen suche, sich
als noblen Römer geriere, der mit Frankreich in die Weltherrschaft sich teile
und alle anderen Mächte als kleine Jungen behandle [2]), so schien doch aus
derartigen Gesprächen eine Sehnsucht des Ministers nach Herstellung des
Friedens hervorzuleuchten, welche Gutes versprechen konnte.

Noch bedeutsamer war eine andere Äußerung, die aus dem Haag kam.
Seitdem sich die Generalstaaten zu der Truppenaugmentation aufgeschwungen
hatten, richteten sich die Blicke wieder mehr nach diesem Punkte; der König
hatte den jüngeren Podewils hierher geschickt, und als englischer Gesandter
wirkte hier der hochangesehene, dem neuen englischen Ministerium sehr nahe=
stehende Lord Stair. Dieser äußerte sich nun recht im Gegensatze zu seinem
Vorgänger Trevor, über dessen so sehr feindliche Haltung Friedrich, wie wir
wissen, so viel zu klagen gehabt hatte, in entgegenkommenster Weise; seine
Gedanken gingen dahin, dem Könige außer dem Teile von Schlesien, welchen
derselbe inne habe oder beanspruche, noch weitere Vorteile in Aussicht zu
stellen, und zwar brachte er dabei das polnische Preußen in Vorschlag, ein
Punkt, auf den er immer wieder zurückkam, und dem König schien die ganze
Eröffnung sehr „der Attention wert“. Wenn er gleich meinte, daß bei der
Entfernung Englands von Polen ihm die bloße Versicherung, daß England
nichts dagegen haben würde, falls er Pläne nach dieser Seite hin verfolge,
nicht allzu viel helfen könne, so schien es ihm doch andernteils, daß Eng=
land manche Gelegenheit finden könnte, ihm seine Freundschaft durch Unter=
stützung rechtmäßiger Ansprüche wie z. B. auf Ostfriesland und Mecklenburg
zu zeigen [3]).

Solche günstige Dispositionen zu pflegen, däuchte ihm aber Hyndford
bei seinem geringen Eifer und großem Hochmute nicht die geeignete Persön=
lichkeit, und er gab deshalb seinem Ratgeber zu erwägen, ob man nicht
durch den preußischen Gesandten in London anregen lassen wolle. Hyndford,
der doch noch ein Geschöpf des vorigen Ministeriums sei, durch eine andere
wohlinstruierte Persönlichkeit zu ersetzen [4]).

Es ist nicht ohne Interesse, die Verteidigung zu lesen, welche Podewils
in Erwiderung hierauf für Hyndford schrieb [5]):

„Er hat seine Fehler, man merkt ihm seine Nation an, insofern er
etwas grob ist, wie alle Schotten, dabei indolent und doch äußerst empfindlich
bei dem geringsten Anlasse. — Aber bei alledem halte ich ihn für durchaus

---

[1]) Berliner St.=A. und Polit. Korresp. II, 160, Anm. 1.

[2]) Podewils' Bericht vom 14. Mai; Polit. Korresp. a. a. O.

[3]) Kabinettsbrief vom 10. Mai; Polit. Korresp. II, 155 und dazu die Anfüh=
rungen des Herausgebers, S. 156, Anm. 1.

[4]) Kabinettsschreiben, den 12. Mai; Polit. Korresp. II, 159.

[5]) Den 14. Mai; Berliner St.=A.

anständig, diskret und sehr den Interessen Ew. Majestät ergeben. Mir scheint, er hat durch die Mühe, die er sich voriges Jahr in Neiße gegeben, hinreichend seinen Eifer, seine Anhänglichkeit für Ew. Majestät Interessen bewiesen. — Wir kennen Hyndford und er uns. Bei einem neuen Minister, der aus Furcht anzustoßen anfangs auf den Zehen geht, muß das Einander-kennen-lernen auf beiden Seiten unvermeidlich Dinge verzögern, die eine rasche Erledigung verlangen. Man weiß nicht, was für einen starrköpfigen und arroganten Menschen man uns an die Stelle von Hyndford setzen würde, einen, mit dem man noch weniger machen würde. Dessen Art ist doch meines Erachtens manchen anderen wie Guy Dickens, Hotham oder Finch vorzuziehen. Übrigens ist Hyndford wie alle Schotten arm und genötigt, in Posten zu dienen wie der seinige, die in England lukrativ sind. Infolge dessen frägt er wenig nach dem alten Ministerium, sondern wer sein Amphitryon ist, der ihm sein Brot verschafft. Er ist sonst ehrgeizig und pikiert sich auf die Ehre, das Werkzeug einer so großen Sache zu sein, wie die Versöhnung zwischen Ew. Majestät und der Königin von Ungarn ist. Aber wenn er nicht die hinreichende Nachgiebigkeit in Wien findet, oder wenn ihm durch geheime Instruktionen die Hände gebunden sind, so kann dafür, wenn ich es auszusprechen wage, der arme Teufel nichts."

Ehe der König diese Verteidigung in den Händen hatte, schrieb er mit Beziehung auf einen früheren Bericht des Ministers, er wäre sehr einverstanden, daß Podewils sich jetzt etwas zurückhaltender gegen Hyndford zeige. Andrié in London möge man auftragen, Lord Carteret bestimmt zu erklären, daß, wenn man dem Könige eine Offensivallianz gegen Frankreich zumute, aus der ganzen Sache nichts werden könne, da er darauf nun und in Ewigkeit nicht eingehen werde. Wollte man aber in London den Wiener Hof zur Nachgiebigkeit zu bringen versuchen, so würde es dem Könige lieb sein, wenn man sich zur Unterhandlung einer anderen Persönlichkeit bedienen wolle als Hyndford, der über die Gesinnungen des jetzigen Ministeriums nicht hinreichend unterrichtet scheine und dabei für den Wiener Hof zu sehr „penchiere" [1]).

So unwillkommen diese letzte Weisung Podewils sein mußte, so entzog er sich derselben doch nicht, weil ihm dieselbe anderseits Gelegenheit bot, durch die aufgetragene Depesche dem englischen Ministerium den Beweis zu liefern, daß der König die für den Augenblick zum Stillstand gekommene Unterhandlung nicht für immer abzubrechen willens sei.

Hierauf kam ihm viel an; denn obwohl er jene Wiener Abweisung keineswegs leicht genommen hatte, wie er denn seinem Herrn versichert, er sei vor Ärger und Kummer krank geworden und vermöge nur schwer sich wieder zu erholen [2]), so hielt er es doch für seine Aufgabe, zu verhüten, daß den König der Ärger zu extremen Schritten hinreiße. Er schreibt demselben:

„Wenn Ew. Majestät es nur über sich gewinnen wollte, weder Ärger noch Eifer zu zeigen, sondern zuzuwarten und die anderen an sich kommen zu lassen und immer der Unterhandlung eine Thür offen zu lassen, ohne neue Eröffnungen und Insinuationen zu machen, wie solche ja auch nach dem

---

[1]) Den 15. Mai; Polit. Korresp. II, 163.
[2]) Den 14. Mai.

Rechte des Spiels vielmehr uns gemacht werden müssen, bin ich sicher, daß man uns bald von neuem kommen wird und vielleicht mit stärkerer Ladung als vorher. Inzwischen wird, je mehr man von unserer Seite Festigkeit und Energie auch in den Kriegsoperationen zeigt, das Bedürfnis, uns um jeden Preis zu gewinnen, sich mehr und mehr fühlbar machen." [1]) Um sich nun nicht für alle Eventualitäten jene Thür zu weiteren Unterhandlungen zu versperren, wagte es nun auch Podewils, jenen Befehl des Königs bezüglich des in Hyndforbs Gegenwart zu zerreißenden königlichen Schreibens unausgeführt zu lassen, damit man nicht in London bies als vollständigen Bruch für immer ansähe, was doch schwerlich in des Königs Intentionen liegen würde [2]). Es mochte in der That not thun, bei dem Könige beruhigend zu wirken, denn Eichel schrieb sehr erregt über dessen Stimmung [3]): „Wider den Strom kann ich nicht schwimmen, und muß ich gestehen, daß ich des Kgs. Maj. nicht leicht animierter gesehen, als Dieselben jetzo über die fière Resolution des Wienerischen Hofes seynd, welche Dieselben als die größte Verachtung annehmen. Il ne respire que vengeance." Mit großer Bekümmernis hat Eichel eine Depesche an den preußischen Gesandten in Paris, welche dieser dem Kardinal vorlesen sollte, nach dem Diktate Friedrichs niedergeschrieben. Dieselbe machte Mitteilung von den österreichischen Anerbietungen und deren Zurückweisung und engagierte den König von neuem für die französische Allianz. „Ich sehe nicht ein", schreibt der König darin, „weshalb Frankreich genötigt sein sollte, sich vor dem Stolze Englands zu beugen, und ich glaube, daß der allerchristlichste König mit einem so treuen Bundesgenossen wie der König von Preußen keine Ursache hat gegen irgendwen etwas nachzugeben, um so weniger, da die Macht der Alliierten der der Königin so überlegen ist, daß diese Fürstin sich unmöglich gegen so viele vereinigte Kräfte halten kann." [3]) „Miscimus ima profundis", schreibt Eichel darüber, „Gott bewahre uns nur, ne pereamus in undis nach dem sogen. Vaticinio Lehninensi."

Unter diesen Umständen war es für Podewils geradezu erwünscht, im eigenen Auftrage des Königs nach England in einem Sinne schreiben zu dürfen, der über die Bereitwilligkeit des Königs, die Friedensunterhandlungen weiter fortzuführen, keinen Zweifel ließ. Er verfaßte diese Depesche am 19. Mai, und eben dieses Datum hat dann dem Schriftstücke eine Wichtigkeit verliehen [5]), die er ebenso wenig geahnt, als er bei ihrer Koncipierung gewußt hat, daß inzwischen und zwar bereits zwei Tage früher die große Entscheidung, welche beide Teile suchten, gefallen war.

Am 17. Mai war die Schlacht bei Chotusitz erfolgt. Friedrich hatte einen unbestrittenen Sieg erfochten, den Mißerfolg des mährischen Zuges glänzend gutgemacht, seinen Fahnen einen neuen Ruhm erworben, den die geringen Erfolge seiner Verbündeten nur in um so helleres Licht stellten.

---

1) Den 15. Mai; Berliner St.-A.
2) Den 14. Mai; ebd.
3) Den 16. Mai; Polit. Korresp. II, 163, Anm. 1.
4) Den 14. Mai; ebd. S. 162.
5) Vgl. demnächst unten.

Auch in Breslau fand die Siegesnachricht einen mächtigen Wiederhall nicht nur bei der Einwohnerschaft, die, als die Kanonen von den Wällen Viktoria schossen, lebhaft empfand, daß jetzt erst die preußische Herrschaft gesichert sei, sondern auch bei den Diplomaten, die hier über Krieg oder Frieden unterhandelten.

Podewils war voll Freude über den errungenen Sieg, es fehlten ihm, schreibt er dem König, die Worte, um das ganze Maß derselben zum Ausdruck zu bringen [1]). Die Tragweite, die notwendigen Folgen der Schlacht schienen ihm nicht gering, ja er ging darin eigentlich weiter als sein königlicher Herr, so daß beide thatsächlich die Rollen vertauscht zu haben schienen.

Der Minister kommt jetzt zu folgendem Schlusse:

„Es wäre in der That zu wünschen, daß man den Wiener Hof zu einem allgemeinen Frieden zwingen könnte, um ihm wenigstens das Königreich Böhmen entreißen zu können, damit Ew. Majestät auf dieser Seite sie nicht zu Nachbarn hätte. Ich gestehe, nach den gewaltigen Anstrengungen, welche das Haus Österreich gegen große Mächte zu machen vermag, es mir furchtbarer erscheint als jemals und seine Niederhaltung notwendiger als je im Interesse unserer Sicherheit und der Eroberungen Ew. Majestät.

„Denn wenn der Wiener Hof nach einer Reihe von Unglücksfällen am Ende der Regierung Karls VI. imstande gewesen ist, gegen vier große Mächte, von denen zwei, nämlich Frankreich und Ew. Majestät, zu den furchtbarsten Europas gehören, einen so hartnäckigen Widerstand zu leisten, was wird er nicht thun können, wenn er einmal nach dem Plane Englands wiederum in den ruhigen Besitz aller seiner Staaten gelangt ist, mit alleiniger Ausnahme dessen, was er Ew. Majestät abtreten wird? Wohl sind damit schöne Federn aus seinen Flügeln gerissen, doch das wird ihn nicht hindern, noch recht hoch zu fliegen, so wie er nur irgend sich von so vielen Kriegen erholt und von einem fähigen Haupte regiert seiner Hilfsquellen und Kräfte sich bewußt wird.

„Ich glaube auch, daß Frankreich sich gern damit begnügen würde, dem Kaiser Böhmen allein und Sachsen Oberschlesien zu verschaffen, ohne weder für den ersteren Österreich und Tirol, noch Mähren für das letztere zu verlangen, welches ja ohnedem niemals zu behaupten sein würde, und bereits auch von Sachsen selbst aufgegeben zu sein scheint."

Nur wenn es nicht gelingen sollte, den Wiener Hof noch diesen Sommer, wie die Franzosen sich schmeicheln, zum Frieden zu zwingen, und wenn England wirklich Ernst machte und im Bunde mit Holland die Franzosen von den Niederlanden aus angriffe, dann würde man, meint er, wohlthun, an sich selbst zu denken und Österreich zu lassen, was man ihm nicht zu nehmen vermag [2]).

Wenn unter dem Eindrucke der Siegesbotschaft von Chotusitz Podewils es für möglich hielt, die Königin auch zur Abtretung von Böhmen zu zwingen, und deshalb prinzipiell für ein Ausharren bei dem großen Bündnisse bis zur allgemeinen Pacifikation plaidierte, so flogen dagegen des Königs

---

1) Den 20. Mai.
2) Bericht vom 22. Mai; Berliner St.-A.

Erwartungen weniger hoch. Anders stellt sich häufig die Bedeutung einer Schlacht dem Entfernten dar, als sie dem siegreichen Feldherrn selbst erscheint, der neben dem großen Resultate doch auch die Wechselfälle des Kampfes und die Opfer, mit denen der Sieg erkauft wurde, in Erwägung zieht.

Allerdings beruhte es auf einem Mißverständnisse, wenn Lord Carteret dem österreichischen Gesandten in London auf Grund einer Mitteilung des preußischen Botschafters eine Stelle aus einer Instruktion des letzteren zeigte, welche, ohne des errungenen Sieges zu gedenken, einfach die Bereitwilligkeit des Königs, auf die an Hyndford gestellten Bedingungen hin Frieden zu schließen, kundgab, eine Äußerung, der ihr Datum — der 19. Mai, also zwei Tage nach der Schlacht — eine besondere Bedeutung zu verleihen schien, während wir jetzt wissen, daß diese Depesche in Breslau von Podewils verfaßt und abgesendet worden war, noch ehe er die Siegesbotschaft empfangen hatte [1]; wohl schreibt auch der König zwei Tage nach der Schlacht unter die von Eichel aufgesetzte Siegesbotschaft eigenhändig an Podewils: „Nun sie haben es gewollt und ihr Wille ist geschehen, was bleibt uns zu wünschen? Sagen Sie Hyndford: ‚Mein Herr, Sie haben den König gezwungen, das Haus Oestreich, welches Sie retten wollten, zu Grunde zu richten‘“ [2], und privatim zeigt Eichel an, der König sei zur Stunde noch ungewiß, ob er bei der Negotiation eines Partikularfriedens bleiben oder in der bisherigen Allianz bis auf das letzte kontinuieren sollte [3]. Aber schon unter dem 22sten meldet Eichel in des Königs Auftrage und als dessen eigene Worte, Podewils dürfe Hyndford sagen: daß, obwohl der König es verstände, sich zu wehren und den Hochmut des Feindes niederzuschlagen, er doch Gesinnungen der Mäßigung hegte. Freilich werde er sich nicht von dem Wiener Hofe an der Nase herumführen lassen, und wenn man etwas thun wolle, müsse es innerhalb vierzehn Tagen geschehen. Trotz des errungenen Vorteils wolle der König eine Verständigung nicht refüsieren, nur dürfe man nicht impertinente Garantieen verlangen und müsse in die Abtretung von Königgrätz und Pardubitz willigen. Das möge der Minister dem Gesandten bei guter Gelegenheit mitteilen, ohne jedoch ein „empressement“ zu zeigen. Auf der Abberufung von Hyndford wolle der König jetzt nicht bestehen, da eine solche Maßregel die ganze Verhandlung in die Länge ziehen könnte [4].

Und diese Gesinnung dauert an; als er Podewils den am 24. Mai von den Franzosen über Lobkowitz errungenen Vorteil berichten läßt, schreibt er zwar eigenhändig darunter: „Jetzt wird unser Engländer wohl wenig Seide spinnen; du hast’s gewollt, George Dandin, du hast’s gewollt“ [5], — aber er bleibt im Grunde doch dabei, daß er bei einem Partikularfrieden mehr zu gewinnen Aussicht habe, als bei einer allgemeinen Pacifikation, daß der Friede ihm nützlich und notwendig sei. Nur dürfe von Garantieen nicht die Rede sein, und Königgrätz mit Pardubitz müsse als conditio sine qua non angesehen

---

[1] Nicht nur Arneth II, 69 und 481, Anm. 80 hat sich dadurch täuschen lassen, sondern auch Droysen, S. 456. Vgl. oben S. 272.
[2] Polit. Korresp. II, 173.
[3] Den 18. Mai; ebd. S. 167.
[4] Ebd. S. 174.
[5] Den 26. Mai; ebd. S. 180.

werden. Auch gedenkt er in aller Stille auch auf dem rechten Oderufer unter den jetzigen Konjunkturen die Grenze eine Meile vorzuschieben, etwa bis an die Bolnitza, wie der König schreibt (er meint offenbar das Himmelwitzer Wasser, auch Blotnitza genannt). Man müsse die Zeit benutzen; im Trüben sei gut fischen. Marwitz soll dort dem König huldigen lassen, und wäre es selbst unter Protest [1]).

Friedrich hofft, Podewils werde den Abschluß schnell herbeiführen können. Der Gedanke beschäftigt ihn offenbar sehr, Eichel muß fast täglich schreiben, und auch er kargt nicht mit eigenhändigen Billets, die sämtlich von gehobener Stimmung und freundlichem Vertrauen auf Podewils' Zeugnis ab= legen, ganz in der Art, wie dies etwa einen Monat früher der Fall war.

Als nun Podewils dem englischen Gesandten nach der Schlacht die ersten Eröffnungen machte, war es natürlich, daß darin etwas von jenem Hochgefühle zum Ausdrucke kam, mit welchem ihn die Siegesbotschaft erfüllt hatte, und daß er keinen Zweifel darüber ließ, Preußen wäre vollkommen in der Lage, den anderen Teil sich kommen zu lassen. „Es ist nicht zu sagen", schreibt Hyndford damals [2]), „zu welchem Grade von Eitelkeit und Stolz die Preußen durch diesen Sieg aufgeblasen sind." In der That hatte der Lord von jener moralischen Entrüstung, die er seit dem letzten Herbst als sein gutes Recht ansah, noch nichts eingebüßt. Vielleicht hätte, wenn er in des Königs Nähe gewesen wäre, der Zauber dieser Persönlichkeit ihn umgestimmt. In der Entfernung aber wuchs mißgünstiger Groll immer mehr in ihm, und seine Berichte fließen von Schmähungen des Königs über. Noch am 17. Mai hatte er nachhause geschrieben: „Welcher Verlaß ist auf einen Fürsten, der weder Treue, noch Ehre, noch Religion besitzt, der Verträge auf gleiche Linie stellt mit den Versicherungen ehelicher Treue, als Dinge, durch die sich nur Thoren binden ließen, der das Heiligste verspottet, der keinen Plan, keinen Entschluß hat, keinen Rat verlangt, sondern alle Dinge nach seinem Kopfe einrichten will und den kleinsten augenblicklichen Vorteil den wichtigsten und dauerndsten Vorteilen der Zukunft vorzieht?" Von einem solchen Manne die bloße Neutralität mit so schweren Opfern zu erkaufen, vermöge er selbst nicht anzuraten [3]).

Anders freilich rät er nach dem Chotusitzer Siege, wenngleich sein Ärger durch die Mißgunst über den unerwünschten Erfolg des gehaßten Monarchen noch gewachsen war. Jetzt schreibt er an Robinson, derselbe möge, da der König seine Forderungen nicht steigere, den Wiener Hof drängen, darauf ein= zugehen. Er selbst rate dazu, und wahrlich nicht aus Parteilichkeit für den König [4]).

Und nachhause berichtet er: „Die Königin von Ungarn thut unrecht, des Königs Forderungen nicht zu erfüllen. Ich meine, sie sollte um so weniger abgeneigt sein, diese zeitweiligen Abtretungen zu bewilligen, als dieselben durch Gewalt erzwungen und durch einen doppelten Treubruch von seiner Seite herbeigeführt sind. Denn keine Macht im Himmel und auf Erden

---

[1]) Kabinettsbrief vom 26. Mai; Berliner St.=A.
[2]) Den 23. Mai an Robinson; Londoner Record office.
[3]) Ebd. Der Hauptsache nach mitgeteilt bei Raumer, S. 158.
[4]) Den 23. Mai; Londoner Record office.

kann das Haus Österreich tadeln, wenn es das Wiedervergeltungsrecht übt, um bei geeigneter Gelegenheit diese Landschaften wieder zu erobern. — Der König wird noch auf die alten Bedingungen zu haben sein, denn wenn er nicht auf Wien marschiert, findet er keine Provinz mehr, die er ausplündern könnte. — „Freilich“, fügt er hinzu, „kann dieser negative Freund von sehr gefährlicher Konsequenz sein, denn ein Fürst seines Temperamentes, mit so viel Ehrgeiz und Habsucht, wird nicht ein müßiger Zuschauer bleiben an der Spitze von 100,000 Mann; er wird es in seiner Hand haben, die Wage nach der Seite hin sinken zu machen, wohin er will, und Deutschland dann die Gesetze vorschreiben“ [1]).

Wenn Hyndford etwa ein Jahr später ausgesprochen hat, er spiele jetzt den Komödianten, da man an einem Hofe, der bekanntlich nur mit Ränken und Täuschungen umgehe, durchaus mit gleicher Münze zahlen müsse, so haben wir dem gegenüber nur zu konstatieren, daß er in Wahrheit jene schätzenswerte diplomatische Eigenschaft schon in der Zeit, von welcher wir hier sprechen, trefflich auszuüben verstanden hat. Denn die Art, wie er jene eben erwähnten giftgeschwollenen Schreiben vom 23. Mai Podewils gegenüber als Beweise seiner unbegrenzten Ergebenheit für den König von Preußen erfolgreich zu verwerten versteht, ist in der That eine hervorragende diplomatische Leistung.

Als ihm nämlich Podewils auf gute Manier zu verstehen giebt, daß der König trotz des nunmehr errungenen Sieges noch immer auf die alten Bedingungen hin Frieden zu schließen geneigt sei, antwortet Hyndford, er habe bereits vor drei Tagen in diesem Sinne aus eigenem Antriebe nach Wien geschrieben und Robinson beschworen, alles aufzubieten, um die Königin zur Koncedierung jener Bedingungen, an denen allerdings nichts fehlen dürfe, zu bewegen; geschähe dies schnell, so hoffe er, der König von Preußen werde trotz seines neuen Sieges sich zu einem Separatfrieden bereit finden lassen. In gleichem Sinne habe er dann auch nach London berichtet. So dürfe der König seine Absicht als vollkommen erfüllt ansehen, während derselbe doch selbst die Sache nicht angeregt und sich dadurch etwas vergeben habe, was doch auch ein großer Vorteil sei. In fünf oder sechs Tagen könne sein Kurier von Wien zurück sein. „Ich weiß“, sagte Hyndford zu Podewils, „Ihr Herr ist unzufrieden mit mir, und Sie sind es auch; aber ich glaube nicht, daß ein rechtschaffener Mann, und wäre es selbst ein preußischer Minister, mehr hätte thun können. Freilich kann ich nie für den Wiener Hof einstehen, er kann sich retten, wenn er Vernunft annimmt. Wenn er aber ins Verderben rennen will, werden weder ich noch irgendein anderer ihn auf den rechten Weg bringen können.“ [2])

Podewils war wahrhaft entzückt; und der König befahl auf die Nachricht davon seinem Minister, den Gesandten seiner vollkommenen Achtung und seiner Dankbarkeit zu versichern, man habe nach seiner Überzeugung nicht ehrenhafter handeln können [3]).

---

[1]) Bericht vom 23. Mai; Londoner Record office. Das erste Stück auch bei Raumer, S. 159.
[2]) Nach Podewils’ Bericht vom 27. Mai; Berliner St.-A.
[3]) Den 30. Mai; Polit. Korresp. II, 183.

Übrigens war Hyndford perfid genug, vertraulich im Gespräche mit Podewils und unter dem Siegel der Verschwiegenheit die Hartnäckigkeit der Königin von Ungarn zum Teil Robinson schuldzugeben, welcher zu sehr für den Wiener Hof eingenommen sei, wo er allerdings einen großen Einfluß zu üben vermöge und wie ein Orakel beräuchert werde; ein anderer an seiner Stelle würde doch wohl mehr ausrichten können. Podewils stimmte dem eifrig zu und meinte, Lord Stair im Haag würde vielleicht eine geeignete Persönlichkeit sein in Erinnerung daran, daß dieser noch vor der Schlacht bei Chotusitz gegen den preußischen Gesandten es als seine Überzeugung ausgesprochen hatte, die Königin dürfe in der Lage, in welcher sie sich befinde, nicht mehr um ein Mehr oder Minder von Konzessionen feilschen, sondern müsse den König von Preußen um jeden Preis von der Allianz losmachen. Hyndford meinte darauf, nachdem Frankreich mit dem Beispiele vorgegangen, einen Marschall an den verschiedenen Höfen als Unterhändler umhertrotten zu lassen, könne es ja England mit Lord Stair, der denselben militärischen Rang wie Belleisle innehabe, nachmachen, und er wünsche selbst, daß man Stair nach Wien schicke, um mit dem dortigen Hofe einmal ein ernstes Wort zu sprechen; dann würde er in einigen Tagen mehr ausrichten, als Robinson in ebenso viel Wochen vermocht hätte [1]). Auf dieses Gespräch hin erging wirklich Weisung an Andrié in London, die Sendung von Stair in Vorschlag zu bringen.

Gegen die Ausdehnung der Grenze über die Brinnitz macht Podewils seinem Könige gegenüber Einwendungen. Der Name Bolniza, bis zu welcher die Grenzen vorgeschoben werden sollen, fände sich auf keiner Karte. Nach der Brinnitz komme die Malapane, an ihrer Mündung etwa $1\frac{1}{2}$ Meile von der Brinnitz entfernt, darauf folge dann ein kleinerer Bach, genannt Himmelwitzer Wasser oder auch wohl Blotnitz, mehr als 2 geographische Meilen von der Brinnitz entfernt. Sei diese gemeint und wolle man bis zu ihr das Land sich aneignen, so würden die Sachsen einen schrecklichen Lärm schlagen, sowohl in Paris als beim Kaiser Beschwerde führen; der Name Brinnitz stehe ausdrücklich in den Verträgen. Auch sei es für den Augenblick wenigstens schwer thunlich, in jener Gegend eine Huldigung vorzunehmen; auf dem rechten Oderufer streiften feindliche Abteilungen bis in die Nähe von Brieg herab [2]).

Der König bestand nicht auf seinem Willen, er antwortete, man solle die Sache in suspenso lassen, bis man nur erst wisse, mit wem man dabei zu thun haben werde, ob mit den Österreichern oder den Sachsen. Das Ganze müsse man von den Konjunkturen abhängig machen [3]).

Inzwischen war nun in Wien angesichts der neuen Lage, welche die Schlacht von Chotusitz geschaffen hatte, die Botschaft Hyndfords und die Frage, ob man die Neutralität des Königs von Preußen mit wie großen Opfern immer erkaufen solle, der ernstesten Erwägung unterzogen worden.

---

[1]) Podewils, den 1. Juni; Berliner St.=A. Der entsprechende Bericht vom 3. Juni im Londoner Record office verschweigt natürlich die Insinuation wegen Robinson, stellt die Sendung von Stair als einen Einfall von Podewils hin und setzt die ganze Unterhaltung erst auf den 2. Juni.

[2]) Podewils, den 2. Juni.

[3]) Den 5. Juni; Postskriptum Polit. Korresp. II, 186.

Maria Theresia war am 13. Mai von einer Tochter entbunden worden; noch im Wochenbette ereilte sie die Hiobspost von Chotusitz und stellte sie wiederum vor die schwere Entscheidung, ob man nun mit gesteigerten Opfern den Rücktritt des Königs von Preußen von der großen Allianz erkaufen solle. Von ihren Ministern war es eigentlich nur Bartenstein, der mit Entschiedenheit und Nachdruck für standhaftes Ausharren eintrat. Wenn die Königin noch ein Jahr den Kampf fortzuführen vermöge, urteilte er, werde sie alles gewonnen haben. Es stehe nicht schlimmer um die Königin, als vor einigen Monaten; weshalb solle sie also jetzt so schwere Opfer bringen, wie ihr damals niemand zugemutet habe? Die bayerischen Streitkräfte seien fast ganz vernichtet, die französischen im übelsten Zustande, die sächsischen merklich zusammengeschmolzen, und auch der Kern des preußischen Heeres habe empfindlich gelitten. Dagegen würden die neuerrichteten ungarischen Regimenter erst im künftigen Jahre ihre guten Dienste thun, und auch von den Kroaten seien solche zu hoffen. Geldmittel werde man finden, wenn man sich nur entschließe, mit der Rücksichtslosigkeit, welche die Notlage zur Pflicht mache, vorzugehen, und in die höheren Verwaltungsämter, wie es einst Prinz Eugen gethan, ohne nach Rang und Geburt zu fragen, die tüchtigsten Männer berufe. Dann sei mit Sicherheit auf einen günstigen Ausgang des Kampfes zu hoffen und kein Grund vorhanden, zu allzu empfindlichen Opfern sich herbeizulassen [1]).

Auf der anderen Seite aber empfahl England mit immer wachsendem Eifer die Verständigung mit Preußen, die Kuriere jagten einander, aus dem Haag, aus London, aus Breslau von Hyndford; von überallher klangen die Mahnungen zur Verständigung mit dem Könige. „Auf das unanständigste", klagt die Königin selbst, „ist von England in uns gedrungen worden" [2]); der Verlust dieses einzigen Bundesgenossen, den man noch hatte, schien zu drohen, wenn man sich allzu unnachgiebig zeigte, und der eigene Gemahl der Königin, Großherzog Franz, befürwortete unermüdlich eine Verständigung.

Die Königin ihrerseits stand mit ihrer innersten Herzensüberzeugung ganz offenbar auf Bartensteins Seite, und der Entschluß, den sie endlich faßte, war dessen Intentionen nicht so sehr zuwiderlaufend, als es auf den ersten Blick scheinen mochte. Dieser Entschluß ging dahin, sich mit Preußens Neutralität zu begnügen und die in Klein=Schnellendorf bewilligten Abtretungen noch um ein Stück von Oberschlesien zu vermehren, dagegen aber die Forderung von Königgrätz unter allen Umständen abzulehnen. Keine Gewalt der Erde werde sie hierzu vermögen; sie wolle eher das Schrecklichste erdulden und mit dem Schwerte in der Hand unter den Ruinen von Wien untergehen [3]).

Auch Bartenstein durfte bei diesem Entschlusse noch eine gewisse Beruhigung finden in dem Gedanken, daß, wenn der König von Preußen wirklich gegen alles Erwarten nach dem Siege von Chotusitz seine Forderungen nicht höher spannte, er doch dann wenigstens um so fester an den alten For-

---

[1]) Aus Bartensteins Memoire vom 1. Juni; angeführt bei Arneth II, 71.
[2]) Angeführt aus einem Briefe an Kannegießer vom 30. Juni; bei Arneth, S. 481.
[3]) Angeführt bei Arneth II, 71.

derungen festhalten werde, so daß die hartnäckige Weigerung im Punkte von Königgrätz thatsächlich dieselbe Wirkung haben müsse wie eine Ablehnung. Und die Königin, die im Herzen wohl dachte, wie einst im September vorigen Jahres, sie hoffe, daß der König von Preußen ablehne, durfte dabei doch dem Drängen Englands gegenüber ihre Friedensliebe sattsam gezeigt zu haben glauben.

Kurz, es gingen Anfang Juni neue Vollmachten und Instruktionen in dem angedeuteten Sinne an Lord Hyndford nach Breslau ab, und am 4. Juni fand nun auf Grund derselben die erste Zusammenkunft zwischen den beiden Diplomaten statt. Hyndford erklärte den empfangenen Weisungen entsprechend, bevor er über den Inhalt seiner Instruktionen sich äußere, auf den Austausch der beiderseitigen Vollmachten bringen zu müssen; aber Podewils wandte ein, dazu sei er nicht autorisiert, bevor er eine Garantie habe, daß die gewährten Konzessionen wirklich Aussichten eröffneten, zu einem Frieden zu gelangen. Ohne besondere Autorisation von seinem Könige dürfe er seine Vollmacht nicht aus der Hand geben, welche ja sonst die Königin benutzen könne, um seinen Herrn mit seinen Verbündeten „zu brouillieren". Hyndford aber blieb dabei, daß ihm hier die Hände gebunden seien, und daß er über den Inhalt seiner Instruktionen nicht mehr sagen könne, als daß die Königin einerseits mit der Neutralität Preußens sich begnügen, anderseits Abtretungen machen wolle, die ungleich beträchtlicher seien, als das, was dem Könige seine Alliierten zugesagt hätten, und diese Erwartungen würde der König in Ruhe genießen können, ohne nur einen Mann marschieren zu lassen. Zu näheren Erklärungen war der Gesandte nicht zu bewegen, wie sehr sich auch der andere bemühte, ihm, wie er sich ausdrückt, „die Würmer aus der Nase zu ziehen" [1].

Podewils war nun also genötigt, über die Frage des Austausches der Vollmachten die Entscheidung des Königs einzuholen. Er thut dies mit dem Bemerken, daß selbst in dem Falle, daß von der Vollmacht ein übler Gebrauch gemacht würde, der König immer noch in der Lage sein würde, sich durch die Erklärung zu rechtfertigen: wenn er in Friedensunterhandlungen eingetreten sei, habe er natürlich nur einen solchen Frieden im Sinne gehabt, der auch seine Alliierten zufriedenstelle. Im übrigen erkennt der Minister sehr wohl, daß alles sich auf die Frage zuspitzt, ob der König unter allen Umständen an der Forderung von Königgrätz und Pardubitz festzuhalten entschlossen sei, und welcher Entscheidung Podewils selbst zuneigen würde, zeigt deutlich die von ihm in seinem Berichte gemachte Betrachtung: „Es ist eine wahre Krise; Ew. Majestät hat es in Ihrer Hand, entweder innerhalb der nächsten vier Wochen Frieden zu schließen und in Ruhe und Stille Ihre Eroberungen zu genießen, oder abzulehnen und von neuem Wind und Wellen preisgegeben hinaus ins offene Meer zu treiben, an dessen zahlreichen Klippen Schiffbruch zu leiden nur zu leicht ist."

Zwei Dinge aber will sich Hyndford unter allen Umständen von vornherein ausbedingen, nämlich einmal, daß die von der Königin angetragenen Bedingungen, falls sie nicht angenommen werden, geheim bleiben, und dann,

---

[1] Podewils' Bericht vom 5. Juni; Berliner St.-A.

daß der König von dem Teile Schlesiens, den er eventuell sich abtreten läßt, eine entsprechende Quote der englischen Anleihe auf sich nimmt [1]).

Fast genau zu der Zeit, wo jene Konferenz in Breslau stattfand, spielte im preußischen Hauptquartier zu Malejchau, unweit Kuttenberg, eine andere zwischen dem Könige und dem inzwischen eingetroffenen Marschall Belleisle, die sich allerdings in ganz entgegengesetzter Richtung bewegte, und deren Hauptpunkte der erste selbst für Podewils aufgesetzt hat [2]). Der Marschall hatte den Wechsel der Zeit auch an sich verspüren müssen; er schien den Ton, den er das vorige Jahr, als er in Frankfurt gleichsam den Diktator Deutschlands spielte, so gern anschlug, jetzt ganz verlernt zu haben, und obwohl er die frischgepflückten Lorbeeren von Frauenberg mitbrachte, schien er fast kleinlaut. Er verlangte schließlich, im Vertrauen die Meinung des Königs zu hören über die kritische Situation dieses Krieges und die Mittel, zu einem Frieden zu kommen.

Die Antwort des Königs war, ob zwar in üblem Latein, doch recht verständlich: „beatus est possidendi". Der Sieger von Chotusitz mochte wohl daran erinnern, daß er das, was er beim Friedensschluß begehre, auch zu erobern verstanden habe. „Übrigens", setzte er hinzu, „glaube ich, daß nach einer zweiten gewonnenen Schlacht der Kaiser Böhmen und den Breisgau erlangen könnte, vielleicht noch Sachsen Oberschlesien, aber mehr würde man schwerlich in diesem Jahre der Königin abzunehmen imstande sein." Es war dies dem Marschall ganz aus der Seele gesprochen, und was Frankreichs eigene Forderungen anbetrifft, so scheint dasselbe nur Mömpelgard, einige Dörfer vom Amte Germersheim und die Schleifung von Luxemburg in Aussicht genommen zu haben.

Dies Programm einer allgemeinen Pacifikation war, wie wir sehen, in seinen Grundzügen im wesentlichen dasselbe, welches auch Podewils unmittelbar nach Chotusitz aufgestellt hatte, und dasselbe hatte noch immer eine gewisse Bedeutung, um so mehr, da der König schließlich doch nicht sehr auf den Erfolg der neuen Friedensunterhandlungen rechnete. „Ich glaube", schreibt er [3]), „es ist verlorene Mühe mit dem Wiener Hofe, sie werden sagen, ihre Sachen ständen gar nicht so schlecht, wie die Engländer meinten, trotz der verlorenen Schlacht seien sie imstande, allen ihren Feinden die Spitze zu bieten, vielleicht werden sie mir aus Rücksicht auf England Niederschlesien mit Glatz anbieten und Oberschlesien bis zu dem Cordon, aber sonst nichts. Inzwischen melden Sie nur Lord Hyndford, daß ich gern wissen möchte, woran ich bin, da ich entschlossen bin, dieses Jahr den Krieg zu Ende zu bringen, entweder durch eine schnelle Verständigung oder durch eine energische Kriegsführung."

Der König durfte seine Prophezeiungen über die aus Wien zu vermutende Antwort bestätigt finden in dem Berichte seines Ministers vom 5. Juni. Nichtsdestoweniger war eine umgehend gesandte Entscheidung weit entfernt davon, eine Fortführung der Verhandlungen abzuschneiden. Er fand, es sei doch schon viel dadurch gewonnen, daß die Königin mit der Neutralität

---

[1]) Podewils, den 5. Juni; Berliner St.=A.
[2]) Eigenhändig vom 4. Juni; Polit. Korresp. II, 185.
[3]) Den 5. Juni; ebd. S. 186.

Preußens zufrieden sein wolle. Im Punkte des Austausches der Voll=
machten willigte er darein, Hyndford das Original der Vollmacht auszuhän=
digen unter der Verpflichtung, dasselbe zurückzugeben, falls die Unterhand=
lungen sich zerschlügen, während dagegen der König auch seinerseits versprechen
wollte, von den Anerbietungen keinen üblen Gebrauch zu machen. Die englische,
auf Schlesien hypothezierte Schuld wolle der König pro rata übernehmen, nur
nicht das, was auf Oberschlesien komme, da er von diesem nichts begehre. In=
dessen sei er bereit, falls ihm England Königgrätz und Pardubitz verschaffe,
auch das auf sich zu nehmen; Podewils solle es sich aufs höchste angelegen
sein lassen, das Ultimatum der Königin von Ungarn herauszubekommen, um
zu sehen, wie weit er mit seinen Hoffnungen gehen dürfe, um die Segel auf=
spannen oder einziehen zu können, je nachdem es notwendig scheine. In=
Prinzipiell ziehe er Königgrätz sehr vor, Oberschlesien sei ein ruiniertes
Land, dabei unhaltbar und von Leuten bewohnt, von denen er nie rechte An=
hänglichkeit werde erwarten dürfen. Dagegen sei der Königgrätzer Kreis ein
fruchtbares Land, das sichere Einnahmen verspreche, Soldaten und Pferde zu
liefern vermöge. Es sei zu verteidigen, kurz eine solide Erwerbung. Pode=
wils dürfe immerhin betonen, daß die von seinen bisherigen Alliierten garan=
tierte Anwartschaft auf Mecklenburg und Ostfriesland doch auch in Betracht
kommen müsse, und daß, wenn die Königin diesen einzigen Kreis Böhmens
abtrete, sie hoffen dürfe, alles übrige retten zu können. Eine Gefahr, daß
die Königin in der Verzweiflung sich mit Frankreich oder dem Kaiser ver=
trage, könne er nicht anerkennen; sie würde dabei unzweifelhaft viel schlechter
fahren. Kurz, die einzige Rettung für die Österreicher läge in dem Separat=
frieden mit Preußen. Ein nochmaliger Kurierwechsel könne vielleicht eine
volle Verständigung herbeiführen. Eine solche müsse es sein, denn darüber
möge man sich nicht täuschen, ein fauler Friede sei nur ein still fortglim=
mender Krieg, der aufs neue sich entfache, wenn der andere Teil darauf nicht
gefaßt sei. Mit Ungeduld erwarte er den neuen Bericht [1]).

Die Zeit bis zum Eintreffen dieser Entscheidung hatten die beiden Diplo=
maten sorgfältig benutzt, um über einige Nebenpunkte ins reine zu kommen.
Wenn der König gleich im Friedensvertrage Begünstigungen für den schle=
sischen Handel festgesetzt wissen wollte, so hielt dagegen Hyndford es für
unthunlich, diesen Punkt, bei welchem alle möglichen Einzelheiten sorgsam
abgewogen werden müßten, jetzt vorzunehmen, wofern man nicht den Ab=
schluß ungebührlich verzögern wolle. Man müsse das einem besonderen
Vertrage überlassen, zu dessen Abschlusse unmittelbar nach dem Frieden eine
Kommission zusammentreten möge. Podewils stimmte ihm bei.

Einen noch schwierigeren Punkt schien die Frage der Religion bilden zu
sollen. Friedrich hatte erklärt, das sei eine innere Sache, und eine Stipu=
lation nach dieser Seite hin würde der Königin Anlaß geben, sich in seine
Angelegenheiten zu mischen; bei jeder Maßregel, die er in seiner neuen Pro=
vinz träfe, würden die Katholiken sich für verletzt halten und die Königin um
Intervention anrufen. Hyndford bemerkt dagegen, derartiges liege auch nicht
im entferntesten in der Absicht der Königin, aber sie sähe es andererseits als
eine ernste Gewissenspflicht an, irgendwie ihre Glaubensgenossen in Schlesien

---

[1]) Den 8. Juni; Polit. Korresp. II, 187.

zu sichern, und zu verhüten, daß diese z. B. insgesamt aus dem Lande vertrieben und alle Güter des Klerus konfisciert würden. Auf einer solchen Versicherung würde sie unter allen Umständen bestehen, und sie würde glauben, ihre Seligkeit zu gefährden, wenn sie davon abginge. Aber es ließe sich ja wohl eine Fassung finden, welche den Katholiken den status quo garantierte, ohne den König irgendwie zu hindern, allen Protestanten volle Glaubensfreiheit zu gewähren. Auch dies befürwortet Podewils mit dem Bemerken, daß derartige Stipulationen in allen Verträgen üblich seien und kaum besonders präjudiziell für den König sein würden.

Zu sehr lebhaften Erörterungen kam es dann hinsichtlich des Geldpunktes, nämlich die auf Schlesien hypothezierten Schulden betreffend, wobei es sich doch immer um etwa 8½ Millionen Thaler handelte. Die Auffassung, daß es eine unbillige Forderung sei, wenn man dem König zumute, ein Land, welches er mit dem Schwerte erobert habe, dann noch in klingender Münze zu bezahlen, stand schroff der anderen gegenüber, es sei doch die äußerste Härte, die Königin mit den Hypothekenschulden einer Provinz zu belasten, welche sie abzutreten genötigt werde. Man einigte sich endlich über einen Vermittelungsvorschlag, den nun Podewils dem König empfiehlt. Der letztere solle nur die englische Schuld (etwa 1,600,000 Thlr.), und daneben die Anleihen, welche verschiedene Privatpersonen, zum Teil selbst Schlesier, dem österreichischen Hofe gemacht, letztere im Gesamtbetrage von 800,000 Thlr., wovon aber bei näherer Prüfung, resp. gütlicher Übereinkunft wohl noch ein Drittel abgehen könne, übernehmen, und ferner die der schlesischen Steuerkasse gemachten Vorschüsse in der Höhe von 1½ Millionen; kurz, alles in allem etwa 3½ Millionen, dagegen die holländische und die Brabanter Anleihe im Gesamtbetrage von 4½ Millionen ablehnen [1]).

Diese Konferenz fand am 9. Juni statt; am nächsten Morgen traf der Kurier mit den neuen Instruktionen für Podewils ein, und dieser suchte sogleich Hyndford auf, mit dem er nun die Vollmachten nach den uns bekannten Bedingungen austauschte. Als Hyndford Anstoß daran nahm, daß in der preußischen Vollmacht Maria Theresia nur als Königin von Ungarn bezeichnet werde und nicht zugleich als Königin von Böhmen, gab Podewils nach, insofern er versprach, ein zweites Exemplar mit dem gewünschten Zusatze zu beschaffen. Gefahr, urteilte er, sei dabei nicht, da er ja im Falle eines Scheiterns der Verhandlungen das Schriftstück zurückerhalten solle.

Hierauf nun drängte Podewils, die Bedingungen des Wiener Hofes zu hören, da er diese vor allem dem Könige mitteilen müsse. Der Gesandte wandte ein, es sei dies doch eine ungewöhnliche Art zu verhandeln, wozu habe man sich erst da Vollmachten erteilen lassen? Doch als Podewils darauf beharrte, diktierte er ihm den von Wien zugesandten Vertragsentwurf, zu dessen einzelnen Punkten jener dann seine Ausstellungen an den Rand notierte. Als jedoch Art. 5 an die Reihe kam, der die von der Königin zu machenden Abtretungen auf Niederschlesien, die Grafschaft Glatz und die Lisière jenseits der Neiße beschränkte, erhob sich Podewils erzürnt: wenn der Minister nichts anderes anzubieten habe, dann sei es ganz überflüssig, irgendwie weiter zu verhandeln, da sein König bei aller Neigung zum Frieden

---

[1]) Podewils, den 9. Juni; Berliner St.=A.

doch nun und nimmermehr auf solche Propositionen irgendwie eingehen werde. Er könne dem Gesandten den Vorwurf nicht ersparen, daß er ihn veranlaßt habe, seinem Könige eine Unwahrheit zu schreiben, daß demselben nämlich die Königin ungleich beträchtlichere Erwerbungen gewähren wolle, als ihm seine Alliierten in Aussicht gestellt hätten.

Er hatte in großer Leidenschaft gesprochen [1]) und machte Miene, fortzugehen, als seien eben die Verhandlungen vollständig abgebrochen, da hielt ihn Hyndford zurück: „Wenn die Königin sich nun zu noch größeren Opfern entschließt, wollen Sie es dann auf sich nehmen, ohne weiteren Zeitverlust abzuschließen?" Etwas besänftigter erwiderte Podewils, ohne eine nochmalige Rückfrage bei dem Könige dürfe er das nicht, aber er wolle alles, was irgend in seinen Kräften stehe, thun. Und nach mancherlei Hin- und Herreden blieb er dabei stehen: wenn Hyndford ihm im Vertrauen die äußerste Ausdehnung seiner Vollmachten wissen lassen wollte, würde er dies dazu benutzen, um den König zum schleunigen Abschlusse zu bewegen, und wiederholte sein Verlangen in immer dringender Form. Hyndford war nicht so leicht dazu zu bewegen; länger als eine Stunde dauerte, wie Podewils versichert [2]), die Debatte über diesen Punkt.

Aber der Gesandte erwog endlich, daß, wenn er den Minister mit diesem Bescheide, der ihn so in Harnisch gebracht habe, fortgehen ließe und derselbe nun unter diesem Eindrucke seinen Bericht machte, es sehr zu fürchten sei, daß der König ohnehin schon unzufrieden darüber, daß ihm Königgrätz und Pardubitz entgehen solle, nach seiner Art kurz entschlossen alles abbräche und, da dem Vernehmen nach Belleisle im Lager sei, mit diesem gleich sich in neue Engagements einlasse, die dann kaum mehr zu redressieren sein würden [3]).

So holte er denn jenen geheimen Artikel vor, welcher ihm noch eingebunden war, mit der Weisung, ihn erst im äußersten Notfalle vorzubringen, und unter der Bedingung, daß die Königin, falls er einmal abgelehnt würde, für die Zukunft nicht mehr daran gebunden sein solle.

Dieser Artikel nun enthielt die Ermächtigung, neben Niederschlesien und Glatz auch noch Oberschlesien abzutreten und zwar genau in den Grenzen, welche seiner Zeit der Klein-Schnellendorfer Vertrag für die Winterquartiere der preußischen Armee festgesetzt hatte, d. h. denen, welche dann bis auf den heutigen Tag Österreich und Preußen scheiden.

Hyndford ließ den Artikel dem Minister selbst sehen, indem er die Versicherung beifügte, daß das das Alleräußerste sei, wozu die Königin hätte vermocht werden können, zeigte ihm auch einen Brief Robinsons, Maria Theresia habe gesagt, und wenn sich die Hölle gegen sie eröffnete und der König von England mit seinem ganzen Parlamente ihr Verderben drohte, würde sie doch niemals Königgrätz abtreten. Er habe alles gethan, diesen Entschluß zu erschüttern, aber sich überzeugt, daß das unmöglich sei, und wenn sein König noch 10 Kuriere schickte; falls in diesem Punkte Preußen nicht nachgäbe, sei

---

[1]) „ — in a very passionate manner for a great while", schreibt Hyndford an Robinson den 10. Juni; Londoner Record office, und Podewils selbst gesteht: „Je ne pouvais m'empêcher d'éclater contre Mylord Hyndford d'une terrible manière". Bericht vom 10. Juni; Berliner St.-A.

[2]) a. a. O.

[3]) Nach dem oben angeführten Briefe.

das so viel, als die Verhandlungen abbrechen; und dem Wiener Ministerium
würde solch ein Resultat gar nicht unerwünscht sein, da man dadurch einen
Vorwand erhielte, die Seemächte zu drängen, nun ihre Verpflichtungen zu er=
füllen, nachdem der König von Preußen das größte Opfer, welches man der
Gegenpartei vernünftigerweise hätte zumuten können, abgelehnt habe [1]).

Podewils war nicht unempfindlich für die vertrauensvolle Offenheit, die
sich in Hyndfords Verhalten auszusprechen schien, er verhieß dafür eine
warme Empfehlung des österreichischen Ultimatums [2]), und in der That blickt
seine Herzensmeinung deutlich hervor aus den Worten, mit welchen er nun
seinem Herrn die große Entscheidung auf die Knie legt. Er verkenne nicht
im entferntesten den Vorzug, den Königgrätz vor Oberschlesien habe, und er
wünsche mit seinem Blute diese wichtige Erwerbung verschaffen zu können,
aber in Wahrheit habe es den Anschein, als würde sich dieselbe im Wege
eines Separatfriedens mit der Königin niemals erzielen lassen. Und daß
dies noch weniger bei einer allgemeinen Pacifikation gelingen könne, wisse
der König selbst am besten, besonders wenn der Grundsatz zur Anwendung
komme, den ihm Valori wiederholt ausgesprochen habe, daß, im Falle einer
der Alliierten von den ihm zugesicherten Erwerbungen etwas aufgeben müsse,
auch die anderen sich Abstriche gefallen lassen müßten.

Die Hauptfrage sei eben, ob der König überhaupt einen Sonderfrieden
nötig zu haben glaube. Sei dies der Fall, so empfehle es sich, zuzugreifen,
da schwerlich jemals bessere, ja kaum ebenso gute Bedingungen für einen
solchen geboten werden dürften. Dagegen sei anderseits, wenn der König, wie
aus seinem letzten Briefe hervorzugehen scheine, große Scheu habe vor einem
faulen Frieden, aus dem bald wieder ein neuer Krieg werden könne, und da=
gegen beim Verharren in der großen Allianz sein Interesse besser zu wahren
glaube, überhaupt jeder Separatfriede mit der Königin mißlich. Derselbe
führe notwendig ein Zerwürfnis mit dem Kaiser, mit Frankreich und Sachsen
im Gefolge und nötige Preußen, um nicht ganz isoliert zu bleiben, sich ganz
in die Arme Englands zu werfen.

So lag die Sache; in zwei Tagen ward die entscheidende Antwort des
Königs erwartet, von der übrigens auch Podewils hoffte, sie werde dem
Frieden günstig sein [3]).

---

[1]) Podewils' Bericht vom 10. Juni; Berliner St.=A.
[2]) Hyndford an Robinson, den 10. Juni; Londoner Record office.
[3]) So schließt wenigstens Hyndford a. a. O.

Fünftes Kapitel.
Die Breslauer Präliminarien.

———

Die Entscheidung kam in der That früher, als irgendwie erwartet werden konnte. Wie wir bereits an verschiedenen Beispielen kennen lernten, spielte das Kreuzen der Briefe gerade bei den Breslauer Unterhandlungen eine sehr bedeutende Rolle; die Entfernung zwischen dem Könige und seinem Minister und die jugendliche Ungeduld des ersteren erklärt dies hinreichend. Und so hat denn ein solcher Zufall auch jetzt noch bei dem letzten Abschlusse eigentümlich eingreifen können.

Der König hatte bereits unter dem 7. Juni an Podewils geschrieben: „Mit großer Bekümmernis teile ich Ihnen mit, daß die schlechten Dispositionen der Franzosen und die Langsamkeit, mit welcher sie sich zu einer ernstlichen Aktion anschickt, es dem Grafen Khevenhüller möglich gemacht haben, mit seinem Heere die Donau zu überschreiten. Ich erfahre das durch Valori selbst, der heut angekommen ist, und besorge, daß infolge davon die drei österreichischen Heere sich zu gemeinsamem Handeln vereinen, und ich habe Angst, daß durch den Marsch des Herzogs Karl gegen Sobieslaw zum Zusammentreffen mit Lobkowitz der Marschall Broglie eine Niederlage erleide. Ich gestehe Ihnen, daß ich herzlich gern meine Figuren aus diesem Spiel zöge, dem ich keinen guten Ausgang prophezeie." [1]

Seine Befürchtungen wurden sehr schnell zur Wahrheit. Broglie mußte erst durch Belleisle aus dem preußischen Lager erfahren, daß Herzog Karl mit Lobkowitz vereinigt gegen ihn anrücke und ihm bereits auf drei Meilen nahe gekommen sei. Nun retirierte er in schmachvoller Eile unter ansehnlichen Verlusten, gab die Moldaulinie Preis, um sich hinter die Wottawa zu retten (5. Juni). Rasch drängte der Feind nach, gewann und überschritt den Fluß und hatte nun den Weg gegen Prag offen.

Der preußische Oberst v. Willich, der im französischen Hauptquartier als militärischer Bevollmächtiger verweilte, beeilte sich, hiervon ins Hauptquartier Meldung zu thun; sein Bericht traf daselbst am 9. Juni ein und machte den allergrößten Eindruck. Erst wenige Tage vorher hatte der König gegen Belleisle auf die Frage, ob er in die Aktion treten würde, erklärt: ja,

———

[1] Lager von Maleschau, den 7. Juni; Polit. Korresp. II, 187.

wenn man Prag ernstlich bedrohte, und dies war auch seine Meinung, er mußte ja doch voraussehen, daß, wenn die Königin Prag wiedergewönne, sie von neuer Hoffnung erfüllt, überhaupt von großen Konzessionen nicht mehr würde viel hören wollen. So zeigt er sich denn entschlossen, zur Sicherung Prags den Österreichern entgegenzumarschieren, auf die Gefahr hin, für diesen Zweck noch eine Schlacht liefern zu müssen. Freilich war ihm der Gedanke schrecklich, wieder um der Unfähigkeit der französischen Führung willen seine tapfere Armee aufs Spiel zu setzen, in dem Momente, wo er den Frieden schließen wollte, noch eine Schlacht zu liefern und so viel brave Leute auf die Schlachtbank führen zu sollen [1]). Um dies abzuwenden, gab es nur ein Mittel, nämlich schleunigen Abschluß des Separatfriedens; und so schreibt denn der König am 9. Juni unmittelbar nach Empfang der Nachricht von dem Moldau-Übergange des österreichischen Heeres an Podewils die folgende ewig denkwürdige Ordre:

„Im Lager von Maleschau, den 9. Juni 1742.

„Mein lieber Podewils!

„Unvorhergesehene Umstände, welche sich mit den französischen Truppen in Böhmen ereignet haben, nötigen mich, Ihnen in der positivsten Form aufzutragen, sofort nach Empfang Dieses zunächst Ihre Vollmachten mit Hyndford auszuwechseln und Hyndfords Vollmacht zu prüfen, demnächst aber zu versuchen, Einsicht in dessen Instruktion von der Königin zu erlangen, um sich davor sicher zu stellen, daß man demselben später einmal eine Überschreitung seiner Befugnisse schuldgeben könne. Darauf sollen Sie unverzüglich mit dem genannten Lord über die Friedensbedingungen verhandeln, welche die Königin mir anbietet. Da Hyndford Ihnen bereits erklärt hat, die Königin biete mir zu friedlichem und ruhigem Besitze mehr, als meine Alliierten mir versprochen haben, so setze ich als unbestritten voraus, daß die Königin mir ganz Niederschlesien und die festgesetzte Lisière jenseits der Neiße mit der Stadt und Grafschaft Glatz abtrete als in voller Souveränität zu besitzen. Dies als Grundlage angenommen, sollen Sie dann bezüglich der sonstigen Bedingungen sich bemühen, möglichst gute zu erzielen, sei es nach der Seite von Böhmen hin, sei es, falls nach der Seite hin nichts zu machen wäre, auf der Seite von Oberschlesien. Aber nachdem Sie in dieser Richtung einen halben Tag lang das Mögliche gethan haben, ist es mein ausdrücklicher Wille, daß Sie dann ohne weiteren Bericht an mich und ohne eine Entschließung von mir zu verlangen oder abzuwarten, die Punkte, über welche Sie mit Lord Hyndford ins reine werden kommen können, festsetzen, niederschreiben und mit Lord Hyndford als Friedenspräliminarien ungesäumt unterzeichnen.

„Gegenwärtiger Brief soll Ihnen als Vollmacht dienen, um den Abschluß und die Unterzeichnung mit Hyndford ohne meine besondere Zustimmung vollziehen zu können, und ich will absolut, daß binnen 24 Stunden nach Ankunft des Überbringers dieses, des Hauptmanns Sydow, alles geschehen sei, d. h. der Austausch der Vollmachten, die Verhandlungen mit Lord Hyndford über die mir zu machenden Abtretungen und die Unterzeich-

---

[1]) Beizettel zu der Instruktion vom 9. Juni; Berliner St.-A.

nung der Friedenspräliminarien. Sobald deren Unterzeichnung von beiden Seiten erfolgt ist, sollen Sie mir sie durch den Hauptmann Sydow zur Ratifikation senden und außerdem Lord Hyndford vermögen, durch einen expressen Kurier, der über Glatz, Königgrätz und Kolin gehen kann, den Prinzen Karl von Lothringen davon in Kenntnis zu setzen, damit dieser unter der Hand von dem Abschlusse einer Verständigung zwischen mir und der Königin von Ungarn unterrichtet sei."

Diesem von Eichel nach des Königs Diktat niedergeschriebenen Briefe fügt dann der König noch eigenhändig zu:

„Es kommt darauf an, in 12 Stunden zum Abschlusse zu kommen, soweit die Sache thunlich ist. Schlesien (offenbar ist Niederschlesien gemeint) und Glatz — sine qua non und von dem übrigen alles, was Sie ihnen werden abpressen können. Ich schlafe ruhig, überzeugt, daß Sydow mir die Präliminarien unterzeichnet zurückbringen wird. Die Ratifikationen müssen auf acht Tage limitiert werden.

Friedrich." [1])

Nachdem der Hauptmann und Flügeladjutant v. Sydow bereits abgegangen war, wurde ihm noch selbigen Tages ein Kurier nachgesandt mit einigen weiteren Aufträgen: einmal, daß Hyndford die Notifikation an Herzog Karl lieber Sydow mitgeben möge, ferner was Podewils Hyndford auf die Frage nach der Ursache dieses plötzlichen eifrigen Drängens zum Abschlusse sagen sollte, daß nämlich der König durchaus wissen wollte, woran er wäre, um entweder sich beruhigt zu sehen oder andernfalls kriegerische Maßregeln zu ergreifen. Ein Beizettel unterrichtete dann den Minister selbst über die bereits bekannten eigentlichen Ursachen des schnellen Entschlusses [2]).

Es ist sehr erklärlich, wenn Podewils schreibt, er sei bei dem Empfange dieser Aufträge am Morgen des 11. Juni zunächst heftig erschrocken, im Gefühle der furchtbaren Verantwortlichkeit, die ihm damit zufalle [3]). Aber auch eine andere Erwägung, der er nicht Worte giebt, hat sich ihm sicherlich aufgedrängt. Welches Glück, daß diese Ordre nicht einen Tag früher angekommen, sondern erst nach der entscheidenden Konferenz vom 10. Juni. In dieser letzteren hatte Podewils, wie wir aus Hyndfords Berichte erfahren haben, als dieser Niederschlesien mit Glatz und der Neiße-Lisière anbot, eine solche ungeheuchelte Entrüstung gezeigt, so ernstlich Miene gemacht, die ganzen Unterhandlungen abzubrechen, daß der Gesandte, um Schlimmeres abzuwenden, sich am Ende dazu verstanden hatte, gleich seine ganze Tasche umzuwenden. Der Minister hatte optima fide gehandelt, aber nun tags darauf erhielt er eine Weisung, welche ihn bedeutete, jenes halbe Angebot, welches ihn gestern so entrüstet hatte, schlimmstenfalls zu acceptieren, und nur eben zu versuchen, noch darüber hinaus möglichst viel herauszuschlagen. Nimmermehr hätte ein Minister, wie eben Podewils war, dem selbst der so argwöhnisch und gehässig urteilende Hyndford nachsagt, seine Ehrlichkeit machte es ihm sehr schwer, sich zu verstellen [4]), mit einer Entrüstung, die

---

[1]) Polit. Korresp. II, 190.
[2]) Ebd. S. 191.
[3]) Podewils' Bericht vom 11. Juni; Berliner St.-A.
[4]) Bericht vom 15. Juni; Londoner Record office.

ihm nach der neuen Instruktion nicht mehr vom Herzen kommen konnte, die er vielmehr im Interesse des Geschäfts nur zu spielen gehabt hätte, einem scharf beobachtenden Gegner gegenüber solchen großen Erfolg erringen können, wie er ihn am 10. Juni erzielt hatte, und nimmermehr Hyndford bis an die äußerste Grenze seiner Konzessionen getrieben. Er würde nach menschlichem Ermessen höchstens ein Stück von Oberschlesien, nicht aber den größten Teil erhalten haben.

In der That hat, so weit wir die Sachen noch zu übersehen vermögen, jener zufällige Umstand, die Differenz eines Tages, die noch unversehrte bona fides von Podewils, für Preußen mindestens den östlichen Teil Oberschlesiens gerettet, d. h. gerade die Region der schwarzen Diamanten, das oberschlesische Kohlenbecken. Wahrlich dem treuen patriotischen Minister gebührte hier in einer der aufblühenden oberschlesischen Städte ein Denkmal.

Des Morgens um 6 Uhr hatte Podewils jene Ordre vom König erhalten und um 7 Uhr Hyndford die Einladung, baldmöglichst den Minister aufzusuchen. Den schnell Herbeieilenden empfing die Erklärung, ein heut angekommener Kurier habe ihm hinsichtlich Königgrätz und Pardubitz die Hände freier gemacht. Podewils habe bereits die vorige Woche seinem Herrn mitgeteilt, welche Abtretungen wohl von der Königin von Ungarn zu erwarten sein dürften. Inzwischen hätten Belleisle und Valori auf das heftigste dem König angelegen, seine Truppen zu den französischen stoßen zu lassen. Er vermöge sich ihres Drängens kaum länger zu erwehren, noch länger Entschuldigungen vorzubringen, ohne Verdacht zu erregen, um so mehr verlange er danach, zu wissen, wie er mit der Königin daran sei, und habe ihm, dem Minister, Vollmacht erteilt, abzuschließen.

Wie vorsichtig nun aber auch der Minister den empfangenen Auftrag zu umkleiden sich bemühte, so entging doch dem anderen nicht, daß man preußischerseits einen schnellen Abschluß wünschte und brauchte; und wenn es ihm leid genug sein mochte, in der Hauptsache der Frage der Abtretungen bereits sich gebunden zu haben, so mochte er nur um so weniger noch in anderen Punkten Konzessionen machen und hielt bezüglich derer um so starrer an den Paragraphen des ihm von Wien zugesandten Entwurfes fest, der nun in der That dem Ganzen zugrunde gelegt wurde. Es entspann sich darüber eine äußerst lebhafte Diskussion, die fast den ganzen Tag fortgesetzt wurde. Hyndford versichert, sie wären beide häufig so arg an einander geraten, als wäre ein Bruch unvermeidlich, zu welchem aber denn doch beide ernstlich wenig Lust hatten; er selbst habe nie in seinem Leben so viel Lärm gemacht und hoffe auch, niemals mehr dazu Veranlassung zu haben.

Große Schwierigkeiten machte gleich im Anfange die Frage der Räumung Böhmens durch die preußischen Truppen. Der österreichische Entwurf, welcher als Frist hierfür vierzehn Tage angenommen hatte, ward auf das lebhafteste von Podewils bekämpft, der dies für unmöglich erklärte; aber Hyndford blieb hier eisern fest, es sei dies eigentlich der einzig reelle Vorteil, den die Königin von der Übereinkunft habe. Umsonst wandte der Minister seine ganze Beredsamkeit auf, wenigstens als terminus a quo nicht die Unterzeichnung der Präliminarien, sondern die Ratifikation gelten zu lassen, selbst diesen kleinen Aufschub von höchstens zehn Tagen lehnte der andere ab, so daß Podewils, um nicht den ganzen Abschluß zu gefährden, schließlich wirklich mit sechzehn Tagen sich begnügen mußte.

Die Schuldenfrage war glücklicherweise, wie wir sahen, bereits in den Vorkonferenzen ins reine gebracht, und obwohl hierbei Hyndford seine Instruktionen überschritten hatte, so rechnete er doch auf nachträgliche Indemnität, wenn er eben nur die englische Anleihe und die Schulden an Private übernehmen ließ.

Wenn Sachsen der Beitritt zu dem Frieden offen gehalten wurde, so behauptet Hyndford, dies auf eigene Hand gethan zu haben, denn, sagte er, es ist mehr Freude im Himmel über einen Sünder, der Buße thut, als über 10,000 Gerechte [1]). Dagegen ließ sich, wie Podewils bedauernd berichtet, für den Kaiser absolut nichts erreichen, nicht einmal die preußische Vermittelung oder gute Dienste wurden angenommen, Hyndford blieb fest dabei, daß die strenge Neutralität, welche der König in Anspruch genommen habe, dies ausschließe. Daß Festsetzungen bezüglich des Handels späteren Vereinbarungen vorbehalten bleiben müßten, erkannte auch Podewils an, der überhaupt in seinem Berichte wiederholt klagend darauf zurückkommt, wie ungünstig die hier gebotene Eile auf das ganze Friedenswerk habe einwirken müssen. Die schwersten Bedenken erregte bei Podewils die österreichische Forderung der Erhaltung des status quo im Punkte der Religion, weil er damit späterer Einmischung, eine Handhabe zu geben fürchtete, doch der Gesandte zeigte das Original seiner Instruktion, und daß ihm hier absolut die Hände gebunden seien. Nach langen Debatten fügte sich Podewils mit schwerstem Herzen, aber als beide schon auseinandergegangen waren, um die Ausfertigungen zu besorgen, erhielt der Gesandte noch ein Billet seines Partners, er möge doch diesen Artikel nicht zu unterzeichnen, ohne die Rechte seines Königs durch einen Vorbehalt zu sichern [2]). Nun, in der zwölften Stunde wich endlich Hyndford und gab einem Zusatze Raum: „unbeschadet der Gewissensfreiheit für die Protestanten und der Rechte des Souveräns".

So war es wirklich Mitternacht geworden [3]), als Hauptmann v. Sydow mit den unterzeichneten Präliminarien des vorteilhaftesten Friedens, den je ein Hohenzoller bis dahin geschlossen, sich auf den Weg machen konnte.

Nur mit wenigen Worten wollen wir die zwölf Artikel dieser Präliminarien zu charakterisieren versuchen. § 1. Ewiger Friede zwischen beiden Parteien. § 2. Keine Hilfeleistung an die beiderseitigen Feinde, sondern vielmehr gegenseitige Förderung und Abwendung von Schaden, soweit dies ohne Anwendung von Waffengewalt möglich ist. § 3. Allgemeine Amnestie. § 4. Einstellen der Feindseligkeiten vom Tage der Präliminarien-Unterzeichnung, Zurückziehen der preußischen Truppen innerhalb von sechzehn Tagen; die Bewohner der an Preußen abgetretenen Landesteile haben das Recht, innerhalb fünf Jahren ihre Güter zu verkaufen und auszuwandern, ohne dafür etwas entrichten zu müssen. § 5. Abtretung von ganz Schlesien und der Grafschaft Glatz mit Ausnahme des Fürstentums

---

[1]) An Robinson, den 20. Juni; Londoner Record office.
[2]) Ebd.
[3]) Bericht von Podewils, den 13. Juni.

Teschen, der Stadt Troppau und des Teiles jenseits der Oppa und der hohen Gebirge, sowie der zu Mähren gerechneten, aber in Schlesien liegenden Bezirke an Preußen mit voller Souveränität und Unabhängigkeit. Dagegen Verzicht Preußens auf alle Ansprüche an die Königin von Ungarn und Böhmen. § 6. **Die katholische Religion in statu quo, jedoch vorbehaltlich der den Protestanten zu gewährenden unumschränkten Gewissensfreiheit und der Rechte des Souveräns.** § 7. Übernahme der englischen Anleihe von 1734/35 durch Preußen. § 8. Sofortige Freigebung aller Gefangenen ohne Lösegeld und Aufhören aller Kontributionen. § 9. Wegen des Handels Verweisung auf den künftigen Frieden, resp. auf Vereinbarungen einer von beiden Parteien zu bestellenden Kommission. § 10. Auf Grund der Präliminarien spätestens in vier Wochen ein förmlicher Friedenstraktat. § 11. Aufnahme von England-Hannover, Rußland, Dänemark, der Generalstaaten, des Hauses Wolfenbüttel und des Kurfürsten von Sachsen in den Traktat, des letzteren jedoch nur unter der Bedingung, daß derselbe binnen sechzehn Tagen nach erfolgter Eröffnung seine Truppen aus Böhmen zurückziehe. § 12. Auswechselung der Ratifikationen zu Breslau nach Ablauf von acht oder zehn Tagen.

Für die Fassung ist der österreichische Entwurf, bei welchem eigentlich nur die Paragrapheneinteilung geändert worden, maßgebend gewesen, einige von Podewils noch hineingebrachte Zusätze sind hier durch gesperrten Druck hervorgehoben. Bei dem wichtigsten Artikel (§ 5), dem der Abtretungen, hat die für den äußersten Notfall an Hyndford erteilte Befugnis zugrunde gelegen, und es ist von Interesse, wahrzunehmen, daß hiermit noch einmal die Schnellendorfer Übereinkunft wieder zu Ehren gebracht worden ist. Der Artikel wiederholt eigentlich die dortigen Festsetzungen bezüglich der Abtretungen mit der allerdings sehr wesentlichen Modifikation, daß der Teil Oberschlesiens, der damals nur zeitweise für die Winterquartiere den Preußen überlassen ward, nun den definitiven Abtretungen sich anschloß. Die Grenzen aber waren dieselben wie damals.

Während Hauptmann v. Sydow noch mit den Präliminarien unterwegs war, schrieb der König am 12. Juni umgehend auf den eben ihm zugegangenen Bericht über jene Vorkonferenz vom 10. Juni im ganzen zustimmend, nur mag der Minister nicht wenig erschrocken sein, als er hier die Erklärung fand, der König müsse für die Räumung Böhmens sechs Wochen Zeit haben und zwar vom Datum der Ratifikation an. So viel brauche er absolut, um die Magazine zu leeren, welche er zum Teil aus eigener Tasche gefüllt habe, um die Anhäufungen von Kriegsmunition und Geschützen, sowie seine Kranken fortzuschaffen und endlich auch für die nötigen Vorbereitungen, um seinen Truppen in seinen Landen Quartiere zu schaffen [1]). Niedergeschlagen genug bringt Podewils diese Sache an Hyndford, der aber darüber in größte Aufregung geriet. Er rechnet es sich selbst hoch an, daß er den Minister habe ausreden lassen. Dann aber habe er geantwortet, man dürfe jetzt um keinen Preis Mißtrauen erregen, als sinne der König auf einen neuen Bruch und eine zweite Auflage von Klein-Schnellendorf; wenn der König wirklich daran denke, noch sechs Wochen in Böhmen zu bleiben und, was von der Ernte

---

noch übrig sei, und etwa noch den Truppen der Königin hätte zur Subsistenz dienen können, auf den Grund wegzuzehren, so möge er sich an Herzog Karl wenden, der als Militär diese Sache besser verstehe und eher etwas in Wien ausrichten könne; er (der Gesandte) werde sich nie dazu gebrauchen lassen, einen solchen Antrag in Wien zu stellen, und, wenn der König auf seinem Ansinnen beharre, überhaupt jede weitere Mitwirkung an den Unterhandlungen ablehnen. Falls der König hier nicht nachgäbe, könne noch die ganze Sache scheitern; er bitte das möglichst buchstäblich zu berichten [1]).

Allerdings schien sich die Sache dadurch zu erledigen, daß Podewils am 15. Juni die einfache Zustimmung des Königs zu den Friedenspräliminarien empfing, doch blieb man im preußischen Lager dabei, daß die verlangte Räumung binnen sechzehn Tagen eine einfache Unmöglichkeit sei und hat sich schließlich mit einer Interpretation geholfen, welche die sechzehn Tage nur für die nötigen Vorbereitungen gelten ließ, so daß am Tage nach Ablauf jener Zeit der eigentliche Rückmarsch zu beginnen habe [2]).

König Friedrich hatte auf die Übersendung der Präliminarien mit einem eigenhändigen Briefe geantwortet: „Ich bin mit der pünktlichen Ausführung meiner Weisungen und den von Ihnen unterzeichneten Präliminarien sehr zufrieden. Wir hätten vielleicht mit der Zeit einen vorteilhafteren Frieden haben können, aber auch ebensowohl einen sehr viel schlechteren. Kurz, wenn ich Sie wiedersehe, werde ich Ihnen meine Gründe ganz im einzelnen entwickeln, und Sie werden mir zugeben, daß ich (was immer man auch davon sagen möge) als Politiker und im Interesse des von mir regierten Landes nicht anders habe handeln können. Im Grunde ist es doch auch ein großes und glückliches Ereignis, welches mein Haus in den Besitz einer der blühendsten Provinzen Deutschlands setzt, am Schlusse eines höchst ruhmvollen Krieges. Man muß es verstehen, zur rechten Zeit anzuhalten; das Glück zwingen wollen, heißt es verlieren, und immer mehr haben wollen führt nur dazu, niemals glücklich zu sein. Adieu, ich gehe daran, meinen dicken Valori und Mortague abzufertigen, die unersättlich darin sind, preußisches Blut vergießen zu lassen." [3])

Podewils war in einer gewissen Besorgnis gewesen, der Wiener Hof könne doch am Ende auf die Nachricht von dem immer fortgesetzten Zurückweichen der Franzosen mit der Ratifikation Schwierigkeiten machen; aber in der entscheidenden Konferenz am 11ten hatte Hyndford, der allerdings von jenen militärischen Vorkommnissen noch nichts wußte, die Ehre seines Königs und seinen eigenen Kopf zum Pfande gesetzt, daß man ratifizieren würde. Ein eigentümlicher Zufall hatte dann die Sache noch ein paar Tage verzögert. Der König hatte auf die erste Nachricht von dem Rückzuge der Franzosen, um zu verhüten, daß nicht Hyndford zu früh davon Kunde erhalte und daraufhin weniger traitable werde, den Feldpostmeister und die Postämter an der Grenze anweisen lassen, Kuriere oder Briefe, welche aus Oberschlesien,

---

[1]) Bericht von Hyndford, den 15. Juni; Londoner Record office. Der entsprechende Bericht von Podewils vom 13. Juni (Berliner St.-A.) stellt die Äußerungen Hyndfords weniger schroff dar.

[2]) Kabinettsschreiben vom 16. Juni.

[3]) Im Lager von Kuttenberg, den 13. Juni; Polit. Korresp. II, 197.

Böhmen oder der Lausitz nach Breslau wollten, bis zum 14. Juni zurückzu=
halten. Diese Ordre war aber nicht recht verstanden und so gefaßt worden,
daß der Postmeister in Neiße sich für verpflichtet halten konnte, den Kurier
Hyndfords, der die Präliminarien nach Wien zu tragen hatte, dort einige
Zeit warten zu lassen, ehe derselbe frische Pferde erhielt [1]).

Den König machte das Warten ungeduldig und unruhig, und als ihm
dann noch Golz, der Vertraute von Klein=Schnellendorf [2]), Angst machte,
der Wiener Hof könne bei dieser Gelegenheit seine Revanche zu nehmen
suchen, schrieb er einen recht mißmutigen Brief an Podewils, er fürchte zwei
Dinge: einmal, daß der Wiener Hof dem Vertrage noch irgendein Hindernis
bereite, und dann, daß, wenn derselbe Böhmen behalte, man in vier oder fünf
Jahren einen neuen Krieg habe, Hyndford möge ihn darüber beruhigen.
Anderseits meint er, es sei im Grunde besser, wenn die Sachsen mit den
Franzosen den Krieg fortsetzten, das würde die Österreicher mehr mürbe
machen, und er ist deshalb unzufrieden, daß er den Engländern dazu helfen
solle, die Sachsen von der französischen Allianz loszumachen, auch sei der
Wunsch Hyndfords, preußische Truppen nach Westfalen geschickt zu sehen, ver=
dächtig; seine Minister sollten überhaupt nicht ganz gleiche Wege mit den
Engländern gehen, dazu stehe man denselben noch nicht nahe genug. Kurz,
bevor er nicht den Frieden von der Hand der Königin ratifiziert habe, traue
er nicht und ließe seine Truppen so marschieren, daß er im Falle der Not sie
sogleich wieder zusammenziehen könne, seine Alliierten würden ihn in jedem
Falle wieder aufnehmen [3]). Die Stimmung war so, daß der den Frieden
aufrichtig herbeisehnende Eichel für den Fall, daß die Ratifikation in Wien
Schwierigkeiten finde, schlimme Folgen fürchtet [4]).

Aber gegen alles Erwarten schnell verfuhr man diesmal in Wien. Am
19ten war die Ratifikation bereits in Breslau, am 21sten hatte sie der König
in Händen, und Eichel durfte nun Podewils schreiben, der König sei sehr
vergnügt, er habe nicht geglaubt, daß der Wiener Hof so prompt und mit
solcher Facilität zuwerke gehen werde [5]).

---

[1]) Eichel an Podewils, den 16. Juni (Berliner St.=A.) mit der Bitte, die Sache
nicht dem König zu melden, der den Feldpostmeister, einen sonst tüchtigen Menschen,
unfehlbar kassieren würde.

[2]) Ohne Zweifel ist dieser wohl gemeint, wenn Eichel an Podewils schreibt,
„einer oder der andere, welche sich im vorigen Jahre von der Schnellendorfer Affaire
meliert", hätten dem König solchen Soupçon beigebracht, den 19. Juni; Berliner St.=A.

[3]) Den 19. Juni; Polit. Korresp. II, 210.

[4]) Eichel an Podewils, den 19. Juni; Berliner St.=A.

[5]) Den 22. Juni; ebd.

Sechstes Kapitel.
Die Schuldenfrage und der Grenzzug.

Die Königin hatte nicht nur auf das prompteste die Ratifikation der Präliminarien vollzogen, sondern auch einige nachträgliche Wünsche des Königs bereitwilligst erfüllt, die Herausgabe der schlesischen Archive zugesagt, sich erboten, von den böhmischen Ständen eine Anerkennung der gemachten Abtretungen zu erlangen, etwas, was, wie Podewils nicht mit Unrecht hervorhebt, seine Wichtigkeit insofern hatte, als die böhmischen Stände auf Grund ihrer alten Privilegien das Recht zu haben behaupteten, das, was ihre Souveräne ohne ihre Zustimmung der böhmischen Krone entfremdet hätten, jeden Augenblick zurückverlangen zu können. Ebenso war sie bereit, auf die Oberlehnsherrlichkeit, welche die Krone Böhmens seit dem 15. Jahrhundert über einige altbrandenburgische (niederlausitzische) Landesteile besaß, fortan zu verzichten. Auch hierzu bemerkt der Minister, es sei das eine um so erfreulichere Errungenschaft, als des Königs Vorfahren von diesem Lehnsnexus bereits sehr vielen Verdruß gehabt und deshalb seit den Zeiten des großen Kurfürsten wiederholt, aber immer vergeblich versucht hätten, denselben abzulösen [1]. Wenn die Königin dagegen in Erinnerung daran, daß die früheren Verzichtleistungen preußischer Herrscher von deren Nachfolgern nicht immer anerkannt worden wären, eine Klausel verlangte, welche dann auch in künftigen Zeiten als bindend angesehen werden müßte, und deshalb auch die Accession der jetzt am Leben seienden Erben und Nachfolger der preußischen Krone begehrte, so war kaum etwas dagegen einzuwenden; ebenso konnte ein Zusatz, welcher bei Grundbesitzern, die in den Landen beider Paciscenten Güter besäßen, es in deren Belieben gestellt wissen wollte, welchem von beiden Herrschern sie dienen wollten, ohne Bedenken zugestanden werden, und selbst bezüglich des Religionsparagraphen, bei welchem die Königin ängstlich verhütet wissen wollte, daß nicht der von Podewils eingeschobene Vorbehalt der königlichen Souveränitätsrechte Anlaß und Vorwand gäbe, den status quo der katholischen Kirche anzutasten, durfte man ohne besondere Schwierigkeiten auf eine Verständigung hoffen.

---

[1] Bemerkungen zu dem Wiener Friedensprojekt vom 25. Juni; Berliner St.-A.

Dagegen schien die Frage der Übernahme der schlesischen Schulden ernst=
hafte Schwierigkeiten darbieten zu sollen.

Es hatte damit eine besondere Bewandtnis. Gewiß ist, daß in diesem
Punkte Hyndford ganz bestimmt instruiert war, einfach die Übernahme der
schlesischen Schulden durch Preußen zu verlangen, so daß der Königin nur so
viel bliebe, als auf den von ihr in Oberschlesien zurückbehaltenen Rest von
Land als Quote gerechnet werden konnte. Auf der anderen Seite mögen
wir daran denken, daß bei dem Beginne der Verhandlungen die Haupt=
entscheidung in der preußischen Forderung von Pardubitz und Königgrätz zu
liegen schien. Daß in diesem Punkte der König nachgeben müsse, wenn aus
der ganzen Verhandlung etwas werden solle, darüber täuschte sich der Ge=
sandte nicht, hielt aber eben deshalb, um den siegreichen Gegner nicht allzu
sehr aufzubringen, in anderen Punkten die größtmöglichste Nachgiebigkeit für
geboten. Und nun gerade in diesem Punkte sogar über seine Instruktionen
hinauszugehen, trieb ihn dann noch ein gewisser nationaler Egoismus. Es
kam ja da auch eine von seinen Landsleuten kontrahierte Anleihe in Betracht,
die bei dem betrüblichen Zustande der österreichischen Finanzen natürlich
besser in preußischen Händen aufgehoben schien. Wenn nun der König wirk=
lich von der Forderung des Königsgrätzer Kreises Abstand nahm und die
Schuldensache das einzige Hindernis blieb, war kaum vorauszusehen, welche
Entscheidung in Wien getroffen werden, und ob da nicht auch die englische
Anleihe, ihrer eigentlichen schlesischen Hypothek verlustig, in irgendwelcher
Form auf Österreich sitzen blieb, was sicher den englischen Kreditoren sehr
unerwünscht gewesen wäre. So hatte er denn, um wenigstens diese englische
Forderung unter allen Umständen in Sicherheit zu bringen, das Auskunfts=
mittel vorgeschlagen, der König solle zum mindesten die englische Anleihe
übernehmen. Es war dies geschehen am 9. Juni in jener Konferenz, wo
die beiden Diplomaten ohne den eigentlich brennenden Punkt, den der Land=
abtretungen, zu berühren, nur über die sonstigen Fragen verhandelt hatten.
Und jener Vorschlag hatte Hyndford durchaus keine Skrupel zu machen
brauchen, denn damals war ja immer noch eine Rückfrage bei den betreffenden
Höfen in Aussicht genommen worden. Aber inzwischen hatte Podewils, wie
wir wissen, am 11. Juni die Weisung, ohne weitere Rückfrage an demselben
Tage abzuschließen, und Hyndford war nun gedrängt worden, den Artikel
wegen der Schulden eben im Sinne der Besprechungen vom 9. Juni jetzt
definitiv den Präliminarien einzureihen. Jetzt erst stand der Gesandte vor
einer wirklichen Überschreitung seiner Instruktionen; auf der anderen Seite
schien eine solche in einem Punkte, wo es sich um einige Millionen Thaler
handelte, doch nicht so schwer zu wiegen, daß man um ihretwillen den so
lange ersehnten Abschluß, den man jetzt in der Hand hatte, hätte ins Unge=
wisse hinausschieben sollen, noch dazu, da ja doch Hyndford immerhin an
seinen eigenen Vorschlag in gewisser Weise gebunden schien. So war denn
§ 7 der Präliminarien entstanden, welcher des Königs Verpflichtungen auf
die englische Anleihe (ohne Erwähnung einer Quote für Österreichisch=Schle=
sien) beschränkte; mündlich hatte daran noch Podewils die Zusage geknüpft,
daß sein König auch die Vorschüsse von Privaten übernehmen würde. Der
Minister hatte sich alle Mühe gegeben, in jenen Artikel als Korrelat der
preußischen Schuldenübernahme auch noch die Bestimmung hereinzubringen,

daß die Brabanter und holländische Anleihe von der Königin getragen werden würden; aber Hyndford war auf keine Weise zu bewegen gewesen, der Königin eine positive Verpflichtung zuzuschreiben im Widerspruch mit seinen Instruktionen.

Die Sache hatte gewisse Bedenken: Art. 7 sagte positiv, der König würde nur die englische Anleihe bezahlen, der Königin solle keine weitere Verpflichtung aufgewälzt werden; die Brabanter und holländische Schuld schwebten also zunächst in der Luft. Sollte es wirklich dahin kommen, daß dieselben, wie Friedrich einmal gesprächsweise hingeworfen hatte, überhaupt von niemand bezahlt würden? Dem Minister ahnte wohl, daß aus diesem Punkte noch weitere Schwierigkeiten erwachsen könnten; aber was sollte er thun? Hyndford war auf keine Weise einen Schritt weiter zu bringen, und er hatte gemessene Ordre, noch am selbigen Tage abzuschließen [1]).

Als die Präliminarien in Wien anlangten, geriet man dort in die größte Aufregung wegen der Eigenmächtigkeit Hyndfords. Man ratifizierte zwar, erklärte jedoch, den eigentlichen Frieden nur unter der Bedingung abschließen zu können, daß der bei allen Friedensschlüssen, wie z. B. in Utrecht, Stockholm, Nystadt, Wien zur Anwendung gekommene Grundsatz, daß der Besitzer eines Landes dessen Schulden zu übernehmen habe, auch hier zur Anwendung komme. So habe der Kaiser die Schulden der Niederlande, der König von Preußen die von Geldern und Vorpommern, der Zar Peter die von Livland, Ludwig XV. die von Lothringen übernommen, und indem so die Königin durchaus den festen und unveränderlichen Usus der europäischen Verträge für sich habe, rechne sie um so sicherer hierin auf ein Nachgeben des Königs, je mehr sie sich in allen anderen Punkten entgegenkommend gezeigt habe. Nachdem diese Erklärung in Breslau eingetroffen, war nun hier am 20. Juni über diesen Punkt weiter verhandelt worden, und Podewils hatte durch verschiedene briefliche Erklärungen seines Königs bewogen, an dem Wortlaute des Artikel 7 festgehalten und schließlich auf Hyndfords Wunsch in einem ostensibeln Briefe (vom 20. Juni) behauptet, nach den Befehlen seines Königs würde er es bei den Friedensunterhandlungen eher haben auf einen Bruch ankommen lassen, als in diesem Punkte nachzugeben, und der Abschluß des Traktates sei nur dadurch ermöglicht worden, daß eben Hyndford Hoffnung gemacht habe, die Königin werde in diesem Punkte nachträglich noch nachgeben. Die letztere werde ja gewiß ohne Schwierigkeiten den Gläubigern in Holland und Brabant andere Hypotheken anweisen können [2]).

Hyndford hatte nun zwar auch seinerseits nach Wien berichtet, daß ihm schon die Übernahme der englischen Schuld durch Preußen große Schwierigkeiten gemacht habe und ein weiteres kaum durchzusetzen sein würde [3]), aber doch gleichzeitig Podewils erklärt, er sähe voraus, daß die ganze Sache noch viele Schwierigkeiten machen und den Friedensschluß sehr aufhalten würde.

---

[1]) Die ganze Darstellung folgt hauptsächlich einer Denkschrift von Podewils im Berliner St.-A.: „Detail fidèle de ce qui s'est passé au sujet du payement des dettes hypothéquées sur la Silésie dès le commencement de la negotiation de la paix", geschrieben etwa am 21. Juni.

[2]) Berliner St.-A.

[3]) An Robinson, den 20. Juni; Londoner Record office.

„Um Himmels willen", sagte er, „wäre es denn nicht möglich, daß der König wenigstens noch die holländische Schuld übernähme unter der Bedingung, seine alten Forderungen wegen der Maaszölle in Abrechnung bringen zu dürfen? Dann werde ich suchen, die Königin zur Befriedigung der Brabanter Stände zu bewegen. Man muß auch bedenken, daß Holland niemals die gewünschte Garantie übernehmen, noch mit dem König eine Defensivallianz eingehen wird, wenn nicht dieser Stein des Anstoßes aus dem Wege geräumt und ihnen Zahlung zugesichert ist."

Von Wien aus antwortete man höflich aber sehr fest, man habe auf diese Weigerung des Königs gerade bezüglich der holländischen Schuld nach den Erklärungen, welche derselbe bei dem Einmarsche seiner Truppen in Schlesien den Holländern gegeben habe, in keiner Weise gefaßt sein können, und müsse diese Sache im Grunde als entschieden ansehen, um so mehr, da Lord Hyndford bezeugen würde, daß der Wiener Hof zu der Scheidung zwischen den schlesischen Schulden, die der Art. 7 der Präliminarien zu insinuieren schiene, keine Veranlassung gegeben habe. Derselbe wäre entschlossen, seine Quote überreichlich zu zahlen, und würde sogar weiter gehen, wenn die (von Podewils ausgesprochene) Voraussetzung, als könne derselbe Mittel finden, die Holländer und Brabanter durch anderweitige Hypotheken zu befriedigen, gegründet wäre. Leider fehlten die Mittel absolut, und es sei nicht menschenmöglich, sie irgendwie zu beschaffen und zu gleicher Zeit die sehr lästigen Verpflichtungen zu erfüllen, welche der Barrière-Traktat auferlege [1].

Auf neue Vorstellungen Hyndfords (vom 25. Juni) über eine eben eingelaufene energische Weigerung des Königs hatte man dann nur kurz erklärt, der König von Preußen habe früher keine Schwierigkeiten gemacht, den schlesischen Ständen, welche als die wahren Schuldner anzusehen seien, die Sorge und die Mittel zu überlassen zur Bezahlung dieser Schulden. Da die Gläubiger ein volles Recht auf Befriedigung hätten, vermöge die Königin keinen Paragraph zuzulassen, der dieses Recht in Frage stellen könnte [2].

Inzwischen hatte Podewils die Sachlage in der oben erwähnten Denkschrift dem Könige auseinandergesetzt und am Schlusse derselben anheimgestellt, entweder mit Rücksicht darauf, daß die Königin in der That das Herkommen bei anderen Friedensschlüssen für sich habe, nachzugeben oder, wenn er sich auf den Wortlaut der Präliminarien steifen wollte, doch wenigstens die Frage der holländischen Schuld einer besonderen Kommission vorzubehalten.

Aber der König zeigte sich allen Vorstellungen unzugänglich. Trotzdem er über das Eintreffen der Ratifikation sehr erfreut war, blieb er doch dabei, daß er sich die Schulden der Holländer niemals aufbürden lassen würde, und möchten diese letzteren auch infolge davon ihre Garantie verweigern und mit ihm nicht in Allianz treten wollen. Nun und nimmermehr würde er das thun, möchte daraus entstehen, was da wolle [3], und als in jenen Tagen auf

---

[1] Undatierte Denkschrift etwa vom 25. Juni; Abschrift im Berliner St.-A.

[2] Abschrift im Berliner St.-A. Undatiert, als Antwort auf einen Brief Hyndfords vom 25. Juni bezeichnet.

[3] Kabinettsschreiben vom 22sten und eigenhändiger Brief vom 23. Juni, beide aus dem Lager von Kuttenberg; letzterer in der Polit. Korresp. II, 218.

die Bitten der Österreicher Hyndford sich dafür verwandte, daß der König beim Abmarsche aus Böhmen seine dortigen Magazine, die ja doch durch Requisitionen aus Böhmen gefüllt worden seien, der Königin unentgeltlich überließe, was die Königin als ein Zeichen wirklich freundlicher Gesinnung sehr hoch aufnehmen würde, entschied Friedrich mit stolzer Schärfe, er habe nicht nötig, sich um die günstigen Gesinnungen der Königin von Ungarn zu bemühen, und außerdem seien Heu und Stroh kein Geschenk für eine Königin [1]), hat aber bald nachher doch die Magazine angeboten, wenn der Wiener Hof in der Frage der Schulden nachgeben wollte.

Infolge dieser Entscheidungen nahm nun Podewils noch einen Anlauf, um von Hyndford eine weitere Konzession zu erlangen, aber ganz erfolglos. Der Gesandte erklärte, er sei in Verzweiflung, denn er vermöge nicht abzusehen, wie der Friede zustande kommen solle; ihm seien die Hände absolut gebunden, er dürfe nicht unterzeichnen, bis diese Frage geregelt sei. Die Königin beklage sich bitter, daß man zum Dank für ihre Nachgiebigkeit mit einer Härte und Unmenschlichkeit ohnegleichen sie behandle und sie nötigen wolle, für Länder, die ihr nicht mehr gehörten, Schulden zu bezahlen. Friedrichs Vater habe, als er das Stettiner Land erworben, das kaum so groß sei, wie das Fürstentum Glogau, nicht nur die Schulden übernommen, sondern noch 2 Millionen Thaler gezahlt, und sie solle für weite Landstriche, die sie habe abtreten müssen, nicht nur keinen Pfennig empfangen, sondern noch die Schulden des abgetretenen Landes auf dem Halse behalten. So etwas sei unerhört, so lange die Welt stehe; sie glaube nicht, daß jemand ihr einen zweiten derartigen Fall nachweisen könne, und kurz, sie könne jene Schulden nicht zahlen, namentlich die holländische nicht. Als die Anleihe kontrahiert worden, hätten die vornehmsten der schlesischen Stände darüber selbst mit den Holländern verhandelt, der Wiener Hof sei gar nicht beteiligt gewesen. Die Holländer, gewöhnt die Abzahlungen und Interessen jener Schuld in schlesischen Waren aus jenem Lande zu empfangen, würden, wenn das aufhörte, nicht nur ihren Handel dahin abbrechen, sie wären auch imstande, schlesische Waren, wo sie solche träfen, mit Beschlag zu belegen, da sie fest daran hielten, daß nicht der Wiener Hof, sondern die Schlesier selbst ihre Schuldner seien.

Das alles trägt nun Podewils dem König schriftlich vor [2]), erinnert daran, daß die Hälfte der für den Friedensschluß vorgesehenen Zeit abgelaufen sei, und beschwört ihn, die Sache reiflich zu überlegen: seine Armee sei auf dem Rückmarsche und nicht mehr beisammen; die bisherigen Alliierten, über den ihnen gespielten Streich unwillig, wünschten nichts, als Rache zu nehmen; neue Alliierte habe man noch nicht; welche Verlegenheit, wenn nun der Friede nicht zustande käme und auf die Kunde davon die früheren Verbündeten am Ende noch früher sich mit dem Wiener Hofe verständigten.

Der König hatte inzwischen seinen Rückmarsch angetreten und war bis Königgrätz gekommen; die Frage der holländischen Schuld regte ihn ganz ungemein auf, und als damals (genauer auf dem Marsche von Kolin nach

---

[1]) Marginale zu einem Schreiben Podewils vom 23. Juni; Polit. Korresp. II, 214.

[2]) Bericht vom 25. Juni; Berliner St.-A.

Königgrätz) ein Bericht Podewils' an ihn einlief vom 23. Juni [1]), der unter Berufung auf die allgemeine politische Lage eine Beschleunigung des Frie=densschlusses dringend empfahl, ohne auf die Schuldenfrage einzugehen, schloß Friedrich daraus, daß Hyndford in dieser letzteren Angelegenheit die Übernahme der holländischen Schuld durch Preußen gleichsam als conditio sine qua non ansehe und also einfach auf ein Nachgeben des Königs rechne, und daß auch Podewils stillschweigend diese Forderung unterstütze, und ge=riet in den größten Zorn [2]). Er ließ Podewils schreiben, die holländische Schuld könnte und wollte er nicht übernehmen, möchte daraus entstehen, was da wolle, und wünschte davon nicht weiter gesprochen zu haben. Wenn der Wiener Hof von den Präliminarien abgehe und mehr, als darin enthalten, prätendieren wolle, so könne der König dies nicht anders ansehen, als ob man den Frieden überhaupt nicht wolle und deshalb eine Gelegenheit vom Zaune zu brechen beabsichtige. Podewils solle von Hyndford eine kategorische Ant=wort verlangen, ob der Punkt der holländischen Schuld den Frieden ungültig machen sollte oder nicht, und diese Antwort verlangte der König bis über=morgen Abend in Glatz zu haben. Denn er würde im ersteren Falle seine auf den Marsch befindlichen Truppen Halt machen und die bereits voraus=marschierten Truppen zurückkommen lassen; im anderen Falle könnte es dabei sein Bewenden haben, daß der König eben diese Schulden nicht bezahle. Nach so viel Opfern an Gut und Blut ganz anders, als sie z. B. sein Vater bezüglich Stettins zu bringen nötig gehabt habe, müsse er auf seiner Forderung bestehen, wolle aber sonst sich gern gefällig zeigen, die Grenz=kommission ernennen und die Königin dabei nicht schikanieren, wolle auch, wenn die Königin in jenem Punkte nachgebe, ihr alle seine böhmischen Ma=gazine unentgeltlich überlassen [3]).

Aber noch ungleich schroffer lautete die Marginalverfügung, welche der König auf Podewils' Brief [4]) eigenhändig schrieb. Hier heißt es wörtlich: „Ich bin so entschlossen in meinen Ansichten, daß Sie nur Hyndford zu er=klären haben; wenn die Königin von Ungarn die Holländer nicht bezahlte, würden dieselben niemals bezahlt werden, möchte auch geschehen, was da wollte. Ich befehle Ihnen, ihm zu sagen, daß ich eher noch eine Schlacht liefern würde, und wenn es mein Leben kosten sollte. — Diese Menschen wollen uns Gesetze vorschreiben; aber ich werde ihnen lehren, ehrlich zuwerke zu gehen. Mit einem Worte, ich will nicht mehr von den Holländern sprechen hören und verbiete Ihnen, davon zu reden. Sie können selbst Hyndford sagen, daß ich zunächst meine Truppen zurückkommen lassen und nicht eher aus Böhmen gehen werde, bis man in diesem Punkte nach=gegeben hat."

Und wenn Podewils den König bittet, bis zum vollständigen Austrage aller Schwierigkeiten seine Rückreise nach Berlin zu verschieben, so bemerkt dazu der junge Herrscher in seinem Unmute: „Bekümmern Sie Sich, mein

---

[1]) Also nicht der eben erwähnte vom 25. Juni.
[2]) Diesen Zusammenhang setzt dann ein Brief Eichels an Podewils vom 27. Juni auseinander.
[3]) Kabinettsschreiben vom 26. Juni; Polit. Korresp. II, 215.
[4]) Nämlich den erwähnten vom 25. Juni; ebd. S. 214.

Herr, um Ihre Angelegenheiten, ohne mir vorschreiben zu wollen, welche Reisen ich machen oder nicht machen soll. Verhandeln Sie, wie ich es Ihnen befehle, und tragen Sie nicht auf zwei Achseln [1]), indem Sie Sich zum schwachen und complaisanten Vermittler der englischen Capricen und der österreichischen Unverschämtheiten hergeben. Das erlaube ich mir Ihnen zu raten und zugleich in Erinnerung zu bringen, daß Sie nicht eine Sprache führen, wie sie für den Minister eines Königs paßt, der vor vierzehn Tagen eine Schlacht gewonnen hat." [2])

Der König war damals in Königgrätz so erregt, daß er unter anderem auch Eichel befahl, durch Podewils Hyndford sagen zu lassen: wenn er, der König, nach Breslau käme, wolle er zwar ihm in Gesellschaft und vor den Leuten ein freundliches Gesicht zeigen, doch möge derselbe sich hüten, zu ihm von Geschäften zu reden, da er nicht dafür stehen könne, daß er dann sich erhitze und ihm etwas hart begegne. Es ist für die Stellung Eichels zu dem König recht charakteristisch, daß jener den Mut hatte, zu diesem Auftrage nicht die Zeit zu finden, und erst mehrere Tage später, als die Aufwallung sich gelegt hatte, nachträglich davon berichtet [3]).

Auf jene Vorwürfe antwortet Podewils nicht ohne Würde, er sei in Verzweiflung, den König durch die offene Aussprache seiner Ansichten erzürnt zu haben. Er habe eine solche bisher für seine Pflicht gehalten; wenn jedoch der König fortfahre, ihn dafür durch unverdiente Vorwürfe einzuschüchtern, werde er mit seiner Meinung zurückhalten, aber dafür dem Könige auch weniger nützen können. „Es hängt von Ew. Majestät ab, nach Ihrer Entscheidung Krieg oder Frieden zu haben; ich meinerseits habe kein anderes Ziel vor Augen, als Ihren Ruhm und Ihr Interesse, und ich kann sehr ruhig sein, wenn ich mein Gewissen entlastet und als ehrlicher Mann und treuer Diener, der sich keine Vorwürfe zu machen hat, gehandelt habe."

Hyndford, dem er des Königs Verlangen einer schnellen Entscheidung mitgeteilt, erwidert, er könne dieselbe nicht geben, ehe er Antwort aus Wien zurück habe, er habe dort nach Kräften ein Nachgeben befürwortet; aber als ehrlicher Mann müsse er bekennen, daß er keine große Hoffnung habe, die Königin in diesem Punkte nachgeben zu sehen. Der König möge doch erwägen, daß es sich um etwa 2¼ Millionen handele, und sich überlegen, ob er um solches Objektes willen von neuem Erwerbungen aufs Spiel setzen wolle, die ihm jährlich 3 Millionen einbrächten. „Einige Monate Fortsetzung des Krieges verschlingen mehr als jene Summe; und wenn der Krieg sich in die Länge zieht, darf der König nie hoffen, so viel davon zu tragen, als ihm jetzt der Frieden zusichert." [4])

Aber in der That hatte bereits der ausführliche Bericht von Podewils vom 25. Juni den König diese Sache in milderem Lichte ansehen lassen, insofern er sich überzeugte, daß es wenigstens auf die Erpressung eines Zugeständnisses von seiner Seite als Bedingung des Friedens nicht abgesehen war. Bereits am 27ten vermag Eichel von Glatz aus zu melden, der König

---

[1]) „ne faites pas la mie qui a des couilles".
[2]) Ebd.
[3]) Eichel an Podewils, den 1. Juli; Polit. Korresp. II, 217.
[4]) Bericht Podewils' vom 28. Juni; Berliner St.-A.

sei bereits „ziemlich radoucirt, ob Sie gleich noch von keiner Bezahlung der Schulden hören wollen". Der Rückmarsch aus Böhmen wird von den preußischen Truppen fortgesetzt, eine kleine Schwierigkeit, die daraus entsteht, daß ein österreichisches Kommando, das Habelschwert besetzt hat, noch keine Instruktion zur Räumung erhalten hat, wird gütlich beseitigt, das Friedens=instrument in seinem Entwurfe gebilligt, und am 29sten schreibt dann Eichel endlich, der König wolle in dem formellen Friedenstraktate sich zur Bezah=lung der holländischen Schuld nicht engagieren, diese Sache möge allenfalls einer besonderen nachträglichen Negotiation vorbehalten bleiben. Das war das, was Podewils längst vorgeschlagen, und kam einem Zugeständnisse gleich; als Hyndford es erfuhr, berichtete er nachhause, der König werde jetzt damit die Holländer zu der Garantie des Friedens zwingen, sie ihre Freundschaft mit ihrem eigenen Gelde erkaufen lassen, da der König aber etwa 1 Million als alte Schuld von den Maaszöllen dagegen aufzurechnen gewillt sei, werde am Ende mehr Feindschaft als Freundschaft daraus ent=stehen [1]).

König Friedrich hatte jene oben erwähnte fulminante Königgrätzer Mar=ginale angeknüpft an eine Mahnung seines Ministers, den „Grenzzug" in Oberschlesien durch eine Kommission feststellen zu lassen. Ungeduldig be=ginnt er, er wolle zehn Kommissäre ernennen, wenn es nötig sei, und wendet sich dann gleich zu der brennenden Frage der holländischen Schuld. Im Interesse des Friedens war es vielleicht ein Glück zu nennen, daß diese Frage des Grenzzuges damals nicht auch bereits brennend geworden war. Wenn er in jenem Augenblicke geahnt hätte, daß diese Sache, die er eben jetzt als geringfügiger ungeduldig beiseite schob, noch schlimmere Verwickelungen bringen würde, als die Angelegenheit der Schulden; er hätte in der dama=ligen leidenschaftlichen Erregung es möglicherweise noch zum Bruche kommen lassen.

Diese Frage des Grenzzuges hatte wohl schon früher seine Aufmerksam=keit erregt.

Auf die erste Mitteilung der Friedenspräliminarien hin hatte der König geschrieben, er finde die Ausdrücke bezüglich der Grenzbestimmung in Ober=schlesien, es solle von der Abtretung ausgenommen werden einmal, was jen=seits der Oppa und der hohen Gebirge liege, und dann die zu Mähren ge=hörenden Distrikte, etwas zu allgemein und wünsche, daß sich Hyndford darüber beizeiten näher äußere [2]). Mit der ihm eigenen Ungeduld hatte er dann nicht erst die Antwort darauf abwarten mögen, sondern einige Tage später von neuem in der Sache erklärt, er sei gesonnen, sich streng an die Präliminarien zu halten und nichts mehr zu verlangen, als darin enthalten sei; hoffe aber nun dagegen, daß man auch österreichischerseits nicht etwa jene erwähnten unbestimmten Ausdrücke mißbrauchen und mehr dazu ziehen würde, als in der That dazu gehöre, und namentlich nicht die Gebirge um Ziegen=hals und Zuckmantel, und was sonst im Fürstentum Neiße jenseits der Neiße und gegen die Grenzen der Grafschaft Glatz liege, einzurechnen versuchen, sondern eben nur die Grenzgebirge gegen Mähren im Auge behalten würde ¹). Und zu dieser Äußerung mußte dann Eichel noch nachträglich einen besonderen Kommentar abfassen, der dahin lautete:

„Es ist nicht die Ursache, acquisitiones zu machen, warum Se. Kgl. Maj. von Ziegenhals und Zuckmantel Erwähnung gethan haben, denn letzterer Ort in dem Kriege vom vorigen Jahre meist in die Asche geleget worden, der erstere aber der schlechteste Ort ist, den man finden kann, Beides aber seind auch in Friedenszeiten zwei veritable Raubnester. So ist auch der Strich Landes zwischen dem Glatzischen und vorgedachtem Ziegenhals und Zuckmantel der ingrateste von der Welt, dessen Einwohner in der größten Armuth und von nichts Andrem als Haferbrot und Wasser leben; was aber diese beiden Nester ju égard Sr. Maj. considerabel machet, ist, daß solche die entrée in Oberschlesien machen und gleichsam die Vorpforten von Neiße, mithin des Königs Majestät unumgänglich nöthig sein, dahingegen die Oest= reicher nicht in gleichem cas stehen, und durch Engelsthal, Freudenthal und die herum liegenden großen Gebirge en égard Mährens genugsam gedeckt sind. Jedoch sorgire ich vielleicht mir selber Chimären, die ich bestreite, da es sein kann, daß die Oestreicher nicht daran denken und unter die hautes montagnes als Freudenthal und Wurmthal (Würbenthal?) und die daherum liegenden hohen Berge verstehen.“ ²)

Die mährischen Enklaven scheinen von geringerer Bedeutung, und der König vermutet, man hätte dieselben gar nicht erst ausgenommen, wenn sich nicht darunter Bartensteins Herrschaft Heunersdorf bei Hotzenplotz be= fände, welcher vermutlich nicht gern ein preußischer Lehnsmann würde sein wollen.

Bevor nun aber diese Äußerungen in den Händen des Ministers waren, hatte derselbe auf jene frühere Weisung hin bereits Erklärungen über diesen Punkt von Hyndford erbeten. Dieser aber antwortete, es liege ihm hierüber durchaus nichts vor als der Wortlaut des österreichischen Entwurfes, dessen natürlicher Sinn ihm kein anderer zu sein schiene, als daß alles, was die Königin sich von Oberschlesien nicht ausdrücklich ausgenommen hätte, an Preußen fallen müßte. Es würde eine sehr genaue Ortskenntnis erfordern, wenn man hier in den Traktaten im einzelnen die Grenzen bestimmen wolle, deren Regulierung man vielmehr, wie das ja bei den meisten Verträgen üblich sei, einer besonderen Kommission überlassen könne. Es lohne wirk= lich nicht die Mühe, von irgendeiner Seite um jener traurigen Berge willen besondere Schwierigkeiten zu machen. Der König von Preußen werde unter allen Umständen das größte und fetteste Stück von Oberschlesien haben, und die Königin von Ungarn pikiere sich, wie ihm auch Ro= binson schreibe, förmlich darauf, die Stipulationen mit strengster Gewissen= haftigkeit auszuführen, um wirklich mit Preußen in ein gutes Verhältnis zu kommen ³).

Podewils konnte sich bei diesen Versicherungen nicht wohl beruhigen, nachdem ihm inzwischen jenes wiederholte Zurückkommen des Königs auf diesen Punkt gezeigt hatte, wie sehr denselben diese Angelegenheit beschäftige,

---

¹) Den 16. Juni; Polit. Korresp. II, 203.
²) Ebd.
³) Podewils' Bericht vom 15. Juni; Berliner St.=A.

und als dann am 19. Juni die Ratifikation in Breslau eintraf, regte er die Sache von neuem an, ließ sich aber von Hyndford durch die Wiederholung der Interpretation, die dieser letztere als die einzig naheliegende bezeichnet, beruhigen, schrieb auch dem Könige in diesem Sinne [1]), und wirklich erklärte Friedrich unter dem günstigen Eindrucke der prompten Ratifikation der Präliminarien durch den Wiener Hof, er zweifle auch nicht: „daß die Sache wegen der hohen Gebirge in Oberschlesien auf eine gute Art werde reguliert werden können", da er voraussetze, der Traktat könne nur so verstanden werden, daß die Grenze gebildet werden sollte, 1) durch die Landesgrenze des Teschen-schen, 2) den Oppafluß, 3) die hohen Gebirge, welche Schlesien von Mähren schieden [2]).

Aber so einfach war die Sache doch nicht. Hyndford hatte am 20. Juni wirklich in Wien angefragt, aber sich freilich gehütet, zu jener Interpretation, durch die er Podewils bisher getröstet, sich zu bekennen, sondern dieselbe vielmehr zwar vorgetragen, aber ausschließlich dem preußischen Minister in den Mund gelegt [3]). Darauf erhielt nun Robinson als Antwort eine Art Denkschrift des österreichischen Ministeriums, welche eine Reihe von Forderungen, die in dem eigentlichen Friedensinstrumente Aufnahme finden sollten, formuliert. Diese Antwort nun erklärt bezüglich der Grenzfrage, man accep-tiere ohne Schwierigkeit das Prinzip, daß alles, was von Oberschlesien nicht ausdrücklich in den Präliminarien ausgenommen worden sei, Preußen zu-fallen solle, aber man hoffe auch, daß man preußischerseits nicht versuchen werde, jenes von Österreich zurückbehaltene Gebiet gegen den natürlichen und wörtlichen Sinn der vereinbarten Paragraphen zu beschränken. So könne man doch unmöglich den Ausdruck „hautes montagnes ailleurs dans la haute Silésie" auf die mährischen Grenzgebirge beziehen, da diese, als in Mähren gelegen, so wenig wie Mähren überhaupt bei dem Vertrage in Frage kämen, es handele sich um hohe Gebirge in Oberschlesien, und hiernach sei nun auch die Grenze bereits auf einer Karte, die sich schon in Lord Hyndfords Händen befinde, bezeichnet, welche Karte dann auch den Lauf des Oppaflusses feststellt. Eine genaue Grenzbestimmung der mährischen Enklaven werde dann nur an der Hand einer Spezialkarte und durch Personen, welche das Land genau kennten, vorgenommen werden können, und die Königin werde in wenigen Tagen einen Vertrauensmann absenden, der mit seiner Ortskunde Lord Hyndford unterstützen solle [4]).

Es war nun ohne Zweifel eine sehr gewaltsame Interpretation, die hier versucht wurde. Der Art. 5 der Breslauer Friedenspräliminarien sprach Preußen auch Oberschlesien zu: „à l'exception de la principauté de Teschen, de la ville de Troppau et de ce qui est au delà de la rivière d'Oppan et des hautes montaignes ailleurs dans la haute Silésie, aussi bien que de la seigneurie de Hennersdorf" etc.

Es hat nun mit dieser Stelle eine eigene Bewandtnis. Es wird nicht

---

[1]) Den 20. Juni; Berliner St.-A.
[2]) Kabinettsschreiben vom 22. Juni; ebb.
[3]) An Robinson, den 30. Juni; Londoner Record office.
[4]) Abschriftlich im Berliner St.-A.

leicht jemand, dem sie vorgelegt wird, dieselbe anders verstehen, als daß damit ausgedrückt werden soll, die Königin von Ungarn nähme bei der Abtretung von Schlesien aus: 1) das Fürstentum Teschen, 2) die Stadt Troppau, 3) was sonst in Oberschlesien über der Oppa und den hohen Bergen läge ꝛc. Es ist durchaus wahrscheinlich, daß bei der Abfassung der Präliminarien wenigstens Podewils diese Auffassung vorgeschwebt hat, und dieselbe ist allem dem, was später erfolgte, zum Trotz die herrschende geblieben; unsere gesamte Historie, ja sogar die offiziellen deutschen Übersetzungen des Friedensinstrumentes nehmen als die entscheidende Formel dieses Friedens das „diesseits der Oppa und der hohen Gebirge" an. Aber die damalige österreichische Diplomatie hat in der That jene Worte sehr anders gedeutet; sie hat die Worte des hautes montaignes abhängig gemacht, nicht von au delà, sondern von à l'exception, wie sehr auch der ganze Bau des Satzes und das unter solcher Annahme höchst befremdliche doppelte et einer solchen Auslegung zu widerstreben schien.

Verwickelter wird die Sache dann noch dadurch, daß, obwohl man österreichischerseits von dieser eben erwähnten gewaltsamen Interpretation ausging und auf sie den verlangten Grenzzug begründete, man es doch vermieden hat, diese abweichende Erklärung des Wortlautes von § 5 der Präliminarien bestimmt auszusprechen, sondern vielmehr immer gleich mit den Konsequenzen davon hervorgetreten ist. In der That findet sich in den Berichten von Podewils, in den Briefen des Königs und ebenso wenig in den Depeschen Hyndfords auch nicht die leiseste Anspielung auf jenen interpretatorischen Gegensatz, und wir werden dazu gedrängt, daß der König und seine Minister des Glaubens gewesen sind, aus dem Wortlaut der Präliminarien und zwar nach der naheliegenden und sonst festgehaltenen Erklärung, welche der Königin zusprach: „was von Oberschlesien jenseits der Oppa und der hohen Berge läge", die österreichischen Forderungen abzuleiten, sei wenigstens möglich, was allerdings ohne eine befremdende Unkenntnis der lokalen Verhältnisse nicht anzunehmen war.

Denn in der That hätte unter Festhaltung an dieser preußischen Interpretation kaum jemand den Mut finden können, darauf einen Grenzzug, wie ihn dann Österreich durchgesetzt hat, zu begründen, und auch der Wiener Hof würde das nicht unternommen haben; derselbe hat ja schließlich, nachdem er seinen Willen durchgesetzt hatte, in dem eigentlichen Friedensinstrumente den Text der Präliminarien in einer seiner Auffassung günstigen Weise geändert [1]).

Allerdings erfordert es die Pflicht strenger objektiver Geschichtschreibung, zuzugestehen, daß es auch schon bei den Präliminarien nicht die Meinung des Wiener Hofes gewesen sein dürfte, sich neben Teschen und Troppau nur das vorzubehalten, was (von Österreich aus betrachtet) diesseits der Oppa und der hohen Berge läge. Dies zeigt uns ein Blick auf die Genesis der ganzen Bestimmung.

Wie wir wissen, schwebte bei den Präliminarien der Königin als Grenz-

---

[1]) Wir werden auf die auffallende Thatsache, daß diese wesentliche Änderung der Präliminarien in dem Friedensinstrumente so ganz unbeachtet geblieben ist, noch zurückzukommen Veranlassung haben.

linie ihrer Abtretungen der Kordon vor, welcher einst bei dem Klein=Schnellen=dorfer Vertrage die Ausdehnung der preußischen Winterquartiere bezeichnet hatte. Bei dessen Festsetzung war einst, wie wir aus den vorhergehenden Verhandlungen erfahren, der Gedanke maßgebend, wenn man sich im Besitze des Hochgebirges und der Pässe über dasselbe befinde, werde man auch nach Neipperg3 Abzuge mit einer kleinen Truppenzahl imstande sein, einen Ein=marsch der Preußen in Mähren wirksam zu verhindern, wie sich dies angeb=lich im Winter 1740/41 gezeigt habe. Von diesem Gedanken ausgehend, hatte man im Klein = Schnellendorfer Vertrage sich das Hochgebirge vorbe=halten, so daß dieses nicht von den preußischen Truppen besetzt werden dürfe. In dem betreffenden Paragraphen (§ 13) des gedachten Vertrages wird ganz deutlich ausgesprochen, daß von den Preußen nicht besetzt werden dürfte: das Fürstentum Teschen, die Stadt Troppau und das, was jenseits der Oppa läge, noch auch die sonst in Oberschlesien befindlichen hohen Berge. Von einem „jenseits der hohen Berge" ist da nicht die Rede, und da unverkenn=bar der Wortlaut des Art. 5 der Präliminarien diesem Satze nachgebildet worden ist [1]), so hatten die Österreicher in gewisser Weise wohl ein Recht zu ihrer Interpretation.

Trotzdem aber haben sich die Österreicher niemals bei den Verhandlungen auf dieses zu ihren Gunsten sprechende Moment berufen und zwar auch wieder aus sehr erklärlichen Gründen. Denn wäre man auf jene Schnellen=dorfer Kordonlinie zurückgegangen, so würde sich gezeigt haben, daß doch in der That damals nur das eigentliche Hochgebirge, nämlich der Teil der Su=deten, welcher den Namen des mährischen Gesenkes führt, mit seinen Pässen von Österreich beansprucht und die Zone der Vorberge damals ohne Wider=spruch mit von den Preußen besetzt wurde. Jetzt dagegen beanspruchte man ungleich mehr.

In Beantwortung eines in der Schuldfrage von Hyndford unter dem 25. Juni nach Wien gerichteten Schreibens erklärte man, die Grenzlinie werde auf der Karte da gezogen werden müssen, wo die hohen Berge und zwar nicht die mährischen, sondern die oberschlesischen aufhörten, so daß die in der Ebene liegenden Ortschaften an Preußen, die der Berge der Königin gehörten. Eine Kommission könnte diese Linie vorbereiten und die festge=stellte Grenzkarte dann von den bevollmächtigten Ministern unterzeichnet werden.

Gleichzeitig hatte die Königin den Hofrat Hermann Lorenz v. Kanne=gießer, einen ihrer hervorragendsten Verwaltungsbeamten, der auch rede=gewandt und als Publizist vielfach bewährt war, ausersehen, bei den letzten Unterhandlungen Lord Hyndfords, von dessen „übereiltem und parteiischem

---

[1]) Klein=Schnellendorfer Ver=trag, § 13: „Que la principauté de Teschen, la ville de Troppau et ce qui est au delà de la rivière d'Oppau ni les hautes montaignes ailleurs dans la haute Silésie aussi bien que la Seigneurie de Hennersdorf ne seront point comprises dans ces quartiers."

Präliminarien, §5: [„La Reine cède tant la basse que la haute Si-lésie] à l'exception de la principauté de Teschen, de la ville de Troppau et de ce qui est au delà de la ri-vière d'Oppau et des hautes mou-taignes ailleurs dans la haute Silésie aussi bien que de la Seigneurie de Hennersdorf."

Verfahren" [1]) man weitere Nachteile fürchtete, zur Seite zu stehen. Er reiste Anfang Juli von Wien ab [2]).

Die Österreicher beanspruchten also von dem Punkte an, wo die Oppa aufhört die Grenze zu bilden, bis an die Grafschaft Glatz hin die ganze Zone des Berglandes, so daß eben da nur die Ebene Preußen zukommen sollte. Die „hautes montaignes" wurden in einem solchen Umfange genommen, daß ja Kannegießer die Anhöhe, auf der Schloß Johannesberg liegt, für einen der höchsten Berge Oberschlesiens erklären konnte.

Es bleibt nun immerhin auffallend, daß dem gegenüber der König und sein Minister, die, so viel wir sehen können, beide nicht anders wußten, als daß eben nur, was „jenseits der hohen Gebirge" läge, ausgeschlossen sein sollte, sich solche Forderung gefallen ließen, die doch mit dieser Inter-pretation schlechterdings in keiner Weise zu vereinigen war, daß man nicht wenigstens diesen schreienden Widerspruch betonte und den Nachweis be-gehrte, wie sich diese Forderungen aus dem Wortlaute der Präliminarien herleiten ließen. Doch von dem allen geschah eigentlich nichts, und man kann sich schwer der Vermutung entschlagen, daß denn doch die lokalen Verhältnisse bei dieser Gelegenheit dem Könige nicht ganz gegenwärtig gewesen sein mögen. Allerdings kam noch ein anderer Umstand hinzu. Bei Podewils war augen-scheinlich der lebhafte Wunsch vorhanden, die Verhandlungen zum Abschlusse zu bringen, und er beschränkte gern seine Opposition auf die Punkte, die ihm der Wille seines königlichen Herrn bezeichnete, ohne dieselben auf Grund eigener Überzeugungen vermehren zu wollen, und für den König wiederum konzentrierte sich, seitdem nun auch die Jägerndorfer Frage aufgetaucht war, das Hauptinteresse auf diese, und um in dieser seinen Willen durchzusetzen, war er geneigt, in anderen Punkten nachzugeben. Nun war aber in demselben bereits erwähnten Wiener Schreiben, wo die weitgehende Forderung der „hautes montaignes" zuerst formuliert erschien, auch die Erwartung ausge-sprochen worden, daß ebensowohl wie Troppau auch Jägerndorf von den preußischen Truppen geräumt werde, da dasselbe gleichfalls diesseits der Oppa läge.

Was diese letztere Forderung anbetraf, so kann kaum ein Zweifel darüber obwalten, daß hier der Wiener Hof nicht ganz im guten Glauben handelte, und daß derselbe, als er die Grenzlinie in den Präliminarien festsetzte, an die Zurückbehaltung dieses Ortes nicht gedacht hat. Kannegießer hat es selbst Hyndford eingestanden [3]) und es ist preußischerseits nicht unbemerkt geblieben, daß man nach der Ratifikation wohl die Räumung von Troppau verlangt hat, nicht aber gleichzeitig auch die von Jägerndorf [4]). Vermutlich ist die Anregung zu der Forderung, die eben hier zum erstenmale in einer Form uns entgegentritt, welche dann auch diese Sache als etwas Neues bezeichnet,

---

[1]) Worte der Instruktion für Kannegießer vom 30. Juni; angeführt bei Arneth II, 80.

[2]) Vom 1ten ist sein Beglaubigungsschreiben an Hyndford datiert (Londoner Record office); am 3ten ist er in Sternberg.

[3]) „Mr. K. owned to me, that his Court was not aware of the disputable situation of Jaegerndorf with regard to the river Oppau." Bericht an Hyndford vom 7. Juli; Londoner Record office.

[4]) Eichel, den 7. Juli; Polit. Korresp. II, 223.

indem sie der in den Präliminarien genannten Stadt Troppau nun nachträg=
lich auch noch die Stadt Jägerndorf hinzufügt [1]), von dem Besitzer von Jägern=
dorf, dem bei Hofe so einflußreichen Fürsten Lichtenstein, ausgegangen, der,
um nicht preußischer Unterthan zu werden, jene Interpretation aufs Tapet
brachte [2]).

Begreiflicherweise hatte Kannegießer nicht geringe Mühe, Beweise dafür
zu beschaffen, daß entgegen dem allgemeinen Sprachgebrauche der nördlich
dicht vor Jägerndorf fließende Bach, gewöhnlich das Tropplowitzer oder Co=
meiser Wasser genannt, die wahre Oppa sei, und daß deshalb Jägerndorf,
als diesseits der Oppa gelegen, bei Österreich bleiben müsse; noch unterwegs
versicherten ihm die in jener Gegend bekannten Generale Festetics und Kheyll,
das südliche Flüßlein heiße allgemein die Oppa, das nördliche aber die
Comeis. Kannegießer aber hatte erfahren, auf einer von einem gewissen
Skrbensky in Olmütz herausgegebenen Karte sei der letztere Flußlauf als
Comeis=Oppa bezeichnet, und bereits Anstalten getroffen, diese sich zu ver=
schaffen. Doch war er noch nicht im Besitze einer solchen, als er am 5. Juli
in Breslau eintraf, wo dann noch am selbigen Nachmittag die Verhandlungen
mit Podewils begannen.

Im Verlaufe derselben bot Podewils die Übernahme der holländischen
Schuld gegen Jägerndorf, mußte aber hören, daß die von Kannegießer mit=
gebrachten Instruktionen auf das positivste beides verlangten.

Podewils bezeichnet die österreichischen Forderungen als exorbitant, aber
zu gleicher Zeit die Unterhändler als unerschütterlich, und meint, daß die
Königin die Vorteile ihrer Situation auszunutzen nicht unterlassen werde;
die Allianz sei gesprengt, Sachsen gleichfalls zurückgetreten, die Angelegen=
heiten der Franzosen und Bayern in Böhmen ständen verzweifelt, bei dem
hartnäckigen Schweigen des bayerischen Gesandten über den Frieden vermute
er, daß da auch eine geheime Unterhandlung im Werke sei; unter solchen
Umständen halte er dafür, daß man entweder den Frieden um jeden Preis
abschließen oder einfach den Krieg wieder beginnen müsse, jedes Hinaus=
schieben schließe die Gefahr in sich, daß inzwischen neue Incidenzpunkte auf=
tauchten, bis am Ende die rechte Zeit ganz vorübergegangen sei [3]).

Der König, der seit dem 3ten selbst in Breslau verweilte, entschloß sich
hierauf noch selbst einen Versuch zu machen, die Schwierigkeiten durch persön=
liches Eingreifen zu überwinden.

Als nämlich am 6. Juli Kannegießer in Gesellschaft seines Adlatus
v. Dorsch mit Hyndford das Projekt des Friedenstraktates im einzelnen
durchging, ward der letztere zum König in dessen Quartier, das Gartenhaus
des Kaufmanns Ruffer vor dem Ohlauer Thore [4]), beschieden (gegen 11 Uhr).
Der Lord hatte hier einen schweren Stand. Friedrich machte ihm schwere

---

[1]) „On se contente donc de remarquer préalablement outre ce qui est
dit que — — la ville de Jaegerndorff doit être évacuée aussi bien que celle
de Troppau.“
[2]) Diesen Eindruck hatte Hyndford aus den ersten Unterhandlungen mit Kanne=
gießer gewonnen. Bericht vom 9. Juli; Londoner Record office.
[3]) Bericht vom 5. Juni; Berliner St.=A.
[4]) Dicht am Garten des Kardinals, also etwa gegenüber dem Krankenhause
Bethanien.

Vorwürfe; auf seine Veranlassung und Bürgschaft hin habe er seine Truppen zurückgezogen, noch ehe der Vertrag perfekt geworden, wofür er nun büßen müsse, und während er mit der größten Gewissenhaftigkeit seinen Verpflichtungen nachkomme, erhebe die Königin nachträgliche neue Forde= rungen, die den Charakter einer puren Schikane trügen. So ging es, wie Hyndford berichtet, weiter in höchst heftigen Ausdrücken, aber man sollte, hieß es weiter, sich verrechnet haben, wenn man auf die vollzogene Räumung Böhmens Pläne gegründet hätte; noch sei es Zeit, alles wieder rückgängig zu machen, die Franzosen würden ihn mit offenen Armen aufnehmen, und wenn heut bis 5 Uhr der Vertrag nicht unterzeichnet sei, werde er dem Prinzen von Dessau den Befehl senden, so viel Truppen er vermöge zu sammeln und gegen Königgrätz vorzugehen. Hyndford erschrak und suchte den König zu beschwichtigen, was ihm auch insoweit gelang, daß Friedrich die Antwort aus Wien abwarten zu wollen sich bereit finden ließ. Als der Gesandte zu Wort kam, sprach er zuerst für die holländische Schuld, worauf der König nach einer Pause erklärte, wenn man ihm Jägerndorf lasse, wolle er jene Schuld übernehmen. Hiergegen mußte allerdings der Gesandte wie= derum den bestimmten Wortlaut seiner Instruktion geltend machen, erreichte aber doch so viel, daß der König gegen den sonstigen Grenzzug, wie derselbe österreichischerseits festgesetzt worden war, keine Einwendungen erheben wollte, wofern die Königin nur bezüglich Jägerndorfs nachgäbe oder als Entschä= digung die große mährische Enklave (Hotzenplotz, Maydelberg, Roßwaldau) gewährte, worauf man ja dann Hennersdorf dem Herrn v. Bartenstein ab= kaufen könne.

Es war eine sehr ansehnliche Konzession, die hier der König machte. Er verzichtete auf den vierten Teil des Fürstentums Neiße, auf 17½ ☐ Meilen Landes, von welchem doch der bei weitem größere Teil fruchtbaren Ackerboden hatte; er ließ sich eine Gestaltung der Grenze gefallen, welche auf der einen Seite die österreichischen Grenzpfähle bis nahe an die schlesische Hauptfestung Neiße verschob, auf der anderen keilartig in das preußische Schlesien eindrang und die neue Erwerbung der Grafschaft Glatz nahezu isolierte. Er machte dieses große Zugeständnis auf Grund einer Forderung des Gegners, welche dieser auf keine Weise aus dem Wortlaute der Präliminarien zu begründen vermochte. Denn selbst wenn man von der nächstliegenden Erklärung jener Stelle mit „diesseits der Oppa und der hohen Berge" hätte absehen, auf den Art. 13 des Schnellendorfer Vertrages als das Prototyp der betreffenden Stelle zurückgehen und demgemäß Österreich den Besitz der hohen Gebirge zu= sprechen wollen, ja wenn man selbst die oberschlesischen Besatzungsverhältnisse, wie sie sich eben in Konsequenz der Schnellendorfer Übereinkunft faktisch ge= staltet hatten, ignoriert und die österreichische Interpretation, welche den Besitz der Gebirge mit allen ihren Pertinenzen beanspruchte, in liberalster Weise gedeutet hätte, würde immer noch nicht jener Grenzzug, den die öster= reichische Karte darstellte, sich als Resultat ergeben haben. Wenigstens hätte Österreich das gesamte Berg= und Hügelland im Neiße=Grottkauer Kreise bis an die Grenzen der Fürstentümer Brieg und Münsterberg als Pertinenzen der hohen Berge in Oberschlesien genau mit demselben Rechte beanspruchen können, wie jetzt die kaum merkbaren Bodenanschwellungen, welche z. B. süd= lich von Patschkau Österreich zugesprochen worden sind.

Es ist in der That kaum denkbar, daß hier einer genaueren Prüfung gegenüber der Wiener Hof sich nicht hätte zu einer Rektifikation der ersten Grenzlinie hätte bereit finden lassen sollen. Selbst der vorsichtige Podewils schrieb nach der ersten Konferenz an den König, er hoffe hier noch einiges ab= handeln zu können, z. B. Weißwasser und Weidenau.

Daß dies nun nicht möglich wurde, daran trägt, wie wir wohl zugestehen müssen, eine gewisse Übereilung des Königs eben bei jener Audienz Hyndfords Schuld. Es kam hier wieder die Schattenseite jener schnellen Entschlossenheit zur Geltung, die nun einmal dem jugendlichen Monarchen eigen war. Die unerwartete Forderung Jägerndorfs, die ihm als besonders unbillig erschien, reizte ihn so, daß er, um diese abzuwenden, die viel umfassendere und mindes= stens ebenso ungerechtfertigte andere Forderung in den Kauf nahm und so, um 1 □Meile zu gewinnen, 17½ □Meilen, von denen vielleicht noch mehrere zu retten gewesen wären, preisgab. Es können ja selbst besondere Sympa= thien für Jägerndorf als alte hohenzollernsche Residenz kaum mitgesprochen haben, da der König noch im Verlaufe derselben Audienz sich bereit erklärt, für jene Stadt eventuell die große mährische Enklave in den Kauf nehmen zu wollen. Der König läßt die Äußerung fallen, daß er hinsichtlich Jägerndorfs eventuell den Schiedsspruch des Königs in England zu acceptieren geneigt wäre [1]).

Es kann kaum ein Zweifel sein, daß Hyndford damals, wenn es irgend in seiner Hand gestanden hätte, nachgegeben haben würde; er war namentlich im Punkte von Jägerndorf nicht überzeugt, daß Österreich recht habe, er fand, daß, wenn man von vornherein dies fordern zu müssen geglaubt hätte, man Jägerndorf ebenso gut gut wie Troppau hätte ausdrücklich ausnehmen müssen [2]), und zweifelte, ob es möglich sein werde, einen klaren Beweis dafür zu erbringen, daß jener nördlich vor Jägerndorf fließende Bach die wahre Oppa sei [3]). Offenbar hätte er am liebsten eben noch an jenem 6. Juli durch ein Kompromiß die Sache zu Ende gebracht, und als er, von der königlichen Audienz zurückkehrend, Kannegießer von dem Gehörten Mitteilung machte, stellte er die Sache so dar, als hielte der König seine Drohung, wenn man nicht bis 5 Uhr nachgäbe, den Befehl zur Umkehr seiner Truppen absenden zu wollen, unter allen Umständen aufrecht, und fragte nun, was man unter solchen Umständen thun solle. Sicherlich würde, wenn Kannegießer irgend= wie einer Konzession zugestimmt hätte, Hyndford eine solche auch über seine Instruktion hinaus gewährt haben. Aber dieser blieb unerschütterlich fest. Er habe keine Vollmacht, erklärt er, sondern sei nur da, um als landes= kundig dem Gesandten die eben gewünschten Aufklärungen zu geben; und wenn der König seine Drohung wahr mache, bleibe ihm nichts übrig als Breslau um 5 Uhr zu verlassen. Die ganze Art, zu verhandeln, scheine ihm aber unerhört [4]).

Um 5 Uhr nachmittags fand sich Podewils wiederum bei Hyndford ein, um dessen Entscheidung zu hören; auch Kannegießer wurde herbeigerufen und

[1]) Hyndford an Robinson, den 7. Juli; Londoner Record office.
[2]) Bericht vom 9. Juli; ebd.
[3]) An Robinson, den 7. Juli; ebd.
[4]) Kannegießers Bericht vom 7. Juli; bei Arneth a. a. O. II, 483.

man zieht nun hauptsächlich die von dem Könige angebotenen drei Vorschläge in Betracht, nämlich, daß entweder die Königin Jägerndorf hergeben und Friedrich die holländische Schuld übernehmen oder umgekehrt jene gegen den Besitz von Jägerndorf auf das letzte verzichten, oder aber endlich als Ent=schädigung die erwähnte große mährische Enklave abtreten solle. Bezüglich des letzten Vorschlags, der ja eigentlich allein recht ernsthaft in Betracht kommen konnte, erklärte Kannegießer, jene genannten 3 Herrschaften lägen mit Hennersdorf und anderen so vermischt, daß allda eine Landesgrenze ausfindig zu machen eine pure Unmöglichkeit sei und man sich nur neue Verdrießlich=keiten zuziehen würde, man werde da lieber an ein anderes Äquivalent denken müssen [1]).

Trotz dieses Widerspruches aber empfahl Hyndford in einem Schreiben an Robinson mit Wärme eine Nachgiebigkeit der Königin in dem Punkte wegen Jägerndorf, und wie ernst er es meinte, zeigt der kleine Kunstgriff, den er anwendet, indem er Robinson reizt, durch besondere Anstrengungen in dieser Angelegenheit die Gunst des Königs von Preußen wieder zu er=langen. Er habe, schreibt er, das dem Könige offen gesagt, daß er bei dieser Gelegenheit neben dem allgemeinen Frieden auch den zwischen ihm und Ro=binson wieder herstellen wolle, was mit freundlichem Lächeln acceptiert wor=den sei [2]).

Da der König in der Nacht vom 8. zum 9. Juli nach Berlin weiterreisen wollte, also die Rückkunft des von Hyndford nach Wien gesandten Kuriers nicht abwarten konnte, so wünscht sich Podewils wenigstens zu vergewissern, daß wirklich eben nur der Punkt wegen Jägerndorf dem Abschlusse des Friedenstraktates im Wege stehe, und legt nur noch unter dem 7. Juli die bisher noch streitigen Punkte insgesamt dem Könige vor. Dieser ent=scheidet, daß er also neben der englischen auch die holländische Schuld nach Maßgabe seines Landanteils übernehmen wolle, und ebenso die Vorschüsse, welche schlesische Privatleute der schlesischen Domänen= und Steuerkasse oder der Bankalität geleistet hatten, daß er ferner einverstanden sei, wenn in dem Friedensvertrage nur stände, zu welchen Schulden er allein verpflichtet sei, er will sich ferner den von Österreich gewünschten Vorbehalt in der Frage der Konfession gefallen lassen und ebenso die Publizierung des Friedens=vertrages durch den Druck und erklärt gegenüber der Weigerung der Kö=nigin, mehr als den Titel eines Herzogs von Niederschlesien zuzugestehen, da er Oberschlesien doch eben nicht ganz habe, also da nur Herzog in Ober=schlesien heißen könne, es komme ihm nichts auf die Titel an, wenn er nur das Land habe.

Dagegen äußert sich der König hinsichtlich des Grenzzuges in folgenden Worten: „Ich behalte Weidenau und alles bis Zuckmantel ungefähr in der Linie des Cordons (von Klein=Schnellendorf); suchen Sie ihnen soviel, als Sie können, abzugewinnen." Mit einer Wendung, wie sie nur großer Ingrimm

---

[1]) Kannegießers Bericht vom 7. Juli; bei Arneth II, 483. Nach diesem Be=richte hätte Kannegießer bereits die Enklave Katscher als Äquivalent vorgeschlagen; doch wird dies unwahrscheinlich, da weder von Hyndford, noch von dem König in den darauffolgenden Äußerungen Katscher erwähnt wird.

[2]) Den 7. Juli; Londoner Record office.

eingeben konnte, befiehlt er dann am Schlusse, die Jägerndorfer Karte (wir kommen auf sie noch zurück) nach Wien zu schicken, um jene Leute recht ins Unrecht zu setzen [1]).

Diese Verfügung brachte Podewils wiederum in schwere Bedrängnis. Ganz abgesehen von Jägerndorf schienen hier doch noch zwei andere Differenz=punkte zu liegen. Denn wenn der König bezüglich der holländischen Schuld geltend machte, daß die Königin ja früher selbst angeboten habe, die Quote, die auf den ihr bleibenden Teil von Schlesien falle, zu übernehmen, so wußte er doch anderseits, daß dieselbe jetzt daran festhalte: da sie die Brabanter Schuld ganz tragen solle, sei es billig, daß auch der König die holländische allein bezahle.

Ebenso bedenklich schien dem Minister die Forderung des Grenzzuges; der König meinte, Weidenau wenigstens könne er um so bestimmter be=anspruchen, als diese Stadt schon in der alten Lisière jenseits der Neiße, welche sogar seine Verbündeten ihm bewilligt hätten, mit inbegriffen gewesen sei: aber nachdem Hyndford aus der Audienz bei dem Könige die Genehmigung des österreichischen Grenzzuges einmal mitgebracht und in diesem Sinne auch nach Wien berichtet hatte, sah Podewils voraus, daß hier nichts zu erlangen sein würde, und stellte vor, daß unter solchen Umständen sein Verweilen in Breslau keinen Zweck habe, da er selbst in dem günstigsten Falle, daß der Wiener Kurier ein Nachgeben in der Jägerndorfer Frage zurückbrächte, eben um jener anderen Incidenzpunkte willen nicht abschließen dürfe. Er bat unter solchen Umständen, dem Könige gleich nach Berlin folgen zu dürfen.

Podewils erhielt die Entscheidungen am 8ten; am Abend wollte der König abreisen. Hyndford war nicht mehr zu erlangen, er war zu einem Besuche nach Lissa zu Baron Mudrach gefahren und wurde erst am Abend zurückerwartet. Der König, dem sein Minister noch weitere Vorstellungen machte, entschied nur noch in Eile, derselbe möge nur den Kurier abwarten, und wenn der wegen Jägerndorfs Günstiges bringe, noch einmal berichten, anderenfalls selbst nach Berlin kommen.

Aber Podewils wartete doch schließlich die Rückkunft des Kuriers nicht ab, sondern berichtete bereits zwei Tage später, Kannegießer wäre für jede weitere Vorstellung wegen des Grenzzuges unzugänglich; derselbe meine, daß, seitdem die Grenze über ganz Oberschlesien ausgedehnt worden sei, man von der Lisière nicht mehr sprechen könne, daß Johannisberg jedenfalls eine Pertinenz der hohen Berge sei [2]), und daß, nachdem der König Hyndford gegenüber mündlich dem von Wien aus festgesetzten Grenzzuge zugestimmt habe, man doch dies nicht wieder in Frage ziehen dürfe, da man in der That nie fertig werden würde, wenn man heute das zurücknehmen wolle, was man gestern versprochen habe [3]).

Darauf erhält dann der Minister die Weisung, nachzugeben, die hollän=dische Schuld zu übernehmen und, wenn Weidenau und Johannesberg nicht zu retten seien, auch diese preiszugeben und nur eben auf Jägerndorf zu be=

[1]) Polit. Korresp. II, 224.

[2]) In den Bereich der Lisière, die sich eine deutsche Meile jenseits der Neiße er=strecken sollte, konnte Johannisberg allerdings nicht wohl gezogen werden.

[3]) Bericht vom 10. Juli; Berliner St.=A., Poststr.

stehen. Gebe die Königin in diesem Punkte nach, so solle Podewils mit Hyndford unterzeichnen, anderenfalls solle er nach Berlin nachkommen und den englischen Gesandten ebenso wie Kannegießer mitbringen [1]).

Dem von Eichel aufgesetzten Schreiben fügt der König eigenhändig bei: „man muß die Segel einziehen, wenn man den Wind nicht mehr im Rücken hat".

Noch einmal drohen sich Schwierigkeiten nach dieser Seite hin zu er= heben; preußische Husaren vom Regimente Hobitz besetzen die Orte Johannis= thal, Roßwaldau, Jauernif, Friedewalde, Johannisberg, Weidenau, Reichen= stein und Ziegenhals, der österreichische General Kheyll erhebt Protest dagegen, und Podewils erinnert den König daran, daß man übereinge= kommen sei, die Orte in den Bergen bis zur vollständigen Regulierung un= besetzt zu lassen [2]). Der König zeigt sich in der That schnell bereit, Abhilfe zu schaffen, nur wegen Reichenstein und Ziegenhals bemerkt er, daß diese doch zu Preußen gehörten [3]); allerdings findet er, daß, wenn das so fortgehe, man endlich auch Neiße und Glatz zu den „hautes montaignes" rechnen werde. Doch er wird auch von Podewils beruhigt, Reichenstein, das im Fürstentum Münsterberg liege [4]), sei nie in Frage gekommen, und auch wegen Ziegen= hals sei die Zugehörigkeit zu Preußen zweifellos [5]).

Nach dieser Seite hin mochte man die Schwierigkeiten als gelöst ansehen; es blieb nur eben der eine Streitpunkt noch übrig — nämlich Jägerndorf.

In jenen Tagen schreibt Eichel an Podewils, der König sei „in der besten und aimabelsten Intention von der Welt gegen den Wiener Hof, nur wegen Jägerndorf noch etwas sensibel", ja er vermag diesem Briefe noch die wichtige Nachschrift beizufügen, der König habe ihm im tiefsten Vertrauen gesagt, auch der Punkt wegen Jägerndorfs werde ihn schließlich nicht hin= dern, Frieden zu schließen, dabei aber trotz Eichels Bitte sich nicht dazu ver= stehen wollen, dies Podewils mitzuteilen, er wolle doch eventuell Hyndford und Kannegießer nach Berlin kommen lassen. Um so dringender bittet Eichel den Minister, die Nachricht streng geheimzuhalten und den Brief sogleich zu verbrennen [6]).

Inzwischen ward nun von beiden Seiten eifrig versucht, die rechtlichen Ansprüche auf den Besitz von Jägerndorf, so gut es gehen wollte, nachzu= weisen.

Unter dem 5. Juli hatte der österreichische General Kheyll den Befehls= haber der preußischen Garnison in Jägerndorf aufgefordert, entsprechend den Friedenspräliminarien den Ort, als jenseits der Oppa gelegen, zu räumen; der letztere, Oberstlieutenant v. Nettelhorst, hatte jedoch das Verlangen zu= rückgewiesen, da Jägerndorf diesseits der Oppa läge und zum Beweise dessen einen authentischen Plan der Stadt, welchen er bereits früher zum Zwecke der Orientierung von dem dortigen Magistrate entliehen, eingesendet [7]), und

---

1) Den 14. Juli; Polit. Korresp. II, 226.
2) Den 12. Juli; Berliner St.=A.
3) Charlottenburg, den 15. Juli; Polit. Korresp. II, 228.
4) Thatsächlich hat es immer zum Fürstentum Brieg gehört.
5) Bericht vom 18. Juli.
6) Den 14. Juli; Polit. Korresp. II, 226.
7) Beide Briefe im Berliner St.=A.

dieser Plan bildete nun im Verein mit der alten Homannschen Fürstentums=
karte, welche allerdings als im Auftrage der schlesischen Stände erschienen für
offiziell gelten konnte, das Hauptbeweismaterial für die preußische Inter=
pretation.

Bis zur Abreise des Königs vermochte man österreichischerseits dem
nichts entgegenzusetzen, als eine Berufung auf die Aussage der Jägerndorfer,
welche jenes Comeiser Wasser als die wahre alte Oppa ansähen.   Die
Olmützer Karte wurde noch am 8ten erst erwartet.   Ganz von selbst war
bei der Unterhandlung allmählich Hyndford gegenüber dem kundigen Kanne=
gießer ins Hintertreffen gekommen; da aber jener immer noch die einmal
zur Sprache gekommene Möglichkeit, daß an den König von England als
Schiedsrichter in der Jägerndorfer Frage appelliert würde, im Auge be=
hielt, so beschloß er, sich selbst zu informieren und in dieser Zeit des War=
tens auf die Antwort aus Wien an einen Besuch in Krappitz bei einer alten
Freundin, einer Gräfin Röder, einen Abstecher nach Jägerndorf anzuschließen.
Podewils gab ihm eine Kopie der Jägerndorfer Karte mit der Bitte, dieselbe
dann an Robinson zu schicken, und setzte auch durch eine Stafette die Be=
fehlshaber der preußischen Truppen in Jägerndorf, Generalmajor v. Dohna
und Oberstlieutenant Nettelhorst, in Kenntnis, damit nicht der Gesandte in
Jägerndorf ausschließlich auf die Gesellschaft österreichisch Gesinnter ange=
wiesen sei.

Hyndford hatte dann in Gesellschaft des Grafen Dohna und einiger an=
derer Offiziere der Garnison in Jägerndorf mit großer Aufmerksamkeit das
Terrain in Augenschein genommen, den Kirchturm bestiegen und auch sonst
sich überall herumführen lassen, aber gleich an Ort und Stelle sich für die
österreichische Auffassung erklärt, aus Gründen, die er dann am 17. Juli, nach
Breslau zurückgekehrt, auch Podewils vorzutragen nicht säumte.

Er sagte, die Frage nach der wahren Oppa sei zum mindestens höchst
zweifelhaft, die beiden Flußläufe, die weiße und die schwarze Oppa, umgäben
die Stadt [1]), und die einen hielten die weiße, die anderen die schwarze für
den Hauptfluß, aber selbst die preußischen Offiziere wären geneigt, zuzu=
gestehen, daß die Mehrzahl der Einwohner der nördlichen den Vorzug gäbe.
Jedoch würde, selbst wenn der König recht hätte, die Vorstadt bei Öster=
reich bleiben müssen und daraus eine ewige Quelle von Streitigkeiten sich
ergeben [2]).

In dem Berichte, den Hyndford an seine Regierung [3]) sendet, findet sich
dann noch ein Argument, das ihm besonders wichtig erscheint, dessen aber
Podewils gar nicht gedenkt. Er meint nämlich, daß, wenn selbst die preußische
Auffassung die richtige und das südlich von der Stadt fließende Wasser die
wahre Oppa wäre, die Königin doch Jägerndorf würde beanspruchen können,
da dasselbe ganz unbestreitbar eine Enklave zwischen den Bergen sei, eine Be=

---

[1]) Beiläufig möge bemerkt werden, daß Biermann in der seiner Geschichte von
Troppau vorausgeschickten Landesbeschreibung, S. 3, unter der weißen und schwarzen
Oppa zwei Quellflüsse des von preußischer Seite als Oppa genannten Flußlaufes
bezeichnet, welche aber schon erheblich oberhalb Jägerndorfs sich vereinigten; die öster=
reichische Oppa nennt Biermann Golkoppa.

[2]) Aus dem Berichte von Podewils vom 18. Juli; Berliner St.=A.

[3]) Vom 18. Juli; Londoner Record office.

weisführung, bei der ganz und gar übersehen ist, daß nach den Präliminarien die Grenzbestimmung „der hohen Berge" die der Oppa ablösen, nicht aber mit dieser zugleich in Kraft sein sollte, was in der That bis dahin auch von keiner Seite behauptet worden war.

Dagegen versuchte eine Denkschrift, welche inzwischen von der österreichischen Regierung ausgearbeitet worden war, neue Argumente ins Feld zu führen. Es handelt sich darin, wenn wir die Anführungen zusammenfassen, wesentlich um zwei Punkte.

Wie die Denkschrift behauptet, bezeichneten die „bewährtesten Skribenten von dem Lande Schlesien" übereinstimmend mit der österreichischen Behauptung den bei Tropplowitz vorbeifließenden Wasserlauf als die Oppa. Als solche Skribenten werden bezeichnet: 1) die sogen. „Schlesische Kernchronik", ferner 2) die „Silesiographia des Henelius", 3) der sogen. „gründlich und genau durchsuchte Oderstrom".

Es lohnt sich nun vielleicht, diese Anführungen etwas näher ins Auge zu fassen. Um zunächst der in der österreichischen Denkschrift ganz außeracht gelassenen Chronologie etwas zu ihrem Rechte zu verhelfen, wollen wir bemerken, daß, abgesehen von der kürzeren Descriptio Silesiae des Brieger Kreuzherrn Sthenus aus dem Beginne des 16. Jahrhunderts, welche über die hier vorliegende Frage nichts beibringt, die erste größere Beschreibung Schlesiens durch den bekannten Nik. Henelius v. Hennenfeld in seiner 1613 erschienenen „Silesiographia" geboten wurde. Diese nun berührt, wie wir in einem gewissen Gegensatze zu der Anführung der österreichischen Denkschrift behaupten müssen, die vorliegende Frage gar nicht, insofern sie (S. 24) von der Oppa nur angiebt, dieselbe entspränge auf den mährischen Bergen „aufm Gesenk" und flösse an Jägerndorf und Troppau vorbei. Dagegen bezeichnet das 1689 in Nürnberg erschienene Büchlein des Dommitzscher Schulrektors Kaspar Schneider: „gründlich und genau untersuchter Oderstrom" (S. 10 ff.) ganz im Sinne der österreichischen Auffassung als Oppa den von Hermannstadt herab und bei Tropplowitz vorbeikommenden Flußlauf und dagegen das, was man sonst Oppa zu nennen pflegt, als „ein Wässerlein, das nahend Werbenthal im Gesenk seinen Anfang nimmt und sich flugs bei Jägerndorf in die Oppa senket". Ganz klar müssen ihm aber die lokalen Verhältnisse nicht gewesen sein, da er bei Jägerndorf anführt, daß der von ihm als Oppa bezeichnete Fluß „zum Teil hindurchrinnet", was dieser Fluß, der in einem ziemlichen Bogen nördlich um Jägerndorf herumfließt, unmöglich thun konnte. Überhaupt ist es in der That kaum thunlich, den sächsischen Schulrektor unbeschadet all seines Sammelfleißes als Autorität für lokale Einzelheiten anzuführen; speziell in den hydrographischen Verhältnissen, wo es ihm eben an Hilfsmitteln fehlen mochte, ist er keineswegs taktfest, er läßt die Blotniß hinter Lublinitz entspringen und stromabwärts von der Malapane in die Oder münden.

Kurze Zeit nach Kaspar Schneider im Jahre 1704 gab nun der gelehrte Meister des Breslauer Matthiasstiftes M. J. Fibiger jene erwähnte Landesbeschreibung Henels neu bearbeitet als Silesiographia renovata heraus und zwar vermehrt nicht nur durch zahlreiche Scholien, sondern noch durch eine Erweiterung des Textes. Und hier nun gewinnt auch (pars I, p. 584) jener Passus Henels über die Oppa eine andere Gestalt; hier tritt jetzt zu den

Orten, welche dieselbe durchfließt, Tropplowitz hinzu und wird so zum Zeugnis für den nördlichen Quellfluß. Aber bei näherem Zusehen kann man sich nicht darüber täuschen, daß der gelehrte Herr gerade für die hydrographische Partie den „gründlich durchforschten Oderstrom" wohl benutzt hat, man erkennt das an dieser Stelle und ganz besonders auch (S. 367) bei dem Blotnisus, den er auch infra Lublinicium entspringen und stromabwärts hinter der Mapalane münden läßt. Die dritte der in der österreichischen Denkschrift angeführten Quellen: |Köhlers] Kernchronik, gedruckt 1741 (S. 16), übersetzt dann an der betreffenden Stelle einfach den Jibiger-Henelius mit einigen Kürzungen. So schrumpft denn der Quellenbeweis der österreichischen Denkschrift that sächlich auf das alleinige Zeugnis des sächsischen Schulrektors Schneider zu sammen, der dabei dann doch den von ihm Oppa genannten Fluß d u r ch die Stadt Jägerndorf fließen läßt, was in Wahrheit nur von dem sonst Oppa genannten Wasserlaufe gesagt werden kann.

Die zweite Reihe von Argumenten ist darauf begründet, daß das Städtchen Tropplowitz auf Böhmisch Oppawice heiße und zwar nach dem quästionierten Flußlaufe, der eben diesen Namen führe, daß z. B. in den Pfarrbüchern jenes Ortes immer nur von der parochia Oppavicensis die Rede sei, und daß be reits im Jahre 1731 die kaiserliche Wegekommission jenen Flußlauf als Oppawica festgestellt habe, was dann auch die Einwohner jener Gegend ganz ausnahmslos bestätigten. Es liegt nun auf der Hand, daß, um in dem hier Angeführten irgendwelche Beweiskraft zu finden, zunächst Oppa und Oppa wica als identisch vorausgesetzt werden muß, — eine Annahme, die keineswegs als zutreffend vorausgesetzt werden kann. Ganz im Gegenteile wird man behaupten können, daß, wo neben slavischen Flußnamen noch eine Form mit der Endsilbe „ica" vorkommt, in dieser letzteren eine diminutive Bedeutung vermutet werden darf, die etwa einen kleineren Fluß in der Nähe des größeren oder auch einen Zufluß oder Flußarm bezeichnet. So stehen neben einander Niba und Nidica, Orla und Orlica, Obra und Obrzyca, Desna und Tes nica [1]), sogar von der Oder kannte das 13. Jahrhundert einen Flußarm mit der Bezeichnung Obriza. Läßt sich also nachweisen, daß neben der Oppa auch ein Flußname Oppawica vorkommt, so spricht die Präsumtion durchaus da für, daß dieser letztere Name etwas wie einen kleineren Zufluß des größeren Flusses, also hier der Oppa, bedeute, keineswegs aber diese letztere selbst, so daß also hier jene Argumente thatsächlich das Gegenteil von dem beweisen, was sie beweisen wollen, und thatsächlich viel eher für die preußische Auf fassung ins Feld geführt werden könnten.

In der Sache selbst hatte ohne allen Zweifel Preußen recht. Trotzdem daß die entgegengesetzte Meinung gleichsam völkerrechtlich sanktioniert worden ist, hat dieselbe doch nicht durchzudringen vermocht, und noch heutzutage gilt der Flußlauf, der von Würbenthal herabkommt, für die Oppa schlechthin und jener andere nördlichere Zufluß für die Oppawica oder Goldoppa [2]).

Aber schließlich war ja die Rechtsfrage nicht das Entscheidende. Genug, die Königin zeigte sich entschlossen, hierin nicht nachzugeben, das war die

---

[1]) Ich verdanke diese Analogie der Güte des Herrn Professors Nehring in Breslau.
[2]) Vgl. B i e r m a n n a. a. O., S. 3.

Nachricht, welche der Kurier aus Wien mitgebracht hatte; nur die Frage nach einem Äquivalent war noch in Erwägung gezogen worden. Der König hatte hier von den mährischen Enklaven die drei Bezirke von Hotzenplotz, Maydel= berg und Roßwalde gefordert, doch blieb man in Wien dabei, daß diese so mit der Herrschaft Hennersdorf vermischt lägen, daß sich hier eine ordentliche Grenze nicht finden ließe; dagegen bietet die Königin statt dessen die mährische Enklave Katscher, einen Distrikt, welcher, wie durch ein beifolgendes Husen= register gezeigt wird, an Umfang jene von dem Könige begehrten Herrschaften übertreffe und auch hinsichtlich der Einkünfte doppelt so viel ausmache als Jägerndorf. Was die Schuldenfrage anbetrifft, so besteht die Königin darauf, daß der König das holländische Anlehen ganz übernehme ohne Abzug einer Rate für den österreichischen Anteil, da ja auch sie die Brabanter Schuld un= geteilt behalte. Im übrigen ist die Königin bereit, die Forderungen von Schlesiern an Österreich zu befriedigen, wenn Preußen dagegen die Geld= ansprüche von ihren Unterthanen an Schlesien auf sich nehmen wollte, wo= gegen aber Podewils sofort einwendet, sein Herr habe immer nur von einer Befriedigung der von Schlesiern an die öffentlichen Kassen gemachten Vor= schüsse gesprochen [1]).

Seiner Instruktion entsprechend war Podewils gehalten, wie die Sachen lagen, Hyndford und Kannegießer nach Berlin mitzubringen, was er nun auch am 20sten auszuführen gedachte; doch weigerte sich der letztere, da er bei der böhmischen Kanzlei Geschäfte habe, auch sähe er den Zweck seiner Sendung, nämlich Hyndford die nötigen Informationen zu geben, als ab= gethan an. Doch gab er dem Drängen des Ministers schließlich nach, und nachdem ein nochmaliger Kurierwechsel mit Wien ihnen bestätigt hatte, daß die Königin durchaus nichts weiter nachzugeben gewillt war [2]), reisten sie ab und trafen am 24. Juli in Berlin ein. Podewils war hier schon früher an= gelangt und zum König nach Potsdam gegangen. Bei seiner Rückkehr am 25sten oder 26sten versuchte er noch einmal alle Mittel [3]), um eine weitere Konzession, etwa Weidenau oder Jauernik zu erlangen, aber alles umsonst. Ja Hyndford erklärte ihm unter vier Augen, Lord Carteret ließe den König beschwören, so schnell als irgend möglich die Sache zum Abschlusse zu bringen; Robinson hätte ihm in diesem Sinne geschrieben, und wenn der König einen Gesandten in Wien hätte, würde der als treuer Diener gewiß dasselbe raten mit Rücksicht auf die günstigen Erfolge der österreichischen Waffen. So wie sich Schwierigkeiten erhöben, würden sächsische und fran= zösische Emissäre schnell bei der Hand sein, Öl ins Feuer zu gießen. Pode= wils bemerkt hierzu, England scheine in der That nicht geneigt zu sein, die Königin irgendwie zu weiteren Opfern zu drängen, und etwaige Vorstel= lungen in London oder eine Appellation an den Schiedsspruch des Königs von England in der Jägerndorfer Sache würden daher schwerlich einen günstigen Erfolg haben [4]).

---

1) Podewils' Bericht vom 18. Juli.
2) Diese nochmalige Anfrage in Wien, für die es schwer hält die nötige Zeit herauszufinden, berichtet Podewils ganz ausdrücklich unter dem 26. Juli.
3) „J'ai employé le verd et le sec"; aus dem angeführten Berichte.
4) Ebb.

Als Podewils dieß schrieb, durfte er, wie wir wissen, bereits als sicher annehmen, daß der König auch in dem letzten Punkte wegen Jägerndorfs nachgeben werde, und es ward nun der Friedensvertrag, wie er nach den letzten Beratungen sich hatte gestalten lassen, dem Könige unter dem 26. Juli 1742 übersendet.

Siebentes Kapitel.
Das Kundwerden des Friedens.

———

Am 26. Juli hatte in Berlin die letzte große Konferenz zwischen den Friedensvermittlern stattgefunden, dessen Resultat der Entwurf des Friedens= vertrages war, der dann sofort nach Potsdam dem Könige übersendet ward, und schon am 27sten zurückfolgen konnte. Eichel schreibt dazu an Podewils, er habe gewünscht, daß der König jeden einzelnen Artikel besonders konfir= miert hätte; aber der Minister werde ja wissen, daß Se. Majestät sich die Methode nicht vorschreiben lasse. Er könne seine Freude gar nicht genug ausdrücken darüber, daß der Hauptartikel bewilligt sei; der Rest könne jetzt nicht eine halbe Stunde mehr aufhalten.

Der König hatte im großen und ganzen den Vertrag mit folgenden Worten bestätigt: „Sehr gut. Ich approbiere alles, außer was ich bei einem und anderen Artikel selbst beigesetzt." [1])

Diese Bemerkungen oder Ausstellungen zeigen sich dann im wesentlichen als Ausflüsse eines Prinzips, welches er bei den ganzen Friedensverhand= lungen wiederholt in seinen Briefen an Podewils ausspricht, nämlich des Wunsches, einmal unter keinen Umständen in einen neuen Krieg verwickelt zu werden, und dann jede Handhabe zu einer etwaigen Einmischung der Königin von Ungarn in die Angelegenheiten der abgetretenen schlesischen Provinz zu entfernen. Wir werden Gelegenheit finden, bei einer kurzen Analyse der Bestimmungen des Breslauer Friedens auch dieser Ausstellungen zu gedenken.

Der Friedensvertrag vom 28. Juli 1742 besteht aus 16 Paragraphen oder Artikeln. Im Eingange desselben wünschte der König seinen Namen zuerst genannt zu sehen, wie dies in den Präliminarien wirklich geschehen war, doch hat er hier dann doch der Königin galanterweise den Vorrang ge= lassen. § 1 konstatiert die Thatsache des abgeschlossenen Friedens, demzufolge nun beide Mächte aufrichtige Freundschaft halten wollen und nach Möglich= keit eine der anderen Schaden verhüten. Schon bei den Präliminarien war hier auf Podewils' Verlangen die Klausel, welche die Forderung bewaffneter Hilfe ausschloß [2]), eingefügt worden. Trotzdem schreibt der König hier bei:

———

[1]) Polit. Korresp. II, 237.
[2]) „La seule voie des armes exceptée."

„Gut, nur daß keine Defensiv-Alliance daraus erzwungen werden kann“, ohne jedoch eine Änderung zu verlangen. Die allgemeine Amnestie (§ 2), das Abzugsrecht der Schlesier, welche nach Österreich übersiedeln wollten, binnen 5 Jahren sowie das Optionsrecht für solche, die in beiden Reichen Güter besäßen (§ 3), die Publikation des Traktates mit Einstellung aller Feindseligkeiten (§ 4) geben keinen Anlaß zu Ausstellungen, § 5 (der wichtige Artikel der Abtretungen) setzte fest: die Abtretung von Nieder- und Oberschlesien an Preußen samt dem zu Mähren gehörigen Distrikte von Katscher, ausgenommen soll dagegen sein das Fürstentum Teschen, die Stadt Troppau, das, was jenseits des Flusses Oppa liegt, und sonst die hohen Berge in Oberschlesien.

So muß diese Stelle des Friedensvertrages wiedergegeben werden, nicht aber, wie es in der offiziellen, vielfach verbreiteten und gedruckten deutschen Übersetzung heißt und in alle Geschichtsdarstellungen eingedrungen ist: „was jenseits der Oppa und der hohen Berge liegt“. Der zuletzt vorgelegte österreichische Vertragsentwurf hatte diese Stelle entsprechend der von dieser Seite festgehaltenen Interpretation geändert, insofern er durch anderweitige Formulierung des betreffenden Satzes die „hohen Berge“ aus ihrer bedenklichen Verbindung mit dem „jenseits der Oppa“ fortnahm und sie in ihrer Totalität als ausgenommen neben das Fürstentum Teschen und die Stadt Troppau hinstellte [1]). Freilich ist die Veränderung eine doch so wenig merkbare gewesen, daß die deutsche Übersetzung des Friedenstraktates, welche das preußische Ministerium anfertigen und den öffentlichen Blättern, wie den königlichen Behörden zugehen ließ, die fragliche Stelle nach der eingebürgerten früheren Auffassung mit „was über dem Oppafluß und dem hohen Gebirge in Oberschlesien“ ꝛc. übersetzte [2]).

Im weiteren Verlaufe des Art. 5 wird dann die Grenzlinie der beiderseitigen Territorien noch genauer fixiert und der Vorbehalt der mährischen Enklaven mit Ausnahme der von Katscher, welche als an Preußen abgetreten bezeichnet wird, festgesetzt. Ganz gesondert folgt nun noch die Abtretung von Stadt, Festung und Grafschaft Glatz unabhängig von dem Königreiche Böhmen. Dagegen erklärt dann der König von Preußen alle seine Ansprüche, die er der Königin von Ungarn gegenüber haben könnte, als abgethan.

Der 6. Artikel stipuliert für die katholische Kirche in Schlesien die Aufrechthaltung des status quo. Hier hatte bekanntlich der König bereits in den Präliminarien die beschränkende Klausel zufügen lassen: „unbeschadet der Gewissensfreiheit der Protestanten und den Rechten des Souverains“; jetzt

---

[1]) **Präliminarien**, § 5: „à l'exception de la principauté de Teschen, de la ville de Troppau et de qui est au delà de la rivière d'Oppau et des hautes montaignes ailleurs dans la haute Silésie aussi bien que de la seigneurie de Hennersdorf“.

Friedensvertrag, § 5: „bien entendu que la Majesté la Reine excepte la principauté de Teschen, la ville de Troppau et ce qui est au delà de la rivière d'Oppa et les hautes montaignes ailleurs dans la haute Silésie aussi bien que la seigneurie de Hennersdorf“.

[2]) Obwohl Nützler Podewils auf den Unterschied aufmerksam gemacht hatte. Nützler (Büschings Magazin X), S. 506.

war im Friedensvertrage wiederum vonseiten der Königin zu den letzten Worten eine neue Klausel gesetzt worden, welche ausiprach, daß die Rechte des Souveräns nicht zum Präjudiz des status quo der katholischen Religion in Schlesien ausgeübt werden sollte.

Der folgende Artikel (7) [1]) setzt die Entlassung der Gefangenen, das Aufhören der Kontributionen ꝛc. fest.

Art. 8 [2]) nimmt die Bestellung einer neuen Kommission zur neuen Ge= staltung der beiderseitigen Handelsbeziehungen in Aussicht. Bis dahin sollen die vor dem Kriege in Geltung gewesenen Verträge in Kraft bleiben.

Art. 9 [3]). Während die Königin die Bezahlung der auf Schlesien hypo= thezierten Brabanter Anleihe übernimmt, wird der König von Preußen die entsprechenden Darlehen an die Engländer und Holländer bezahlen, darf aber den letzteren gegenüber das in Anrechnung bringen, was ihm die Republik Holland schuldet.

Art. 10 bestimmt die Auslieferung der zu den beiderseitigen Territorien gehörigen Archive.

Art. 11 enthält die Aufhebung der böhmischen Lehnshoheit über einzelne zu Brandenburg gehörige Territorien (in der Niederlausitz).

Art. 12 stellt eine Verzichtserklärung der böhmischen Stände bezüglich der in diesem Frieden an Preußen abgetretenen, früher zur Krone Böhmen gehörigen Landschaften in Aussicht.

Art. 13. Der König und seine Nachfolger sollen den Titel eines souve= ränen Herzogs von Schlesien und Grafen von Glatz führen. Doch soll der erstere ebenso auch der Königin von Ungarn bleiben.

Art. 14. In dem Friedensvertrage sollen mit eingeschlossen sein der König von England zugleich auch als Kurfürst von Hannover, Rußland, Dänemark, der König von Polen — wofern er entsprechend Art. 11 der Prä= liminarien seine Truppen zu festgesetzter Zeit aus Böhmen zurückzieht —, die Generalstaaten und das Haus Wolfenbüttel.

Art. 15. Unmittelbar nach Austausch der Ratifikationen wird man eine Kommission zur Grenzregulierung in Oberschlesien entsprechend dem Art. 5 ernennen.

Art. 16. Der Austausch der Ratifikationen wird in Berlin vierzehn Tage nach der Unterzeichnung erfolgen oder noch früher, wenn es mög= lich ist.

Unterschrieben Hyndford und Podewils.

In einem getrennten Artikel verpflichtet sich dann noch der König zur Zahlung der von schlesischen Privatleuten dem Steueramte, der Bankalität und auf die schlesischen Domänen vorgestreckten Summen, während über die Forderungen, welche österreichische Unterthanen an das Steueramt, die Banka= lität und die schlesischen Domänen haben, sowie über die, welche preußische Unterthanen an die Wiener Bankalität und Bank haben, noch besondere Ver= abredungen getroffen werden sollen.

Die Ratifikationen erfolgten innerhalb der festgesetzten Zeit. Kannegießer

---

[1]) § 8 der Präliminarien.
[2]) § 9 dgl.
[3]) § 7 dgl. bekanntlich in sehr abweichender Fassung.

war selbst am 29. Juli mit Extrapost nach Wien gereist, um sie zu beschleu=
nigen; am 11. August war das von der Königin vollzogene Instrument in
den Händen Hyndfords und ward am 12. August gegen das preußische aus=
getauscht [1]). Die Räumung der in Frage kommenden Landesteile war noch
einige Tage verzögert worden; der König selbst hatte gewünscht, wegen Jägern=
dorfs nicht zu sehr gedrängt zu werden, um erst für anderweitige Unter=
bringung des Dohnaschen Regiments sorgen zu können [2]). Am 27. August
erfolgte dann die Räumung von Jägerndorf durch die Preußen und gleich=
zeitig auch die des Distriktes von Katscher durch die österreichischen Truppen,
worauf dann in diesem letzteren auch die Huldigung an Preußen geleistet
wurde.

Noch besondere Mühen verursachte dann begreiflicherweise die definitive
Grenzregulierung, zu welcher preußischerseits der uns bereits bekannte Geh.=
Rat v. Nüßler mit dem Ingenieurmajor v. Schubert ernannt wurde, letzterer
ein Mann, der früher in österreichischen Diensten schon 1736, die alten Wie=
landschen Karten der schlesischen Fürstentümer neu bearbeitet und verbessert
hatte und bei Mollwitz verwundet dann in preußische Dienste getreten war.
Die Kommissare empfingen ihre Instruktion unter dem 18. August. Nach
einigem Warten auf den österreichischen Kommissar, den Oberamtsrat v. Dorsch
aus Troppau, begann am 22. September im Pleßschen da, wo die Biala in
die Weichsel mündet, das mühsame Werk, welches am 20. Oktober an den
Grenzen der Grafschaft Glatz mit dem Setzen der 138sten Grenzsäule endete.
Noch einmal rief die unsichere Bezeichnung der „hautes montaignes" lebhafte
Debatten hervor, und an Ort und Stelle zeigte sich der Gegensatz zwischen
den österreichischen Forderungen und den realen Verhältnissen doch so in
die Augen springend, und die zu Protokoll genommenen Aussagen der Orts=
angehörigen lauteten für die preußischen Reklamationen so günstig, daß es
Nüßler gelang, noch 15 Ortschaften, die ursprünglich von Österreich rekla=
miert worden waren, für Preußen zu gewinnen, wie denn überhaupt die Rüh=
rigkeit Nüßlers dem schwerfälligen Dorsch gegenüber, der nur sehr ungern zu
Pferde stieg, ein leichtes Spiel hatte. Am 6. Dezember wurde der Grenz=
rezeß zu Ratibor abgeschlossen. In Wien war man zwar über die Kon=
zessionen, zu welchen sich Dorsch herbeigelassen hatte, einigermaßen unwillig
und schien geneigt, die Ratifikation zu verweigern, fand sich aber doch, um die
Sache zum Abschlusse zu bringen, endlich darein, und am 20. Januar 1743
konnten zu Leobschütz die beiderseitigen Ratifikationen ausgetauscht werden [3]).

Inzwischen hatte Podewils sich beeilt, schon nach Abschluß der Prälimi=
narien von des Königs Dankbarkeit für die englische Vermittelung den ge=
bührenden Lohn einzufordern. Der König möge nicht unterlassen, seinem
Oheime von England ein eigenhändiges Dankschreiben zu senden und seine
Neigung zu einem engeren Bündnisse aussprechen, da man auf diese Macht
sehr werde angewiesen sein, nachdem man Frankreich auf eine Weise ver=
wundet habe, die dasselbe nie verzeihen werde. Auf Lord Hyndford werde
vermutlich ein gnädiges Handschreiben erwarten und habe wohl auch eine

---

[1]) Bericht Podewils' vom 12. August.
[2]) Eichel, den 29. Juli.
[3]) Geschichte der schlesischen Grenzscheidung in Büschings Magazin X.

reelle Belohnung verdient für alle die Mühe, die er sich bei dieser großen
Angelegenheit gegeben, man müsse doch wohl der Reinheit und Grabheit seiner
Absichten Gerechtigkeit widerfahren lassen, er habe in der That gethan, was
ihm menschenmöglich gewesen, um den König in den Besitz dessen zu bringen,
was derselbe vernünftigerweise habe verlangen können.   Wenn er nicht noch
mehr zugestanden, so habe das nur daran gelegen, daß ihm so arg die Hände
gebunden gewesen seien, er habe im übrigen eine Offenheit und einen
Freimut gezeigt, wie es kaum ein anderer an seiner Stelle würde gethan
haben [1]).

Ehe des Königs Antwort, die in der Sache ganz zustimmend doch den
Brief an König Georg bis nach der Ratifikation und die Angelegenheit
Hyndfords auf des Königs Ankunft in Breslau (Anfang Juli) verschieben
wollte [2]), eingetroffen war, hatte Lord Hyndford nachhause berichtet, er ver=
mute, daß der König von Preußen ihm einen Orden verleihen werde; da er
nun aber gern vorher einen Orden von seinem königlichen Herrn haben
möchte, so bitte er um das dem Vernehmen nach gerade vakant gewordene
grüne Band des schottischen Distelordens [3]). Noch vor Ende des Monats
empfing er die Zusage und Anfang Juli den Orden, und der König in seiner
damaligen gnädigen Stimmung erklärte sich bereit, die Investitur selbst vor=
zunehmen, „um den Engländern eine Freude zu machen", wenn man ihn
genau unterrichte, was er dabei zu thun habe [4]); und mit großer Feierlichkeit
in Gegenwart des ganzen Hofes erfolgte dann am 2. August die Zeremonie.
Nach dem Austausche der Ratifikationen beantragte Podewils für den eng=
lischen Botschafter ein Geschenk von 10,000 Thlr. unter Berufung auf die
reichen Geschenke, welche der verstorbene König nach dem schwedischen Kriege
an die unterhandelnden Minister gemacht habe. Es wurden nach der Höhe
derselben im Archive Nachforschungen angestellt, und der König ließ dem
Lord sagen, er werde nach seiner Rückkehr aus den Bädern von Aachen an
„die reelle Recompense" denken, was Hyndford, der, wie er sagte, schon ge=
fürchtet hatte, daß der König ihn ganz vergessen habe, sehr freute [5]).

Er erhielt, wie es Podewils vorgeschlagen, 10,000 Thlr. in vollwichtigen
Dukaten ausgezahlt [6]). Hyndford bat dann noch darum, zur Erinnerung an
diese Zeit dann den schlesischen Adler in sein Wappen aufnehmen zu dürfen
mit dem Motto: „ex bene merito". Auch dies gewährte der König durch
besondere Ordre [7]). Auf einem stattlichen Silbergefäße, welches Hyndford
in Breslau durch den Juwelier Lieberkühn fertigen ließ, prangte zum ersten=
male das neue Wappen.

Nicht die Gesinnung des Gesandten, dessen Aufrichtigkeit ja, wie wir
wissen, Podewils in hohem Maße überschätzte, hätte, obwohl in der letzten

---

[1]) Bericht vom 13. Juni, Poststr. 1.
[2]) Kabinettsschreiben vom 16. Juni.
[3]) Bericht vom 15. Juni; Londoner Record office.
[4]) Den 17. Juli; Polit. Korresp. II, 232.
[5]) Kabinettsschreiben vom 17. August und Antwort Podewils' vom 18. August;
Berliner St.=A.
[6]) Kabinettsschreiben vom 14. September.
[7]) Bericht von Podewils vom 29. September und Ordre des Königs vom
30. September.

Zeit angesichts des gelingenden Friedenswerkes seine Berichte freundlicher werden, große Belohnung verdient; thatsächlich aber mochte wohl die Bedeutung des Dienstes, den er im entscheidenden Augenblicke des Abschlusses durch sein Verfahren dem Könige leistete, von diesem recht hoch angeschlagen worden sein, und es ist in der That nicht vorauszusetzen, daß ein Schwichelt oder Guy Dickens in gleicher Lage das Maß von entgegenkommendem Eifer gezeigt haben würde, wie eben Hyndford. Allerdings hatte dessen königlicher Herr einst gehofft, die Dankbarkeit Preußens für die englische Vermittelung in anderer Weise ausgedrückt zu sehen, aber, wie wir sahen, hatte den Unterhandlungen über die für Hannover geforderten Konvenienzen das Auftreten des Maillebois'schen Corps am Niederrhein einst ein jähes Ende bereitet, und man hatte damals froh sein müssen, für Hannover die Neutralität zu erlangen. Seitdem nun über dieser hannöverischen Neutralität das Ministerium Walpole zu Falle gekommen war, mochte es bedenklich erscheinen, von den englischen Diplomaten die Berücksichtigung jener hannöverischen Interessen ernstlich zu verlangen, und in der That hatte Hyndford bei den Friedensverhandlungen den Punkt der hannöverischen Konvenienzen niemals in Anregung gebracht. Als aber dann die Präliminarien geschlossen waren, verlangte König Georg von dem Ministerium zu Hannover die Sicherung „gewisser Avantagen", allerdings mit dem Bemerken, man werde sich mit der allgemeinen Klausel begnügen müssen, daß Preußen, wenn für Hannover diese oder jene Avantagen zu erhalten ständen, nicht dawider sein wolle [1]). Die Räte meinten nun wohl, Preußen werde keine Verpflichtung übernehmen wollen ohne genauere Bezeichnung der in Frage kommenden Avantagen, hofften jedoch, daß, wenn Georg geneigt sei, eine Garantie der preußischen Erwerbungen auch als Kurfürst zu übernehmen, man von Preußen einige Zusagen, wie z. B. eine Garantie der mecklenburgischen Pfandschaften und gute Dienste für die definitive Erwerbung von Osnabrück werde erlangen können [2]). Zwar erklärte sich Georg damit einverstanden [3]), aber es scheint nicht praktische Folgen gehabt zu haben, vermutlich weil König Friedrich mit der englischen Garantie sich begnügen zu können glaubte.

Die Garantie Englands, der dann die Rußlands folgen sollte, war gleich bei den Friedensunterhandlungen in Aussicht genommen worden, und das englische Ministerium hatte großen Eifer in dieser Sache gezeigt. Noch ehe den Präliminarien der wirkliche Friedensschluß gefolgt war, schrieb Lord Carteret an Hyndford, König Georg sei nicht nur bereit, in eine Defensivallianz mit Preußen zu treten, sondern wolle auch, falls Frankreich das Mindeste gegen Westfalen oder Kleve zu unternehmen Miene mache, jede Art von Beistand leisten, so wie Preußen einen solchen beanspruche; und um keine Zeit zu verlieren, habe er bereits ein Lager von 20 Schwadronen und 10 Bataillonen gebildet aus seinen hannöverischen Truppen, und wenn das nicht hinreiche, könnten noch ebenso viel von den in Flandern stehenden englischen Truppen dazu kommen, auch sollte Lord Stair im Haag die Holländer zu gleichem Vorgehen bewegen [4]).

---

1) Verfügung vom 29. Juni 1742; St.-A. zu Hannover.
2) Bericht vom 13. August; ebd.
3) Den 31. August; ebd.
4) Bericht von Podewils vom 10. Juli; Berliner St.-A.

Der König entschied, man müsse die Anerbieten höchst verbindlich und dankbar annehmen, obwohl Frankreich schwerlich etwas unternehmen werde. Die Defensivallianz müsse man so geschwind als möglich zum Abschlusse zu bringen suchen; den Holländern könne vielleicht der Beitritt offen gehalten werden [1]).

Er war um so entgegenkommender gegen England, als er von dieser Macht damals noch einen letzten Druck auf den Wiener Hof in der Jägern= dorfer Angelegenheit und den sonstigen den definitiven Frieden noch auf= haltenden Angelegenheiten erwartete. Imstillen aber vermutete er (wie auch Podewils) hinter dem großen Eifer Englands die Absicht, ihn in einen Krieg mit Frankreich zu verwickeln, was er entschieden nicht geschehen lassen wollte, und es war ihm daher nicht wenig erwünscht, als Lord Carteret neuerdings, um dem Londoner auswärtigen Amte, welches die letzte Zeit so sehr in Mißkredit gebracht hatte, den Glanz einer erwünschten diplomatischen Aktion nicht entgehen zu lassen, darauf bestand, die Unterhandlungen wegen der Defensivallianz in Whitehall zu führen. Er fürchtete, sein dortiger Ge= sandter Andrié könnte am Ende nicht fest und vorsichtig genug sein, um eine kaptiöse Fassung des Vertrages, welche ihn in neuen Krieg verwickeln könnte, abzuwenden. Wenigstens meinte er, würde Andrié nun eine neue ausführ= liche Instruktion erhalten müssen [2]).

Inzwischen war zunächst die Garantie der schlesischen Erwerbungen Preußens bereits unter dem 27. Juni (alten Stils) unter dem großen Siegel Englands ausgefertigt worden, dieselbe ward an jenem feierlichen Tage in Char= lottenburg, wo der König den Gesandten mit den Insignien des schottischen Ordens bekleidete (den 2. August), durch den letzteren persönlich überreicht. Vonseiten Rußlands erfolgte im November dieses Jahres zwar nicht eine eigentliche Garantieerklärung aber wenigstens eine Accession zu dem Friedens= vertrage, mit England aber ist in Westminster unter dem 18. November (alten Stils also 29. November neuen) eine förmliche Defensivallianz abge= schlossen worden, welche unter gegenseitiger Garantie aller Länder (Hannover ist augenscheinlich als nicht zu England gehörig ausgeschlossen, ebenso aus= drücklich der außereuropäische Besitz) eine eventuelle Hilfe von 10,000 Mann festsetzt und schließlich die Generalstaaten zum Beitritte einladen zu wollen erklärt [3]).

Wir sahen, wie Hyndford von preußischer Seite Dank erntete und auch solchen verdient zu haben glaubte, trotz aller der Gehässigkeit gegen den König, von welcher seine Berichte überfließen; doch auch Maria Theresia, meinte er, sei ihm zu Dank verpflichtet. Dieselbe könne mit dem Friedens= vertrage wohl zufrieden sein, der ja namentlich in seinem letzten Stadium doch noch recht günstig für sie ausgefallen sei [4]). In Wien aber dachte man weniger gut von dem Unterhändler ebenso wie von seinem Werke. Was den

---

[1]) Marginale vom 14. Juli; Polit. Korresp. II, 227.
[2]) Kabinettsschreiben an Podewils vom 17. Juli; Polit. Korresp. II, 232. Ein sehr ungünstiges Urteil über Andrié, den der König als „une bête" bezeichnet, führt Koser aus dem Jahre 1747 an; Zeitschr. für preuß. Geschichte 1880, S. 542 Anm.
[3]) Beide Verträge abgedruckt bei Rousset, Recueil historique etc. 18, S. 44. 45.
[4]) Bericht Hyndfords vom 30. Juli; Londoner Record office.

ersteren anbetrifft, so wissen wir ja bereits, daß man ihm hier zu schwerem Vorwurfe machte, so schnell mit seiner letzten Reserve herausgerückt zu sein und schließlich in der Schuldenfrage seine Vollmachten sogar überschritten zu haben [1]). Wir wissen auch, daß recht eigentlich zu seiner Kontrolle und Beaufsichtigung Kannegießer ihm nachgesendet worden war.

Was nun den Vertrag selbst anbetraf, so empfand die Königin zunächst nur die Schwere des ihr auferlegten Opfers. Robinson hatte in der Zeit, wo in Wien die letzten Entschlüsse gefaßt worden, geschrieben, Hyndford möge wohl aus der Entfernung leichthin von der Amputation sprechen, er sei in anderer Lage, und wenn er als Zeuge der großen Operation auch nicht so viel auszustehen habe, wie der Patient selbst, zu leiden habe er doch auch mit diesem und oft auch von ihm [2]); und als dann die Präliminarien abgeschlossen sind, berichtet derselbe, der Schmerz der Königin sei sehr groß, alle Übel erschienen ihr gering im Verhältnis zu der Abtretung Schlesiens, der schönste Edelstein ihrer Krone sei ausgebrochen. Sie vergißt die Königin, schließt Robinson, und bricht, wenn sie einen Schlesier sieht, in Thränen aus [3]). Bartenstein aber bezeichnete den Breslauer Traktat als die zweite Auflage jenes unheilvollen Belgrader Friedens [4]).

Vonseiten Englands war man eifrig bemüht, den Wiener Hof zu trösten und seitens der englischen Nation der wärmsten Sympathieen zu versichern, man fühle sich hier der Königin gegenüber um so mehr verpflichtet, da diese das große Opfer, wie man wohl wisse, nur eben auf das Drängen der englischen Diplomaten gebracht habe.

Daß sich unter den Tröstungen, die man in London dem österreichischen Gesandten gespendet hat, auch eine mehr oder weniger verblümte Anspielung auf eine mögliche Zurückgewinnung des jetzt Abgetretenen befunden habe, vermag ich aus dem mir zugebote stehenden Materiale nicht nachzuweisen. Wahrscheinlich ist es unter allen Umständen [5]). Der englische Diplomat, der noch für am meisten preußenfreundlich galt, Lord Hyndford, hatte ja, wie wir bereits andeuteten, angesichts der letzten Friedensunterhandlungen nachhause zu schreiben nicht Bedenken getragen, keine Macht im Himmel und auf Erden könne Maria Theresia tadeln, wenn sie diese durch Gewalt und doppelten Treubruch erzwungenen Abtretungen nur als zeitweilige ansähe, die sie bei geeigneter Gelegenheit zurückzuerobern versuchen würde [6]). Und derartige Äußerungen waren zu sehr nach dem Geschmacke König Georgs und seiner Umgebung, als daß sie dort nicht hätten einen Wiederhall finden sollen.

Aber wie fest auch die Königin an der Hoffnung einer einstigen Zurückeroberung Schlesiens hielt, für den Augenblick meinte sie es mit dem Frieden ehrlich, und ihre Gedanken richteten sich jetzt an erster Stelle gegen Frank-

---

[1]) Arneth II, 77 unter Berufung auf ein Schreiben der Königin an Waßner vom 19. Juni 1742.
[2]) Bericht vom 31. Mai; die Worte angeführt bei Ranke II, 540, Anm. 1.
[3]) Bei Raumer a. a. O. II, 160.
[4]) Angeführt bei Arneth II, 482, Anm. 42.
[5]) Über den in Friedrichs Memoiren angeführten Passus eines Briefes vom König Georg II: „ce qui est bon à prendre est bon à rendre", vgl. die Anführungen bei Droysen V, 2. S. 224.
[6]) Angeführt bei Raumer II, 159.

reich. Empfand sie doch die Kaiserwahl vom 24. Januar als einen kaum minder harten Schlag als den Verlust von Schlesien, und schwer trug ihre stolze Seele an dem ihr hinterbrachten Worte des Kardinals, es gäbe kein Haus Österreich mehr [1]). Sie brannte darauf, hier im Kampfe mit dem Erbfeinde Frankreichs Entschädigung für die Mißerfolge gegen Preußen zu suchen, dadurch daß man die schon errungenen Vorteile eifrig weiter verfolgte. Fast verachtend wies sie, wie wir noch sehen werden, die Friedensanträge des Kardinals von der Hand. Wohl aber sollte nach Preußen auch Sachsen und vielleicht auch Bayern von dem französischen Bündnis abgezogen und letzteres für Abtretungen an Österreich auf Kosten Frankreichs entschädigt werden.

Der französische Gesandte hatte die verhängnisvolle Nachricht von dem preußischen Separatfrieden aus dem eigenen Munde des Königs gehört wenige Tage, nachdem der Abschluß der Präliminarien im Hauptquartier gemeldet worden war [2]). Es schien unvermeidlich, da Valori seit dem 7. Juni im Lager des Königs verweilte und die Vorbereitungen zum Abzuge aus Böhmen unter seinen Augen getroffen werden mußten, ihm zu sagen, wie die Sachen ständen.

So rief ihn denn der König am 18. Juni in sein Zelt, um ihn, wie er sich ausdrückte, den Kelch leeren zu lassen, eröffnete ihm seinen Entschluß, seinen Frieden mit der Königin von Ungarn zu unterschreiben, und riet ihm, schleunigst den Marschall Belleisle aufzusuchen, um auch diesem Meldung zu machen. Der Marquis erschöpfte sich in Vorstellungen gegen einen solchen Schritt, doch Friedrich erklärte ihm, alle seine Beredsamkeit sei vergebens, es handle sich um eine vollendete Thatsache. Ganz furchtbar war der Eindruck, den diese Eröffnung machte, und der König schildert ihn mit einem unbarmherzigen Hohne, der recht deutlich zeigt, daß er den einst geschätzten Diplomaten nicht mehr mit allzu freundlichen Augen ansah. „Kein Polichinell kann die Verbrehungen Valoris nachahmen. Die Augenbrauen beschrieben Zickzacks, der Mund wurde weit, er zitterte in seltsamer Weise." Ängstlich fragte er nach den weiteren Konsequenzen des abgeschlossenen Vertrages, und ob derselbe nun auch zu Feindseligkeiten gegen Frankreich verpflichte. Der König beruhigte ihn, er dürfe darauf rechnen, daß sich seine Waffen niemals gegen Frankreich kehren würden, und daß er, so weit es irgend möglich sei, alle Punkte seiner Allianz erfüllen werde, wie z. B. die Verabredung wegen der jülich=bergschen Erbfolge; nur habe er nicht sich allein alle Anstrengungen und Risikos aufhalten lassen können, und nachdem Marschall Broglie darauf auszugehen scheine, die Armeeen des Königs von Frankreich ebenso wie die Sache des Kaisers Karl zugrunde zu richten, habe er sich, so gut es habe gehen wollen, aus der Affaire zu ziehen gesucht [3]). Valori versichert, gesagt zu haben, er sei überzeugt, es werde die Zeit kommen, wo der König um seiner eigenen Sicherheit willen sich genötigt sehen werde, die Allianz wieder zu suchen, der er jetzt den Rücken kehre, und wenn er dann die gegen=

[1]) Arneth II, 79.
[2]) Am 13. Juni war die Nachricht in Kuttenberg, und am 19ten erzählte der König von der erfolgten Eröffnung an Valori.
[3]) An Podewils, den 19. Juni; Polit. Korresp. II, 210.

wärtigen günstigen Umstände nicht mehr finde, werde er vielleicht seine jetzige
Handlungsweise bedauern, aber Friedrich hatte darauf nur ein Scherzwort
über den prophetischen Nostradamus gehabt. Er versprach dem Gesandten
den Text des Friedensvertrages mitzuteilen und zeigte ihm schließlich auch
einen Brief an Kardinal Fleury, den er aufgesetzt hatte [1]).
    Der König hatte bereits an demselben Tage, an welchem er die Nachricht
von dem Abschlusse der Präliminarien empfing, dem 13. Juni, dem Kardinal
den schlechten Stand der französischen Waffen mitgeteilt, Broglies flucht=
ähnliches Zurückweichen hinter die Beraunka, während die Sachsen keine Lust
zeigten, ihm zuhilfe zu kommen, und dem gegenüber die Vereinigung von
Karl von Lothringen und Lobkowitz, sowie den Donauübergang der Öster=
reicher in Bayern. Er schloß: „Da das Übel geschehen und die Mittel zur
Abhilfe in weitem Felde und sehr unsicher sind, glaube ich, daß, um heraus=
zukommen, nur der Friede übrig bleibt, den man wird unter Bedingungen
schließen müssen, so gut es eben die Umstände gestatten." Er stelle das der
Weisheit Fleurys anheim [2]). Der Kardinal erwiderte mit leisem Vorwurfe,
es wäre wohl nicht so weit gekommen, wenn der König Mittel gefunden
hätte, Broglie zuhilfe zu kommen, und man könne jetzt in der That nur an
den Frieden denken, den der König von Frankreich nicht minder lebhaft er=
sehne. Denselben zustande zu bringen, müsse Frankreich der Einsicht und
Klugheit des Königs von Preußen überlassen; das, was dieser vereinbaren
werde, zu unterschreiben, werde Belleisle Instruktionen erhalten, und nach
den authentischen Beweisen, welche Frankreich dem Könige von seiner Ver=
tragstreue und seinem Eifer für die preußischen Interessen gegeben, hege er
nicht den mindesten Verdacht, daß König Friedrich seine Bundesgenossen im
Stich lassen werde, sondern sei überzeugt, daß er bei dem Friedensschlusse
seine Verbündeten und das Interesse des Kaisers nicht schädigen lassen werde.
In seiner Hand liege die ruhmvollste Aufgabe des Schiedsrichteramtes über
Europa [3]).
    Aber ehe dieser Brief in des Königs Händen war, entschloß er sich, wie
wir wissen, obwohl noch nicht im Besitz der österreichischen Ratifikation, Va=
lori von der Thatsache des abgeschlossenen Friedens in Kenntnis zu setzen
und gleichzeitig auch den Kardinal. Der Brief an diesen letzteren, etwa vom
18. Juni datiert, ist nun eben der, welchen er dem Gesandten zeigte. Der=
selbe stellt zusammen, was er für die gemeinsame Sache gethan, wie er dazu
geholfen, die Sachsen von der österreichischen Partei loszumachen, wie er dem
Kurfürsten von Bayern seine Stimme gegeben, dessen Krönung beschleunigt
habe, wie er viel dazu beigetragen, den König von England zurückzuhalten
und Dänemark auf die Seite der französischen Interessen zu führen, und wie
er dann, anstatt seinen durch den langen Feldzug ermüdeten Truppen Ruhe
zu gönnen, auf Belleisles Bitten in Böhmen eingerückt sei, dann Schwerin
nach Mähren entsendet habe, endlich selbst mit den Sachsen in Mähren ein=
gedrungen sei. Nachdem die Fehler der französischen Heerführer und der
mangelnde gute Wille der sächsischen Generäle diese Unternehmung habe

---

[1]) Valori, Mémoires I, 163.
[2]) Polit. Korresp. II, 198.
[3]) Abgedruckt in der Hist. de mon temps, p. 134.

scheitern machen, habe er noch eine Schlacht gewagt, um Prag zu retten. Jetzt aber sei infolge der gegen seine Ratschläge von der französischen Heeres= leitung genommenen Maßregeln Bayern von Böhmen abgeschnitten, die fran= zösische Armee unter dem Grafen d'Harcourt entspreche wenig den Erwar= tungen, die man von ihr gehegt habe, die Sachsen hätten keine Lust, mitzu= wirken, ihre Haltung sei mehr als verdächtig, man werde drei Schlachten gewinnen müssen, um die Österreicher aus Böhmen zu vertreiben. Er sähe nur einen langen und unbeendbaren Krieg vor sich, dessen Hauptlast auf ihn fallen würde. Anderseits bringe jetzt englisches Geld ganz Ungarn unter Waffen, und Einfälle von daher bedrohten Oberschlesien, und während die Anstrengungen der Königin immer mehr Soldaten auf die Beine zu bringen vermöchten, müsse er jeden Augenblick auf eine Diversion der Sachsen in seine alten Provinzen gefaßt sein. Unter solchen Umständen und in so kritischer Situation habe er mit schwerem Herzen sich in der Notwendigkeit gesehen, sich aus dem unvermeidlichen Schiffbruche zu retten und, so gut er gekonnt habe, den Hafen zu erreichen. Niemand könne dafür verurteilt werden, daß er nicht das Unmögliche gethan; in allem aber, was in seinen Kräften liege, werde er treu die übernommenen Verpflichtungen erfüllen, den Verzicht auf Jülich=Berg nicht zurücknehmen, weder direkt noch indirekt die dort aufge= richtete Ordnung stören und seine Waffen eher gegen sich selbst kehren als gegen Verbündete, die ihm so wert seien wie die Franzosen. Man würde ihn immer bereit finden, so viel in seinen Kräften liege, für das Interesse des Königs von Frankreich mit thätig zu sein rc. [1]

Der Eindruck der Nachricht war in Paris ein sehr großer; wie der eng= lische Gesandte berichtet, sei Belleisle (der Bruder des Marschalls) in Ohnmacht gefallen, der Kardinal sei in Thränen ausgebrochen, und auch der König habe trotz aller seiner Beherrschung seine Besorgnisse nicht verhehlen können, der ganze Hof sei wie vom Donner gerührt gewesen, und man habe Mühe gehabt, nach außen sich nicht allzuviel merken zu lassen [2]. Von der Aufregung der Pariser, welche die französischen Truppen für sehr gefährdet halten, schreibt Voltaire dem König [3], noch schärfer berichtet der preußische Gesandte: „Die Wut gegen Ew. Majestät ist hier maßlos, man ergießt sich in Äußerungen, die ich ohne ausdrücklichen Befehl nicht mitzuteilen wage." [4]

König Friedrich hat ihm diesen ausdrücklichen Befehl nicht geschickt; diese Meinungen hatten zu wenig Wert für ihn. Er antwortete an Voltaire: „Ich kümmere mich sehr wenig um das Geschrei der Pariser, das sind Hornissen, die immer etwas zu summen haben, ihre Ausfälle sind wie Schimpfworte von Papageien und ihre Urteile so ernsthaft wie die Äußerungen eines Wilden über Philosophie." [5]

Wenn Valori noch bei jener erwähnten Unterredung vom 18. Juni dem Könige versichert hatte, Frankreich werde trotz Preußens Rücktritt vom Bunde den

---

1) Polit. Korresp. II, 207.
2) Bericht vom 1. August; bei Raumer II, 160.
3) Oeuvres XXII, 100.
4) Angeführt bei Droysen, S. 475, und Ähnliches führt Arneth an (II, 105) nach einem Berichte des österreichischen Agenten in Paris, Gundel, vom 2. Juli 1741.
5) Oeuvres XXII, 105.

Krieg „mit aller vigueur poussieren" [1]), so war das doch nicht die Meinung des Kardinals, der auf das eifrigste einen schnellen Frieden herbeisehnte, schon weil er fürchtete, daß nun England einen allgemeinen Krieg gegen Frankreich entfesseln könne, wenn man sich nicht entschlösse, Spanien zu opfern [2]).

So erhielt denn Belleisle den Auftrag, mit dem österreichischen Feldmarschall Königsegg, der einst als Gesandter Karls VI. in Paris gewesen war, sich in Verbindung zu setzen, und der Kardinal schrieb eigenhändig unter Belleisles Instruktion: „Den Frieden, mein Herr, um jeden Preis!" [3])

Darauf bat Belleisle brieflich den Prinzen Karl von Lothringen um eine Unterredung mit ihm oder eventuell mit Königsegg, und wie es scheint, war es der kurz vorher (den 27. Juni) beim Heere eingetroffene Großherzog Franz, welcher Königsegg gestattete, die gewünschte Zusammenkunft zu gewähren, welche dann am 2. Juli auf dem Schlosse Komorzan, unweit Königsaal, stattfand. Der österreichische Marschall fand einige Worte freundlicher Erinnerung an den Kardinal, wenn er gleich bedauerte, daß derselbe es zu diesem Kriege habe kommen lassen. Belleisle, der bei dieser Gelegenheit ebenso niedergeschlagen und fast demütig erschien, als er sonst hochfahrend und großsprecherisch sich zu zeigen pflegte, antwortete darauf mit Beteurungen der Bereitwilligkeit Frankreichs zur Beendigung des Krieges und seiner eigenen Friedenssehnsucht, und als Königsegg den ersten Schritt von Frankreich erwarten zu müssen erklärte, ließ er merken, daß er eventuell Vollmacht habe, die Räumung Böhmens unter gewissen Bedingungen zuzugestehen, ohne jedoch diese Bedingungen näher präcisieren zu wollen oder zu können [4]).

Inzwischen hatte auch der französische Minister des Auswärtigen Amelot dem österreichischen Geschäftsträger Marquis de Stainville erklärt, Frankreich habe die Beendigung des Krieges zwischen Österreich und Preußen mit wahrer Freude begrüßt, insofern dies die Herbeiführung des allgemeinen Friedens erleichtere. Man sei bereit, Vorschläge zu machen, so wie man gewiß sei, daß dieselben eine günstige Aufnahme finden würden. Die gleichzeitigen Eröffnungen des Kardinals Fleury an Stainville kehrten dann noch schärfer die Spitze gegen Preußen heraus, dessen Bestreben, sich auf Kosten anderer zu vergrößern, eine längere Feindschaft zwischen Österreich und Frankreich nur Vorschub leistete [5]).

Als dann der Bericht Belleisles über jene Zusammenkunft in Komorzan eintraf, entwarf der Kardinal unter dem 11. Juli einen Brief an Königsegg, der noch näher auf das gewünschte Ziel lossteuerte und dann auch an die Solidarität der katholischen Interessen bei Österreich appellierte: er betrübe sich über den Vorwurf, der Urheber dieses Krieges zu sein, zu welchem er vielmehr gegen seinen Willen durch den Einfluß einer Persönlichkeit, welche der General erraten werde, gezwungen worden sei. Er habe immer eine Verbindung

[1]) Eichel an Podewils, den 19. Juni; Berliner St.=A.
[2]) Nach einem Berichte des preußischen Gesandten, angeführt bei Droysen, S. 475.
[3]) Mémoires de Valori I, 169.
[4]) Arneth II, 106, und dazu die Beziehungen auf diese Zusammenkunft in späteren, noch anzuführenden Schriftstücken.
[5]) Arneth II, 105, nach einem Bericht Rainvilles vom 27. Juni.

zwischen Österreich und Frankreich als die beste Stütze der öffentlichen Ruhe und vornehmlich der Religion angesehen, habe seiner Zeit unter Karl VI. für eine solche gewirkt und in diesem Sinne auch die Vorschläge aufgenommen, welche vor 6 Monaten Herr v. Wasner in Paris gemacht habe. Wenn damals diese Vorschläge nicht hätten angenommen werden können, so habe das daran gelegen, daß er damals leider die Hände nicht frei gehabt habe. Er sähe wohl ein, daß jetzt die Friedensbedingungen nach den Umständen, in denen sich die betreffenden Mächte jetzt befänden, eingerichtet werden müßten; doch meine er, daß, wenn der Wiener Hof sich in seinen Forderungen mäßigen wolle, man zu einem Frieden werde kommen können, der die Sicherheit Europas und der katholischen Religion wiederherzustellen vermöchte. [1])

Aber alle Bemühungen des Kardinals blieben fruchtlos der erzürnten Königin gegenüber; diese mißbilligte es, daß Königsegg sich überhaupt zu einer Konferenz mit Belleisle herbeigelassen, und indem sie nach London von den französischen Anerbietungen berichtete, verhieß sie, sie werde sich sicherlich nicht weich finden lassen. Ihr Gesandter mußte (am 16. Juli) dem Kardinal eine Erklärung vorlesen, sie erinnere sich daran, daß in Frankreich, so lange man dort geglaubt habe, sie ganz zugrunde richten zu können, auf ihre jederzeit an den Tag gelegten friedlichen Gesinnungen kein Wert gelegt worden sei. Man habe ihre Staaten erobert und verheert, die Grundlagen der Verfassung des Deutschen Reiches umgestoßen, dessen Freiheiten untergraben, und nicht an Frankreich habe es gelegen, wenn das Haus Österreich, dessen Existenz man bereits zu bestreiten gewagt habe, nicht wirklich aufgehört habe zu existieren. In Wien habe man den Frieden diktieren, ganz Deutschland, ja ganz Europa unter das Joch Frankreichs beugen wollen. Die Sache der Königin sei nicht nur die aller vaterlandsliebenden deutschen Fürsten, sondern auch die aller Mächte, denen ihre Ruhe, ihre Unabhängigkeit am Herzen liege. Nur mit deren Teilnahme könne an dem Friedenswerke gearbeitet werden, von welchem sie auch angemessenen Ersatz für den erlittenen schweren Schaden erwarten müsse. [2])

Der Kardinal schrie förmlich auf bei den Stellen, welche ihn besonders schwer trafen; das Gesamtresultat war sehr wenig tröstlich: kein Friede ohne England und ohne Landgewinn für Österreich.

Natürlich konnte nun auch der Brief an Königsegg keinen Erfolg haben. Der letztere lehnte Belleisle gegenüber weitere Zusammenkünfte ab, so lange der Marschall keine näheren Anerbietungen zu machen vermöge, und als darauf Belleisle die Räumung Böhmens anbot, wurde ihm geantwortet, die Königin müsse auch auf Territorialabtretungen zur Entschädigung ihrer Verluste bestehen. [3])

Schlimmer als alles aber war es, daß es Fleury erleben mußte, jenen Brief an Königsegg vom 11. Juli vielfach in Abschriften zirkulieren, ja ben-

---

1) Adelung, Staatsbriefe II, 203.
2) Arneth II, 207.
3) Königsegg an Belleisle, den 20. Juli; Belleisle an Königsegg, den 21. Juli; derselbe an denselben den 30. Juli und Antwort Königseggs den 31. Juli; Wiener Kriegsministerial-A., Fasc. 7. 32. 34. 46. 47.

selben schließlich in einer Londoner Zeitung abgedruckt zu sehen. Mit erklär=
licher Empfindlichkeit beschwerte er sich darüber brieflich bei Königsegg, der
allerdings schwerlich selbst eine Schuld trug: „Es ist eine Lektion, für die
ich Ihnen danke, und von welcher ich Nutzen zu ziehen versuchen werde,
die ich aber lieber empfangen habe, als daß ich sie hätte mögen gegeben
haben." [1]

Unter solchen Umständen hielt man es in Paris für zweckmäßig, Preußen
gegenüber gute Miene zum bösen Spiel zu machen. „Wir müssen", sagte
Valori zu Podewils, „einen Schleier über das Vergangene ziehen und für die
Zukunft gute Freunde bleiben" [2], und der König schrieb dem Gesandten, als
dieser aus dem belagerten Prag nach Berlin zurückzukehren sich anschickte:
„Ich bin sehr froh, daß Sie nach Berlin zurückkommen und nicht den Werwolf
spielen gegen ihre alten Freunde, welche Sie immer in gleichem Maße
schätzen." [3]

Es konnte für Preußen nur erwünscht sein, daß Frankreich das Bundes=
verhältnis durch jenen Sonderfrieden nicht für gelöst erachtete, sondern daß
ihm der Kardinal bestimmt erklären ließ, man sähe sich ihm gegenüber gebunden
durch einen feierlichen Vertrag und erwarte auch von ihm, daß er in kein
Frankreich feindliches Engagement eintrete [4]. Nach dieser Seite hin war für
Friedrich zunächst nichts zu besorgen.

Von der ungünstigen Wendung, welche die Angelegenheiten der Alliierten
im Sommer 1742 genommen, konnte kaum jemand schwerer getroffen wer=
den, als der neue Kaiser Karl VII., dem, während er in Frankfurt Anord=
nungen für seinen Hofstaat traf, sein Erbland Bayern zum großen Teil von
den Österreichern entrissen worden war. Es hätte seine Kräfte überstiegen,
ernstlich dahin zu streben, wie Friedrich ihm immer geraten, sich auf eigene
Füße zu stellen, von dem französischen Gängelbande frei zu machen; wie hätte
er es möglich machen sollen, sich eine selbständige militärische Stellung zu
verschaffen, die auch von den französischen Heerführern irgend wie respektiert
worden wäre? Wohl hatte er die Anerbietungen verschiedener deutscher
Duodezfürsten, ihm gegen Gewährung eines kleinen Reichslehens eine kleine
Schar Soldaten zu stellen, angenommen, aber das Meiste davon war unaus=
geführt geblieben, geschweige denn, daß so ein achtunggebietendes Truppencorps
hätte zusammenkommen sollen, um so mehr, da er inbetreff des Soldes doch
wieder auf Frankreich angewiesen war. Darin hatte auch die Sendung des
ihm vertrauten Marschalls Schmettau (nach der Schlacht bei Chotusitz) und
dessen Mahnungen nichts ändern können, und so entschied denn der unrühm=
liche Rückgang der französischen Waffen auch sein Schicksal.

Auch an ihn wie an Fleury schrieb der König an jenem 13. Juni, wo er
den Abschluß der Präliminarien erfuhr; zeigte ihm das Traurige der Lage
und wies auf ein Accommodement hin als das einzige Mittel, aus dieser Ver=
legenheit herauszukommen, allerdings nicht ohne schließlich die Entscheidung
darüber der Weisheit Sr. Kaiserlichen Majestät anheimzugeben. Und gerade

---

[1] Unter dem 13. August 1741; Adelung, Staatsbriefe II, 224.
[2] Angeführt bei Droysen, S. 475.
[3] Den 27. Juli; Mémoires de Valori II, 266.
[4] Fleury an Valori, den 6. August; Mémoires de Valori II, 266.

wie Fleury antwortete der Kaiser mit einem Zurückschieben der Entschei=
bung. Zu Schmettau sagte derselbe, er werde alles gut finden, was der König
thun werde, dieser habe ihm die Kaiserkrone verschafft; „daß er sie stützt, ge=
nügt mir, sie mit Würde zu tragen, er wird sein eigenes Werk nicht zerstören
wollen" [1]).

Aber wie schlimm seine Sache stand, ahnte er damals noch nicht, obwohl
ihm Schmettau (ben 25. Juni) eröffnete, der König rufe ihn zur Armee
zurück; derselbe halte die militärische Lage in Böhmen für unrettbar — ja
als ihm Schmettau anbeutete, es werde wohl nicht möglich sein, ihm Böhmen
zu erhalten, doch könnten vielleicht die vorderösterreichischen Lande im Tausche
gegen Sulzbach und Neuburg erlangt werden, verlangte der Kaiser wenigstens
Tirol, dies und ein Stück Oberösterreich brauche er, um gegen den Wiener Hof
geschützt zu sein.

Es traf ihn wie ein Blitzstrahl aus heiterem Himmel, als brei Tage später
die Nachricht von dem wirklich geschlossenen Frieden an ihn gelangte; in
seinem Kummer tröstete ihn nur der Gedanke, der König werde es noch ver=
mögen, im Vereine mit England ihm einen Frieden, so gut er jetzt noch sein
könne, zu verschaffen.

Wie wir wissen, hat der König sich bei dem Friedensschlusse in der That
Mühe gegeben, den Kaiser einzuschließen, aber Maria Theresia hatte das
entschieden zurückgewiesen, und auch England hatte dafür nicht eintreten
mögen. Wenn Podewils damals vermutet hatte, König Georg wollte eine
Vermittelung für den Kaiser sich selbst vorbehalten, um damit noch irgenb=
eine Vergünstigung für Hannover zu erlangen, so konnte das wohl für den
König Georg persönlich gelten, kaum aber für die englischen Minister; von
dieser Seite ward vielmehr und namentlich von Lord Stair ein Projekt be=
trieben, welches bann lange Jahre später noch einmal Deutschland in gewaltige
Aufregung versetzen sollte, nämlich die Annektierung Bayerns durch Österreich
und die Entschädigung des Kaiser=Kurfürsten durch die österreichischen Nieder=
lande, vergrößert durch ein möglichst ansehnliches, Frankreich abzunehmendes
Stück Land [2]). Auch bezüglich der Kaiserkrone glaubte man ein Auskunfts=
mittel gefunden zu haben in dem Vorschlage, Österreich solle Karl VII. als
Kaiser anerkennen, die Nachfolge aber und die Rückkehr der Kaiserkrone zu
dem Hause Österreich durch die Wahl des Großherzogs von Toscana zum
römischen König sicher gestellt werden [3]).

Aber das waren doch eben nur Projekte; fürs erste mußte der Rücktritt
Preußens von der pragmatischen Allianz den Kaiser ganz in die Arme
Frankreichs treiben, und die Kriegsereignisse mußten über sein Schicksal ent=
scheiden. Soviel ist gewiß, daß Friedrich unter den Verbündeten, benen er
jetzt den Rücken kehrte, allein eben der Kaiser ein näheres persönliches wie
politisches Interesse einflößte, und daß der König aufrichtig wünschte, Karl VII.
auf irgendwelche Weise die Rückgabe Bayerns und allseitige Anerkennung
seiner kaiserlichen Würde verschaffen zu können.

Eine besondere Schwierigkeit hatte es bann noch, die Sachsen in ihre

[1]) Angeführt bei Droysen, S. 483.
[2]) Arneth II, 115.
[3]) Ebb. S. 79.

Entsagungsrolle sich mit guter Manier finden zu lassen. Ihrem Gesandten Bülow in Breslau waren die Konferenzen des Ministers mit Hyndford, die wiederholten Kuriersendungen 2c. nicht entgangen, und seine ängstlichen Erkundigungen bei Podewils boten diesem Gelegenheit, ihn auf die Sache vorzubereiten. Er setzte ihm auseinander, daß die Sachen der Verbündeten in Bayern wie in Böhmen schlecht ständen und sein König, der bisher fast allein die ganze Wucht des Krieges habe tragen, große Armeeen erhalten und blutige Schlachten liefern müssen, wohl endlich die Sache satt bekommen könne, und daß es dann wie bei einem Schiffbruche gehen werde, wo im Interesse der Selbsterhaltung jeder nur an sich denken könne. Bülow versicherte, er glaube gern, daß die Sachen schlecht ständen, sein König habe auch niemals sich große Hoffnungen gemacht, und man habe ihn geradezu zwingen müssen, diese Partei zu ergreifen. Jener suchte zu beruhigen: „Wir werden Ihnen schon helfen, daß Sie wenigstens mit heiler Haut davonkommen, wenn Sie nur selbst wollen. Mein König hat sich alle Mühe gegeben, um Mähren und Oberschlesien für Sie zu erwerben, aber er ist durch die schlechten Manöver der Anderen übel unterstützt worden, und schließlich kann man von niemandem das Unmögliche verlangen."

Mit trübseligem Humor meinte Bülow darauf: „Ja ja, ich habe wohl allzeit geglaubt, daß Sie den fettesten Braten davontragen und wir anderen uns nur den Mund würden wischen können. Am Ende werden Sie noch gegen Ihre Alliierten und vor allen gegen Frankreich die Waffen ergreifen." — „Nein", rief Podewils, „das wird nicht geschehen, davon dürfen Sie überzeugt sein." — Der Gesandte meinte weiter: „Könnten nicht wenigstens Preußen, Sachsen und Hannover als die drei mächtigsten in ihrem eignen Interesse fest zusammenhalten allen Eventualitäten gegenüber?" — „Warum nicht?" erwiderte der Minister, „mein Herr wird es nicht besser verlangen." — „Aber", fährt Bülow fort, „erst müssen wir die Franzosen aus Deutschland heraus haben." — „Das steht auf einem anderen Blatte", hatte Podewils geantwortet, „aber ich glaube, mit der Zeit wird sich das von selbst machen." [1]

Das ganze Gespräch schien ihm Vorbereitung genug, damit man in Dresden den bitteren Kelch mit geringerem Widerstreben leere. Bezüglich der Art, wie der letztere kredenzt werden sollte, hatte Hyndford vorgeschlagen, von dem Vorgefallenen gleichzeitig an den englischen und preußischen Gesandten in Dresden Meldungen zu senden [2], und der König hatte sich damit einverstanden erklärt, aber noch bis zur Ratifikation warten wollen. Indessen hatte Hyndfords „droiture" schon einen sehr anderen Weg eingeschlagen. Noch am 13. Juni, also an demselben Tage, wo er die erste Eröffnung seines Vorhabens an Podewils macht, schreibt er an den englischen Gesandten Villiers in Dresden die große Nachricht, und daß Sachsen, wenn es binnen 16 Tagen seine Truppen aus Böhmen zurückzöge, an dem Frieden teilnehmen dürfe. Nicht ganz wahrheitsgetreu fügt er hinzu, Podewils habe gewünscht, daß diese Notifikation erst nach der Ratifikation abginge, und zwar gleichzeitig von englischer und preußischer Seite; doch er habe dem König von Polen mehr Zeit gönnen wollen, und anderseits habe man preußischerseits kein Recht,

---

[1] Bericht vom 13. Juni.
[2] Hyndford an Podewils, den 13. Juni; Berliner St.-A.

sich den Anschein zu geben, als habe man bei dem ganzen Friedensschlusse irgendwie an Sachsen gedacht, vielmehr habe er (Hyndford) allein sich darum bemüht, es mit in den Vertrag zu bringen [1]).

Da mußte dann freilich Podewils' Vorbereitung zu spät kommen und die große Nachricht wie ein Donnerschlag treffen. In Sachsen hatte man sich in letzter Zeit schon nicht mehr großen Hoffnungen auf Mähren und Oberschlesien hingegeben, wohl aber noch das Auge auf zwei böhmische Kreise, den Saazer und Leitmeritzer, gerichtet, sich in diesen militärisch festgesetzt; ja der Anführer der Sachsen, der Herzog von Weißenfels, hatte noch vor dem Breslauer Frieden erklärt, er könne den Saazer Kreis, den Sachsen als seine Eroberung anzusehen geneigt sei, nicht wohl verlassen [2]) und zeigte auch wenig Lust, über deren Grenzen weiter vorzugehen. Die Chotusitzer Siegesnachricht hatte man in Dresden mit gemischten Empfindungen empfangen und nur widerwillig auf das Andrängen des preußischen Gesandten gefeiert. Auf der anderen Seite war man aber auch wenig davon erbaut, als Belleisle (Mai und Juni) seinen Besuch anmeldete, man sah neue militärische Anforderungen voraus, denen zu entsprechen man weder den Willen noch auch die Mittel besaß. Am 8. Juni war dann Belleisle wirklich eingetroffen und hatte nun eifrig mit Brühl, Saul und Guarini verhandelt ohne Zuziehung des preußischen Gesandten, doch mit geringem Erfolge, da man sächsischerseits die gewünschte Erhöhung des sächsischen Truppencorps von 15,000 auf 30,000 nur unter der Bedingung einer Abtretung in Böhmen zugestehen mochte, zu deren Bewilligung sich dann Belleisle für nicht kompetent erachtete. Der hannöversche Gesandte von dem Busche, der über diese Verhältnisse berichtete, erklärt, er sei bereit, sein ganzes Vermögen zum Pfande zu setzen, daß, wenn man englischerseits 100,000 Pfd. Sterling daran wagen wolle, man Sachsen ohne weiteres von dem französischen Bündnis würde abziehen können, vielleicht würde das Rezept auch selbst in geringerer Dosis sich wirksam erweisen [3]).

Inzwischen kamen die Nachrichten von dem fluchtähnlichen Rückzuge der Franzosen gegen Prag hin und endlich durch Villiers die Nachricht von dem preußischen Separatfrieden. Der sächsische Diplomat Saul, der um Mitte Juni im Hauptquartier König Friedrichs eintraf, fand bereits Waffenruhe zwischen den beiden Heeren.

König Friedrich hatte auch nach Dresden an jenem 13. Juni, wo er die Nachricht von dem Abschlusse der Präliminarien empfangen hatte, wie an Fleury und den Kaiser auch an König August einen Brief abgefaßt, der auf das Kommende vorbereiten sollte. Zur Vorbereitung kam derselbe nun zu spät, aber die Konsequenz war dieselbe wie bei den zwei anderen Briefen desselben Datums, daß nämlich auch der Dresdener Adressat sich beeilte, seine Interessen auf die Kniee König Friedrichs zu legen und dessen Rat begehrte. Die Antwort war, es ständen Sachsen zwei Wege offen, entweder im Bunde mit Frankreich einen energischen Krieg gegen Österreich zu führen, um sich dadurch einen Ländererwerb zu sichern, oder aber mit Frieden zu schließen, in

---

[1]) Londoner Record office.
[2]) Angeführt in einem Kabinettsschreiben an den preußischen Gesandten in Paris, Chambrier, vom 16. Juni; Polit. Korresp. II, 202.
[3]) An Münchhausen, den 17. Juni; St.-A. zu Hannover.

welchem letzteren Falle man allerdings auf nichts Derartiges rechnen dürfe. Zwischen beiden Möglichkeiten müsse der König von Polen selbst die Wahl treffen. Wähle er den letztgenannten Weg, so könne Preußen seine Mediation anbieten [1].

Der Zorn des Grafen Brühl witterte in dieser doch so ganz sachgemäßen Alternative, die man sich ganz ebenso gut in Dresden selbst stellen mußte, einen unwürdigen Fallstrick [2]. Man hielt einen Mittelweg für möglich, nämlich scheinbar den Frieden zu acceptieren und die Truppen zurückzuziehen, aber dabei in Wien auf kleine Zugeständnisse zu bringen im Hinblicke auf die immer noch gegebene Möglichkeit, weiter bei dem Bunde mit Frankreich zu bleiben.

Zunächst aber klagte man in ausgiebigster Weise. „So lange noch ein Haar vom Hause Sachsen übrig ist," meinte Brühl, „wird es Preußen den Affront und die Gewalt, die ihm angethan ist, nicht vergessen, sondern früher oder später sich rächen." [3]

Ganz vergebens setzte ihm der hannöverische Gesandte auseinander, daß, wenn der Partagetraktat zur Ausführung gekommen und Österreich ganz gedemütigt worden wäre, Preußens Macht Sachsen troß dessen Vergrößerungen bedroht haben würde, während so Österreich immer noch überlegen bleibe und ein gutes Gegengewicht gegen die Macht Preußens bilden könne [4]. Brühl wollte nun einmal so viel Anstrengungen nicht ganz vergebens gemacht haben, irgendein wenn auch kleiner Landerwerb sollte noch in letzter Stunde gelingen. Die ganze diplomatische Maschinerie, die er zur Verfügung hatte, arbeitete mit Hochdruck. An allen Höfen verhandelte und intrigierte man mit größtem Eifer, um die Wahrheit noch weniger bekümmert als sonst. In Paris behauptete man, Preußen zwinge Sachsen, dem Separatfrieden beizutreten unter der Drohung, sonst die bereits an der Grenze der Lausitz versammelten Truppen einrücken zu lassen, suchte aber daneben irgendwelche Anerbietungen zu erlangen. In Hannover bemühte man sich, Sympathieen dadurch zu erzielen, daß man sich als von Frankreich bedroht darstellte und requirierte die im Falle eines Angriffs vertragsmäßig zugesicherte Hilfe, während man anderseits vor einem geheimen Artikel in dem Breslauer Vertrage, der die Mecklenburger Ämter Preußen zuspreche, Angst zu machen suchte. England gegenüber verstieg man sich bis zu der Drohung, die ganze Korrespondenz, durch welche einst Sachsen zum Kriege gegen Preußen hatte bewogen werden sollen, drucken zu lassen [5]. In Rußland appellierte man an die alte Freundschaft, erregte Hoffnungen wegen Kurlands, hetzte gegen Preußen. In Berlin wünschte man nichts lebhafter, als Hand in Hand mit Preußen gehen zu können, appellierte patriotisch an das gemeinsame Interesse der Kurfürsten und dachte daran, Schmettaus Geldverlegenheiten zu benutzen, um sich einen warmen Fürsprecher in ihm zu gewinnen; in Wien aber bemühte sich Saul aufs eifrigste, wenn nichts von Böhmen zu gewinnen sei, vielleicht ein

---

[1] Des Königs Mitteilung an Podewils vom 23. Juni; Polit. Korresp. II, 213.
[2] Vgl. die Anführung bei Droysen, S. 479, Anm. 3.
[3] Aus einem Berichte des österreichischen Unterhändlers de Launay vom 15. Juli, angeführt bei Arneth II, 485, Anm. 63.
[4] Von dem Busche, Bericht vom 27. Juni; St.-A. zu Hannover.
[5] Bericht des von dem Busche, den 7. und 8. Juli; St.-A. zu Hannover.

Stück Vorderösterreich zu erlangen, das man dann an Mainz gegen Erfurt umtauschen könne [1]. Aber am österreichischen Hofe war auch nicht die kleinste Konzession zu erlangen, und vergebens verzögerte König August den ganzen Juli und August hindurch den Austausch der Friedensdokumente mit Österreich, immer in der Hoffnung, daß eine günstigere Konstellation der Verhältnisse den sächsischen Wünschen Nachdruck verleihen könnte. Er mußte schließlich sich mit dem anscheinend nur mündlich gegebenen Versprechen der Königin begnügen, dem Hause Sachsen zur Erwerbung von Erfurt verhelfen zu wollen, wenn dies unter angemessener Entschädigung und mit Zustimmung des Kurfürsten von Mainz sich bewerkstelligen ließe [2]. Da aber auch hier die ausdrückliche Klausel hinzugefügt war, daß diese Entschädigung in keinem Falle von Österreich beansprucht werden dürfe, so war Sachsen sehr wenig damit geholfen, und der endlich am 11. September perfekt werdende Friede ließ dem sächsischen Hofe in der That nur das schmerzliche Bewußtsein, die Kräfte des Landes an Gut und Blut vergebens aufgewendet zu haben.

Auf dem Hauptkriegsschauplatze in Böhmen hatte bereits die Unterzeichnung der Präliminarien das Signal zur Waffenruhe gegeben. Ehe dem König noch die österreichische Ratifikation derselben zugekommen war, hatte er bereits (am 14. Juni) die Ordre gegeben, nicht mehr feindlich gegen die Österreicher vorzugehen und, selbst wenn diese angriffen, sich lediglich defensiv zu verhalten [3]. Herzog Karl hatte unter dem 15. Juni auf eine Anzeige des Vorgefallenen erklärt, er freue sich aufrichtig über den geschlossenen Frieden und habe, obwohl er von der Königin keinen Befehl dazu habe, doch bereits die Einstellung der Feindseligkeiten angeordnet [4].

König Friedrich ließ dann im Lager von Kuttenberg an demselben Tage, an welchem die Bestätigung derselben durch die Königin von Ungarn in seine Hand kam, den 21. Juni [5], eine Proklamation, welche an die Verkündigung des geschlossenen Friedens den Befehl zur Einstellung der Feindseligkeiten anschloß, unter Pauken- und Trompetenschall dem Heere bekannt machen. Die Proklamation schloß: „Der große Gott aber segne Se. Königl. Majestät und Dero ganzes Königliches Haus, und gebe, daß dieser Friede auf ewige Zeiten unverrückt fortdauern möge! Vivat der König!" Zugleich wurden Ordres zur Proklamierung an alle oberschlesischen Garnisonen geschickt, sowie auch an die Kommandanten in Glatz, Brieg, Breslau, Glogau, Berlin, Königsberg, Magdeburg, Wesel, Minden, worauf dann auch und zwar am Donnerstag, den 27. Juni (in Berlin erst den Sonntag darauf), die Kundmachung erfolgt ist, besonders feierlich in Breslau, wo die zahlreichen fremden Gesandten durch den Kommandanten, Grafen Dohna, zur Teilnahme in die Kommandantur, das damalige Eznersche Haus am Ringe (Goldene Sonne auf der Siebenkurfürstenseite) eingeladen wurden und dann mit den Spitzen der preußischen Behörden und einigen katholischen

---

[1] Bericht des von dem Busche zum 25. Juli, und Droysen, S. 480.
[2] Arneth II, 88.
[3] An Prinz Dietrich von Anhalt; Berliner St.-A.
[4] Ebd.
[5] In den Gesammelten Nachrichten III, 502 u. 563 und ebenso auch bei Röbenbeck, Geschichtskalender I, 71 ist der 22. Juni angegeben, doch ein Kabinettsbrief vom 22. Juli im Berliner St.-A. bezeichnet das Faktum als gestern erfolgt.

Prälaten von dem Balkon des Hauses dem Actus zusahen, der, nachdem feierliche Musik von den Türmen der Stadt das Fest eingeleitet, in der Verlesung der erwähnten Proklamation und einer solennen Parade der aus der Campagne zurückkehrenden Truppen bestand. Unter demselben Datum, dem 27. Juni, ward auch seitens der Zivilbehörden eine Proklamation des Friedens an die einzelnen Landratsämter verfügt, welche dann für weitere Mitteilung in den einzelnen Ortschaften im Wege von Kurrenden sorgten [1]).

In Breslau hatte man übrigens noch weitere Ovationen für den Tag in Aussicht genommen, an welchem der siegreiche König nach dem geschlossenen Frieden zuerst wieder die Stadt betreten würde. Die Jesuitenpatres gedachten an dem Tage von ihren Zöglingen „eine Operette" aufführen zu lassen, doch deprezierte der König, nicht ohne hinzufügen zu lassen, daß „die bezeigte Attention zu besonders gnädigem Gefallen gereiche" [2]). Bei dem Kardinal Sinzendorf, dem Fürstbischof von Breslau, hatte der König selbst für diesen Tag unter der Hand sich eine Predigt bestellt [3]), allerdings aber mit Rücksicht auf den voraussichtlichen Mangel an Zeit während des Breslauer Aufenthaltes die Sache bis auf den Herbst verschieben wollen [4]). Aber es ist dann doch dazu gekommen, während der Tage vom 3. bis 9. Juli, wo der König hier in Breslau vor dem Ohlauer Thore in dem Rufferschen Garten residierte [5]). Wie wir hören, erschien in diesen Tagen der König täglich zur Parade auf dem Ringe und besuchte dann abends Gesellschaften oder die Komödie, einmal auch einen feierlichen Ball, den der Kardinal ihm zu Ehren in der bischöflichen Residenz veranstaltet hatte, und am letzten Tage seines Aufenthaltes in Breslau auch den Gottesdienst in der Sandkirche, wo dann der Kardinal predigen sollte. Es hatte diese Kirche gewählt werden müssen, da das Domkapitel gegen die Benutzung der Kathedralkirche Einspruch erhoben hatte, wenn der verhaßte Graf Schaffgotsch die Messe celebrieren sollte. In Gesellschaft seiner Brüder und eines ansehnlichen Gefolges erschien der König gegen 11 Uhr vor der Kirche, dort von dem Prälaten des Sandstiftes und der Geistlichkeit empfangen und nach dem Chore geleitet, wo unweit des Hochaltares ein langes Kanapee bereit stand, auf welchem er dann mit seinen Brüdern Platz nahm. Dem König war ursprünglich ein auf zwei Stufen erhöhter Thron zugedacht gewesen, doch hatte er dies bestimmt abgelehnt mit den Worten: „Ich bin ein Mensch wie ein anderer und will also nur eine gewöhnliche Bank haben." [6]) Ihm gegenüber saß auf einer Art von Katheder der Kardinal und hielt hier, gleichfalls sitzend, da ihm körperliches Leiden das Stehen nicht gestattete, eine halbstündige Predigt über die letzten Verse des 122. Psalms: „Es müsse Friede sein inwendig in deinen Mauern und Glück in deinen Palästen. Um meiner Brüder und Freunde

---

[1]) Akten des Breslauer St.-A. über die Notifikation des Friedens.
[2]) Der König an Podewils, den 23. Juni; Berliner St.-A.
[3]) Eichel an Podewils, den 20. Juni; ebd.
[4]) Der König an Podewils, den 23. Juni.
[5]) Kardinal Sinzendorf berichtet dem Papste, der König habe in einer Villa gewohnt, die zu den bischöflichen Gütern gehöre. Theiner, Zustände der katholischen Kirche in Schlesien I, 28.
[6]) Ars et Mars bei Stenzel, Ss. rer. Siles., p. 465.

willen will ich dir Frieden wünschen. Um des Hauses willen des Herrn will ich dein Bestes suchen." [1]) Nach der Predigt celebrierte der bei dem König in besonderer Gunst stehende Domherr Graf Schaffgotsch das Hoch= amt, und es wurde bemerkt, daß der König und die Prinzen bei dem Höhe= punkt des gottesdienstlichen Aktes aufstanden und sich nicht eher niedersetzten, als bis die Zeremonie „der Wandlung" vorüber war. Es war erklärlich, daß in den Kreisen des katholischen Klerus die ganze Sache ihre besonderen strengen Kritiker fand. Dem Papste wurde ein an die Kardinäle gerichteter Brief in die Hände gespielt, in welchem sehr höhnisch von dem Eifer des Kardinals dem Könige gegenüber, von dem Balle im Bischofshofe, von dem Kanapee am Hochaltare, von der durch den als frivol verschrieenen Grafen Schaffgotsch gelesenen Messe 2c. gesprochen wurde [2]), und es blieb dem Kar= dinal Sinzendorf die Meinung nicht erspart, daß man in Rom von seinem patriotischen Eifer wenig erbaut war.

Übrigens ward das eigentliche solenne Friedensfest, das der König un= mittelbar nach den Präliminarien angeordnet hatte, im ganzen preußischen Staate am 15. Juli begangen, nur in Berlin 8 Tage früher.

Den vollständigen Abschluß hat dann die preußische Besitzergreifung Schlesiens gefunden durch die feierliche Erblandeshuldigung vonseiten Ober= schlesiens, welche sich noch bis ins Jahr 1743 hinausschob, hauptsächlich weil es an authentischen Verzeichnissen der zu berufenden Vasallen in den ein= zelnen hier in Frage kommenden Landesteilen fehlte, so daß die Huldigung erst am 18. März 1743 in Neiße abgehalten werden konnte [3]).

---

[1]) Es fällt schwer, der bestimmten Angabe unserer sonst gut unterrichteten Quelle in Gesammelten Nachrichten III, 521 über den bei dieser Gelegenheit gebrauchten Text den Glauben zu versagen, um so mehr, da der Text doch ganz wohl der Situation angemessen erscheint, doch darf nicht verschwiegen werden, daß das bei Stenzel, Ss. V abgedruckte Breslauer Kloster=Tagebuch Ars et Mars (S. 465) ebenso po= sitiv einen anderen Text anführt, nämlich Joh. 4, 23: „Venit hora et nunc est, quando veri adoratores adorabunt in spiritu et veritate", und in Übereinstim= mung damit der Kardinal dem Papste berichtet, er habe bei dieser Gelegenheit von der Anbetung im Geiste und in der Wahrheit gesprochen (Theiner, Katholische Kirche in Schlesien unter Friedrich II. I, 29). Doch ist es wohl möglich, daß zwei Texte waren, aber von katholischer Seite nur der eine genannt wurde, weil eine Verherrlichung des Friedens, das Schlesien dem ketzerischen König ließ, anstößig er= scheinen konnte.

[2]) Theiner, Zustände der katholischen Kirche in Schlesien I, 28 ff.

[3]) Die Huldigung Schlesiens an den neuen Landesherrn ist also eigentlich in vier Absätzen erfolgt. Am 6. November 1741 huldigte in Breslau Niederschlesien bis zur Neiße, am 20. Februar 1742 die Grafschaft Glatz in der genannten Stadt, den 6. Mai 1742 die Bewohner der in der einmeiligen Lisière jenseits der Neiße wohnenden Einwohner und endlich am 18. März 1743 Oberschlesien gleichfalls zu Neiße.

Achtes Kapitel.
Die Berechtigung des Friedens.

———

Es ist nicht zu verwundern, daß die bisherigen Verbündeten des Königs dessen Rücktritt von dem Bündnisse und den Friedensschluß, der ihn besiegelte, hart beurteilt und als Bruch feierlich abgeschlossener Verträge bezeichnet haben, und dem Geschichtschreiber dieser Zeit wird es zur Pflicht, sich ein Urteil in dieser Frage zu bilden.

Friedrich selbst hat an verschiedenen Orten sein Verfahren bei diesem Friedensschlusse verteidigt und sogar zu diesem Zweck eine eigene Schrift verfaßt, welche, ursprünglich für die Öffentlichkeit bestimmt, dann doch auf Podewils' Anraten nicht abgedruckt worden ist.

Die Schrift, welche wir im Auge haben, und welche erst neuerdings ver= öffentlicht worden ist[1]), führt den Titel: „Lettre de Mr. le Comte de *** à un ami" und scheint im Anfang August 1742 geschrieben worden zu sein. Die Veranlassung zur Abfassung dieses Schriftstückes gab ein in holländischen Zei= tungen abgedruckter Brief des Kardinals Fleury vom 10. Juli, welcher gegen die mehrfach verbreitete Ansicht protestiert, es habe Frankreich in geheimen Unterhandlungen mit dem Wiener Hofe selbst auf einen Sonderfrieden hin= gearbeitet, dem also eigentlich der König von Preußen nur zuvorgekommen sei[2]). Insofern der Fleurysche Brief darauf hinauslief, nachzuweisen, daß Frankreichs Verhalten dem Könige keinen Grund gegeben habe, sich durch den Separatfrieden seinen bundesmäßigen Verpflichtungen zu entziehen, provo= cierte es allerdings den letzteren zu einer Entgegnung, bei der es sich dann nicht sowohl um Rechtsfragen, als um die Anführungen bestimmter That= sachen handeln mußte.

Das Schriftstück des Königs beginnt mit dem unumwundenen Geständ= nisse, daß der Schein gegen ihn spreche. Der Graf, aus dessen Seele heraus der König schreibt, erklärt, eine gewisse Entrüstung empfunden zu haben gegen einen Fürsten, der so frivol seinen Verpflichtungen den Rücken gewandt habe, und er müsse zugleich das Verhalten eines Politikers tadeln, der seine eigenen Interessen dadurch schädige, daß er mit denen Frieden mache, die er am

———

[1]) Preuß. Staatsschriften, herausgegeben von Dr. Koser I, 335.
[2]) Der Brief abgedruckt ebd., S. 329.

schwersten beleidigt, und sich eben dadurch die Zuneigung derer verscherze, denen er die meisten Dienste geleistet. Von dieser Meinung nun, versichert der Briefsteller, sei er durch eine in die Sachen eingeweihte Persönlichkeit be= kehrt worden, und reprobuziert nun deren Anführungen.

Dieselben bemühen sich vor allem, nachzuweisen, daß der König für die allgemeine Sache der Verbündeten mit einem Eifer thätig gewesen sei, der um so uneigennütziger erscheinen müsse, da einerseits des Königs eigene Er= werbungen bereits gemacht gewesen seien, als die Operationen der Verbün= deten begonnen, anderseits der Allianzvertrag nur ganz unbestimmt eine gegen= seitige Hilfe in Aussicht genommen habe, ohne daß eine bestimmte Truppen= zahl zu stellen ihm obgelegen hätte.

In der That hat der König, noch bevor der Separatfriede in Frage kam, seinen Verbündeten gegenüber die Auffassung geltend gemacht [1]), es habe nach den bestehenden Verträgen ganz in seiner Hand gestanden, im Winter 1741/42 ruhig in den Winterquartieren zu bleiben und abzuwarten, daß die Verbündeten, wie er es selbst gethan, sich in den Besitz der von ihnen beanspruchten Territorien setzten, um für diese dann die vertragsmäßige Ga= rantie zu übernehmen.

Aber er habe das nicht gethan, sondern sei weit über seine Verpflichtungen hinaus mit Eifer und Energie für die gemeinsame Sache eingetreten, und habe die größten Opfer dafür gebracht. Nur um der Verbündeten willen, läßt er den Grafen von *** berichten, habe er mit 20,000 Mann jenen Feld= zug nach Mähren unternommen.

„Die Sachsen", fährt er fort, „agierten zu dieser Zeit wie Hilfstruppen, die Preußen wie die, welche Eroberungen machen wollten, was den letzteren eine Expedition verleidete, zu der sie sich aus bloßem Edelmute verstanden hatten. Aber dieser Edelmut wurde noch weiter auf die Probe gestellt, und nachdem gegen Ende April die Sachsen sich in ihr Land zurückgeflüchtet hatten, unterhielt der König von Preußen ein Heer von 60,000 Mann in Schlesien und Böhmen. Die Franzosen hatten versprochen, daß zu dieser Zeit ihr ganzer Nachschub eingetroffen und sie selbst Anfang Mai imstande sein würden, energisch vorzugehen, während statt dessen die neuen Truppen und ihre Rekruten Ende Mai kaum den Rhein überschritten hatten. Die Schwachheit der Franzosen, die in Böhmen nur etwa 12,000 Mann stark waren, und der Rückzug der Sachsen nötigte den König, die ganze Wucht des Krieges allein zu tragen. Er erfüllte diese Aufgabe mit solchem Eifer, daß er den Prinzen Karl von Lothringen aufs Haupt schlug, als dieser zum Angriff auf Prag heranmarschierte; aber endlich müde, diese Last allein zu tragen, drängte er die anderen, zu handeln." Aber auch damit versichert er nicht mehr erzielt zu haben als einen allgemeinen Operationsplan, der ihm zugemutet habe, eine uneinnehmbare Stellung zu stürmen, sechs Wochen durch ein ausgesogenes Land, welches keine Lebensmittel mehr darzubieten ver= mochte, zu marschieren und alle Lebensmittel dem Heere nachfahren zu lassen, während die Franzosen, ohne einen Streich zu thun, nur längs der Moldau bis Passau marschieren sollten. Und während so die Alliierten nichts zu thun und ihn selbst allein handeln zu lassen gedachten, verlangte man auch

---

[1]) So in einem Briefe vom 15. März an Kaiser Karl VII.; Polit. Korresp. II, 80.

noch von ihm ein energisches Vorgehen gegen den Kurfürsten von Hannover und die Holländer.

So erscheint denn nach der Ansicht des Königs sein Rücktritt von dem Vertrage bereits motiviert durch den Defekt der vertragsmäßigen Gegen=leistungen seitens seiner Verbündeten, die ihm fort und fort die ganze Last des Krieges allein aufzubürden versuchen.

Aber noch schwerer wiegende Gründe vermag jene apologetische Schrift des Königs geltend zu machen. „Trotz jener Lässigkeit der Verbündeten", fährt dieselbe fort, „hätte der König noch nicht die Geduld verloren, hätte er nicht gleichzeitig erfahren, daß inzwischen ein gewisser de F[argis] für Frank=reich in Wien unterhandle, daß B[ussy] in England sondiere, und daß endlich, um der Böswilligkeit die Krone aufzusetzen, man ihn in Rußland verrate, während er sich in Böhmen für den Ruhm Frankreichs opfere." „In der That hatte der König erfahren, daß Mr. [de la Chetardie] angewiesen war, den Frieden zwischen Schweden und Rußland zu unterhandeln unter der Bedingung, daß dies letztere Schweden die Eroberung von Stettin und seinem Gebiete garantiere. Eine solche offenbare Treulosigkeit brachte end=lich den König von Preußen auf, und er entschloß sich, um jeden Preis sich von dem Bündnisse loszumachen."

Wie bereits erwähnt wurde, ist die anfänglich in Aussicht genommene Veröffentlichung des betreffenden Schriftstückes dann doch unterblieben, aber die darin erhobene Anklage gegen Frankreich wegen arglistiger, ja verräte=rischer Absichten seiner Verbündeten hat der König in seinen Memoiren auch bereits in der ersten Bearbeitung von 1746 aufrecht erhalten, ja noch ver=mehrt durch eine zweite Anführung, die kaum minder gravierend sein würde, als jene Intrigue Chetardies: daß nämlich der Kardinal Tencin im Namen seines Hofes dem Papste erklärt habe, er möge sich wegen der Vergrößerung Preußens nicht bekümmern lassen; zu geeigneter Zeit werde Frankreich hier einzuschreiten wissen und diese Ketzer demütigen, wie es dieselben jetzt er=hoben habe [1]).

Es wird nun kaum jemand darüber im Zweifel sein, daß, die Wahrheit dieser Angaben vorausgesetzt, Äußerungen solcher Art, einer so ausgesprochen verräterischen Gesinnung, Friedrich das Recht gegeben hätten, sich ohne wei=teres als von jeder Rücksicht auf einen solchen Alliierten entbunden anzu=sehen. Doch eine strenge Prüfung dieser Nachrichten und der Zeitfolge der Ereignisse zwingt uns doch einzugestehen, daß der Entschluß des Königs zu einem Separatfrieden viel früher gefaßt wurde, bevor jene Verrätereien, die wir dabei als erwiesen annehmen mögen, zu seiner Kenntnis kamen; ja es wird sich kaum nachweisen lassen, daß jene besonders gravierenden Äußerungen des Kardinals Tencin und des Marquis de la Chetardie vor der Zeit geschehen seien, wo die immerhin doch erklärliche Erbitterung über den preußischen Separatfrieden feindliche Schritte in milderem Lichte ansehen läßt [2]).

---

[1]) Histoire de mon temps, p. 148.
[2]) Ich urteile nach den datierten Zeugnissen, welche Droysen, der in diesem Punkte den Franzosen mehr Schuld beizumessen geneigt ist, selbst anführt (S. 471 ff.). Die chronologische Einfügung der Begebenheiten in die „Histoire de mon temps" glaube ich nicht als beweisend ansehen zu dürfen; so streng darf man doch in der That den erlauchten Memoirenschreiber nicht bei dem Worte nehmen. Und auch be=

Aber mit wie streng kritischem Auge wir auch jene Angaben betrachten mögen, eins bleibt immer bestehen: so gewiß es ist, daß Friedrich, wie wir aus vielfältigen brieflichen Äußerungen gegen Podewils erfahren, von der Zeit an, wo die französischen Waffen schlechte Fortschritte machten, unter dem Eindruck der Besorgnis gestanden hat, der Leiter der französischen Politik könnte durch einen plötzlichen Separatfrieden ihn um die Früchte seiner Kriegs= führung ganz oder zum großen Teile bringen, und von dieser Besorgnis in seinem Thun bestimmt worden ist, ebenso gewiß ist es, daß Kardinal Fleury zu solcher Besorgnis Grund gegeben hat. Alle Welt wußte, daß derselbe nur widerwillig sich zu dem ganzen Kriege herbeigelassen habe, was er selbst ja in dem oben erwähnten Briefe an Königsegg offen eingesteht; und daß, wenn sich ihm eine Gelegenheit geboten hätte, aus diesem Kriege, namentlich seit= dem derselbe eine ungünstige Wendung genommen, mit guter Manier heraus= zukommen, ihn eine peinliche Rücksicht auf die geschlossenen Verträge und auf seine Bundesgenossen hätte abhalten sollen, das eben konnte niemand von einem Manne wie Fleury, der erst wenige Jahre vorher durch die Art, wie er den sogen. polnischen Erbfolgekrieg zu Ende gebracht, seine Freiheit von moralischen Skrupeln deutlich bekundet hatte, erwarten; und diese Besorg= nisse mußten sich steigern, wenn Friedrich aus Rußland von einem Plane Fleurys hörte, eine Verständigung seines Hofes mit der Königin von Ungarn ins Werk zu setzen, welche dann den Alliierten aufgezwungen werden sollte [1]. Daß eine solche die Erwerbungen Preußens in Schlesien ganz ungemein ver= kürzt haben würde, lag auf der Hand. Wir berichteten bereits oben, daß Belleisle Podewils einmal erklärt hatte, bei einer für die Sache der Alliierten ungünstigen Wendung des Krieges werde jeder derselben sich gleichmäßig Abstriche der ursprünglich in Aussicht genommenen Landerwerbungen ge= fallen lassen müssen. Und wer wollte leugnen, daß König Friedrich alle Ur= sache hatte, vorzubeugen, daß nicht jenes Prinzip, welches den höheren oder geringeren Grad des gezeigten Eifers, der gemachten Anstrengungen, der ge= brachten Opfer, der erlangten Erfolge bei der Abmessung des Lohnes nicht in Betracht zog, zur Grundlage eines von Frankreich seinen Verbündeten auf= zunötigenden Friedens gemacht und so Preußen um die Früchte so großer Anstrengungen, so vielen Blutvergießens gebracht werde? Daß Friedrich hier argliftigen Verbündeten zuvorkam, mochte er wohl als eine Handlung der Notwehr, der Selbsterhaltung bezeichnen [2].

Der König hat über diese Dinge dem Kardinal Fleury selbst sehr klaren Wein eingeschenkt. Als dieser ihm etwa einen Monat nach Abschluß des Friedens noch einmal Vorwürfe macht, eingekleidet in Mitteilungen dar= über, wie man in Frankreich den Separatfrieden beurteile, erwidert der

zuglich der Instruktion Fleurys an Belleisle: „den Frieden um jeden Preis", die, wie Droysen (S. 475, Anm. 1) anführt, von Fleury etwa um den 20. Juni er= lassen sein muß, glaube ich dem Kardinal in Schutz nehmen zu müssen. Wie Droysen selbst anführt (ebb. Anm. 2), darf vorausgesetzt werden, daß Fleury, als er jene Instruktion schrieb, bereits den Brief des Königs vom 13. Juni in den Händen hatte, und war das der Fall, so wußte er genug von des letzteren Gesin= nung, um den Frieden „à tout prix" wünschen zu müssen.

[1] Angeführt bei Droysen, S. 472, Anm. 3.
[2] Wie er dies in dem erwähnten Briefe des Grafen *** thut.

König, er könne in das Detail der Gründe, die ihn zu dem Separatfrieden bewogen, nicht eingehen, ohne Dinge zu berühren, die dem Kardinal unangenehm sein müßten; er wolle ja versuchen, sich zu überzeugen, daß er sich über manches getäuscht habe, doch glaube er, daß es besser sei, über das Vergangene zu schweigen. Dann fährt er fort: „Alles, was gedankenlose, unwissende und schlecht unterrichtete Leute gegen mich sagen können, bekümmert mich nicht. Nur die Nachwelt richtet über die Könige. Kann man mich dafür verantwortlich machen, daß der Marschall Broglie kein Turenne ist? Ich kann aus einer Fledermaus keinen Adler machen. Kann man mich anklagen, daß ich nicht zwanzig Schlachten für die Franzosen liefern mag? Es wäre das das Werk der Penelope gewesen, denn es war Herrn v. Broglie vorbehalten, zu zerstören, was die anderen gebaut hatten. Kann man mir es verdenken, wenn ich im Interesse meiner Sicherheit einen Frieden schließe, wenn man man hinten im Norden wegen eines solchen unterhandelt, der auf meinen Schaden ausgeht, und kurz, kann man es mir als ein großes Unrecht anrechnen, wenn ich mich von einer Allianz losmache, welche der Leiter Frankreichs nur widerwillig abgeschlossen zu haben bekennt?" [1]

Einen anderen Grund für sein Verhalten führt der König in einem Brief an Jordan an.

Er schreibt diesem, nachdem er eben die Nachricht von der Unterzeichnung der Breslauer Präliminarien empfangen, ausführlich über die Gründe, die ihn zum Abschlusse eines Separatfriedens bewogen, mit der ausgesprochenen Absicht, daß der letztere davon in den Berliner Kreisen Gebrauch machen solle, allerdings ohne dabei bereits den wirklich erfolgten Friedensschluß als feststehende Thatsache einzuräumen. „Ich bin gefaßt", sagt er hier, „auf einige satirische Bemerkungen und auf jene gewöhnlichen Reden, jene Gemeinplätze, welche die Dummen und Unkundigen, kurz die Leute, welche nicht nachdenken, immer einer dem anderen nachsprechen. Aber ich kümmere mich wenig um das unverständige Gerede des Publikums und appelliere davon an alle Professoren der Rechtsgelehrsamkeit und der politischen Moral, ob, nachdem ich das Menschenmögliche gethan habe, um meine Verpflichtungen zu erfüllen, ich gehalten bin, nicht von denselben zurückzutreten, wenn ich von meinen Alliierten den einen gar nicht, den anderen nur übel handeln sehe und zum Überflusse noch fürchten muß, bei dem ersten Mißgriffe von dem stärksten und mächtigsten meiner Alliierten durch einen arglistigen Separatfrieden im Stiche gelassen zu werden.

„Ich frage, ob in einem Falle, wo ich den Ruin meines Heeres, die Erschöpfung meines Schatzes, den Verlust meiner Eroberungen, die Entvölkerung des Staates, das Unglück meines Volkes, kurz all das Mißgeschick voraussehe, dem uns die Unbeständigkeit des Waffenglücks und die Doppelzüngigkeit der Politiker aussetzen, ich frage, ob in solchem Falle ein Souverän nicht das Recht hat, sich durch einen weisen Rückzug vor einem sicheren Schiffbruche oder einer evidenten Gefahr zu sichern."

---

[1] An Fleury, den 12. September 1742; Polit. Korresp. II, 270. Der König spielt auf den bereits angeführten Brief Fleurys an Königsegg vom 11. Juli 1742 an, worin derselbe das Bündnis mit Preußen als „une ligue qui était si contraire à mon goût et à mes principes" bezeichnet hatte.

Den in ihr System verrannten Stoikern, die ihn tadeln, würde er sagen — schließt der König —, daß für ihre strenge Praxis das Fabelland der Dichter mehr gemacht sei als die Erde, die wir bewohnen, und daß schließlich ein Privatmann ganz andere Gründe zur Ehrlichkeit habe als ein Herrscher. „Bei einem Privatmann handelt es sich nur um seinen individuellen Vorteil, den er unter allen Umständen dem allgemeinen Wohle nachzusetzen hat; demgemäß wird die strenge Beobachtung der Moral ihm Pflicht nach der Regel: es ist besser, daß ein Mensch leide, als daß das ganze Volk zugrunde gehe. Bei einem Herrscher ist das Wohl einer großen Nation das Ziel, dem nachzustreben seine Pflicht ist; für diesen Endzweck soll er sich selbst opfern, um wieviel mehr also seine übernommenen Verpflichtungen, wenn diese anfangen, mit dem Wohle seines Volkes im Widerspruche zu stehen." [1]

Es kann vielleicht bedenklich erscheinen, den hier ausgesprochenen Grundsatz, welcher zugleich das lebhafte Bewußtsein des Königs von seiner Verantwortlichkeit dem Lande gegenüber zum Ausdrucke bringt, in seinem ganzen Umfange und mit allen Konsequenzen anzuerkennen. Es würde mit allen Verträgen übel aussehen, wenn ein Fürst solche in jedem Augenblicke unter Berufung auf die salus publica, auf das Interesse seines Volkes lösen könnte, da es an einem Vorwande zu solcher Berufung nicht leicht fehlen würde.

Auf der anderen Seite bestätigt aber jedes Blatt der Geschichte die Erfahrung, daß Bündnisse, die doch nur das Interesse hat schließen lassen, hinfällig werden, sobald die Gemeinsamkeit der Interessen nicht mehr vorhanden ist, und es wird schwer werden, ein Beispiel in der Geschichte aufzufinden, wo die bindende Kraft eines Vertrages groß genug gewesen wäre, um ohne das Hinzutreten zwingender Verhältnisse einen Staat auf die Dauer in einem Bündnisse festzuhalten, in welchem er nicht mehr sein Interesse findet.

Wir dürfen auch nicht mit den staatsrechtlichen Anschauungen unserer Zeit an die Beurteilung der Politik des 18. Jahrhunderts herantreten. Unzweifelhaft ist die hohe Politik im Laufe der Zeit moralischer, ehrlicher geworden, und wie jetzt in den meisten Fällen der Wille des Volkes, der in der Repräsentation und Presse sich einen deutlichen Ausdruck schafft, bei der Abschließung von Bündnissen bedeutsam mitspricht, so erscheint dann die ganze Reputation einer Nation für das treue Festhalten an einmal geschlossenen Verträgen eine gewisse Gewähr zu leisten. Sehr anders stand es mit den politischen Anschauungen der Zeit Friedrichs des Großen. Ganz bewußt galten da Verstellung und Täuschung als die Haupthebel der Politik. Wer diese virtuos anzuwenden und vermittelst ihrer Erfolge zu erzielen verstand, durfte sicher sein, sich dadurch Ruhm und Ansehen zu erlangen. Als Friedrich auftrat, galt unzweifelhaft für den gewiegtesten, verschlagensten Politiker seiner Zeit Kardinal Fleury, und niemandem aus den Kreisen der damaligen Diplomaten würde es in den Sinn gekommen sein, etwas der Art wie Ehrlichkeit, Gewissenhaftigkeit, Vertragstreue unter den Ingredienzen der damaligen französischen Politik oder den Impulsen, von denen der Kardinal sich leiten ließ, vorauszusetzen. Derartige Dinge wurden überhaupt in den politischen Kalkülen der Diplomaten jener Zeit gar nicht mit in Ansatz gebracht, und wir mögen sämtliche leitende Persönlichkeiten jener Zeit

---

[1] Oeuvres de Fr. XVII, 226.

der Reihe nach vor uns Revue passieren lassen, ohne einen einzigen zu finden, dem wir ein Recht hätten zuzutrauen, er hätte in einer Lage, wie die Friedrichs war, sich durch moralische Skrupel, Rücksichten auf wenig eifrige und vom Glück nicht begünstigte Bundesgenossen abhalten lassen, die schwer errungenen eigenen Vorteile einzuheimsen und die anderen ihrem Schicksale zu überlassen. Und so steht die Sache doch einmal.

Der Herrscher eines kleinen Staates von verhältnismäßig geringen Hilfsquellen ringt mit Aufbietung aller Energie danach, unter Benutzung günstiger Umstände inmitten feindlich gesinnter Großmächte so weit emporzukommen, um seinem Staate die Möglichkeit einer selbständigen Politik, einer freien Selbstbestimmung zu sichern. Alle Kräfte seines Landes setzt er an das große Unternehmen, und das Glück lächelt ihm, er wird militärisch Herr des gewünschten Landerwerbes; nur als es sich darum handelt, auch den Bundesgenossen den in Aussicht genommenen Anteil zu sichern, haben alle seine Anstrengungen, welche diese nicht hinreichend unterstützen, keinen Erfolg, und er sieht sich vor die Alternative gestellt, das bereits Erworbene um der Bundesgenossen willen wieder aufs Spiel zu setzen und seinen erschöpften Ländern neue Opfer zuzumuten, oder aber die Bundesgenossen im Stiche lassend sich mit seinem Gewinn aus dem Spiele zurückzuziehen und einen Sonderfrieden zu schließen. Wenn nun der prüfende Geschichtsforscher die Überzeugung gewinnt, daß die herrschende Anschauungsweise jener Zeit für derartige Zwangslagen unbedenklich die laxeste Praxis statuierte, daß ferner keiner der Verbündeten an Preußens Stelle sich durch Gewissensskrupel hätte abhalten lassen, ja, wenn gegründete Besorgnisse vorhanden waren, daß eben die Bundesgenossen über kurz oder lang, wenn die Gelegenheit sich böte, zu seinem Schaden den Schritt thäten, den er zu thun Bedenken getragen, — hat der Historiker dann ein Recht, den Fürsten zu tadeln, wenn er, für den bei dem ganzen Unternehmen eigentlich alles auf dem Spiele stand, seinen Vorteil wahrgenommen und um des Wohles seines Landes willen auf den Ruhm verzichtet hat, die, welche er an Geist und Energie überragt, auch an Gewissenhaftigkeit und Edelmut zu übertreffen, und mit anderer Münze zu zahlen, als die in jener Zeit nun einmal gäng und gäbe war?

Selbst ein französischer Diplomat in jener Zeit hat zugegeben, daß Friedrich nur das Beispiel befolgt habe, welches England 1711 und Frankreich 1735 bezüglich des Haltens von Verträgen gegeben hätten [1]).

Wenn trotz aller der Erwägungen, die zu Friedrichs Gunsten sprachen, sein Verfahren vielfach mit unbilliger Härte beurteilt worden ist, so müssen wir dabei auch immer daran denken, daß daran vor allem der doch ganz kolossale Gewinn, den er und er allein aus dem ganzen Kampfe davongetragen, die Hauptschuld trägt. Daß er den schlauen Kardinal überlistet, daß er Brühls Erwartungen aufs grausamste getäuscht hatte, wäre ihm vielleicht verziehen worden, daß er aber eine so große Provinz wie Schlesien bei dieser Gelegenheit gewonnen hatte, war etwas, über das man nicht so leicht wegzukommen vermochte. Nicht die Größe seiner Verschuldung, sondern die seines Gewinnes hielt die Gemüter der Diplomaten in Aufregung. Die moralische

---

[1]) **Journal et mémoires du marquis d'Argenson** éd. **Rathery,** Paris 1855 sqq Journal IV, zum 30. Juni 1742.

Entrüstung zu beschwichtigen, hätte denselben wenig Anstrengung gekostet; das Gefühl des Neides und der Mißgunst niederzukämpfen, wäre über ihre Kräfte gegangen.

Und doch, wer wollte leugnen, daß diese große Erwerbung teuer genug erkauft worden ist? Wohl mag es wahr sein, daß es wenig Beispiele giebt, wo eine Eroberung von solchem Umfange, solcher Bedeutung einem Herrscher als die Frucht eines kurzen Feldzuges zugefallen ist; aber ebenso gewiß ist, daß nicht leicht eine Erwerbung mit so furchtbaren Anstrengungen und Opfern hat verteidigt und gesichert werden müssen, als eben Schlesien. Der beste Teil dieser unvergleichlichen Heldenkraft hat sich aufgezehrt in dem Kampfe gegen halb Europa, das Preußen den Landgewinn von 1742 wieder abzunehmen sich verbunden hatte, und keiner der Neider des großen Königs hätte wohl den Preis zahlen mögen, den dieser darangesetzt hat, oder mit ihm tauschen mögen in den furchtbaren Drangsalen des Siebenjährigen Krieges.

Neuntes Kapitel.
Die neue Provinz.

Es kann wohl geboten erscheinen, am Schlusse dieser Darstellung noch einen Blick zu werfen auf die Lage, in welche die durch den ersten schlesischen Krieg für Preußen gewonnene Provinz unter der neuen Regierung gekommen ist. Das Schicksal der Einwohnerschaft, die, ohne selbst gefragt worden zu sein, bloß durch das Los der Waffen aus ihrem bisherigen Staatsverbande gerissen und einem anderen eingefügt wurde, verdient doch unsere Beachtung, und so wie auch der ungerechteste Eroberungskrieg nachträglich eine gewisse Sühne erhalten kann durch die Wahrnehmung, daß infolge desselben ein Land in einen naturgemäßeren, seinen Interessen mehr zusagenden Staatsverband gekommen ist, so kann umgekehrt von einem höheren Standpunkte der Beurteilung aus auch die Berechtigung einer auf bessere Gründe gestützten Landeserwerbung fraglich werden, wenn sie die Einwohnerschaft eines Landes der Bestimmung, auf welche dieselbe die natürlichen Bedingungen oder die historische Entwickelung hinweisen, entfremdet und so in einen Zustand dauernder Unbefriedigung versetzt.

Wenn man vielleicht im allgemeinen sagen kann, daß die Assimilation einer erworbenen Provinz um so leichter und bequemer vonstatten geht, je weniger der neue Herrscher von der Einwohnerschaft Opfer fordert, und besonders auch in dem Punkte einer Änderung des Bestehenden, in Recht und Verfassung, Sitte und Lebensgewohnheiten, so hatte der König von Preußen Schlesien gegenüber keine ganz leichte Aufgabe. Für einen Staat, der wie der preußische mit kleinem Landgebiete und geringen Hilfskräften den Rang einer Großmacht behaupten wollte, war es eine unerläßliche Notwendigkeit, daß dieses kleine Reich einen fest in sich geschlossenen Organismus darstellte, der die Kräfte des Ganzen zur Verfügung der Regierung stellte, ungehemmt durch landschaftliche oder munizipale Sonderrechte, und anderseits verlangte eben jene Machtstellung doch auch mannigfache Opfer von der gesamten Bevölkerung.

Und es hätte nicht in König Friedrichs Art gelegen, seine neuen Unterthanen nur nach und nach mit den Notwendigkeiten des preußischen Staatslebens vertraut zu machen; diese Notwendigkeiten schienen ihm so wichtig, so unerläßlich, daß er kaum daran dachte, wie ihre Einführung in der neuen Provinz deren Einwohnern Opfer auferlegen, Schmerzen bereiten könnte.

Lange ehe der Krieg beendigt, ehe das Land ihm abgetreten, ehe das bis=
herige Unterthanenverhältnis der Schlesier rechtlich gelöst war, ward die
Provinz bereits ganz auf preußischen Fuß eingerichtet, nachdem alles, was
sich von altem Rechte dem entgegengestellt, schonungslos beseitigt worden
war. Wir erzählten bereits, wie zu der Zeit, wo König Friedrich noch mitten
im Kriege, am 7. November 1741, die Huldigung von Niederschlesien ent=
gegengenommen hatte, die Verfassungsrechte des Landes schon vor dem Willen
des jungen Königs dahingesunken waren, wie die alte schlesische Ständever=
fassung aufgehoben und die Selbständigkeit Breslaus gebrochen war, und am
Tage nach der Huldigung eröffnete der König einer Versammlung von An=
gesehenen des Landes, daß er die eigentliche Verwaltung der Provinz, da
dieselbe auf märkischen Fuß eingerichtet werden sollte, für jetzt nur nicht=
schlesischen Beamten anvertrauen könnte, bis die Landeseinwohner durch
Dienste in den brandenburgischen Landen sich mit den neuen Einrichtungen
vertraut gemacht haben würden. Daß die märkische Kantonverfassung mit
ihrer den Schlesiern bisher unbekannten Blutsteuer eingeführt werden sollte,
wurde nur kurz angedeutet, verstand sich aber von selbst.

So ward eine in hohem Maße durchgreifende Umgestaltung der Verhält=
nisse dem neu erworbenen Lande gleich von vornherein auferlegt, die dann
neben der Veränderung der gesamten Verkehrsverhältnisse, welche man von
dem Wechsel der Herrschaft erwarten mußte, nebenherging. Auf der anderen
Seite stellte jenes wie erwähnt von dem Könige selbst den schlesischen No=
tabeln am 8. November 1741 [1]) mündlich entwickelte Programm dem Lande
wesentliche Verbesserungen in Aussicht, vor allem eine strenge Durchführung
der Toleranz, so daß das Bekenntnis künftig vor dem Gesetze keinen Unter=
schied mehr machen sollte, ferner Einrichtung zweier mit Ausnahme je eines
Mitgliedes ausschließlich mit Schlesiern zu besetzenden Kollegien in Breslau
und Glogau [2]) zur Handhabung der Justiz, weiter eine Reform der Steuer=
verhältnisse insoweit, daß auf Grund einer binnen Jahr und Tag herzustel=
lenden neuen Verzeichnung aller Intraden die Steuerverpflichtungen jedes
Einzelnen definitiv und auf die Dauer normiert werden sollten, so daß jeder
wisse, was er zu zahlen habe, ohne außerordentliche Auflagen fürchten zu
dürfen. Dabei solle die verhaßte Accise ganz abgeschafft und nur eine (auf
die Städte zu beschränkende) Konsumtionssteuer eingeführt werden.

Endlich ward gesetzliche Regelung der Werbungen, durch welche das Heer
ergänzt werden mußte, in Aussicht gestellt.

Der König forderte am Schlusse dieser Rede die Schlesier auf, Vertrauen
zu ihm und seiner Gesinnung zu haben und überzeugt zu sein, daß die neuen
Einrichtungen, wenngleich der Anfang wohl zuweilen schwer fallen könnte,
doch zum Vorteile des Landes gereichen würden.

Einen besonderen Vorzug gewährte dann der König der neuen Provinz
dadurch, daß er bereits 1742 ihr einen besonderen Provinzialminister in der
Person des Geheimenrates v. Münchow gab, der, unabhängig von dem Ber=
liner Ministerium, direkt dem Könige zu berichten hatte. Unter ihm standen
dann die beiden Kriegs= und Domänenkammern zu Breslau und Glogau.

---

[1]) **Stenzel**, Ss. rer. Siles. V, 182.

[2]) Für Oberschlesien trat dann nach dem Frieden ein dritter zu Oppeln hinzu.

Es konnte als ein Beweis des Vertrauens gelten, daß die Einwohner in die neuen Zustände setzten, daß, als es sich zu Ende des Jahres 1741 um die Ernennung der zur Verwaltung der 35 Kreise zu berufenden Landräte handelte, von den dazu ausersehenen Edelleuten ein einziger die Annahme des Amtes verweigerte, wie wenig auch die Höhe des Gehaltes (300 Thaler) dazu anlocken konnte.

Was der König bezüglich der Steuerreform dem Lande versprochen, die binnen Jahr und Tag anzufertigende genaue Verzeichnung aller Intraden des Landes als unerläßliche Voraussetzung einer rationellen Besteuerung, während eine solche bisher durch das Festhalten an dem in keiner Weise mehr zupassenden Kataster von 1527 so gut wie unmöglich gewesen war, ward nun wirklich treulich erfüllt; nachdem man schon im Februar 1742 mit je einem niederschlesischen und je einem mittelschlesischen Kreise (Schwiebus und Frankenstein) den Anfang gemacht, ward man Anfang Juni 1743 mit Niederschlesien außer Glatz fertig, im Oktober desselben Jahres auch mit Oberschlesien, und Anfang November trat auch die Grafschaft Glatz hinzu [1]).

Wohl wird man nicht verschweigen dürfen, daß hier in gewisser Weise dem neuen Herrscher die Frucht der größten That, deren sich die vorige Regierung seit Jahrhunderten rühmen konnte, zugefallen ist, insofern man in Schlesien seit dem Jahre 1721 an der Herstellung eines neuen Katasters gearbeitet und sehr umfangreiche Vorarbeiten zustande gebracht hatte; indessen gebührt doch den preußischen Beamten, welche auf den gegebenen Grundlagen, die übrigens noch vielfach der Kontrolle und Ergänzung bedurften, das große Werk nun in solcher Schnelle zum Abschlusse brachten, und unter denen die Räte v. Thiele und Ziegler wohl an erster Stelle genannt zu werden verdienen, die vollste Anerkennung.

Der neue Kataster stellte nun die übrigens durchschnittlich sehr niedrig veranschlagten Ertragswerte heraus [2]), welche dann die konstante Norm der davon als Steuer zu entrichtenden Prozente abgaben, so daß bei einer Melioration der Besitzungen, wie sie der König wünschte, die Steuer thatsächlich gemindert wurde. Was die Festsetzung dieser Prozente anbetrifft, so ist es interessant zu erfahren, daß der König gewünscht hätte, die bäuerlichen Besitzungen den adeligen Gütern im Punkte der Steuer ganz gleichzustellen und nur zwischen geistlichem und weltlichem Grundbesitze zu unterscheiden und diesen durchschnittlich mit 28⅓ Prozent zu belegen, während jener wegen seiner sonstigen Unproduktivität dem hohen Satze von 65 Prozent unterliegen sollte. Doch mit Rücksicht auf die große Ungleichmäßigkeit, die dann den anderen preußischen Provinzen gegenüber sich herausgestellt haben würde, gab er nach, und nach manchen Verhandlungen wurden diese Verhältnisse so geordnet, daß die königlichen Domänen, die fürstlichen und adeligen Güter, die Pfarr- und Schullehreräcker 28⅓ Prozent, der Fürstbischof von Breslau 33⅓, der bäuerliche Grundbesitz 34, die Güter der geistlichen Ritterorden 40, die

---

[1]) A. von Einrichtung des Kontributionswesens in Schlesien (Schles. Minist.-Registratur).

[2]) Ein recht schlagendes Beispiel dafür führt Klöber (Schlesien vor und nach 1740) II, 211 an: „Der schlesische Scheffel Weizen war mit 24 Sgr. angesetzt, während er selten unter 2 Thlr. herunterging."

Stiftsgüter 50 Prozent zu zahlen hatten. Die nicht grundbesitzenden Bewohner des platten Landes fanden sich mit einer ziemlich niedrigen Nahrungs=, resp. Gewerbesteuer ab, während die Städte ihren Anteil durch eine auf die notwendigsten Lebensmittel gelegte Konsumtionssteuer, also eine Art Accise aufbrachten, die jedoch mit der alten österreichischen das ganze Land umfassenden sehr unzweckmäßig eingerichteten und überaus verhaßten Accise [1]) wenig gemein hatte. Auf diesem Wege wurde dann aufgebracht etwa $\frac{1}{5}$ der ganzen Steuersumme, während der Bauernstand $\frac{2}{5}$ kontribuierte und ebenso viel etwa die geistlichen und adeligen Güter zusammen.

Bei der Festsetzung des überhaupt von dem Lande aufzubringenden Quantums hatte man einen Durchschnittssatz dessen, was Schlesien unter österreichischer Herrschaft dem Landesherrn gezahlt hatte, zugrunde gelegt, in der Höhe von etwa $1\frac{1}{2}$ Millionen. Es war genauer besehen mehr als man früher bezahlt hatte, insofern es in der alten Zeit unter mancherlei Formen mit Gegenrechnungen 2c. möglich gewesen war, um manche Zahlungen herumzukommen, anderseits auch die Steuerreste immer eine große Ziffer betragen hatten, während jetzt — abgesehen von Kalamitäten, für die Steuernachlässe ausdrücklich gesetzlich vorgesehen waren — die Abgaben mit einer Strenge eingetrieben wurden, von der früher gar keine Rede gewesen war.

Dagegen ward die Steuerlast infolge der unvergleichlich rationelleren Verteilung viel weniger drückend empfunden als früher, und so war nach dieser Seite hin die Lage der Schlesier eine viel bessere geworden. In der That, obwohl hier das Land eine verhältnismäßig große Anzahl von Soldaten zu erhalten hatte, so daß $\frac{3}{4}$ aller Einkünfte von dem Militärbudget verschlungen wurden, so war doch dank eben den musterhaften Steuereinrichtungen die Last der Abgaben nicht allzu drückend und geringer als in den meisten anderen Großstaaten [2]).

Und auch nach anderer Seite hin gestaltete sich die materielle Lage der Schlesier nicht ungünstig. Die Lösung der Provinz aus dem bisherigen Staatsverbande hatte für Handel und Verkehr doch nicht so nachteilige Folgen, wie man wohl hätte voraussetzen können. Einmal war Schlesien thatsächlich keineswegs so ausschließlich auf den Verkehr mit den anderen österreichischen Provinzen angewiesen. Zollschranken mannigfacher Art hatten dem lange entgegengestanden und waren erst in letzter Zeit zum Teil wenigstens gefallen. Auch hatte die österreichische Regierung doch im Interesse ihrer Unterthanen selbst Bedenken getragen, hier gleich von vornherein unübersteigbare Zollschranken zu errichten, und man rechnet, daß bis 1748 der Handel Schlesiens

---

[1]) Vgl. darüber die Anführungen in Grünhagen, Friedrich d. Gr. und die Breslauer, S. 5. Die preußische Proposition an die neuen Kriegs= und Domänenkammern vom 19. Dezember 1741 sagt von dieser alten „Dorfaccise" wohl nicht mit Unrecht, dieselbe habe viele falsche Eide und Unterschleife, ganz besonders aber fortwährende unverantwortliche landkundige Plackereien im Gefolge gehabt.

[2]) Während z. B. in Frankreich der Bauer mehr als 50 % seines Ertrages an Steuern zu zahlen hatte, stellte sich bei dem schlesischen Bauer infolge der niedrigen Veranschlagung aller Werte die Steuer thatsächlich nur auf 25 %, und man behauptet, daß er eben infolge der Veranschlagung im Verhältnisse nicht mehr zu zahlen hatte, als der Edelmann, bei dem manche veranschlagte Nutzungen vielen Zufälligkeiten unterworfen waren, und welchem auch der Betrieb der Landwirtschaft im großen und ganzen teurer zu stehen kam, als dem Bauer; Klöber II, 213.

mit den österreichischen Erblanden noch ein ansehnlicher gewesen und erst von da ab ins Stocken gekommen ist [1]), und zwar stand in dieser Zeit die Bilanz der Ausfuhr und Einfuhr günstiger für Österreich als für Schlesien, wenngleich thatsächlich die importierten Artikel (an erster Stelle Flachs und Garn) vielfach Rohmaterialien waren, von denen Schlesien den Gewinn der Verarbeitung zog, anderes weiter nach anderen Ländern verführt wurde. Die Hauptsache dabei war, daß sich auch nach dieser Seite hin die Übergangszeit weniger verlustvoll gestaltete, als man wohl hatte fürchten können.

Ganz ohne Verluste ging es natürlich nicht ab, und namentlich in Oberschlesien, wo überdies der bei Österreich zurückbehaltene Streif am Gebirge die besten Bleichen enthielt, ging namentlich die Industrie etwas zurück; aber im großen und ganzen dürfen wir doch von einem bemerkenswerten Aufschwunge des Landes seit dem Beginne der preußischen Herrschaft sprechen. So ward z. B. die schlesische Leinwand damals ziemlich nach ganz Europa versendet, und der Betrag ihrer Ausfuhr, den man 1740 auf etwa drei Millionen Thaler veranschlagt hatte, war bereits 1748 um eine halbe Million gestiegen und bezifferte sich 1752 bereits auf 4,625,000 Thaler [2]); ein kundiger Berichterstatter sieht sogar diese Periode vor dem Siebenjährigen Kriege als die eigentliche Blütezeit des schlesischen Leinwandhandels an [3]). Aber auch auf dem Gebiete der Tuch- und Wollenwaarenindustrie steigt der Export in der Zeit vor dem Siebenjährigen Kriege bis zu der Höhe von 1½ Millionen jährlich, eine Ziffer, die er dann 14 Jahre nach dem Friedensschlusse noch nicht wieder erreicht hat [4]). Und ebenso auf dem Gebiete der lange vernachlässigten Montanindustrie fing es sich jetzt an zu regen, und zwar war es die Regierung, welche um die Mitte des Jahrhunderts durch die Gründung der großen Eisenwerke von Malapane und Creuzburgerhütte die Initiative ergriff zur Ausbeutung der mineralischen Schätze Oberschlesiens, unter denen freilich damals die schwarzen Diamanten noch nicht mitzählten. In der Zeit von 1752—1770 stieg dann auch bei den Montanprodukten bereits der Export um ein Drittel. Im großen und ganzen erscheint für Schlesien im Jahre 1752 die Ausfuhr auf nahezu 10 Millionen Thaler gestiegen, die, einer Einfuhr von etwa 7½ Million gegenüberstehend, immer noch ein Plus fast 2½ Millionen ergab [5]).

Wenn sich so die Erwerbsverhältnisse in Schlesien nicht ungünstig gestalteten, so hatte die Regierung ein wesentliches Verdienst dabei; denn es war wirklich bewundernswürdig, welchen Eifer dieselbe nach dieser Seite hin an den Tag legte. Der König selbst nahm das lebhafteste Interesse an den hier in Schlesien zu treffenden Verbesserungen, und die Anlage einer neuen Fabrik, namentlich aber die Einbürgerung eines neuen Industriezweiges wurde von ihm mit Freude begrüßt und nach Kräften begünstigt. Gewerbfleißige Ausländer bemühte man sich durch allerlei lockende Versprechungen ins Land zu

---

1) Zöllner, Briefe über Schlesien II, 419.
2) Vgl. die dem 31. Bande der „Schles. Provinzialbl.", S. 512 beigegebene Tabelle.
3) [Klöber], Von Schlesien vor und nach dem Jahre 1740 (Freiburg 1785) II, 310 u. 319.
4) Ebb. S. 327.
5) Angeführt bei Ranke a. a. O., S. 261.

ziehen, eine sehr sorgfältig abgewogene Zollpolitik suchte durch Schutzzölle und Ausfuhrverbote den Gewinn der Verarbeitung des rohen Materials dem Lande zu sichern, während anderseits auch, wie dies namentlich bei der Textil= industrie geschah, die gewerbliche Produktion unter beständiger Aufsicht ge= halten wurde, um zu verhüten, daß nicht ein Mangel an Solidität den Kredit der schlesischen Industrie gefährde.

Wohl wurde durch diese überall sich geltend machende Bevormundung von oben die freie Bewegung der Einwohner vielfach gehemmt, und nicht immer trafen die Anordnungen das Richtige, aber der ganz unverkennbare Eifer für das Beste des Landes, den die Regierung zeigte, gewann ihr doch auch viele Herzen, um so mehr, da sich dieselbe doch den Vorstellungen und Bitten der Schlesier sehr zugänglich zeigte, und es entspann sich so ein nähe= res, auf gegenseitiges Vertrauen gegründetes Verhältnis zwischen Regierung und Volk, welches die österreichische Zeit nicht gekannt hatte.

Ein solches Vertrauen hatte früher schon deshalb nicht entstehen können, weil damals und nicht ohne Schuld der Regierung doch die Meinung allge= mein verbreitet war, gegen einen Staatsangehörigen der durch Geburt, An= sehen oder Reichtum begünstigten Minderheit sei nicht wohl Recht zu er= langen. Dem gegenüber verhießen jetzt des Königs oft ausgesprochene und schnell allgemein bekannt gewordene Grundsätze jedem einen sicheren Rechts= schutz, und die ganze Art der preußischen Verwaltung und Rechtspflege war, wie unbequem ihre Schroffheit und Härte wohl auch dem Einzelnen werden konnte, doch im großen und ganzen dazu angethan, den Schlesiern die Über= zeugung zu geben, daß jetzt das Gesetz nicht bloß dem gemeinen Manne, sondern auch dem Reichen und Vornehmen feste Schranken ziehe, die derselbe nicht ungestraft überschreiten dürfe.

Und diesem schnell angebahnten freundlicheren Verhältnisse zwischen der Einwohnerschaft und der neuen Regierung vermochte dann die Erinnerung an die gewaltthätige Art, mit welcher König Friedrich den Resten von Selbst= verwaltung in der Ständeverfassung und den munizipalen Einrichtungen zu= leibe gegangen war, nicht besonders großen Eintrag zu thun.

Es waren doch im wesentlichen aristokratische Privilegien, welche dabei getroffen worden waren, an denen weder der gemeine Mann, noch auch der gebildetere Teil der Bürgerschaft ein näheres Interesse nahm. Die schlesischen Stände hatten sich selbst diskreditiert durch ihre klägliche Finanz= und Steuer= verwaltung; niemand hatte Grund zu klagen, als ihnen dieselbe abgenommen ward. Und was die kommunale Verwaltung der schlesischen Städte anbetraf, so hatte diese die österreichische Regierung den Schlesiern verleidet, dadurch daß sie auch in überwiegend protestantischen Orten das katholische Bekenntnis zur Bedingung der Wählbarkeit gemacht hatte. Wenn jetzt die neue Regie= rung hier einen Wechsel der Personen eintreten ließ und die munizipale Ver= waltung einer Kontrolle unterwarf, fand das bei der Mehrzahl der Einwohner Billigung. In der Hauptstadt war dies allerdings anders. Hier war um= gekehrt das protestantische Bekenntnis in der Stadtverwaltung allein herr= schend, aber die oligarchische Verfassung hatte in der Bürgerschaft wenig Sym= pathieen, und bei der zweideutigen Haltung des Rates während des Krieges, wo immerfort der Argwohn geheimer Einverständnisse mit den Österreichern und Besorgnis vor Plänen, die Stadt denselben in die Hände zu spielen, die

Gemüter beunruhigte, hatte man es sehr in der Ordnung gefunden, ja ge=
radezu gewünscht, daß der König hier selbst die Zügel des städtischen Regi=
mentes in die Hand nahm und der Stadt ein Oberhaupt setzte in der Person
des Direktors v. Blochmann, der dann übrigens sich schnell hier Sympathieen
zu erwerben verstanden hat.

Überhaupt hatten auch die durchgreifenden Maßregeln der neuen Regie=
rung immer ja eine Rechtfertigung in dem noch fortdauernden Kriegszustande,
und selbst in den nächstbetroffenen Kreisen hielt man dabei an der Hoffnung
fest, manches werde sich nach wiederhergestelltem Frieden in die alten Gleise
zurückführen lassen.

Kurz nach allen diesen Seiten hin glückte es der preußischen Regierung
mit der Mehrzahl ihrer neuen Unterthanen in ein gutes und freundliches
Verhältnis zu kommen, so daß diese von ihrem neuen Herrscher Gutes hofften
und erwarteten, sobald der wiederhergestellte Friede das gestatten würde [1].
Nur in einem Punkte schnitt die neue Ordnung der Dinge den Schlesiern
einigermaßen ins Fleisch, nämlich in Sachen des Militärs.

In der ersten Zeit des Krieges hat einmal ein Breslauer Patrizier (also
wahrscheinlich ein Protestant) an den böhmischen Kanzler Grafen Kinsky ge=
schrieben, es gäbe hier niemanden, der nicht den himmelweiten Unterschied
zwischen dem bisher empfundenen glimpflichen regimen togatum und einem
zu besorgenden regimen sagatum handgreiflich einsehe [2].
Und nicht bloß in den Breslauer Patrizierkreisen war eine Abneigung
gegen das preußische regimen sagatum verbreitet. Die Schlesier waren sehr
wenig in Berührungen mit dem Militär ihres Landesherrn gekommen. In
der ganzen Provinz hatten nur wenig tausend Mann und diese in den Festun=
gen gelegen; jeder Durchmarsch einer Truppe hatte erst lange Verhandlungen
mit den Ständen gekostet, und wenn ein solcher nicht abzuwenden war, hatte
man ihn wie eine große Kalamität angesehen. In Breslau waren ja sogar
auf Grund eines immer respektierten Gewohnheitsrechtes kaiserliche Truppen
ein= für allemal ausgeschlossen, sie durften nicht einmal auf Durchmärschen
hier zeitweilig Quartier nehmen, sondern wurden von einer Abteilung städ=
tischer Miliz möglichst schnell zu einem Thore herein=, zum anderen hinaus=
geleitet. Das Militär stand im allgemeinen im schlechten Rufe, als zügellos
und gewaltthätig. Die Einwohnerschaft wich jeder Berührung mit ihm soviel
als möglich aus, denn die Furcht, die man vor ihm empfand, war doch nicht
frei von Geringschätzung; wenn ja die Stände einmal Soldaten zu stellen
hatten, konnten dieselben nur aus der alleruntersten Schicht des Volkes ge=
worben werden. Wohl hatte man hier, als dann die Preußen einrückten,
diese Soldaten besser gefunden, als man vorausgesetzt, hatte ihre Ordnung
und Mannszucht bewundert, aber als nun die militärischen Einrichtungen
auch auf Schlesien ausgedehnt wurden, erschrak man doch.

Schon das gewaltthätige Verfahren der Werbeoffiziere, denen, obwohl es
an Edikten gegen ihre Ausschreitungen nicht fehlte [3], doch um des Zweckes

---

[1] Sehr entschieden kommt diese Stimmung auch in dem unter Beil. 7 mit=
geteilten Gedichte zum Ausdruck.
[2] Grünhagen, Friedrich d. Gr. und die Breslauer, S. 115.
[3] Solche sind schon vom 20. November und 25. Dezember 1741 erhalten, und

willen mancherlei nachgesehen werden mußte, erregte viel böses Blut. Ander=
seits erschien doch, wie sehr man auch die strenge Mannszucht billigte, die
Art der Behandlung des gemeinen Mannes und die Härte der Strafen, denen
dieselben unterlagen, den unkriegerischen Einwohnern barbarisch; die ihnen
wiederholt auf das ernsteste eingeschärfte Verpflichtung, zur Ergreifung eines
flüchtig gewordenen Soldaten selbst eifrig thätig zu sein, wollte ihnen nur
schwer in den Kopf, und noch schwerer natürlich, daß eine mitleidige Seele,
die solch einem armen Teufel bei seiner Flucht Vorschub geleistet hatte, da=
durch das Leben verwirkt haben sollte, wie das die preußischen Behörden alles
Ernstes annahmen und in einzelnen Fällen auch durch ein statuiertes Exempel
bestätigten [1]).

Diese Verhältnisse fielen natürlich besonders schwer ins Gewicht, als
1742 die preußische Kantonverfassung auch in Schlesien eingeführt wurde
und nun regelmäßige Aushebungen Tausende von Landeskindern ihrem Be=
rufe entrissen, in das Heer einfügten und auf längere Jahre hin unter jenes
gefürchtete eiserne Regiment stellten. Wohl war diese Kantonsverpflichtung
nicht mit der allgemeinen Dienstpflicht zu vergleichen, die Zahl der Exem=
tionen war sehr groß und deßhalb die Ziffer der wirklich Enrollierten verhält=
nismäßig niedrig (etwa 1420 pro Jahr aus ganz Schlesien [2]); und nachdem
die Mannschaften eineyerziert waren, wurden sie in Friedenszeiten gewöhnlich
nur drei Monate des Jahres bei der Fahne behalten und für die übrige Zeit
beurlaubt [3]). Aber der Schrecken vor der Enrollierung war doch sehr groß;
er trieb in Oberschlesien die Jugend scharenweise zur Flucht über die Landes=
grenze [4]), und an die weitverbreitete Abneigung gegen die Kantonpflicht
appelliert noch im zweiten schlesischen Kriege das Patent Maria Theresias
(vom 1. Dezember 1744), welches den Schlesiern verheißt, sie bei der Zu=
rückführung unter das österreichische Scepter von „der ewigen Sklaverei" zu
befreien, in welche dieselben die preußische Enrollierungskantons versetzt hätten,
die es keinem Vater mehr gestatteten, über seine Kinder zu verfügen.

Auch sonst legten die Militärverhältnisse Lasten auf. Schwer empfand
z. B. der Bauer die allerdings auch für Zivilbeamte geltende, aber doch vor=

---

daß der König selbst in jener Rede vom 8. November 1741 in diesem Punkte Ab=
hilfe zusagt, läßt darauf schließen, daß er von Klagen der Einwohner gehört hatte.
    [1]) Allerdings mischten sich da auch andere Momente herein, und wiederholt sind
Fälle zur Untersuchung und Bestrafung gekommen, wo katholische Geistliche Glau=
bensgenossen in der preußischen Armee zur Flucht verholfen haben sollten. Die in
Bd. V der Ss. rer. Siles. gedruckten Breslauer Klostertagebücher weisen verschiedene
solche Fälle nach, wo dann allerdings nur Geld= oder Gefängnisstrafen zur Anwen=
dung gekommen sind. Dagegen ward einmal (1757) in Glatz ein furchtbares Exempel
an einem katholischen Geistlichen statuiert, der wirklich gehängt worden ist. (Webe=
kind, Geschichte der Grafschaft Glatz, S. 483 ff.) Der Breslauer Kontroversprediger
zu St. Matthias hat einst in seiner kapuzinerhaften Weise geprebigt, die Schlesier
hätten jetzt zu den zehn Geboten noch drei neue dazu erhalten: du sollst nicht räson=
nieren, du sollst die Steuer zahlen und du sollst die Ausreißer von der Armee an=
halten (Schles. Volkszeitung 1872, Nr. 248).
    [2]) General=Nachweisung 2c. im Breslauer St.=A. P. A. VIII, 1 b (1752).
    [3]) Ölrichs Verwaltungsbestimmungen und Einrichtungen in Schlesien im vorigen
Jahrhundert; Schles. Zeitschr. XIV, 293.
    [4]) Aus der noch näher anzuführenden Stödelschen Denkschrift von 1756; P. A.
VIII, 171 a im Breslauer St.=A.

zugsweise für das Militär in Anwendung kommende Vorspannlast [1]), und auch
der Unterhalt der etwa 40,000 Mann Soldaten, die Schlesien unter Preußen
zu ernähren hatte (allerdings war im Frieden die Präsenzziffer wohl nie so
hoch), mußte drückend werden. Das platte Land hatte vorzugsweise die Pferde
zu erhalten, die Städte, von denen zwei Dritteile mit Garnisonen belegt
waren, die Mannschaften, eine dauernde und ganz ungewöhnte Last, die als
solche empfunden ward, obwohl sie durch die Einrichtung des Serbißgeldes
gesetzlich geregelt und nach Möglichkeit gleichmäßig verteilt wurde, um so
mehr, da trotz aller Strenge der Disziplin es doch an Exzessen der Soldaten
nicht fehlte [2]). Und wenn die Offiziere im Gegensatze dazu eine musterhafte
Haltung bewahrt zu haben scheinen, so ward doch auch bei ihnen die gewisser=
maßen übergeordnete Stellung, welche ihnen die preußische Tradition den
Zivilisten gegenüber einräumte, vielfach peinlich empfunden, und nirgends
mehr als in Breslau, welches aus einem Zustande fast republikanischer Unab=
hängigkeit nun auf einmal auf das Niveau einer preußischen Festung herab=
gedrückt war, in der doch dann die militärischen Erfordernisse naturgemäß in
erster Linie Befriedigung verlangten, während die Interessen des Handels und
Verkehrs diesen eben nachstehen mußten. Die Notwendigkeit, alle alten Ge=
wohnheiten einem Machtspruche des preußischen Kommandanten opfern zu
müssen, wollte nicht nur den stolzen Breslauer Patriziern, sondern auch der
großen Menge der Bürgerschaft recht schwer zu Sinne, und hier ward schon
früh die Klage laut, daß am Ende „die brandenburgischen Hosen noch enger
wären als die böhmischen" [3]).

Kurz, es ist nicht zu leugnen, daß, abgesehen von dem protestantischen
Adel des Landes, der gerade eben an dem militärischen Charakter des neuen
Regimentes seine innerliche Freude hatte, der preußische Militarismus mit
seinen Konsequenzen den Bemühungen des Königs die Herzen der Schlesier
zu gewinnen hindernd im Wege gestanden hat. Aber ebenso gewiß ist, daß
in dem ganzen großen Gebiete, dessen Huldigung König Friedrich am 7. No=
vember 1741 entgegennahm, d. h. in dem überwiegend protestantischen Mittel=
und Niederschlesien, die Einwohnerschaft, wenn man sie zu überzeugen ver=
mocht hätte, daß dieser preußische Militarismus das einzige Mittel sei, um
einem Versuche Österreichs, Schlesien wieder zu gewinnen, wirksam zu be=
gegnen, mit verschwindenden Ausnahmen sich würde bereit erklärt haben,
für solchen Zweck jene Opfer und noch größere zu bringen. Denn wieder
österreichisch werden hätte hier niemand gewollt, der unter dem religiösen
Drucke Österreichs geseufzt und jetzt den Segen der Glaubensfreiheit ge=
nossen.

Mit rührender Treue hatten in den Gegenden Schlesiens, wo fast seit einem

1) Olrichs, S. 295.
2) In dem handschriftlichen Tagebuche des Breslauer Kaufmanns Steinberger
(in der Bibliothek der vaterländischen Gesellschaft zu Breslau), der sonst den Preußen
wohlgesinnt erscheint, werden doch recht viele Exzesse von Soldaten, auch allerhand
kleine Diebstähle u. dgl. erzählt. Dagegen wird die Mannszucht des preußischen
Heeres von einem gewiß unverdächtigen Zeugen, dem Cistercienfermönche Vollmann
aus Leubus, mehrfach gelobt; Schles. Zeitschr. XV, 445 ff.
3) Steinberger, Auszüge daraus u. b. T. „Breslau vor 100 Jahren", ed.
Kahlert (Breslau 1840), S. 77.

Jahrhundert alle protestantischen Kirchen weggenommen, die Seelsorger ver=
trieben waren, die Einwohner an ihrem Bekenntnisse festgehalten, und so wie
preußische Truppen das Land besetzt hatten, erstanden die evangelischen Kirchen
aufs neue. Bis Ende 1742 waren in Schlesien an 200 neue Stätten
der Gottesverehrung geschaffen, wenngleich zunächst noch vielfach irgendwelche
Säle, große Bauernstuben, Reitschulen, Scheuern aushelfen mußten. Denn die
Regierung gab nur die Erlaubnis zum Kirchenbau, keine einzige der vielen hun=
dert Kirchen, welche im 17. Jahrhundert den Protestanten weggenommen waren,
wurde zurückverlangt, kein geistliches Besitztum eingezogen, ja die Evangeli=
schen mußten nach wie vor den katholischen Ortspfarrern alle Stolgebühren
entrichten; doch warb bestimmt, daß an Orten, wo eine der beiden Konfessio=
nen eines Friedhofes entbehrte, die andere verpflichtet sei, den ihrigen ebenso
wie die Benutzung der Glocken unter Zuziehung des nächstwohnenden Geist=
lichen der betreffenden Konfession zum Begräbnisse zu gestatten. Freilich hatte
schon das Aufhören des Zwanges, welcher in österreichischer Zeit den Über=
tritt vom Katholicismus mit schweren Strafen bedrohte, die Folge, daß in
den ersten zwei Jahren der preußischen Herrschaft 6000 Katholiken über=
traten [1]).

Die Regierung hatte daran nicht den kleinsten Anteil. Friedrich hat ge=
radezu peinlich an dem gehalten, was er mit den Worten ausspricht: „— maßen
wir allen unseren schlesischen Unterthanen, von was für Religion sie sein
mögen, eine ganz unbeschränkte Gewissensfreiheit zu gönnen und nichts,
was einigermaßen nach Gewissenszwange schmecket, zu gestatten entschlossen
sind" [2]).

Es war ganz diesem Grundsatze entsprechend, wenn nun auch sonst die
verschiedensten Glaubensmeinungen hier Duldung fanden; nicht nur, daß die
in österreichischer Zeit streng verpönten Reformierten oder Calvinisten sich in
Breslau und Glogau Kirchen bauten, auch Schwenkfelder, Utraquisten, Herrn=
huter und verschiedene separatistische Sekten erstanden; in Breslau richtete sich
sogar eine griechische, durch den Handel hierher geführte Kolonie einen eigenen
Gottesdienst ein.

Der König blieb eben bei seinem auch aus seinen ersten Regierungsjahren
stammenden Grundsatze, daß „in seinen Staaten jeder nach seiner Façon selig
werden dürfe". Er gab damit das Beispiel einer Toleranz, wie sie in solcher
Ausdehnung die Welt kaum jemals gesehen hatte. Der katholischen Kirche
allerdings und dem Teile der Bevölkerung, welcher von dieser beeinflußt
wurde, vermochte alle Unparteilichkeit und Toleranz des Königs nicht über

---

[1]) Angeführt in einer Zusammenstellung katholischer Gravamina; Breslauer St.=A.
P. A. VII, 1ᵈ.

[2]) Hensel, Schles. Kirchengeschichte, S. 718. Die bei Preuß (Leben Fried=
richs b. Gr. III, 473) mitgeteilte Kabinettsordre vom 11. Oktober 1741, der zufolge
in den niederschlesischen Städten wenigstens die Bürgermeister aus der Zahl der
Evangelischen genommen werden sollten, ist eigentlich nur gegen die Praxis der öster=
reichischen Zeit gerichtet, welche für den gesamten Magistrat der schlesischen Städte
(mit alleiniger Ausnahme von Breslau) das katholische Bekenntnis zur Bedingung
gemacht hatte. Der König sah die Anordnung nur als eine durch die augenblick=
liche Lage der Dinge gebotene an (Anführung bei Ranke a. a. O., S. 271, aus
dem Testament polit.), und es ist auch, so viel wir sehen können, nachmals hier
nirgends nach dem Bekenntnisse gefragt worden.

die Thatsache hinwegzuhelfen, daß es mit der Rolle der herrschenden Kirche nun für sie vorbei war, und schon dies genügte, um sie den Wechsel der Dinge beklagen und die alte Zeit zurückwünschen zu lassen, und es hat sich das doch geltend gemacht, als der Breslauer Friede dann einen ganzen Landesteil mit fast ausschließlich katholischer Bevölkerung zu Preußen brachte. Wie es nach dem Frieden in Oberschlesien zugegangen ist, schildert die Denkschrift eines patriotischen Mannes vom Jahre 1756 mit folgenden Worten: „Gewisse Vorurteile des gemeinen Mannes; so teils durch den Unterschied der Religion, teils durch fürchterliche Ideen, teils durch frühe und scharfe Applikation der sonst nützlichen Kantonsverfassung verursacht worden, entzogen dem preußi- schen Oberschlesien den g r ö ß t e n   T e i l   s e i n e r   j u n g e n   F a b r i k a n t e n und   M a n n s c h a f t und verstärkten den gegenseitigen Anteil." [1])

Indessen war dies nur die Wirkung des ersten Schreckens; man hat sich doch auch in Oberschlesien allmählich in die neue Ordnung der Dinge ge- funden, wenigstens haben ernsthafte Äußerungen von Unzufriedenheit sich nicht bemerkbar gemacht, und selbst als im zweiten schlesischen Kriege die Österreicher wiederum die Grenze überschritten und in Schlesien einbrangen, haben sie nicht eben viel Sympathieen gefunden. In den protestantischen Grenz- kreisen des Gebirges war das kaum anders zu erwarten, aber auch in der Graf- schaft Glatz und in Oberschlesien, wo allerdings die hier eingedrungenen räuberi- schen Scharen von Ungarn wenig dazu angethan waren, sich als Befreier be- grüßen zu lassen, ist jenes Manifest Maria Theresias, welches die Schlesier unter die milde österreichische Herrschaft zurückführen sollte, fast wirkungslos verhallt. Einige katholische Edelleute haben sich kompromittiert und sind an ihren Gütern gebüßt worden, sonst aber hat sich „das österreichische Geblüte" wenig geregt, und der Eifer, mit welchem es sich dann König Friedrich ange- legen sein ließ, die Wunden, welche der Krieg dem Lande geschlagen, wieder zu heilen, befestigte nur noch das Band zwischen dem Herrscher und seinen neuen Unterthanen.

In der That dürfen wir uns nicht damit begnügen, zu berichten, daß Schlesien sich in die preußische Herrschaft gefunden habe; wir müssen darüber weit hinausgehend konstatieren, daß, während die fast zweihundertjährige österreichische Herrschaft nicht vermocht hatte, die Schlesier mit den übrigen Erblanden verwachsen zu lassen, dies in wenigen Jahrzehnten den Preußen gelungen ist. Die Zeit vor 1740 kannte das, was wir Patriotismus nennen, kaum. Es wäre den Schlesiern nicht eingefallen, sich als Österreicher zu füh- len, innerlich verbunden mit den anderen Bewohnern, die mit ihnen unter gleichem Scepter standen; selbst das landschaftliche Band, das die Schlesier unter einander verknüpfte, war nur ein sehr loses, wirkliche Anhänglichkeit fühlte höchstens der Bürger für seine Vaterstadt; vor deren Thoren aber fing eigent- lich, wie dies im Mittelalter der Fall war, schon die Fremde an. Dies wird anders unter der Regierung Friedrichs des Großen, und als derselbe die Augen schloß, waren die Schlesier Preußen geworden, sie fühlten sich als An- gehörige dieses Staates. Man kann sich darüber nicht täuschen, man darf nur eine der provinzialen Zeitschriften jener Zeit aufschlagen, und man findet unzählige Bestätigungen dieser Gesinnung.

[1]) Von S t ö c k e l; Breslauer St.-A. in P. A. VIII, 171ᵃ.

Es ist in der That kaum zu bezweifeln: 1786 waren die Schlesier bereits von jenem Patriotismus erfüllt, der sich dann in der harten, schweren Prüfung von 1806 an oft so rührend geltend gemacht, und der 1813 hier mit einer Gewalt auftrat, die König Friedrich Wilhelm III. selbst überrascht hat.

Fragen wir, wie das gekommen ist, so werden wir eingestehen müssen, daß zu dem Kitte, der die Schlesier den übrigen Provinzen so eng verbunden hatte, Blut und Eisen das Ihrige gethan haben, daß ganz besonders in den furchtbaren Jahren des Krieges das Gefühl groß geworden ist, welches diejenigen einander näher verknüpfte, die jene schwere Zeit vereint durchgemacht hatten. Mit ihnen teilten die Schlesier die Erinnerung an die Drangsale jener Kriegsjahre, aber auch den Ruhm derselben, mit ihnen den Stolz auf den König, der halb Europa siegreich zu widerstehen vermocht hatte, und auf den jetzt die ganze Welt mit Bewunderung blickte.

In der That hat die Persönlichkeit des großen Königs an dem Preußischwerden von Schlesien ihren bedeutsamen Anteil und hat in diesem Sinne von Anfang an gewirkt. Wenn es ein Segen der Monarchie ist, daß sie die Idee des Staates, gleichsam verkörpert in der Person des Monarchen, auch dem schlichten Verstande des gemeinen Mannes entgegenbringt und auf denselben wirken läßt, so hatten die Schlesier diesen Segen lange entbehren müssen.

Von den Schlesiern, die 1740 lebten, hatte kaum einer einen ihrer österreichischen Herrscher erblickt. Seit König Ferdinand 1617 hatte keiner derselben die schlesischen Grenzen überschritten, all der Zauber, den auszuüben einem gekrönten Haupte damals noch viel leichter wurde als jetzt, hatte nie seine Wirkung gethan, bis nun König Friedrich kam an der Spitze eines stattlichen Heeres, im vollen Schmuck der Jugend, mit den blitzenden Augen und dem herzgewinnenden Lächeln, mit Glanz und Hoheit angethan und doch leutselig gegen jedermann [1]. Durch ganz Schlesien zog er an der Spitze seiner Truppen; von weit her strömten die Menschen, um ihn vorüberreiten zu sehen; die höchste Gewalt war keine leere Abstraktion mehr, sie war verkörpert unter die Augen des Volkes getreten, man hatte wieder einen König und trug sein Bild im Herzen. Von da an woben sich still aber stetig Fäden von Liebe und Anhänglichkeit zwischen dem Könige und seinen neuen Unterthanen. „Euer Abgott hat gesiegt", rief am Abend von Mollwitz ein österreichischer Offizier den Bauern eines Dorfes um Brieg zu.

Und als dann in immer steigendem Maße Friedrichs Kriegsruhm die Welt erfüllte, da begegnete die Kunde davon bei den Schlesiern schon dem stolzen Bewußtsein, daß das ihr König sei, den die Welt so feiere, und der Anteil daran trug viel dazu bei, die Menschen aufrecht zu halten in den trüben Tagen des langen Krieges. Der geplagte Bauer, der schwergeschädigte Bürger, der mit entwertetem Gelde überkärglich bezahlte Beamte, der in Schulden gestürzte Gutsbesitzer, sie alle haben in der Not der Zeit mehr, als wir es uns jetzt vorzustellen vermögen, von dem Ruhme des Königs gezehrt und die durch Überlieferung bald ins Wunderbare gefärbten Nachrichten von seinen Siegen als die einzigen Lichtblicke erkannt in dem grausen Dunkel jener Tage. Und

---

[1] Vgl. den Bericht von Podewils in Beil. 5.

als dann der Friede kam, da weihte gerade in Schlesien, dem Schauplatze so vieler Schlachten, so herrlicher Siege ein rührender Kultus rings das Land mit Erinnerungen an den großen König. Wer will all die Stätten zählen, die hier in Schlesien an den alten Fritz erinnern, die Bäume, unter denen er gerastet, die Hügel, von denen er Umschau gehalten, die Häuser, in denen er gewohnt haben soll? Vor allem aber war die Sage geschäftig, neben dem, was die wirkliche Geschichte bot, noch zahlreiche romantische Erzählungen zu erfinden von merkwürdigen Gefahren, die der König bestanden, und von wunderbaren Rettungen aus solchen Gefahren, oft durch die Hand eines sehr unscheinbaren Mannes oder gar eines Weibes.

Wie unwahrscheinlich auch diese Geschichten der Mehrzahl nach waren, das Volk glaubte sie und pflanzte sie eifrig fort. Wohl liebt der Volksgeist derartige Erzählungen, er findet eine Art ausgleichender Gerechtigkeit in dem Gedanken, das Leben eines Helden, der die Welt mit seinem Ruhme erfüllt, einen Augenblick in der Hand eines niedriggeborenen Mannes zu sehen; aber was hier allen jenen altfritzischen Erinnerungen zugrunde lag, war doch an erster Stelle der Wunsch, sich ein Andenken zu gewinnen an den großen König und die engen Kreise des eigenen Daseins, die Umgebungen des täglichen Lebens zu weihen durch die Erinnerung an den Augenblick, wo ein Strahl jenes funkelnden Gestirns sie flüchtig streifte.

Und mit diesem Kultus des alten Fritz ist die Idee des Staates, der Zusammengehörigkeit zu einem großen Ganzen, kurz das, was wir Patriotismus nennen, erst recht eigentlich in die Herzen der Schlesier eingezogen. In der Anhänglichkeit an den König haben sie das Band gefunden, das sie zu größerer Gemeinschaft verknüpfte, in der Erinnerung an den alten Fritz sind sie Preußen geworden. Den Begriff des Vaterlandes, den Schlesien vor 1740 gar nicht gekannt hatte, des Vaterlandes, für welches dann 1813 unsere Jugend begeistert die Waffen ergriff, hat erst Friedrich den Schlesiern geschenkt, und diesem Geschenke gegenüber fällt das, was er ihnen genommen, und was er ihnen auferlegt, federleicht in die Wagschale.

So darf es denn gesagt werden: dem Könige, der den kühnen Gedanken der Gewinnung Schlesiens allein gefaßt und gleich bewundernswürdig mit dem Schwerte wie mit der Feder durchgeführt hat, und der dann das Land in furchtbaren Kämpfen, man kann wohl sagen, mit seinem Herzblute behauptet, gebührt auch der beste Teil an der kaum minder schwierigen Arbeit, das Land innerlich seiner Monarchie zu verknüpfen. Wie die Festungen des Landes, hat er die Herzen seiner Bewohner zu erobern verstanden, ohne doch je einem Haschen nach Popularität die Grundsätze seiner Politik zu opfern, und als er die Augen schloß, hatten die vier Jahrzehnte seiner Herrschaft hingereicht, die neue Provinz so fest an Preußen zu kitten, daß die schwersten Prüfungen, welche der Monarchie Friedrichs vorbehalten waren, die Treue der Schlesier nicht einen Augenblick zu erschüttern vermocht haben.

Schlußkapitel.
Resultate.

———

Für Preußen war das Resultat des ersten schlesischen Krieges die Vergrößerung der Monarchie um ein volles Dritteil an Landgebiet, an Einwohnern, an Einkünften, — ein Zuwachs, wie ihn in solcher Ausdehnung nicht
leicht einmal ein Staat aufzuweisen hatte, die großartigste Erwerbung, die bis
dahin je einem Hohenzollern gelungen war. Mit ihm konnte es möglich
werden, allerdings auch noch mit Anspannung aller Kräfte des Staates,
diesen letzteren den Mächten einzureihen, welche daran denken mochten, ohne
Anlehnung an andere für ihre Politik ein freies Selbstbestimmungsrecht in
Anspruch zu nehmen, ihre Impulse nur von den eigenen Interessen zu empfangen.

Friedrich hat sich schwerlich einen Augenblick darüber getäuscht, daß
solche gewaltige Abtretung, wie die war, zu welcher hier der Zwang der Umstände seine Gegnerin gedrängt hatte, sich kaum vollzieht, ohne daß die Hoffnung zurückbleibt, günstigere Umstände könnten eines Tages das Verlorene
zurückerwerben lassen. „So lange das Haus Österreich besteht, wird es
Schlesien nicht vergessen“, schreibt er damals [1]); „ich kann kein Zutrauen
haben zu einem Hofe, dem die mir gemachten Abtretungen immer zu Herzen
gehen, und der bei der ersten Gelegenheit versuchen würde, sie wiederzu-
nehmen.“ [2]) — Der Schluß, den er daraus zog, war: „Es ist immer gut, auf
dem qui vive zu stehen und nicht durch Saumseligkeit das zu verlieren, was
man durch Thätigkeit gewonnen hat.“ [3]) Er gedenkt mit Schnelligkeit und
Energie Festungen zu gründen, das Heer zu vermehren, die Finanzen in
Ordnung zu bringen und Allianzen zu schließen, deren Garantieen den Nachbarn gegenüber ein gewisses Relief geben. Dann hofft er sich auf der hohen
Stufe erhalten zu können, welche ihm zu erklimmen beschieden gewesen [4]).

Wir sahen bereits, wie er in Verfolg dieses Programms eiligst daran
ging, die Kräfte der neuen Provinz durch eine Steuerreform sich zu er-

———

[1]) Den 28. Juli; Polit. Korresp. II, 239.
[2]) Ebd. S. 260.
[3]) An Podewils, den 27. September 1742; ebd. S. 275.
[4]) Vgl. den 20. Juni; ebd. S. 211.

schließen und zu freier Verfügung zu haben. Das Heer wurde um 18,000 Mann vermehrt, und in Schlesien arbeiteten unablässig Tausende an der Verstärkung der dortigen Festungen; noch vor Abschluß des Friedens (am 29. Mai 1742) ward zu dem starken und großen Fort Preußen; das er bei Neiße errichten ließ, der Grundstein gelegt, 1743 ward zur Sicherung Ober= schlesiens eine neue Festung Kosel errichtet, nach dem zweiten schlesischen Kriege trat dann auch Schweidnitz in die Reihe der befestigten Städte. Auch ein Bündnis schloß er, ganz geeignet, ihm bei seinen Nachbarn, wie er es wünschte, ein Relief zu geben. Am 29. November 1742 kam eine feierliche Defensivallianz mit dem Hauptverbündeten seiner Gegnerin, mit England, zustande; ein Avis an die Königin von Ungarn, daß derselben bei einem An= griffe auf Preußen die schwer entbehrlichen Subsidien Englands fehlen wür= den. Und am 27. März folgte ein zweites Bündnis, mit Rußland.

Der König hatte die englische Allianz erst geschlossen, nachdem er durch die unumwundensten und unzweideutigsten Erklärungen den Engländern jede Hoffnung benommen hatte, ihn vermittelst dieses Bündnisses in einen Krieg mit Frankreich zu verwickeln [1]), er wollte davon auf keine Weise hören. Un= mittelbar nach dem Abschlusse der Präliminarien zeichnet Friedrich seinem Minister sein Programm sehr bestimmt vor: „Ein glücklicher Quietismus soll für einige Jahre die Basis unserer Politik bilden. Um den Staat zu konso= lidieren, brauchen wir einige Jahre des Friedens. Ihr müßt deshalb alle Eure Aufmerksamkeit darauf richten, Euch in keine Allianz einzulassen, die uns, unter welchem Vorwande es immer sei, gegen meinen Willen in einen Krieg hineinziehen könnte." [2])

Wie geschäftig auch eine mißgünstige Diplomatie, die vorzugsweise aus Dresden ihre Inspirationen empfing, darin war, Gerüchte von neuen preußi= schen Anschlägen auszusprengen, bald auf Mecklenburg [3]), bald auf das pol= nische Preußen [4]), sie vermochten keinen Glauben zu finden gegenüber den offen ausgesprochenen friedfertigen Ansichten des Königs. Dessen Richtschnur ist in den Worten ausgesprochen: „Es handelt sich gegenwärtig nur darum, die europäischen Kabinette daran zu gewöhnen, uns in der Situation zu sehen, in die uns dieser Krieg gebracht hat, und ich glaube, daß ein großes Maß von Mäßigung und Sanftmut gegen alle unsere Nachbarn uns werde dazu führen können." [5])

Und wirklich schien das gelingen zu können. Es war anzunehmen, daß die Königin von Ungarn ohne eine mächtige Allianz nicht wieder Krieg an= fangen würde, und eine solche war doch nicht so leicht zu haben; denn neben dem nun so energisch ins Leben getretenen Gegensatze zwischen Österreich und Preußen wirkte doch auch jener andere, auf den einst Friedrich 1740 seine Rechnung gestellt hatte, der Gegensatz der beiden europäischen Groß= mächte England und Frankreich, mächtig weiter und schien deren Kräfte in bestimmten Bahnen festzuhalten, denen eine andere Richtung zu geben nicht

---

[1]) Vgl. z. B. Polit. Korresp. II, 253 (Mitte August 1742).
[2]) Den 20. Juni; ebd. S. 211.
[3]) Ebd. S. 262.
[4]) Ebd. S. 289.
[5]) Den 23. Juni 1742; ebd. S. 213.

so leicht sein würde. In der That erblickte der König in dem Gegengewichte, das diese beiden Mächte einander zu halten vermochten, daß keine derselben übermächtig genug würde, ihm Gesetze vorzuschreiben [1]), zugleich ein gewisses Unterpfand der eigenen Sicherheit. Er durfte hoffen, daß für die nächste Zeit der Antagonismus zwischen Frankreich und England zu sehr die Situation beherrschen werde, um der Feindschaft, dem Grolle, der Mißgunst, die sich gegen ihn vielfach angesammelt hatten, Waffen genug übrig zu lassen, und daß jede der beiden Großmächte sich hüten würde, einen so kriegsgewaltigen Fürsten durch Feindseligkeit aus seiner Neutralität heraus und in das Lager der anderen zu treiben.

Aber bei allen diesen friedlichen Perspektiven gab es doch einen sehr dunklen Punkt, geeignet, Besorgnisse vor der Notwendigkeit neuer Kämpfe zu begründen. Er betraf die deutschen Angelegenheiten.

Der erste schlesische Krieg hatte ja auch die Lage Deutschlands zu einer anderen gemacht, und wenn bisher in der Meinung der europäischen Mächte die verschiedenen großen und kleinen Staaten, welche das heilige römische Reich deutscher Nation ausmachten, im großen und ganzen doch als Dependenzen Österreichs angesehen worden waren, so konnte davon nicht mehr die Rede sein, seit ein deutscher Fürst Österreich in zwei Schlachten aufs Haupt geschlagen und dasselbe zur Abtretung einer großen Provinz genötigt hatte. Der Breslauer Frieden enthielt doch zugleich die Anerkennung einer zweiten deutschen Großmacht, mit der jetzt in allen Reichsangelegenheiten gerechnet werden mußte. Die Verfassung des Reiches wurde thatsächlich eine dualistische.

Aber indem Preußen zum Range einer anerkannten deutschen Großmacht sich emporschwang, wuchsen ihm mit dem vermehrten Einflusse auch neue Pflichten zu. Es mußte um seine Machtsphäre in Deutschland mit dem österreichischen Rivalen den Kampf aufzunehmen bereit sein. Wir dürfen sagen, daß selbst, wenn Preußen auf dem Wege, den es anfänglich eingeschlagen, fortschreitend seine Absichten auf Schlesien ganz auf sich gestellt, ohne jedes Engagement mit einer anderen Macht durchzuführen vermocht hätte, ihm dieses Ringen mit dem österreichischen Nebenbuhler um die Suprematie in Deutschland nicht erspart geblieben wäre, um so weniger also jetzt, wo sein Kampf mit Österreich die Wendung genommen hatte, daß für dieses auch Preußen gegenüber außer dem Besitze Schlesiens noch die höchste Gewalt in Deutschland, die Klientel über die Reichsfürsten auf dem Spiele stand, auf welche letztere man in Wien ein kaum minder begründetes altes Recht zu haben meinte, als auf den Besitz der Erblande. Wesentlich unter Friedrichs Einfluß war die Kaiserwahl Karls VII. erfolgt, welche die Pläne Maria Theresias, ihren Gemahl auf den Kaiserthron zu setzen, so empfindlich durchkreuzte. Schon mit Rücksicht auf den dabei erfolgten Ausschluß der böhmischen Kurstimme versagte die Königin von Ungarn dem neugewählten Kaiser ihre Anerkennung, und dieses doch von Friedrich gleichfalls ins Auge gefaßte Ziel, die Königin zur Anerkennung der durch die Wahl Karls VII. geschaffenen Situation zu zwingen, es war nicht erreicht, als Friedrich seinen Separatfrieden schloß.

---

[1]) An Podewils, den 17. August 1742; Polit. Korresp. II, 255.

Allerdings hatte der König damals sich in gewisser Weise von den Zielen seiner im Juni 1741 mit Frankreich geschlossenen Allianz und des späteren Partagetraktates losgesagt, und es konnte ihm im Grunde ganz erwünscht sein, daß nicht unter Frankreichs Ägide das Haus Österreich des größten Teils seiner Provinzen beraubt wurde und jene Macht dadurch zu einer dominierenden Stellung in Europa gekommen war. Ebenso mochte es ihn wenig bekümmern, daß der mißgünstige Nachbar Sachsen nicht seinen Anteil davontrug, hier hatte ja der Breslauer Friede sogar ein Präjudiz geschaffen, insofern er das ursprünglich für Sachsen bestimmte Oberschlesien Preußen zuschlug. Wenn dann weiter eine Vergrößerung Bayerns durch Böhmen in Aussicht genommen gewesen war, so hätte dies unzweifelhaft auch in Friedrichs Wünschen gelegen, doch hatte er gegenüber der militärischen Lage auf diesen Wunsch verzichtet. Aber die Erfolge der österreichischen Waffen ließen hier bald noch Weiteres fürchten, nämlich den Verlust seines Stammlandes Bayern für Karl VII. oder die Zumutung, dessen Rückgabe durch einen Verzicht auf die kaiserliche Würde zugunsten des Großherzogs Franz zu erkaufen. Auf dieser Linie lagen doch Grenzen, deren Überschreitung durch die siegreichen Österreicher die zweite deutsche Großmacht, wofern sie nicht auf den neu gewonnenen Rang verzichten wollte, zum Einschreiten, selbst auf das Risiko eines neuen Krieges hin, zwingen mußten.

Wohl war, als Friedrich seinen Frieden schloß, die Gefahr nach dieser Seite hin nicht allzu groß. Schien doch die militärische Ehre Frankreichs dabei engagiert, den Fürsten, den es ausdrücklich in seinen Schutz genommen, nicht ganz niedertreten zu lassen, und der König von Preußen konnte die Verteidigung Karls VII. den französischen Waffen in erster Linie um so eher überlassen, als er denselben ja jeden Augenblick daran erinnern konnte, daß sein Unstern von dem Tage datiere, wo er den dringenden Ratschlägen und Mahnungen des preußischen Militärbevollmächtigten das offene Geständnis entgegengesetzt hatte: „Sie mögen ganz recht haben, aber ich bin in den Händen der Franzosen und muß mich deren Willen fügen [1]).

Aber wenn nun doch Frankreich nicht die Kraft oder nicht den Willen hatte, den Kaiser vor vollständiger Unterdrückung zu schützen, dann mußte der König von Preußen zum Schutze dessen eintreten, den er einmal zum Kaiser von Deutschland gemacht hatte. Karl VII. wußte das ganz wohl und hat es ausgesprochen, Friedrich könne sein eigenes Werk nicht zerstören lassen, und der letztere leugnete das nicht. Noch war das Jahr 1742 nicht zur Reige gegangen, so hatte der König von Preußen bereits die bestimmte Erklärung abgegeben, daß er in seiner Eigenschaft als Reichsfürst eine Unterdrückung des Reichsoberhauptes nicht dulden werde, und daß man ihn leicht dazu drängen könnte, für denselben contra quoscunque einzutreten [2]), und seinem Minister gegenüber fügt er hinzu — derselbe ist doch alles in allem mein Werk.

So gespannt waren bereits damals die Verhältnisse, und wie lange das allgemein empfundene Friedensbedürfnis, sowie die vorsichtige Mäßigung

---

[1]) Vgl. oben S. 6.

[2]) Eigenhändig auf einen Bericht von Podewils vom 10. Dezember 1742; Polit. Korresp. II, 300.

der preußischen Politik noch die Schwerter in der Scheide würde halten können, stand dahin; offenbar aber lag nach dieser Seite hin der Punkt, wo trotz aller Friedfertigkeit des Königs ein neuer Krieg sich entzünden konnte.

Der König hat, wie bereits angeführt wurde [1]), noch während der Friedensverhandlungen die Äußerung gethan, wenn Österreich Böhmen behalte, werde man voraussichtlich in vier oder fünf Jahren einen neuen Krieg haben. Und wie bestimmt es auch vorauszusehen war, daß jeder fernere Krieg, in den, gleichviel aus welchen Ursachen, Preußen verwickelt wurde, auch zugleich den Besitz Schlesiens in Frage stellen und erst von neuen Siegen abhängig machen würde, so muß dagegen doch auch konstatiert werden, daß alle die Kriege, welche Friedrich der Große nach 1742 zu führen hatte, ihren eigentlichen Ausgangspunkt in der deutschen Frage haben. Wie 1744 das Eintreten Friedrichs zum Schutze des deutschen Kaisers den Krieg hervorrief, so hat doch 1755 sein Bemühen, die Integrität Deutschlands in dem Kampfe zwischen England und Frankreich durch den Vertrag von Westminster zu sichern, erst die große Liga, die ihm dann so gefährlich wurde, zustande kommen lassen, und im Kampfe von 1778 wehrte Friedrich einfach eine Vergrößerung des Rivalen im Reiche ab.

Denn wie entschieden auch der große Realpolitiker, der 1740 den Thron bestieg, seine Politik nur von den Interessen des preußischen Staates abhängig sehen wollte, so war doch mit der Schöpfung der zweiten deutschen Großmacht, dem großen Resultate des ersten schlesischen Krieges, dieser auch eine Machtsphäre in Deutschland gegeben, deren Grenzen dieselbe kaum weniger zu verteidigen hatte als die Preußens, und damit war eben schon die deutsche Frage in Fluß gebracht. Die Lösung derselben war dann allerdings ein Werk noch größer und schwerer als die Erwerbung Schlesiens, und erst im nächsten Jahrhundert ist sie gelungen; aber man wird vielleicht sagen können, die Frage, welche auf dem Blachfelde von Königgrätz entschieden ward, ist gestellt worden durch den ersten schlesischen Krieg.

Aber noch nach einer anderen Seite hin hat der Breslauer Friede seine Bedeutung, nämlich in dem Gewichte, das er in die Wagschale der Entscheidung warf für jenen anderen dem ersten schlesischen parallel gehenden Kampf, den österreichischen Erbfolgekrieg, welchen thatsächlich Frankreich mit Bayern und Sachsen verbündet gegen Maria Theresia führte, und dessen Ziele der uns bekannte Partagetraktat, soweit sie die Verbündeten Frankreichs betrafen, offen ausgesprochen hatte. König Friedrichs ursprünglich auf eigene Hand in Scene gesetztes Unternehmen auf Schlesien war dann doch durch sein Bündnis mit Frankreich und mehr noch durch seinen Beitritt zu jenem Teilungsvertrage mit dem österreichischen Erbfolgekriege in eine Verbindung gebracht worden, die ihn immerhin auch für dessen Ziele engagierte.

Allerdings haben wir an verschiedenen Stellen anzuführen gehabt, wie wenig der König im Grund mit diesen Zielen einverstanden war, und die Episode der Kleinschnellendorfer Waffenruhe ward ja wesentlich durch Friedrichs Mißtrauen gegen die Absichten Frankreichs hervorgerufen. Aber dieser Versuch scheiterte, und wir sehen dann den König von neuem wirksam im Interesse seiner Bundesgenossen und für die Zwecke des Teilungsvertrages.

---

1) Oben S. 205.

Und hätten die Franzosen und ihre Bundesgenossen dasselbe Maß von Thatkraft und militärischer Tüchtigkeit entwickelt wie der König von Preußen, sie hätten der Bedrängnis Österreichs wohl die Gewährung ihrer Forderungen abzuringen vermocht, und ob dann Friedrich imstande gewesen wäre, die Geister, die er gerufen, wieder loszuwerden, ist eine schwer zu entscheidende Frage.

Vom deutsch=nationalen Standpunkte aus haben wir jedenfalls das vollste Recht, den ganzen französischen Plan von 1741 mit größtem Mißtrauen zu betrachten. Alle die Fälle, in welchen Frankreich daran ging, angeblich die Rechte deutscher Reichsfürsten gegen die Tyrannei des Hauses Habsburg zu verteidigen, von der Zeit an, wo Heinrich II. Moritz von Sachsen gegen Karl V. beistand, haben ihre sehr bedenklichen Seiten, und ein Blick auf die Reihe von Reichslanden, die bei solchen Gelegenheiten an Frankreich verloren gegangen sind, zeigt die französische Hilfe zugunsten der deutschen Fürsten= libertät in recht abschreckendem Lichte. Das, was ein volles Gelingen der französischen Pläne im Gefolge gehabt hätte, eine Wiederaufrichtung der französischen Suprematie in schlimmerer Gestalt, als sie unter Ludwig XIV. gewesen war, würde in ganz Europa als eine Kalamität empfunden wor= den sein.

Jene Pläne sind nun gescheitert an erster Stelle infolge der Schlaffheit der französischen Kriegführung, der Unfähigkeit ihrer Feldherren, sowie der Standhaftigkeit Maria Theresias und doch auch infolge der Anstrengungen Englands. In der That wie widerspruchsvoll und schwankend und charakter= los auch die englische Politik, wie wir ja des näheren gezeigt zu haben glauben, während des ersten schlesischen Krieges gewesen ist, so hat sie doch ihre un= bestreitbaren Verdienste bei der Herbeiführung des großen Resultates, daß der ganze Gewinn des Kampfes nur eben nach einer Seite hin fiel, wo die geringste Gefahr für die Sicherheit und das Gleichgewicht Europas war. Die englischen Subsidien sind thatsächlich an erster Stelle dem Kampfe gegen Frankreich zugute gekommen, und das unablässige Dräugen der englischen Diplomaten zur Verständigung gerade mit Preußen hat doch schließlich in Wien trotz aller entgegenstehenden Einflüsse den Sieg behalten, um so eher, da man am österreichischen Hofe dem einzigen Bundesgenossen, den man in der großen Bedrängnis hatte, Rücksicht zu schulden sich bewußt war.

Allerdings hat die letzte Entscheidung unzweifelhaft bei Friedrich gelegen. Dieser hätte nach dem Siege bei Chotusitz als Preis eines energischen Vor= gehens von den Franzosen sehr wohl neue Anstrengungen fordern und erzielen können, und wer will sagen, ob ein neuer allgemeiner Angriff auf die seit Chotusitz doch aufs neue erschütterten österreichischen Streitkräfte nicht schließlich hätte Erfolg haben können? Friedrich selbst hat am Morgen nach Chotusitz geschrie= ben, dieser Sieg sichere dem Kaiser die Erwerbung Böhmens [1]), und sein treuer Kabinettsrat urteilt damals, sein königlicher Herr sei bei sich „noch un= gewiß, was vor eine Partie Sie nach dieser Aktion nehmen sollen, ob Sie bei der Negotiation eines Partikularfriedens bleiben, oder in der bisherigen Allianz bis auf das letzte kontinuieren sollen." [2])

---

[1]) An Valori; Polit. Korresp. II, 166.
[2]) Ebd. S. 167.

Und doch glauben wir sagen zu dürfen, daß durchschlagende Erfolge der
französischen Waffen unter Beihilfe Preußens, eine Niederwerfung Öster=
reichs, wenn auch nur so weit, um eine Abtretung Böhmens an Bayern, bei
der es natürlich ohne eine Abtrennung einiger Kreise zugunsten Sachsens
nicht abgegangen wäre, herbeizuführen, in keiner Weise hätten zum Segen ge=
reichen können, wenngleich damals Friedrich wenigstens die Gewinnung Böh=
mens für Bayern im Interesse der Sicherung seiner schlesischen Eroberung
gewünscht hat.

Jeder Triumph der französischen Politik nach dieser Seite hin hätte
Frankreich ein für das Gleichgewicht Europas bedrohliches Übergewicht ver=
schafft, und speziell für Deutschland hätte eine solche Ausdehnung der fran=
zösischen Machtsphäre ins Reich hinein so unerfreuliche und widerspruchs=
volle Zustände geschaffen, daß dem gegenüber der einfache Dualismus zwischen
Österreich und Preußen, wie ihn thatsächlich der erste schlesische Krieg herge=
stellt hat, unbedingt den Vorzug verdient.

Mit dem Rücktritte Preußens von der antipragmatischen Allianz fielen die
französischen Eroberungspläne zu Boden. Darüber hat man sich auch in
Paris keinen Augenblick getäuscht [1]), eine Niederlage der französischen Politik
war damit besiegelt. Und eben deshalb hat sich Friedrich durch den Entschluß
des Separatfriedens, gleichviel von welchen Motiven er dabei geleitet ward,
thatsächlich ein großes Verdienst erworben. Und wenn es ein Glück für ganz
Europa war, daß das mächtige Reich, welches hier im Osten eine große An=
zahl vielsprachiger Lande unter deutschem Scepter zu staatlicher Ordnung und
höherer Gesittung zusammenzufassen die Aufgabe gehabt hat und noch hat,
nicht zertrümmert worden ist zugunsten der Pläne eines bereits sehr mäch=
tigen, ehrgeizigen, die abendländische Welt mit unerträglichem Übergewichte
bedrohenden Nachbars, so ist es nicht minder als ein Glück zu preisen, daß
Preußen den Landgewinn, welchen es zur Geltendmachung für alte Ansprüche
und als Entschädigung für frühere Benachteiligungen suchte, und dessen es
zur Erlangung seiner staatlichen Selbständigkeit bedurfte, zu erreichen ver=
mocht hat, ohne daß bei Erreichung dieses Zieles, trotz des kühnen Spieles,
welches sein junger König begonnen hatte, nach anderen Seiten hin die Inter=
essen der Nation, zu deren Wahrung dieser junge Staat von der Vorsehung
berufen war, geschädigt worden wären.

---

[1]) Fleury schreibt unter dem 19. August 1742 an den König, es könne nicht in
seinem Interesse liegen, wenn Frankreich so weit heruntergebracht würde, daß Eu=
ropa fürchten müßte, Österreich könne mit dem Beistande Englands eine Superiorität
erlangen, die dasselbe unzweifelhaft mißbrauchen werde; angeführt bei Droysen
V, 2. S. 9, Anm. 2.

Archivalische Beilagen.

1. Antwort des Wiener Hofes auf die preußischen Anerbietungen,

übergeben Wien, den 5. Januar 1741.

Autant qu'on a pu retenir de la lecture de ce que Mrs. les ministres de S. M. Prussienne ont refusé de dicter, Sa dite M. prétend fonder l'entrée de ses trouppes en Silésie dans la necessité de garantir la maison d'Autriche contre les vues de quelques autres puissances prêtes à l'abimer et dans l'utilité de sacrifier une partie de ce qu'on possède pour sauver le reste. Il est cependant toujours constant, que les états de la Reine jouissoient d'un repos heureux, lorsque S. M. Prussienne y est entrée à main armée. Si c'est là comme on dit le moyen le plus propre ou plûtôt l'unique d'assurer le système de l'empire, le repos et le bien de toute l'Europe, on a de la peine à concevoir, quel pourroit être celuy pour l'anéantir.

On passe maintenant aux offres et demandes qu'on a bien voulû dicter. Bien loin de ne pas faire tout le cas possible de l'amitié de S. M. Prussienne on en connoit tout le prix, et on n'a certainement pas sujet de se reprocher d'avoir negligé aucune attention possible pour la cultiver.

Sans donner la moindre atteinte à ce principe on ne sauroit se dispenser de remarquer, primo que le bien qui unit tous les membres du corps Germanique et la disposition la plus précise de la bulle d'or oblige un chacun d'entre eux à assister celuy qui seroit attaqué dans les états qui en font partie. Et c'est à quoy se reduit à peu près la première offre de S. M. Pr., offre qui d'ailleurs ne va pas aussi loin que l'engagement qui resulte de la garantie de la pragmatique sanction, dont tout l'empire s'est chargé. Or si de pareils liens ne sont pas valables, de quelle sureté la maison d'Autriche pourra-t-elle se flatter?

Secundo les alliances avec la Russie et les puissances maritimes connues à toute l'Europe ont subsisté avant l'entrée des trouppes Prussiennes en Silésie et subsistent encore. Et on est très assuré, que l'intention de ces alliés n'est pas, que pour les affermir la Reine doit perdre une partie de ses états, les dites alliances aiant pour objet principal de les conserver en entier.

Tertio la Reine ne peut qu'être infinement redevable à S. M. Pr. de sa bonne intention à l'égard de l'élection Impériale. Mais outre que cette élection doit être libre et se faire de la manière prescrite par la bulle d'or, la Reine est du sentiment, que rien n'est plus propre pour la traverser que les troubles excitées au milieu de l'empire.

Quarto on n'a jamais fait la guerre pour forcer un prince à accepter l'argent qu'on luy offre. Et ce que S. M. Pr. a déjà tiré de la Silésie sous prétexte d'y faire subsister ses trouppes joint au dommage immense qui resulte de la ruine du pays, surpasse d'avance les deux millions qu'on offre.

La Reine n'est pas intentionnée de commencer son règne par le démembrement de ses états. Elle se croit obligée en honneur et en conscience à maintenir la sanction pragmatique contre toute infraction directe ou indirecte. D'où il s'ensuit qu'Elle ne saurait consentir à la cession ny de toute la Silésie ny d'une partie d'icelle. Mais elle est encore prête de renouveller l'amitié la plus sincère avec S. M. le Roy de Prusse, pourvû que cela se puisse sans une telle infraction directe ou indirecte et sans blesser le droit d'un tiers, et pourvû que les trouppes Prussiennes sortent sans délay de ses états.

C'est à son avis l'unique voye combinable avec l'équité et la justice, les constitutions fondamentales de l'empire, le maintien de son système, le bien et l'équilibre de toute l'Europe et par conséquent l'unique voye conforme à la vraye gloire de S. M. Pr. Et S. M. la Reine ne balance pas de l'en requérir très instamment et même de l'en conjurer par toutes les considérations qui peuvent faire impression sur le cœur d'un grand prince. Aussi ne balance-t-on pas de remettre aux ministres des S. M. Pr. la présente réponse par écrit pour plus forte preuve de la surabondance de bonne foy avec la quelle on procedé icy, quoiqu'ils n'aient pû être portés à en agir de même.

Filippe Louis comte de Sinzendorff. Gundacker comes a Starhemberg.

[Aus dem Geheimen Staatsarchiv zu Berlin.]

---

2. Ein Brief des Erbprinzen von Dessau, den Sturm auf Glogau betreffend.

Rauschwitz, den 6. März 1741.

Durchlauchtigster großmächtigster König
Gnädigster Herr.

Ich habe Ew. Kgl. Maj. recht wohl verstanden und verstehe es auch noch nicht anders, denn Ew. K. M. sprechen mich immer von Belagerungen, also Belagerung kann nicht eher anfangen, bis ich Canons, Vulffer und Zubehör habe, und solche kommen noch lange nicht, denn ich noch nicht einmahl die Nachricht habe, daß es von Berlin abgegangen. Befehlen Ew. K. M. aber, daß es soll mit der stürmenden Hand angegriffen werden, so kann solcher Sturm den anderen Tag darauf des Morgens vor Tage, sobald ich von E. M. positiffe Ordre erhalten habe, angefangen werden, welche ich mir dann hierdurch ganz unterthänigst ausbitte. An mir und meinem Fleiß auch die Leute anzuführen soll es gewiß nicht fehlen. Ich will mir recht expliciren, ich sage den andern Tag, nemlich wann ich heute Morgen E. K. M. Befehl erhalten, so brauche solchen Tag einem jeglichen Stabsofficier und Hauptmann, welchem ich was auftrage, zu zeigen, wie jeglicher Mann marschiren soll und waß er zu thun hat, und worzu ich solchen Tag genug ge=

brauche, den andern Tag drauff kann dann der Sturm nach E. K. M. Be=
fehl angefangen werden. Ich bitte mir E. K. M. gnädigsten Befehl noch
einmal pofitiff ganz unterthenigft auß, weßwegen dem Lieut. Zieten gefagt,
daß er felbften biß zu E. K. M. gehen foll, damit der Brieff nicht aufgehalten
wird und ich gewiffen fchleunigten Befehl bekomme, und foll felbiger wie
oben gefagt mit allem Fleiß nachgelebet werden. Der ich mir allemahl zu
E. K. M. Gnade emfehle und mit ganz unterthenigftem Refpekt verbleibe
E. K. M.

ganz unterthenigfter treuer und gehorfamer
Diener Leopold von Anhalt.

Raufchwitz d. 6. Martz 1741.
Nachmittag umb 1 Uhr.

[Aus dem Original im Geheimen Staatsarchive zu Berlin.]

3. Öfterreichifcher Paß für das Bifchoffche Freicorps.

Neiße 1741 d. 30. April.

Nachdem den H. Anton Bifchoffen der Zeit angefetzten Capitaine der
jenfeits der Oder aufgeftellten Frey=Parthey, gleichwie feiner unterhabenden
fämtl. Mannfchafft, das Plündern und gewaltfame Ausrauben bey harter,
ja allenfalls bey Lebens=Strafe unterfaget worden, hingegen aber es nicht
allemahl fich eignet, daß felbige durch einige, denen Feinden abnehmende
Beuthe ihren nothwendigen Lebens=Unterhalt verfchaffen könnt, der Aller=
höchfte Dienft es aber dennoch erfordert, womit diefe erfagte Frey=Compagnie
zu Obfervirung derer feindl. Bewegungen annoch ferneres unterhalten werde;
als ift auch um fo weniger zu zweifeln, da mehr ermeldte Frey=Compagnie,
zu der dortigen Gegend ihrer felbft eigenen Bedeckung und Befchützung pro=
vitable und erfprießlich, es werde ihnen aller Orten, wo fie fich in ihren fchul=
digen Verrichtungen werden finden laffen, und beßhalb gebührends anmelden,
der erforderliche und unentbährliche Unterhalt unweigerlich gereichet werden.
Welches auch anderurch jedermänniglich zur Nachricht hiemit bedeutet, auch an=
befohlen wird. Neiße den 30. April. 1741.

L. S.

Baron v. Roth
Obrifter.

[Aus dem Staatsarchive zu Breslau.]

4. Der König an den Fürften von Anhalt, die Auflöfung von deffen Corps betreffend.

Durchlauchtigfter Fürft, freundlich geliebter Vetter,

Nachdem Ich bewegender Urfachen halber vor nöthig finde und refolviret
habe, daß das unter Ew. Liebden Commando ftehende Corps d'armée gegen
den 12ten diefes ohngefähr auseinander gehen und die Regimenter in ihre
Winter=Quartiere marfchiren follen; So habe Ew. Liebden folches hierdurch
bekannt machen, Derofelben auch zugleich anliegende Lifte zufenden wollen,
welchergeftalt die Regimenter ihre Winter=Quartiere bekommen follen. Und

24 *

da Ich ein besonderes Verlangen trage, Ew. Liebden vor Meiner abreyse aus
der Schlesie und ehe die hiesige Armee noch auseinander geht, noch selbst zu
sehen und zu sprechen; So würde es Mir ein wahres Vergnügen seyn, wenn
Deroselben sich anhero bemühen, Dero abreyse und überkunst aber auf das
allermöglichste beschleunigen wolten, indem Ich selbst nicht wissen kan, wie
lange die Umstände nebst der Saison Mir annoch Lager zu halten vergönnen
wollen. Zu Glogau und Breslau werden Ew. Liebden wegen Sicherheit der
Wege anhero die nöthigen Nachrichten bekommen, und wird es zu Dero Ge=
falle stehen, was Dieselbe wegen der Escortes vor mesures zu nehmen als=
dann belieben wollen.

     Bevor Ew. Liebden die dortigen Regimenter nach ihren Winter=Quar=
tieren auseinander gehen lassen, haben Dieselben allen Regimentern daselbst
bey der Parole bekandt zu machen, das solche in abwesenheit Ew. Liebden,
alle Dero Rapports vor Mich an den General=Major Einsiedel abreßiren,
und ihm zugleich was bey den Regimentern passirt melden solten, dahergegen
ich durch ihm Meine Ordres an die Regimenter abressiren würde; Wie denn
Ew. Liebden vor Dero abreyse auch die gantze corresponbence deshalb an ge=
dachten General=Major v. Einsiedel zu übergeben haben. Ich gewärtige Mich,
sobald als es möglich ist, das Vergnügen zu haben Ew. Liebden hier zu em=
braßiren und bleibe

Ew. Liebden

Im Lager bey Kalteck   freundwilliger Vetter,
   b. 2. October 1741.   (gez.) Fr.
An des Feldt Marschall Fürsten v. Anhalt
     Durchlaucht.

[Aus dem Originale im Herzoglichen Archive zu Zerbst.]

5. Ein Bericht Podewils' über die Stimmung in Breslau
1741, den 4. Oktober.

     Le départ de Votre Majesté a laissé bien des regrets dans les cœurs
de ses nouveaux sujets.

     Je puis lui protester sans flatterie, et je tiens des gens non suspects et
peu intéressés à ce qui nous regarde, puisqu'ils doivent tomber sous la
domination d'un autre, qu'on est généralement enchanté icy des manières
gracieuses dont Votre Majesté a reçu et traité tout le monde icy et des
marques de bonté qu'Elle a donné à un chacun. Au moins, dit-on, avons-
nous à present un souverain d'abord facile qui daigne nous parler, qui
nous distingue et qui paroit nous estimer, au lieu qu'autrefois nous n'étions
bons qu'à donner de l'argent, à servir d'hypothèques à toute l'Europe pour
les folies des autres et à être en proye à tant de sangsues qui tiroient la
moelle de nos os, tandisque la porte de graces et de faveurs étoit fermée
aux trois quarts d'entre nous.

     Enfin on souhaite mille benedictions à Votre Majesté, et on fait de bon
coeur les vœux les plus sincères pour l'affermissement de la domination
de Votre Majesté dans ce pays icy.

     Il y a plusieurs qui se proposent déjà de passer une bonne partie de
l'hiver à Berlin, et je les encourage tant que je puis à cela en leur faisant

entendre, qu'ils y seront les bienvenus, et qu'ils feront beaucoup leur cour par là à Votre Majesté. J'ai dit aussi au comte de Roeder, que Votre Majesté lui destinoit le poste de président de Ober-Ambt de Glogau. Il en étoit pénétré de reconnoissance, et il m'a remis la lettre ci jointe pour Votre Majesté. Il se tiendra prêt aussi bien que le prince de Schönaich pour se rendre à Berlin aux premiers ordres de Votre Majesté, afin d'y attendre les arrangements et les instructions nécessaires pour les deux nouveaux collèges.

Mais comme ces deux Messieurs tant braves et dignes gens qu'ils sont et même très propres par leur naissance distinguée à faire honneur dans les premiers postes de ce pays cy, n'entendent rien, de leur propre aveu, des affaires de justice de ce pays auxquelles ils ne se sont jamais appliqués, il sera nécessaire, si j'ose le dire, qu'en les faisant venir à Berlin, ils mènent quelqu'un qui soit entendu et rompu dans ces sortes de matières avec eux, qui peut donner les éclairsissements nécessaires aux ministres du département de justice de Votre Majesté, pour tout ce qui regarde les coûtumes, constitutions et manières observées jusqu'icy en Silésie dans les affaires de cette nation. Je crois que le prince de Schönaich en proposera lui-même des sujets pour cela à Votre Majesté.

Berlin ce 11 d'Octobre 1741.   H. de Podewils.

[Aus dem Original im Berliner Staatsarchive.]

---

6. Ein Bericht über die Schlacht von Chotusitz.

1742 Mai 30.

Durchlauchtigster Fürst, gnädigster Fürst und Herr,

Ew. hochfürstl. Durchlauchtigkeit habe ich die Ehre die monatliche Liste pro Majo von dem löblichen Holsteinschen Regimente in Unterthänigkeit zuzusenden und zu gleicher Zeit von dessen Zustande nach der Bataille von Kottoschitz pflichtmäßigen Rapport abzustatten.

Ich ward sogleich, ehe noch vollkommen das zweite Treffen in Ordre de bataille stand, von Ihrer Durchlaucht dem Erbprinzen von Anhalt kommandirt mit dem ersteren Bataillon von Holstein in die erstere Linie zu rucken umb in die Lücke zwischen dem ersteren Bataillon von Borck, so gleichfalls in das erste Treffen einrucken mußt, und dem Regimente v. Schwerin, welches ich schon in vollem Feuern fand, einzurucken und zugleich das Dorf Kottoschitz, so kurz hinter mich lag, zu appuiren. Das 2te Bataillon v. Holstein wurde durch den General-Wachtmeister v. Webel in das Dorf Kottoschitz eingeführet benebst dem Dragoner-Regimente v. Werdeck, welche leider sich gar nicht lange haben soutiniren können. Die zwei erste Divisions vom rechten Flügel des zweiten Holsteinschen Bataillons durch die Retirade der Dragoner in großer Confusion ist gebracht worden, so daß die beiden Divisions benebst deren Fahnen commandirt vom Capitän von Knobloch sehr wohl im Dorffe sich gehalten haben, je dennoch eine Fahne, so zweymal die Stange entzwey geschossen gewesen und der Gefreyt Corporal todt, ist verlohren gegangen, vermuthlich verbrandt und zertreten; dann unterschiedene vom rechten Flügel des Bataillons von dem gewaltigen Feuer der umliegenden Häuser, so der

Feind angestecket gehabt, seindt verbrannt worden, wovon viele Muntirungs=
stücke nachgehends aus dem Feuer seindt gezogen worden; sicher ist es, daß
der Feind die Fahne nicht gekriegt hat.

Das erstere Bataillon von Holstein hatt sich von Anfang bis zum Ende
der Bataille seinen Posten auf der Plaine maintenirt; ich kann auch nicht
leugnen, daß nicht zu 2 mahlen selbiges durch das gewaltige Feuer durch die
feindlichen Grenadierbataillons in etwas in Unordnung gekommen ist, so daß
ich zu zweyen Mahlen die Fahne ergreifen müssen und durch Zusprechen sie
beidesmal wieder zustande gebracht und ins Feuer geführet, wobey selbiges
ich auch soutenirt und den Feind repoussiret, so wie es ehrliche und brave
Leuthe jemals haben thun können. Ew. Hochfürstl. Durchlaucht werden
gnädigst zu ersehen geruhen den Abgang von diesen beyden Bataillons, das
2te Bataillon haben Ihre Maj. beliebet nacher Königgrätz in die Quartiere
zu schicken und ganz aus dem Feldetat gesetzet. Der Königgrätzer Kreis soll
an selbiges 120 Recruten liefern. Staabskapitän von Schorsée, so die Leib=
Compagnie commandirt gehabt, liegt ohne Hoffnung, möchte wohl den heutigen
Tag kaum erleben. Capitän Graf v. Isenburg ist so blessiert, daß er zum Feld=
dienst nimmermehr wird tüchtig sein, wenn schon curiret würde. Die übrigen
blessirten Officier ist gute Hoffnung zur Besserung; von den blessirten Gemeinen
nach Regiments Feldscher Pröbisch seinem Rapport könnte der 3te Theil
wohl noch daraus gehen, er auch an 6 Mann schon die Operation hat thun
müssen und ihnen Arm oder Beine abgenommen. Secund=Lieutenant und
Adjutant v. Gr.... vom zweyten Bataillon, ein Sohn des Gener.=Major
v. Gr., so benebst unterschiedenen andern von differenten Regimentern zu
zeitig die Flucht genommen hat und den Verlust der Bataille einmüthig deli=
tirt habe, ist auf S. Kgl. Maj. speziellen Befehl ganz stille vom Regimente
verjagt worden. Empfehle mich zu Ew. Hochf. Durchlauchtigkeit stets höchsten
Gnaden und Protektion, ersterbe mit unterthänigster Submission

Ew. hochfürstlichen Durchlaucht

Im Lager bei Czaslau   unterthänigst treu gehorsamster Knecht
den 30. May 1742.   C. v. Kalnein.

[Aus dem Herzoglichen Archive zu Zerbst.]

---

7. Ein Gedicht auf den Breslauer Frieden.

Nöthige Erinnerung an diejenigen, so den im Monath Junio 1742 ge=
schlossenen Frieden nicht gerne sehen.

Nunmehro ist das Spiel vorbey,
Die Würfel weg, der Fried erkohren!
Ihr von der widrigen Parthey,
Schaut, Eure Hoffnung ist verlohren
Was habt ihr nicht vor Lügen bracht?
Vor Wind und Weesen nicht gemacht,
Vor Murren, Knirschen, Droßen, Brummen?
Ihr bautet Schlösser in die Luft,
Habt alle Heiligen angerufft,
Jetzt steht ihr da und müßt verstummen.

Ihr habt Correspondenz gehegt,
Unzehl'ge Bothen ausgeschicket,

Ihr hättet auch die Höll erregt,
Hätt euch die Absicht nur geglücket,
Die Kloster wurden manchen Mann,
Man zog Husaren-Kleider an
Und achtete nicht seines Lebens
Man hätte gar die Seel gewagt,
Wan nur der Preuße fortgejagt,
Allein es war und bleibt vergebens.

Ihr wustet allemahl die Zeit,
In vierzehn Tagen, in drey Wochen,
Da wolt uns eure Christlichkeit
Curantzen, sieden, braten, kochen.
Da hieß es, wirds ganz anders stehn
Und Ihr auf unsern Hälsen gehn,
Da fingt ihr schrecklich an zu hoffen,
Da würd euch Nepomuc befreyn,
Kein Preuße mehr im Lande seyn.
Das hat vortrefflich eingetroffen.

Ja ja die Preußen musten naus,
Zu Fuß, auf Wagen, Schiffen, Pferden,
Kein Schwein-Stall, Kraut-Beth, Hunde-Haus
Sollt Ihnen hier zu theile werden,
Da solte Talpatsch, Warasdein,
Pandur, Hanal und wer sie seyn,
Der Sieger Glücke machen wanken,
Da liefen sie, da jagt ihr sie,
Da halft ihr mit der gröſten Müh
Im Traum, im Willen, in Gedanken.

Manch toll Zelote drohte laut
Gar liebreich, christlich und bescheiden,
Er wolte sich aus unſrer Haut,
Schuch-Sohl und Riemen laßen schneiden
Und denkt man der besondern That,
Die Breßlau offenbaret hat,
Was wahr ist mit den Herzens Meßern [1]),
So habt Ihr euer Christenthum
Zu eurer Lehrer ewigem Ruhm,
Mit nichts sonst wißen zu verbeßern.

Wo aber habt ihr das gelernt
In welcher Schul, in welcher Lehre?
Dem Heiland, der davon entfernt,
Gereichet sie zur schlechten Ehre.
Der schreibt den Seinen Liebe für,
Und ihr hegt Blut- und Mord-Begier;
Er predigte nur Sanftmuths Lehren,
Weil ihr mit eurer Grausamkeit
Davon das Gegenbild nur seyd,
So könnt ihr ihm nicht angehören.

Ihr schienet vor'ger Herschaft treu,
Das war ganz gutt, doch Gottes Führen.
Der Regiment und Policey
Verändert, muß man mehr pariren,

---

1) Vgl. darüber Grünhagen, Friedrich der Groſ: und die Breslauer, S. 136.

Der stellet ieglichem sein Ziel,
Giebt Königreiche, wem Er will,
Versetzt, erniedriget, erhöhet
Und lehrt die höchsten Machten um.
Wie seyd ihr denn so blind und dumm,
Daß ihr Ihm also wiederstehet?

Könnt ihr, weil ihr so zornig seyd,
Denn seines Schicksals Lauf verwehren
Und durch die Unzufriedenheit,
Was Er bestimt, zurücke kehren?
Nehmt hier das Zeugnüß wohl in acht,
Von seiner unumschränckten Macht,
Laßt an des Landes Pfeiler schreiben:
Es soll und muß durch seine Hand
Der Held, den Er uns zugesandt,
Nun unser König seyn und bleiben.

Er ist der beste dieser Zeit,
Viel neiden Ihn deßhalb auf Erden,
Von seiner weisen Gültigkeit
Soll alles überzeuget werden.
Bißher ließ es der Krieg nicht zu,
Sonst wär das Land in süßrer Ruh.
Er wird noch manche Lasten heben,
Drum laßt den Groll sein abgethan
Und ruft mit uns den Himmel an
Vor sein glückseelig langes Leben.

[Aus einer Abschrift im Staatsarchive zu Breslau.]

Register über beide Bände des Werkes.

Es wird hoffentlich Billigung finden, daß ich bei Anfertigung des Registers nicht sowohl eine äußerliche Vollständigkeit als vielmehr den eigentlichen Zweck, für den ein solches vernünftigerweise benutzt werden kann, ins Auge gefaßt und deshalb z. B. Namen, bei denen sich die Citate ungebührlich ge= häuft haben würden, lieber ganz weggelassen habe. Wer sich über Persönlich= keiten, von denen besonders häufig die Rede ist, wie z. B. Podewils, Hynd= ford, Maria Theresia u. s. w. näher unterrichten will, würde sich doch nicht mit dem Register begnügen können. Ebenso haben Materien, welche durch die Inhaltsangabe und die Kapitelüberschriften hinreichend bezeichnet sind, keine Aufnahme gefunden.

Druck von Friedr. Andr. Perthes in Gotha.